本书第五版曾获首届全国教材建设奖
国家重点学科、国家精品课程、国家一流课程教材

LILUN
JINGJIXUE

政治经济学
ZHENGZHI JINGJIXUE

（第六版）

主　编　刘诗白
副主编　刘　灿　丁任重　李　萍　盖凯程

西南财经大学出版社
Southwestern University of Finance & Economics Press

中国·成都

图书在版编目(CIP)数据

政治经济学/刘诗白主编;刘灿等副主编.—6 版.—成都:西南财经大学
出版社,2023.5(2024.8 重印)
ISBN 978-7-5504-5664-8

Ⅰ.①政… Ⅱ.①刘…②刘… Ⅲ.①政治经济学—高等学校—教材
Ⅳ.①F0

中国版本图书馆 CIP 数据核字(2022)第 224900 号

政治经济学(第六版)

主 编 刘诗白

副主编 刘 灿 丁任重 李 萍 盖凯程

责任编辑:杨婧颖

责任校对:雷 静

封面设计:杨红鹰 张姗姗

责任印制:朱曼丽

出版发行	西南财经大学出版社(四川省成都市光华村街 55 号)
网 址	http://cbs.swufe.edu.cn
电子邮件	bookcj@swufe.edu.cn
邮政编码	610074
电 话	028-87353785
照 排	四川胜翔数码印务设计有限公司
印 刷	四川五洲彩印有限责任公司
成品尺寸	185 mm×260 mm
印 张	24.125
字 数	538 千字
版 次	2023 年 5 月第 6 版
印 次	2024 年 8 月第 2 次印刷
印 数	3001—6000 册
书 号	ISBN 978-7-5504-5664-8
定 价	59.80 元

序　言

政治经济学在中国的发展，最根本在于既要坚持马克思主义政治经济学的基本原理和方法，又要结合当代资本主义经济社会发展的最新变化，以及社会主义各国经济改革和体制转型、完善的最新实践，进行新的理论探索和理论阐述，与时俱进地推进和丰富政治经济学的创新和发展。

马克思主义政治经济学的基本原理来源于马克思的《资本论》。马克思为了完成这部近三百万字的科学巨著，花费了四十年的心血。马克思主义包括哲学、政治经济学和科学社会主义三个组成部分。马克思主义政治经济学是马克思主义的一个重要组成部分。首先，马克思在政治经济学的研究中，发现了剩余价值的生产、实现和分配的规律，阐明了资本主义私有制是资本家阶级与工人阶级之间的对立的经济根源，论证了资本主义必然灭亡的历史趋势，得出了社会主义和共产主义必然胜利的科学结论，这就为科学社会主义的产生奠定了基础。"它使社会主义者早先像资产阶级经济学者一样在深沉的黑暗中摸索的经济领域，得到了明亮的阳光的照耀。科学的社会主义就是从此开始，以此为中心发展起来的。"其次，马克思在政治经济学的研究中，根据大量的历史资料，全面地考察了资本主义社会的生产力与生产关系、经济基础与上层建筑及其相互关系，揭示了资本主义社会以及人类社会发展的规律，使辩证唯物主义和历史唯物主义得到了科学的论证和运用。正如列宁所说："马克思的经济学说就是马克思理论最深刻、最全面、最详细的证明和运用。"

深入学习马克思主义政治经济学，是进行社会主义、共产主义思想教育的一项重要内容。值得说明的是，马克思正是在研究政治经济学的过程中，转变了原先的世界观，形成了共产主义世界观。马克思在青年时代，特别是在波恩大学学习期间，接受的是黑格尔的唯心主义辩证法和费尔巴哈的旧唯物主义理论。后来，马克思在办《莱茵报》期间，经常就许多问题与政府当局展开辩论，而这些问题大多是物质利益和经济学方面的问题，这成为马克思研究政治经济学的最初动因。恩格斯说过："我曾不止一次地听到马克思说，正是他对《林木盗窃法》和摩塞尔河地区农民处境的研究，推动他由纯政治转向研究经济关系，并从而走向社会主义。"马克思在研究政治经济学的过程中，经常深入社会的最底层，深入到民众之中，进行调查和分析，掌握了大量的实际材料，从而认识到资本主义必然灭亡和共产主义必然到来是历史发展的必然趋势。在这个过程中，马克思形成了共产主义世界观。

以《资本论》为代表的马克思主义政治经济学，是无产阶级进行阶级斗争的强大理论武器。马克思通过对资本主义社会的研究，发现了资本家剥削工人的秘密，揭示了资本主义私有制的产生、发展和灭亡的客观规律，指明了无产阶级的历史地位和历史使命，从而也使其成为指导无产阶级革命运动的有力武器。马克思在从事理论研究和写作工作的同时，还十分重视理论宣传工作。在写作《资本论》的过程中，马克思经常在工人中通俗地宣传政治经济学的基本原理，以提高广大群众的阶级觉悟和理论水平，从思想上武装工人阶级。《资本论》第一卷出版后，1868 年 8 月，在汉堡召开的全德工人联合会的大会上，与会代表一致认为"马克思的著作《资本论》对工人阶级作了不可估量的贡献"。随着《资本论》的广泛传播，人们把它誉为"工人阶级的圣经"，认为它有力地推动了世界无产阶级的革命运动。

马克思主义政治经济学，不仅是无产阶级进行社会主义革命的理论基础，对社会主义建设也具有重大的指导作用。列宁认为："马克思的全部理论，就是运用最彻底、最完整、最周密、内容最丰富的发展论……去考察资本主义即将崩溃的问题，去考察未来共产主义的未来发展问题。"可见，《资本论》并不限于仅仅研究资本主义经济关系，还考察了商品经济、社会化大生产和社会主义经济发展的一些规律性问题，如商品交换、货币流通、价值规律、市场的形成与运行、社会再生产的比例关系、扩大再生产的方式、积累的源泉、商业的地位、农产品定价、科学技术的作用等。认真研究和学习这些理论，对发展社会主义市场经济，加快社会主义现代化建设，深化经济体制改革，都有十分重要的现实意义。

我们编写这本教材的一个基本原则，就是遵循马克思主义的基本原理。因为政治经济学尤其是它的资本主义部分，经过长期的发展，其理论体系已比较完整和成熟，而且从现在来看，它的基本原理符合当时的历史情况，经过历史检验而被证明是正确的。对于前人提出和创建并经历史证明是正确的理论，我们在编写教材时就应当坚持和应用，如商品交换、货币流通、价值规律、资本主义积累、再生产的比例、剩余价值分配等。

当然，坚持马克思主义的基本原理，并不是简单地重复前人的理论。马克思主义政治经济学理论的正确性，不仅在于它符合过去的历史情况，还在于它能够说明和解释当代实践中出现的新情况、新问题。例如，工人的活劳动是创造价值和剩余价值的源泉，这是劳动价值论的一个基本原理。但是，现代发达的资本主义国家的现实是生产的自动化和机械化水平不断提高，电子计算机和机器人开始被大量应用于生产过程中。在这种情况下，生产过程中工人的活劳动减少，而剩余价值率却在不断提高。这一现实使劳动价值论面临挑战。要坚持劳动价值论的正确性，就必须对当代资本主义社会剩余价值的源泉问题做出科学、合理的说明。我们在教材中提出，在生产自动化条件下，生产工人的概念扩大了，价值和剩余价值是由总体工人创造的，而总体工人既包括直接操作机器的工人，也包括间接参加生产的技术人员和管理人员。所以，直接工人虽然减少了，但总体工人并没有减少。在发达国家中，脑力劳动者的比例增加了，工人的知识技术水平提高了，而他们从事的复杂劳动可以在相同的时间创造出更多的价值和剩余价值；率先采用自动化生产的个别企业，其劳动生产率高，所生产的商品的个别价值大大地低于社会价值，因而可以获得超额剩余价值。上述几个方面的分析和说明，完全是在劳动价值论的基础上解释清楚了当代资本主义生产中的剩余价值源泉问题，这不仅坚持了马克思的劳动价值论，还澄清和回击了西方经济学者对马克思劳动价值论的种种非难和攻击。

政治经济学的一个重要特点是实践性。20 世纪 70 年代末，在中国历史上出现了一个具有划时代意义的新创举——改革开放。自此之后，伴随着我国经济体制改革与经济发展的实践，中国特色的社会主义市场经济理论逐渐产生、形成，并不断发展。1978 年，中国开始了市场取向的经济体制改革，开始了从计划经济体制向市场经济体制的逐步转轨。1992 年，党的十四大正式确定中国经济体制改革的目标是建立社会主义市场经济体制，明确提出并科学概括了建设有中国特色的社会主义理论。1993 年，党的十四届三中全会通过了《中共中央关于建立社会主义市场经济体制若干问题的决定》，勾画了有中国特色的社会主义市场经济的蓝图。1997 年，党的十五大科学地总结历史，规划未来，社会主义经济的许多基本理论有了重大发展，有中国特色的社会主义市场经济理论逐渐形成。在此基础上，社会主义政治经济学的理论体系以社会主义市场经济运行为主线，在所有制结构、企业制度、市场体系、收入分配、对外经济关系、宏观调控、经济增长和发展等方面有了许多理论发展与创新，极大地丰富和发展了马克思主义政治经济学的内容。2002 年，党的十六大报告再一次总结了我国社会主义实践中的新经验，并为新的实践指明了方向。党的十六大报告蕴涵着许多方面的理论创新尤其是经济理论的创新，如非公有制经济的地位、分配理论、国有资产管理体制改革、社会发展战略、新型工业化道路、引进外资和国有企业改革等。2003 年，党的十六届三中全会通过了《中共中央关于完善社会主义市场经济体制若干问题的决定》，这是进一步深化我国经济体制改革、促进经济和社会全面发展的纲领性文件，它进一步推动了中国特色的社会主义市场经济理论的发展和创新。2007 年，党的十七大报告第一次明确提出了中国特色社会主义理论体系，这是对邓小平理论、"三个代表"重要思想和科学发展观等一系列理论成果的提炼和有效整合，系统地反映了我们党发展马克思主义的最新成果，反映了我们党探索中国特色社会主义道路的最新经验，反映了我们党面对新形势、新局面的最新思考，标志着一个总结历史、概括当代、指导未来的理论新体系的形成，是对创新和发展马克思主义理论体系的又一历史性贡献。党的十七大报告围绕坚持和发展中国特色社会主义理论体系，产生了很多新提法、新概括、新认识、新理念，如首次单独提出科学发展观、转变经济发展方式、平等保护物权、创造条件让更多群众拥有财产性收入等创新性观点，为我们在坚持和发展中国特色社会主义的新的历史起点上坚定不移地继续深化改革开放，适应国内外形势的新变化，全面把握我国经济社会发展趋势，更加自觉地走科学发展道路，积极促进社会和谐，继续推动全面建设小康社会进程，为确保到 2020 年实现全面建成小康社会的奋斗目标提供了新的理论依据和理论指导。

党的十八大以来，习近平高度重视马克思主义政治经济学，多次就坚持和发展马克思主义政治经济学作出重要论述：强调要运用马克思主义政治经济学的基本原理和方法论，深化对我国经济发展规律的认识，提高领导我国经济发展的能力和水平；强调要把实践经验上升为系统化的经济学说，不断开拓当代中国马克思主义政治经济学新境界；强调要以马克思主义政治经济学为指导，坚持发展中国特色社会主义政治经济学，不断完善中国特色社会主义政治经济学理论体系，推进充分体现中国特色、中国风格、中国气派的经济学学科建设；强调我们对国外特别是西方经济学，要坚持去粗取精、去伪存真，坚持以我为主、为我所用，对其中反映资本主义制度属性、价值观念的内容，对其中具有西方意识形态色彩的内容，不能照搬照抄；等等。这一系列重要论述，阐明了新的历史条件下坚持和发展马克思主义政治经济学的正确方向和基本原则，为中国马克思主义政治经济学的发展指明了方向、开辟了道路。

2017 年 10 月 18 日，在中国共产党第十九次全国代表大会上习近平总书记首次提出"新时代中国特色社会主义思想"。2017 年 10 月 24 日，中国共产党第十九次全国代表大会通过了关于《中国共产党章程（修正案）》的决议，"习近平新时代中国特色社会主义思想"被写入党章。2018 年 3 月 11 日，第十三届全国人民代表大会第一次会议通过《中华人民共和国宪法修正案》，习近平新时代中国特色社会主义思想被写入《中华人民共和国宪法》。2021 年 11 月 11 日，《中共中央关于党的百年奋斗重大成就和历史经验的决议》在党的十九大报告"八个明确"的基础上，用"十个明确"对习近平新时代中国特色社会主义思想的核心内容作了进一步概括：①明确中国特色社会主义最本质的特征是中国共产党领导，中国特色社会主义制度的最大优势是中国共产党领导，中国共产党是最高政治领导力量，全党必须增强"四个意识"、坚定"四个自信"、做到"两个维护"；②明确坚持和发展中国特色社会主义，总任务是实现社会主义现代化和中华民族伟大复兴，在全面建成小康社会的基础上，分两步走在本世纪中叶建成富强民主文明和谐美丽的社会主义现代化强国，以中国式现代化推进中华民族伟大复兴；③明确新时代我国社会主要矛盾是人民日益增长的美好生活需要和不平衡不充分的发展之间的矛盾，必须坚持以人民为中心的发展思想，发展全过程人民民主，推动人的全面发展、全体人民共同富裕取得更为明显的实质性进展；④明确中国特色社会主义事业总体布局是经济建设、政治建设、文化建设、社会建设、生态文明建设五位一体，战略布局是全面建设社会主义现代化国家、全面深化改革、全面依法治国、全面从严治党四个全面；⑤明确全面深化改革总目标是完善和发展中国特色社会主义制度、推进国家治理体系和治理能力现代化；⑥明确全面推进依法治国总目标是建设中国特色社会主义法治体系、建设社会主义法治国家；⑦明确必须坚持和完善社会主义基本经济制度，使市场在资源配置中起决定性作用，更好发挥政府作用，把握新发展阶段，贯彻创新、协调、绿色、开放、共享的新发展理念，加快构建以国内大循环为主体、国内国际双循环相互促进的新发展格局，推动高质量发展，统筹发展和安全；⑧明确党在新时代的强军目标是建设一支听党指挥、能打胜仗、作风优良的人民军队，把人民军队建设成为世界一流军队；⑨明确中国特色大国外交要服务民族复兴、促进人类进步，推动建设新型国际关系，推动构建人类命运共同体；⑩明确全面从严治党的战略方针，提出新时代党的建设总要求，全面推进党的政治建设、思想建设、组织建设、作风建设、纪律建设，把制度建设贯穿其中，深入推进反腐败斗争，落实管党治党政治责任，以伟大自我革命引领伟大社会革命。

习近平新时代中国特色社会主义思想是回答重大时代课题，回答中国之问、世界之问、人民之问、时代之问的思想结晶，是马克思主义中国化时代化的最新理论成果。2022年，党的二十大报告全面概括了习近平新时代中国特色社会主义思想的主要内容和科学理论体系，深刻阐述了坚持和发展马克思主义要做到的"两个结合"和继续推进实践基础上理论创新应该遵循的"六个坚持"，明确指出"以中国式现代化全面推进中华民族伟大复兴"是中国共产党的中心任务，形成了系统全面的"中国式现代化"理论，对于全面从严治党和党的自我革命又提出了许多新论断新举措，丰富和发展了习近平新时代中国特色社会主义思想，在新时代新征程中开辟了马克思主义中国化时代化的新境界。

习近平经济思想是习近平新时代中国特色社会主义思想的重要组成部分，是坚持把马克思主义政治经济学基本原理同中国实际和时代特征相结合，不断推进马克思主义政治经济学中国化时代化的最新理论成果。2017年12月18日，中央经济工作会议第一次提出"习近平新时代中国特色社会主义经济思想"，第一次明确了

"一个新发展理念"和"七个坚持"的理论框架。2022年，习近平总书记在党的二十大报告中强调，要"不断提高战略思维、历史思维、辩证思维、系统思维、创新思维、法治思维、底线思维能力，为前瞻性思考、全局性谋划、整体性推进党和国家各项事业提供科学思想方法"。在新的现实背景下，习近平经济思想围绕重大理论主题进行新概括、新提炼，创造性地提出加强党对经济工作的全面领导的重大理论观点，丰富发展了马克思主义政治经济学关于经济和政治关系的理论；创造性地提出坚持以人民为中心的发展思想，丰富发展了马克思主义政治经济学关于社会主义经济本质的理论；创造性地提出树立和坚持新发展理念，丰富发展了马克思主义政治经济学关于经济发展原则的理论；创造性地提出我国经济已由高速增长阶段转向高质量发展阶段的重大论断，丰富发展了马克思主义政治经济学关于经济发展阶段的理论；创造性地提出推进完善社会主义市场经济体制的重要思想，丰富发展了马克思主义政治经济学关于市场经济的理论；创造性地提出供给侧结构性改革的重大方针，丰富发展了马克思主义政治经济学关于生产和需要关系的理论；创造性地提出构建新发展格局的重大战略，丰富发展了马克思主义政治经济学关于社会再生产的理论；创造性地提出推动构建人类命运共同体、促进经济全球化健康发展的重要思想，丰富发展了马克思主义政治经济学关于世界经济的理论。

为满足政治经济学教学需要，特别是社会主义市场经济理论教学和广大干部群众学习理论的需要，我们根据党的十八大以来马克思主义政治经济学中国化、时代化的最新理论成果，吸收近年来理论界关于社会主义市场经济理论的研究成果，结合我们自己的探索，在原来《马克思主义政治经济学》（2006年第3版）和《社会主义市场经济理论》（2004年第1版）的基础上，编写了这本新的教材《政治经济学》。本教材的特点在于密切结合当代国际经济发展的新现实，密切结合中国社会主义市场经济体制改革的新进程，力求及时地反映出新的观点、新的资料。这本教材，大致体现了我们对政治经济学理论体系的安排、主线的设置及某些有争论的理论问题的看法。因编者水平有限，这些看法不一定准确，章节的设置不一定合理，欢迎同行批评指正。

刘诗白

2022年10月

目　录

政／治／经／济／学

导　论

- -

学习目的与要求：马克思主义政治经济学是马克思主义理论体系的重要组成部分之一。列宁说，马克思的政治经济学是马克思理论最深刻、最全面、最详细的证明和运用。马克思主义政治经济学的基本原理是无产阶级政党领导革命和建设以及制定纲领、路线、方针和政策的依据。政治经济学具有如此重要的意义，就是由它研究的对象的特殊内容决定的。

本导论要说明的就是政治经济学的研究对象、方法、任务，以及它的重要意义。

第一节　政治经济学的产生与发展

一、古典政治经济学的产生和发展

"经济"一词在我国最早见于隋代王通所著的《文中子·礼乐篇》，书中有"经济之道"的提法。在我国古汉语中，"经济"一词是指"经邦济世""经国济民"，即治理国家、拯救平民的意思，这与现代语言中的"经济"一词的含义有所不同。我国对"经济"一词的现代用法是 20 世纪初由日本引入的，日本当时曾用我国古籍中的"经济"一词来翻译"economy"这个英语词汇。

在西方，经济（economy）与经济学（economics）的含义也有一个不断演变的过程。最早使用"经济"一词的是古希腊的思想家色诺芬（约公元前 430—公元前 354 年）。他在《经济论》这本书中，把奴隶主管理和组织奴隶的活动第一次用"经济"一词加以概括。他对"经济学"下的定义，就是善良的主人如何管理自己的财产。因为当时人们的生产活动基本上都是以奴隶主家庭为单位来进行的，所以色诺芬所说的"经济"，其原意是指家庭管理。此后，古希腊著名的思想家亚里士多德（公元前 384—公元前 322 年）写了一本《政治学》。该书第一篇讨论的是治家问题，比较详细地探讨了经济学的对象与任务，认为经济学就是研究家务，即奴隶主的家庭经济问题。

"政治经济学"最初是在 17 世纪初由法国重商主义学者安·德·蒙克莱田（1575—1622 年）提出的。他在 1615 年出版的《献给国王和王后的政治经济学》一书中，第一次使用了"政治经济学"这个名词，其目的是要说明他所研究的已不再是家庭或庄园经济的管理问题，而是国家范围和社会范围的经济问题。他在书中论述了商业、航海业和整个国家的经济与政策问题，特别阐述了商业和商人在整个国民经济管理中的作用。当时正是资本原始积累的时期，蒙克莱田的观点代表了新兴的商业资产阶级利益，反映了早期重商主义的经济思想。但是，由于重商主义把自己的研究局限在流通领域，而没有从生产过程入手深入研究社会经济关系的本质，尽管重商主义学者使用了"政治经济学"一词，但这并不代表真正的政治经济学的形成。

政治经济学作为一门独立的经济学科始于 17 世纪中叶。当时，资本主义生产方式在英、法等国已经确立，资本主义生产关系迅速发展，同时新兴资产阶级与封建地主阶级之间的矛盾日趋尖锐。这时，代表产业资本家阶级利益的资产阶级古典政治经济学便应运而生，它的历史任务就是批判封建主义，证明封建制度必然要被资本主义制度所代替，阐述资本主义生产、交换、分配和消费过程中的经济关系及运动规律。

资产阶级古典政治经济学的创始人是英国学者威廉·配第（1623—1687 年），其代表作是《赋税论》。该书最先提出了"劳动时间决定价值"的观点，并在对地租形式的研究中看到了剩余价值的存在，这是他的主要理论贡献。配第的主要经济著作《政治算术》，是政治经济学从其他社会科学中分离出来成为一门独立的学科的重要标志。他的《货币略论》一书在劳动价值观的基础上进一步考察了工资、地租、利息和货币等经济范畴。他还明确提出了"劳动是财富之父，土地是财富之母"的观点，马克思对此给予了高度评价。

资产阶级古典政治经济学的奠基者是英国学者亚当·斯密（1723—1790 年）。1776 年，亚当·斯密出版了代表作《国民财富的性质和原因的研究》（简称《国富论》）。该书以发达的工场手工业时期的资本主义经济关系为研究对象，把自配第以来的政治经济学综合成为一个完整的体系。斯密的经济理论以国民财富及其增长为核心范畴，同时涉及分工、交换、货币、价值、工资、利润、地租、资本等基本经济范畴；其中，他又特别强调工业在国民财富增长中的主导作用。斯密把工业、农业和商业统一起来考察，第一次把流通领域同生产领域结合起来研究社会总生产过程。他特别指出了"看不见的手"的作用，揭示了自由竞争条件下市场机制的调节作用及重要意义。斯密对资本主义生产方式的考察，克服了重商主义和重农学派的片面性，他的理论产生了广泛的影响，也奠定了他在政治经济学史上的重要地位。

资产阶级古典政治经济学的完成者是英国学者大卫·李嘉图（1772—1823 年）。1817 年，他出版了代表作《政治经济学及赋税原理》。该书以劳动价值论为基础，比较客观地分析了资本主义生产方式的内在矛盾、市场经济的运行机制以及相关的经济范畴。但是，由于受阶级利益的局限，李嘉图把资本主义经济关系看作自然的、永恒的社会经济关系，因而不可能真正认识资本主义生产过程和经济关系的本质。特别是他的理论混淆了劳动与劳动力、价值与生产价格的区别，使他的理论体系存在两大难以解决的矛盾，并最终导致其理论体系破产。

资产阶级古典政治经济学代表了新兴的资产阶级的利益。由于当时资产阶级正处于上升阶段，资本主义经济制度刚刚确立，其内在的各种矛盾尚未充分暴露，因而这时的资产阶级经济学家尚能以客观、科学的态度来研究社会经济发展规律，并取得了一些有科学价值的成果。例如资产阶级古典政治经济学提出了劳动创造价值的观点，论述了市场机制的调节作用，阐述了货币、价值、工资、利润、资本、地租等经济范畴；还在一定程度上揭示了资本主义生产关系的内在联系，看到了资本主义制度下工资、利润和地租的对立关系，已经接触到了剩余价值问题，并初步探讨了资本主义社会的阶级构成和阶级对立状况。但是，由于资产阶级古典政治经济学代表人物的阶级局限性，他们把资本主义制度看成是自然永恒的社会制度，因而不可能真正地揭示社会经济运动的规律性。他们看到了资本主义经济关系中存在的矛盾，但认识不到资本主义生产关系的本质；他们看到了资本主义制度下的阶级对立，但认识不到产生这种对立的根源；他们建立了政治经济学的理论体系，但其理论体系中存在着严重的缺陷。随着资本主义制度和各种矛盾的发展，特别是进入19世纪30年代以后资本主义国家阶级矛盾和阶级斗争尖锐化，他们的后继者便开始只研究经济现象，不探讨资本主义生产关系的本质，着力为资本主义制度进行辩护。所以，在经济学说史上，英国古典政治经济学之后的资产阶级经济学说被称为庸俗经济学。

二、马克思主义政治经济学的产生与发展

马克思和恩格斯在19世纪中叶创立了马克思主义政治经济学，出版了以《资本论》为代表的一系列政治经济学著作。马克思主义政治经济学批判地继承了古典政治经济学中的科学因素，但又根本不同于古典政治经济学以及历史上的各种经济学说，是政治经济学史上的革命。首先，在《资本论》中，马克思以劳动价值论为基石，以资本主义经济的细胞——商品为始点范畴，以剩余价值为基本范畴，全面分析了资本主义经济过程，从理论上再现了资本主义生产方式产生、发展的历史。其次，马克思透过资本主义社会中的物与物的关系，深入分析了资本主义生产过程中的人与人的关系，揭露和批判了资本主义制度的弊端和不合理性，阐明了资本主义制度必将为更先进的社会制度所代替的历史必然性。最后，马克思在对资本主义经济制度和经济过程进行分析的同时，也研究和揭示了社会化商品经济运行的一般规律，并对未来公有制社会的经济制度和资源配置方式提出了原则性的构想。

列宁的经济学说产生于19世纪末和20世纪初，是马克思主义政治经济学的重要组成部分。马克思和恩格斯在他们的时代，研究的主要是自由竞争的资本主义经济。随着第二次工业革命和新的科技革命的发展，资本主义经济制度出现了局部调整，突出地表现为从自由竞争资本主义过渡到垄断资本主义，从一般垄断资本主义过渡到国家垄断资本主义。列宁运用马克思主义的立场、观点和方法，依据马克思主义政治经济学的基本原理，对资本主义发展到垄断阶段上所出现的新情况、新问题和新特征，进行了全面、系统的研究，提出了一系列新的结论，从而丰富和发展了马克思主义政治经济学。

三、中国社会主义经济实践与政治经济学发展

以毛泽东同志为代表的中国共产党人，从中国半封建半殖民地社会的实际出发，将马克思主义基本原理同中国的具体革命实践相结合，提出了新民主主义革命的理论与纲领，指引中国革命取得了胜利。社会主义革命和建设时期，以毛泽东同志为核心的党的第一代中央领导集体，经过不断探索，提出了许多关于社会主义建设的新思想和新理论。在毛泽东思想的指导下，我国社会主义革命和建设都取得了巨大成就。

改革开放和社会主义现代化建设新时期，以邓小平同志为核心的党的第二代中央领导集体、以江泽民同志为核心的党的第三代中央领导集体、以胡锦涛同志为总书记的党中央，创造性地把马克思主义基本原理与中国改革开放和社会主义现代化建设实践相结合，形成了中国特色社会主义理论体系。中国经济体制改革在各个领域的深入推进，促进了传统社会主义经济理论的突破、创新和发展。这些理论都是对中国改革开放和社会主义现代化建设实践的理论总结，是对马克思主义政治经济学的最新贡献。

中国特色社会主义新时代，以习近平同志为核心的党中央紧紧围绕新时代坚持和发展什么样的中国特色社会主义、怎样坚持和发展中国特色社会主义这个重大时代课题，进行艰辛理论探索，创立了习近平新时代中国特色社会主义思想。围绕推进中国式现代化，聚焦" 三新一高"，以构建高水平社会主义市场经济体制为重要目标，提出了一系列治国理政的新理念、新思想、新论断、新战略、新方法，形成了习近平经济思想，开拓了当代中国马克思主义政治经济学新境界。

（一）社会主义初级阶段理论

社会主义初级阶段理论是建设中国特色社会主义理论的基石，是在改革中新提出的基本理论。这一理论指出，社会主义是共产主义的初级阶段，社会主义初级阶段是社会主义的不发达阶段。从经济上来说，社会主义初级阶段是逐步摆脱不发达状况，实现工业化和经济的社会化、市场化、现代化不可逾越的相当长的历史阶段。社会主义初级阶段的主要矛盾是人民日益增长的物质文化需要同落后的社会生产之间的矛盾，根本任务是解放和发展生产力。进入新世纪、新阶段，我国的发展呈现一系列新的阶段性特征，主要是：经济实力显著增强，同时生产力水平总体上还不高，自主创新能力还不强，长期形成的结构性矛盾和粗放型增长方式尚未根本改变；社会主义市场经济体制初步建立，而影响发展的体制、机制障碍依然存在，改革攻坚面临深层次矛盾和问题等。这表明，我国仍处于并将长期处于社会主义初级阶段的基本国情没有变，社会主要矛盾没有变。当前我国发展的阶段性特征，是社会主义初级阶段基本国情在新世纪、新阶段的具体表现。立足于社会主义初级阶段这个最大的实际，党的十七大提出，要全面科学分析我国全面参与经济全球化的新机遇、新挑战，全面认识工业化、信息化、城镇化、市场化、国际化深入发展的新形势、新任务，深刻把握我国发展面临的新课题、新矛盾，更加自觉地走科学发展道路，

奋力开拓中国特色社会主义更为广阔的发展前景①。

（二）社会主义市场经济理论

社会主义市场经济理论是在深刻总结社会主义建设的历史经验，特别是我国改革开放以来的实践经验的基础上，基于对社会主义本质的重新认识和我国处在社会主义初级阶段这一基本国情而提出来的。这一理论明确指出：计划和市场都是配置资源的手段和调节经济的方式，市场经济可以与社会主义基本制度相结合；在社会主义经济中，市场并不是发挥一般的调节作用，市场机制应该对资源配置起基础性作用。这就从根本上解除了把计划经济和市场经济纳入社会基本经济制度范畴的思想束缚。依据这一理论，党的十四大明确提出了我国经济体制改革的目标是建立社会主义市场经济体制。这表明我们的改革不是在原有体制框架内的修补和改良，而是一场根本性的社会变革，目标是建立一个人类历史上从未有过的、把社会主义基本制度与市场经济结合起来的新型经济体制。社会主义市场经济要解决的难题是社会主义公有制与市场经济的有机结合与兼容。迄今为止，这在世界上还没有成功的范例，需要我们大胆实践和勇于创新。

（三）社会主义所有制理论

社会主义所有制理论在改革过程中不断取得突破性进展，逐步成为与传统社会主义所有制理论极不相同的新的所有制理论。关于所有制结构，党的十六大提出了坚持和完善公有制为主体、多种所有制经济共同发展的基本经济制度，毫不动摇地巩固和发展公有制经济，毫不动摇地鼓励、支持、引导非公有制经济发展，坚持平等保护物权，形成各种所有制经济平等竞争、相互促进的新格局。关于公有制经济的地位，提出了公有制经济在社会主义初级阶段的经济中处于主体地位，国有经济在国民经济中发挥主导作用；要优化国有经济布局和结构，增强国有经济活力、控制力、影响力。关于公有制的实现形式，提出了公有制的实现形式可以而且应当多样化，一切反映社会化生产规律的经营方式和组织形式都可以大胆利用；提出了以现代产权制度为基础，发展混合所有制经济。

（四）现代企业制度理论

现代企业制度理论是在国有企业改革实践的基础上形成和发展起来的。这一理论不仅引进和吸收了现代西方经济学企业理论中的有益部分，也包含着对我国进行国有企业改革、建立现代企业制度的实践及经验积累的理论概括。这一理论提出：现代企业制度是社会主义市场经济体制的微观基础；国有企业建立现代企业制度，是发展社会化大生产和市场经济的必然要求；现代企业制度的主要形式是公司制，基本特征是产权清晰、权责明确、政企分开、管理科学；在实行现代企业制度的国有企业中，国家按投入企业的资本额享有所有者权益，对企业的债务承担有限责任，不直接干预企业经营活动，对经营者实行激励、约束和监督；企业自主经营，自负盈亏，承担企业资产保值增值的责任，建立科学合理的公司治理结构、科学的组织

5

---

　　① 胡锦涛. 高举中国特色社会主义伟大旗帜　为夺取全面建设小康社会新胜利而奋斗：在中国共产党第十七次全国代表大会上的报告［R］. 北京：人民出版社，2007.

领导体制和激励约束机制，努力提高经营绩效。

（五）按劳分配与按生产要素分配相结合的分配理论

随着改革开放近 40 多年实践与理论创新的不断推进，我国已经初步形成了与传统社会主义分配理论有重大差别的新的分配理论。这包括：在分配结构和分配方式上，提出在社会主义初级阶段实行以按劳分配为主体、多种分配方式并存的分配制度，把按劳分配与按生产要素分配结合起来，确立劳动、资本、技术和管理等生产要素按贡献参与分配的原则；在分配政策上，提出必须坚持效率优先、兼顾公平的原则，初次分配和再分配都要处理好效率和公平的关系，再分配更加注重公平；党的十七大第一次提出了要创造条件让更多群众拥有财产性收入，要增加工资性收入在初次分配中的比重，强调调节过高收入、防止贫富悬殊和两极分化、逐步实现共同富裕。这是对社会主义分配理论的进一步丰富。在社会保障制度上，提出必须建立包括社会保险、社会救济、社会福利、优抚安置和社会互助、家庭和个人储蓄积累保障在内的多层次的社会保障体系，实行社会统筹和个人账户相结合的养老、医疗保险制度，为城乡居民提供与我国国情相适应的社会保障。

（六）经济增长与经济发展理论

经济增长与经济发展理论是中国特色社会主义市场经济理论体系中的主要内容，它是立足于社会主义经济建设实践的对发展中国家的经济发展方式的新认识。在发展经济学理论中，一国的工业化和现代化不仅要表现为经济增长，更要体现为经济发展。经济发展包括经济增长，但比经济增长具有更广泛的含义，通常还包括经济结构的优化、收入分配的合理化、资源环境的改善等。尤其在发展中国家，不能只用经济增长率来衡量进步。党的十七大提出了基于科学发展观的"转变经济发展方式"的概念，进一步推进了经济增长与发展理论的时代创新。转变经济发展方式就是要在经济发展的进程中紧紧围绕以人为本这个核心，真正做到全面协调可持续发展，统筹城乡发展、区域发展、经济社会发展、人与自然和谐发展、国内发展和对外开放，使经济发展朝着有利于人和社会全面发展的目标前进。坚持科学发展，转变经济发展方式，表明我们对中国特色社会主义建设规律的把握更加深刻，对中国特色社会主义理论有了进一步的丰富和发展。

（七）经济体制改革及转型理论

社会主义经济体制改革理论是对社会主义经济体制改革实践的总结和概括，是传统社会主义经济理论中没有的内容，是对社会主义经济理论的重大发展。社会主义经济体制改革理论系统地提出：第一，社会主义经济体制改革是在坚持社会主义制度的前提下，改革生产关系和上层建筑中不适应生产力发展的部分。社会主义经济体制改革是社会主义制度的自我完善和发展，其目的是发展社会生产力。第二，判断改革是非得失的标准，主要是看是否有利于发展社会主义社会的生产力，是否有利于增强社会主义国家的综合国力，是否有利于提高人民的生活水平。中国经济体制改革的目标，是建立和完善社会主义市场经济体制。第三，中国的改革是在党和政府的领导下有计划、有步骤、有秩序地进行的渐进式改革，通过"双轨制"逐步过渡到目标模式，比激进式改革更有效、更成功。第四，中国的改革是体制外改革与体制内改革相结合、增量改革与存量改革相结合，先农村后城市、先试验后推广、先易后难。企业改革是经济体制改革的核心，其目的是形成市场活动的主体；价格改革是整个经济体制改革成败的关键，其目的是形成市场竞争的环境。二者相辅相成，缺一不可。不同的阶段，改革的重点可以不完全相同。改革需要一个比较宽松的经济环境。经济体制改革与发展战略转变必须同时进行，相互配合。

第二节　政治经济学的研究对象与方法

一、政治经济学的研究对象

要了解政治经济学是一门什么样的学科，首先要从物质资料的生产谈起。物质资料的生产是政治经济学研究的出发点。

（一）政治经济学的研究基础

马克思说过："面前的对象，首先是物质生产。"[①] 人们要能够生存和发展，必须有衣、食、住等生活资料。这些生活资料从哪里来？只能靠人们自己的生产活动来创造。一个社会如果离开了生产活动，也就失去了基本生活保障，人们便无法生存，更谈不上从事政治、教育、科学、艺术等其他社会活动。马克思说："任何一个民族，如果停止劳动，不用说一年，就是几个星期，也要灭亡，这是每一个小孩都知道的。"[②] 因此，人类的生产活动是最基本的实践活动，是决定其他一切社会活动的东西。物质资料的生产是人类社会生存和发展的基础。

在物质资料的生产过程中，人们首先要与自然界发生关系。物质资料的生产过程，就是人们利用和改造自然，使其适合人们需要的过程。农民为了生产粮食，就要去耕地、除草，与洪水、干旱等做斗争；人们为了有地方居住，就要去烧砖制瓦、平地盖房。人们利用和改造自然、创造物质财富的能力，叫作生产力。生产力是推动社会生产发展的决定因素。生产力越高，社会生产发展水平也就越高，创造的物质财富也就越丰富。生产力发展水平的高低，直接与劳动者的劳动经验和劳动技能的状况、生产工具的完善程度、自然物质的优劣有关。因此，生产力包括劳动对象、劳动资料和劳动者三个要素。

劳动对象是人们在物质生产过程中将劳动加于其上的东西，它是被劳动直接加工改造的对象。木工把木材做成人们需要的桌子、椅子时，木材就是木工加工、改造的对象。劳动对象可以分为两类：一类是没有经过人类劳动加工过的自然物质，如天然水域中的鱼类即捕鱼者的劳动对象，原始森林中自然生长的树木是伐木者的劳动对象；另一类是经过人类劳动加工过的物质，如机器制造厂用的钢材即炼钢工人的劳动产品，纺纱厂用的棉花即农民劳动的产物。经过人类劳动加工过的劳动对象，又称为原料。一切原料都是劳动对象，但劳动对象并不都是原料。随着科学技

[①]　马克思，恩格斯. 马克思恩格斯选集：第 2 卷［M］. 北京：人民出版社，1972：86.

[②]　马克思，恩格斯. 马克思恩格斯选集：第 4 卷［M］. 北京：人民出版社，1972：368.

术的发展，人们逐渐发现了自然物质的许多新的有用属性，并创造出了许多新的材料，加上海底资源的利用、深层矿产的开采，扩大了劳动对象的范围和种类，提高了劳动对象的数量和品质。这对劳动生产的发展产生了重大影响。在花费同样的劳动、使用同样的工具的前提下，人们用良种可以获得更多的粮食，从富矿可以提炼出更多的金属。

劳动资料也称劳动手段，是人们在劳动过程中用以改变或影响劳动对象的一切物质资料和物质条件。劳动者利用这些物质的物理性质和化学性质，改变和影响劳动对象，使其变成适合人们需要的物品。例如：铁匠用洪炉、铁锤，把钢和铁做成刀子和斧头，洪炉和铁锤等就是劳动资料。劳动资料中最重要的是生产工具。它相当于人的器官的延长和扩大。马克思把生产工具称为"生产的骨骼系统和肌肉系统"。随着生产和科学技术的发展，生产工具不断完善。从原始人使用的石块、木棒，到今天的自动机器体系，生产工具发生了根本性的变化。生产工具的发展状况，是社会生产力发展水平的物质标志。除了生产工具以外，劳动资料还包括除了劳动对象以外的一切物质条件，如生产用建筑物、道路、灯光照明等。没有它们，劳动过程就不能正常进行。

生产力的第三个因素是具有劳动经验和劳动技能的劳动者。劳动者是生产力构成要素中最重要的决定性的因素，因为任何先进的生产工具都需要劳动者来创造和使用。如果没有劳动者的操作，任何先进的工具都将变成一堆废物。

生产力的三个要素中，劳动者是生产过程中的人的因素，劳动者的劳动称为生产劳动。劳动对象和劳动资料是生产过程中的物的因素，它们又称为生产资料。生产力中的这三个要素，都与一定的科学技术水平紧密联系着。劳动者的科学技术知识愈丰富，劳动技能就愈高；科学技术愈发展，生产工具就愈先进，劳动对象的范围就愈大，品质就愈高。目前，世界科学技术革命正在蓬勃发展，成为提高生产力的重要源泉，因此，科学技术也是一种生产力，而且是第一生产力。不过，科学技术是通过影响生产力的三个构成要素来影响生产力的发展的，它本身并不构成生产力的一个独立要素。

（二）政治经济学的研究对象

马克思主义政治经济学与资产阶级政治经济学的一个根本区别就在于：资产阶级政治经济学往往只研究生产过程中的表面现象，只看到了人与物的关系和物与物的关系，不愿意研究生产关系的本质问题；而马克思主义政治经济学是透过人与物、物与物的关系，研究生产过程中的人与人的关系，即生产关系。马克思明确指出，《资本论》的研究对象是资本主义生产方式及与之相适应的生产关系和交换关系。因此，马克思主义政治经济学的研究对象是生产关系，是阐明人类社会中支配物质资料生产、交换、分配及消费的客观规律的科学。

在物质资料的生产过程中，人们不仅同自然界发生关系，人们彼此之间也要发生关系。由于单个的人无法与自然力量抗衡，因而孤立的生产实际上是不存在的。物质资料的生产总是社会的生产。在生产过程中，人们只有结成一定的关系进行共同活动和相互交换的活动，才能与自然界发生联系。人们在生产过程中结成的这种关系，叫作生产关系。由于生产活动是最基本的实践活动，因而生产关系是人们最基本的社会关系。生产关系包括三个方面：生产资料的所有制形式、人们在直接生产过程中所处的地位和关系、产品的分配关系。其中，生产资料所有制是整个生产关系的基础，它决定着生产关系中的其他方面。例如：在资本主义制度下，由于生产资料归资本家所有，资本家在生产过程中处于统治和支配的地位，决定了劳动产品的分配形式有利于资本家。但是，生产关系的其他两个方面对生产资料所有制又具有反作用。

（三）政治经济学的研究范围

马克思主义政治经济学并不是孤立地研究生产关系，而是联系相关的领域来研究生产关系。

1. 要联系生产力来研究生产关系

生产力和生产关系的统一，构成物质资料的生产方式。生产力是生产方式的物质内容，生产关系是生产方式的社会形式。它们既矛盾又统一，推动了人类社会生产方式的发展运动。

在生产力和生产关系的矛盾统一体中，生产力是矛盾的主要方面。生产力是最革命、最活跃的因素，社会生产的发展、变化总是先从生产力的发展变化开始的。生产力的发展，使旧的生产关系与它不相适应，要求建立新的生产关系，引起生产关系的相应变化。有什么样的生产力，就会有什么样的生产关系与它相适应。历史上每一种生产关系的出现，归根到底，都是生产力发展的结果。

但是，生产关系并不纯粹是消极的、被动的因素，它可以积极地反作用于生产力。同生产力相适应的生产关系，会促进生产力的发展；同生产力不相适应的落后的或者超前的生产关系，会阻碍生产力的发展。而且，生产关系不能长久地处于与生产力发展不相适应的状态，它迟早要被能适应生产力性质的新的生产关系所代替。生产关系一定要适应生产力，这是人类社会发展的客观规律。

新的生产关系代替旧的生产关系的过程，在不同的社会条件下是不同的。在存在阶级对抗的社会里，这一过程表现为激烈的阶级斗争。这是因为代表腐朽的、陈旧的生产关系的剥削阶级，为了维护自身的阶级利益，总是拼命反对生产关系的变革，维护旧的生产关系。这时，代表新的生产关系的阶级就会通过阶级斗争和社会革命，摧毁腐朽的生产关系，建立适合生产力发展的新的生产关系，从而为生产力的进一步发展开辟道路。所以，在阶级社会里，阶级斗争是社会发展的动力之一。

生产关系要适合生产力性质这个规律，是马克思和恩格斯的伟大科学发现。这一发现使人们科学地认识了人类社会发展的客观过程。在马克思和恩格斯以前，许多资产阶级学者不是把人类社会的变化看作由客观规律支配的客观过程，而是看作由人的理性、道德、良心等心理因素决定的。他们完全用人的意识来解释社会现象，因此，他们是历史唯心主义者。马克思和恩格斯把复杂的社会现象归结为经济关系，即生产关系，而把生产关系的变化又归结为生产力的发展变化。所以，马克思和恩格斯没有借助于道德、良心等意识来说明社会的变化，而是从客观的生产力水平出发，揭示了社会发展的客观规律。列宁说："只有把社会关系归结于生产关系，把生产关系归结于生产力的高度，才能有可靠的根据把社会形态的发展看作自然历史过程。不言而喻，没有这种观点，也就不会有社会科学。"[①]

2. 要联系上层建筑来研究生产关系

生产关系和生产力的矛盾，是推动人类社会发展的基本动力。经济基础和上层建筑的矛盾，是制约社会生产力发展的又一重要因素。生产关系实际上是人们的物质利益关系。生产关系的总和构成社会的经济基础，而在这个经济基础之上建立起来的政治法律制度以及与它相适应的政治、法律、哲学、宗教、文艺等意识形态，统称为上层建筑。经济基础决定上层建筑。有什么样的经济基础，就要求建立什么样的上层建筑为它服务。经济基础的发展变化，要求改变旧的上层建筑，建立与经济基础相适应的新的上层建筑。但是，上层建筑对经济基础也有反作用：与经济基础相适应的上层建筑，会对经济基础起保护、巩固的作用，促进其发展；当经济基础已发生变化，原来的上层建筑不适应已经变化了的经济基础时，它就会阻碍经济基础的发展，甚至还会动员一切力量来破坏经济基础的变革。不过，经济基础的发展最终会摧毁旧的上层建筑，建立起与经济基础相适应的新的上层建筑。

政治经济学是研究生产关系的一门科学。但是，政治经济学并不是孤立地、静止地研究生产关系，因为生产关系不是一成不变的，它总是按照一定的规律在发展、变化着。生产关系的发展，既是由生产力发展水平决定的，又要受上层建筑的制约。所以，政治经济学既要联系生产力，又要联系上层建筑，来揭示生产关系发展、变化的规律性。在人类社会发展的不同历史阶段上，生产关系具有不同的性质和运动规律，所以，政治经济学本质上是一门历史的科学。

3. 要联系物质资料生产的总过程来研究生产关系

物质资料的生产过程是一个经济运动过程。作为政治经济学研究对象的生产关系，是具体体现在经济运动的各个环节上的。因此，我们还必须从物质资料生产总过程的各个环节，来说明生产关系内在的一般关系。

物质资料生产的总过程，是由生产、分配、交换、消费四个环节组成的有机整体。生产是起点，消费是终点，分配和交换则是连接生产与消费的中间环节。生产、分配、交换、消费互相制约、互相依赖，构成生产总过程的矛盾运动。

生产与消费。生产是指人们直接利用和改造自然、创造物质财富的过程。消费分为生产消费和个人消费。生产消费是指生产过程中生产工具、原料、燃料等各种物质资料的使用和活劳动消耗。生产消费的过程本身就是生产过程，它不属于我们要讨论的消费范围。个人消费是指人们为了满足物质文化的需要，对各种物质资料的消耗。通常说的"消费"，就是指的这种个人消费。生产决定消费，这表现在：第一，生产为消费提供对象。如果没有生产创造出来的各种物质资料，就不会有人们对劳动产品的各种消费。生产出来的物质资料的数量和种类，决定了消费的水平和结构。第二，生产决定了消费的方式。生产出什么样的消费工具，就会形成什么样的消费方式。马克思说："饥饿总是饥饿，但是用刀叉吃熟肉来解除的饥饿不同

---

① 列宁. 列宁选集：第 1 卷 [M]. 北京：人民出版社，1972：8.

于用手、指甲和牙齿啃生肉来解除的饥饿。"① 第三，生产的性质决定了消费的性质。资本主义生产不同于社会主义生产，因而资本主义消费也不同于社会主义消费。当然，消费对生产来说并不完全是被动的、消极的，它会反作用于生产。首先，消费使生产得到最终实现。生产出来的产品，如果不进入消费，它就不是现实的产品。只有当产品进入消费，生产行为才算最后完成。其次，消费为生产提供目的和动力。如果没有消费，生产也就失去了意义，人们就不会去从事各种生产活动。单纯为生产而生产，为完成生产指标而生产，实际上是行不通的。

生产与分配。分配包括生产资料的分配和消费品的分配。生产资料的分配是说明生产资料归谁所有的问题，它是进行物质生产的前提，因而它本身也属于生产。消费品的分配是确定个人对消费品的占有份额。这里讲的分配主要是指个人消费品的分配。生产决定分配。首先，被分配的产品只是生产的成果，所以，生产的发展水平决定了可分配的产品和数量。其次，生产的社会性质决定了分配的社会形式，比如资本主义生产就决定了有利于资本家阶级的分配形式。分配对生产也有反作用。与生产相适应的分配制度，会推动生产的发展；反之，则会阻碍生产的发展。

生产与交换。交换包括劳动活动的交换和劳动产品的交换。广义地说，只要有劳动分工，就必然有交换。在原始社会，有的人制造工具，有的人打猎，有的人从事采集、料理家务等，而每个人为满足自己的多种需要，必须相互交换自己的活动。狭义地说，交换是指在等价基础上进行的商品交换。通常说的"交换"就是指这种交换。生产决定交换，是指生产过程中，社会劳动分工的程度决定了交换的范围和规模。分工愈细，交换范围愈广，交换规模愈大。交换对生产也有反作用。交换的发展，又会推动社会劳动分工的发展。比如，商品交换的发展，就有利于促进自然经济向商品经济转化，有利于传统农业向现代化大农业转化。

可见，政治经济学研究的生产关系，并不只是直接生产过程中的关系，还包括分配关系、交换关系和消费关系。也就是说，政治经济学要从物质资料生产过程的各个环节，全面考察人们的生产、分配、交换、消费的各种经济关系。

二、政治经济学的研究方法

要学好政治经济学，就必须掌握政治经济学的方法。

政治经济学的根本方法是唯物辩证法。马克思主义政治经济学是马克思主义哲学最深刻、最全面、最详细的证明和运用。马克思把辩证唯物主义应用到人类社会的研究上，创立了历史唯物主义，并用历史唯物主义的基本观点，对社会经济现象做了深刻研究，在批判资产阶级经济学的基础上，建立了自己的经济学体系。恩格斯说："这种德国的经济学本质上是建立在唯物主义历史观的基础上的"②。因此，要掌握政治经济学的方法，首先就要懂得唯物辩证法。这里只谈几个在政治经济学中运用得十分普遍的具体分析方法。

---

① 马克思，恩格斯. 马克思恩格斯全集：第 46 卷上册［M］. 北京：人民出版社，1979：29.
② 马克思，恩格斯. 马克思恩格斯选集：第 2 卷［M］. 北京：人民出版社，1972：116.

抽象法。马克思说："分析经济形式，既不能用显微镜，也不能用化学试剂。二者都必须用抽象力来代替。"① 经济科学的研究与自然科学不同。自然科学可以借助于显微镜、化学试剂等实验手段，对自然现象的本质联系进行直接观察。而政治经济学对社会经济现象的研究，主要依靠抽象的思维能力。要做到科学地抽象，首先必须收集和占有大量的实际材料，然后运用抽象力对实际材料进行整理、加工、分析，去粗取精，去伪存真，由表及里，从中找出最基本、最简单的东西，并发现它们内在的各种联系。这个过程实际上就是把感性认识上升到理性认识的过程。例如：马克思从产业利润、商业利润、利息、地租等经济现象中，通过研究和抽象，揭示出剩余价值这个范畴。他又在社会各种交换关系中，揭示出价值这个商品经济的基本范畴。只有在抽象出各种经济范畴并发现它们之间的本质联系以后，才能正确地建立起政治经济学的理论体系。因此，我们在研究、认识经济问题时，切忌只看表面现象。因为事物的现象和它的本质往往是不一致的，如果只看现象，就不能把握住它的本质，而会把我们的认识引上歧途。例如：在商品交换中，如果只看现象，就只能看见物与物的关系，不能看到在物物交换下掩盖的人与人的关系，就不能正确认识商品交换的本质。

矛盾分析法。对立统一规律是唯物辩证法的根本规律。根据这个规律，事物的运动产生于事物内部的矛盾性。政治经济学要研究生产关系的发展运动，首先就要分析生产关系内部的各种矛盾关系以及生产关系同它的外部条件的矛盾关系。要揭示简单商品经济的运动规律，就必须分析商品二因素、生产商品的劳动二重性、私人劳动和社会劳动等各种矛盾。通过对这些矛盾的分析，也就揭示了简单商品经济转化为资本主义商品经济的必然性。因此，我们在学习政治经济学、研究各种经济问题时，必须全面地把握它们的各种矛盾关系。

逻辑与历史相统一的方法。所谓逻辑方法，就是按照经济范畴的逻辑顺序和逻辑联系，将研究对象从简单的、抽象的经济关系和经济范畴逐步上升为复杂的、具体的经济关系和经济范畴，以阐明社会经济现象和经济过程的逻辑发展进程。所谓历史方法，就是在研究社会经济现象和经济过程时，按照历史的进程来探求事物发展规律的方法。所谓逻辑与历史相统一的方法，就是在经济研究中，使逻辑推理过程与历史上经济关系的发展过程基本相一致。首先，逻辑推理过程必须符合经济关系的历史发展过程，"历史从哪里开始，思想进程也应当从哪里开始"②。因为逻辑方法本身并不是纯粹的抽象推理，它需要客观历史进程的验证。其次，历史的方法常常受到历史跃动和曲折发展的偶然因素的影响，而逻辑推理方法则能排除这些偶然因素，按照历史本身固有的规律，在成熟、典型的形态上叙述经济范畴的体系，因而逻辑方法并不违背历史过程，就像恩格斯所说的那样："实际上这种方式无非是历史的研究方式，不过摆脱了历史的形式以及起扰乱作用的偶然性而已。"③

理论联系实际的方法。马克思主义政治经济学的范畴和规律，本身就是从现实

① 马克思，恩格斯. 马克思恩格斯全集：第23卷 [M]. 北京：人民出版社，1972：8.
② 马克思，恩格斯. 马克思恩格斯选集：第2卷 [M]. 北京：人民出版社，1972：122.
③ 马克思，恩格斯. 马克思恩格斯选集：第2卷 [M]. 北京：人民出版社，1972：122.

生活中的大量材料里抽象和概括出来的，同时它又在更深的层次上反映了各种经济现象内在的、普遍的联系。政治经济学通过抽象而概括出来的许多原理，还需要回到实践中去证明和检验。可见，理论和实践的统一，是马克思主义政治经济学的一个重要特点。因此，我们在学习和研究政治经济学时，必须把理论和实践结合起来，用理论来分析和指导实践，又用实践来检验和发展理论。在理论和实践的结合上，要防止两种倾向：一种是用实践来轻易否定理论。有的人把政治经济学中的某些原理同实际经济现象作简单对照，一旦发现两者不一致，就轻易否定理论的正确性。这是不对的。因为政治经济学概括的基本原理，是属于经济现象的内在的、本质的联系，而许多经济现象却是歪曲地表现本质的。例如：资本主义工资本质上是劳动力的价值或价格，但现象上却表现为劳动的价值或价格。因此，在遇到政治经济学中的原理与现实经济现象不一致时，我们就要去研究理论与实际为什么会产生偏差，有哪些因素影响它们的偏离。另一种是用理论来否定实践。政治经济学中概括出的经济范畴、规律和原理，都是与一定的历史条件相联系的，如果历史条件已经发生了重大变化，则政治经济学中的某些范畴、规律和原理也要进行新的概括。有的人不顾历史条件的差别和变化，简单地背诵经典作家的个别字句，抱住政治经济学中的某些旧的判断和过时的原理不放。这也是不对的。我们在学习和研究政治经济学时，要注意掌握马克思主义政治经济学的整个理论体系，结合一个国家和地区不同的经济历史条件，来分析政治经济学中揭示的原理在这些国家和地区发生作用的具体的、特殊的形式，判明哪些原理是适用的，哪些原理还必须修改和补充。可见，要做到理论与实践相统一，必须坚持"实践是检验真理的唯一标准"的原则。

此外，在政治经济学的学习和研究中，还应当借鉴和运用自然科学的一些方法，如数量分析方法、系统分析方法等，这会使政治经济学的理论体系更为完善、更切合实际。

第三节　政治经济学的任务和中国经济学的发展

一、政治经济学的任务

任何一种生产关系，总是在一定条件下产生，按照一定规律发展，最后又必然被另一种生产关系所代替。所以，尽管各种生产关系即经济关系从表象看来错综复杂、纷繁无序，而实际上，在各种经济现象背后总是隐藏着各种客观规律。这些客观规律就像一只无形的手，支配着各种经济现象的运动变化。政治经济学既然以生产关系作为自己的研究对象，它的任务就必然是通过对生产关系的研究，揭示各种生产关系产生、发展和变化的规律——经济规律。

经济规律是关于生产关系运动变化的规律。它是经济现象之间的内在的、本质的、必然的联系。例如：在资本主义社会，生产资料资本主义私有制这种经济现象，同资本家赚钱发财、追求剩余价值这种经济现象就存在本质的、必然的联系；因此，剩余价值的生产就是资本主义的经济规律。经济规律总是在一定的经济条件下产生和发生作用，并随着经济条件的变化，或者退出历史舞台，或者在新的条件下改变其作用形式。所以，除了个别的在一切社会形态都起作用的经济规律外，经济规律都是历史的规律。

经济规律同自然规律一样，具有客观性质，即经济规律的产生和发挥作用，不以人的意志为转移。不管人们是否喜欢它，只要存在某种经济条件，同这种经济条件相适应的经济规律就必然要发挥作用。社会经济运动是"受一定规律支配的自然历史过程，这些规律不仅不以人的意志、意识和愿望为转移，反而决定人的意志、意识和愿望。"① 人们不能凭自己的主观意志和法律去发明、改造经济规律，也不能任意消灭经济规律。马克思认为："自然规律是根本不能取消的。在不同的历史条件下能够发生变化的，只是这些规律借以实现的形式。"② 但是，这并不是说人们在经济规律面前无能为力。人们可以通过生产斗争、科学实验和各种社会实践逐渐认识和发现经济规律。人们可以充分发挥自己的主观能动性，自觉利用经济规律，按照经济规律的要求来规划自己的行为，即通常所说的按照经济规律办事，克服工作中的盲目性，提高自觉性，以较快地实现预定的目标。我国经济建设的实践证明：只要按照经济规律的要求办事，建设就能较快地发展；只要违反了客观经济规律，社会主义事业就要遭到挫折，受到客观规律的惩罚。要把经济规律的客观性和人的主观能动性正确地结合起来、自觉地按照客观规律办事，很不容易。要做到这一点，除了加强对各种经济理论的学习外，还必须反复参加社会实践，进行周密的调查研究，坚持实事求是的认识路线，把理论和实践统一起来。

经济规律按它们发生作用的经济条件不同，大体上可以分为三类。第一类，在一切社会经济形态中均发生作用的经济规律。只要有社会生产存在，不管是哪种社会，这种经济规律都必然存在并发生作用。如生产关系要适应生产力性质的规律。这种在一切社会形态都起作用的经济规律，人们称它为一般经济规律。第二类，在某几个社会经济形态中起作用的经济规律。在某几个社会里，由于存在着相同的经济条件，某些经济规律就必然在这几个社会存在并发生作用。例如：商品交换和商品生产在奴隶社会、封建社会、资本主义社会、社会主义社会都存在，因此，商品生产的基本规律——价值规律在这些社会形态里都存在并发生作用。这种在某几个社会形态里都存在并发生作用的经济规律，一般称为共有经济规律。第三类，只在某一种社会经济形态里发生作用的经济规律。由于有些经济规律产生并发生作用的经济条件只在某一种社会存在，因此，这些经济规律就只能在某一种社会存在并发生作用。例如，剩余价值规律、资本积累规律，就只能在资本主义社会存在。而按劳分配规律就只能在社会主义社会发生作用。这种只在某一个社会形态存在并发生作用的经济规律，称为特有经济规律。

在一个社会形态里，会有许多个特有经济规律存在并发生作用，它们和共有经济规律一起构成该社会经济制度的规律体系。在这些规律中，有一个起着决定作用

---

① 列宁. 列宁全集：第1卷 [M]. 北京：人民出版社，1955：146.
② 马克思，恩格斯. 马克思恩格斯选集：第4卷 [M]. 北京：人民出版社，1972：368.

的经济规律，即基本经济规律。基本经济规律与其他特有经济规律不同，它表明了社会生产的目的，并决定着社会生产发展的主要方面和主要过程。所以，基本经济规律能够体现该生产方式的基本特征，而其他特有经济规律只决定社会生产的个别方面，并在这个特定的方面起作用。

一方面，各个社会形态由于存在着共有经济规律而相互联系。例如，资本主义社会和社会主义社会都是社会化的商品生产，因而都存在价值规律、货币流通规律、竞争规律等，使社会主义社会与资本主义社会都存在着某些共同的经济运行机制。另一方面，特有的经济规律又把各个社会形态区别开来。资本主义基本经济规律与社会主义基本经济规律完全不同，这就决定了两种社会性质上的区别。政治经济学的任务，就是要揭示人类社会生产关系发展不同阶段上的各种经济规律。这些经济规律既包括共有经济规律，又包括特有经济规律。

由于经济规律性质与类型的不同，这就决定了以揭示经济规律为己任的政治经济学也有所细分。政治经济学可以分为广义的政治经济学和狭义的政治经济学。广义的政治经济学着重揭示人类社会发展过程中的一般经济规律或共有经济规律。恩格斯认为："政治经济学，从最广的意义上说，是研究人类社会中支配物质生活资料的生产和交换的规律的科学。"[①] 它是"一门研究人类各种社会进行生产和交换并相应地进行产品分配的条件和形式的科学"[②]。狭义的政治经济学着重揭示的是个别社会发展过程中的经济运动的规律，即适用于人类社会个别发展阶段上的特有经济规律。

政治经济学要揭示资本主义经济的内在矛盾，揭示社会主义社会代替资本主义社会的历史必然性。从这个意义上讲，政治经济学提供了无产阶级进行阶级斗争、争取阶级利益的思想武器。因此，政治经济学要研究商品价值、剩余价值的生产、流通和分配，要研究资本积累的一般规律，要研究资本主义社会再生产的矛盾和经济危机的根源。资本主义制度在欧美国家确立其统治地位至今，已有一百多年历史。在相对比较短暂的一个世纪中，资本主义国家的社会生产力得到了迅速的发展，经济增长了几十倍，大多数社会成员的经济收入和享受到的社会福利也不断增加，人们的物质生活也变得越来越丰富。但是，资本主义不可能创造永久的"神话"。20世纪七八十年代以后，随着第二次世界大战后严重的"滞胀"，新自由主义思潮的崛起，经济社会结构深层变化，资本主义进入了一个新的垄断后的发展阶段。如何认识和揭示当代资本主义经济的运动规律，以及资本主义发展的历史趋势，是政治经济学面临的新任务。我们要坚持马克思主义的方法，用辩证唯物主义和历史唯物主义的观点来认识当代资本主义在剩余价值生产、分配过程和劳资关系等层面上发生的新现象和新问题。关于资本主义发展的历史趋势，我们应该看到资本主义本身所具有的开放性和自我调节能力以及不断容纳先进生产力的能力，决定了它在相当长的时间内仍然具有生存和发展的历史空间，它向社会主义的过渡将是一个比原来

15

① 马克思，恩格斯. 马克思恩格斯选集：第3卷 [M]. 北京：人民出版社，1972：186.
② 马克思，恩格斯. 马克思恩格斯选集：第3卷 [M]. 北京：人民出版社，1972：189.

的预测要漫长得多的历史过程。马克思在《〈政治经济学批判〉序言》中也曾强调："无论哪一个社会形态，在它们所能容纳的全部生产力发挥出来以前，是决不会灭亡的；而新的更高的生产关系，在它存在的物质条件在旧社会的胎胞里成熟以前，是决不会出现的。"① 当代资本主义的新变化只不过是其客观历史规律在现阶段发生作用的必然结果而非最终结果，资本主义必然被社会主义所代替的历史趋势并没有改变。关于这一过程的长期性，我们应有充分的认识。

政治经济学的重要任务还包括根据当代社会主义特别是中国特色社会主义的伟大实践，揭示社会主义社会的发展规律。马克思主义认为，人类社会形态的更迭是一个不以人们的意志为转移的自然历史过程。社会主义代替资本主义这一历史发展的客观趋势，根源于资本主义生产方式的基本矛盾，是资本主义社会生产关系和生产力矛盾运动的必然结果。马克思主义政治经济学通过对生产社会化和资本社会化发展趋势的分析，得出了公有制必然取代资本主义私有制的结论，并为未来社会提出了一些初步的设想。其中，对社会主义经济运动及其发展规律的认识来自社会主义实践，特别是建设中国特色社会主义和构建社会主义市场经济体制的伟大实践。这一伟大实践把马克思主义经济学推向了一个新的发展阶段，即抛弃传统的理论模式即"苏联范式"，转变为解释、揭示社会主义市场经济的生产关系和运行机制的经济学即社会主义市场经济理论。社会主义市场经济理论的主要任务就是以马克思主义为指导，研究社会主义基本经济制度的建立和我国社会主义初级阶段的基本特征及主要任务，研究和揭示社会主义市场经济运行和发展中的一般规律，研究建设中国特色社会主义的重大理论和实践问题如社会主义市场经济中的所有制、企业制度、市场体系、宏观调控、对外开放和经济发展等，为我国现阶段的经济发展和经济改革提供正确的思想指导和决策依据。

二、中国经济学的发展

构建社会主义市场经济体制是一场史无前例的、全面的制度创新，实现这一场伟大的历史变革需要进行深入彻底的理论创新。21世纪中国的经济改革和发展提出了一系列新的课题，需要有适应中国国情、揭示中国经济发展规律的经济学。近年来，经济理论界关于中国经济学走向何处、如何构建中国经济学的问题讨论得非常激烈。讨论主要集中在以下几个方面：

1. 关于坚持和发展马克思主义经济学的问题

政治经济学是马克思主义的重要组成部分，构建中国经济学的基本出发点，就是要坚持和发展马克思主义经济学。中国经济体制改革的总设计师邓小平提出了建设有中国特色的社会主义理论，依据马克思的基本理论，冷静地总结了国际和国内建设社会主义的经验，基于中国新时期的新情况和新实践，对什么是社会主义、如何建设社会主义这一根本问题以及在中国如何实行改革开放、发展社会主义市场经济等重大问题进行了新的探索，提出了一系列新原理和新命题。邓小平理论的形成

---

① 马克思，恩格斯. 马克思恩格斯选集：第2卷 [M]. 北京：人民出版社，1972：83.

和发展是马克思主义在当代发展的典范，它证明了马克思主义经济学不是教条，而是一门在继承的基础上发展、在发展中不断丰富和完善的科学。坚持和发展马克思主义经济学的含义，一是要坚持马克思主义经济学的基本原理、基本观点和基本方法，使之成为中国经济学理论体系的基础；二是要运用这些基本原理、基本观点和基本方法来认识、分析当代资本主义和社会主义发展过程中的新问题、新现象；三是要理论联系实际，结合不断发展的实践特别是中国经济改革与发展的实践进行理论创新，在理论联系实际中发展马克思主义经济学，构建中国经济学的新体系。

2. 关于如何对待西方经济学的问题

改革开放以来，中国的经济学研究以开放的态度，引进和吸收了现代西方经济学的许多概念、理论范式和分析工具，增强了经济学对社会经济现象和中国改革发展中的实际问题的阐释力，推动了中国经济学的进步。经济学作为研究人类社会行为即在资源短缺情况下的行为选择的科学，本身有着一般规定性，它的一些基本原理和方法并不因为国家的差别而有所不同，因为资源短缺及其有效配置是任何社会都要遇到和解决的问题，实现最大经济福利也是任何社会所要追求的目标。西方经济学对中国经济学的发展可以起到借鉴作用。在对待西方经济学的问题上，既要看到马克思主义经济学与西方经济学是两种不同的理论体系，又要看到我们需要从西方经济学中吸收合理成分和精华来发展马克思主义经济学，构筑中国经济学的理论大厦。中国经济学的任务是立足于中国的社会主义实践，提出自己的独特问题，形成自己的理论，做出自己的解释，解决自己的问题，从而使中国经济学成为一门"面对真实世界"的经济学和"学以致用"的经济学。

3. 关于拓宽经济学研究范围的问题

中国经济学的重要任务，是从理论上阐明中国特色社会主义运行、发展的客观规律。包括改革开放过程中所有制结构的改革、经济体制结构的优化、经济组织形式的创新等，这些都属于社会主义生产关系的内容。因此，将中国经济学定义为研究生产关系的学科并没有过时。进入 21 世纪后，中国与世界经济一样面临着新的环境和约束条件，技术创新、环境与生态、政府功能、人力因素（包括素质、智力、心理、健康等）以及社会文明对经济发展将起着越来越重要的作用。因此，政治经济学的研究不能只局限于生产关系，而应开阔视野，拓展自己的研究范围，形成与自然科学以及社会科学中的社会学、政治学、历史学、生态环境学等学科的跨学科交叉研究，以增强经济学对越来越复杂的社会经济现象的解释能力。

4. 关于改进经济学研究方法的问题

科学的理论必须有科学的方法。中国经济学的研究方法是：第一，要坚持历史唯物主义和辩证唯物主义，这是马克思主义的根本方法。第二，要用好科学抽象法，要从大量经济运行层次的经济现象、经济活动中找到基本经济关系的规律与性质，提炼出经济学的一般范畴，并从反映事物一般规律的抽象范畴上升到具体表现，从而在本质上把握现实。第三，要引入和正确使用数学工具。现代西方经济学中大量使用数学工具、统计方法和数学模型已成为一种趋势。但是数学不能代替理论分析，数学不能创造出思想，数学只是表达思想和理论逻辑关系的工具。构建中国经济学，要在坚持历史唯物主义的基本方法和科学抽象法、对经济现象进行理论分析（定性分析）的前提下，充分重视现代经济学的定量分析，把定性分析与定量分析结合起来，用数学和其他有用的分析方法充实自己的经济学分析"工具箱"。

第四节　学习政治经济学的意义

政治经济学是马克思主义的三个组成部分之一。由马克思、恩格斯创立并在实践中不断丰富发展的学科——马克思主义政治经济学，不仅为无产阶级提供了阶级斗争的思想武器，也是社会主义经济建设的行动指南。学习本书具有以下重要意义：

第一，本书分为资本主义部分和社会主义部分，总体上论述了资本主义经济制度和社会主义的基本经济制度及社会主义初级阶段的基本经济关系，并且从历史与现实两个角度，从理论与实践结合上论述和阐释了当代资本主义的经济特征和运动规律，阐释了社会主义基本经济制度的特征和社会主义社会发展的阶段性和初级阶段的特征，阐释了在当代实践中社会主义经济是怎样运行的、其规律是什么。学习政治经济学理论，可以全面地理解和把握资本主义经济和社会主义经济的特征、本质和运行规律。

第二，马克思主义政治经济学研究的资本主义经济，其运动形式是市场经济，其许多理论在去掉资本主义经济关系的规定性以后，对现阶段社会主义市场经济也是适用的。特别是政治经济学的社会主义部分以社会主义市场经济建设过程中提出的重大理论和实践问题为主攻方向，研究社会主义市场经济中的基本经济关系、运行机制、经济体制、经济组织、宏观经济政策、经济增长和发展等，为社会主义实践中出现的经济现象提供了经济解释。学习政治经济学对我们进行社会主义经济建设和完善社会主义市场经济体制有着重要的现实意义。

第三，马克思主义政治经济学是经济学科的基础理论，也是财经类各专业理论共同的理论基础。学好政治经济学理论，有助于学好财经类各门专业课。马克思主义政治经济学坚持和运用了辩证唯物主义和历史唯物主义的立场、观点和方法，学习它有助于我们树立正确的世界观，掌握科学的方法论，提高在经济以及政治、文化等领域提出问题和分析问题的能力，提高从事各项经济建设和促进经济发展的自觉性。

小　结

（1）马克思和恩格斯在 19 世纪中叶创立了马克思主义政治经济学。它批判地继承了古典政治经济学中的合理成分，在科学的劳动价值论基础上建立了阐述和揭示资本主义的生产、交换、分配和消费过程中经济关系及运动规律的理论体系。

（2）中国共产党领导中国人民创造性地把马克思主义基本原理与中国改革开放和社会主义现代化建设实践相结合，形成了中国特色社会主义理论体系。中国经济体制改革在各个领域的深入推进，促进了传统社会主义经济理论的突破、创新和发展。这些理论都是对中国改革开放和社会主义现代化建设实践的理论总结，是对马克思主义政治经济学的最新贡献。

（3）物质资料的生产是政治经济学研究的出发点。物质资料的生产是人类社会生存和发展的基础。在物质资料的生产过程中，人们不仅同自然界发生关系，彼此之间也要发生关系。人们在生产过程中结成的这种经济关系，叫作生产关系。由于生产活动是最基本的实践活动，生产关系是人们最基本的社会关系。马克思主义政治经济学的研究对象是生产关系。

（4）要学好政治经济学，就必须掌握政治经济学的方法。政治经济学的根本方法是唯物辩证法。

（5）政治经济学的任务是通过对生产关系的研究，揭示各种生产关系产生、发展和变化的规律——经济规律。政治经济学要揭示资本主义经济的内在矛盾，揭示社会主义社会代替资本主义社会的历史必然性。政治经济学的重要任务还包括根据当代社会主义特别是中国特色社会主义的伟大实践，揭示社会主义社会的发展规律。

（6）构建社会主义市场经济体制是一场史无前例的、全面的制度创新，实现这一场伟大的历史变革需要进行深入彻底的理论创新。21世纪中国的经济改革和发展，提出了一系列新的课题，需要有适应中国国情、揭示中国经济发展规律的中国经济学。

（7）由马克思和恩格斯创立，并在实践中不断丰富发展的马克思主义政治经济学，不仅为无产阶级提供了阶级斗争的思想武器，也是社会主义经济建设的行动指南。学习政治经济学具有重要的意义。

复习思考题

1. 解释下列名词概念：

物质资料生产过程　　　　生产力　　　　生产关系　　　　经济规律

社会主义初级阶段　　　　　社会主义市场经济理论

2. 怎样认识政治经济学的对象和方法？

3. 如何理解经济规律的客观性？

4. 现阶段学习政治经济学有什么意义？

5. 如何认识中国社会主义经济实践与政治经济学理论创新？

阅读书目

1. 马克思. 资本论：第 1 卷. 序言和跋［M］//马克思，恩格斯. 马克思恩格斯全集：第 23 卷. 北京：人民出版社，1972：7-44.

2. 马克思，恩格斯. 共产党宣言［M］. 北京：人民出版社，1972.

3. 吴敬琏. 当代中国经济改革［M］. 上海：上海远东出版社，2004.

4. 刘诗白. 构建面向 21 世纪的中国经济学［M］. 成都：西南财经大学出版社，2001.

5. 李义平. 经济学百年：从社会主义市场经济出发的选择与评价［M］. 北京：生活·读书·新知三联书店，2007.

参考文献

1. 马克思. 资本论：第 1 卷［M］//马克思，恩格斯. 马克思恩格斯全集：第 23 卷. 北京：人民出版社，1972.

2. 马克思，恩格斯. 共产党宣言［M］//马克思，恩格斯. 马克思恩格斯选集：第 1 卷. 北京：人民出版社，1972.

3. 胡锦涛. 高举中国特色社会主义伟大旗帜 为夺取全面建设小康社会新胜利而奋斗：在中国共产党第十七次全国代表大会上的报告［R］. 北京：人民出版社，2007.

4. 刘诗白. 构建面向 21 世纪的中国经济学［M］. 成都：西南财经大学出版社，2001.

5. 逄锦聚，洪银兴，林岗，等. 政治经济学［M］. 北京：高等教育出版社，2007.

6. 刘诗白. 马克思主义政治经济学原理［M］. 成都：西南财经大学出版社，2006.

7. 刘诗白. 社会主义市场经济理论［M］. 成都：西南财经大学出版社，2004.

第一章
商品与货币

学习目的与要求： 本章通过对商品经济的基本范畴即商品和货币的分析，揭示了商品和货币所体现的社会生产关系及其运动规律。通过本章的学习，学生可掌握马克思的劳动价值学说的基本内容，明确价值的质的规定性和量的规定性，理解商品生产的内在矛盾，认识货币的本质和职能以及货币流通规律，能够分析价值规律的不同作用。

第一节　商　品

马克思主义政治经济学对资本主义经济制度的研究，是从商品分析开始的。简单商品生产是资本主义生产的历史起点，商品是资本主义的经济细胞。资本主义生产是以私有制为基础的商品生产的最高形式，因此，在资本主义社会，商品生产占统治地位，社会财富表现为一个惊人庞大的商品堆积；单个商品表现为它的元素形式，包含着资本主义一切矛盾的萌芽。所以，研究资本主义生产关系，必须从商品分析开始。

一、商品的二因素：使用价值和价值

商品是用于交换的劳动产品。任何商品都具有使用价值和价值两个因素。商品是使用价值和价值的统一体。

（一）使用价值

商品的使用价值就是商品能够满足人们某种需要的有用性。任何商品，首先必须能够满足人们某种需要，即具有某种使用价值。如有的商品（粮食、衣物等）可以当作生活资料直接满足人们生活消费的需要，有的商品（机器设备、电力等）可以直接当作生产资料满足人们生产消费的需要。商品的有用性寓于商品自身之中，因而马克思主义政治经济学在使用"使用价值"这一概念时，有时指的是物的有用性，有时又指的是商品本身。比如，我们既可以说粮食有使用价值，又可以说粮食是使用价值。不同的商品或使用价值的数量，是用不同的度量单位来计量的，例如布匹的数量用长度单位计量，粮食用重量单位计量。

商品的使用价值是由商品体的物理、化学等自然属性决定的。同一种商品具有

21

多种自然属性，因而具有多方面的使用价值，如煤可以做燃料，又能做化工原料等。不同种商品具有不同的自然属性，因而有不同的使用价值。商品的多方面的使用价值，是随着人们生产经验的积累和科学技术的发展而逐步被发现的。在一切社会形态中，使用价值都是构成社会财富的物质内容。例如小麦，不管是奴隶、农奴还是雇佣工人种植的，都具有同样的使用价值。也就是说，物品的使用价值是不体现特定社会经济关系的。

但是，这里考察的使用价值是商品的使用价值。商品的使用价值与一般物品的使用价值相比，具有如下特点：第一，必须对别人有用，是社会的使用价值；第二，必须是劳动产品的使用价值；第三，必须是通过交换让渡给别人，才能进入消费的使用价值，从而是交换价值的物质承担者。从这个意义上讲，商品的使用价值又是一个历史范畴。

（二）交换价值和价值

具有使用价值的物品一旦进入市场交换，就具有了交换价值。交换价值首先表现为一种使用价值同另一种使用价值相交换的数量关系或比例。例如在古代物物交换的集市上，某个生产者用5千克盐换了另一生产者的20千克谷物，这20千克谷物就是5千克盐的交换价值。或者该生产者还可以用5千克盐换回其他使用价值，比如从织布者那里换了3米布。这时5千克盐的交换价值又表现为3米布。可见，一种商品在与其他多种商品相交换时，会形成不同的数量比例关系，因而可以有多种交换价值。一种商品的交换价值，会随时间和地点的变化而变化。但是，一般来说，在同一时间的统一市场上，每一种商品都有为众多交换者共同认可的统一的交换价值。

为什么5千克盐的交换价值等于20千克谷物或者3米布？不同使用价值的商品之所以能够按照一定比例相交换，表明它们存在着某种共同的东西。这种共同的东西是什么呢？有些西方经济学家认为，这种共同的东西是商品的效用。他们认为，商品的效用越大，它的交换价值越大；反之，效用越小，交换价值也越小。这种观点有其局限性。因为不同商品的使用价值在质上是不同的，不同质的东西在量上是无法进行比较的。可见，不同商品在交换时所具有的共同东西不是使用价值。如果把商品的使用价值撇开，商品就只剩下一种属性，即一切商品都是劳动产品这种属性。一切商品都凝结着一定数量的无差别的一般人类劳动。这种凝结在商品中的无差别的人类劳动的性质相同，因而在数量上可以比较，它构成了商品的价值。两种使用价值不同的商品之所以能够按一定数量比例交换，原因就在于交换双方耗费的劳动量是相等的，或者说双方的价值是相等的。由此可见，价值是交换价值的内容或基础，而交换价值是价值的表现形式。

[阅读专栏]

钻石和水的价值悖论

亚当·斯密在《国富论》第一卷第四章中提出了著名的价值悖论："没有什么东西比水更有用，但它几乎不能购买任何东西。……相反，一块钻石只有很小的使用价值，但是通过交换可以得到大量其他商品。"

西方经济学家都认为，亚当·斯密在他写作经典的《国富论》的十年前发表的一篇讲演中就解决了钻石和水的悖论：钻石和水的价格不同是因为稀缺性不同。斯密说："仅仅想一下，水是如此充足便宜以至于提一下就能得到；再想一想钻石的稀有……它是那么珍贵。"斯密注意到一个迷失在阿拉伯沙漠里的富裕商人会以很高的价格来评价水。而如果工业能成倍地生产出大量的钻石，钻石的价格将大幅度下跌。

然而十年后写作《国富论》时，斯密突然从价格中分离出效用，将使用价值和交换价值区分开。水很有用途，但只有很小的价值；一颗钻石几乎没有用途（这指钻石被用于工业之前），但有巨大的交换价值。

斯密的使用价值和交换价值的二分法对整个经济学理论的影响远远比他意识到的要强，因为这一区分的本质揭示了资本主义生产是"为赚钱而生产"而非"为使用而生产"。为此，两百多年来，西方主流经济学家对斯密的这一观点持批判态度。19世纪70年代，三个经济学家——门格尔、杰文斯和瓦尔拉斯分别提出价格由商品的边际效用来决定，而不是由它们的全部效用决定。水是丰富的，增加一单位水很便宜，而钻石是极端稀缺的，增加一单位钻石是昂贵的。这已经"科学地"解决了钻石和水的价值悖论。他们追溯到学院派甚至亚里士多德的边际传统的恢复。

西方经济学在向经济学的边际革命发展的同时，卡尔·马克思却继承并发展了亚当·斯密价值理论，发展了劳动价值论。马克思区分了"价格"和"价值"两个不同的概念，并进一步指出，"供求"只是影响价格的因素之一，而"价值"才是价格的决定因素。马克思继承和完善了亚当·斯密的"交换价值"理论，指出交换价值的基础是价值，交换价值只是价值的表现形式。

（三）使用价值和价值的关系

商品是使用价值和价值的矛盾统一体。缺少这两个因素中的任何一个，物品都不可能成为商品。商品的使用价值和价值的统一性是互相依存、互为条件的。这主要表现在：①任何物品如果没有使用价值，就没有价值，因而不是商品。例如，生产中产生的废品没有使用价值，即使花费了大量劳动也不会形成价值，因而也不能成为商品。②未经人类劳动创造的物品虽有使用价值，但没有价值，不能成为商品。例如，空气、阳光、天然草地等。③有些物品虽有使用价值，也是劳动产品，但不是为了交换，而是用于自己的消费或无偿提供给别人消费。这种只具有使用价值而无价值的物品也不是商品。例如，农民自己生产的用来满足自己需要的农产品以及用于馈赠的农产品。由此可见，任何商品必须同时具有使用价值和价值两个因素。

商品的使用价值和价值既是统一的，又是互相矛盾的，即相互对立、相互排斥的。这主要表现在：①使用价值是商品的自然属性，价值是商品的社会属性，它体现商品生产者相互交换劳动的社会关系。②商品的使用价值和价值对于生产者和购买者来讲，只能实现其中一种属性，不能同时两者兼而有之。商品生产者生产商品是为了交换，商品对他来讲，有意义的不是使用价值，而是价值。但他要实现价值，就必须把使用价值让渡给购买者。商品购买者购买商品是为了消费，商品对他来讲，有意义的是使用价值。他要获得使用价值，必须支付商品的价值。③商品使用价值和价值的矛盾只有通过交换才能解决，一旦交换失败，就意味着商品价值不能实现，使用价值不能进入消费，商品的内在矛盾也就充分地暴露出来了。

二、劳动的二重性：具体劳动和抽象劳动

商品是由劳动创造的。生产商品的劳动，一方面是具体劳动，另一方面是抽象劳动。

在商品生产中，人们为了生产满足各种不同需要的商品，就要进行各种特定形式的劳动，这些劳动的目的、对象、工具、操作方法和结果都是不同的。这种特定形式下进行的劳动，叫作具体劳动。具体劳动是劳动的自然属性，体现着人与自然的关系。具体劳动同物质要素相结合，创造使用价值。作为创造使用价值的具体劳动是人类生存和社会发展的基础和条件，是不以社会形态的变化为转移的。

生产商品的劳动，除了千差万别的具体劳动这一面外，还有共同的一面，即它们都是人类劳动力的支出，都是人的脑、肌肉、神经、骨骼等的耗费。从这个意义上讲，它们都是无差别的人类劳动或一般人类劳动。这种撇开其具体形式的同质的、无差别的一般人类劳动，叫作抽象劳动。商品价值是无差别的一般人类劳动的凝结，实际上就是抽象劳动的凝结。抽象劳动形成商品价值。抽象劳动是劳动的社会属性，反映了商品生产者之间的社会关系，是社会劳动在商品生产中的特殊形式，同价值一样是一个历史范畴。

具体劳动和抽象劳动是生产商品同一劳动的两个方面，而不是两次支出的劳动。商品的二因素是由生产商品的劳动二重性决定的。具体劳动创造使用价值，它解决的是人与自然之间的物质交换，但它并不是所生产的使用价值的唯一源泉。抽象劳动形成价值，它体现的是人与人之间的社会关系，是创造价值的唯一源泉。

生产商品的劳动二重性，是首先由马克思发现并加以科学论证的。劳动二重性学说的创立使劳动价值理论建立在科学的基础之上，并为剩余价值理论的创立奠定了理论前提，进而为资本有机构成理论、资本积累理论、资本主义再生产理论等一系列理论提供了理论基础。它是理解政治经济学的枢纽。

三、商品价值量

商品的价值有质的规定性和量的规定性两方面。从质的规定性讲，它是物化在商品中的抽象劳动，是无差别的人类劳动的凝结。从量的规定性讲，它是由实现在商品中的劳动量决定的。劳动量又是由劳动时间来衡量的。要考察商品价值量的规定性，必须研究以下几个问题：

（一）个别劳动时间与社会必要劳动时间

商品价值量不是由个别劳动时间决定的，而是由社会必要劳动时间决定的。

个别劳动时间，是指个别商品生产者生产某种商品实际耗费的劳动时间。由于各个商品生产者的生产技术条件、劳动熟练程度和劳动强度的不同，他们生产同一

种商品所耗费的个别劳动时间也各不相同。这种千差万别的个别劳动时间不能决定商品的价值量，商品的价值量只能由社会必要劳动时间决定。

社会必要劳动时间，是指"在现有的社会正常的生产条件下，在社会平均的劳动熟练程度和劳动强度下制造某种使用价值所需要的劳动时间"[①]。所谓现有的社会正常的生产条件，是指当时社会上某一生产部门内大多数生产者普遍使用的生产条件。在这种条件下，社会必要劳动时间以大多数生产者所能达到的熟练程度和劳动强度为准。

个别劳动时间与社会必要劳动时间的矛盾运动，对于商品生产者的成败具有决定性的意义。如果某个商品生产者的个别劳动时间等于社会必要劳动时间，他的商品按社会必要劳动时间决定的价值量进行交换，那么他生产这种商品所耗费的劳动就会得到完全的补偿；如果个别劳动时间高于社会必要劳动时间，他的商品也只能按社会必要劳动时间决定的价值量进行交换，那么他生产这个商品所耗费的劳动就有一部分得不到补偿，在竞争中处于不利地位；如果个别劳动时间低于社会必要劳动时间，他的商品按社会必要劳动时间决定的价值量进行交换，那么他的劳动不仅能全部得到补偿，而且还可以得到更多的收益，在竞争中处于有利的地位。由此可见，个别劳动时间高于或低于社会必要劳动时间，直接关系到商品生产者的利益、地位和命运。

（二）简单劳动和复杂劳动

不同生产者的劳动不是均质的。生产商品的劳动可以区分为简单劳动和复杂劳动。简单劳动是指一定社会条件下，不需要专门训练和学习、一般劳动者都能胜任的劳动。复杂劳动则是需要经过专门训练和学习、有一定技术专长的劳动。

简单劳动和复杂劳动在同一时间内所创造的价值是不相同的。一个小时的复杂劳动所创造的价值往往高于几个小时简单劳动所创造的价值，因而复杂劳动是倍加的简单劳动。复杂劳动的报酬要比简单劳动的报酬高一些也就理所当然了。在商品交换中，不仅要把不同的具体劳动还原为抽象劳动，而且也要把复杂劳动还原为简单劳动。商品的价值量是由复杂劳动换算成简单劳动的社会必要劳动时间决定的。

简单劳动与复杂劳动的区别是相对的。随着科学技术的发展以及文化教育水平的提高，过去的复杂劳动现在可能成为简单劳动。整个社会区分复杂劳动与简单劳动的标准会不断提高。但是，就一定时期而言，复杂劳动与简单劳动区分的标准，仍然是客观存在的。

（三）劳动生产率和商品价值量

商品价值量是由社会必要劳动时间决定的，生产商品的社会必要劳动时间不变，商品的价值量也不变。但是，生产商品的社会必要劳动时间并不是一个不变的量，它是随劳动生产率的变化而变化的。因此，研究商品价值量还必须考察劳动生产率和价值量的关系。

劳动生产率是指具体劳动生产使用价值的能力或效率。劳动生产率可以用两种

① 马克思，恩格斯. 马克思恩格斯全集：第23卷［M］. 北京：人民出版社，1972：52.

方法来表示。一是用同一劳动在单位时间内生产某种产品的数量来表示，单位时间内生产的产品数量越多，劳动生产率就越高；反之，单位时间内生产的产品数量越少，劳动生产率就越低。二是用生产单位产品所耗费的劳动时间来表示。生产单位产品所需的劳动时间越少，劳动生产率就越高；反之，生产单位产品所需的劳动时间越多，劳动生产率就越低。

在人类历史发展过程中，劳动生产率呈现不断提高的趋势。劳动生产率的高低取决于多种因素：劳动者的平均熟练程度，生产过程的社会组织，科学技术的发展及其在生产中的应用程度，生产资料的规模和效能，各种自然条件等。

无论劳动生产率怎样变化，同一劳动在同一时间内所形成的价值总量是相同的。劳动生产率的变化只影响单位商品内包含的价值量。劳动生产率越高，在同一时间内生产的使用价值就越多，生产单位商品所耗费的劳动时间就越少，该商品的价值量就越小；反之，劳动生产率越低，在同一时间内生产的使用价值就越少，生产单位商品所耗费的劳动时间就越多，该商品的价值量就越大。例如，某个劳动者原来每小时生产 2 件产品，每件产品价值为 1/2 劳动小时。现在劳动生产率提高一倍，每小时生产 4 件产品，每件产品的价值是 1/4 劳动小时。因此，马克思说："商品的价值量与体现在商品中的劳动的量成正比，与这一劳动的生产力成反比。"①

四、简单商品生产的基本矛盾：私人劳动和社会劳动的矛盾

在以私有制为基础的简单商品生产条件下，生产商品的劳动，既是私人劳动，又同时具有社会劳动的性质。这是由商品生产赖以存在的基本条件决定的：一方面，由于生产资料的私有制，各个生产者独立地从事生产经营活动，生产什么、生产多少、怎样生产，完全是他个人的私事，劳动产品也归他私人占有和支配，生产商品的劳动具有私人劳动的性质。另一方面，由于社会分工的存在，每个生产者生产的商品都是为了满足别人的需要，而他自己所需要的商品又总是依靠别人供给。商品生产者之间总是互相联系、互相依存的。每个商品生产者的劳动都是社会总劳动的一部分，生产商品的劳动又具有社会劳动的性质。

在以私有制为基础的商品经济中，商品生产的私人劳动和社会劳动之间存在着矛盾，即直接的私人劳动和间接的社会劳动之间的矛盾。直接私人劳动产生的产品，是否在品种和数量上符合社会需要，只有通过市场的商品交换，商品被卖出去之后，个人的私人劳动才被社会承认。一旦商品卖不出去，他的私人劳动就无法转化为社会劳动。尽管他在生产这些商品的时候曾进行了一定的具体劳动、创造了一定的使用价值，但是商品不为社会所需要，他的劳动就没有被承认为无差别的一般人类劳动；而没有被承认为抽象劳动，产品不仅失去了社会使用价值的意义，也不会实现它的价值。由此可见，商品的内在矛盾，即使用价值和价值的矛盾、具体劳动和抽象劳动的矛盾都根源于私人劳动和社会劳动这对商品生产的基本矛盾，而商品的其他矛盾都是这对基本矛盾的具体表现。

① 马克思，恩格斯. 马克思恩格斯全集：第 23 卷［M］. 北京：人民出版社，1972：53-54.

随着商品经济的发展，私人劳动和社会劳动的矛盾也取得了不同的转化形式。在资本主义商品经济中，私人劳动和社会劳动的矛盾发展为生产社会化和资本主义私人占有形式之间的矛盾，成为资本主义一切矛盾的总根源。

第二节　货　币

一、价值形式的发展和货币的起源

商品是使用价值和价值的统一，因而商品也就具有二重形式：使用价值形式和价值形式。使用价值形式就是商品本身的物质形式，即商品的自然形式。价值形式即交换价值，是商品的社会形式。以货币来表现价值是价值形式发展的最终结果。

研究价值形式及其发展，是为了说明价值以及价值量如何通过价值形式表现出来，同时也是为了揭示货币的起源和本质。

价值形式的发展和商品交换的发展的历史进程是一致的。它经历了四个阶段。

(一) 简单的、个别的或偶然的价值形式

简单的、个别的或偶然的价值形式，即一种商品的价值偶然地表现在另一种商品上。例如 1 只绵羊和 2 把斧子相交换，1 只绵羊的价值就表现在 2 把斧子上。用公式表示为

$$1 \text{ 只绵羊} = 2 \text{ 把斧子}$$

这一价值形式发生在原始社会的后期。当时商品生产处于萌芽状态，交换带有偶然的、个别的性质，其价值表现是简单的。但这种简单的价值形式包含了一切价值形式一般的本质规定。

在 1 只绵羊 = 2 把斧子的价值形式中，绵羊和斧子处于不同的地位，起着不同的作用。绵羊起主动作用，通过斧子表现自己的价值，是价值被表现的商品，处于相对价值形式。斧子起着被动作用，不表现自己的价值，只是充当绵羊价值的表现材料，起着等价物的作用，处于等价形式。

相对价值形式和等价形式是价值形式的两极，它们是相互依存、互为条件的。处于相对价值形式的绵羊，离开了处于等价形式的斧子，其价值得不到表现，绵羊就是绵羊；同样，处于等价形式的斧子，离开了处于相对价值形式的绵羊，就不能充当价值的表现材料。同时，它们又是互相对立、互相排斥的。同一商品不能同时处在价值形式的两极，即绵羊在交换关系中处于相对价值形式，就不能同时处于等价形式。同样，斧子在交换关系中处于等价形式，就不能同时处于相对价值形式，否则就是 1 只绵羊 = 1 只绵羊或 2 把斧子 = 2 把斧子。这是毫无意义的。

在简单价值形式中，处于相对价值形式的商品，只是直接作为使用价值出现，它的价值必须表现在另一种商品上；处于等价形式的商品，只是作为价值出现，它的使用价值变成了表现另一商品价值的材料。这样，商品（绵羊）内部的使用价值和价值的矛盾就表现为两个商品（绵羊和斧子）的外部对立。

简单价值形式只是价值表现的萌芽形式。这种价值形式既是不完全的，也是不充分的。随着进入交换的商品种类的增多和范围的扩大，简单价值形式必然向扩大的价值形式过渡。

（二）总和的或扩大的价值形式

随着社会生产力的发展，人类出现了第一次社会大分工，即农业和畜牧业的分离。分工使社会生产力获得进一步发展，使剩余产品增多了。这样，交换的范围扩大了，交换已经不是偶然的行为，而是经常的行为了；简单价值形式发展为总和的或扩大的价值形式，即一种商品的价值已经不是偶然地表现在另一种商品上，而是经常地表现在一系列商品上。用公式表示为

$$1 只绵羊 \begin{cases} =25 千克谷物 \\ =2 把斧子 \\ =40 尺布（1 尺 \approx 0.33 米，下同）\\ =5 克黄金 \\ =其他商品 \end{cases}$$

在扩大的价值形式中，处于相对价值形式上的商品，其价值表现在一系列的商品体上，取得了扩大的相对价值形式。在这里，处于等价形式上的商品，则是一系列的特殊等价物。这时，绵羊的价值第一次真正表现为无差别的人类劳动的凝结。

在扩大的价值形式中，商品价值的表现比简单价值形式表现得更加充分，但这种价值形式仍然存在许多缺陷。从相对价值形式方面看，它的价值表现是不完全的，因为处于特殊等价形式上的商品是没有穷尽的，组成这个系列的商品种类不同、千差万别，商品的价值没有一个统一的表现；从等价形式方面看，没有一个大家公认的、谁都能够接受的统一的等价物，商品交换仍然是物物交换。由于这些缺陷的存在，交换经常发生困难。例如：绵羊的所有者需要斧子，有斧子的人却需要谷物，而不需要绵羊；如果谷物的所有者需要绵羊，则绵羊的所有者要先用绵羊去换谷物，再用谷物去换斧子，才能换回自己需要的商品。如果谷物的所有者不需要绵羊，困难就会更大一些。这种情况不利于商品交换的进一步发展，扩大的价值形式需要向更完全的价值形式发展。

（三）一般价值形式

随着社会分工和商品交换的进一步发展，公认的一般等价物逐渐从商品中分离出来，直接的物物交换，就为以一般等价物作媒介的商品交换所代替，从而使扩大的价值形式发展为一般价值形式，即一切商品的价值都集中地、统一地表现在一种商品上。用公式表示为

$$\begin{rcases} 25 千克谷物 = \\ 2 把斧子 = \\ 40 尺布 = \\ 5 克黄金 = \\ 其他商品 = \end{rcases} 1 只绵羊$$

一般价值形式的出现在价值形式发展史上是质的飞跃。在一般价值形式中，商品的价值表现第一是简单的，因为各种商品的价值只表现在一种商品上；第二是统一的，因为各种商品的价值都表现在同一商品上，从而克服了扩大价值形式中存在的缺陷。

在一般价值形式中，充当一般等价物的商品还没有固定在某一种商品上。在不同时期、不同地区曾有不同的商品充当过一般等价物。在历史上，牲畜、贝壳、盐、布帛等都起过一般等价物的作用。随着商品经济的进一步发展，一般价值形式发展为货币形式。

(四) 货币形式

随着社会生产力的发展，特别在第二次社会大分工即手工业从农业中分离出来之后，商品生产和商品交换又有了进一步的发展，商品交换的范围更加扩大，参加交换的品种日益增多，客观上就要求一般等价物固定在一种商品上。于是产生了货币形式，即一切商品的价值都集中地、统一地表现在一种贵金属商品如黄金或白银上。用公式表示为

$$\left.\begin{array}{l}25\ 千克谷物 = \\ 2\ 把斧子 = \\ 40\ 尺布 = \\ 1\ 只绵羊 = \\ 其他商品 =\end{array}\right\} 5\ 克黄金$$

29

货币形式与一般价值形式比较，并无本质变化，它们的区别仅仅在于贵金属黄金或白银独占了一般等价物的地位。黄金或白银由于具有质地均匀、便于分割、体小值大、便于携带、不易腐烂、便于保存等优点，成了理想的货币材料。所以，马克思指出："金银天然不是货币，但货币天然是金银。"[①] 黄金或白银之所以能成为货币，根本原因就在于它本身也是商品，具有使用价值和价值，而不是因为它具有什么神秘的力量。

由此可见，货币的产生过程既是价值形式发展的过程，也是商品交换的发展过程。货币是商品交换发展到一定阶段的产物，是商品内在矛盾发展的必然结果。

二、货币的本质

货币是商品经济发展到一定阶段的必然产物，是商品内在矛盾发展的结果。货币的本质在于它是固定地充当一般等价物的特殊商品，它作为价值的代表，用来表现一切商品的价值。货币作为商品，同普通商品一样，具有使用价值和价值；但它又和普通商品不同，是充当一般等价物的特殊商品，即货币商品。

货币的出现，使商品的一系列内在矛盾外在化了。内在于商品中的使用价值和价值、具体劳动和抽象劳动、私人劳动和社会劳动的矛盾，在简单价值形式中表现为商品与商品的外部对立，现在发展为商品与货币的外部对立。整个商品世界划分

① 马克思，恩格斯. 马克思恩格斯全集：第13卷［M］. 北京：人民出版社，1962：145.

为两极：一极是各种各样的具体商品，另一极是货币。一切商品必须转化为货币，它的价值才得以实现。货币使商品生产者之间产生密切的联系，体现着商品生产者之间的经济关系。

货币的本质还体现在它的职能之中。

三、货币的职能

货币的职能是由货币固定地充当一般等价物的本质决定的。货币的职能随商品经济的发展而不断完备。货币的主要职能有价值尺度、流通手段、贮藏手段、支付手段和世界货币等，其中价值尺度和流通手段是最基本的职能。

（一）价值尺度

价值尺度是指货币可以作为衡量和计算其他一切商品的价值大小的标准。

货币之所以能充当价值尺度，是因为货币本身也是商品，具有价值，正如计量物品长度的尺子，本身必须具有长度一样。作为价值，货币和其他商品一样，都是一般人类劳动的凝结。因此，货币作为价值尺度不过是商品内在尺度即社会必要劳动时间的外在表现形式。

货币作为价值尺度时，可以是想象的或观念上的货币。因为货币在执行价值尺度的职能时，只是表现价值，不是实现价值，所以，可以不需要实在的货币，只需要想象的、观念上的货币，即给商品标明价格就行了。但是，这种想象的、观念上的货币必须以现实的货币为基础。

货币作为价值尺度的职能，就是要把商品的价值表现为价格。商品价格是商品价值的货币表现，是商品价值与货币价值的比率。商品价格的变化不一定反映商品价值的变化，如商品价值不变时，单纯货币价值的变化就会引起价格的变化。同样，商品价值的变化也并不一定带来价格的变化，如在商品价值和货币价值按同方向、同比例变化时，商品价值变化并不引起价格的变化。

货币作为价值尺度，衡量各种商品的不同价值量，就是要把不同的价值量表现为不同的货币量。这就要求货币自身有一个确定的计量单位，以计量货币自身的不同量。于是，在技术上就有必要用一定的贵金属的重量如金或银的重量作为计量单位即货币单位，这个计量单位又分为若干等份。这种计量一定贵金属重量的货币单位及其等份，叫作价格标准。

不同的国家有不同的货币单位，因而有不同的价格标准。如中国历史上用白银作为货币材料时，就曾用"两"作为计量单位即货币单位，而"两"又分为"钱""分"等。又如美国的货币单位是美元，英国的是英镑，法国的是法郎；它们各自又分为不同等份，都包含有一定的贵金属重量。在历史上，货币单位的名称曾与重量单位名称相一致。以后，由于种种原因，货币单位名称同重量单位名称逐渐分离了。这时，货币单位名称便纯粹是法定名称了。

（二）流通手段

流通手段是指货币充当商品交换媒介的职能。货币在执行流通手段的职能时，必须是实实在在的货币，不能是想象的、观念上的货币。

流通手段的职能是商品流通发展的必然结果。以货币为媒介的商品交换，叫作商品流通。在货币出现之前，商品交换采取的是物物交换的形式，即商品（W）——商品（W），卖和买在时间上、空间上都是统一的。货币出现以后，物物交换发展成为商品流通，商品交换分裂为用商品换货币（W—G）和用货币换商品（G—W），即卖和买两个行为，打破了商品直接交换中买卖在时间上和空间上的统一，促进了商品经济的发展。各种商品的交换彼此交错在一起，加强了商品生产者之间的联系，也加强了他们之间的相互依赖性。但另一方面，如果有些人卖了商品后不马上买，另一些人在此处卖而在彼处买，就会使一些人的商品卖不出去，引起买卖脱节，这就加深了商品使用价值和价值的矛盾，产生了危机的可能性。

由于货币执行流通手段的职能只是转瞬即逝的，因此，虽然作为流通手段的货币最初采取了金属条块或某种形状的铸币，但是随着商品交换的发展，在货币不断转手的过程中，人们发现单有货币的象征存在就够了，于是纸币这类本身没有价值的价值符号逐渐代替真实货币执行流通手段。我国是世界上最早使用纸币的国家：北宋的交子，已经具有纸币的特性；而金国的交钞和南宋的会子，则已经是纯粹的纸币；元代则出现了可不兑现的纸币。欧美国家直到 17 世纪末才开始出现纸币。到资本主义时期，纸币成为由国家发行的强制使用的价值符号。它不是按其本身价值而是按照它所代替的金（或银）的价值执行流通手段的职能的。

价值尺度和流通手段是货币的两个基本职能，其他职能是在这两个职能的基础上派生的。

（三）贮藏手段

贮藏手段是指货币退出流通领域，被当作社会财富的一般代表贮藏起来的职能。货币是社会财富的一般代表：从质的方面看，它是无限的，因为它能直接转化为任何商品；从量的方面看，每个货币的购买手段又是有限的。这种质和量的矛盾推动着货币的贮藏和积累。

作为贮藏手段的货币，不能是想象的、观念上的货币；在信用不发达的条件下，也不能以作为价值符号的纸币代替，而必须是现实的、足值的金属货币或金银制品等。

在金属货币流通的条件下，货币贮藏是货币流通的蓄水池，它能起到自发地调节货币流通量的作用。当流通中需要的货币量减少时，多余出来的货币就退出流通领域而成为贮藏货币；反之，当流通中的货币量不足时，一部分贮藏货币又会流入流通领域而执行流通手段的职能。由此可见，在金属货币流通条件下，货币一般不会在流通领域中泛滥成灾，不会出现通货膨胀。

[阅读专栏]

有关纸币执行储蓄与贮藏手段职能的学术观点

金银（尤其是黄金）至今仍被当作最保险的贮藏手段，但是，现在世界各国的货币已割断了与黄金的法定联系，黄金并不直接作为货币执行职能。如今更普遍的是纸币被作为通货使用，并作为银行存款进行储蓄。那么，进行银行存储的纸币，到底执不执行货币的贮藏手段职能？

目前国内学界对此存在不同的观点。有人认为，严格地说纸币是不能执行贮藏手段职能的；有人认为纸币在币值长期保持稳定的条件下能够履行贮藏手段职能；有人则认为纸币有储蓄手段的职能，但不具备贮藏手段的职能。其中后两种观点近年来也受到了较大的关注，其理由如下：

理论上，贮藏手段应该具有三个基本前提：一是它在保存过程中不易损坏和变质；二是当需要使用时，可以比较方便地与其他商品相交换，转换成需要的形式；三是其贮藏价值是稳定的，在贮藏前后能够转换成数量相同的其他物品。金属货币天然满足了这三个条件。而纸币在耐贮藏方面比较差，但银行存款可以帮助解决这个问题；纸币在币值稳定从而确保贮藏价值的稳定方面则更加困难，这也导致了纸币难以作为一般财富的代表执行贮藏手段职能。

虽然纸币不能作为一般财富的代表执行贮藏手段职能，但纸币具有储蓄手段的职能。纸币作为储蓄手段实质上是人们将价值符号形式的货币所代表的对社会财富的现期索取权，通过银行这类信贷机构，转变为未来财富的索取权。虽然从持币者个人的角度看纸币储蓄是现期商品索取权的延期，但从整个社会的角度看，不过是现期商品索取权在不同社会成员之间的再分配，因为储蓄存款会通过银行等金融机构转化为贷款，形成现期的购买力。此外，我们知道在金属货币作为流通手段的条件下，货币贮藏是货币流通的蓄水池，但是在纸币和信用货币作为流通手段的条件下，这种天然蓄水池是不存在的。因此，在现代经济中，货币供应量的调节是由处于流通过程之外的政府货币管理当局控制的。

（四）支付手段

支付手段是指货币被用来清偿债务或支付赋税、租金、工资等的职能。货币的这一职能是随着商品交换过程中赊账买卖的出现而产生的。

随着商品经济的发展，商品的出卖同货币的取得在时间上是可以分离开来的。就是说，商品买卖可以不用现款，而是采取赊销方式，到一定时期后再付货款。这时，货币就在执行支付手段的职能。

随着商品经济的发展，货币不仅在商品流通领域中执行支付手段的职能，而且在商品流通领域之外被用于支付地租、利息、税款、工资等。

货币作为支付手段，一方面大大减少了流通中货币的需要量，促进了商品流通的发展，另一方面又进一步扩大了商品经济的内在矛盾。随着支付关系的发展，许多商品生产者之间发生了债权和债务关系，形成了一系列的支付关系链条，即甲欠乙债、乙欠丙债、丙欠丁债……如果其中有的人到期不能支付，就会引起连锁反应，造成整个债务链条关系的混乱，就会给有些人在经营上造成很大困难，有的人甚至因此而破产。

（五）世界货币

世界货币是指货币在世界市场充当一般等价物的职能。当商品流通超出一国范围而产生了国际贸易后，货币也就超出了国内流通领域而在国与国之间的经济关系中发挥作用。

货币作为世界货币的职能，不过是货币在国内的职能的延伸。在国际贸易中，货币也要执行价值尺度的职能，不过，这时决定商品价值的社会必要劳动时间不再是国内的社会必要劳动时间，而是世界范围内的社会必要劳动时间。因而以货币为价值尺度所表现的商品价格，不再是各国不同的国内价格，而是统一的世界市场的价格。在国际范围内，货币作为世界货币，除了执行价值尺度的职能外，还要执行以下几个方面的职能：①作为支付手段，用以平衡国际贸易差额；②作为购买手段，一国用以单方面购买另一国的商品；③作为财富的代表从一个国家转移到另一个国家，如战争赔款、向外国借款等。在当代，世界货币的职能还体现为充当国际支付手段，用以偿付国际债务、支付利息和其他非生产性支付等，以平衡国际收支的差额。

一般地讲，在贵金属货币流通的条件下，充当世界货币的是足值的金和银，而不是具有地域外衣的铸币。因此，它主要是金块、银块的自然形式。在现代信用货币制度下，主要由那些在国际上可以自由兑换成其他国家货币的硬通货（包括具有国际信用的纸币，例如美元、欧元等）来充当世界货币。但在这种情况下，各国仍必须贮藏一定量的黄金，以作为世界货币的准备金，用来平衡一国的国际收支。

以上论及的货币的五种职能，共同表现了货币作为一般等价物的本质，而且相互间在历史和逻辑上有着有机联系。从历史上看，价值尺度和流通手段是货币最基本的职能，它们是与一般等价物形式转变为货币形式同时形成的，在它们形成之后才依次出现了贮藏手段、支付手段、世界货币这些职能。从逻辑上看，货币必须首先完成价值尺度的职能，才能进而执行流通手段的职能；只有这两项职能充分发展了，才会产生贮藏手段的职能；支付手段的职能不仅是流通手段职能发展的结果，而且以贮藏货币的存在为前提；至于世界货币的职能，显然是以前四项职能在国内的发展为基础的。

四、货币形式的演变

作为价值形式的货币是历史的产物，其本身形式的变化和发展始终与商品经济和信用制度的发展联系在一起。最原始的货币形式是各种自然存在的物品，如石头、牲畜、贝壳、布匹等。真正货币的最初形式是金属条、块的自然形式。金属条块货币的最大缺点是成色查验的困难。因为不同的条块的成色和分量是不同的，因此，每次交易都需要鉴定货币的成色和分量，很不方便。为了弥补这个缺陷，有利于交换行为，一些有影响的商人采取在自然金银条块上盖上自己印记的办法。这样做一则有利于交换，防止货币上的欺诈；二则可以扩大这些商人的商业影响，巩固其地位。

为了促进商品交换，维护国家的经济利益，由国家来铸造货币势在必行。铸币的出现，更加便利了商品的交换，也在一定程度上避免了货币欺诈。虽然铸币在流通中会发生一定程度的磨损，但这种磨损并不妨碍人们接受它；于是，国家便有意识地制造与面值不相符的铸币。这样，铸币的面额与其代表的实际价值逐渐脱离，使得铸币也逐渐只具有价值符号的意义。货币之所以可以这样，其关键在于货币在交换当事人手中只起媒介的作用，对于当事人来说不会发生实质性的影响。

正因为如此，国家干脆用没有任何价值的纸币来代替铸币。纸币的雏形最初产生于古代的票号或钱庄，当时的金银拥有者将金银存于票号或钱庄，票号或钱庄开具票据，该票据证明其持有者有等量的金银保管于此并可以随时兑换。由于人们相信票号或钱庄殷实可靠，具有兑现的信用，这些票据就可以在一定范围内进行流通，因为人们相信它同金银一样好。但在信用没有充分发展的条件下，纸币的作用是很有限的。资本主义制度确立后，纸币成了由国家印制、强行发行并代替金属货币使用的价值符号，它不仅可与金属货币混合流通，而且与金属货币具有完全的可兑换性。这就要求发行纸币的国家掌握足够的金属货币作后盾，因为如果不顾金属货币储备而滥发纸币，必然带来经济秩序的紊乱。商品经济与货币的发展史表明，这种没有摆脱与贵金属直接联系的纸币是不会永久发展下去的。20 世纪 70 年代布雷顿森林体系的崩溃、美元与黄金的脱钩、特别提款权的创设以及可自由兑换纸币的出现，就是货币形式新发展的例证。

从由贵金属作后盾的纸币发展到与贵金属无关的纸币，意味着货币形式发展到了一个新的阶段，即信用货币阶段。信用货币是在信用高度发达的条件下，与贵金属不直接发生联系的新的货币形式，如银行券、支票、期票、汇票等。纸币是使用最广泛的信用货币。信用货币是从货币作为支付手段的职能中产生的，但它产生以后，既可作为支付手段，又可作为流通手段。

随着信用事业的发展，货币作为支付手段的职能也在扩大。作为支付手段的货币取得了它特有的各种信用形式，并以这些形式占据了大规模交易的领域，而金属铸币则被挤到小额贸易的领域之内。信用货币虽然失去了坚硬的贵金属的支持，但它有广泛的信用关系作基础，因此在现代经济活动中占据了主导地位。信用货币最为主要的功能是节省了稀缺的贵金属资源，人们可以利用生产费用低廉的物品，比如用银行账簿上的记录、纸片来代替生产成本高昂的金和银。这既便于携带，又能根据交易的需要开具各种形式的信用货币，使交易更加便捷。

20 世纪 80 年代后，随着信用制度的发展和网络技术的广泛应用，货币形式开始向电子货币方向发展。电子货币与传统货币并没有什么本质区别，其不同之处就是用电子支付方式取代了金属货币或者纸币充当一般等价物。在线电子支付过程就是交易双方通过网上银行进行的电子信息交换。电子货币之所以能够代替纸币等其他货币形式，是因为由其充当一般等价物的货币流通费用最低，如电子货币的标准化成本最低、使用成本最低、在网上银行计算机硬盘里保存的成本也最低。电子支付手段也同样具备货币所应有的财富的贮藏手段。电子货币作为一种占主导地位的支付手段的前提条件是网上商业活动成为社会的主流商业模式。在这一前提条件尚不充分具备时，电子货币只能作为一种辅助性的支付手段起作用。

与黄金切断了联系的现代纸币和电子货币这些最为现代的货币形式，可以说是纯粹的价值符号。这些由纸和电子信号构成的价值符号将沉重的黄金赶下货币的王座，使内在于商品中的使用价值和价值的矛盾的外在化达到了极致：在金属货币条件下，商品只有通过一个固定充当一般等价物的特殊商品的使用价值，才能将自己的价值表现出来；现在，商品的价值已经完全脱离任何有形的使用价值而只是通过一种价值符号就可以得到表现了。

[阅读专栏]

布雷顿森林体系（Bretton Woods System）

布雷顿森林体系是指第二次世界大战后以美元为中心的国际货币体系，是各国为解决货币的兑换、国际收支的调节、国际储备资产的构成等问题，共同确定的规则、措施以及相应的组织机构形式。

国际货币体系在布雷顿森林体系以前、两次世界大战之间的 20 年中，分裂成几个相互竞争的货币集团，每一个货币集团都想以牺牲他人利益为代价来解决自身的国际收支和就业问题，于是各国货币金融领域呈现出一种无政府状态。经过 20 世纪 30 年代世界经济危机和第二次世界大战后，美元的国际地位因其国际黄金储备的巨大实力而空前稳固。1944 年 7 月，有 44 个国家参加的联合国与联盟国家国际货币金融会议，在美国新罕布什尔州的布雷顿森林通过了以"怀特计划"为基础的"联合国家货币金融会议的最后决议书"以及"国际货币基金组织协定"和"国际复兴开发银行（即世界银行）协定"两个附件，总称为"布雷顿森林协定"。关贸总协定作为布雷顿森林会议的补充，连同布雷顿森林协定，统称为"布雷顿森林体系"。

在布雷顿森林体系下，美元与黄金直接挂钩，并可按 35 美元 1 盎司（1 盎司 = 28.35 克）的官价向美国兑换黄金；其他会员国货币与美元挂钩，同美元保持固定汇率关系。布雷顿森林体系实际上是一种国际金汇兑本位制，又称美元-黄金本位制。以美元为中心的布雷顿森林体系的建立，使国际货币金融关系又有了统一的标准和基础，结束了第二次世界大战前货币金融领域中的混乱局面，并在相对稳定的情况下扩大了世界贸易。

布雷顿森林体系以黄金为基础，以美元作为最主要的国际储备货币。但是从 20 世纪 50 年代后期开始，随着美国经济竞争力逐渐削弱，其国际收支逆差逐步增加，出现了全球性"美元过剩"，各国纷纷抛出美元兑换黄金，导致美国的黄金储备日益减少。1949 年美国的黄金储备为 246 亿美元，占当时整个资本主义世界黄金储备总额的 73.4%；此后逐年减少，到 1971 年时，美国的黄金储备只剩下 102 亿美元，而短期外债为 520 亿美元，黄金储备只相当于积欠外债的 1/5。美国的黄金储备再也支撑不住日益泛滥的美元了。尼克松政府被迫于这年 8 月宣布放弃按 35 美元 1 盎司的官价兑换黄金的美元"金本位制"，停止各国政府或货币当局用美元向美国兑换黄金，这使得动荡混乱的西方货币市场更加混乱。在紧接着的 1973 年的美元危机中，美国再次宣布美元贬值，导致各国相继实行浮动汇率制代替固定汇率制，不再承担维持美元固定汇率的义务。这也意味着各国相继放弃金本位制，布雷顿森林体系完全解体。美元停止兑换黄金和固定汇率制的崩溃，标志着第二次世界大战后以美元为中心的货币体系瓦解。然而，布雷顿森林体系解体后，美元在国际货币体系中仍然占了绝对主导地位，直到近年来开始逐步衰落。在这种形势下，新的主导性货币的出现已成为必然。

五、货币流通规律

(一) 金属货币流通规律

在商品流通中，货币不断地从买者手里转移到卖者手里，不断作为购买手段与各种商品互换位置，形成货币流通。商品流通是货币流通的基础，因此，商品流通的规模和速度必然会影响货币流通的规模和速度。决定一定时期内流通中所需要的货币数量的规律，就是货币流通规律。

在一定时期内流通中所需的货币量是有规律的。决定商品流通所需货币量的因素有三个：①待实现的商品量；②商品的价格水平；③货币的流通速度。前两个因素的乘积就是商品价格总额。货币流通规律的公式是：

$$一定时期内流通所需的货币量 = \frac{商品价格总额}{货币流通速度（次数）}$$

从这个公式可以看出，流通中所需货币量与商品价格总额成正比，与货币流通速度成反比。

在货币作为支付手段的情况下，流通中所需要的货币量会发生变动。因为在一定时期中，赊销的商品部分不需要支付货币，而前一个时期赊销的商品却需要在本期内支付，在相互支付时，可以彼此抵消一部分。因此，一定时期内流通中所需要的货币量的公式应做如下调整：

$$一定时期流通中所需要的货币量 = \frac{商品价格总额 - 赊销商品价格总额 + 到期支付总额 - 抵消支付总额}{货币流通速度（次数）}$$

上述货币流通规律，是金属货币流通量规律。金属货币本身有价值，各种商品价格反映的是商品价值与金属货币价值的比例关系，所以，流通中金属货币量的增加和减少，不会引起商品价格的下降或上升。当金属货币量超过商品流通需要量时，一部分货币就会退出流通而成为贮藏手段；反之，货币则自动进入流通。

(二) 纸币流通规律

在现代市场经济中，作为流通手段，纸币（包括各种信用货币）代替金属货币流通，而这些纸币本身没有价值。那么，纸币流通量是怎样决定的呢？

纸币流通规律是以金属货币流通为基础的。由于纸币只是价值符号，是由国家发行、强制流通（故也称"法币"）的，所以，"纸币的发行限于它象征地代表的金（或银）的实际流通的数量"①。

在其他条件不变的情况下，如果纸币发行量和流通中所需要的金属货币量相适

---

① 马克思，恩格斯. 马克思恩格斯全集：第23卷 [M]. 北京：人民出版社，1972：147.

应，那么，纸币的购买力就会同它所代表的金属货币的购买力相等，纸币就能正常流通，物价就可保持稳定。

如果纸币发行量超过了流通中所需要的金属货币量，就意味着纸币所代表的价值或象征的社会劳动就会变小，即发生货币贬值。在货币贬值的条件下，同样价值的商品，或者说花费了同样多的劳动生产出来的商品，其价格会表现为更多的货币量，即价格总水平脱离价值而上涨，纸币的购买力下降。这种因货币发行量超过流通中所需的金属货币量，从而出现纸币贬值和物价普遍持续上涨的现象，就叫作通货膨胀。在资本主义社会，国家往往利用通货膨胀作为刺激经济发展和降低工人实际工资的手段。

如果纸币发行量少于流通中所需要的金属货币量，就可能有一部分商品因缺少流通手段而不能流通，从而导致通货不足、货币升值，进而引起物价持续下跌。这也就是一般意义上的通货紧缩。

纸币流通规律是货币流通规律的特殊表现形式，纸币所代表的购买力同它发行的数量成反比，这是不以任何人的意志为转移的。"国家发行强制通用的纸币……似乎可以把经济规律废除了。……国家似乎用自己的印记的魔术点纸成金。……可是，国家的这种权力纯粹是假象。国家固然可以把印有任意的铸币名称的任意数量的纸票投入流通，可是它的控制同这个机械动作一起结束。价值符号或纸币一旦进入流通，就受流通的内在规律的支配。"① 所以，在纸币流通条件下，必须以货币流通量的规律为基础，发行并调节纸币的流通量，保证宏观经济顺利运行。

第三节　价值规律

一、价值规律是商品经济的客观规律

价值规律是商品经济的基本规律。凡是有商品生产和商品交换的地方，价值规律就客观存在并发生作用。市场经济要求让市场和市场机制对社会经济资源的配置发挥基础性的调节作用，本质上就是要更充分地发挥价值规律对社会经济运行的调节作用，因为市场机制不过是价值规律发生作用的具体表现形式。

价值规律的基本内容和要求是：商品的价值由生产商品的社会必要劳动时间决定，商品交换按照由社会必要劳动时间决定的价值量进行。这是贯穿于商品生产和商品交换中的一种不以人们意志为转移的客观必然趋势，是商品经济的基本规律。

在货币出现以后，一切商品的价值都是用货币来表现的。用货币来表现的商品的价值就是商品的价格。因此，价值规律要求商品按等价的原则进行交换，就是说商品的价格必须符合价值。但是，这并不意味着在每次商品交换中价格与价值都是完全一致的。在实际的商品交换中，价格与价值一致反而是偶然的，价格与价值不一致才是经常的。这是因为价格虽然以价值为基础，但还要受多种因素的影响，特

① 马克思，恩格斯. 马克思恩格斯全集：第31卷［M］. 2版. 北京：人民出版社，1998：513-514.

别要受市场供求关系的影响：当某种商品供不应求时，购买者便争相购买，而销售者则待价而沽，这必然会使价格上涨到价值以上；反之，当某种商品供过于求时，商品生产者竞相求售，价格便随之下跌到其价值以下。随着供给和需求关系的不断变化，商品价格不断地和价值发生上下偏离。

商品价格与价值偏离的现象，实质上是价值规律发生作用的结果，是价值规律作用的表现形式。这是因为：①商品价格的涨落总是围绕价值这个中心进行的；②从商品交换的较长时期来看，同一种商品的价格，时而高于价值，时而低于价值，其涨落部分可以相互抵消，因而它的平均价格同价值还是一致的；③从不同商品的不同价格的涨落来看，无论价格怎样涨落，总是以各自的价值为基础的。例如，一辆摩托车的价格总是高于一辆自行车的价格，这是因为前者的价值总是高于后者的价值的缘故。由此可见，价格背离价值，价格受供求关系的影响而自发地围绕着价值上下波动，并不是对价值规律的否定，而正是价值规律发生作用的表现形式。

二、价值规律的作用

价值规律是商品经济的一般规律。只要存在商品经济的地方，价值规律就客观存在并发生作用。但是，在不同社会制度下，价值规律对商品生产和商品交换的作用是不完全相同的。

在私有制商品经济条件下，价值规律有如下作用：

（一）价值规律自发地刺激社会生产力的发展

商品的价值取决于生产商品的社会必要劳动时间。那些生产条件较好、劳动生产率较高的商品生产者，生产商品的个别劳动时间往往低于社会必要劳动时间，但在出售商品时则按社会必要劳动时间决定的价值量出售，因此，这些商品生产者就能获得较多的收益；而那些生产条件差、劳动生产率低的商品生产者，生产商品的个别劳动时间高于社会必要劳动时间，而出售商品时，仍然必须按照由社会必要劳动时间决定的价值量出售，这样，他们就只能获得较少的收入，以致发生亏损甚至破产；那些具有中等生产条件和中等劳动生产率的商品生产者，生产商品的个别劳动时间相当于社会必要劳动时间，则可以获得普通的收入。

劳动生产率的高低、生产条件的好坏以及个别劳动时间的多少，不仅直接决定着各个商品生产者收入的差别，而且关系到他们在竞争中的胜败存亡。商品生产者为了追求更多的利益，在竞争中站住脚并处于有利地位，都力求采用先进技术，改进生产工具，加强经营管理，提高劳动生产率，从而在一定程度上推动了社会生产力的发展。但是，价值规律这种刺激生产力发展的作用，又常常是以一部分商品生产者的破产、社会劳动的巨大损失为代价的。

（二）价值规律自发地调节社会劳动在社会生产各部门的分配

按一定比例分配社会劳动是社会化大生产的客观要求。在商品经济条件下，按比例分配社会劳动就是通过价值规律的自发调节来实现的。因为商品价格是以价值为中心上下波动的，在这种价格波动中，当一些生产部门的商品供不应求时，价格就会高于价值。这不仅会刺激该部门原有生产者扩大生产规模，还会刺激别的生产部门的生产者把生产资料和劳动力转移到这个部门中来，扩大生产、增加供求。当一些生产部门的商品供过于求时，价格就会低于价值。这时，该部门原有的生产者就会缩小生产规模，或把生产资料和劳动力转移到有利可图的部门去，缩减生产、减少供给。这样，就会使各个生产部门之间大体上保持一定的比例。价值规律就是这样一种在生产者背后发生作用的自发力量。不过，这种调节作用是在社会生产力不断遭到破坏、社会劳动被极大浪费的情况下实现的。

（三）价值规律促使商品生产者两极分化

在私有制商品经济条件下，各个商品生产者的生产和销售条件总是不同的。有的商品生产者拥有先进的生产设备、充足的货币和有利的销售条件，因而在竞争中占优势，越来越富；有的商品生产者拥有的生产条件落后又缺少资金，没有能力采用先进技术和装备，因而在激烈的竞争中处于不利地位，甚至亏本、破产。小生产者之间出现两极分化，在一定历史条件下，即封建社会末期，就会自发地产生资本主义生产关系：少数发财致富的小商品生产者逐渐脱离劳动，上升为资本家；大批破产的小商品生产者则沦为出卖劳动力的雇佣劳动者。

第四节　劳动价值论在当代的深化与发展

马克思的劳动价值理论是其政治经济学的核心与基石。由于政治经济学本质上又是一门历史的科学，它所涉及的是历史的即经常变化、不断发展的现实基础，相应地，其理论也应该随着时代的发展而发展。从马克思、恩格斯、列宁到斯大林，他们都是根据自己所处历史阶段的特点、任务，来建立、运用和发展劳动价值论，揭示当时资本主义生产方式的运行特点和基本矛盾的。

今天，我们面临社会主义市场经济的新情况，同样要结合现代资本主义经济新现象、建设社会主义经济的新任务，来运用和发展马克思的劳动价值论。劳动价值论与时俱进，既是马克思主义应具有的理论品质，又是时代发展和建设实践的要求。

一、从局部劳动到总体劳动

在丰富劳动内涵的基础上，扩展生产劳动的外延，把生产市场所需要的商品与劳务的劳动都确认为创造价值的劳动，这是深化对社会主义社会劳动和劳动价值论研究的重要内容。党的十六大报告指出："要尊重和保护一切有益于人民和社会的劳动。不论是体力劳动还是脑力劳动，不论是简单劳动还是复杂劳动，一切为我国社会主义现代化建设做出贡献的劳动，都是光荣的，都应该得到承认和尊重。"[1] 在马克思所处的历史时期，一方面，非物质生产领域及其资本主义生产关系还很不发达，因此他主要以物质生产领域里的资本主义生产方式和交换方式为研究对象，而

---

[1]　江泽民. 全面建设小康社会，开创中国特色社会主义事业新局面：在中国共产党第十六次全国代表大会上的报告［R］. 北京：人民出版社，2002：15.

把非物质生产领域及其生产方式和交换方式"舍象"掉了。另一方面，虽然马克思也认为非物质生产领域的劳动只要采取资本主义生产方式，为资本家生产剩余价值，就是资本主义生产劳动，但是，由于当时非物质生产劳动大多数并不采用资本主义的生产形式，所以马克思以"非生产劳动"这一术语来说明这些劳动，而且把那些即便采取了资本主义生产方式，但在数量上与物质生产部门比起来显得微不足道的非物质生产领域的生产劳动也"舍象"掉了。

随着社会分工和协作的发展，非物质生产领域从物质生产中分离出来，而且规模愈来愈大，生产劳动的领域也相应扩大了。马克思曾经指出，当劳动过程还纯粹是一个个人的过程时，互相分离的各种生产职能会全部集中在劳动者一个人身上，什么都自己干，产品也表现为个人的产品。但是，当劳动过程由个人过程发展成为联合劳动者的过程后，情况就大不一样了。这时，产品从个体生产者的直接产品转化为社会产品，转化为总体工人及联合劳动人员的共同产品，总体工人的各个成员较直接或较间接地作用于劳动对象。因此，随着劳动过程本身协作性质的发展，生产劳动和它的承担者即生产工人的概念就必然扩大。为了从事生产劳动，现在不一定要亲自动手，只要成为总体工人的一个"器官"，完成他所属的某一职能就够了①。这就是说，在联合劳动的条件下，直接对劳动对象进行加工的操作工人的劳动是生产劳动，各种辅助工人的劳动也是生产劳动；生产第一线的工人的劳动属于生产劳动，远离第一线的科室人员的劳动也是生产劳动；在车间从事体力劳动的工人的劳动是生产劳动，从事脑力劳动的各种管理人员（企业管理人员乃至政府职能部门的公务员）、科技人员的劳动也是生产劳动。生产劳动的概念大大扩展了。

另外，随着市场范围的不断扩大和市场机制的日益完善，越来越多的企业的内部分工逐渐外部化，导致生产的线路拉长，劳动形式从个体形式转化为社会形式，直接产品转化为社会产品。生产劳动和它的承担者——生产工人的概念也必然随之扩大，出现从个体的局部劳动向企业内部总体工人的劳动、再向社会总体劳动发展的趋势。从社会总体劳动看，知识劳动、服务劳动、管理劳动和交易过程中的劳动同物质生产领域的劳动一样，都是社会总体劳动的重要组成部分。把创造价值的劳动定义为社会总体劳动，能够更全面地反映迂回生产中价值的形成过程。

二、深化对创造价值的劳动的认识

价值的存在形式与商品的物的实在性其实并没有任何关系，凝结在社会所需的商品和劳务当中的劳动都是生产劳动。判断一种劳动能否创造价值的标准，应当包括四个方面的内容：①这种劳动的产品具有使用价值，同时又是交换价值的承担者；②这种劳动的产品有抽象人类劳动的体现或物化在里面；③这种劳动的产品必须进入交换领域，成为商品；④这种劳动所生产的商品的价值量，是由生产该商品的社会必要劳动时间决定的。根据这四条标准，知识劳动、管理劳动和服务劳动都能创造价值，知识产品和服务产品都具有价值。作为价值实体的无差别的人类劳动，不

---

① 马克思，恩格斯. 马克思恩格斯全集：第23卷 ［M］. 北京：人民出版社，1972：556.

管以哪种形式进行，也不管是凝结在物质的、有形的商品上，或者凝结在无形的精神财富上，还是凝结在流动形态的劳动即服务上，只要市场所需要的产品或劳务上凝结了人类劳动，就创造了价值。一般而言，马克思所强调的价值的客观对象性，是指人类劳动力耗费的客观现实性；他并不像亚当·斯密那样，把劳动的内容仅限于物质产品的生产。因此，仅从物质产品的角度来划分生产劳动，而把从事知识产品和服务产品的劳动以及管理劳动等排除在创造价值的劳动之外，并不符合马克思劳动价值论的发展的要求。随着第三产业尤其是高科技在国民经济和社会生活中作用的不断强化，我们不可能再把上述这些劳动继续置于创造价值的劳动领域之外了。

（一）知识劳动创造价值

在知识经济时代，知识的创新、传播和应用是现代生产过程中的重要环节，知识劳动（包括科学劳动）是社会总体劳动的重要组成部分。在市场经济条件下，作为商品来生产和交换的知识产品同样具有使用价值、价值以及交换价值。知识产品能够满足人们生产和生活需要的功能，这就是它的使用价值；在知识产品生产过程中所耗费的一般人类劳动形成价值实体；知识产品的价格就是交换价值。知识产品的生产过程，也就是把原科学知识要素合并于生产和体现于产品之中，这需要依靠人的活劳动的投入，特别是高智力的活劳动的投入。而任何一种科学知识密集的产品的形成就是既体现有原科学劳动的作用，又体现有活劳动的作用，特别是高智力活劳动的作用。高智力性知识劳动是一种高熟练度、高强度的劳动，它可以创造价值，在特定社会形式下，还可以创造剩余价值，并体现为创新知识产品的高价值。当代高技术经济的发展，使有些产品集中体现了科学、知识，它蕴含着密集的智力劳动，特别是高智力劳动。它表明，智力劳动在现代社会财富价值形成中的功能大大强化了。但由于知识生产有其特殊性，其产品的存在形态以及价值的形成、增殖和实现都与物质生产有很大差别，这就需要对此展开系统的、严肃的探讨，建立一种基于对知识生产本身独有性质有正确认识的知识产品价值理论。

（二）服务劳动创造价值

服务劳动领域的外延，大体包括整个第三产业中除知识劳动以外的各个部门。服务生产领域的劳动者在提供特殊形态的使用价值时所耗费的体力、脑力也可以形成价值。理解服务劳动创造价值有一个理论上的难点，那就是马克思在阐述劳动价值理论时，提出了生产商品的抽象人类劳动物化为价值的重要论题，但是劳动"物化"概念的含义并不等同于劳动的"物质形态化"和"实体化"。马克思使用的"物化"概念的本质是"对象化"，劳动"物化"指的是商品生产中的抽象人类劳动的"对象化"，即"体现""依附"于某一"东西"或"对象"之中，从而使抽象人类劳动这一看不见、摸不着的生产关系或"社会规定性"体现于作为使用价值的一个劳动生产"物"或"对象"之中，并表现为这一个"物"或"对象"所拥有的价值规定性。

亚当·斯密在劳动价值理论上的局限性在于他将商品价值范畴限制在"固定化""实物化""耐久性"的产品和具体劳动形式中。他还未进一步地认识到形成商品价值的劳动是"无差别的抽象人类劳动"，是一个社会生产关系的范畴。

在考察商品使用价值时，马克思没有囿于物质固定化形态，还是将某些人类劳动活动的功能视为使用价值。例如，他认为劳动力商品的使用价值是劳动的价值增殖功能。马克思还将使用价值区分为"实物形式"和"运动形式"两类。马克思提到"唱歌的使用价值"，他明确提出："服务有一定的使用价值（想象的和现实的）和一定的交换价值。"他说，服务业劳动者提供的随生随灭的服务业是一种"直接使用价值"①。显然，马克思将劳动者生产出来的满足各种社会需要的多品类商品体的属性都作为使用价值。

（三）管理劳动创造价值

管理人员也是社会总体劳动工人的一部分，管理劳动是社会总体劳动的有机组成部分。集体劳动是人类生产劳动的一般形式。集体劳动从一开始就要求分工和协作，为组织和协调这种分工协作的管理活动因此而生。管理劳动贯穿于包括计划、组织、经营、控制、监督、创新、决策、承担风险等一系列生产经营活动的全过程。特别是管理者从所有者那里获得经营权后，其潜在的作用及影响力就进一步凸显出来。管理劳动实际上是一种高投入、高产出、高风险的劳动，因此，从广义上看，管理者仍属于劳动者，只是他的劳动比一般劳动者的劳动具有更大的能动性、复杂性和创造性，对企业的影响也更为深远。马克思曾明确提到，当资本家在生产过程中作为劳动的管理者和指挥者出现时，这种劳动是增加产品价值的劳动。在现代生产中，管理劳动和其他生产劳动一样，是生产过程的劳动要素，管理劳动与直接生产工人的劳动一起形成新的价值；更重要的是，管理者能够把分散的劳动者组织起来从事集体劳动，显然，管理劳动能比个体劳动创造出更多的价值，也更有效率。

三、价值创造与财富生产的关系

在市场经济体制下，社会财富主要表现为商品，从而具有价值。当代发达国家已经形成以服务、知识产品为主导，由物质生产部门、服务生产部门和知识生产部门组成的现代产业，现代国民财富结构也已经是以服务产品、知识产品为主要成分。

然而，价值创造与财富创造既有联系又有区别，既不能把两者绝对地对立起来，也不能简单地等同起来。商品是使用价值与价值的统一体，二者缺一不可。使用价值是价值的物质承担者，价值寓于使用价值之中；没有使用价值，也就没有价值。这种使用价值与价值相统一的社会产品即是财富，包括物质财富和精神财富。由于价值的创造不是孤立地进行的，而总是与财富的创造过程结合在一起的，离开一定的财富创造过程，也就说不上价值创造，于是人们往往就不注意把价值创造与财富创造区别开来，甚至把两者混为一谈。实际上，价值创造与财富创造并不完全是一回事。

从质的方面来讲，价值的创造只是同劳动有关，其实体是抽象劳动的凝结。而财富的创造则同包括劳动在内的各种生产要素有关，其实体是具有劳动能力的劳动者与其他生产要素相结合的产物。在财富的创造中，劳动、资本、土地、技术等都

---

① 马克思，恩格斯. 马克思恩格斯全集：第 26 卷 Ⅰ ［M］. 北京：人民出版社，1974：147.

是不可或缺的。马克思在自己的著作中也肯定了各种生产要素在创造财富过程中的同等重要性，他说："劳动并不是它所生产的使用价值即物质财富的唯一源泉。正像威廉·配第所说，劳动是财富之父，土地是财富之母。"① 这里的土地是指自然物，我们可扩展理解为除劳动以外的如资本、技术和管理等其他生产要素或其他必要的生产条件。而这句话的含义就是只有劳动与其他生产要素相结合才能创造出财富来。劳动是财富价值的唯一源泉，却不是财富的唯一源泉。

再从量的方面来讲，价值量的增加与财富量的增加并不都是对应的；只有当社会（部门）劳动生产率不变时，随着劳动量的增加，价值量的增加和财富量的增加才是一致的。当社会（部门）劳动生产率提高时，情况就不一样了。随着劳动生产率的提高，一定时间内创造的财富量会成几倍、几十倍甚至上百倍地增加。在这个过程中价值总量不变，而单位产品（财富）中所包含的价值量反而会大幅地减少。这就是劳动生产率与使用价值量成正比，与单位产品价值量成反比的基本原理。为什么会这样呢？这就要进一步分析影响劳动生产率的具体因素。影响劳动生产率的因素有劳动者的熟练程度、科学技术的发展水平及其在生产中的应用程度、生产过程的社会结合（分工、协作、劳动组织、生产管理等）形式、生产资料的质量与效能、自然条件的优劣等。其中劳动者熟练程度、科学技术的发展水平及其在生产中的应用程度以及生产过程的社会结合形式都同科学技术有关，会创造更多的价值。而生产资料的质量与效能不论怎么高，都只是把原有的价值转移到新的产品中去而已，并不会创造新的价值。不过，高质量与高效能的生产资料与劳动结合却能创造更多的财富，自然条件也同样如此。这正是价值量增加与财富量增加并不对应的原因所在。

正确认识价值创造与财富生产的关系有着非常重要的理论和现实意义。我们知道，价值贡献是价值分配的基础。如果把价值贡献与价值分配割裂开来，就意味着可以脱离劳动价值论去谈论分配关系，这无疑将动摇劳动价值论在马克思主义政治经济学中的基础地位，也无助于深化对社会主义社会劳动和劳动价值的认识。正因为与经济利益的分配密切相关，关于劳动价值论的争论才变得如此激烈。

可见，虽然价值是由劳动创造的，但在价值形成和社会财富的积聚过程中，知识、管理、科技以及资本等各种生产要素都发挥了重要作用。所以，在分割所创造出来的价值时，允许生产要素参与收入分配，将有助于生产要素的合理配置和节约使用，激发生产要素的所有者配置资源的积极性，让一切创造社会财富的源泉充分涌流。因此，要把价值创造和财富生产有机结合起来，确立劳动、资本、技术和管理等生产要素参与分配的原则，完善社会主义市场经济条件下以按劳分配为主体、多种分配方式并存的分配制度。

43

---

① 马克思，恩格斯. 马克思恩格斯全集：第23卷［M］. 北京：人民出版社，1972：57.

小　结

（1）商品是用来交换的劳动产品。商品二因素是指使用价值和价值。使用价值是商品的自然属性，是交换价值的物质承担者。交换价值首先表现为一种使用价值和另一种使用价值相交换的量的关系或比例。价值是商品的社会属性。价值是交换价值的基础，交换价值是价值的表现形式。商品二因素的矛盾只有通过交换才能解决。生产商品的劳动具有二重性：一方面是生产使用价值的具体劳动，另一方面是形成价值的抽象劳动。具体劳动和抽象劳动是生产商品的同一劳动的两个方面。

（2）商品的价值量由生产该商品的社会必要劳动时间决定。生产不同商品的劳动复杂程度是不同的，在商品交换中，复杂劳动折合成倍加的简单劳动。商品的价值量和生产该商品所耗费的劳动量成正比，和劳动生产率成反比。

（3）商品生产是在一定的历史条件下产生的。社会分工决定了商品生产者的劳动具有社会性；生产资料私有制决定着商品生产者的劳动直接是私人的，具有私人性质。私人劳动和社会劳动的矛盾是简单商品经济的基本矛盾。

（4）作为价值表现形式的交换价值，经过简单价值形式、扩大的价值形式、一般的价值形式，逐渐发展成为货币形式。货币本质上是固定地充当一般等价物的商品。货币最基本的职能是价值尺度和流通手段。在此基础上，派生出了贮藏手段、支付手段、世界货币的职能。货币形式大致经历了实物货币→金属货币→信用货币→电子货币几个阶段。流通中的货币量取决于商品的价格水平和货币流通速度。

（5）价值规律是商品生产的基本规律。商品的价值量取决于生产该商品的社会必要劳动时间，商品必须按照价值量相等的原则进行等价交换。价格围绕价值上下波动，是价值规律作用的表现形式。在私有制商品经济中，价值规律的作用是：自发地调节社会劳动在各部门的分配比例；促进劳动生产率提高和社会生产力发展；促进商品生产者的两极分化。

（6）在当代，我们需要根据社会主义和当代资本主义的新情况，拓展对创造价值的劳动种类的认识，拓展创造价值的领域，正确认识价值创造与财富生产的关系，从而深化和发展劳动价值理论。

复习思考题

1. 解释下列名词概念：

商品	使用价值	交换价值	价值	抽象劳动
具体劳动	社会必要劳动时间	简单劳动	复杂劳动
劳动生产率	货币	价值尺度	流通手段	支付手段

2. 怎样理解商品的二因素？商品二因素和生产商品的劳动二重性的关系怎样？

3. 商品的价值量是由什么决定的？劳动生产率的变化对商品价值量有什么影响？

4. 为什么说私人劳动与社会劳动的矛盾是简单商品经济的基本矛盾？

5. 货币是怎样产生的？它的本质和职能是什么？

6. 什么是价值规律？其作用的表现形式是什么？它对以私有制为基础的商品经济的发展有哪些作用？

阅读书目

1. 马克思. 资本论：第 1 卷［M］. 北京：人民出版社，1972：第 1 篇.
2. 刘诗白. 现代财富论［M］. 北京：生活·读书·新知三联书店，2005.
3. 彭迪先. 彭迪先全集［M］. 成都：西南财经大学出版社，2012.
4. 刘诗白. 论现代文化生产［J］. 经济学家，2005（1）：4-16.
5. 大卫·哈维. 跟大卫·哈维读《资本论》［M］. 刘英，译. 上海：上海译文出版社，2014.

参考文献

1. 马克思. 资本论：第 1 卷［M］. 北京：人民出版社，1975.
2. 刘诗白. 论服务劳动［J］. 经济学家，2001（6）：4-12.
3. 逄锦聚. 政治经济学［M］. 北京：高等教育出版社，2005.
4. 刘诗白. 政治经济学［M］. 4 版. 成都：西南财经大学出版社，2001.
5. 刘诗白. 现代财富论［M］. 北京：生活·读书·新知三联书店，2005.
6. 刘诗白. 马克思主义政治经济学原理［M］. 成都：西南财经大学出版社，2006.
7. 陆立军，王祖强. 新政治经济学［M］. 杭州：浙江人民出版社，2002.

45

第二章
资本与剩余价值

学习目的与要求： 本章是在劳动价值论的基础上，分析资本主义的生产过程。通过本章的学习，明确资本和剩余价值的本质，认识剩余价值的来源和生产方法，掌握马克思的剩余价值学说的基本原理，并能够运用其基本原理去分析无产阶级与资产阶级根本对立的经济根源。

第一节　货币转化为资本

一、资本总公式及其矛盾

简单商品经济是资本主义商品经济的历史起点。商品交换内在矛盾的发展引起了货币的出现。货币是资本的最初表现形式。如果从历史的角度看，在前资本主义社会就存在古老的资本形态——商人资本和高利贷资本。当然这些古老的资本形态和资本主义社会的资本是不同的，但是它们都是以货币资本形式出现的。在资本主义社会任何新出现的资本都是以货币形式出现在市场上的。资本家开办工厂，总是先用一定数量的货币到市场上购买机器、原料和劳动力等。就是说，任何资本家都必须掌握一定数量的货币才能进行资本主义的生产经营活动。所以，资本最初总是表现为一定数量的货币。但是，货币本身并不是资本。作为商品流通媒介的货币与作为资本的货币是根本不同的，这种差别可以通过简单商品流通和资本流通运动过程的分析明显地表现出来。

简单商品流通的公式是：商品—货币—商品（W—G—W）；资本流通的公式是：货币—商品—货币（G—W—G）。可见，上述两种流通公式在形式上有明显的区别：商品流通公式在交换中的顺序是先卖后买，资本流通的顺序是先买后卖。其实在这种形式区别的背后，还隐藏着更深刻的本质差别。从两种流通公式的经济内容看，商品流通表现为价值量相等的两种不同商品相交换，是"为买而卖"，交换的目的是为了取得自己消费的使用价值，这就规定了商品流通的运动是极其有限的；相反，资本流通表现为资本家拿出货币购买商品，是为了下一步卖掉商品重新收回货币，是"为卖而买"，流通的目的是为了取得价值。但是，从资本流通公式来看，处于两端的都是同一性质的货币。如果资本家垫支和收回的货币在数量上一样，这就成为毫无意义的行为。因此，资本流通的结果不仅要保持原有的价值，还必须取得更多的价值，即价值发生增殖，这是资本流通的基本性质。这个性质规定了以价值增殖为特征的资本运动是永无止境的。因此，准确的资本流通公式应是：G—W—G′，其中 G′=G+ΔG，即原来预付的货币额 G 加上一个增殖的货币额 ΔG。马克思把这个增殖的货币额叫作剩余价值。于是，货币在特殊的运动中发生了价值增殖，就变成了资本。资本就是能够带来剩余价值的价值。所以，被当作商品流通媒介的货币，只是一般等价物，体现商品生产者之间的生产关系；而作为资本的货币能带来剩余价值，体现资本主义的生产关系。

G—W—G′这个公式乍看起来似乎仅仅是商业资本特有的运动形式，实际上它是资本运动的最一般的形式。因为这个公式表明了资本运动的最根本的特点：把一个价值额投入流通，为的是从流通中取出一个更大的价值额。这个公式的根本特点，适合于资本运动的各种具体形式。如产业资本的典型形式是 G—W…P…W′—G′，它虽然增加了一个生产过程，但丝毫不会改变资本运动的一般形式；生息资本运动的形式是 G—G′，它只不过把资本运动的一般形式简化为一种没有中介的结果，表现为一种简练的形式。资本运动的一般形式概括地表明了各种资本运动形式的实质都是为了攫取剩余价值。所以，马克思说："G—W—G′事实上是直接在流通领域内表现出来的资本的总公式。"[1]

再进一步分析就会发现，上述资本总公式包含着一个自身的矛盾，即资本总公式与价值规律的客观要求的矛盾。马克思指出："货币羽化为资本的流通形式，是和前面阐明的所有关于商品、价值、货币和流通本身的性质的规律相矛盾的。"[2] 按照价值规律的要求，流通中商品实行等价交换，交换的结果不会发生价值增殖。然而资本总公式表明，资本流通的结果实际发生了货币增殖，产生了剩余价值。

那么，剩余价值是从哪里产生的呢？资本总公式的矛盾将怎样解决呢？

有些资产阶级经济学家面对上述问题，曾经提出过剩余价值在流通中产生的说法，这显然是错误的。因为在流通中无论是等价交换还是不等价交换都不能产生剩余价值。在等价交换的情况下，所有商品都按照价值实行等价交换，剩余价值根本无从产生。在不等价交换的情况下，如果资本家都贱买贵卖，互相欺诈，其结果是他作为卖者在商品提价时赚的钱又会在作为买者时多支付出去。这样互相抵消，剩余价值的普遍存在也无从说明。即使有的资本家善于经营，只是贱买贵卖，那也只能改变商品总价值在不同资本家集团之间的分配，丝毫不能增加整个资本家阶级所占有的货币财富。而剩余价值正好表现为原价值的一个增殖额，是新产生的社会财富。可见，在流通领域里，无论是等价交换，还是不等价交换，始终不能找到剩余价值产生的根源。"可见，无论怎样颠来倒去，结果都是一样。如果是等价物交换，不产生剩余价值；如果是非等价物交换，也不产生剩余价值。流通或商品交换不创造价值。"[3]

① 马克思，恩格斯. 马克思恩格斯全集：第 23 卷 [M]. 北京：人民出版社，1972：177.
② 马克思，恩格斯. 马克思恩格斯全集：第 23 卷 [M]. 北京：人民出版社，1972：177.
③ 马克思，恩格斯. 马克思恩格斯全集：第 23 卷 [M]. 北京：人民出版社，1972：186.

那么，剩余价值的产生是否可以完全离开流通领域呢？也不行。因为流通是商品所有者相互关系的总和，倘若离开流通，商品所有者不同其他商品所有者接触，就只能同他自己的商品发生关系。也就是说，资本家如果不把货币投入流通领域，既不买也不卖，而是把货币贮藏起来，那么无论贮藏多少年，也绝不会产生出剩余价值。

因此，剩余价值的产生，货币转化为资本，既不在流通领域，但又不能离开流通领域，这就是解决资本总公式矛盾的先决条件。

二、劳动力转化为商品

在流通过程中，货币作为流通手段或支付手段，只代表一个既定的和不变的价值量。所以货币的价值增殖不可能发生在货币本身，同样也不可能发生在商品出卖这个环节上，它只能发生在资本家所购买的商品上。而根据价值规律，商品交换是等价交换，所购买商品的价值并不会自动增殖，增殖只能发生在商品的使用上。资本总公式的矛盾要在价值规律的客观要求内得到解决，资本家就必须用货币在市场上购买到一种特殊商品，而这种商品的特殊就在于对它的使用能够创造出比它的自身价值更大的价值。这种特殊商品就是劳动力。劳动力成为商品是货币转化为资本的根本条件。

劳动力是指人的劳动能力，是存在于劳动者身体之内并在劳动过程中运用的体力和脑力的总和。在任何社会里，人的这种劳动能力都是存在的，都是社会生产不可缺少的基本要素。但劳动力并不是一开始就是商品。劳动力成为商品，必须具备两个条件：①劳动力的所有者有着完全的人身自由。这样他才能够像任何商品所有者那样，自由地出卖劳动力商品，并且在买卖中仅仅让渡这种商品的使用权，而保留着它的所有权，否则就是卖身为奴了。②劳动力所有者除了劳动力商品以外，一无所有，既没有生产资料，也没有现存的生活资料，只有靠出卖自己的劳动力为生。

人类社会的历史证明，劳动力成为商品的两个基本条件，是在封建社会的末期，小商品生产者日益两极分化，部分生产者最终沦落为无产者的历史过程中形成的。劳动力商品是一个历史的范畴。

劳动力作为商品，同一切其他商品一样，也有价值和使用价值。不过劳动力商品的价值和使用价值与其他商品的价值和使用价值比较，有其特殊性。

劳动力商品的价值也是由生产和再生产这种商品的社会必要劳动时间决定的。但是，劳动力是依存于人体之内的，要生产劳动力商品，就必须以劳动者的生存为前提；而劳动者的生存，又必须要有一定的生活资料来保证。因此，生产和再生产劳动力商品的社会必要劳动时间，可以还原为生产和再生产劳动者所必需的生活资料所需要的社会必要劳动时间。具体地讲，劳动力的价值应包括：维持劳动者自身生存所需要的生活资料的价值；劳动者抚养后代所必需的生活资料的价值，这是为资本主义生产不断补充新的劳动力所不可缺少的；劳动者掌握一定的生产技术所花费的教育和训练的费用。

此外，劳动力的价值还应包含历史的和道德的因素。所谓历史的和道德的因素，是指劳动者所在国家的社会经济文化水平、历史传统习惯以及自然条件等。在不同的国家，由于自然条件和历史条件的差异，纳入劳动者的物质生活和精神生活平均必需的生活资料的数量、质量和范围是不同的。即使在同一资本主义国家，在不同的经济发展时期，劳动者的物质、文化生活水平也是不同的。所以，劳动力的价值受到经济文化发展水平的制约，总是表现为一个变量。但是，这种变化是从一个较长的历史时期来看的，在一个国家的一定时期，劳动者必需的生活资料的数量和范围还是相对稳定的。

劳动力商品的使用价值具有其他商品根本没有的特殊性质。一般商品在被消费或被使用时，随着它的使用价值的消费，它的价值也随之丧失或转移到新产品中去，不发生价值增殖。而劳动力这种商品则不同，劳动力的使用或消费就是工人的劳动过程。劳动力在使用过程中，不仅能够创造自身价值，还能够创造出比自身价值更大的价值，其超出原有价值的那部分就是剩余价值。劳动力这种特殊的使用价值对于货币转化为资本具有决定性的意义，资本家购买劳动力商品，看中的也正是这种商品的特殊使用价值。

从表面上看，劳动力的买卖取决于买卖双方各自的自由意志。在这里，资本家是货币所有者，工人是劳动力所有者。一方愿买，一方愿卖，买卖双方作为自由的、法律上平等的人缔结契约，作为独立的商品所有者发生关系，实行等价交换。但实质上，一离开喧闹的劳动力市场，雇佣工人一进入生产领域，劳动力的使用价值归资本家所有，工人就只能在资本家的监督下，按照资本家的意志被迫为资本家生产剩余价值。资本主义生产的实质、资本主义剥削的秘密都包藏在这个生产过程之中。马克思十分形象地揭露说：一离开流通领域，"原来的货币所有者成了资本家，昂首前行；劳动力所有者成了他的工人，尾随于后。一个笑容满面，雄心勃勃；一个战战兢兢，畏缩不前，像在市场上出卖了自己的皮一样，只有一个前途——让人家来鞣。"[1]

[阅读专栏]

社会主义劳动力商品问题

中国经济改革以来，对社会主义社会的劳动力商品问题存在着不同观点。1993 年 11 月中国共产党十四届三中全会通过的《中共中央关于建立社会主义市场经济体制若干问题的决定》打破了改革开放以后党和国家重要文献只讲"劳务市场"的一贯提法，第一次公开使用"劳动力市场"的概念，并强调劳动力市场是培育市场体系的重点之一，由此基本上形成了社会主义劳动力具有商品属性的观点。承认劳动力的商品性，采取商品形式，与劳动人民的主人翁地位并不矛盾。在一定意义上，劳动力采取商品形式正是为了更好地实现劳动人民的主人翁地位。首先，劳动力采取商品形式，只是改变了劳动力的配置方式，即由原来的计划配置转变为市场配置。这种配置方式改变的目的在于扭转

---

① 马克思，恩格斯. 马克思恩格斯全集：第 23 卷［M］. 北京：人民出版社，1972：200.

计划模式带来的平均主义低效率，进而实现人尽其才的劳动力有效配置机制。其次，劳动人民主人翁地位的实现主要取决于两个方面：一方面是全民所有或集体所有财产是否实现了保值增殖。如果国有资产能够保值增殖，并且在国民经济运行中发挥主导作用，作为国有资产的所有者，劳动人民的主人翁地位自然可以实现。另一方面是作为全民代表的国家能否有效地发挥职能。国家有效地代表全民的根本利益，在分配领域实现全民的根本利益，这是劳动人民主人翁地位得到体现的关键。因此，劳动力采取商品形式与劳动人民主人翁地位的体现并不矛盾。

（以上资料摘编自：张彤玉，李元亨，张俊山，等. 《资本论》导读［M］. 天津：南开大学出版社，2003.）

第二节　剩余价值的生产过程

一、劳动过程和价值增殖过程

资本家在流通领域购买到劳动力和生产资料之后，便进入生产领域，开始了资本主义的生产过程。

资本主义生产过程首先表现为生产各种物质资料的劳动过程。在一切社会形态中，劳动过程就是指劳动者有目的地使用劳动资料，改变劳动对象，创造使用价值的过程。因此，劳动过程是人类生存的永恒的自然条件，它反映了人和自然的关系。但是，资本主义劳动过程，作为资本家消费劳动力的过程来看，具有两个明显的特点：①劳动隶属于资本。雇佣工人在资本家的支配和监督下劳动，生产什么、怎样生产，完全服从资本家的意志。②雇佣工人创造的劳动产品归资本家所有，而不归劳动者所有，这就决定了资本主义制度下劳动的强制性。这种劳动的强制性对劳动者来说是一种奴役或压迫，对资本家来说，则是财富增加或资本价值增殖的源泉。

资本主义生产过程不只是生产物质产品、创造使用价值的劳动过程，因为生产使用价值不是资本主义生产的根本目的。资本家之所以要生产使用价值，不过是因为使用价值是价值的物质承担者。资本家的生产目的是要生产一个比他垫支的资本价值更大的价值，即剩余价值。所以，资本主义生产过程表现为劳动过程和价值增殖过程的统一。

现在，我们来分析价值增殖过程，以揭示剩余价值的起源。价值增殖是在价值形成的基础上实现的，因此，首先要把资本主义商品生产作为单纯的价值形成过程来考察。

举例说明：某纺纱厂的资本家购置生产资料和招雇工人来生产棉纱。假定平均预付资本的情况为：每天支付一个劳动力的价值是3元，相当于一个工人6小时的劳动量。一个工人劳动6小时，可纺纱5千克，消耗棉花5千克，消耗棉花价值10元。再假定纱锭等劳动资料的消耗价值2元。资本家共计预付资本价值15元。

在生产过程中，纺纱工人的劳动既是具体劳动，又是抽象劳动。作为具体劳动，工人劳动 6 小时将 5 千克棉花纺成了 5 千克棉纱（飞花不计），棉花和纱锭的价值随之转移到新产品棉纱上。纺纱工人的具体劳动既创造了新的使用价值，又转移了生产资料的旧价值，这些共计 12 元。作为抽象劳动，工人劳动 6 小时，创造 3 元的新价值，仅为补偿资本家支付的劳动力的价值。结果，5 千克棉纱的价值包括转移的生产资料旧价值 12 元和工人新创造的价值 3 元，总共为 15 元。资本家按这样的价值把商品出售之后，所获得的与他原来垫支的资本价值一样多，这对他来说是毫无意义的。他必须使价值形成过程转化为价值增殖过程。

现在，我们着重来考察价值增殖过程。

价值增殖过程就是剩余价值的生产过程。为了实现价值增殖过程，资本家绝不会让工人只劳动 6 小时，他很清楚他购买的是工人一天的劳动力，在这一天之内他要充分行使他对劳动力的使用权。假定他要工人一天劳动 12 小时，生产 10 千克棉纱，那么，就必须预付资本 27 元，其中 24 元购买生产资料、3 元支付劳动力价值。然后，经过工人劳动生产出的 10 千克棉纱，其价值就等于 24 元生产资料的价值，加上工人 12 小时劳动所创造的 6 元新价值，共计 30 元。这 30 元减去资本家预付的资本 27 元，还余下 3 元。这 3 元就是剩余价值。所以，剩余价值就是由雇佣工人的劳动创造的而被资本家无偿占有的超过劳动力价值的价值。

把价值形成过程和价值增殖过程进行比较，可以看出："价值增殖过程不外是超过一定点而延长了的价值形成过程。"[①] 如果价值形成过程只达到这一点，即新生产的价值只等于劳动力的价值，那就只是单纯的价值形成过程。如果价值形成过程超过了这一点，那就成为价值增殖过程。"作为劳动过程和价值形成过程的统一，生产过程是商品生产过程；作为劳动过程和价值增殖过程的统一，生产过程是资本主义生产过程，是商品生产的资本主义形式。"[②]

以上分析表明，在资本主义制度下，工人的劳动时间总是要超过为补偿劳动力价值所需要的时间，工人劳动力的价值与劳动力所创造的价值是两个完全不同的量。只要资本家把雇佣工人的劳动时间延长到补偿劳动力价值所需要的时间之上，工人在生产过程中所创造的价值就会超过劳动力价值，资本家就能够从雇佣工人身上榨取到剩余价值。整个资本主义剥削的秘密、剩余价值产生的根源就在这里。由此可见，剩余价值就是雇佣工人所创造的被资本家无偿占有的超过劳动力价值的价值。剩余价值是在生产领域中创造的，不是在流通中产生的，但又不能离开流通，因为只有在流通中才能购买到生产资料和劳动力，为剩余价值的生产准备好前提条件。这样，剩余价值的来源、资本总公式的矛盾也就得到了科学的解决。

二、资本的本质、不变资本和可变资本

前面的分析已经说明，资本最初的形态是货币。在日常的经济活动中，资本还表现为各种实物形态，如厂房、机器设备、原材料等。其实这些生产资料本身并不

---

① 马克思，恩格斯. 马克思恩格斯全集：第 23 卷 [M]. 北京：人民出版社，1972：221.

② 马克思，恩格斯. 马克思恩格斯全集：第 23 卷 [M]. 北京：人民出版社，1972：223.

是资本，只有在一定的社会经济条件下，即在雇佣工人被迫出卖劳动力，而生产资料又被用来作为剥削他们的手段时，它们才成为资本。作为流通手段的货币，也只有在被资本家占有并用作剥削工人的手段时它才成为资本。正如马克思所说："黑人就是黑人。只有在一定的关系下，他才成为奴隶。纺纱机是纺棉花的机器。只有在一定的关系下，它才成为资本。"① 所以，从本质上讲，资本是靠剥削工人而带来剩余价值的价值，它体现着资本家和雇佣工人之间剥削与被剥削的关系。正如马克思指出的："资本不是物，而是一定的、社会的、属于一定历史社会形态的生产关系。"② 资本作为资本主义生产关系的特定产物，是一个历史的范畴。

在资本主义生产过程中，资本家的预付资本必须分成两个部分：一部分是购买生产资料的资本，一部分是购买劳动力的资本。由于这两部分资本在剩余价值生产过程中起着不同的作用，具有各自特殊的性质，反映在资本形式上便形成了不变资本和可变资本。

购买生产资料的这部分资本，以机器、厂房、设备、原材料等具体形态存在于生产过程中。这部分资本的价值在价值增殖过程中只是借助于工人的具体劳动，在消费自己的使用价值的同时，把自己原有的价值转移到新产品中去。而转移的价值量不会增殖，只是变换了它的物质形态。因此，马克思把这部分资本称作不变资本（以字母 C 代表）。虽然不变资本在生产过程中没有发生价值增殖，但它是工人活劳动的"吸收器"，是剩余价值生产所必不可少的物质条件，因而是资本。

购买劳动力的这一部分资本，情况则完全不同了。它的价值不是通过转移来保存，而是由工人的劳动再生产出来。一方面，工人以具体劳动形式消耗了生产资料，创造出新产品的物质形态，同时也就把生产资料的价值转移到产品中去了。另一方面，工人的劳动又是抽象劳动，创造新价值。这个新价值不仅包括补偿劳动力的价值，而且包括剩余价值。可见，购买劳动力的这部分资本在生产过程中改变了它的价值量，发生了价值增殖。马克思把这一部分资本称作可变资本（以字母 V 代表）。

马克思根据预付资本的不同部分在价值增殖中的不同作用，把资本划分为不变资本和可变资本，这对于深刻揭露资本主义剥削的实质具有重大意义：首先，它进一步揭示了剩余价值的真正来源，表明剩余价值不是全部资本的产物，而只是由其中的可变资本带来的。其次，由于这一划分，我们将看到剩余价值和可变资本的比率，即剩余价值率，它可以准确地表明资本家对雇佣工人的剥削程度。最后，马克思正是以不变资本和可变资本的区分为基础，提出了资本有机构成理论，并在此基础上，揭示了资本主义积累的一般规律，创立了再生产理论和剩余价值分配理论。这些对于研究资本主义生产总过程及其历史趋势奠定了理论基础。恩格斯对此做了高度评价。他说："这个区别提供了一把解决经济学上最复杂的问题的钥匙。"③

---

① 马克思. 雇佣劳动与资本［M］//马克思，恩格斯. 马克思恩格斯选集：第 1 卷. 北京：人民出版社，1972：362.

② 马克思，恩格斯. 马克思恩格斯全集：第 25 卷［M］. 北京：人民出版社，1974：920.

③ 马克思，恩格斯. 马克思恩格斯全集：第 24 卷［M］. 北京：人民出版社，1972：22

三、资本的一般性和特殊性

马克思在《资本论》中，是把资本作为资本主义特有的经济范畴来研究的，因而揭示了资本的本质是资本对雇佣劳动的剥削。但马克思在研究资本主义生产方式的同时，也考察了"资本一般"的问题。他说："资本一般，这是每一种作为资本所共有的规定，或者说是任何一定量的价值成为资本的那种规定。"[①] 所谓"资本一般"，就是资本的一般性，即资本在不同的社会经济条件下所具有的普遍的共同的属性。中国共产党的十五大报告正式提出了"公有资本"的概念，这是党的文献第一次正式使用这个概念。它突破了过去认为社会主义不存在资本范畴的理论局限，对资本这一概念作了宽泛化的理解。这种认识是以市场经济条件下资本具有一般属性为基础的。在市场经济条件下，资本可以转化成各种生产要素。在由市场配置生产要素的条件下，从资本的价值运动形式看，资本具有的一般共同属性有以下几点：

第一，垫支性。企业要进行生产经营活动，必须要有一定量的资本。资本积累到一定规模才能用于生产投资，在运动中要保持原有价值并如数流回企业。

第二，运动性。资本是一种运动着的价值，在运动中保存自己并增殖。

第三，增殖性。增殖是资本的基本职能，私有资本要增殖，公有资本也要增殖。只有资本增殖，才能增加社会财富，积累资本，从而实现扩大再生产和改善人民生活。

增殖性是资本最重要的也是最一般的属性，资本就是能够带来价值增殖的价值。

在一般共同属性之外，资本又具有特殊性。资本与不同的社会经济制度结合在一起，表现出不同的社会属性，这体现了资本的特殊性质。在资本主义社会，资本是与生产资料私人所有结合在一起的，其性质就是能为资本家带来剩余价值的价值，体现了资本对雇佣工人的剥削关系。私人资本及其带来的剩余价值属于资本家所有。在社会主义公有制条件下，与生产资料公有制结合起来的资本，是由国家或集体所有，表现为国家资本和集体资本，是由公有企业占用的、能带来增殖的价值。资本增量中的一部分会通过再分配的途径集中在国家手中，以满足人民对公共产品和社会福利的需求；其余部分会转化为企业积累和消费基金，构成扩大再生产和提高劳动者收入水平的源泉。因此，它反映着国家、企业与劳动者之间的利益关系，体现了社会主义的生产关系。

[阅读专栏]

不同所有制决定社会资本的社会性质

由于不同社会形态的所有制基础不相同，就是某一种社会形态的所有制往往也不是单一的，而是多元的，但必然有一种由占主体地位的所有制决定的社会性质的资本在社会中占主体地位，代表着该社会资本的社会性质。比如：资本主义社会占主体地位的资本家私人所有的资本，可以称之为资本主义资本，

[①]　马克思，恩格斯. 马克思恩格斯全集：第46卷上册［M］. 北京：人民出版社，1979：444.

社会主义社会占主体地位的资本是公有制的资本。值得指出的是，社会主义资本与社会主义社会中存在的资本是两个不同的概念。在社会主义社会中，除了社会主义公有制资本外，还存在大量非公有制资本，不能把这些非公有制资本归列为"社会主义资本"。存不存在剥削关系是公有资本与非公有资本的本质区别。混淆及抹杀不同性质的资本，不利于更好地发挥各不同性质的资本的作用。尽管社会主义条件下的私人资本与资本主义社会的私人资本会有不同特点，但它们体现的剥削关系的本质是相同的。

以上资料摘编自：周淑芳. 社会主义市场经济与资本范畴 [J]. 前沿，2004 (4)：20-22.

四、剩余价值规律

马克思在分析资本主义生产的实质及其规律时指出："生产剩余价值或赚钱，是这个生产方式的绝对规律。"[①] 在这个规律的支配下，赚钱发财、追求剩余价值是资本家内在的冲动。它决定了资本主义生产发展的一切主要方面和一切主要过程，决定了资本主义生产的目的和达到目的的手段，决定了资本主义生产的实质。资本主义生产的实质就是剩余价值的生产，资本主义生产的根本目的就是要采用种种剥削手段生产和实现尽可能多的剩余价值。剩余价值范畴反映了资本家剥削雇佣工人的经济关系，剩余价值规律是资本主义生产方式的绝对规律。

首先，资本主义生产的动机和目的，自始至终都是为了资本增殖。剩余价值生产像一条主线自始至终地贯穿资本主义生产过程。资本离开剩余价值就没有生命，尽可能多地榨取雇佣工人创造的剩余价值是资本的本性。马克思在《资本论》中引用托·约·登宁的话说："资本害怕没有利润或利润太少，就像自然界害怕真空一样。一旦有适当的利润，资本就胆大起来。如果有10%的利润，它就保证到处被使用；有20%的利润，它就活跃起来；有50%的利润，它就铤而走险；为了100%的利润，它就敢践踏一切人间法律；有300%的利润，它就敢犯任何罪行，甚至冒绞首的危险。如果动乱和纷争能带来利润，它就会鼓励动乱和纷争。"[②]

其次，剩余价值规律还决定了资本主义生产的手段。资本主义生产为了尽可能多地获取剩余价值，什么手段都可运用。比如为了追求超额剩余价值，资本家竞相改进技术，使用新机器，以提高劳动生产率。出于同样的目的，资本家也可以停止使用或限制、废弃新技术、新发明，转而使用手工劳动。他们甚至不惜重金收买重要发明、技术专利贮藏起来，不让其用于生产。这些行为完全受剩余价值规律支配。

再次，生产剩余价值不仅支配资本主义一切生产部门和非生产部门，同时也支配整个资本主义社会生活。在资本主义制度下，"资产阶级撕下了罩在家庭关系上的温情脉脉的面纱，把这种关系变成了纯粹的金钱关系。"[③]

总之，在资本主义条件下，对剩余价值的追逐决定了资本主义生产、流通、分配和消费的一切主要方面，社会生产和再生产的主要过程都服从资本家攫取剩余价

① 马克思，恩格斯. 马克思恩格斯全集：第23卷 [M]. 北京：人民出版社，1972：679.
② 马克思，恩格斯. 马克思恩格斯全集：第23卷 [M]. 北京：人民出版社，1972：829.
③ 马克思，恩格斯. 马克思恩格斯选集：第1卷 [M]. 北京：人民出版社，1972：254.

值的需要，受剩余价值规律的支配。剩余价值的生产还支配着资本主义生产方式发展的历史趋势。以机器大工业的方式进行的剩余价值生产不同于以小规模手工劳动方式进行的小商品生产。这主要表现在为追逐剩余价值而形成和发展起来的资本主义工业化，创造了比过去一切历史时代都大得多的生产力，从而在高度发达的物质技术基础上确立了资本的全面统治。社会生产力的发展，扩大了剩余价值的生产；剩余价值生产的扩大，又推动着资本积累的增长；不断成长起来的生产力与资本主义生产关系发生了日益尖锐的冲突。这种矛盾的发展和深化，必然以剧烈的经济冲突形式——经济危机表现出来。因此，资本主义生产的发展过程、高涨和危机、赚钱和亏本以及内在矛盾发展的全过程都是由剩余价值规律决定的。剩余价值理论是马克思主义经济理论的基石，由于有了这一发现，才完成了政治经济学的革命，建立了科学的马克思主义政治经济学。剩余价值学说是理解全部资本主义经济关系的一把钥匙，并且为无产阶级指明了争取彻底解放的道路。

五、剩余价值的特殊性和一般性

马克思曾指出："把价值看作只是劳动时间的凝结，只是物化的劳动，这对于认识价值本身具有决定性的意义，同样，把剩余价值看作只是剩余劳动时间的凝结，只是物化的剩余劳动，这对于认识剩余价值也具有决定性的意义。"① 马克思还强调："资本并没有发明剩余劳动。"② 剩余劳动是社会生产力发展的结果，为一切社会所共有。随着社会生产力的发展，在商品生产占统治地位的社会里，生产的商品化决定了剩余劳动所生产的剩余产品在价值形式上就成为剩余价值，并表现为由投入生产经营的资本带来的剩余价值。

马克思主义政治经济学着重论述了资本主义制度下资本家追求剩余价值的特殊社会性质。在资本主义社会，剩余价值体现了资本家无偿占有工人的剩余劳动即资本剥削雇佣劳动的关系。剩余价值是资本主义生产的根本目的，最终在于维护资产阶级利益和资本主义制度。但不能因剩余价值的特殊性就否认其一般性。一般性和特殊性是统一的。正如剩余劳动并不为哪种所有制或社会基本制度所独有，剩余劳动所生产的剩余产品采取价值形式，即剩余价值，同样也不是资本主义制度所独有的。

在我国社会主义初级阶段，由于多种所有制经济并存，不论是国有或民营经济，在市场经济中都必然追求利润的最大化。而利润是剩余价值的转化形式，在社会主义市场经济中就不能否认剩余价值的存在，即不能否认剩余价值的一般性。只是由于在不同的所有制条件下，因为剩余价值归属主体和最终用途不同，而具有不同的社会性质，剩余价值与不同的所有制相结合会表现不同的生产关系。

① 马克思，恩格斯. 马克思恩格斯全集：第23卷［M］. 北京：人民出版社，1972：243-244.
② 马克思，恩格斯. 马克思恩格斯全集：第23卷［M］. 北京：人民出版社，1972：263.

第三节　剩余价值生产的方法

一、剩余价值率

前面的分析已经说明，剩余价值不是全部资本带来的，而是由可变资本创造的，因而在确定资本家对工人的剥削程度时，就必须排除掉不变资本，而用剩余价值与可变资本相比。马克思把剩余价值与可变资本的比率称为剩余价值率，用 m' 表示。其公式为

$$剩余价值率（m'）= \frac{剩余价值（m）}{可变资本（v）}$$

如前面纺纱厂的例子。资本家若雇佣工人 100 人进行生产，就要预付总资本 2 700 元，其中不变资本 2 400 元，可变资本 300 元，带来剩余价值 300 元。那么，$m' = \frac{300}{300} \times 100\% = 100\%$。因此，剩余价值率越高，工人被剥削的程度也越高。

进一步分析还能发现，与剩余价值的生产相联系，工人的全部劳动时间即工作日可以划分为两个部分：一部分是必要劳动时间，是指工人在劳动过程中用于再生产劳动力的价值的那部分时间。而在这段时间内所耗费的劳动，叫作必要劳动。另一部分是剩余劳动时间，即工人在工作日中超过必要劳动时间以外的那部分劳动时间。在这段时间之内，工人虽然也消耗了劳动，但并不是为自己劳动，而是为资本家生产剩余价值，因此，这段时间叫作剩余劳动时间。在这段时间内支出的劳动，就是剩余劳动。

按照劳动价值论，价值是劳动时间的凝结，是物化的劳动；同样，剩余价值是剩余劳动时间的凝结，是物化的剩余劳动。而可变资本的价值是由工作日中的必要劳动创造的，所以，剩余价值率也可用以下公式来表示：

$$剩余价值率（m'）= \frac{剩余劳动时间}{必要劳动时间} = \frac{剩余劳动}{必要劳动}$$

上述公式都是以活劳动的形式表示的剥削程度，即在一个工作日内，工人消耗的多少劳动为再生产劳动力的价值，消耗的多少劳动为资本家生产的剩余价值。

世界资本主义经济发展的历史过程表明，剩余价值率的变动在总体上呈上升趋势。以美国为例，整个工业部门的剩余价值率，1929 年是 158%，1949 年是 227%，1958 年是 267%。资本家对雇佣工人的剥削在加深。资本家对剩余价值的贪求是永无止境的。

在实物形态上表现资本家对工人的剥削程度的是剩余产品同代表必要劳动的那部分产品的比率。代表剩余价值的那部分产品叫作剩余产品。既然剩余价值率是剩余价值同可变资本的比率，那么决定剩余产品水平的，就是剩余产品同代表必要劳动的那那分产品的比率。对于以生产剩余价值为目的的资本主义生产来说，其着眼

点当然不是产品，而是剩余产品。

在资本主义剥削活动中，资本家提高剥削程度、榨取剩余价值的方法是多种多样的，但基本的方法有两种：绝对剩余价值生产和相对剩余价值生产。

二、绝对剩余价值的生产

在资本主义生产过程中，工人的工作日必然包括必要劳动时间和剩余劳动时间两个部分。在必要劳动时间已定的前提下，资本家榨取剩余价值的多少是随着工作日的延长而增加的。因此，工作日越长，剩余劳动时间也越长，生产的剩余价值量越多，剩余价值率也越高。如前例，资本家为了榨取更多的剩余价值，可以把纺纱工人的工作日再延长 3 小时，即每个工人一天劳动 15 小时。在必要劳动时间 6 小时不变的条件下，剩余劳动时间就由 6 小时增加到 9 小时，剩余价值率也由 100% 提高到 150%，如图 2-1 所示：

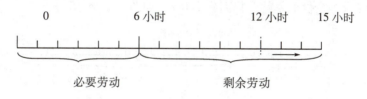

图 2-1　绝对剩余价值的生产

由此可见，这种在必要劳动时间不变的条件下，依靠工作日绝对延长而生产的剩余价值，就叫作绝对剩余价值，而生产这种剩余价值的方法就是绝对剩余价值生产的方法。

工作日的总长度虽然有弹性，但是它的变化也不是无边无际的，客观上存在一定的限度。工人在一天 24 小时之内，除了劳动占用的时间之外，还必须有一部分时间用于吃饭、休息等，以满足身体本身的生理需要，否则劳动力的恢复和再生产将不可能，这是工作日长度的生理界限。另外，工人在一天之内，还必须有一定时间参加社会活动、阅读书报、娱乐、教育和抚养子女，以满足精神和社会生活的需要。但是，这种需要的数量和范围要取决于一国的经济文化发展水平，这是工作日长度的社会和道德界限。

资本家为了榨取更多的剩余价值，总是不惜动用任何经济的或政治的手段竭力突破工作日的社会、道德界限甚至生理界限，压缩工人休息、吃饭的时间，严重地损害工人的身心健康，疯狂地压榨剩余价值。这种依靠延长工作日生产绝对剩余价值的方法，在资本主义工业化初期，由于劳动生产率的低下和资本积累的有限，曾被广泛地采用过。例如，19 世纪上半期，在英、法服装业里，女工的劳动场所很小，几十个人挤在一起，经常连续工作 15~16 小时；在旧中国的资本主义企业中，工人的工作时间一般也是 12 小时，多的长达 18 小时以上。工人起早贪黑，累断了筋骨，用自己的血汗填满了资本家的腰包。这种露骨、残暴的剥削手段必然激起工人阶级的强烈反抗。工人阶级要求缩短工作日的斗争，从 19 世纪开始，最早爆发于英国，之后遍及资本主义各国。其中最为著名的是 1886 年 5 月 1 日美国芝加哥等地

40 万工人为争取 8 小时工作制举行的大罢工。它把缩短工作日的斗争推进到一个新阶段。而这一天就成了国际劳动者的盛大节日——五一国际劳动节。

总之，在资本主义现实的经济冲突中，工作日的长度既取决于无产阶级与资产阶级相互斗争的力量变化，也取决于社会的进步和发展。

三、相对剩余价值的生产

既然工作日的长度存在着客观界限，资本家想尽量延长工作日又要遭到工人们的强烈反抗，那么资本家想攫取高额的剩余价值，就只有采取另外的剥削方法，那就是在工作日长度不变的条件下，改变必要劳动时间和剩余劳动时间的比例，即在劳动生产率提高的基础上，缩短必要劳动时间，相应地延长剩余劳动时间。如前例，在 12 小时工作日不变时，必要劳动时间是 6 小时，剩余劳动时间仍是 6 小时，剩余价值率为 100%。如果把必要劳动时间缩短为 4 小时，剩余劳动时间则相应地延长为 8 小时，结果剩余价值率就会提高到 200%，如图 2-2 所示：

图 2-2　相对剩余价值的生产

这种在工作日长度不变的条件下，由于必要劳动时间缩短而剩余劳动时间相应延长所生产的剩余价值叫作相对剩余价值，而生产这种剩余价值的方法就是相对剩余价值生产的方法。

如何缩短必要劳动时间呢?

必要劳动时间是再生产工人劳动力价值所必需的时间。要缩短必要劳动时间，就需要降低劳动力价值。而劳动力价值是由工人及其家庭所必需的生活资料价值所构成的，因而就需要降低这些生活资料的价值，这就必须提高整个社会生活资料生产部门和与之相关的生产资料生产部门的劳动生产率。只有这些部门的劳动生产率提高了，生活资料价值才会普遍降低，劳动力价值才可能下降，必要劳动时间才能够缩短，剩余劳动时间才能够相应延长。

必要劳动时间的缩短，是整个社会劳动生产率提高的结果，而全社会劳动生产率的提高，是众多的个别资本家为追逐超额剩余价值而不断提高劳动生产率的综合反映。相对剩余价值的生产是由各个资本家追求超额剩余价值而实现的。

超额剩余价值是指个别资本主义企业生产的商品的个别价值低于社会价值，而仍按社会价值出售其商品所获得的剩余价值。仍以纺纱厂为例，一般技术水平的纱厂，每个工人在 12 小时内生产 10 千克棉纱，总价值是 30 元，每千克棉纱的价值是 3 元，这是棉纱的社会价值。有个别纱厂率先改进生产技术，使劳动生产率提高了一倍，该厂工人在 12 小时内生产 20 千克棉纱，总价值是 54 元，每斤棉纱价值 1.35 元，这是棉纱的个别价值。每千克棉纱仍按 3 元的社会价值出售，20 千克棉纱售价 60 元。每个工人每天便为该厂的资本家提供了 6 元（60-54）的超额剩余价值。这

政治经济学

就是说，个别资本主义企业用了较少的劳动时间生产出与别人同样多的价值，因此，它获得的剩余价值要比其他的资本家企业获得的多。

个别资本家保留超额剩余价值的状况是暂时的。因为在资本主义条件下，追逐超额剩余价值的内在冲动和市场竞争的外部压力会迫使其他资本家也纷纷改进生产技术和设备。一旦先进的技术和设备在该部门普及，全社会的劳动生产率会普遍提高，商品的社会价值下降，个别价值与社会价值的差额消失，个别企业的超额剩余价值便也随之消失。随着社会上生活资料价值降低，劳动力价值下跌，必要劳动时间缩短，剩余劳动时间相应延长，整个资本家阶级便获得了相对剩余价值。就因为超额剩余价值是由劳动生产率特别高的个别企业的雇佣工人创造的，所以实际上它是相对剩余价值的一种特殊形态。

绝对剩余价值生产与相对剩余价值生产从根本上说都是依靠增加工人的剩余劳动时间来增加资本家无偿占有的剩余价值，都是资本家剥削工人和提高剥削程度的方法，都体现了资本家对雇佣工人的剥削关系，它们在本质上是相同的。作为剩余价值生产的两种形式，两者既有联系，又存在区别。

从两者的联系看，绝对剩余价值生产是相对的，相对剩余价值生产又是绝对的。即是说，绝对剩余价值生产必须以劳动生产率发展到能够把必要劳动时间限定在工作日的一部分为前提，因此绝对剩余价值是相对的。而相对剩余价值生产是以工作日绝对延长到必要劳动时间以上为前提的，所以它又是绝对剩余价值的生产。只有生产出绝对剩余价值，才有可能以此为起点，通过提高劳动生产率来缩短必要劳动时间，进行相对剩余价值生产。而相对剩余价值的生产方法同时还是促进绝对剩余价值生产的方法。因为劳动生产率的提高和必要劳动时间的缩短，为延长剩余劳动时间、增加绝对剩余价值生产创造了新条件、新动机。

从两者的区别看，首先，绝对剩余价值生产是资本主义生产体系的一般基础，相对剩余价值生产是在此基础上形成并逐渐发展为资本主义生产的主要方法的。与此相一致，资本主义生产的发展，劳动生产率的提高，经历了简单协作、工场手工业和机器大工业三个阶段。这三个阶段是资本主义社会生产力发展的基本过程，也是资本主义剥削方式不断演化和翻新的过程。其次，二者具有不同的技术基础。绝对剩余价值不以生产技术进步为条件，而是以延长工作日的方法生产出来；相对剩余价值则以劳动的技术过程和社会组织的根本变革为基础，主要运用提高劳动生产率的方法生产。

[阅读专栏]

现代生产自动化和剩余价值的源泉

第二次世界大战后，随着科技革命的深化，特别是电子计算机在生产中的广泛应用，传统的机器体系发生了根本变化。在资本主义生产自动化的条件下，生产现场的工人人数相对和绝对减少，有些技术先进的企业和公司甚至出现了所谓的"无人车间""无人工厂"。而且，随着资本主义生产自动化的发展，资本家所获得的剩余价值也迅猛地增加。那么，这是不是说自动化机器和机器人也能创造

59

价值和剩余价值？

按照马克思劳动价值论和剩余价值论的观点，在资本主义生产自动化的条件下，资本家获得的巨额剩余价值或利润仍然是工人的剩余劳动创造的。

首先，在生产自动化条件下，任何先进的机器设备作为不变资本的存在形式，只能转移旧价值，不能创造价值。只有工人的剩余劳动才是创造剩余价值的唯一源泉。其次，在生产自动化条件下，生产工人的概念扩大了，价值和剩余价值是由总体工人劳动创造的。创造价值和剩余价值的，不仅是生产现场直接操纵自动化装置的普通工人，还包括间接参加生产的科技人员和管理人员在内的总体工人。生产工人的劳动变得更加复杂，而复杂劳动能够创造更多的价值和剩余价值。再次，在生产自动化条件下，个别生产技术水平高的企业能够获取更多的超额剩余价值。一旦社会各主要生产部门都使用自动化生产，个别企业获得的超额剩余价值虽然消失了，但由于整个社会劳动生产率的提高，致使劳动力价值降低，整个资本家阶级就能获得比过去更多的相对剩余价值。在资本主义制度下，随着生产现代化、自动化程度的提高，资本加重了对雇佣劳动的剥削；同过去机器的普遍使用一样，生产自动化的设备也只能是加强剩余价值剥削的手段，而剩余价值的根源仍然是雇佣劳动者的劳动。

由此可见，在生产自动化条件下，资本家所获得的巨额剩余价值，仍然是工人的劳动创造的。

（以上资料摘编自：朱维奇，刘凤华，陈文冰，等. 政治经济学问题剖析［M］. 北京：北京大学出版社，1982.）

第四节　工　资

一、资本主义工资的本质

前面分析了资本的本质和剩余价值的来源，揭露了资本主义剥削的秘密。但是这一切在资本主义现实的经济活动中被工资现象歪曲和掩盖了。因此，在认识资本和剩余价值范畴之后，必须进一步揭示资本主义工资的本质，才能使马克思的剩余价值论牢固地确立起来。

在资本主义企业里，资本家支付给工人的工资是按工人劳动时间或产品数量来衡量的。工人劳动一天，资本家给一天的工资；或工人生产一件产品，资本家给一件产品的工资。这就给人们造成一种假象，好像工人所得的工资不是出卖劳动力的报酬，而是工人劳动的报酬；工资似乎是"劳动的价值或价格"，而不是劳动力的价值或价格。这种假象掩盖了必要劳动与剩余劳动、有偿劳动与无偿劳动的界限，好像工人的全部劳动都得到了报酬，资本家并没有剥削工人。

实际上，工人出卖的不是劳动而是劳动力。劳动与劳动力是不同的，劳动不是商品，既无价值，也无价格，根本不能出卖。

（1）如果说劳动是商品，那么它必须在出卖之前就独立存在，归出卖者所有。

可是，工人在市场上与资本家发生交易时，存在的是劳动力，不是劳动。劳动是劳动力的使用，它在工人把劳动力出卖给资本家并受其支配之前是不存在的。而当工人实际劳动时，劳动已不属于工人所有，也就不能作为商品来出卖了。

（2）商品价值是由一般人类劳动形成的。如果劳动是商品，也有价值，那就等于说劳动的价值就是劳动，12小时劳动价值等于12小时劳动；这是同义语的反复，毫无意义。

（3）如果说工人出卖的是劳动，得到的是劳动的价格，那么，按照等价交换原则，资本家付给工人的就是工人全部劳动的报酬，工人所得到的工资也就是他的劳动创造的全部价值。如果是这样，资本家就无从攫取剩余价值了，资本主义生产方式也就不存在了。显然这是不可能的。

因此，劳动不是商品，工人出卖给资本家的不是劳动，而是劳动力。工人所得的工资不是劳动的价值或价格，而是劳动力价值或价格的转化形式。工资是劳动力的价值或价格，这就是工资的本质。

二、工资的形式

资本主义工资的基本形式有两种：计时工资和计件工资。

计时工资就是以工人劳动时间为计算单位来支付的工资，如小时工资、日工资、月工资等。工资的本质既然是劳动力价值或价格的转化形式，那么计时工资也就是劳动力的日价值、月价值的转化形式。为了说明计时工资的现实运动，揭示资本家采用工资形式对工人的剥削程度，必须把计时工资额与工作日长度、劳动强度的大小联系起来考虑。在分析此问题时，马克思借用了"劳动价格"这一概念。这里，劳动价格是指劳动力每小时的价格或计时工资的单位价格。用计算公式表示为

$$劳动价格 = \frac{劳动力日价值（日工资额）}{工作日小时数}$$

例如：工作日小时数为12小时，劳动力日价值是6元，每小时劳动价格就等于 $\frac{6}{12} = 0.5$（元）。如果工作日长度由12小时延长到15小时，劳动日价值不变，劳动价格就下降为 $\frac{6}{15} = 0.4$（元）。即使在计时工资总额提高的情况下，工作日相应延长，劳动价格也可不变，甚至下降。在工作日长度一定，但提高劳动强度的情况下，也会有上述结果。

计件工资是根据工人完成的合格产品数量或作业量所支付的工资。计件工资无非是计时工资的转化形式。因为实行计件工资，要以工人在计时工资条件下，一日计时的工资额和每日生产的产品数来规定每件产品的工资单价。其计算公式如下：

$$计件工资单价 = \frac{劳动力日价值（日工资额）}{一日生产的产品件数}$$

例如，在计时工资条件下，假定劳动力日价值3元，工作日为12小时，平均生

61

产产品数量 30 件。那么每件产品的工资单价就是 $\frac{3}{30}$ = 0.10（元），并以此来计算计件工资。因此，计件工资是以计时工资为基础的，计件工资是计时工资的转化形式。

计时工资和计件工资都是市场经济条件下，承认劳动参与分配的权利、衡量劳动力价值、体现不同劳动力价格的基本工资形式，因此它们被各个国家长期采用。但是，在资本主义条件下，无论是计时工资还是计件工资，首先要与劳动者具体提供的劳动量的多少挂钩，而劳动定额则成为确定工资水平的标准。资本家总是千方百计地提高劳动定额。在缺乏劳动保护制度的情况下，这实际上就是单方面地提高工人劳动强度、增加工人劳动消耗，等于变相地延长工作日，以达到增加剩余价值生产的目的。因此，在资本主义条件下，工资形式会成为资本家剥削工人的手段，这种形式上的资本与劳动力的平等交换掩盖着事实上的不平等关系。

[阅读专栏]

现代西方国家的一些新的工资形式

现代西方国家的许多企业采取了一些新的工资形式，如期权、年薪制等。这些新的工资形式对于稳定职工队伍，尤其是稳定技术人员和高级管理人员起到了突出的作用。就拿期权制度来说，给予管理人员或技术人员认股权，可使他们把个人利益与企业长远利益结合起来，并把个人利益与股东利益结合起来。这种工资形式本身调动了职工的积极性，减少了股东监督管理企业的成本。从这种工资形式的作用中可以看出，新的工资形式并没有改变工资的本质，工资仍然是劳动力价值或价格的转化形式。那些得到股票期权的职工都是为企业做出重大贡献的人，他们或者为企业发明创造出新产品，或者为企业开拓出新市场，等等。这些人获得的期权也就是他们应得收入的转化形式。同时，从资本家角度看，采取股票期权等新的工资形式，并不是为了让广大工人共享企业的利益，而是由于企业规模庞大，资本家无法进行有效管理，或者有效管理的成本太高，因而不得不采取的手段。由此可见，无论从工人的角度还是从资本家角度来考察，新的工资形式并没有改变工资的本质。

（以上资料摘编自：张彤玉，李元亨，张俊山，等.《资本论》导读［M］.天津：南开大学出版社，2003.）

三、资本主义工资变动趋势

在考察工资数量的变化及其水平时，首先必须区分名义工资和实际工资。

（一）名义工资和实际工资

名义工资是指资本家为购买劳动力支付给工人的货币工资。实际工资是指工人用所得的货币工资实际能够购买到的生活资料数量和各种劳务。

名义工资和实际工资之间有紧密的联系，但是二者的变化常常不一致。名义工资的高低并不能完全反映实际工资的水平。在名义工资不变甚至提高的情况下，实际工资可能降低。因为实际工资水平不仅取决于名义工资，而且受到生活资料和服务项目等价格变动以及房租高低、税收负担的影响。而且在资本主义各国普遍存在通货膨胀的条件下，即使名义工资不变，如果生活资料价格上涨，实际工资也会下降；如果名义工资的提高赶不上物价、房租、税收增长的幅度，实际工资同样会下降。因此，只有实际工资才能真实地反映工人的实际生活水平。

根据上述分析，名义工资和实际工资的数量关系可以用公式表示：

$$实际工资 = \frac{名义工资}{1+生活资料（包括劳务）物价指数}$$

当然，从一个较长的历史时期看，尤其是第二次世界大战后，发达资本主义国家工人的实际工资并不是直线下降的，而是有升有降。总的来看，实际工资水平呈现一种缓慢上升的趋势。其原因是：①随着社会生产力的发展，劳动力正常再生产所必需的生活资料的结构发生了变化；②新兴产业的出现、产业结构的调整、社会服务行业发展的加快等，在一定程度上减缓了失业工人队伍的扩大；③发达资本主义国家从殖民地、对外贸易、对外投资中掠取了高额利润，资本家在增加自己利润的同时，稍稍放松了一些对本国工人的剥削；④资本主义国家工人阶级为争取缩短工作日、提高工资进行了长期斗争。实际工资也有下降的时候。如在经济危机时期，以及 20 世纪 70 年代资本主义经济在"滞胀"局面中徘徊的时期，实际工资都有所下降。

（二）相对工资

所谓相对工资，是指工人所得的工资同资本家占有的剩余价值相比较的份额，也叫比较工资。在工人创造的新价值（$v+m$）已定的条件下，工资与剩余价值存在着此消彼长的关系。在资本主义发展过程中，无论名义工资和实际工资是减少还是增加，相对工资总是呈现下降的趋势。这是因为，即使名义工资和实际工资都提高了，但只要提高的幅度赶不上剩余价值增长的幅度，相对工资就仍然下降。而随着科学技术进步和劳动生产率的不断提高，在工人创造的新价值中，资本家占有的剩余价值增长得更快，用来支付工人的工资就会相对减少，因而相对工资就必然下降。正如马克思在一百多年前指出的那样，资本对劳动力要求增加会引起劳动力价格即工资的提高，工人得到的享受也会有所增加；但无产阶级物质生活的微小改善，同资产阶级的财富、社会需求、奢侈享受的迅速增长相比悬殊极大，而且每况愈下。马克思还做了一个形象的比喻："一座小房子不管怎样小，在周围的房屋都是这样小的时候，它是能满足社会对住房的一切要求的。但是，一旦在这座小房子近旁耸立起一座宫殿，这座小房子就缩成可怜的茅舍模样了。……不管小房子的规模怎样随着文明的进步而扩大起来，但是，只要近旁的宫殿以同样的或更大的程度扩大起来，那么较小房子的居住者就会在那四壁之内越发觉得不舒适，越发不满意，越发被人轻视。"[①] 相对工资下降，表明了劳资之间的社会鸿沟在加深，工人的社会地位在下降，也表明资本家对工人的剥削在加深。

63

---

① 马克思，恩格斯. 马克思恩格斯选集：第 1 卷 [M]. 北京：人民出版社，1972：367.

　　资本主义各国在经济发展的不同阶段中经济水平及其提高的速度都是不相同的，工资水平存在着差别。而影响各国工资水平差异的因素比较复杂：①各国社会经济、文化发展水平、传统的历史条件和自然环境的不同，于是劳动力价值中包含的社会、道德的因素就有所差异，劳动者所必需的生活资料数量和范围也就不同，各国工人的名义工资和实际工资水平都不一样。②由于各国生产技术条件的差异，要求其工人具备的劳动技能和文化素质也就不一样。于是，用于教育和培训劳动力的费用多少不一，劳动力价值存在差异，反映到名义工资和实际工资水平上就有差异。③各国劳动生产率的水平不同，影响到各国工资水平的差异，如发达资本主义国家的劳动生产率比不发达资本主义国家的劳动生产率高。但在国际市场上，由于价值规律的作用，"它的计量单位是世界劳动的平均单位"①，结果发达国家的生产劳动在同一时间内体现为更多的国际价值，表现为更多的货币量，发达国家能用较少的必要劳动时间再生产出劳动力的价值。由于受到各国不同的劳动生产率的制约，发达国家工人的工资水平比不发达国家工人的工资水平更高，但发达国家工人所遭受到的剥削程度也由此而更大。此外，在各国工人的就业结构中，男工与女工的比例、劳动力市场的供求状况、工人的组织程度、工人运动的发展情况等，都对各国工资水平的差异产生影响。

　　总之，工资水平变动趋势及其差异表明，各国工资水平呈上升的态势，但工资水平的上升不是资本家对工人的恩赐，而是社会生产力发展的结果，也是无产阶级为提高工资而与资产阶级长期斗争的结果。工资水平的上升也不意味着消除了雇佣工人的从属关系和对他们的剥削。马克思说得好："吃穿好一些，待遇高一些，特有财产多一些，不会消除奴隶的从属关系和对他们的剥削，同样，也不会消除雇佣工人的从属关系和对他们的剥削。由于资本积累而提高的劳动价格，实际上不过表明，雇佣工人为自己铸造的金锁链已经够长够重，容许把它略微放松一点。"②

小　结

　　（1）作为商品流通媒介的货币与作为资本的货币是不一样的。资本总公式与价值规律之间存在着内在的矛盾，资本流通引起了货币的增殖；剩余价值既不能在流通中产生，又离不开流通领域。解决矛盾的关键是资本家购买到劳动力商品。劳动力成为商品是解决资本总公式矛盾的关键，是货币转化为资本的前提。

　　（2）资本主义生产过程是劳动过程和价值增殖过程的统一。而剩余价值的生产过程，就是价值形成过程转化为价值增殖过程。资本是能够带来剩余价值的价值，它体现着一定的生产关系。按资本不同部分在产品价值增殖形成中的作用不同，马

①　马克思，恩格斯. 马克思恩格斯全集：第23卷［M］. 北京：人民出版社，1972：614.
②　马克思，恩格斯. 马克思恩格斯全集：第23卷［M］. 北京：人民出版社，1972：678.

克思把资本分为不变资本和可变资本。马克思还在充分重视资本主义特殊生产方式条件下的资本研究基础上，对资本的一般属性进行了探讨和分析。

（3）资本家为了提高剥削程度，榨取剩余价值的方法是多种多样的，但其基本方法有两种：绝对剩余价值生产和相对剩余价值生产。随着科技革命的深化，第二次世界大战后，资本主义机械化生产逐渐向自动化生产过渡。在资本主义生产自动化条件下，资本家获得了巨额剩余价值。按照马克思劳动价值论和剩余价值论的观点，它仍然是工人的剩余劳动创造的。

（4）在资本主义现实经济活动中，资本的本质和剩余价值的来源，又被工资现象歪曲和掩盖了。工资是劳动力的价值或价格。工资的形式主要有计时工资和计件工资。在资本主义条件下，工资在形式上所表现的平等交换关系掩盖着资本剥削劳动的事实上的不平等关系。

复习思考题

1. 解释下列名词概念：

剩余价值　　　　资本　　　　价值增殖过程　　　劳动力的使用价值
超额剩余价值　　　　　实际工资　　　　　相对工资

2. 简述商品流通公式与资本流通公式的异同。

3. 资本总公式的矛盾是怎样解决的？

4. 剩余价值是怎样生产出来的？

5. 资本的本质是什么？资本划分为不变资本和可变资本的依据和意义是什么？

6. 怎样认识资本的一般性和特殊性？

7. 绝对剩余价值和相对剩余价值是怎样产生的？二者的关系怎样？

8. 如何认识资本主义工资的本质？如何正确认识第二次世界大战后资本主义国家工资制度的新变化？

阅读书目

1. 马克思. 资本论：第 1 卷［M］//马克思，恩格斯. 马克思恩格斯全集：第 23 卷. 北京：人民出版社，1972.

2. 马克思. 工资、价格和利润［M］//马克思，恩格斯. 马克思恩格斯选集：第 2 卷. 北京：人民出版社，1972：179-186.

3. 列宁. 马克思的经济学说和剩余价值［M］//列宁. 列宁选集：第 2 卷. 北京：人民出版社，1972：590-592.

参考文献

1. 马克思, 恩格斯. 马克思恩格斯全集: 第 23 卷 [M]. 北京: 人民出版社, 1972.

2. 马克思, 恩格斯. 马克思恩格斯选集: 第 2 卷 [M]. 北京: 人民出版社, 1972.

3. 列宁. 马克思的经济学说和剩余价值 [M]//列宁. 列宁选集: 第 2 卷. 北京: 人民出版社, 1972.

4. 刘诗白. 马克思主义政治经济学原理 [M]. 成都: 西南财经大学出版社, 2006.

5. 朱维奇, 刘凤华, 等. 政治经济学问题剖析 [M]. 北京: 北京大学出版社, 1982.

6. 程恩富. 现代政治经济学 [M]. 上海: 上海财经大学出版社, 2002.

7. 张彤玉, 李元亨, 张俊山, 等. 《资本论》导读 [M]. 天津: 南开大学出版社, 2003.

8. 刘炳英. 剩余价值在社会主义经济中依然存在 [J]. 理论前沿, 2003 (7): 26-27.

第三章
资本积累与再生产

学习目的与要求：通过本章的学习，充分认识资本积累的本质与原因，在此基础上把握资本有机构成理论和相对过剩人口理论，认识随着资本积累的发展出现的资本有机构成提高的趋势与个别资本增大的形式，理解资本积累的一般规律和资本主义积累的历史趋势。

第一节　资本主义再生产和资本主义积累

一、资本主义简单再生产

人类为了生存，必须进行物质资料生产活动。一个社会不能停止消费，因而也就不能停止生产。"任何一个社会，如果不是不断地把它的一部分产品再转化为生产资料或新生产的要素，就不能不断地生产……"[①] 所以，社会生产必须周而复始、连续不断地进行。每一个社会生产过程作为不断重复更新的过程，同时也是再生产过程。再生产就是连续不断重复进行的社会生产。

社会再生产是物质资料再生产和生产关系再生产的统一。一方面，每一次生产都会消耗一定的物质资料，同时又会生产出一定的物质资料，用于补偿已消耗的生产资料和人们已消费的生活资料，为下一次再生产提供物质条件。因此，社会再生产就是在物质资料不断生产、不断消费中交替、无限进行下去的。另一方面，再生产都是在特定的社会生产关系中进行的，任何社会生产关系都要随着再生产的进行被不断地生产出来，以不断地维持、巩固和发展。

社会再生产按其规模来划分，可分为简单再生产和扩大再生产。生产在原有的规模上重复进行是简单再生产，在扩大的规模上重复进行是扩大再生产。简单再生产既是扩大再生产的组成因素，又是扩大再生产的基础。所以，我们对资本主义再生产的分析要从简单再生产开始。

假定资本家垫支的资本是 10 000 元，其中不变资本为 8 000 元，可变资本为 2 000元。经过资本主义生产过程后，如果资本家把所生产的剩余价值全部用于他的

---

① 马克思，恩格斯. 马克思恩格斯全集：第 23 卷［M］. 北京：人民出版社，1972：621.

个人消费，仍然以 10 000 元（8 000C+2 000V）再投入生产过程，如果生产的其他条件不变，生产便会在原有规模上重复进行。资本家把剩余价值全部用于个人消费，生产在原有规模上重复进行的资本主义生产，就是资本主义简单再生产。

分析资本主义简单再生产，可以看到在把资本主义生产过程作为一个孤立的生产过程来分析时所看不到的一些新特点。

首先，资本主义生产过程是从资本家购买劳动力开始的。从孤立的一个生产过程来看，资本家要购买劳动力，必须先拿出一定数量的货币作为可变资本，以工资形式付给工人。这一定数量的货币一直要到生产出产品并卖出去以后才能收回来。这就造成了一种假象，好像资本家是把自己的货币预付给工人，是资本家养活工人的。不过，只要从资本主义简单再生产过程来看，马上就可以看穿这种假象。因为工人的工资是在他们的劳动力已经被使用以后才支付的，而劳动力的使用就是劳动；工人在劳动过程中，不但生产了价值，而且生产了剩余价值。可见，是工人先创造价值（包括剩余价值），然后资本家才付给工人工资。生产过程反复不断地进行，资本家这个月购买劳动力支付的工资显然是由工人上个月生产的劳动产品转化而来的货币支付的。从上面的分析可以看出，可变资本是工人自己的劳动创造的。工人不但创造了可变资本，而且创造了剩余价值，因而，不是资本家养活工人，而是工人养活资本家。

其次，从孤立的一个生产过程来看，在资本主义生产开始以前，资本家要购买劳动力和生产资料，不但要预付可变资本，而且要预付不变资本。从表面上看，好像资本家预付的全部资本都是由与付酬劳动无关的原始积累得来的。假定某一资本家最初预付的全部资本都是由他的祖先或自己的"辛勤劳动"积攒起来的。但是，经过连续的简单再生产过程之后，他的整个资本来源便不是原先的预付资本价值了。例如，某资本家最初有预付资本 10 000 元，一年可带来剩余价值 2 000 元。在简单再生产情况下，这 2 000 元的剩余价值是完全用于资本家个人消费的。这个资本家一年消费 2 000 元的剩余价值，五年的消费就是 2 000 元×5＝10 000 元剩余价值。这 10 000 元正好相当于他原来的全部预付资本额。可是，经过五年之后，这个资本家的手里仍有 10 000 元的资本投入生产。显然，这 10 000 元资本就完全是由工人创造的剩余价值转化而来的了。由此可见，资本家的全部资本都是工人劳动创造的。

我们从再生产过程的分析看到了资本家的全部资本都是由工人劳动创造出来的，当工人阶级取得政权以后，剥夺资产阶级的生产资料只不过是将过去被资本家无偿占有的财产收回来而已，完全是理所当然的。

最后，从孤立的一个生产过程来看，在资本主义生产中，工人出卖劳动力以后，用所得工资购买生活资料进行个人消费是在生产过程之外进行的，似乎与生产过程无关。可是，从简单再生产过程来看，工人的个人消费却是用来维持和再生产劳动力的，而劳动力的再生产是资本主义再生产的必要条件。所以，从再生产过程来看，工人阶级即使在劳动过程以外，也同劳动工具一样是资本的附属物，是从属于资本的。马克思说："罗马的奴隶是由锁链，雇佣工人则是由看不见的线系在自己的所有者手里。"①

以上分析说明了资本主义生产过程在作为再生产过程来分析时，不仅生产商品价值和剩余价值，还不断地生产和再生产出形成资本家和雇佣工人的社会条件。资本主义再生产是物质资料再生产和资本主义生产关系再生产的统一。

二、资本主义扩大再生产和资本积累

假定资本家垫支的资本仍然为 10 000 元，其中不变资本 8 000 元，可变资本 2 000 元，不变资本和可变资本的比例为 4：1，剩余价值率为 100%，不变资本价值在一年内全部耗完。那么，到第一年年末，全部商品价值就是 12 000 元（8 000C+2 000V+2 000M）。如果该资本家不是将 2 000 元剩余价值全部用于个人消费，而是只拿出一半即 1 000 元用于个人消费，将剩余价值的另一半 1 000 元作为追加资本，并按以上不变资本与可变资本 4：1 的比例进行追加，那么第二年开始时，这个资本家垫支的资本即为 8 000C+800C+2 000V+200V=11 000（元），生产规模就比上一年扩大了 10%。资本家把剩余价值的一部分作为资本追加到生产上，使生产在扩大规模的基础上进行。这种资本主义再生产，就是资本主义扩大再生产。

把剩余价值作为资本使用，或者说把剩余价值再转化为资本，叫作资本积累。剩余价值到资本的转化过程就是资本的积累过程。剩余价值是资本积累的源泉，资本积累又是扩大再生产的源泉。

在扩大再生产过程中，资本积累不仅是剥削工人的结果，反过来也是扩大剥削的手段，商品生产的所有权规律由此转变为资本主义的占有规律。商品所有权规律，是以商品生产和商品交换为基础的占有规律。在简单商品经济条件下，劳动和所有权是统一的，商品生产者以自己的劳动占有自己的劳动产品，以等价交换的形式占有别人的商品，这就是商品所有权规律规定的内容。而资本主义占有规律则是占有生产资料的资本家无偿占有工人生产的产品，而劳动者反而不能占有自己的劳动产品，所有权对资本家来说表现为无偿占有别人劳动产品的权利，而对工人来说则表现为不能占有自己的劳动产品。马克思指出："商品生产按自己本身内在的规律越是发展成为资本主义生产，商品生产的所有权规律也就越是转变为资本主义的占有规律。"② 这就是说，商品生产所有权规律转变为资本主义的占有规律是劳动力成为商品的必然结果。商品生产所有权规律是以生产资料所有权和劳动的结合为基础的。然而，在资本主义商品生产条件下，由于劳动力成为商品，劳动和所有权是分离的。当商品生产发展为资本主义生产时，资本家和工人之间虽仍然按照等价交换原则不断买卖劳动力，形式上仍符合商品生产所有权规律，但实质上资本家却按照资本主义的占有规律，不断地用无偿占有的工人的剩余价值，再转化为资本积累去追加购买劳动力，以便无偿占有工人创造的更多的剩余价值。在等价交换的形式下，资本家不断地使用无偿占有的剩余价值增殖资本，用以榨取更多的剩余价值，扩大生产

① 马克思，恩格斯. 马克思恩格斯全集：第 23 卷［M］. 北京：人民出版社，1972：629.
② 马克思，恩格斯. 马克思恩格斯全集：第 23 卷［M］. 北京：人民出版社，1972：644.

规模，扩大对工人的剥削，这就是资本积累的实质。

资产阶级经济学家宣扬资本积累是资本家"省吃俭用""节欲"的结果。实际上，资本积累并不是由资本家"节欲"的主观意志决定的，而是由客观经济原因决定的。在资产阶级看来，世界上没有一样东西不是为了金钱而存在的，连他们本身也不例外，因为他们活着的目的就是为了赚钱。除了快快发财，他们不知道还有别的幸福；除了金钱的损失，也不知道还有别的痛苦。资本主义生产本质上是剩余价值生产，资本主义生产的目的是为了追求剩余价值，发财致富。正是这个内在动力推动着资本家不断进行积累以扩大生产规模。这就是资本积累的内在原因。

竞争是迫使资本家进行资本积累的外在原因。资本主义竞争是以经济实力为基础的：资本家为了在竞争中取得胜利，既需要努力采用新技术和先进设备，提高劳动生产率，又需要不断增加投资，扩大生产规模，否则在激烈的竞争中就有失败甚至破产的危险。而这些都需要不断增大资本。马克思说："竞争使资本主义生产方式的内在规律作为外在的强制规律支配着每一个资本家。竞争迫使资本家不断扩大自己的资本来维持自己的资本，而他扩大资本只能靠累进的积累。"①

三、影响资本积累规模的主要因素

资本积累的规模或积累量，也不取决于资本家个人消费的"节欲"程度。由于资本积累的唯一来源是剩余价值，在剩余价值量已定的情况下，资本积累量就取决于积累和消费的分割比例。例如，某资本家在生产中占有的剩余价值为 2 000 元：如果这 2 000 元分割为积累与消费的比例为 4∶1，则积累为 1 600 元；如果这个比例为 2∶1，则积累为 1 333.3 元；如果这个比例为 1∶1，则积累为 1 000 元。

在剩余价值分割为积累与消费的比例已定的情况下，由于积累是剩余价值的资本化，积累量和剩余价值量的变化是一致的。决定剩余价值量的因素也就是决定积累量的因素。具体说来，主要是：

（一）对劳动力的剥削程度

在其他条件相同的情况下，对劳动力的剥削程度越高，同量可变资本带来的剩余价值就越多，积累量也就越大。因此，资本家为了获得更多的剩余价值，增大资本积累量，往往通过把工资压到劳动力价值以下、延长工作日和提高劳动强度等办法，提高对劳动力的剥削程度。

（二）劳动生产率水平

首先，劳动生产率水平的提高，表现为在同样的时间条件下，生产商品数量增多，商品价值会下降，从而使体现一定量的价值和剩余价值的剩余产品增多。在积累与消费的比例一定时，资本家的积累量和消费量都可以增加；同时，由于商品便宜，资本家在不降低实际消费水平的情况下，还可以靠减少消费基金来增加积累。在商品便宜的同时，生活必需品相应会便宜，劳动力价值也会降低，同量可变资本可以雇更多劳动力，生产更多剩余价值以增加积累；在商品便宜的同时，生产资料

① 马克思，恩格斯. 马克思恩格斯全集：第 23 卷［M］. 北京：人民出版社，1972：649-650.

70

政／治／经／济／学

价值会下降，同量不变资本可以购买更多的生产资料来吮吸更多活劳动。因此，在追加资本的价值不变甚至降低的情况下，仍然可以使积累增加。其次，劳动生产率水平提高，也会对原资本或已经处在生产过程中的资本产生反作用。它使生产劳动资料的部门的生产力获得发展，在生产中已经消耗的劳动资料会被效率更高、价格更便宜的劳动资料所代替。这样，这部分旧资本会以生产效率更高的形式再生产出来，以扩大生产能力，生产更多的产品和剩余产品，使积累增加；它使生产原材料部门的生产力获得发展，使原料和辅助材料的范围扩大，不仅可以发现新的原材料和原有材料的新用途，而且还可以把废料变为有用的原材料，这样也可以扩大生产能力，生产更多的产品和剩余产品，使积累增加；它使同量的活劳动能够转移更多的旧价值，从而使积累起来的资本减少或避免因闲置不用而发生自然损耗，这样也可以扩大生产能力，生产更多的产品和剩余产品，使积累量增加。

（三）所用资本和所费资本的差额

所用资本是在生产中所使用的全部预付资本。所费资本是在生产中实际耗费的资本。在生产过程中，所用资本如机器、设备、厂房等劳动资料虽然全部被使用，但不是一次就全部被消费完，而是经过多次使用逐渐消耗掉的；相应地，其价值也是一部分一部分地转移到产品中去的。这样，在所用资本和所费资本之间就必然形成一定的差额。这个差额的大小取决于劳动资料的质量和数量。劳动资料的质量越高，越经久耐用，使用年限越长，这个差额就越大。如某台机器价值为 10 万元，可用 5 年，在生产过程中每年磨损耗费平均转移到新产品去的价值为 2 万元，全年所用资本和所费资本之间的差额为 8 万元。如果改进这类机器的质量，使其使用年限延长到 10 年，则这个差额便就增加为 9 万元。同时，劳动资料的数量越大，这个差额也就越大，如 1 台机器的差额为 8 万元，10 台机器的差额就是 80 万元。那么，所用资本和所费资本之间的差额是怎样影响资本积累规模的呢？

劳动资料的价值虽然在生产过程中逐步地转移到新产品里，但它们的作用能力并不因此而以同一比例降低，而是在该劳动资料正常使用年限内的相当长一段时间内依然照样保持着。这样，劳动资料的一部分作用力，即所用资本和所费资本之间的差额，就像阳光、空气等自然力一样，为生产提供无代价的服务；并且这个差额越大，提供无代价的服务就越多，由此会导致产品价值趋于低廉。产品便宜的结果，对个别资本家来说是获取超额剩余价值，就全体资本家来说是增加相对剩余价值，从而也就增大了资本积累的规模。

（四）预付资本总量

在劳动力的剥削程度已定的情况下，随着预付资本总量的增大，其中可变资本量也会相应地增大。这样，资本家可以雇佣更多的工人，剥削更多的剩余价值，从而使资本积累的数量随之增加。同时，预付资本量越大，生产规模也越大，加速资本积累的一切因素，如延长工作日、提高劳动强度、改善劳动组织、改进机器设备以及推广科学技术的应用等就越有利，因而也就越能增进积累。

第二节　资本主义积累的一般规律

一、资本的有机构成、资本积聚和资本集中

这一节我们主要考察资本积累对无产阶级状况的影响。

在资本积累过程中，资本不仅在数量上不断增长，在构成上也会发生变化。资本构成的变化是影响无产阶级状况的一个关键性问题。因此，首先考察资本构成及其变化问题。

资本的构成包括两个方面：价值构成和技术构成。

从价值方面看，资本是由一定数量的不变资本和可变资本构成的。这两部分资本价值之间有一定比例。这种比例叫作资本的价值构成。

从物质方面看，资本是由一定数量的生产资料和劳动力构成的，它们之间也有一定比例。一般说来，这个比例是由生产技术水平决定的。生产的技术水平越高，每个工人所使用的生产资料数量就越多。这种反映或表现生产技术水平的生产资料和劳动力之间的比例叫作资本的技术构成。

资本的技术构成和价值构成之间有着密切的联系。资本的价值构成以资本的技术构成为基础，资本的技术构成决定资本的价值构成。资本的技术构成变化了，资本的价值构成也就随之发生变化，而资本的价值构成变化通常又可以反映资本技术构成的变化。由资本技术构成决定，并反映资本技术构成变化的资本价值构成就叫资本有机构成，用 $C:V$ 表示。

例如，有一个资本主义企业共有资本 100 万元，原来用于购买机器、设备、原材料、燃料和辅助材料等生产资料的不变资本是 60 万元，用于购买劳动力、支付工人工资的可变资本是 40 万元。这个企业的资本有机构成就是 60 万元：40 万元，即 3：2。后来，这个企业技术水平提高，100 万元资本中用于购买生产资料的不变资本有 80 万元，用于购买劳动力的可变资本只有 20 万元，这时资本有机构成就提高为 80 万元：20 万元，即 4：1。

理解资本有机构成的概念，需要注意两个问题。一是资本价值构成的变化并不都是由技术构成的变化引起的。例如价格的变化也会引起价值构成的变化，但这种变化不反映技术构成的变化，对无产阶级的状况不具有直接影响。在这里是将其他原因引起的价值构成的变化舍去了的。二是资本有机构成在不同的生产部门和企业是不一样的，因为它们的生产条件不同。例如一般说来重工业部门的资本有机构成较高，轻工业部门的资本有机构成较低。我们在考察资本有机构成的变化对无产阶级状况的影响时，也是把这种差别舍去了的，把所有企业的资本有机构成都作为社会平均有机构成来研究。

随着资本积累的不断增进，资本家为了追求更多的剩余价值并在竞争中处于优势地位，必然努力使用先进科学技术成果，努力采用先进技术装备。这样，用于购买生产资料的不变资本在总资本中的比例便必然提高。同时，先进科学技术成果的

利用、先进技术装备的采用必然大大地提高劳动生产率，使同样的劳动力推动更多的生产资料。这样，总资本中用于购买劳动力的可变资本比例便必然下降。所以，在资本主义生产的历史发展进程中，资本有机构成变化的总趋势是不断提高的。

资本有机构成的提高以个别资本增大为前提。个别资本的增大有两种基本形式：资本积聚和资本集中。

资本积聚是指个别资本依靠本身的积累，将剩余价值转化为资本来增大自己的资本总额。例如，某资本主义企业的资本家有资本 100 万元，每年能获得剩余价值 20 万元。这个企业的资本家将这 20 万元中的一半用于个人消费，一半用于积累。这样，他的资本总额就由 100 万元增加到 110 万元。这就是资本积聚。

资本集中就是把许多已经存在的规模较小的资本合并或联合起来形成大资本。例如，有甲、乙、丙三个资本，它们分别为 30 万元、40 万元和 50 万元，通过竞争兼并或股份联合后形成一个 120 万元的大资本，这就是资本集中。资本集中的具体形式通常有两种：一是通过竞争，大资本不断兼并小资本，从而形成更大的资本；二是通过创办股份公司，把众多较小的资本联合成一个数额巨大的大资本。在资本主义发展的历史过程中，竞争和信用是推动资本集中的两个强有力的杠杆。在资本主义激烈的竞争中，由于大资本拥有较优越的生产条件，处于优势地位，能够战胜许多中小资本，从而兼并这些中小资本，把自己变成一个更大的资本。同时，由于信用的发展，一方面，大资本能得到巨额贷款，以改进生产技术装备，增强竞争能力；另一方面，股份公司得到发展，这样就大大地加速了资本的集中。

资本积聚和资本集中作为个别资本增大的两种形式，是互相联系、互相促进的。资本积聚可以促进资本集中。因为随着资本积聚的进行，大资本增长得更快，在竞争中更容易击败中小资本；同时，随着资本积聚的进行、个别资本的增大，可用于借贷的资本数量就增加，信用也就更加发展，这也能促进资本集中。同样，资本集中也可以促进资本积聚。因为资本集中可以使资本主义企业生产经营规模迅速扩大，这有利于先进技术的采用，从而获得超额利润，以增加积累。

资本积聚和资本集中又是有区别的。二者的主要区别在于：

（1）资本积聚是单个资本的自我积累；资本集中是社会资本的合并或联合。

（2）资本积聚是单个资本家依靠剩余价值资本化实现的，它能增大社会资本总额；资本集中是通过原有资本在资本家之间重新分配实现的，它不会增大社会资本总额。

（3）资本积聚要受积累基金限制，它的增长速度较缓慢；资本集中不受积累基金限制，它的增长速度比较快。

二、相对过剩人口和失业问题

相对过剩人口是指超过资本需要的相对多余的劳动人口。

相对过剩人口是怎样产生的呢？我们可以从以下两方面来进行分析：

一方面，在资本主义积累过程中，随着资本积累的增进和资本有机构成的不断提高，总资本中的不变资本部分日益增加，而可变资本部分则相对减少。然而资本对劳动力的需求不是由总资本的大小决定的，而是由总资本中的可变资本决定的。随着资本有机构成的提高，资本对劳动力的需求会相对减少。假定原有资本总额为10 000元，其资本有机构成为1:1，每个工人的工资为100元，需要工人人数则为5 000元（V）÷100元＝50（人）。后来，资本总额增加到30 000元，资本有机构成为24 000元:6 000元，即4:1，每个工人工资仍为100元，需要的工人人数则为6 000元（V）÷100元＝60（人）。在这里，总资本虽由10 000元增加到30 000元，增加了2倍，但由于资本有机构成提高了，可变资本只增加了20%，所需要的工人人数也只增加了20%，即10人。这就是说，随着资本积累的增进，工人绝对数虽有增加，但是和总资本增长不是按同一比例增加的，资本对工人的需要相对地减少了，为劳动者提供的就业机会也相对地减少了。

另一方面，在资本主义积累过程中，随着资本积累的增进，由于以下各种原因，劳动力的供给日益增加。

（1）随着技术的不断进步、机器的广泛使用，许多工作要求的体力劳动的繁重程度大大减轻了，并且操作也大大简化了。资本家便可以大量使用童工、女工来取代成年男工，大量使用普通工人取代一些技术熟练的工人。

（2）随着资本主义经济的发展，小生产者两极分化，大批农民和手工业者破产，加入了雇佣劳动者队伍。

（3）随着资本主义竞争的激烈进行，一部分中小资本家在竞争中破产，也加入雇佣劳动者队伍中来。

从上面的分析可以看出，随着资本积累的进行，一方面资本对劳动力需求的相对减少，而另一方面劳动力供给不断增加，这就使得劳动力的供给超过对劳动力的需求，因此必然有大量的劳动者失业，形成相对过剩人口。这种相对过剩人口不是社会上绝对多余的人口，不是社会财富和生产能力已经容纳不了的过剩人口，而仅仅是劳动力的供给超过了资本主义积累对劳动力的需求的过剩人口。所以，相对过剩人口是资本主义积累的必然产物。马克思指出："工人人口本身在生产出资本积累的同时，也以日益扩大的规模生产出使他们自身成为相对过剩人口的手段。这就是资本主义生产方式所特有的人口规律。"[①]

[阅读专栏]

马尔萨斯的"人口论"及其修正

1798年，英国牧师马尔萨斯为了抨击当时的社会改革者（如葛德文、孔多塞等）的观点，匿名发表了《人口原理》一书。在该书中，他阐述了自己反对社会改革的理由。他认为，在社会发展中，人口增长经常有超过生活资料增加的趋势。人口是以几何比率增加，而生活资料却以算术比率增加，这就是所谓的"两个级数的假说"。然而自然规律要求两个级数的增加保持平衡，于是就出现了饥饿、战争、疫病、灾祸等所谓罪恶和贫困的抑制以及禁欲和晚婚等所

① 马克思，恩格斯. 马克思恩格斯全集：第23卷 [M]. 北京：人民出版社，1972：692.

谓道德的抑制。马尔萨斯将社会生活中出现的贫困、失业归咎于自然的因素即人口的过度膨胀，他反对社会济贫事业，主张消除多余人口。此后，围绕马尔萨斯的人口观点，社会各界展开了颇多的争论。鲜为人知的是，马尔萨斯在《人口原理》的不断修订中大大地修正了以前的观点，承认人口增长并不必然通过罪恶与贫困等阻止因素才能减缓，人们也能够自愿地限制家庭的规模，即主张通过降低人口出生率来控制人口增长。这种认识说明他与他的第 1 版的批评者取得了一个共识——在技术进步与人口增长的竞赛中，技术进步最终可以赢得胜利。在《人口原理》第 2 版的序言中，他承认："这部著作迄今为止在原则上已经与以往的版本不同……在这里，我已经努力将第 1 版中最严厉的结论变得柔和多了。"而他的一位传记作者则认为新版著作标志着马尔萨斯的人口问题观点已经从"激烈的悲观主义转变为谨慎的乐观主义"。

在资本主义制度条件下，相对过剩人口不仅是资本积累的必然产物，而且是资本主义生产方式存在和发展的必要条件。①相对过剩人口的存在形成了产业后备军，资本主义生产的发展随时都能获得可以榨取的劳动力。资本主义生产通常具有周期性。在危机时期，生产缩小，对劳动力的需求大大减少，失业人口急剧增加。但在高涨时期，生产规模迅速扩大，迫切需要吸收大批劳动力。此时如果只是依靠工人人口的自然增长，显然不能适应资本主义生产规模迅速扩大对劳动力急剧增加的需要。产业后备军就像一个存储劳动力的"蓄水池"，它可以随时满足资本对劳动力的需求。②由于相对过剩人口的存在，资本还可以加强对在业工人的剥削。因为在存在大量失业工人的情况下，劳动力必然供过于求。资本家不仅可以从市场上购买到更廉价的劳动力，而且还可以此威胁并压低在业工人的工资，迫使他们提高劳动强度或接受其他种种苛刻条件，加强对他们的剥削。

资本主义社会的相对过剩人口有三种基本形式。

第一种：流动的过剩人口。流动的过剩人口是指那些暂时从生产过程中被排挤出来的失业工人。流动过剩人口产生的基本原因，是各个部门资本主义生产发展、资本流动和资本有机构成变化的不平衡以及资本主义再生产过程中危机和繁荣时期的互相交替进行。这些流动的过剩人口主要存在于现代工业中心的大城市里。在那里，工人经常随着生产的扩大和缩小或者其他各种原因时而被吸收时而被解雇，处于一种流动的状态之中。

第二种：潜在的过剩人口。潜在的过剩人口是指那些在农村中多少还有一小块土地，靠经营这一小块土地和做短工维持生活的人。随着农业资本主义的发展，农业中的大生产排挤小生产，使大量的小私有者破产。同时，由于农业资本有机构成的提高，农业对劳动力的需求相对减少。这就必然形成大量的农业过剩人口。这些过剩人口住在农村等待时机，准备随时转入城市做工。但在没转入城市前，因为他们还保留着一小块土地，过着艰苦的生活，从形式上看，又好像没有失业。所以，这种过剩人口称为潜在的过剩人口。

第三种：停滞的过剩人口。停滞的过剩人口是指那些没有固定职业，依靠干些杂活勉强维持生活的人。这些人的工作极不稳定，劳动时间长，工作条件差而工资又特别低。这种过剩人口还不断从工业和农业过剩人口中得到补充。

除以上三种基本形式外，处在相对过剩人口最底层的是那些丧失劳动能力的人以及被迫流浪和堕落的人。他们是需要救济的贫民。

当代资本主义国家失业状况与劳动就业结构的调整变化

第二次世界大战后，随着资本主义经济、技术的飞速发展，资本积累快速增进，资本有机构成不断提高，资本主义国家的相对过剩人口和失业问题也在深化。20世纪90年代以来，在经济合作组织中，欧盟的失业问题最为严重。1997年，欧盟15国平均失业率达10.7%，而美国为5.0%，日本为3.3%。日本经济由于泡沫化的影响，"弱需求"相当顽固，经济增长乏力，2002年失业率攀高到5.5%。资本主义失业问题由于受到其制度与技术因素的双重制约，劳动就业领域表现出"缩员"与"扩员"同时并存的格局，结构性失业日趋明显。一方面，随着新技术在生产劳动中的应用，自动化装置的机器设备排挤工人的现象相当突出。据美国《商业周刊》的预测，随着智能机器人的出现，汽车制造行业中90%的工人可能被解雇，结果是美国每年有20多万汽车工人失业；此外，钢铁业、建筑业、农业以及公共工程等均有类似情况。另一方面，新技术在摧毁传统工作岗位的同时，又创造出新的就业机会，引起新兴行业劳动就业的增长。如据美国机器协会的一份报告分析，在2000年（当时美国约有200万台机器人），美国劳力市场上需要150万名以上制造、修理、维护机器人的技师，而负责机器人电脑程序设计和编制软件的工程师也需要100万人。世界闻名的美国计量经济预测公司的预测报告也提出同样的观点，认为在20世纪80年代以来美国经济中正在兴起的劳务部门的就业人数将增加750万，多于因企业使用机器人而失业的人数。这也许是近年来发达资本主义国家失业率反复波动的一个重要原因。

另外，随着现代科学技术的发展、产业结构的变化，劳动力结构也在发生变化。直接从事生产操作的"蓝领工人"减少，而从事管理、策划、设计、维护、财务、营销等工作的"白领工人"增加，脑力劳动者在整个社会生产活动中的比重和作用越来越大。据统计，美国蓝领工人在全美就业总数中所占比重从1900年的38.5%下降到1980年的31.7%，如今蓝领工人仅占17%，而白领工人在全美就业总数中所占比重从同期的17.2%上升到52.1%。这说明结构性失业问题日益突出。

总之，上述分析的相对过剩人口及其形式是失业问题在资本主义制度下存在的特殊表现方式，而失业问题并不是资本主义经济才有的现象。一般来讲，失业是劳动力供给超过需求时表现出的总量失衡。这种现象并非自古就有，而是生产社会化和市场经济发展的必然产物，是市场经济国家中存在的一般经济现象。因此，失业会在现代经济中作为一个普遍的经济问题而存在，无论是资本主义市场经济或者社会主义市场经济都无法避免。但是必须认识到的是，在资本主义生产方式条件下，作为失业特殊形式的相对过剩人口是私人资本对雇佣劳动的排挤和压迫，失业服从于私人资本增殖的需要；而在公有制的市场经济中，这种排挤和压迫的性质消失了，只是由于市场经济中各种自然因素的作用，失业本身并不会完全消失。

三、资本主义积累的一般规律和无产阶级贫困化

以上分析说明，随着资本积累的增进和资本有机构成的提高，社会财富必然越来越集中到资产阶级手中，给无产阶级带来的却是极其恶劣的后果。马克思说："社会的财富即执行职能的资本越大，它的增长的规模和能力越大，从而无产阶级的绝对数量和他们的劳动生产力越大，产业后备军也就越大。可供支配的劳动力同资本的膨胀力一样，是由同一些原因发展起来的。因此，产业后备军的相对量和财富的力量一同增长。但是同现役劳动军相比，这种后备军越大，常备的过剩人口也就越多，他们的贫困同他们所受的劳动折磨成正比。最后，工人阶级中贫苦阶层和产业后备军越大，官方认为需要救济的贫民也就越多。这就是资本主义积累的绝对的、一般的规律。"[①] 由此可见，资本主义积累的一般规律，实质上是指资本积累的进行必然会引起资产阶级财富和无产阶级贫困的积累的内在的、本质的、必然的联系。

资本主义积累的一般规律发生作用，一方面造成了资产阶级的财富膨胀，另一方面又造成了无产阶级的贫困化。无产阶级贫困化是指整个无产阶级处于贫困状态，它有相对贫困化和绝对贫困化两种表现形式。

无产阶级相对贫困化是指无产阶级的收入在社会国民收入中的比重下降。列宁指出："工人的相对贫困化，即他们在社会收入中所得份额的减少更为明显。工人在财富迅速增长的资本主义社会中的比较份额愈来愈小，因为百万富翁的财富增加得愈来愈快了。"[②] 在资本主义社会财富的分配中，无产阶级所占的份额是随着资本主义经济发展而相对下降的。例如，第二次世界大战后美国制造业工人的工资在他们所创造的国民收入中占的比例，1947 年为 50%，1954 年为 47.4%，1963 年为 43.4%，1970 年为 42.8%，1973 年为 41.8%。另据中华人民共和国国务院新闻办公室发布的《2000 年美国的人权记录》，最富有的 1% 的美国人拥有全国财产的 40%，而 80% 的美国人只占有全国财富的 16%。20 世纪 90 年代以来，美国社会财富增长的 40% 流入了少数富人的腰包，多数穷人只得到其中的 1%。1977—1999 年，美国最富的 1/5 家庭的税后收入增长了 43%，而最穷的 1/5 家庭的税后收入（扣除通货膨胀因素）却下降了 9%，那些靠最低工资维持生计的人挣到的美元按实际收入计算还赶不上 30 年前的水平。美国社会中工薪阶层的收入相比资本家的收入呈下降趋势，1975—1995 年间美国 80% 的工薪阶层平均收入下降了 16%。1975 年，美国工人平均收入为每周 455 美元，但 20 世纪 90 年代却下降到了 410 美元。1975 年，美国普通工人的收入水平在全世界位居第三，而 20 世纪 90 年代他们的收入水平在工业

77

---

① 马克思，恩格斯. 马克思恩格斯全集：第 23 卷 [M]. 北京：人民出版社，1972：707.

② 列宁. 列宁全集：第 18 卷 [M]. 北京：人民出版社，1959：430.

化国家中已经降到了第 13 位。有 18% 以上的拥有全日制工作的美国人如今因收入过低而生活在贫困线以下①。因此，无产阶级相对贫困化同工人的生活水平是否有所改善是无关的。随着社会生产的发展，"工人可以得到的享受纵然增长了，但是，比起资本家的那些为工人所得不到的大为增加的享受来，比起一般社会发展水平来，工人所得到的社会满足的程度反而降低了。"②

无产阶级的绝对贫困化，是指无产阶级物质生活状况的绝对恶化。正如列宁所说："工人的贫困化是绝对的，就是说，他们简直愈来愈穷，生活更坏，吃得更差，更吃不饱，更要挤在地窖和阁楼里。"③ 无产阶级绝对贫困化主要表现在实际工资下降、失业率提高、失业人口增加和生活在贫困线以下的人口大量存在等方面。但这种情况只存在于一部分工人之中，比如美国的失业工人和部分黑人工人、一些发展中的资本主义国家的工人；而且无产阶级绝对贫困化并不是长期的、经常发生的普遍趋势，而是间歇地、有时存在的现象。例如：①在机器代替手工劳动时期，由于资本有机构成的急剧提高，机器排斥了大量工人，再加上个体农民破产加入无产阶级队伍，形成了大量产业后备军，劳动力供给大大超过需求，雇佣工人的实际工资下降等，造成了无产阶级的绝对贫困化。②资本主义经济危机和经济发展停滞，"使小生产者更加陷于破产，使雇佣劳动更加依赖资本，并更加迅速地引起工人阶级状况的相对的而有时是绝对的恶化。"④ ③在物价上涨和通货膨胀迅猛发展的时期，实际工资下降，工人所得的工资能买到的消费品和劳务越来越少。④在战争时期，工人的生活状况由于战乱影响而绝对恶化。马列主义经典作家也反对把无产阶级绝对贫困化看作一种经常不断存在的现象。恩格斯曾针对《1881 年社会民主党纲领草案》中"无产者的人数和贫困越来越增长"的提法指出："这种绝对地说是不正确的。工人的组织，他们的不断增强的抵抗，会在可能范围内给贫困的增长造成某些障碍。"⑤ 列宁也说过："我同样认为，指出资本主义制度下，'群众的穷苦和贫困'是十分必要的。我不主张说绝对地日益穷苦和贫困"⑥，"我没有说过不断遭到贫困。"⑦ ⑤生活在贫困线以下的人数不断增加。所谓"贫困线"，是指政府确定和颁布的维持最低生活需要的收入标准。据美国政治和经济联合中心发表的一份报告，按家庭收入不到全国中等收入的 40% 列为贫困的标准来计算，20 世纪 80 年代中期美国家庭的贫困率约为 13.6%，加拿大为 8.9%，英国为 7%，法国为 6.1%⑧。而据国务院新闻办公室发布的《2000 年美国的人权记录》，号称世界首富的美国，官方公布的生活在贫困线以下的人口也在呈现增长趋势。1972 年美国政府公布的"贫困线"是四口之家的年收入为 4 275 美元，当年全美国生活在这一贫困线下的人口为

① 高英东. 美国社会的贫与富 [J]. 社会, 1999 (11)：36-38.
② 马克思, 恩格斯. 马克思恩格斯选集：第 1 卷 [M]. 北京：人民出版社, 1972：367-368.
③ 列宁. 列宁全集：第 18 卷 [M]. 北京：人民出版社, 1959：430.
④ 列宁. 列宁全集：第 24 卷 [M]. 北京：人民出版社, 1959：434.
⑤ 马克思, 恩格斯. 马克思恩格斯全集：第 22 卷 [M]. 北京：人民出版社, 1965：270.
⑥ 列宁. 列宁全集：第 6 卷 [M]. 北京：人民出版社, 1959：31.
⑦ 列宁. 列宁全集：第 6 卷 [M]. 北京：人民出版社, 1959：49.
⑧ 程恩富. 现代政治经济学 [M]. 上海：上海人民出版社, 2000：109.

2 450 万人，占总人口的 11%；2000 年美国已有 3 200 万人生活在贫困线以下，占总人口的 12.7%，贫困率高于其他大多数工业化国家。这也是资本积累一般规律在当代资本主义经济活动中作用的结果，即使是当代资本主义国家，也存在绝对贫困的现象。

四、贫困是一个世界性问题

贫困是一个社会经济问题，它存在于历史和现实之中，存在于世界范围之内。

贫困不仅在经济全球化浪潮中的富国与穷国之间的差距上体现出来，而且在不同制度类型的国家内部表现出来。根据联合国开发计划署发布的《2000 年人类发展报告》："全球收入不平等状况在 20 世纪加剧了，其程度超过了以往任何时候。最富和最穷国家的收入差距，1820 年大约为 3：1，1950 年大约为 35：1，1973 年大约是 44：1，1992 年大约是 72：1。"[①] 而许多国家反映富人和穷人收入差距的基尼系数在提高："俄罗斯联邦的基尼系数从 1987—1988 年间的 0.23 增长到 1993—1995 年间的 0.48。瑞典、英国和美国的基尼系数在 80 年代和 90 年代初增长了 16% 以上。在大多数拉丁美洲国家，基尼系数仍很高，厄瓜多尔为 0.57，巴西和巴拉圭为 0.59。"[②] 世界银行发布的《1990 年世界发展报告》称 20 世纪 80 年代是"穷人被遗弃的 10 年"[③]。在这 10 年之内，世界经济有了长足的发展，全世界人均 GNP 也有了大幅度提高，但是贫困并没有得到有效遏制，反而在世界范围内肆意蔓延：世界上每人每天收入不到 1 美元的绝对贫困人口多达 10 亿；这个数字到 1993 年发展到 12 亿[④]；1995 年为 13 亿，约占世界人口的 1/5；现在正以每年 2 500 万人的速度增长[⑤]。发展中国家的贫困更为严重，联合国统计报告中的数字触目惊心：发展中国家 1/3 的人口生活在贫困之中，8 亿人食不果腹，每年有 1 200 万儿童在 5 岁前死去。在南亚居住着占世界 1/3 的人口，贫困人口占全世界贫困人口的一半。非洲 6.3 亿人口中，约有 1/2 挣扎在饥饿线上。拉美地区约有 2 亿人口生活在贫困线以下，占该地区人口总数的 1/3 以上[⑥]。

可见，贫困是"无声的危机"，它不仅给发展中国家带来严重的社会经济后果，也危及世界的繁荣和稳定。为此，1992 年第 47 届联合国大会明确确定每年的 10 月 11 日为"国际消除贫困日"。1993 年第 48 届联合国大会宣布将 1996 年定为"国际消除贫困年"。1995 年 3 月联合国在丹麦首都哥本哈根举行的第一次有关社会发展的世界首脑会议上，发表了消除贫困、减少失业和加强社会融合的《哥本哈根宣言》和《行动纲领》。整个 20 世纪 90 年代，人类社会向贫困开战，已取得了一定的成就，但不能说世界性的贫困问题已得到根本扭转。正如世界银行发表的

①　联合国开发计划署. 2000 年人类发展报告［R］. 北京：中国财政经济出版社，2001.
②　联合国开发计划署. 2000 年人类发展报告［R］. 北京：中国财政经济出版社，2001.
③　世界银行. 1990 年世界发展报告［R］. 北京：中国财政经济出版社，1990.
④　陈颐，丁士. 减缓贫困：世纪的承诺［N］. 经济日报，1995-10-23（2）.
⑤　程恩富. 现代政治经济学［M］. 上海：上海财经大学出版社，2000.
⑥　程恩富. 现代政治经济学［M］. 上海：上海财经大学出版社，2000.

《2000/2001 年世界发展报告》所指出的那样："在 21 世纪之初，贫困仍然是一个全球性的重大问题。"① 因此，贫困和反贫困仍然是国际社会共同关注的一个跨世纪的难题。

尽管贫困问题成为世界各国面临的一种灾难性通病，贫困毕竟是一个社会问题，不是一个纯粹的自然性灾害问题，它的存在和演变与各个国家深层次的历史背景和经济、政治、社会、文化以及自然地理环境等内在和外在因素的综合作用有关。从这个意义上讲，在不同制度类型和不同意识形态的国家内发生的贫困又有差异性。比如我们不能够将资本主义制度下资本积累进程所导致的无产阶级贫困化状况与今天中国的贫困问题完全等同而论。因为，资本主义社会贫困的根源正如马克思在《资本论》中所深刻分析的那样，是在资本雇佣劳动制度的条件下，随着资本积累的发展、资本有机构成的提高、产业后备军（失业人口）的增加，"他们（无产阶级——编者）的贫困同他们所受的劳动折磨成正比"②，这条由马克思称之为"资本积累一般规律"发挥作用的结果，是社会财富以资本形式在资本家阶级一端积累，贫困在无产阶级一端积累。因此，资本主义社会的失业、贫困和贫富鸿沟根本上是由资本主义制度造成的，是财产所有权和收入分配不均的直接后果。要根除资本主义社会的贫困，就必须消灭资本主义雇佣劳动制。而目前中国社会中发生的贫困现象，概括地讲是我国社会生产力总体水平还不高，中华人民共和国成立后一段时期内思想政治路线上的失误和改革时期新旧体制转轨碰撞的副作用，以及某些地区恶劣的自然环境等因素共同作用的结果。因此，中国可以通过发展生产力、确立正确的思想政治路线、建立和完善社会主义市场经济体制以及保护和改善自然生态环境等来逐渐缓解贫困，最终消除贫困，实现共同富裕。

[阅读专栏]

中国的城乡贫困状况和减贫行动

20 世纪 90 年代以前，中国的贫困问题主要是农村贫困问题。由于历史和现实的各种原因，在 1978 年中国尚有 2.5 亿农村人口得不到温饱，占当时农村人口的 30.7%。在此后的 20 多年中，农村经济改革带来农村经济普遍增长，政府各项开发式扶贫政策相继出台，中国农村贫困人口数量大幅度减少。1978—2003 年，农村没有解决温饱的极端贫困人口由 2.5 亿人减少到 2 900 万人，农村贫困发生率也由 30.7%下降到 3.1%，年均下降 7.9%。因此，20 多年的农村扶贫开发取得了巨大的成就。这些成就概括起来主要是：①解决了 2 亿多农村贫困人口的温饱问题，为我国迈向全面小康社会奠定了基础；②贫困地区的生态环境、基础设施和生产生活资料明显改善；③科技、教育、文化、卫生等社会事业发展较快；④一些集中连片的贫困地区整体解决了温饱问题。

20 世纪 90 年代以来，随着中国的城市社会和经济体制改革的日益深入，

① 世界银行. 2000/2001 年世界发展报告 [R]. 北京：中国财政经济出版社，2001.
② 马克思，恩格斯. 马克思恩格斯全集：第 23 卷 [M]. 北京：人民出版社，1972：707.

中国城市贫困问题日益显现。国有企业体制改革和产业结构的调整使得城镇居民长期以来享有的政策庇护和福利优势日渐丧失，一大批城镇职工因企业的关、停、并、转而下岗、失业，城镇的贫困发生率有了较大的上升。关于城镇贫困人口规模，目前尚无一个权威性的统计数据，不同机构和不同学者的估计存在一定差异，估计在 1 400 万~3 000 万，占城镇人口总数的比重为 4%~8%。为了抑制城镇贫困的恶化，目前中国政府构建了"三条保障线"制度——下岗职工基本生活保障制度、失业保险制度和城市居民最低生活保障制度，以缓解城镇贫困问题。

第三节　资本主义积累的历史趋势

一、资本的原始积累

资本积累以剩余价值为前提，剩余价值以资本主义生产为前提，资本主义生产以商品生产者掌握大量资本和劳动力为前提。商品生产者最初掌握的资本和劳动力都是通过资本原始积累取得的。由于"创造资本关系的过程，只能是劳动者和他的劳动条件的所有权分离的过程，这个过程一方面使社会的生活资料和生产资料转化为资本，另一方面使直接生产者转化为雇佣工人。因此，所谓原始积累只不过是生产者和生产资料分离的历史过程。这个过程所以表现为'原始的'，因为它形成资本及与之相适应的生产方式的前史。"[①]

对农民的土地的剥夺，是使直接生产者转为雇佣工人的主要方式，它形成资本原始积累"全部过程的基础"[②]。这种掠夺在英国进行得最彻底、最典型。15 世纪末到 19 世纪初，英国毛纺业兴起，世界市场骤然扩大。新兴的资产阶级为了发展牧羊业，进行了大规模的"圈地运动"。他们用暴力强占耕地，平毁村庄，并将强占的耕地连成一片，围上篱笆，变成牧场，土地被圈的农民破产，沦为乞丐和流浪者。当时的国家还颁布了许多血腥的法律，用鞭打、烙印、监禁以至于死刑等酷刑来禁止农民流浪行乞，强迫他们成为资本主义的雇佣劳动者。

对货币财富的剥夺是资本原始积累的重要因素。这是通过殖民制度、国债、重税、关税保护和商业战争等暴力手段进行的。在这些手段中，殖民制度起着特别重要的作用。"美洲金银产地的发现，土著居民的被剿灭、被奴役和被埋葬于矿井，对东印度开始进行的征服和掠夺，非洲变成商业性地猎获黑人的场所：这一切标志着资本主义生产时代的曙光。这些田园诗式的过程是原始积累的主要因素。"[③]

总之，资本的原始积累过程是通过暴力来实现的。"资本来到世间，从头到脚，

---

① 马克思，恩格斯. 马克思恩格斯全集：第 23 卷［M］. 北京：人民出版社，1972：782-783.

② 马克思，恩格斯. 马克思恩格斯全集：第 23 卷［M］. 北京：人民出版社，1972：784.

③ 马克思，恩格斯. 马克思恩格斯全集：第 23 卷［M］. 北京：人民出版社，1972：819.

每个毛孔都滴着血和肮脏的东西。"①

二、资本积累的历史趋势

资本主义生产方式既是通过原始积累以暴力方式剥夺小私有者建立起来的，又是通过进一步剥夺无产者和中小资本家不断发展起来的。

在资本发展过程中，资本不仅通过资本积聚使资本财富积累起来，而且通过资本集中使大量资本财富越来越集中在少数大资本家手中。因此，资本积累过程不仅是资本对无产者的剥夺过程，同时也是少数大资本对中小资本的剥夺过程。随着资本积累的进行、资本的积聚和集中，资本主义的生产规模越来越大，生产社会化的程度越来越提高，但是生产资料和劳动产品却越来越集中到少数大资本家手中。这样，生产社会化和生产资料资本主义占有制之间的矛盾，即资本主义的基本矛盾必然日趋尖锐。资本主义基本矛盾的尖锐化表明资本主义生产关系已经不适合生产力的性质了。尽管在资本主义生产关系发展过程中，也可以通过一些措施暂时缓解这个矛盾，但不可能从根本上解决这个矛盾。随着资本主义的发展和资本积累的增进，从总的发展趋势来看，资本主义生产关系和生产力发展的不适应程度将会愈益加深。资本主义的生产关系将由资本主义初期促进生产力发展的因素，日益成为生产力发展的障碍。

马克思通过对资本主义积累内在规律的分析，提出了资本主义制度必然为社会主义制度所代替的论断。他认为，资本主义积累不断进行所造成的生产社会化的发展，是过渡到更先进的社会制度——社会主义制度的客观物质条件。与此同时，随着资本主义积累的进行，资本主义生产的发展，无产阶级人数的增加，无产阶级队伍在不断扩大，无产阶级的组织性和团结战斗性在不断提高，这又为资本主义向社会主义过渡创造了主观条件。因此，随着资本主义积累的进行，资本主义基本矛盾尖锐化到一定程度时，"资本主义私有制的丧钟就要响了。剥夺者就要被剥夺了"②。由此可见，资本主义积累的历史趋势在于资本主义社会必然被社会主义社会所代替。

小 结

（1）社会生产始终是一个连续不断、周而复始的再生产过程。社会再生产按其内容来讲包括物质资料的再生产和生产关系的再生产，按其规模可划分为简单再生产和扩大再生产两种类型。

（2）分析资本主义再生产能够揭示出在孤立的资本主义生产过程中不能发现的资本主义经济关系的运动特点。

资本主义再生产的主要形式和特征是扩大再生产。扩大再生产的源泉是资本积累。资本积累就是剩余价值再转化为资本的过程。在资本主义条件下，资本家将无

①　马克思，恩格斯. 马克思恩格斯全集：第23卷［M］. 北京：人民出版社，1972：829.
②　马克思，恩格斯. 马克思恩格斯全集：第23卷［M］. 北京：人民出版社，1972：831-832.

偿占有的剩余价值转化为资本，扩大生产规模以无偿占有工人创造的更多剩余价值，这就是资本积累的实质。它反映了商品生产所有权规律转变为资本主义占有规律的客观要求。

（3）由资本技术构成决定，并反映资本技术构成变化的资本价值构成，就是资本有机构成。随着资本积累的发展，资本有机构成表现为不断提高的趋势，而资本有机构成的提高是以个别资本增大为前提的。个别资本的增大有两种基本形式：资本积聚和资本集中。

（4）资本积累不断增进和资本有机构成提高，形成相对过剩人口，从而带来失业。这种失业是资本主义社会的特殊表现形式。而失业并非资本主义经济的特定产物，它是生产社会化和市场经济发展的一般经济现象。

（5）资本主义积累的一般规律，一方面造成了资产阶级的财富膨胀，另一方面又造成了无产阶级贫困的积累。在资本主义条件下，无产阶级的相对贫困和绝对贫困是客观存在的。而一般意义上的贫困是世界范围内普遍存在的问题。

（6）资本主义积累首先经历了原始积累，即用暴力手段剥夺小生产者和劳动者，确立了资本主义生产方式的统治地位；然后是资本主义积累的发展，从而使资本主义基本矛盾形成、演变和尖锐化，最终使资本主义制度必然被社会主义制度代替。这是资本主义积累的历史总趋势。

复习思考题

1. 解释下列名词概念：

社会再生产　　　资本积累　　　资本有机构成　　　资本积聚　　　资本集中

相对过剩人口　　　　　无产阶级贫困化　　　　　资本原始积累

2. 分析资本主义简单再生产过程有什么意义。

3. 怎样从商品生产所有权规律转变为资本主义占有规律理解资本积累的实质？

4. 如何看待资本积累、资本积聚、资本集中三者的关系？

5. 相对过剩人口是怎样形成的？为什么说失业是生产社会化和市场经济发展的一般经济现象？

6. 如何认识资本主义制度下无产阶级贫困的特殊性和世界范围内贫困存在的一般性？

阅读书目

1. 马克思. 资本论：第 1 卷［M］. 北京：人民出版社，1975.

2. 列宁. 资本主义社会的贫困化［M］//列宁. 列宁全集：第 18 卷. 北京：人民出版社，1975.

3. 刘诗白.《资本论》教程［M］. 成都：西南财经大学出版社，1989.

4. 锡德尼·维伯，比阿特里斯·维伯. 资本主义文明的衰亡［M］. 秋水，译. 上海：上海人民出版社，2001.

5. 马尔萨斯. 人口原理［M］. 朱泱，等译. 北京：商务印书馆，1996.

参考文献

1. 黄素庵，甄炳禧. 重评当代资本主义经济［M］. 北京：世界知识出版社，1996.

2. 袁志刚. 失业经济学［M］. 上海：上海三联书店，1997.

3. 刘坚. 中国农村扶贫开发纲要：2001—2010 年［M］. 北京：中国财政经济出版社，2006.

4. 世界银行. 2000/2001 年世界发展报告［R］. 北京：中国财政经济出版社，2001.

5. 程恩富. 现代政治经济学［M］. 上海：上海人民出版社，2000.

6. 刘诗白. 马克思主义政治经济学原理［M］. 成都：西南财经大学出版社，2006.

第四章
资本循环与周转

‑‑‑

学习目的与要求： 通过对本章的学习，了解和掌握产业资本的循环运动要经过哪些阶段、资本在不同的阶段上会采取什么形式并履行什么职能，理解资本运动的连续性及其连续运动的条件、加快资本周转的意义以及加快资本周转速度的方法，从而全面把握资本的本质及运动规律。

第一节　资本的循环

分析资本的循环，侧重研究的是资本在运动中所经历的形态变化，阐明个别资本运动的阶段性和连续性。

一、产业资本循环的三个阶段和三种职能形式

分析资本循环是以产业资本为例来进行的。产业资本，就是投在工业、农业、物资运输业、建筑业等物质生产部门的资本。资本家投资于产业部门，也像投资于其他部门一样，是为了获取剩余价值。但要实现资本价值的增殖，就必须使资本处于不断运动中，使其不停地吸收活劳动。

产业资本在现实运动中总是由流通过程进入生产过程，再由生产过程进入流通过程。它们依次经过购买阶段、生产阶段、售卖阶段三个阶段，并相应地采取货币资本、生产资本、商品资本三种职能形式。

（一）资本循环的第一阶段：资本的购买阶段

在资本循环的第一阶段，资本家带着一定数量的货币资本进入市场，购买生产资料和劳动力，为直接生产过程的进行准备条件。用 A 代表劳动力，Pm 代表生产资料，G 表示预付资本。资本循环第一阶段的公式是：

$$G—W \begin{cases} A（劳动力） \\ Pm（生产资料） \end{cases}$$

资本家购买的生产资料和劳动力之间，必须保持适当的比例，即一定数量、性能的生产资料，只能配备一定数量和质量的劳动力。这种比例关系是由资本技术构成决定的。就资本循环第一阶段公式的形式来看，一定货币额转化为一定数量的商

品，货币仍然充当购买手段和支付手段的职能，这一阶段似乎仅从事一般商品流通。那么，为什么它又是资本循环的一个特定阶段呢？因为货币的这种购买行为是整个资本运动的一个重要环节。在这一阶段，货币除了购买生产资料外，关键是还购买了劳动力这种特殊商品，从而为生产剩余价值准备了条件，因此，货币成了资本的存在形式（货币资本）。资本购买阶段的内容，实际上就是资本由货币资本转化为生产资本。

资本家用货币购买到劳动力和生产资料时，资本由货币形态变成了生产要素的实物形态，为资本主义生产准备好了客观条件。这时，资本循环的第一阶段即告结束，资本进入第二阶段的运动。

(二) 资本循环的第二阶段：资本的生产阶段。

资本循环的第二阶段发生在生产领域。资本家把在流通领域里购买到的生产资料和劳动力带回工厂，按照他的意志和特定目的，在他的监督、指挥和管理下，使劳动力和生产资料结合起来，进行生产。经过生产过程，生产出来的商品与当初购买进来的商品完全不同，价值量发生了变化。现在生产出来的新商品中包含了雇佣工人创造的剩余价值。以 P 表示生产过程，W' 表示包含了剩余价值的商品，虚线表示流通过程的中断和生产过程的进行。资本循环第二阶段的公式为

$$W\begin{cases} A \\ Pm \end{cases} \cdots P \cdots W'$$

从形式上看，这个公式与一般商品生产过程并无区别。因为在任何社会形态下，都必须具备生产资料和劳动力这两个要素，并使二者结合起来，才有现实的生产。那么，又怎能说它是资本循环的一个特定阶段？这里的关键是看生产资料和劳动力采取怎样的结合方式。二者结合的社会方式不同，也就形成了不同的经济结构，体现了不同的生产关系。在资本主义私有制下，劳动者和生产资料是分离的。资本家或资本家集团垄断了生产资料，劳动者一无所有。只有当劳动者的劳动力作为商品出卖给资本家之后，才在资本家的支配下，"作为他的资本的生产的存在方式结合起来的"[①]。在资本主义制度下，以生产要素的这种特殊结合方式来进行的生产，生产出来的就不是一般的商品，而是包含着雇佣劳动者所创造的一定剩余价值的商品。生产要素结合的特殊社会方式和特殊作用使生产资料和劳动力不仅发挥着生产要素的作用，而且发挥着资本的作用，进而成为资本的存在形式（生产资本），具有生产价值和剩余价值的职能。

生产阶段是资本循环过程中具有决定意义的阶段。在这一阶段，资本不仅在形态上发生了变化，资本的价值也发生了增殖。一旦生产资本生产出带有剩余价值的商品来，生产阶段即告结束，生产资本就转化为商品资本。资本循环第二阶段的结束，就是第三阶段的开始。

(三) 资本循环的第三阶段：资本的售卖阶段

资本循环的第二阶段虽然生产了剩余价值，但并没有真正实现它，资本运动还

---

① 马克思，恩格斯. 马克思恩格斯全集：第24卷 [M]. 北京：人民出版社，1972：44.

要继续进行。在资本循环的第三阶段，资本家带着包含有剩余价值的商品重新回到市场，将包含有剩余价值的商品卖出，换回货币，实现商品的形态变化，即由商品形态转化为货币形态，资本又重新回到最初的货币形态。但是资本家收回的货币不同于当初垫付的货币，它发生了量的变化。它包含了剩余价值，是一个增殖了的货币资本。资本循环的第三阶段，就是商品资本转化为货币资本的阶段。资本循环第三阶段的公式是：

$$W'—G'$$

从现象上看，这个公式与一般商品流通过程的销售阶段没有多大区别，都是出卖商品，换回货币，只是价值形态的变化。但从本质上考察就会发现，这里的商品（W'）不是简单商品生产的产物，而是资本主义生产过程的结果；商品（W'）是预付资本价值和剩余价值的物质承担者，体现了资本家对雇佣劳动的剥削关系。因此，这里的商品（W'）不仅仅是商品，而且是商品资本（以商品形式存在的资本）。商品资本的职能是实现商品价值和剩余价值。$W'—G'$的运动过程，不仅是商品的价值形态变化的过程，还是资本和剩余价值的实现过程。G'代表着价值增殖了的货币量。资本循环第三阶段结束，完成了由商品资本到货币资本的转化过程。经过商品到货币的转化过程，资本家一方面收回了当初预付的资本价值（G），另一方面实现了在生产过程中新创造出来的剩余价值（ΔG），这实际上也是垫支资本的复归过程和实现剩余价值的过程。G'既是第一个循环的终点，又是第二个循环的起点。

售卖阶段是一个十分关键和特殊的阶段，其原因在于：①如果W'卖不掉，资本不能顺利地通过售卖阶段，资本循环就不能回到它原来的出发点，资本的再生产过程就会中断。因此，马克思把这一阶段称之为"惊险的跳跃"[①]。②W'是全部出售还是部分出售，将关系到预付资本价值收回和剩余价值实现的多少，从而关系到一个企业的命运。③商品出售速度的快慢，在不同程度上影响同一资本在再生产中的作用大小，从而影响再生产规模的大小。因此，售卖阶段关系着这一次资本循环的终结，又关系着下一次资本循环的开始。

综上所述，我们可以作出如下归纳：

（1）资本循环就是指：资本在运动过程中，依次经过购买阶段、生产阶段和售卖阶段三个阶段，相应采取货币资本、生产资本和商品资本三种职能形式，使价值得到了增殖，最后又回到了原来的出发点。资本循环的全过程公式为

$$G—W {A \atop Pm} \cdots P \cdots W'—G'$$

（2）资本循环的三个阶段是互相连接、有机统一的。资本必须顺利地依次通过这三个阶段，不停地从一个阶段转到另一个阶段，其循环才能顺利进行。一旦在某一阶段遇到障碍，整个循环就有可能中断。如在第一阶段$G—W$遇到障碍，货币买不到生产资料和劳动力，无法为生产剩余价值作好准备，就会变为贮藏货币。资本

87

---

① 马克思，恩格斯. 马克思恩格斯全集：第 23 卷 [M]. 北京：人民出版社，1972：124.

在第二阶段受阻，意味着生产资料和劳动力处于闲置状态，不能生产出剩余价值。资本在第三阶段受阻，表明商品卖不出去，就不能收回预付资本和实现剩余价值。

（3）货币资本、生产资本和商品资本，只是产业资本在循环过程中所采取的三种不同职能形式，而不是三种不同类型的独立资本。

（4）在资本循环的三个阶段中，第一阶段和第三阶段是资本的流通过程，第二阶段是资本的生产过程。生产过程是起决定性作用的过程，流通过程为剩余价值生产作准备并实现剩余价值。所以资本的循环过程，是流通过程和生产过程的统一。

二、产业资本的三种循环形态

产业资本在循环过程中要顺次采取三种资本形式。每一种资本形式都会形成自己的独立循环，从而使产业资本有了三种循环形态：

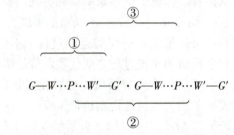

这个公式表明，产业资本循环集三种循环形态于一体，包含了货币资本的循环、生产资本的循环和商品资本的循环。

（一）货币资本的循环：$G-W\begin{cases}A\\Pm\end{cases}\cdots P\cdots W'-G'$

货币资本的循环，就是指从货币资本出发最后又回到货币资本的循环形态。这个循环形态的起点是资本家预付的货币资本 G，终点是增殖了的货币资本 G'，因此，货币资本循环的公式可以缩写成 $G\cdots G'$。货币资本循环最明显地暴露了资本主义的本质特征——以追求剩余价值为生产目的。从这个意义上讲，货币资本的循环是产业资本循环的典型和一般的形态。

货币资本循环也有片面性。首先，从它的循环形式来看，起点是货币，终点是增殖了的货币。资本家收回的货币比他当初投放的货币要多，似乎货币本身具有一种生产货币的能力。其次，货币资本循环的起点和终点都发生在流通领域，而在资本增殖中具有决定性作用的生产过程只处于中间环节，仅仅是两个流通过程的媒介。这就容易造成一种错觉，仿佛增殖的价值是在流通过程中产生的，从而掩盖了剩余价值的真正来源。马克思说："货币资本的循环，是产业资本循环的最片面、从而最明显和最典型的表现形式"[1]。

（二）生产资本的循环：$P\cdots W'-G'-W\cdots P$

生产资本的循环就是以生产资本为出发点，最后又回到生产资本的循环形态。这一循环形态是从生产过程开始，经过一定阶段和一系列形态变化，又回到下一个

---

[1] 马克思，恩格斯. 马克思恩格斯全集：第 24 卷 [M]. 北京：人民出版社，1972：71.

或新的生产过程。该循环公式可以缩写成 $P\cdots P$。生产资本循环的起点和终点都是生产过程，流通过程处于中间环节，是生产过程的媒介。这样，生产过程的决定性地位就突出地体现出来了。由于它的起点和终点都是生产过程，因而它的一次循环就表现了资本主义的再生产，同时也表明了它是剩余价值的生产和再生产。

生产资本的循环也有片面性。货币在生产资本循环公式中，仅充当流通手段和支付手段，只表现为维持再生产的媒介，价值增殖过程没有得到表现，从而掩盖了资本主义的生产目的——对剩余价值的追求。这也容易给人造成一种错觉，似乎资本主义生产目的不是为了赚钱，而是为了生产某种使用价值，生产本身就是目的。

（三）商品资本的循环：$W'—G'—W\cdots P\cdots W'$

商品资本的循环，是从商品资本出发最后又回到商品资本的循环形态。商品资本的循环有它自己的特点。商品资本循环起点上的商品，已经包含有剩余价值；经过一系列阶段和形态变化，回到终点上的是一个增殖了的商品资本。它的循环公式可以缩写成 $W'\cdots W'$。这一循环公式表明，循环起点上的商品 W' 和终点上的商品 W'，都是生产过程的直接结果。商品资本循环的最初阶段，是增殖了的商品销售阶段，实际上是资本价值和剩余价值的实现过程；而这一过程的实现，是以这些产品全部被消费为前提的。可见，商品资本循环一开始就不仅是资本价值的循环，还包含着剩余价值的循环。

商品资本的循环也有片面性。这个循环的起点是以商品销售过程的实现为条件的，而它的终点又是流通过程的销售阶段的开始。似乎流通过程在资本运动中占首要地位，在资本主义生产过程中，商品的实现和消费是首要问题。这就给人造成一种假象，好像资本主义生产和再生产不是为了追求剩余价值，而是为了满足社会的需要，容易模糊资本主义生产的唯一目的和绝对动机是对剩余价值的追求。

产业资本的三种循环状态都从某个侧面反映出了资本运动的特性，但同时又都有一定的片面性。所以，必须把三种循环形态统一起来加以考察，才能全面把握资本运动的实质及其运动规律。

三、产业资本循环是三种循环形态的统一

资本价值不断增殖的实现，是以资本循环的连续性、三种循环形态统一地运动为条件的。连续性是资本的一个重要特征。资本循环的连续性，就是资本的三种循环同时不间断地在各种职能形式上和各个阶段上运动。

产业资本要连续地循环，三种循环形态要统一地运动，必须具备两个基本条件：

（一）产业资本的三种职能形式在空间上的并存性

产业资本家必须把他的全部资本按照一定比例分成三个部分，使其同时并存于货币资本、生产资本和商品资本三种职能形式上。只有这样，资本的三种职能形式才能顺序地依次更替，循环的三个阶段才不会中断。如果资本家投下的资本只采取一种形式，即最初全部资本都采取货币资本的形式，接着全部转化为生产资本，然后又全部转化为商品资本，最后又全部回到货币资本的形式上来，资本循环就要受到影响，甚至可能完全中断。假定资本家有 3 000 元资本，如果最初全部用来购买

生产资料和劳动力，全部投入生产过程。很显然，一到生产过程结束，这 3 000 元的资本都变成了增殖的商品资本。由于缺乏生产要素的继续供给，生产必然出现停工待料的现象。只有将商品销售后换成货币，才能重新购买生产资料和劳动力，生产才能继续进行。所以资本家必须把他的资本按照一定比例同时分配在货币资本、生产资本和商品资本三种形式中，做到三种资本形式在空间上同时并存，才不会有生产过程与流通过程的中断。比如把 1 000 元投放在货币资本形式上，把另外的 2 000 元分别投放在生产资本和商品资本形式上。这样，当 1 000 元货币资本转化为生产资本时，同时就会有 1 000 元的商品资本转化成货币资本；当 1 000 元生产资本转化成商品资本时，同时就会有 1 000 元的货币资本转化成生产资本；当 1 000 元商品资本转化成货币资本时，同时就会有 1 000 元生产资本转化成商品资本。只有这样，资本循环才能继续进行。

（二）产业资本三种循环形态在时间上的继起性

产业资本要连续地进行，不仅要使一笔资本按照一定比例分成三个部分并存于三种职能形式上，还必须使每一种资本形式同时顺次地通过资本循环的三个阶段，依次改变它们的形式，最后回到原来的形式上。即一部分资本在进行货币资本循环时，第二部分资本就必须相继进行生产资本的循环，第三部分资本必须相继进行商品资本的循环。仍以前述例子加以说明：假如在商品资本上的 1 000 元商品资本卖不出去，变不成货币，它就不可能转化成货币资本和生产资本，这 1 000 元资本就表现为商品积压。时间长了，原来处在货币资本和生产资本形式上的 2 000 元资本也都会逐步变成商品资本，并在商品资本的形式上积压起来。结果，产业资本循环就要中断。因此，资本的各种形态的循环是互为前提、互为条件的。假如其中一种资本形式不能顺次通过资本循环的其他阶段，其他两种资本形式的循环就会受阻碍。要实现资本的连续运动，既要使货币资本不断地转化为生产资本，再转化为商品资本，最后又回到货币资本形式上，又要使生产资本和商品资本也分别转化为其他两种形式，最后又回到它们原来的形式上。

产业资本三种职能形式的并存性和三种循环形态的继起性，决定了产业资本的三种循环形态同时并存，统一地运动。只有这样，才能实现产业资本运动的连续性。马克思指出："产业资本的连续进行的现实循环，不仅是流通过程和生产过程的统一，而且是它的所有三个循环的统一。"①

通过图 4-1，我们可以加深理解：

在资本主义私有制下，由于竞争和生产的无政府状态加剧，资本循环连续进行所必需的条件经常遭到破坏，因而资本循环的中断是常见的现象。

---

① 马克思，恩格斯. 马克思恩格斯全集：第 24 卷［M］. 北京：人民出版社，1972：119.

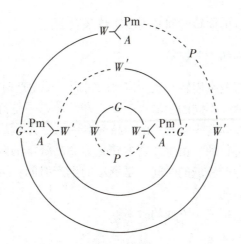

图 4-1　产业资本的三种职能形式

第二节　资本的周转

资本循环和资本周转，都是资本的运动形式，只不过分析的角度和侧重点不同而已。考察资本周转的重点在于说明资本运动速度的快慢、时间的长短以及它们对剩余价值生产的影响。

一、资本循环与资本周转的关系

资本主义的生产目的，就是以尽量少的预付资本榨取尽可能多的剩余价值，不断实现资本价值的增殖。资本价值的每一次增殖，都必须顺次经过购买、生产、销售三个阶段，完成整个循环过程。资本要不断增殖，就必须一次循环过程接着一次循环过程地进行下去，周而复始、循环往复地运动。这种不断反复、周而复始的资本循环，就叫资本周转。马克思说："资本的循环，不是当作孤立的行为，而是当作周期性的过程时，叫做资本的周转。"①

资本循环与资本周转是两个既有联系又有区别的概念。其联系表现在：首先，资本循环是资本周转的起点和基础。没有资本的循环就没有资本的周转。周转就是周而复始的循环。其次，资本完成一次循环，也就完成一次周转，这时资本循环的时间同时也是资本周转的时间。

资本循环与资本周转的区别在于：首先，资本循环是从出发点又回到出发点；资本周转则是从出发点重新出发，反复不断地循环。其次，资本循环揭示的是资本在一次运动中经历了哪些阶段、采取了哪些形式及行使了哪些职能；资本周转揭示的是资本在不断重复的周期性运动中所需要的时间、速度以及对剩余价值生产和实现的影响。

---

① 马克思，恩格斯. 马克思恩格斯全集：第 24 卷［M］. 北京：人民出版社，1972：174.

资本周转速度可以由周转时间和周转次数来表示。

二、资本周转时间和周转次数

资本周转时间是指资本周转一次所需要的时间，即生产时间和流通时间的总和。资本周转一次要经过两个不同的领域：一是生产领域，一是流通领域。由货币资本转化为生产资本的阶段即购买阶段、由商品资本转化为货币资本的阶段即销售阶段，它们都是在流通领域进行的。由生产资本转化为商品资本的阶段，则是在生产领域完成的。资本停留在生产领域的时间，是资本的生产时间；资本停留在流通领域的时间，是资本的流通时间。

资本的生产时间包括三个方面的时间：

（一）原材料储备时间

为了保证生产的正常进行，资本家必须事先储备一定数量的原材料。有些原材料从市场采购回厂后，就算进入生产领域，也并没有进入生产过程。而有些部门所需原材料的生产带有季节性，必须及时收购，错过了机会，就不容易买到质量好、价格便宜的原材料。因此，这一类原材料一般集中购买而逐步进入生产过程，逐步被消费掉，其储备时间就更长。

（二）劳动时间

劳动时间即劳动者对劳动对象进行劳动加工的时间，是生产时间中最重要的时间。劳动时间的长短取决于多种情况：一是取决于生产部门的性质，例如服装厂和造船厂的产品性质不同，它们的劳动时间就不一样。服装加工厂每天都能将一定数量的布料加工成各种款式的服装，劳动时间短。造船厂生产一艘万吨级轮船，往往要花几个月甚至更长的时间。二是取决于生产技术水平。生产同样的商品，由于生产技术条件的差别，劳动时间也可能不一致。越是先进的技术，劳动生产率越高，劳动时间就越短；越是设备陈旧、技术落后的企业，劳动生产率越低，生产同样产品花的劳动时间就越长。

（三）自然力独立作用于劳动对象的时间

这主要是指劳动对象的加工不是由劳动者来进行的，而是依靠自然力的作用完成的。在这段时间里，劳动过程虽然中断了，但它仍然是生产过程不可缺少的时间。如酿酒需要一定的发酵时间，谷物从播种到收获要有一段自然生长的时间，木材加工前需要一定的干燥时间，等等。自然力对劳动对象独立发生作用的时间会随着科学技术的进步大大缩短。现在有的劳动对象以前必须依靠自然力作用的部分已改由机械、电力等科学方法来完成，从而生产时间大大缩短了。

以上分析表明，生产时间和劳动时间是不一致的。生产时间往往要超过劳动时间，即超过资本价值真正发生价值增殖的时间。生产时间与劳动时间之间的差距愈小，生产资本的效率就愈大，资本的价值增殖能力也就愈强。

资本的流通时间，主要是指资本家购买原材料、劳动力和销售商品的时间。因此，流通时间的长短由购买时间和销售时间的长短决定。一般情况下，购买时间较短的，由货币转化为商品比较容易。销售时间较长的，由商品转化为货币则比较困难。商品销售时间的长短，要受商品本身自然性质的限制。有些商品在几天或几小时就会腐烂变质，需要迅速销售出去，而有些商品可以保存较长时间。另外，市场供求状况，价格波动的情况，竞争的激烈程度，生产地点离市场距离的远近，交通运输条件的好坏及商品本身的质量、款式等因素，都会影响资本的购买时间和销售时间。

生产时间和流通时间是互相排斥的，因为资本在流通时间内不执行生产资本的职能，既不生产商品，也不生产价值和剩余价值。资本在流通领域里持续的时间越长，资本在生产领域里执行职能的部分就越小。"流通时间越等于零或近于零，资本的职能就越大，资本的生产效率就越高，它的自行增殖就越大。"[①] 因此，缩短流通时间能提高资本的生产效率。而流通时间中最难于缩短的是销售时间。随着信用制度和科学技术的发展，提供消费信贷、电子商务等都能大大地缩短流通时间。

[阅读专栏]

我国电子商务发展迅速

电子商务通常是指在全球各地广泛的商业贸易活动中，在因特网开放的网络环境下，基于浏览器/服务器应用方式，买卖双方不谋面地进行各种商贸活动，实现消费者的网上购物、商户之间的网上交易和在线电子支付以及各种商务活动、交易活动、金融活动和相关的综合服务活动的一种新型的商业运营模式。

"十一五"时期，我国电子商务行业发展迅猛，产业规模迅速扩大，电子商务信息、交易和技术等服务企业不断涌现。2010年中国电子商务市场交易额已达4.5万亿元，同比增长22%。2011年我国电子商务交易总额再创新高，达到5.88万亿元，其中中小企业电子商务交易额达到3.21万亿元。2012年第一季度，中国电子商务市场整体交易规模1.76万亿元，同比增长25.8%，环比下降4.2%。2012年第二季度，我国电子商务市场整体交易规模1.88万亿元，同比增长25.0%，环比增长7.3%。预计到2015年，我国规模以上企业应用电子商务比率将达80%以上；网络零售额相当于社会消费品零售总额的9%以上。

（以上资料摘编自：蔡灵等《2013—2017年中国电子商务市场投资分析及前景预测报告》。）

由于各生产部门、企业受到上述各种因素的影响不同，各个资本的生产时间和流通时间就不一致，从而资本周转时间也不一样。长期以来，人们习惯用"年"作单位来计算资本的周转速度，这是因为在资本主义生产的故乡，主要农作物都是一年收获一次。资本周转速度公式为

$$n = \frac{U}{u}$$

---

① 马克思，恩格斯. 马克思恩格斯全集：第24卷［M］. 北京：人民出版社，1972：142.

其中 U 代表年，u 表示资本周转一次所需时间，n 表示资本周转次数（速度）。假设某个资本周转一次需 4 个月，它一年的周转次数就是 3 次（$n = \dfrac{12}{4}$）。假设另一个资本周转一次的时间是 2 个月，它一年的周转次数就是 6 次（$n = \dfrac{12}{2}$）。

资本周转时间和资本周转次数是按反比例变化的。在一定时间内，资本周转时间愈短，周转次数就愈多，周转速度就愈快；反之，资本周转一次所需的时间愈长，周转次数就愈少，周转速度就愈慢。一定量的资本在一定时期内周转速度越快，表明它发挥作用的次数越多，这就意味着一个钱可以顶几个钱用。因此，要增殖资本价值，就应该千方百计地缩短资本的周转时间，增加资本的周转次数，以加快资本的周转速度。

三、固定资本和流动资本

资本周转速度除了受生产时间和流通时间的长短影响以外，与生产资本的构成及生产资本各要素的价值周转方式也有很大关系。

前面在分析资本循环和资本周转时，是假定生产资本各要素的价值是一次全部转移到新产品中去的。在实际经济活动中，生产资本各要素的价值转移方式是不同的，且对资本周转速度有重大影响。按资本价值周转方式，生产资本可以划分为固定资本和流动资本两个部分。

固定资本是指在物质形态上全部参加生产过程，其价值却在多次生产过程中逐渐转移到新产品中去的资本。固定资本是以厂房、机器设备等形式存在的那部分生产资本。它在物质形态上全部参加生产过程，而它的价值却随着厂房、机器、设备等的磨损，逐渐转移到新产品中去；并随着产品的销售逐次收回。例如，一台机器的价值是 10 万元，能够使用 10 年，它的价值每年就有 1 万元转移到产品中去；随着产品的出售，每年就有 1 万元的资本价值回到资本家手中。这台机器的全部资本经过 10 年才转移完毕。投在机器上的 10 万元资本要经过 10 年才能逐步周转回来。

要保证再生产的持续进行，必须把固定资本转移的价值不断提取并积累起来，以备将来在实物上替换已磨损完毕、报废的机器设备，这就是通常所说的折旧。为了补偿固定资本的价值，资本家必须提取折旧费。资本家在出售商品后定期取出的相当于固定资本损耗程度的金额，就是折旧费，或称折旧基金。每年提取的折旧基金与固定资本原始价值的比率，叫作折旧率。如前例，一台价值 10 万元可用 10 年的机器，年折旧率就为 10%。折旧基金是用来补偿已经消耗掉的劳动资料的价值，因而提取和使用折旧基金。一般说来它属于简单再生产范围。

由于固定资本在平均使用年限内，在物质形态上是独立存在并发挥作用的，不到全部磨损报废，它是不需要更新的。在这种情况下，所提折旧基金在固定资本更新以前的一定时期内，也可以用来扩大企业规模，或用于改进生产条件，以提高机器效率。从这个意义上说，也是扩大再生产。但这种扩大再生产不是剩余价值资本化，不是通过资本积累来实现的，而是由固定资本折旧基金再转化为追加或效率更高的固定资本造成的。

固定资本要在一个较长的生产过程中发挥作用，就必须保持固定资本各个物质要素的正常工作能力和使用年限，因此，需要对其进行维护和修理，需要耗费一定费用。固定资本的修理分为小修理和大修理两种。经常进行的小修理费用属于流动资本。大修理费用属于固定资本的局部更新，增加了固定资本的原始价值，包括在固定资本中，应由折旧基金补偿。

固定资本在使用年限内每年都要发生磨损。固定资本的磨损可分为有形磨损和无形磨损两种。

固定资本的有形磨损是同资本的物质形态的变化结合在一起的，人们能看得见、感觉得到，也叫物质磨损。机器的使用就会产生这种磨损。自然力的作用也会使固定资本受到这种磨损，如机器不被使用就会生锈、腐蚀，厂房会经受风吹、雨淋、日晒、虫蛀。这两种情况下发生的磨损，属于有形磨损。为了减少固定资本的有形磨损，企业可以加强对机器设备的维护和保养，使设备维持良好的效能。

固定资本的无形磨损，是指机器设备等在有效使用期间内同物质磨损无关的价值贬值。它只能使人们在精神上感觉到，而在实物形态上表现不出来，所以也称为精神磨损。精神磨损是由两方面原因引起的：一方面，由于生产技术的进步，劳动生产率提高了，生产和过去同样的机器设备所需要的社会必要劳动时间就减少了，从而引起单位商品价值的降低，使过去生产的机器的价值发生贬值；另一方面，由于出现了新技术，发明了效能更高的新的机器设备，继续使用原有机器就不合算，它只能被淘汰掉。这两方面情况的出现，都会使资本遭受损失。比如，原来一台机器的价值是 10 万元，可使用 10 年，每年折旧费是 1 万元。假如在使用两年后，由于制造机器的部门实行了技术革新，每台机器的价值由 10 万元降到 8 万元。原来那台机器的价值，除了在头两年内已收回折旧费 2 万元之外，还有 8 万元没有收回。但是，在今后的 8 年内，资本家已不能再按原来的 10 万元的机器价值折旧了，只能按新生产出来的 8 万元的机器价值折旧，即每年只能提取折旧费 0.8 万元。因此，今后 8 年内的折旧费一共只能收回 6.4 万元，比原来应收回的 10 万元少 1.6 万元，这意味着资本家遭受了 1.6 万元的损失。这种损失单从机器的物质形态是看不到的，只是现在使用的机器已不如过去值钱了，发生了贬值。资本家为了弥补这种损失，便千方百计地提高机器的利用率，加速固定资本的周转，力求在尽量短的时间内把固定资本的投资收回。同时，资本家还采取加大固定资本的折旧、提高折旧率的办法来减少精神磨损造成的损失。但是，提高折旧率会产生两方面的影响：一方面，它会加快固定资本的周转速度，从而可能使利润总量增加；另一方面，它会增大生产成本，削弱产品在市场上的竞争力，从而可能使利润总量减少。因此，一个企业必须制定一个既能加速资本周转，又能确保一定利润的折旧率。

流动资本是指在物质形态上参加一次生产过程后，全部价值转移到新产品中去的资本。它是用来购买原料、燃料、辅助材料和工人劳动力的那部分资本。这部分资本的价值转移方式是与固定资本的价值转移方式不同的。属于流动资本的这部分生产资料，在一次生产过程结束后，就丧失了原来的使用价值，它们的价值便一次全部转移到新产品中去，并在出售产品后，以货币形式全部回到资本家手中。像棉纺厂的棉纱、卷烟厂的烟叶、面粉厂的小麦、制糖厂的甜菜等，它们在投入生产过程后，一次就丧失了原来的使用价值，形成了新产品的实体。棉纱变成布、甜菜变成白糖、小麦变成面粉。棉纱、甜菜、小麦的价值便全部转移到棉布、白糖、面粉中去了，又随着棉布、白糖、面粉的出售全部收回。

购买劳动力的那部分资本也属于流动资本，但这一部分资本并不存在价值转移问题。因为资本家支付给工人工资以后，工人把工资作为自己的收入用来购买消费品了，因而这部分价值并不转移到新产品中去。而新产品中与购买劳动力价值相等的价值，是由工人在生产过程中重新创造出来的。但这一部分资本在价值的周转方式上和垫支在劳动对象上面的资本价值一样，都是一次垫支、一次收回。比如，资本家支付 5 元购买一个工人一天的劳动力，这个工人替资本家劳动 8 小时，创造的 10 元价值凝结在商品中；资本家出售商品后收回了 10 元价值，其中有 5 元用来支付工人一天的工资。由此可见，购买劳动力的资本与流动资本一样，通过一次生产过程就可以从商品售卖价格中全部收回来，因而把购买劳动力的这部分资本也划为流动资本。

固定资本与流动资本的区别如下：

（1）二者的价值周转方式不同。在每次生产过程中，固定资本的实物形态是逐渐被消费的，其价值也是逐渐转移到新产品中去的。而流动资本的物质要素参加一次生产过程就全部被消费，其价值也是一次全部转移到新产品中去的。

（2）二者的周转时间不同。在固定资本周转一次的时间内，包含着流动资本的多次周转；而且，固定资本的价值只是逐渐转移到商品上的。流动资本的价值是全部一次转移到商品中去，它的价值就全部一次进入流通过程。固定资本周转速度慢，而流动资本周转速度较快。

（3）二者的价值收回方式不同。投在固定资本上的价值，是一次全部预付出去，以后在固定资本整个发挥作用的时期内逐渐收回；而投在流动资本上的价值也是一次全部预付出去，却是一次全部收回。

（4）二者的实物更新方法不同。固定资本的要素是一次购买，在它发挥作用的整个时期内不需要再购买和更替；而流动资本随着生产过程的连续进行，要不断购买和更新。

处在流通领域中的货币资本与商品资本，通常叫作流通资本，而不是流动资本。流通领域中的货币资本和商品资本只是改变价值的存在形式，而不存在价值的转移问题。所以，固定资本与流动资本的划分只适用于生产资本，只有生产资本才有价值的转移方式问题。

回顾第二章，我们发现资本有两种划分，即可变资本与不变资本的划分和流动资本与固定资本的划分。这两种划分都是对生产资本进行的划分，但二者又有所区别：①二者划分的目的不同。前者是为了揭示剩余价值的源泉，后者是为了揭示资本构成对周转速度的影响。②二者划分的依据不同。前者的依据是资本的不同组成部分在剩余价值生产中的作用不同，后者的依据是资本的不同组成部分的周转方式不同。③二者划分的物质内容不同，具体如图 4-4 所示：

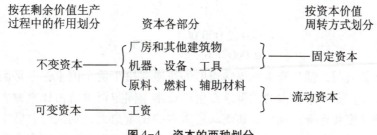

图 4-4　资本的两种划分

在固定资本与流动资本的划分中，可变资本只是流动资本的一部分。因此，如果只把资本划分为固定资本与流动资本，而不区分为不变资本与可变资本，就会掩盖剩余价值的真正来源。

四、预付资本的总周转

由于固定资本和流动资本周转一次所需的时间不同，预付资本的周转速度就只能由资本的各组成部分的平均周转速度来确定。资本周转速度是指预付资本的总周转速度。预付资本总周转速度的公式为

$$预付资本的总周转速度=\frac{固定资本周转的价值总额+流动资本周转的价值总额}{预付总资本}$$

固定资本周转的价值总额＝固定资本年周转次数×预付固定资本额

流动资本周转的价值总额＝流动资本年周转次数×预付流动资本额

假定某资本家的全部固定资本为 1 500 000 元，其中厂房 400 000 元，平均寿命 40 年；机器设备 900 000 元，可用 10 年；工具 200 000 元，平均寿命 4 年；全部预付流动资本 500 000 元，一年周转 4 次。全部预付资本总周转速度（次数）如表 4-1 所示：

表 4-1　全部预付资本与周转速度

生产资本的各种要素	价值/元	一年周转次数	一年周转的价值总额/元
固定资本	1 500 000	1/10	150 000
其中：厂房	400 000	1/40	10 000
机器设备	900 000	1/10	90 000
工具	200 000	1/4	50 000
流动资本	500 000	4	2 000 000
全部预付资本	2 000 000	1.075	2 150 000

97

从表 4-1 可看出，固定资本的一年周转额为 150 000 元，流动资本的一年周转额为 2 000 000 元，预付总资本为 2 000 000 元。因此，预付总资本一年的周转次数为

$$\frac{150\ 000+2\ 000\ 000}{2\ 000\ 000}=1.075\ （次）$$

上述计算表明，预付资本总周转速度的快慢取决于两个因素：一是固定资本和流动资本在生产资本中所占的比重。在生产资本中固定资本所占比重愈大，预付总资本的周转速度就愈慢；相反，如流动资本占的比重愈大，则预付总资本周转速度就愈快。二是固定资本和流动资本周转的速度。在固定资本和流动资本所占比重既定的前提下，固定资本和流动资本周转的速度越快，预付总资本的周转速度就愈快；反之，则预付总资本的周转速度愈慢。

随着社会化大生产和科学技术的发展，预付资本周转速度同时存在着减慢和加快两种趋势：一方面，技术装备水平的提高，使固定资本的价值量在预付资本中所占比重日益加大，从而使预付资本的周转速度减慢；另一方面，技术装备水平的提高也为资本周转时间的缩短提供了先进的物质手段，从而使预付资本的周转速度加快。

五、加速资本周转的意义和途径

加速资本周转对资本利用和资本价值增殖有着很大影响。资本的有限性和对资本价值增殖追逐的无限性，决定了加速资本周转有着重要意义。

首先，加速资本周转可以最大限度地发挥资本的潜能，节省资本的投入量。假定某企业每月需要预付流动资本 1 万元，原来的资本周转速度慢，流动资本一年周转一次，一年内共需预付 12 万元。后来，周转速度加快，6 个月可周转一次，一年只需预付 6 万元流动资本。这样，在保持原有生产规模和获利状况的同时，可以节省 6 万元资本。因此，资本周转速度愈快，资本占有量就愈少，资本使用效率就愈高。固定资本的周转速度加快，既可避免或减少固定资本的无形磨损，又可提高固定资本的利用率，更快收回预付在固定资本上的资本，从而可投入更多资本更新固定资本或扩大生产规模，增殖更多的剩余价值。

其次，加速资本周转特别是流动资本的周转，可以增加年剩余价值量，提高年剩余价值率。设甲、乙两个资本主义企业的预付总资本相同，都是 10 万元；它们生产资本的构成一样，固定资本和流动资本各占 50%，即各为 5 万元。又假定二者的流动资本中的可变资本都一样，各为 2 万元，剩余价值率均为 100%，只是流动资本的周转速度不同。甲企业的可变资本一年周转 2 次，乙企业的可变资本一年周转 4 次。年终，甲企业资本家获得的剩余价值总量为 20 000×100%×2＝40 000（元），乙企业年终获得的剩余价值总量为 20 000×100%×4＝80 000（元）。

所谓年剩余价值量（M），就是一年内生产的全部剩余价值总量。由于可变资本周转速度不同，两个企业获得的年剩余价值总量差别极大。可变资本周转速度越快，意味着实际发挥作用的可变资本愈多，雇佣的工人就愈多，剥削的工人也就愈多，

98

即剥削的剩余劳动量就愈大，因而年剩余价值量也就愈多。

年剩余价值率（M'），就是一年生产的剩余价值总量与预付可变资本的比率，它表示一年内可变资本的增殖程度，其公式为

$$年剩余价值率（M'）= \frac{一年生产的剩余价值量}{预付可变资本}$$

由于年剩余价值量 $M = m'vn$，因此：

$$年剩余价值率（M'）= \frac{m'vn}{v} = m'n$$

根据这一公式：

甲企业的年剩余价值率（M'）＝ 100%×2 ＝ 200%

乙企业的年剩余价值率（M'）＝ 100%×4 ＝ 400%

乙企业的可变资本周转速度比甲企业快 1 倍，因而它所获得的年剩余价值量与年剩余价值率比甲企业多 1 倍。但这并不意味着流通也产生剩余价值，剩余价值只能产生在生产过程中。这里的关键是资本的周转速度加快，使预付的可变资本与实际发挥作用的可变资本发生了分离；周转速度越快，实际发挥作用的可变资本就越多，从而使年剩余价值量增加，年剩余价值率提高。

需要注意的是，年剩余价值率（M'）与剩余价值率（m'）是有所区别的。年剩余价值率是一年内生产的全部剩余价值总量与预付可变资本的比率，反映的是预付的可变资本的增殖程度；剩余价值率则是一个生产周期内所生产的剩余价值与实际发挥作用的可变资本的比率，反映的是资本对劳动的剥削程度。只有当预付的可变资本周转速度为 1 时，二者才能相等。

最后，加速资本周转对剩余价值的流通有着重要的影响，并进而影响资本家的生活、生产和再生产。剩余价值的流通包括剩余价值的实现和实现了的剩余价值的使用。资本周转速度的快慢决定着剩余价值实现的快慢和实现了的剩余价值的使用率。例如，有甲、乙两个企业，资本周转速度不同。甲企业每 5 周周转一次，乙企业每年周转一次。甲企业除了开办企业的第一个 5 周需要预付消费基金外，从第二个周期起，其个人的消费可以用前一个周期期间不断生产并实现了的剩余价值支付；不仅如此，其追加的资本来源也可以用第一个周转期后实现的剩余价值来支付，从而使生产规模扩大，技术改造得到实现。而乙企业则必须由个人预付一年的消费基金和预付扩大再生产所需的追加资本。随着信用制度的发展，剩余价值流通快的企业或者要么把已实现的剩余价值的大部分存入银行获取利息，要么通过其他途径把已实现的剩余价值进行投资以获取更多的利润。而剩余价值流通慢的企业则不仅做不到这一点，相反还要从银行借款，支付银行利息。

可见，资本周转速度对预付资本的使用效率、剩余价值的生产和实现至关重要，必须想办法加快资本周转速度。加快资本周转速度应从影响资本周转速度的基本因素入手，主要有以下几种方法：

一是努力提高企业的生产技术和管理水平，缩短生产时间，加快资本周转速度；

二是充分掌握市场需求及其变化规律，采用现代化手段，搞好市场营销，缩短流通时间，加快资本周转速度；三是合理分配固定资本和流动资本的比例，分别加快固定资本和流动资本各自的周转速度。

[阅读专栏]

大力发展现代物流业

物流业是融合运输业、仓储业、货代业和信息业等的复合型服务产业，是国民经济的重要组成部分，涉及领域广，吸纳就业人数多，促进生产、拉动消费作用大，在促进产业结构调整、转变经济发展方式和增强国民经济竞争力等方面发挥着重要作用。

十届人大四次会议通过的"十一五"规划纲要中，首次单独列出"要大力发展现代物流业"，这标志着中国物流已由过去转变观念、普及知识、提高认识的起步期，进入理性、务实、持续、快速发展的新阶段。

中国物流与采购联合会副会长兼秘书长何黎明通过数据分析认为，21世纪的前10年至前20年将是中国物流需求的高增长期。"十一五"时期，正是我国工业化中期和调整经济结构、转变经济增长方式的关键时期。现代物流作为生产性服务业正在向生产、建设、贸易等领域延伸。随着国民经济的稳定快速发展、进出口贸易的进一步扩大，物流需求的规模还会继续扩大。

2008年，全国社会物流总额达89.9万亿元，比2000年增长4.2倍，年均增长23%；物流业实现增加值2.0万亿元，比2000年增长1.9倍，年均增长14%。2008年，物流业增加值占全部服务业增加值的比重为16.5%，占GDP的比重为6.6%。

我国物流业的总体水平仍然偏低，还存在一些突出问题：一是全社会物流运行效率偏低，社会物流总费用与GDP的比率高出发达国家1倍左右；二是社会化物流需求不足和专业化物流供给能力不足的问题同时存在，"大而全""小而全"的企业物流运作模式还相当普遍；三是物流基础设施能力不足，尚未建立布局合理、衔接顺畅、能力充分、高效便捷的综合交通运输体系，物流园区、物流技术装备等能力有待加强；四是地方封锁和行业垄断对资源整合和一体化运作形成障碍，物流市场还不够规范；五是物流技术、人才培养和物流标准还不能完全满足需要，物流服务的组织化和集约化程度不高。

以上资料来源于：佚名. 大力发展现代物流业［N］. 经济日报，2006-04-20（2）；国家发改委. 物流业调整和振兴规划.

小 结

（1）资本循环分析考察的是资本运动中的形式变化和实现资本连续循环的条件。产业资本循环是资本从出发点又回到出发点的循环运动过程。它不仅是购买、生产、售卖三个阶段的统一，是生产过程和流通过程的统一，还是货币资本循环、生产资本循环和商品资本循环三种循环形态的统一。为此，必须保持资本运动过程中三种职能形式在空间上的并存和三种循环形态在时间上的继起，这是实现资本正常连续循环不可缺少、不可分割的两个基本条件。

（2）资本周转分析考察的是资本运动的时间、速度及资本周转速度对资本使用效果与价值增殖的影响。资本周转是从出发点又重新出发，不断重复地循环下去的一种周期性过程。资本周转速度与资本周转时间成反比，与资本周转次数成正比。在周转时间构成中的生产时间和流通时间的长短、生产资本构成中的固定资本和流动资本的安排比例及各自的周转速度的快慢都会影响资本周转速度。资本周转速度对资本占用量、年剩余价值量和年剩余价值率以及剩余价值的流通有着极其重大的影响。因此，必须想方设法地加速资本的周转。

（3）资本循环和周转是个别资本运动的两种形式，两者既有联系又有区别。资本只有在不断运动中才能保值和增殖。资本循环和周转的基本原理，既适用于资本主义企业的运行，也适用于社会主义企业的运行，有着极其重要的理论和现实意义。

复习思考题

1. 解释下列名词概念：

产业资本　　产业资本循环　　资本周转　　固定资本　　流动资本
年剩余价值量　　年剩余价值率

2. 实现产业资本正常循环的基本条件是什么？

3. 简述资本循环和周转的关系。

4. 生产资本有哪两种划分？这两种划分有何不同？

5. 加速资本周转有何意义？

6. 马克思关于资本循环和周转的理论对企业经营管理有何现实指导意义？

阅读书目

1. 弓孟谦. 资本运行论析：《资本论》与市场经济［M］. 北京：北京大学出版社，1998：中篇.

2. 郭元晞. 资本扩张［M］. 成都：西南财经大学出版社，1998：第二章.

3. 成思危，等. 风险投资在中国［M］. 北京：民族出版社，2000.

4. 陈征，李建平，郭铁民，等.《资本论》在社会主义市场经济中的运用与发展［M］. 福州：福建教育出版社，1998.

参考文献

1. 马克思. 资本论：第 2 卷 ［M］. 北京：人民出版社，1972.

2. 马克思. 资本论：第 2 卷 ［M］. 北京：人民出版社，1972.

3. 陈征.《资本论》解说：第 3 册 ［M］. 福州：福建人民出版社，1978.

4. 孙开铺.《资本论》与社会主义市场经济研究 ［M］. 北京：经济科学出版社，1999.

5. 徐茂魁. 马克思主义政治经济学研究述评 ［M］. 北京：中国人民大学出版社，2002.

6. 刘诗白. 马克思主义政治经济学原理 ［M］. 成都：西南财经大学出版社，2006.

政/治/经/济/学

第五章
社会总资本再生产与经济危机

学习目的与要求： 本章是在前面分析个别资本运动规律的基础上，进一步分析社会总资本的运动过程及其规律。在本章的学习中，要求学生明确社会总资本再生产的核心问题，掌握社会总资本简单再生产和扩大再生产的实现条件，能够分析两大部类生产部门相互之间的辩证关系，从而理解为什么在资本主义制度下，社会生产按比例发展的内在要求缺乏自觉实现的制度基础，这不仅导致经济危机呈周期性频繁爆发，更反映出资本主义制度不可避免的历史过渡性。

第一节 社会总资本再生产的核心问题

一、社会总资本及其运动

资本主义社会里存在着成千上万个资本主义企业。每一个企业的资本都在独立发挥作用，它们各自通过自身的循环和周转实现着价值增殖。这种独立地进行循环和周转的资本，就是个别资本。相互联系、相互交错的单个资本的总和构成社会总资本。相互联系、相互交错的单个资本的运动总和就形成社会总资本的运动，即社会总资本再生产。

单个资本是在运动中即不断的循环和周转中彼此发生着关系，在数量上，社会总资本是所有单个资本量的总和。从这个角度看，社会总资本再生产的运动和个别资本再生产的运动一样，都必须经过生产过程和流通过程，采取货币资本、生产资本、商品资本等形式，都是不断进行价值增殖的过程。

但是，社会总资本并不是单个资本运动的简单加总。社会总资本的运动比单个资本运动具有更为复杂的关系。因为社会总资本的再生产运动不仅包括预付资本价值的运动，而且包括全部剩余价值的流通；不仅包括生产消费和资本流通，而且包括资本家和工人的个人消费以及媒介个人消费的一般商品流通。单个资本运动围绕的中心是资本如何带来剩余价值，进而剩余价值又如何转化为资本，所以，在这里我们考察的只是生产消费；至于资本家和工人的个人生活消费问题，都是在个别资本运动之外进行的，因而并不属于单个资本运动的研究范围。但是，一旦考察的视野从单个资本运动延伸到全社会范围内的社会总资本运动，工人和资本家的消费问题就再也无法被排除在外了，因为资本家和工人生活所需要的个人消费品，只能在整个社会生产的商品中购买。可见，社会总资本的再生产运动不仅包括生产消费，而且包括个人消费；不仅包含资本流通，而且包含媒介个人消费的一般商品流通。

二、研究社会总资本再生产运动的出发点和核心问题

既然社会总资本运动包含了生产消费和生活消费，而包含这两大物质内容的范畴就是社会总产品 W'，因此分析社会总资本运动，只有从社会总产品出发才能对社会总资本的运动作出正确的分析。社会总产品就是指一国在一定时期内（通常为一年）由物质生产部门生产出来的全部物质资料的总和。从社会总产品出发的运动，就是社会总商品资本的运动形式，即：

$$W' - \begin{cases} G-W\cdots P\cdots W' \\ g-w \end{cases}$$

在公式中，$G-W$ 的过程代表货币资本向生产资本的转化，而 $g-w$ 的过程则代表资本家购买消费品进行个人消费的过程，这说明："年产品既包括补偿资本的那部分社会产品，即社会再生产，也包括归入消费基金的、由工人和资本家消费的那部分社会产品，就是说，既包括生产消费，也包括个人消费。"[1] 所以，社会总产品 W' 是研究社会总资本再生产的出发点。

在考察个别资本的再生产时，集中考察的是个别企业的资本价值增殖运动，也就是价值补偿问题，并没有涉及企业之间发生的实物补偿问题。比如资本家生产什么商品，这些商品销售到哪里，生产商品所消耗的原材料和燃料从哪里购买，还有资本家用剩余价值以及工人用工资从哪里买来生活消费品等等，这些实物补偿问题，都被假定能在市场上顺利解决，被当作外生变量。但是，当把这些个别资本的总和当作运动整体考察时，再生产过程中所需要的生产资料和消费资料，只能在社会总商品中得到补偿。所以，这时候除了要考察社会总产品的价值补偿外，更重要的是要研究生产社会总产品时所消耗的生产资料和消费资料能否从社会总产品中找到相应的物质资料来补偿。因此，社会总产品的价值补偿和物质补偿的问题也就是社会总产品的实现问题，是考察社会总资本再生产的核心问题。

三、社会总资本再生产理论所依据的两个理论前提

第一个理论前提——社会生产划分为两大部类。

马克思指出，社会的总产品，从而社会的总生产，分成两大部类：Ⅰ. 生产资料，指必须进入或至少能够进入生产消费的商品；Ⅱ. 消费资料，指进入资本家阶级和工人阶级个人消费的商品。这两个部类中，每一部类拥有的所有不同生产部门总合起来都形成一个单一的大的生产部门：一个是生产资料的生产部门，另一个是消费资料的生产部门。

社会总产品或社会生产分为两大部类，是从物质产品的使用价值即其最终用途

---

① 马克思，恩格斯. 马克思恩格斯全集：第24卷 [M]. 北京：人民出版社，1972：435.

的角度来划分的，是对所有社会生产部门的一种抽象的分类。在实际生活中，有些产品既可以用作生产资料，又可以用作消费资料。例如：小麦既可以用作种子，又可以用作食物；煤炭既可以用作燃料，又可以用于生活取暖。但这并不影响把社会生产划分为两大部类的正确性。因为一种产品虽然用途是多方面的，但是从社会再生产的角度看，它最终要么用作生产资料，要么用作消费资料。它究竟属于哪一类，只能根据它在社会再生产过程中的地位和作用来确定。正如马克思指出的："一个使用价值究竟表现为原料、劳动资料还是产品，完全取决于它在劳动过程中所起的特定的作用，取决于它在劳动过程中所处的地位，随着地位的改变，这些规定也就改变。"①

马克思把社会总产品划分为两大部类，其根据在于，他认为社会再生产过程中包含着两种不同性质的消费，即生产消费和个人消费。前者只能用生产资料来满足，后者则只能用消费资料来满足。进行这样高度抽象的划分，其目的是为了对两大部类的交换关系进行纯粹理论上的考察，以求揭示其内在联系和规律。

第二个理论前提——社会总产品或每个部类的产品价值都划分为三个部分：不变资本 c、可变资本 v、剩余价值 m。

马克思在分析了社会总产品的实物形态后，紧接着又分析了它的价值形态。马克思指出："这两个部类中，每一部类借助于这些资本而生产的全部年产品的价值，都分成：代表生产上消费掉的、按其价值来说只是转移到产品中去的不变资本 c 的价值部分和由全部年劳动加入的价值部分。后者又分成：补偿预付可变资本 v 的部分和超过可变资本而形成剩余价值 m 的部分。因此，每一部类的全部年产品的价值，和每个个别商品的价值一样，也分成 $c+v+m$。"②

马克思把社会生产划分为两大部类，把社会总产品的价值划分为三个部分，显然是与劳动二重性学说和剩余价值理论直接联系的，这两个理论因此是马克思社会总资本再生产理论分析的重要前提和必要条件。有了这种划分，分析社会总产品的实现问题，就可以集中于两大部类之间如何通过交换去实现各自需要的生产资料和消费资料的物质补偿和价值补偿，从而揭示社会总资本再生产的运动规律。

第二节　社会总资本简单再生产及其实现条件

一、社会总资本简单再生产的假定条件

资本主义再生产的特征并不是简单再生产，而是扩大再生产。但是，考察社会总资本再生产问题，应当从分析简单再生产开始。原因有两点：第一，简单再生产不仅是扩大再生产的基础，也是它的重要组成部分和一个现实的因素。扩大再生产只有在原有的生产规模能够保持的基础上才能进行，而且简单再生产所创造的剩余

---

① 马克思，恩格斯. 马克思恩格斯全集：第 23 卷［M］. 北京：人民出版社，1972：207.

② 马克思，恩格斯. 马克思恩格斯全集：第 24 卷［M］. 北京：人民出版社，1972：439.

价值为扩大再生产所需要的资本积累提供了前提条件；第二，考察社会总资本再生产的实现问题，在理论分析上的主要困难是简单再生产的实现条件。这个困难解决了，再分析扩大再生产的实现问题也就容易了。

社会总资本的简单再生产就是生产规模不变的社会总资本再生产。其特点是全部剩余价值都用于资本家的个人消费，不进行资本积累。

为了研究方便，我们假定：

（1）整个社会生产都是资本主义性质的，社会上只有资本家和工人两个阶级。

（2）生产周期为一年，全部不变资本都在一年内消耗掉，它的价值全部转移到新产品中去；一切商品都按价值出售，商品的价值和价格也不发生背离。

（3）不存在对外贸易。

在以上假定条件下，为了实现简单再生产，两大部类各个部分的产品都必须通过交换使它们在价值形态和实物形态上得到补偿。

马克思为分析社会总资本简单再生产，用下列公式来假定再生产的现实状态：

第 I 部类——生产资料的生产

资本：$4\,000c+1\,000v=5\,000$；$c:v=4:1$，$m'=100\%$

商品产品：$4\,000c+1\,000v+1\,000m=6\,000$

第 II 部类——消费资料的生产

资本：$2\,000c+500v=2\,500$；$c:v=4:1$；$m'=100\%$

商品产品：$2\,000c+500v+500m=3\,000$

全年总商品产品：

$$I：4\,000c+1\,000v+1\,000m=6\,000 \qquad 生产资料$$
$$II：2\,000c+500v+500m=3\,000 \qquad 消费资料$$

$$9\,000 \qquad 社会总产品$$

二、社会总资本简单再生产的实现条件

现在，如果研究简单再生产基础上的各种必要的交换，撇开作为交换媒介的货币流通，那么，上面的例子包括以下三个交换关系：

第一，II（$500v+500m$）的交换。它是第 II 部类内部通过各个生产者之间的交换实现的。因为第 II 部类本身就是生产消费资料的，而 $500v$ 和 $500m$ 指的是工人和资本家的消费。第 II 部类内部有无数个从事消费资料生产的单位。第 II 部类生产的是消费资料，需要补偿的也是消费资料，因此，II（$500v+500m$）可以在本部类内部通过交换来实现。

第二，I（$1\,000v+1\,000m$）和 II $2\,000c$ 的交换。它们的交换只能通过两大部类之间的交换来实现。两大部类之间的交换解决了两方面的问题：一方面，使第 II 部类的资本家把他的 c 价值从消费资料的形式变成生产资料的形式，以便使第 II 部类的再生产能顺利进行；另一方面，使第 I 部类的（$v+m$）由生产资料的形式变成消费资料的形式，以便为第 I 部类的资本家和工人提供消费品。

第三，Ⅰ（4 000c）的交换。它是在第Ⅰ部类内部通过各生产者之间的交换实现的。因为第Ⅰ部类本身就是生产生产资料的，而 4 000c 表示的是在一年生产中实际耗费的生产资料价值。要维持简单再生产，就需要补偿同样多的生产资料及价值，就只能从本部类内部的交换中解决。

以上三种交换关系如图 5-1 所示：

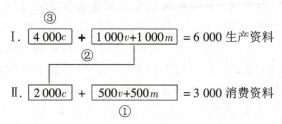

图 5-1　三种交换关系

图 5-1 中：①表示第Ⅱ部类内部的交换，②表示两大部类之间的交换，③表示第Ⅰ部类内部的交换。通过上述三方面的交换，社会总产品的各个部分不仅在价值上得到了补偿，而且在实物上得到了替换。这样，简单再生产就可以继续进行了。

在以上三个交换关系中，Ⅰc 和Ⅱ（v+m）都可在自身部类内部通过交换实现，而Ⅰ（v+m）与Ⅱc 的交换则必须在两个部类之间进行，交换要实现就困难得多。所以，分析简单再生产的实现问题，应该以它为基础。

首先，实现社会总资本简单再生产的基本条件是两大部类的生产之间必须保持一定的比例关系，也就是遵循图 5-1 中②所显示的规律：

$$Ⅰ（v+m）= Ⅱc$$

它说明：要实现简单再生产，第Ⅰ部类新创造的价值产品必须全部用于补偿第Ⅱ部类消耗掉的生产资料，第Ⅱ部类产品中相当于不变资本的部分必须能够维持第Ⅰ部类工人和资本家原有的生活需要。

这个平衡公式反映了简单再生产中第Ⅰ部类生产资料的生产和第Ⅱ部类对生产资料的消费之间，以及第Ⅱ部类消费资料的生产和第Ⅰ部类对消费资料的消费之间，必须保持一定的比例关系。如果Ⅰ（v+m）>Ⅱc，那么第Ⅰ部类就会发生生产资料过剩，从而影响再生产，而这个部类的工人和资本家对消费资料的需求也不能得到充分的满足；如果Ⅰ（v+m）<Ⅱc，那么第Ⅱ部类就不能全部补偿已经消耗掉的生产资料，从而不能维持简单再生产，而它所生产的消费资料也不能全部得到实现。

所以，Ⅰ（v+m）=Ⅱc 是社会总资本简单再生产顺利进行的基本条件。

其次，由图 5-1 可知：

$$Ⅱ（2 000c+500v+500m）= Ⅰ（1 000v+1 000m）+ Ⅱ（500v+500m）$$

这反映出实现社会总资本再生产还要求"每年生产的消费资料的总价值，等于当年再生产的第Ⅱ部类的可变资本价值和新生产的第Ⅱ部类的剩余价值（等于第Ⅱ部类当年生产的价值），加上当年再生产的第Ⅰ部类的可变资本价值和新生产的第

Ⅰ部类的剩余价值（也就是加上第Ⅰ部类当年生产的价值）。"[①] 用公式表示为

$$Ⅱ(c+v+m) = Ⅰ(v+m) + Ⅱ(v+m)$$

这一实现条件说明了在简单再生产的条件下，第Ⅱ部类消费资料的生产（供给）与两大部类工人和资本家对消费资料消费（需求）之间的关系。第Ⅱ部类生产的全部产品价值应该等于两大部类的可变资本和剩余价值的总和，第Ⅱ部类生产的全部消费资料必须和两大部类的工人和资本家对个人消费品的需要相等。

为什么$Ⅱ(c+v+m)$必须等于$Ⅰ(v+m) + Ⅱ(v+m)$呢？这是因为在简单再生产的前提下，当年新创造的全部价值即两个部类的可变资本和剩余价值，都要用于购买消费资料，完全用于实现个人消费。如果$Ⅱ(c+v+m) > Ⅰ(v+m) + Ⅱ(v+m)$，第Ⅱ部类生产的消费资料就会有一部分卖不掉；如果$Ⅱ(c+v+m) < Ⅰ(v+m) + Ⅱ(v+m)$，那就表明第Ⅱ部类生产的消费资料不足以维持工人和资本家原有的生活状况，从而使简单再生产无法进行。

因此，$Ⅱ(c+v+m) = Ⅰ(v+m) + Ⅱ(v+m)$是社会资本简单再生产实现的又一个必要条件。

应该指出，从使用价值方面看，$Ⅱ(c+v+m)$都是当年生产的新产品；但从价值看，就不全是这样。其中第Ⅱ部类 $2\,000c$ 的价值是本年以前的生产资料的旧价值转移到新产品中得来的，它和第Ⅰ部类的新创造的价值 $1\,000v+1\,000m$ 相交换，实际上是过去的旧价值和当年的新价值的交换。$Ⅱ(c+v+m) = Ⅰ(v+m) + Ⅱ(v+m)$，绝不意味着全部社会产品都分解为个人收入，用于生活消费（如果这样，简单再生产也维持不了），而是意味着第Ⅱ部类所消耗的生产资料要由第Ⅰ部类新创造的价值来补偿。

最后，图5-1还显示：$Ⅰ(4\,000c+1\,000v+1\,000m) = Ⅰ4\,000c + Ⅱ2\,000c$

社会总资本简单再生产的实现，还要求"生产资料（Ⅰ）的总价值，等于以生产资料（Ⅰ）形式再现的不变资本价值同以消费资料（Ⅱ）形式再现的不变资本价值之和，所以，等于在社会总产品中再现的不变资本价值之和。"[②] 就是说，全年生产的生产资料的总价值，等于当年再现的第Ⅰ部类的不变资本价值和第Ⅱ部类的不变资本价值。用公式表示为

$$Ⅰ(c+v+m) = Ⅰc + Ⅱc$$

这说明，在简单再生产条件下，第Ⅰ部类生产的全部产品价值应该等于两大部类的不变资本价值的总和，第Ⅰ部类生产的生产资料必须全部用来补偿两大部类消耗掉的生产资料。

需要说明，在商品经济条件下，两大部类之间的交换不是物物交换，而是通过货币流通来实现的，即以货币流通作为媒介来实现的。货币流通对两大部类之间的交换具有决定意义。如果没有货币流通，两大部类之间的交换就不能进行，资本主

① 马克思，恩格斯. 马克思恩格斯全集：第24卷［M］. 北京：人民出版社，1972：474.
② 马克思，恩格斯. 马克思恩格斯全集：第24卷［M］. 北京：人民出版社，1972：481.

义再生产就不能实现。在这里的分析中，把货币流通加进来并不会改变问题的性质，因此，我们把货币流通媒介两大部类交换的过程"舍象"掉了。

第三节　社会总资本的扩大再生产

一、积累和扩大再生产

资本主义再生产的特征是扩大再生产，其特点是资本家不把全部剩余价值用于个人消费，而是把其中的一部分积累起来，作为追加的资本投入生产。所以，社会总资本扩大再生产的最主要前提条件是资本积累，即剩余价值的资本化，也就是把社会的一部分剩余产品（包括生产资料和生活资料）转化为生产要素，从而使生产规模扩大。

积累是扩大再生产的基础和源泉，但积累不是扩大再生产的唯一源泉。本章考察的是以积累为源泉的扩大再生产。

在资本主义经济中，剩余价值是资本积累的源泉。为了进行扩大再生产，资本家就不能将全部剩余价值用于生活消费，必须将其中的一部分用来购买新的生产资料和劳动力，变成追加的生产资本，从而实现资本积累和扩大再生产。单个资本的扩大再生产是如此，社会总资本的扩大再生产也是如此。

是不是任何一个由剩余价值转化而来的货币额都可以变成追加的生产资本？不是。要实现资本积累，必须具有两个条件：

（一）货币贮藏到一定的数量

在一定的生产技术条件下，扩建一个老企业或者开办一个新企业都有一个起码的投资量，低于这个数量，就无法投资。资本家在每次资本周转后可能积累的剩余价值是有限的。因此，在进行实际积累和扩大再生产以前，在剩余价值不断货币化的基础上，有一个货币贮藏或货币积累的长期过程。

（二）要有扩大再生产的物质条件

当货币贮藏到一定数量，可以进行实际的积累时，货币必须能够买到追加的生产资料和劳动力。马克思认为，在资本主义条件下，追加的劳动力是经常存在的。因此，问题在于能否买到追加的生产资料。这就要求，社会生产要事先扩大。

由此可见，资本积累的过程，必须经过从剩余价值转化为贮藏货币，再由贮藏货币转化为生产资本这两个环节。

积累的货币只有最终转化为生产要素，才能实现资本积累和扩大再生产。这里存在一个问题：扩大再生产所需要的物质要素即生产资料究竟从哪里来？马克思通过对第Ⅰ部类追加的不变资本的分析，说明这是从简单再生产内部创造出来的，即通过对简单再生产内部的结构调整，为扩大再生产创造物质条件。

首先，第Ⅰ部类的剩余产品在实物形式上必须分为两部分：一部分是生产生产资料所需的生产资料，用于第Ⅰ部类本身的积累；另一部分是生产消费资料所需的生产资料，用来和第Ⅱ部类相交换。可见，简单再生产和扩大再生产的前提条件的区别，首先不在于价值量的改变，而在于Ⅰm产品结构的不同，即产品使用价值的改变。在简单再生产的场合，第Ⅰ部类的剩余产品全部用于补偿第Ⅱ部类消耗的生产资料；在扩大再生产的场合，第Ⅰ部类的剩余产品必须同时为两个部类提供生产资料。

其次，在两大部类之间量的关系上，必须使Ⅰ（$v+m$）>Ⅱc，这是扩大再生产的基本前提。只有Ⅰ（$v+m$）>Ⅱc，第Ⅰ部类本身才有可能进行生产资本的积累；只有Ⅰ（$v+m$）>Ⅱc，第Ⅰ部类才有可能为第Ⅱ部类不变资本的积累提供追加的生产资料，就像第Ⅱ部类要为第Ⅰ部类可变资本的积累提供追加的生活资料一样。

最后，第Ⅱ部类的不变资本和用于积累的剩余价值之和，必须大于第Ⅰ部类的可变资本和资本家用于个人消费的剩余价值之和。扩大再生产需要追加的消费资料是由第Ⅱ部类提供的。为了适应社会总资本的扩大再生产，为追加劳动力提供追加的消费资料，第Ⅱ部类生产的全部产品除了要满足原来工人和资本家所需要的消费资料外，还必须有一个余额，以保证满足扩大再生产对追加的消费资料的需要。如果用m/x代表资本家个人消费的剩余价值，用$m-m/x$代表用于积累的剩余价值，则社会总资本扩大再生产的另一个基本前提条件用公式表示为：Ⅱ（$c+m-m/x$）>Ⅰ（$v+m/x$）。

二、社会总资本扩大再生产的实现条件

上面分析的扩大再生产实现的两个前提条件，只是社会总资本的扩大再生产必须具备的可能条件。要使扩大再生产最终得到实现，两大部类之间的交换必须达到平衡。这就要进一步分析扩大再生产的实现条件。

为分析方便，我们做如下假定：

（1）两大部类的剩余价值率都为100%。

（2）第Ⅰ部类各年的积累率为50%，第Ⅱ部类的积累率是在与第Ⅰ部类的交换中确定的。

（3）资本有机构成历年相同，没有变化。Ⅰ$c:v=4:1$，Ⅱ$c:v=2:1$。

根据社会总资本扩大再生产的前提条件，假定社会总产品各个组成部分情况如下：

第一年

$$开端公式\begin{cases} Ⅰ\ 4\ 000c+1\ 000v+1\ 000m=6\ 000 \\ Ⅱ\ 1\ 500c+750v+750m=3\ 000 \end{cases}\ 9\ 000$$

开端公式的内容是代表上一年年末、这一年年初社会总产品各组成部分的组合情况。

扩大再生产是这样进行的：首先是两大部类的积累。

1. 第Ⅰ部类先行积累

（1）第Ⅰ部类按剩余价值的50%积累：$1/2m=1\ 000/2=500$（$m-m/x$）

（2）$500m$如何积累？按有机构成把500分成两部分，分别追加到c和v中，即分为$400\Delta c+100\Delta v$。其中$400\Delta c$的实现是通过第Ⅰ部类内部的交换进行的。

（3）第Ⅰ部类追加的 $100v$ 就是用来购买追加劳动力的可变资本，工人又要用它来向第Ⅱ部类购买消费资料。为了满足第Ⅰ部类的需要，第Ⅱ部类就要相应进行积累。

2. 第Ⅱ部类相应积累

（1）第Ⅱ部类要相应追加 $100c$。

（2）按有机构成 $Ⅱc:v=2:1$，第Ⅱ部类还要相应追加 $50v$。

（3）第Ⅱ部类追加的 $100c$ 与 $50v$ 只能从 $Ⅱm$ 中扣除。

经过以上积累过程，两大部类的资本结构为：

$$\left.\begin{array}{l}Ⅰ(4\ 000+400)c+(1\ 000+100)v+(1\ 000-400-100)m=6\ 000\\ Ⅱ(1\ 500+100)c+(750+50)v+(750-100-50)m=3\ 000\end{array}\right\}9\ 000$$

在这个变化中，要特别注意资本量的变化。

$$现资本\left\{\begin{array}{l}Ⅰ4\ 400c+1\ 100v=5\ 500\\ Ⅱ1\ 600c+800v=2\ 400\end{array}\right\}7\ 900;$$

$$原有资本\left\{\begin{array}{l}Ⅰ4\ 000c+1\ 000v=5\ 000\\ Ⅱ1\ 500c+750v=2\ 250\end{array}\right\}7\ 250。$$

经过积累，在 $m'=100\%$ 的情况下，两大部类扩大再生产的结果为：

$$\left.\begin{array}{l}Ⅰ4\ 400c+1\ 100v+1\ 100m=6\ 600\\ Ⅱ1\ 600c+800v+800m=3\ 200\end{array}\right\}9\ 800$$

这样得到 9 800 的社会总产品，而原来是 9 000，这说明这一年生产规模扩大了。

按上述方法可以推出以后几年的情况。

通过以上对扩大再生产的推算分析，得到以下结论：

（1）不管是第Ⅰ部类还是第Ⅱ部类的总资本量都增加了。

（2）总剩余价值量也增加了，特别是在总剩余价值量增加过程中，m 用于消费的那部分也增加了。由此可以清楚地看到，那种认为"扩大再生产会使资本家牺牲个人消费"的说法是错误的。相反，随着扩大再生产的进行，资本家用于个人消费的部分会愈来愈大。

（3）在技术条件不变从而资本有机构成也不变的情况下，第Ⅰ部类积累的时候，第Ⅱ部类不仅必须随之积累，而且第Ⅱ部类有可能比第Ⅰ部类积累得快。

根据上述分析，可得出社会总资本扩大再生产的实现条件：

第一，社会总资本扩大再生产的基本实现条件为

$$Ⅰ(v+\Delta v+m/x)=Ⅱ(c+\Delta c)$$

说明：在社会总资本扩大再生产的条件下，社会总产品的构成在两大部类之间应当保持一定的比例关系，即第Ⅰ部类原有的可变资本，加上追加的可变资本，再加上第Ⅰ部类资本家用于个人消费的剩余价值，三者的总和应当等于第Ⅱ部类原有的不变资本加上追加的不变资本。

第二，社会总资本扩大再生产的第二个实现条件为

$$Ⅱ(c+v+m)=(Ⅰv+Ⅱv)+(Ⅰm/x+Ⅱm/x)+(Ⅰ\Delta v+Ⅱ\Delta v)$$

说明：要进行扩大再生产，第Ⅱ部类的全部生产物价值，除了补偿两个部类原有工人所需的生活资料和两个部类的资本家所需要的生活资料外，还必须能够满足两个部类新追加的工人所需要的生活资料。

第三，社会总资本扩大再生产的第三个实现条件为

$$Ⅰ(c+v+m) = (Ⅰc+Ⅱc) + (Ⅰ\Delta c+Ⅱ\Delta c)$$

说明：在扩大再生产时，第Ⅰ部类的全部生产物价值，除了补偿两个部类已消耗的生产资料外，还必须能够满足两个部类进行积累时需要追加的生产资料，即第Ⅰ部类的全部产品必须满足两个部类进行规模扩大的再生产时对生产资料的全部需要。

扩大再生产的三个实现条件证明，扩大再生产要顺利实现，生产与消费必须互相适应，各部门的发展必须按比例进行。它和简单再生产一样，根本问题仍然是按比例发展的问题。这个一般规律提示：两大部类的积累是相辅相成的，任何一方都不能孤立地扩大和发展。

三、外延扩大再生产与内涵扩大再生产

社会总资本再生产的逐年扩大一般取决于两个因素：一是投入的生产要素的增长，二是生产要素的质量的提高。马克思从决定扩大再生产的因素来考察，把扩大再生产划分为外延的扩大再生产和内涵的扩大再生产。

如果生产技术不进步，单纯依靠增加生产资料和劳动力的数量而实现的扩大再生产，叫作外延扩大再生产。我们上面考察的就是单纯依靠追加不变资本和可变资本来实现的外延扩大再生产。而以技术进步为基础，依靠提高生产资料和活劳动的使用效率而实现的扩大再生产，叫作内涵扩大再生产。内涵扩大再生产的关键是技术创新。外延扩大再生产和内涵扩大再生产作为扩大再生产的两种具体形式，既互相联系，又互相区别。

外延扩大再生产，通过新建和扩建企业，不仅可以迅速发展社会生产力，还可以发展新兴产业，从而调整、充实和完善国民经济结构；同时，外延扩大再生产还可以实现社会生产力的合理布局，发挥各地区的资源优势，促进各地区经济共同繁荣。除此以外，外延扩大再生产在扩大再生产规模的同时，可以吸收较多的劳动力就业。而内涵扩大再生产从根本上说，就是通过提高劳动生产率的途径来实现的扩大再生产，它具有技术进步性和投资的高效性。

外延扩大再生产是内涵扩大再生产的出发点，内涵扩大再生产是外延扩大再生产的进一步发展和提高。外延扩大再生产与内涵扩大再生产相互渗透，互相包含。

就个别企业来说，纯粹的外延扩大再生产和纯粹的内涵扩大再生产是可能存在的。但是，从社会再生产来看，这种状态是不可能长期存在的。社会扩大再生产一般都是外延扩大再生产和内涵扩大再生产有机地结合在一起的。当然，是以外延扩大再生产为主还是以内涵扩大再生产为主，不同国家或者同一国家的不同时期是各不相同的。一般说来，一个国家在工业化的初期，扩大再生产的外延性比较明显，其主要特征是：大规模建设新工厂，大量的投资集中在基本建设战线。当工业发展

到一定水平时，扩大再生产的内涵就比较明显了，其主要特征是：基本建设战线相对缩短，大量投资用于原有企业的革新、改造。这个时期，就整个社会来说，内涵的扩大再生产就突出了。我国社会主义市场经济经过三十几年的建设，国民经济有了长足的发展和积累。正是有了这样的基础，党的十八大明确提出："要适应国内外经济形势新变化，加快形成新的经济发展方式，把推动发展的立足点转到提高质量和效益上来……着力增强创新驱动发展新动力，着力构建现代产业发展新体系……"① 明确提出以技术创新为驱动，将主要通过内涵扩大再生产推动中国经济的增长。

马克思在论述社会资本再生产问题时，考察的是纯粹的外延扩大再生产，即生产技术和资本有机构成都不变的条件下的扩大再生产。

四、两大部类积累的辩证关系

扩大再生产实现的前提条件和实现条件表明，两大部类的积累不是各自孤立的，而是辩证统一的关系。

首先，进行扩大再生产，两大部类必须同时具有积累的物质条件。

虽然Ⅰ（$v+m/x$）可以等于、大于或小于Ⅱc，但是Ⅱ（$c+m$）必须总是大于Ⅰ（$v+m/x$）。这就是说，第Ⅱ部类产品中的不变资本和剩余价值之和，必须大于第Ⅰ部类产品中的可变资本和资本家消费的剩余价值之和，其差额就是第Ⅱ部类资本家消费的剩余价值以及两个部类追加的可变资本（ⅠΔv+ⅡΔv）。用平衡式表示就是：

$$Ⅱ（c+m）= Ⅰ（v+m/x）+Ⅱm/x+Ⅰ\Delta v+Ⅱ\Delta v$$

这说明，要进行扩大再生产，第Ⅱ部类也必须有积累的物质基础，以便为两个部类提供追加的生活资料。总之，扩大再生产不仅要有相应的生产资料，而且要有相应的生活资料。

其次，两大部类的积累是互为前提、互为条件的。拿第Ⅱ部类来说，它从自己的剩余价值中拿出一部分追加到不变资本中去，和第Ⅰ部类的追加可变资本相交换，这既是第Ⅱ部类本身不变资本的积累，同时又为第Ⅰ部类可变资本的积累提供了必要的条件，并且这也保证了第Ⅰ部类不变资本的积累。

最后，两大部类的积累规模是相互制约的。一方面，第Ⅰ部类的积累规模规定了第Ⅱ部类的积累规模；另一方面，"第Ⅱ部类扩大生产的最低限度，就是第Ⅰ部类本身进行实际积累，即实际扩大再生产所不可缺少的最低限度。"②

所以，从扩大再生产的一般规律来看，两大部类的积累是相辅相成的，任何一方都不能脱离另一方孤立地发展。

马克思在论述社会资本再生产问题时，考察的是纯粹的外延的扩大再生产，即生产技术和资本有机构成各年都不变的条件下的扩大再生产，而并没有专门提出和

---

① 胡锦涛. 坚定不移沿着中国特色社会主义道路奋进 为全面建成小康社会而奋斗：在中国共产党第十八次全国代表大会上的报告［R］. 北京：人民出版社，2012：20.

② 马克思，恩格斯. 马克思恩格斯全集：第24卷［M］. 北京：人民出版社，1972：585.

论述两大部类的增长谁快谁慢的问题。但是，资本主义的扩大再生产也具有内涵扩大再生产的特征。这种扩大再生产涉及技术进步和资本有机构成的提高，因而会发生第Ⅰ部类比第Ⅱ部类增长更快的现象。

生产资料生产优先增长作为一个规律，是列宁在《论所谓市场问题》一书中明确提出来的。他把生产技术进步和资本有机构成提高的因素引入马克思的扩大再生产公式，得出了"在资本主义社会中，生产资料的生产比消费资料的生产增长得更快"的结论。之所以如此，是因为在技术进步的条件下，劳动生产率的提高主要表现为活劳动生产率的提高，同一劳动时间可以作用于更多的生产资料。这就使资本有机构成提高，不变资本比可变资本增长得更快；在积累起来的剩余价值中，转化为不变资本的部分越来越大，而转化为可变资本的部分必然相对减少。这种变化反映在整个社会的生产上，就要求第Ⅰ部类的增长比第Ⅱ部类增长得更快一些。因此，在技术进步、资本有机构成不断提高条件下的扩大再生产，增长最快的是制造生产资料的生产资料的生产，其次是制造消费资料的生产资料的生产，增长得最慢的是消费资料的生产[1]。

生产资料生产优先增长是经济发展中的一种内在的客观趋势，但是，不能对这种趋势作片面的、绝对化的理解，也就是说，它并不排斥在某些时期，消费资料生产的增长速度可以快于生产资料生产的增长速度。也不能把生产资料生产优先增长理解为无条件地增长：一方面，第Ⅰ部类扩大再生产所追加的对消费资料的需要，要靠第Ⅱ部类生产的增长来满足；另一方面，第Ⅰ部类生产的增长，归根到底是为了满足第Ⅱ部类对生产资料的需要。所以，生产资料生产的发展，总是要受到消费资料生产的制约，必须和消费资料生产保持必要的比例关系。

[阅读专栏]

社会总产品的实现与社会总供求的平衡

社会总产品的实现问题是社会再生产的核心问题。社会总产品的实现是通过市场交换进行的，这样就包含了两个层次的问题：①社会供给与社会需求的总量平衡问题；②供求总量内部构成比例平衡问题，即结构平衡问题。马克思不仅研究了社会总供给与总需求平衡的条件，而且指出了实现总量平衡的重要意义。同时，马克思还从结构上分析了社会总产出的平衡。社会总产品在实现过程中的三大交换关系，即两大部类之间的交换、第Ⅰ部类内部各部门之间的交换、第Ⅱ部类内部各部门之间的交换，都包含着社会供给结构与社会需求结构均衡的思想。马克思还明确指出，供求的平衡是社会总产出的理想状态。但在现实的市场运行中，供求平衡是偶然的，不平衡才是经常的，供求的平衡总是寓于不平衡之中，是作为市场供求波动的平均值而得到体现的。

（以上资料来源于：张家禄.《资本论》与社会主义市场经济［M］.北京：经济管理出版社，1998.）

---

① 列宁. 列宁全集：第1卷［M］. 北京：人民出版社，1955：71.

第四节 资本主义的经济危机

一、经济危机的实质和根源

资本主义社会在进入大机器工业时期以后，从 19 世纪初叶开始，每隔若干年就要经历一次经济危机。每当经济危机爆发，资本主义国家的经济生活和整个社会生活就像受到一次瘟疫或战争一样被破坏，突然陷入瘫痪和混乱的状态。在危机期间，商品流通停滞，大量商品由于找不到销路而堆满仓库，甚至被成批地毁掉；工厂减产、停工甚至倒闭，生产猛烈下降；信用关系遭到严重的破坏；大批企业破产，失业人数急剧增长，工人和其他劳动者的收入显著下降，生活困苦不堪。

在不同的资本主义国家和不同的时期，危机的表现形式和具体进程虽然有所不同，但一般说来，每一次经济危机都是由"生产过剩"这个根本原因引起的，危机时期的各种现象都是直接或间接由生产过剩引起的，都是生产过剩在社会经济生活各个方面的表现。

这种生产过剩的经济危机，是资本主义以前一切时代的人们从来不曾经历过的。在资本主义以前的各个社会里，由于战争、天灾或瘟疫等原因，在或长或短的时期内生产也会陷于瘫痪，造成社会生产的危机。但是，这种危机的特征并不是生产过剩，而是生产严重不足，同资本主义生产过剩的危机是根本不同的。资本主义经济危机的根本特点是：一方面是堆积如山的找不到销路的过剩商品，另一方面却是饥寒交迫的广大人民。这种相对的生产过剩，就是资本主义经济危机的实质。

生产过剩的经济危机是资本主义经济的特有现象。不过，经济危机的可能性却早就潜伏在简单商品经济中了。

经济危机首先是由货币的流通手段职能引起的。经济危机的最一般的表现，是商品买和卖的脱节，也就是商品卖不出去。我们在前面分析货币的职能时曾经说过，商品买卖脱节的可能性早在以货币为媒介的商品交换即商品流通出现时就产生了。在商品流通的条件下，买和卖在时间上和空间上分裂成了两个互相独立的行为。这时，如果有一些商品生产者在出卖了自己的商品之后不接着完成购买，就会有另一些商品生产者的商品卖不出去。

其次，经济危机是由货币作为支付手段的职能引起的。随着商品生产和商品流通的发展，商品买卖越来越多地采取赊购赊销的方式，在商品生产者之间，逐渐形成了错综复杂的债务连锁关系。如果有某一些债务人在债务到期时不能支付，就会使其他一些生产者也不能支付债务，从而使整个信用关系遭到破坏。

但是，在简单商品经济的条件下，危机只是一种可能性，它并没有变成现实。这主要是因为：第一，小商品生产者的目的是为了换取生产资料和生活用品来维持自己的生产，满足生活需要，他们生产的目的是使用价值而不是价值。第二，在资本主义以前的社会经济中，占统治地位的是自给自足的自然经济，商品生产所占的比重不大，因此，商品买卖脱节和支付连锁关系被破坏虽然对某些商品生产者会发生较大的影响，但不至于牵动整个社会经济。第三，在商品生产的领域内，小商品生产者之间的联系不是很广泛，一般被限制在比较狭小的范围内。在这种情况下，即使某个地方发生了买和卖的脱节或者支付方面的困难，它对商品经济本身的影响也是很有限的。再加上小商品生产者通常是为自己所熟悉的本地市场或者固定的买主进行生产，因而供求关系也是比较稳定的。因此，马克思说："这些形式包含着危机的可能性，但仅仅是可能性。这种可能性要发展为现实，必须有整整一系列的关系，从简单商品流通的观点来看，这些关系还根本不存在。"①

经济危机只有在资本主义制度下才具有现实性和必然性，这是由资本主义经济制度本身决定的。资本主义生产方式区别于以往任何生产方式的地方是：一方面，此时社会的生产力获得了巨大的发展，生产达到了高度社会化的水平；另一方面，社会的生产资料和生产成果却被极少数资本家私人占有。这种生产的社会性同生产资料和生产成果的资本主义私人占有形式之间的矛盾，即资本主义生产方式的基本矛盾，是生产过剩的经济危机的根源。

在生产高度社会化的条件下，社会生产各个部门和各个企业之间的联系空前地扩大和加强，整个社会经济已经结成一个统一的有机体。这种社会化的大生产，客观上要求由社会共同占有生产资料，对社会生产进行统一计划和管理，同时还要求生产成果也归社会共同占有和分配。只有这样，才能使社会生产各个部门和各个企业之间的比例关系以及生产和消费之间的关系协调起来，从而使社会再生产得以顺利地进行。但是，资本主义的现实情况并非如此。随着资本主义的发展，社会的生产资料和生产成果日益集中到少数资本家手里，归他们私人占有，服从于他们攫取剩余价值的目的。这样，就不能不在资本主义的经济生活中引起一系列的对抗和冲突，并不可避免地导致经济危机的爆发。

资本主义生产方式的基本矛盾表现为两组具体矛盾。它首先表现为个别企业内部生产的有组织性和整个社会生产的无政府状态之间的矛盾。

资本主义的生产是社会化的大生产。生产社会化要求相互联系的各生产部门、企业、工段、工种之间互相密切配合。生产社会化的这种客观要求在一个资本主义企业的范围内是能够实现的。因为在资本主义企业里，全体工人都必须服从资本家的支配，而且资本家为了提高生产效率，取得尽可能多的利润，也会加强组织管理，使企业内部协调发展。但是，资本主义所有制却使生产资料和劳动成果属于各个资本家所有，每一个资本家都是自己企业的主人。各个企业生产什么、生产多少，是资本家的私事，谁也管不了谁，所以整个社会生产是处于无政府状态的。个别企业的生产越有组织，整个社会的生产就越是处于无政府状态。随着竞争和生产无政府状态的加剧，资本主义各生产部门之间的比例失调现象就会日益严重。当这种比例失调的现象达到一定程度之后，社会总产品尤其是其中的某些重要产品的实现条件就要遭到破坏，普遍性的买卖脱节就会不可避免地产生，生产过剩的经济危机就爆发了。

---

① 马克思，恩格斯. 马克思恩格斯全集：第23卷［M］. 北京：人民出版社，1972：133.

　　资本主义的基本矛盾还表现为资本主义生产无限扩大的趋势和劳动人民有支付能力的需求相对缩小之间的矛盾。

　　资本主义生产之所以具有无限扩大的趋势，是由资本主义的基本经济规律即剩余价值规律决定的。资本家对剩余价值的无限贪欲，以及外部竞争的压力，促使他们不断改进生产技术和扩大生产规模。所以，在资本主义经济中，客观上存在着一种不顾市场限制而盲目提高生产能力和扩大生产规模的趋势。同时，生产的社会性质也有可能使生产迅速扩大起来。这是因为高度社会化的大生产是以现代机器工业作为技术基础的。大机器工业拥有先进的生产技术，它可以在新的合理的基础上改造生产，可以系统地将新的科学成就应用于生产。这样，生产就取得了一种突然的跳跃的伸张力，产生了生产规模无限扩大的可能性。但另一方面，和资本主义生产无限扩大的趋势同时并存的，却是劳动人民有支付能力的需求相对缩小的趋势。因为资本主义生产规模的扩大总是伴随着技术进步和资本有机构成的提高，这不仅会加重对在业工人的剥削、降低在业工人的工资，还会导致大量的相对过剩人口和无产阶级贫困化。这个生产无限扩大的趋势和劳动人民有支付能力的需求相对缩小的矛盾，是资本主义基本矛盾在生产和消费的对抗关系上的突出表现。当这个对抗性关系发展到较为尖锐的程度时，一些重要的商品由于群众无力购买而找不到销路，社会总产品的实现条件遭到猛烈的破坏，普遍性的生产过剩的危机就会爆发。

　　马克思曾经强调指出："一切真正的危机的最根本的原因，总不外乎群众的贫困和他们的有限的消费，资本主义生产却不顾这种情况而力图发展生产力，好像只有社会的绝对的消费能力才是生产力发展的界限。"[①]

　　必须明确，资本主义制度下之所以不可避免地会爆发生产过剩的危机，并不是因为资本主义社会生产的巨大增长超过了人民大众的绝对需要，而仅仅是因为它超过了人民大众有支付能力的需要。马克思曾经说过："生产过剩同绝对需要究竟有什么关系呢？生产过剩只同有支付能力的需要有关。""如果仅仅在一个国家的全体成员的即使最迫切的需要得到满足之后才会发生生产过剩，那么，在迄今资产阶级社会的历史上，不仅一次也不会出现普遍的生产过剩，甚至也不会出现局部的生产过剩。"[②] 事实的确如此。在危机期间，千百万劳动者比任何时候都更加感到生活必需品的缺乏。他们之所以挨饿受冻，正是由于他们生产了"太多的"的粮食和燃料。正如空想社会主义者傅立叶所说："富裕变成贫穷和困苦的源泉。"所以，资本主义制度下的生产过剩，并不是绝对的过剩，即超过了人民大众的绝对需要而形成的过剩，而只是一种相对的过剩，即相对人民大众有支付能力的需要而言的过剩。经济危机实际上就是资本主义商品生产的相对过剩的危机。

　　所以，生产过剩的危机，完全是资本主义生产方式内在矛盾的产物。经济危机的深刻根源在于资本主义所固有的基本矛盾。只要存在着资本主义制度，经济危机就不可避免。

①　马克思，恩格斯. 马克思恩格斯全集：第 25 卷 [M]. 北京：人民出版社，1975：548.

②　马克思，恩格斯. 马克思恩格斯全集：第 26 卷第 2 册 [M]. 北京：人民出版社，1974：578.

117

二、资本主义经济危机的周期性

在资本主义存在的整个历史时期内，资本主义的基本矛盾以及由它所引起的一系列对抗和冲突是经常存在的。但是这并不意味着资本主义经济会一直陷于危机之中。资本主义的经济危机每隔一定时期重演一次，是一种周期性出现的现象。

早在 18 世纪末和 19 世纪初，英国就发生过个别工业部门的局部生产过剩的经济危机。1825 年，英国第一次爆发了全国范围的工业危机。1836 年，英国又发生了经济危机，这次危机后来还波及美国。1847—1848 年的经济危机席卷了英国、美国和欧洲大陆的许多国家，实际上已具有世界经济危机的性质。接着，在 1857 年、1866 年、1873 年、1882 年和 1890 年都爆发了世界性的经济危机。在 19 世纪的经济危机中，1873 年的危机最为深刻，它大大加速了资本和生产的集中，促进了垄断组织的形成和发展。从此以后，资本主义就开始了向垄断阶段的过渡。

在 20 世纪初，发生了 1900—1903 年和 1907 年的两次经济危机。以后，资本主义世界又经历了 1920—1921 年、1929—1933 年和 1937—1938 年三次经济危机。其中，1929—1933 年的经济危机是以往各次资本主义危机中最深刻、最严重的一次。它不仅席卷了资本主义世界的一切国家，而且在各主要资本主义国家中，由于工业危机和农业危机又互相交织在一起，具有特别严重的性质。这次危机持续了四年之久，使整个资本主义世界的工业产量下降了 44%，贸易总额下降了 66%。1933 年，整个资本主义世界完全失业的人数高达 3 000 万人。

第二次世界大战以后，资本主义总危机进一步加深，美国在 1948 年、1953 年、1957 年、1960 年、1969 年和 1974 年先后爆发了六次经济危机。其中，1957—1958 年的危机曾经波及加拿大、日本和西欧的主要资本主义国家，成为第二次世界大战后第一次世界性的经济危机。1974—1975 年的危机也是一次世界性的经济危机，曾经被认为是第二次世界大战后资本主义世界最严重的一次经济危机。但是，2008 年美国爆发的金融危机，引发了一系列的世界性金融、经济危机，其危害性有目共睹，甚至被认为百年不遇；然而，更让人措手不及的是，仅仅时隔三年的 2011 年，欧洲债务危机就再次将世界经济带入谷底，这次危机导致的经济萧条甚至比 2008 年还要严重。

为什么资本主义经济危机会是一种周期出现的现象呢？

经济危机是由资本主义固有的矛盾决定的。因此，经济危机的周期性爆发也只能从资本主义矛盾的运动中来寻找原因。资本主义的各种矛盾是经常存在的，但只有当它们发展到极其尖锐的程度，再生产的比例发生严重失调的时候，才会爆发经济危机。在危机期间，大批工厂关门，生产迅速下降，社会生产力遭到巨大破坏。经济危机导致了资本主义生产与低下的消费水平暂时相适应的局面，再生产所需要的比例关系又重新建立起来，资本主义的生产又得以继续"正常"地进行。

但是，危机不过使资本主义再生产过程中各种矛盾得到暂时强制解决，这些矛盾并没有消失。随着危机过后资本主义经济的恢复和发展，资本主义所固有的各种矛盾还会重新发展和激化，再生产过程中比例失调的现象还会重新严重起来。这样就导致了另一次危机的爆发。

由于上述原因，经济危机成了一种周期性出现的现象。恩格斯指出，市场的扩张赶不上生产的扩张，冲突变得不可避免，而且它们在把资本主义生产方式本身炸毁以前不能使矛盾得到解决，所以它就成为周期性的了。资本主义生产产生了新的"恶性循环"。从一次危机开始到下一次危机开始，中间的时间便是一个再生产周期。一个周期一般包括危机、萧条、复苏和高涨四个阶段。其中，危机是周期的决定性阶段，它是上一个周期的终点，同时又是下一个周期的起点。

在不同的资本主义国家，在一个国家的不同发展时期，由于具体的历史条件不同，周期的整个进程和周期的每个阶段又会有这样或那样的特点。下面，我们就根据一般情况来说明资本主义再生产周期各个阶段的特点。

危机通常是在资本主义经济最繁荣，也就是资本主义矛盾最尖锐的时候爆发的。在危机阶段，大量商品找不到销路，存货堆满仓库，资本周转困难，利润率急剧下降。这迫使资本家缩小生产规模，解雇大批工人，缩短开工时间，使成千上万的工人陷于失业和半失业的状态。而大批工人失业又为资本家提供了进一步压低在业工人工资的条件。这样，工人的工资水平和工资总额在危机阶段便急剧下降。与此同时，由商品销售困难引起市场竞争空前加剧，又使竞争力量比较薄弱的广大小生产者纷纷破产。这一切都使得资本主义社会的基本消费群众即广大劳动人民的购买力急剧降低。社会购买力的急剧降低，引起商品价格猛烈下跌。许多工商企业特别是中小企业由于经受不住危机的沉重打击而纷纷破产。

在危机阶段，许多工商企业由于商品销售困难而不能按期偿还债务，又会引起整个资本主义支付关系的紧张，引起货币信用的危机。这时，资本家都不愿再以赊销方式出卖商品，而要求以现金支付。由于对现金的需求急剧增加，而金融市场上借贷资本的供给又远远不能满足这种需求，利息率急剧提高。利息率提高，企业股息降低，再加上资本家大量抛售股票、公债等有价证券，有价证券的行市暴跌。资本家为了追求现金，普遍向银行大量提取存款，这就使许多银行特别是中小银行因现金准备不能满足偿还债务的要求而不得不宣告破产。危机所造成的经济动荡局面，还会引起对外贸易收入的减少和其他国外收入的减少，从而形成国际收支方面的巨额逆差，使黄金外流、储备减少。

危机持续一段时期以后，市场上的商品数量由于资本家关闭企业、缩减生产和销毁存货而减少了，商品供应超过有支付能力需求的情况便逐渐发生了变化。于是，资本主义经济就从危机阶段转入萧条阶段。

萧条阶段是周期中的停滞阶段。它的特征是生产不再下降，企业停止倒闭，失业人数不再增加，物价低落，商业萎缩，游资充斥。资本家为了摆脱这种困境，竭力降低成本，以便在剧烈的竞争中站稳脚跟，在物价低落的情况下获得超额利润。为了降低成本，他们一方面加强对工人的剥削，另一方面改进生产技术，更新固定资本。新的投资逐渐增加，对生产资料和劳动力的需求也逐渐增加，推动整个社会生产恢复和发展起来，工人就业人数因此逐渐增加，商业和信用事业也逐渐活跃。萧条阶段便逐步转入复苏阶段。

复苏阶段是周期中的经济恢复阶段。它的特征是市场销售扩大，生产逐渐回升。资本家开始进行大规模投资和固定资本更新，生产逐渐扩大，就业人数逐渐增加，社会购买力开始提高，市场容量扩大，物价慢慢回升，企业利润增加，信用事业日益发展，社会生产逐渐恢复到危机前的水平。当生产超过危机以前的最高点时，复苏阶段就进一步过渡到高涨阶段。

高涨阶段又叫繁荣阶段。在这个阶段，投资大量增加，生产迅速发展，就业工人增加很快，物价上涨，利润增多，工资水平也有提高，市场兴旺，信用关系普遍发展，利息率降低，股票价格上涨。随着生产规模扩大，生产产品增多，生产增长很快又超过了劳动群众的购买力。当生产和消费的矛盾达到极其尖锐时，整个社会生产又重新陷入严重的生产过剩状态。高涨阶段出现的生产过剩起初是不明显的。商业投机造成的市场的虚假需求掩盖了社会购买力的真实情况，信用膨胀造成的虚假繁荣掩盖了生产与消费的脱节，以至于当商品供应已大大超过需求时，资本家还在盲目扩大生产。只要几种主要商品的流通发生阻塞，就会成为导火线，经济危机再次突然爆发，整个社会经济生活又重新陷入瘫痪和混乱状态。

上述各个阶段在资本主义经济发展中不断交替和反复出现，就形成了资本主义再生产的周期性。

资本主义经济危机的周期性发展是有其物质条件的。马克思指出："虽然资本投下的时期是极不相同和极不一致的，但危机总是大规模新投资的起点。因此，就整个社会考察，危机又或多或少地是下一个周转周期的新的物质基础。"[1] 在资本主义经济危机的周期性发展中，固定资本的更新具有特殊的意义。这是因为固定资本的更新为资本主义再生产摆脱危机提供了物质条件。在危机进入萧条阶段时，资本家所想的就是怎样提高劳动生产率，降低成本，尽快使自己的生产恢复和发展起来。他们会为此采取各种手段，其中一个很重要的方面，就是实行固定资本的更新和投资。这时，社会游资充斥，利息率、商品价格水平、工资水平等都较低，为固定资本的更新和投资提供了良好的客观条件。这样，固定资本的大量更新和投资带动了两大部类生产的发展，资本主义经济复苏起来。

同时，固定资本的更新又为下一次经济危机的到来创造了新的物质条件。因为固定资本的大规模更新意味着先进技术被广泛采用、旧设备为新设备所代替，劳动生产率普遍提高，生产规模扩大，生产迅速增长起来。同时，由于先进技术的采用，固定资本投资大量增加，资本有机构成提高，相对过剩人口增加，对劳动者的剥削加重，其结果是劳动者有支付能力的需求下降。这样，资本主义生产迅速扩大的趋势和劳动者有支付能力的需求相对缩小之间的矛盾又尖锐起来，当社会再生产的比例遭到严重破坏时，经济危机又爆发了。

固定资本的更新，只是爆发周期性经济危机的物质基础，而不是爆发周期性经济危机的原因。如果没有资本主义生产方式，没有资本主义基本矛盾时而缓和时而尖锐的运动，固定资本的更新是不会引起经济危机的。

① 马克思，恩格斯. 马克思恩格斯全集：第24卷［M］. 北京：人民出版社，1972：207.

[阅读专栏]

有关经济周期原因的理论介绍

经济周期的原因一直是各经济学派理论争论的焦点，也是各派周期理论分歧的关键所在。除了马克思的经济危机理论，还有诸多经济理论讨论经济周期的成因，现介绍其中主要的一些理论。

一、外部力量理论

该理论的代表人物是英国的杰文斯（H. Jevons）。该理论把经济周期的根源归结为经济制度之外的某些事物的波动，包括太阳黑子、星相、革命、政治事件、金矿的发现和人口及移民的增长、新疆域和新资源的发现、科学发明、技术进步，等等。

二、消费不足论

该理论可以追溯到 19 世纪初法国的西斯蒙第（Simode de sismondi）和资产阶级改良主义经济学家霍布森（J. A. Hobson）。该理论认为衰退的原因是收入中的储蓄过多而消费不足。这种收入与消费的不平衡或者因为收入分配不公或者是消费习惯等所致，这导致生产过剩及其周期性的出现成为必然。

三、心理因素理论

该理论的代表人物是庇古（A. C. Pigou）。心理因素理论强调心理预期在经济周期各个阶段形成中的决定作用。在经济繁荣时期，人们往往过于乐观。乐观预期会带动相关需求，导致过多投资。当这种盲目的乐观情绪所造成的错误判断产生后果的时候，衰退开始了，此时人们的乐观情绪则被悲观情绪代替，并随着经济的衰退而走向过度悲观，导致失误，最终引起萧条。

四、投资过度理论

投资过度理论包括货币投资过度论和非货币投资过度论。

（1）货币投资过度理论。该理论的代表人物有奥地利学派的现代代表者哈耶克（F. A. Hayek）、米塞斯（L. Mises）和伦敦经济学院的罗宾斯（T. C. Rohbins）等。这一理论把经济周期产生的原因归咎于投资过度或者生产资料生产过剩，而这是由投资活动超过货币资本供给引起的。危机的根源在于货币供给落后于货币需求。这一学派反对任何人为地干预市场机制的措施，主张回到"自由放任"，认为只要让自由竞争的市场体系自动调节经济运行，银行自动调节信用，生产过剩的现象和经济危机就会逐步消除；反之，经济萧条就会持续下去。

（2）非货币投资过度论。这一理论的代表人物有"合法马克思主义者"杜冈卜巴拉诺夫斯基（Tugan-baranowski）和德国的司匹托夫（A. Spiethof）以及熊彼特（J. A. Schumpeter）等。该理论着重从生产过程本身来解释危机，并不把货币因素视为引起经济周期的基本动因，认为经济周期产生的机制是：新的因素（新技术的发明、低利率等）引起投资活跃，投资的进一步增加，最终引起投资过度，导致生产资料和耐用消费品生产过剩，经济危机爆发。

五、凯恩斯经济周期理论

凯恩斯认为消费倾向的波动、流动偏好的波动以及资本边际效率的波动都会影响经济周期。在繁荣后期，人们过度乐观，加上投机的推波助澜，利率成本上升到很高的水平，势必引起资本边际效率突然崩溃，导致人们对未来充满不确定预期，从而使流动偏好急剧上升，利率提高，结果引起更为严重的投资下降。所以，资本边际效率崩溃是从扩张进入收缩的转折点。经过一段时间，资本、剩余存货和流动资本减少，最终它们的稀缺性会明显恢复，因而资本边际效率又开始上升；加上萧条时期对货币的交易需求减少，利率也会因此降低，这导致成本下降。这一切都刺激投资增加，经济开始复苏，在经济乘数的作用下，经济逐渐进入繁荣。根据这一理论，凯恩斯提出推行财政干预以帮助经济复苏。

六、货币主义周期理论

现代货币主义主要代表人物是弗里德曼（M. Friedman）。该理论把经济周期的主要原因归结为货币因素：萧条是流通中货币量剧减的结果，而工业高涨是由货币供应量增加所引起的。这种货币需求与不稳定的货币供给之间的不协调是由凯恩斯主义调节"有效需求"政策引起的，也会受政治形势影响。总之，该理论认为货币供应量的波动是经济周期波动的根本原因。

上述经济周期理论从不同的侧面和角度研究经济周期发生的原因，对具体国家、具体历史时期的经济波动有一定的解释力，但大都没有深入到经济波动的根源，有些甚至相互冲突，这也说明经济周期的复杂性。

（以上资料来源于：刘恒. 中国社会主义经济周期理论研究［M］. 成都：西南财经大学出版社，2007.）

三、第二次世界大战后资本主义周期性经济危机的特点

资本主义社会的生产力和生产关系会随着时代的进展而发生变化，资本主义基本矛盾有时缓和、有时尖锐的发展运动也会随之发生变化。第二次世界大战后，由于第三次科学技术革命的兴起，国家垄断资本主义的发展以及资产阶级国家对经济生活的干预，生产和资本的国际化，第三世界的兴起，资本主义经济发展不平衡的加剧等，这些经济条件的变化使周期性经济危机出现了新的特点。

首先，危机频繁，周期缩短。在自由竞争的资本主义阶段，每隔十年左右会发生一次经济危机。20世纪，资本主义进入帝国主义阶段后，直到第二次世界大战以前，大约每隔七八年会爆发一次经济危机。第二次世界大战以后，差不多五年就要发生一次经济危机，各主要资本主义国家平均再生产的周期是：美国为5年零4个月，日本为4年零10个月，英国为4年零8个月，法国为7年，联邦德国为5年零7个月，意大利为5年零4个月。显然，第二次世界大战后经济危机频繁，经济危机的周期缩短了。

其次，资本主义世界各国经济危机由非同期性向同期性发展。第二次世界大战前，由于资本主义世界市场的发展，资本的国际联系的加强，各资本主义国家的再

生产周期运动具有统一性，经济危机的爆发有明显的同期性。第二次世界大战后，由于资本主义各国遭受战争破坏的程度不同，经济恢复的时间不同，它们的再生产周期的恢复在时间上参差不齐。如美国1948—1949年第一次经济危机爆发时，西欧各国和日本还处于战后的经济恢复过程中。而当西欧的一些国家和日本爆发1951—1952年和1964—1966年的经济危机时，美国则由于先后发动侵朝战争和侵越战争，经济危机分别推迟到1953—1954年和1969—1971年才爆发。这段时期的危机明显地表现为非同期性。但资本主义生产社会化的发展，特别是跨国公司的发展引起的生产和资本的国际化，使资本主义经济危机又由非同期性逐步转入同期性。1957—1958年、1973—1975年以及1980—1982年爆发的世界性经济危机，就具有明显的同期性。看来，随着生产与资本的进一步国际化，资本主义国家间的经济联系和相互影响日益密切。特别是随着经济一体化的发展和跨国公司的发展，各主要资本主义国家越来越多地采取措施协调其经济政策，以应对其共同面临的经济问题，这样就促成了世界经济危机在各主要资本主义国家爆发的同期性。随着资本主义的发展，经济危机的世界同期性，已成为一种发展趋势。

再次，危机的破坏作用一般不如第二次世界大战前严重，危机、萧条、复苏、高涨四个阶段的特征不像过去那样明显。第二次世界大战以前，在经济危机阶段，生产猛烈下降，在经历高涨阶段后又迅速回升，萧条和复苏阶段也能较为明显地划分。第二次世界大战后，危机阶段持续时间较短，生产下降幅度一般较小。如美国第二次世界大战后发生过六次经济危机，工业生产连续下降时间分别为15个月、9个月、13个月、13个月、13个月和16个月，工业生产下降幅度分别为10.1%、9.4%、13.5%、8.6%、6.8%和15%。而第二次世界大战前的1929—1933年的经济危机，美国工业生产连续下降50个月，下降幅度达46.2%。第二次世界大战后，复苏阶段缓慢无力，经济回升到危机前的最高点日趋困难，因而萧条阶段与复苏阶段不易明显划分；在高涨阶段，又经常存在着企业开工不足的现象，生产增长缓慢。

最后，生产过剩危机与通货膨胀交织并发，危机期间物价上涨，出现了"滞胀"局面。第二次世界大战前，特别是自由竞争的资本主义时期，在危机阶段，由于商品供过于求，现金短缺，信用收缩，物价大幅度下降。第二次世界大战后，由于资产阶级政府大力推行种种"反危机措施"，如增加货币发行量、推行通货膨胀措施、采取扩张信用和降低利率的金融政策、实行赤字财政政策等，酿成了严重的通货膨胀。此外，垄断组织人为地保持垄断价格，以及个人消费需求和投资需求在危机期间下降幅度缩小等，使危机期间的物价不但没有跌落，反而出现持续上涨的现象。第二次世界大战后，除了初期的几次危机期间的物价稍有下降以外，从1957—1958年的危机开始，各资本主义国家在每一次危机中的物价均有上涨。以美国为例：美国的物价在1957—1958年的危机时期上涨了4.2%，在1960—1961年的危机中上涨了4.7%，在1969—1970年的危机中上涨了6.18%，在1973—1975年的危机中上涨了14.5%，在1980—1982年的危机中上涨了13.5%。其他发达资本主义国家在危机期间的物价上涨幅度也很大。危机期间的通货膨胀和物价上涨，使过剩的商品不能充分消散，危机不能充分展开，生产和消费的矛盾被积累下来，危机过后的回升乏力，导致了生产长期停滞和失业率长期偏高的局面。同时，通货膨胀和物价上涨，又大大加重了劳动者的负担，削弱了劳动人民有支付能力的需求，进一步阻碍了经济的增长。"滞胀"局面的出现，是资本主义国家推行"反危机措施"的恶果，是资本主义制度的一个新的顽症。

四、经济危机暴露了资本主义制度的历史过渡性

经济危机是资本主义基本矛盾发展到对抗程度的表现，同时又是这一矛盾暂时的、强制的解决方式。经过危机时期对生产力的破坏，引起生产的缩减，使生产和消费的矛盾趋于缓和，再生产的比例关系强制性地达到平衡。但是，经济危机在强制解决资本主义现有矛盾的同时，又使资本主义固有的各种矛盾进一步加深了。

第一，经济危机加深了资本主义的基本矛盾。经济危机期间，大批中小企业由于经受不住危机的冲击而破产，而大企业趁机大肆掠夺、吞并或控制中小企业。这样就大大加速了生产和资本的集中进程。危机既提高了生产社会化的程度，又使生产资料和劳动产品更加集中到大资本家手中，从而导致资本主义基本矛盾进一步加深。

第二，经济危机加深了资本主义社会的阶级矛盾。危机期间，大批工人被解雇，加入失业行列，在业工人的工资普遍下降，劳动强度大大提高，无产阶级和资产阶级的矛盾趋于尖锐。

第三，危机期间，发达资本主义国家总是力图把危机转嫁给殖民地和附属国人民。它们通过各种保护性措施和扩大资本输出、商品出口以及压低进口原料价格等手段，进一步加重了对殖民地、附属国人民的剥削，也加深了殖民地、附属国人民和发达资本主义国家之间的矛盾。危机期间，各主要资本主义国家在世界范围内争夺商品销售市场和资本输出范围的斗争也更尖锐了。

经济危机暴露了资本主义制度的历史的、过渡的性质。危机期间，机器设备和商品被销毁或者闲置，生产力遭到巨大破坏，这表明了以资本主义私有制为基础的资本主义生产关系与在这种生产关系下发展起来的社会生产力存在着深刻的矛盾，资本主义生产关系对社会化的生产力的驾驭能力遇到越来越大的挑战，以至于只有通过大规模破坏生产力，才能使生产关系和生产力的对抗性矛盾得到暂时解决。这就充分表明资本主义制度已经成为生产力发展的严重桎梏。生产力要进一步发展，必然要冲破资本主义生产关系的束缚，以生产资料公有制为基础的社会主义生产关系必然取代资本主义生产关系。

小 结

（1）社会总资本的运动比单个资本运动具有更为复杂的关系，因为社会总资本的再生产运动不仅包括预付资本价值的运动，而且包括全部剩余价值的流通；不仅包括生产消费和资本流通，而且包括资本家和工人的个人消费以及媒介个人消费的一般商品流通。

（2）社会总资本再生产的核心问题是社会总产品的价值补偿和物质补偿的问题，也就是社会总产品的实现问题。研究社会总资本运动有两个理论前提：一是将社会生产分成两大部类——第Ⅰ部类是生产生产资料的部门，第Ⅱ部类是生产消费资料的部门；二是每个部类的产品价值都划分为三个部分——不变资本 c、可变资本 v、剩余价值 m。

（3）社会总资本的简单再生产和扩大再生产有一定的交换过程和规律。两大部类之间的交换要成功，必须满足社会总资本简单再生产和扩大再生产的实现条件，这些条件揭示了社会生产各部门按比例协调发展的内在规律及其相互之间的辩证关系。

（4）资本主义经济危机是生产过剩的危机。危机的可能性在简单商品生产条件下就存在，而在资本主义条件下危机具有了现实性和必然性。资本主义经济的基本矛盾是危机产生的根源。危机具有周期性。周期性危机的反复发生，说明资本主义经济的发展是在经济的巨大震荡中、在生产力遭到破坏的过程中自发运行的。

复习思考题

1. 解释下列名词概念：

社会总资本　　社会总产品　　社会总资本的简单再生产　　外延扩大再生产

内涵扩大再生产　　经济危机

2. 社会总资本运动的特点是什么？

3. 研究社会总资本再生产的核心问题是什么？

4. 简述社会总资本简单再生产和扩大再生产的实现条件及其意义。

5. 什么是资本主义经济危机？其根源是什么？

6. 如何理解固定资本更新是资本主义经济危机周期性存在的物质基础？

阅读书目

1. 马克思. 资本论：第 2 卷［M］//马克思，恩格斯. 马克思恩格斯全集：第 24 卷. 北京：人民出版社，1972.

2. 列宁. 论所谓市场问题［M］//列宁. 列宁全集：第 1 卷. 北京：人民出版社，1963.

3. 恩格斯. 反杜林论［M］//马克思，恩格斯. 马克思恩格斯选集：第 3 卷. 北京：人民出版社，1972.

4. 张熏华.《资本论》脉络［M］. 上海：复旦大学出版社，1999.

参考文献

1. 马克思. 资本论：第 2 卷 ［M］//马克思，恩格斯. 马克思恩格斯全集：第 24 卷. 北京：人民出版社，1972.

2. 刘诗白. 政治经济学 ［M］. 成都：西南财经大学出版社，1998.

3. 列宁. 论所谓市场问题 ［M］//列宁. 列宁全集：第 1 卷. 北京：人民出版社，1963.

4. 恩格斯. 反杜林论 ［M］//马克思，恩格斯. 马克思恩格斯选集：第 3 卷. 北京：人民出版社，1972.

5. 熊彼特. 资本主义、社会主义与民主 ［M］. 吴良健，译. 北京：商务印书馆，1999.

6. 刘诗白. 论经济过剩运行 ［J］. 宏观经济研究，1999（4）：18-24.

7. 刘诗白. 马克思主义政治经济学原理 ［M］. 成都：西南财经大学出版社，2006.

8. 胡锦涛. 坚定不移沿着中国特色社会主义道路奋进 为全面建成小康社会而奋斗：在中国共产党第十八次全国代表大会上的报告 ［R］. 北京：人民出版社，2012.

第六章
剩余价值的分配

学习目的和要求：通过本章的学习，了解利润、利息、地租等剩余价值的各种具体形式以及不同部门的资本是怎样参与剩余价值分配的，明确平均利润和生产价格的实质以及剩余价值的分配过程，理解在信用制度发展的条件下虚拟资本的特点和作用。

第一节　平均利润和生产价格

一、剩余价值转化为利润

（一）成本价格与利润

商品价值由三部分组成，即生产中所耗费的不变资本的价值（c）、可变资本的价值（v）和剩余价值（m）。用公式表示即 $W=c+v+m$。这三部分价值中，c 是原有价值的转移，代表过去的劳动；v 和 m 是工人新创造的价值，代表现在的劳动。这三部分的总和就是生产商品时实际耗费的劳动量。但是，对资本家来说，生产商品所耗费的仅仅是用于购买生产资料的不变资本价值和用于购买劳动力的可变资本价值，因此，这两部分就构成了商品的成本价格或称为生产费用。如果用 K 表示成本价格，商品价值就由 $c+v+m$ 转化为 $K+m$。

成本价格范畴形成以后，不变资本和可变资本的区别消失了。本来仅仅是由可变资本带来的剩余价值，现在却变成了成本价格（K）以上的增加额，表现为全部预付资本的产物。因为在资本家看来，不变资本和可变资本在剩余价值生产过程中都发挥了同等重要的作用。他们认为如果只有不变资本购买的厂房、机器设备、原材料而没有可变资本购买的劳动力固然不能生产剩余价值，但只有可变资本而没有不变资本同样也不能生产剩余价值。因此，当"剩余价值，作为全部预付资本的这样一种观念上的产物，取得了利润这个转化形式。"① 由此可见，利润和剩余价值实际上是同一个东西，在量上是相等的。但是在质上，剩余价值作为工人在剩余劳动时间内创造的那部分价值，表现为劳动的产物，可以清楚地看到它的来源；利润则

------

① 马克思，恩格斯. 马克思恩格斯全集：第 25 卷［M］. 北京：人民出版社，1974：44.

表现为全部预付资本的产物，在利润这一概念下，不变资本和可变资本在生产剩余价值中的不同作用消失了。由此可见，剩余价值是本质，利润只不过是剩余价值的转化形式。

（二）利润率及其影响因素

当剩余价值转化为利润以后，利润就用 P 代表，$W=K+m$ 的公式就变成 $W=K+P$ 这个公式。既然利润是将剩余价值看作全部预付资本的产物而形成的一个概念，那么资本家的实际获利程度就不是由剩余价值和可变资本的比率决定，而是由剩余价值和预付总资本的比率即利润率决定。事实上，当我们使用利润这一范畴时，它已经是剩余价值与预付总资本比较的结果，即剩余价值率已经转化为利润率了。

我们用 P' 代表利润率，用 C 代表预付总资本，利润率的公式则为 $P'=\dfrac{m}{C}$。由于利润率和剩余价值率是用同一个剩余价值量与不同的资本量相比得出的比率，它的相对值必然不相等，利润率总是比剩余价值率小。例如，一个资本家有预付资本 10 万元，其中不变资本为 8 万元，可变资本为 2 万元，得到剩余价值 2 万元；则剩余价值率为 100%，而利润率为 20%。利润率不仅在数量上小于剩余价值率，而且反映的经济关系也不一样。剩余价值率反映的是资本家剥削工人的程度，而利润率反映的是预付总资本的增殖程度。由此可见，剩余价值率转化为利润率，不但模糊了资本对劳动的剥削关系，还掩盖了资本家对工人的剥削程度。

利润率是经常变动的。决定和影响利润率变动的因素主要有：①剩余价值率。在其他条件不变的情况下，剩余价值率越高，利润率就越高；反之，剩余价值率越低，利润率也越低。②资本有机构成。在其他条件不变的情况下，资本有机构成愈低，总资本中不变资本的比重愈小，可变资本的比重就愈大，生产的剩余价值就多，利润率就高；反之，资本有机构成愈高，总资本中不变资本的比重就愈大，可变资本的比重就愈小，生产的剩余价值就少，利润率就低。总之，利润率的高低是同资本有机构成的高低反方向变动的。③资本周转速度。利润率同资本周转速度成正比例变化。资本周转愈快，利润率愈高，反之愈低。因为资本周转快，可用同量资本甚至更少量资本购买更多的劳动力，获得更多的剩余价值。例如，有甲、乙两个资本家，其企业的可变资本都是 5 000 元，剩余价值率都为 100%，但可变资本周转速度不一样，甲企业一年周转 4 次，乙企业一年周转 2 次。甲企业资本家一年可以获得 20 000 元剩余价值，而乙企业资本家一年只能获得 10 000 元剩余价值。剩余价值量越大，利润率就越高。所以，可以通过加速资本周转的方式，提高利润率。④不变资本的节省。因为不变资本减少，预付总资本就会减少，在剩余价值量和剩余价值率已定的情况下，资本家就可以用较少量的资本获得更多的剩余价值，提高利润率。

二、利润转化为平均利润

从上面的分析可以看到，在决定利润率高低的因素作用下，各个生产部门的利润率有很大的差别。例如，同量的资本投放在不同部门，由于资本有机构成和资本周转速度不同，利润率也就有高有低。但是，在现实的资本主义经济生活中，不论资本投在哪一个部门，等量资本大体上都要取得等量的利润。这是什么原因导致的呢？现实经济生活中这种状况的形成是竞争的结果。在这里，我们要研究两种竞争：一种是部门内部的竞争，一种是部门之间的竞争。

（一）部门内部的竞争与社会价值的形成

部门内部的竞争是指生产同种商品的同一生产部门的各个企业，为了争取更有利的商品生产和销售条件，为了获得超额剩余价值、提高利润率而进行的竞争。假定某生产部门有优、中、劣三等企业，由于生产技术和经营管理等条件不同，它们生产同种商品的个别价值也就各不相同。而在市场上，商品不是按照个别价值出售，而是按照这种商品的社会价值出售，即按生产该商品的社会必要劳动时间决定的价值出售。

社会价值亦即市场价值。"市场价值，一方面，应看作是一个部门所生产的商品的平均价值，另一方面，又应看作是在这个部门的平均条件下生产的、构成该部门的产品很大数量的那种商品的个别价值。"① 一般情况下，市场价值是由该部门占大多数的、在中等生产条件下生产的产品的个别价值来决定的。只有在特殊情况下，那些在最坏条件下或在最好条件下生产的商品才会调节市场价值。这个特殊情况就是指：如果优等或劣等生产条件下生产的产品数量很大，市场价值就由这些产品的个别价值来调节。马克思在《资本论》中分析过两种含义的社会必要劳动时间。事实上，这两种含义的社会必要劳动时间共同决定了商品的社会价值。

[阅读专栏]

第二种含义的社会必要劳动时间

马克思在《资本论》第一卷中分析的决定商品价值量的社会必要劳动时间是在生产同种商品的不同生产者之间形成的。它涉及的是同种商品生产上的劳动耗费，可称之为第一种含义的社会必要劳动时间。社会必要劳动时间还有另一种含义，即在生产不同商品的生产者之间形成的社会必要劳动时间。它涉及的是社会总劳动时间在各种商品上的分配，其体现的是不同商品的使用价值量被社会接受的程度。马克思说："如果说个别商品的使用价值取决于该商品是否满足一种需要，那么，社会产品总量的使用价值就取决于这个总量是否适合于社会对每种特殊产品的特定数量的需要，从而劳动是否根据这种特定数量的社会需要按比例地分配在不同的生产领域。"②这里指社会总劳动中按一定比例用来生产社会需要的某种商品所耗费的劳动时间。不同商品的供求状况会直接影响或决定社会必要劳动时间的生产条件。结合供求关系和竞争关系来理解市场价值，反映了按比例分配社会劳动的规律的内在要求。正如马克思所说："不仅在每个商品上只使用必要的劳动时间，而且在社会总劳动时间中，也只把必要的比例量使用在不同类的商品上。"③ 这就是人们通常说的第二种含义上

---

① 马克思，恩格斯. 马克思恩格斯全集：第25卷［M］. 北京：人民出版社，1974：199.

② 马克思，恩格斯. 马克思恩格斯全集：第25卷［M］. 北京：人民出版社，1974：716.

③ 马克思，恩格斯. 马克思恩格斯全集：第25卷［M］. 北京：人民出版社，1974：716.

的社会必要劳动时间。

社会必要劳动时间的两种含义具有相关性，共同决定商品的价值。如果说第一种含义是价值的决定，那么，第二种含义则是价值的实现。不过，两种含义在分析角度上又各有区别：第一种含义是从社会生产条件的角度来说明社会必要劳动时间的，第二种含义则是从社会需要的角度来说明社会必要劳动时间的；第一种含义决定的是单位商品的价值，第二种含义决定的则是部门总商品的价值；第一种含义涉及劳动消耗，第二种含义则涉及社会规模的使用价值。从调节社会总劳动在各个生产部门的分配来说，社会必要劳动时间是经济调节的目标。社会总劳动时间是有限的，经济调节的目标就是社会总劳动时间按社会必要劳动时间配置到各个部门。

（以上资料摘编自：逄锦聚，洪银兴，林岗，等. 政治经济学［M］. 北京：高等教育出版社，2005.）

用货币表现的市场价值被称为市场价格。市场价值形成后，生产技术和经营条件好的企业的商品的个别价值低于社会价值，获得超额利润。资本家为了追逐超额利润，都竞相采用新技术、改善经营管理以降低商品个别价值。当企业普遍采用了新技术、改善了经营管理时，整个生产部门的平均有机构成就会提高，利润率就会下降。由于各个生产部门都会通过内部的竞争形成自己的商品社会价值和不同的利润率，这就势必引起利润率低的生产部门与利润率高的生产部门展开争夺利润的竞争，这就是部门之间的竞争。

（二）部门之间的竞争与平均利润率的形成

部门之间的竞争使得各个部门的不同利润率转化为平均利润率，各个部门依据平均利润率和所投入的资本量来获得平均利润。

假定社会上有食品、纺织、机械三个生产部门，每个部门的总资本都是100万元，剩余价值率都是100%，周转速度相同，但资本有机构成不同，其中食品工业的有机构成为$70c:30v$，纺织工业的有机构成为$80c:20v$，机械工业的有机构成为$90c:10v$。它们的利润率见表6-1：

表6-1　各部门利润率　　　　　　　　　　金额单位：万元

生产部门	不变资本 (c)	可变资本 (v)	剩余价值率 (m')/%	剩余价值 (m)	利润率 (P')/%
食品工业	70	30	100	30	30
纺织工业	80	20	100	20	20
机械工业	90	10	100	10	10
合计	240	60		60	

从表6-1可以看出，三个剩余价值率相同的生产部门，因为有机构成不同，同样投入100万元资本，其利润率就不相同：食品工业的利润率为30%，纺织工业为20%，机械工业为10%。等量资本不能得到等量利润。怎样才能使等量资本无论投

到有机构成高还是有机构成低的部门都能得到相等的利润呢？竞争和资本的转移解决了这一问题。食品工业的利润率比机械工业高，出于追求利润最大化的本性，机械工业的资本家就要把他的资本转移到食品工业去。结果，食品工业的厂家增多，各类食品因供过于求，价格逐渐下跌，食品工业的利润率随之下降；而在机械工业部门，由于资本流出，投资减少，生产逐渐缩减，导致机械产品供不应求，价格上涨，利润率随之提高。当机械工业部门的利润率上涨到超过食品工业部门时，资本又会从食品工业部门转移到机械工业部门。这种资本的转移和价格的涨落将一直持续到不同生产部门之间的利润率大体相等的时候才会暂时稳定下来。这个大体相等的利润就是平均利润率。由此可见，正是部门之间的竞争和资本的自由转移才使平均利润率得以形成。所谓平均利润率，就是按照社会总资本平均计算的利润率，是剩余价值总额与社会总资本的比率。用公式表示为

$$平均利润率 = \frac{剩余价值总量}{社会总资本}$$

平均利润率的高低取决于两个因素。①各部门的利润率水平。各部门利润率水平越高，平均利润率就越高；反之则低。②社会总资本在各部门之间的分配比例。在社会总资本中，投在资本有机构成高、利润率低的部门的资本比重越大，平均利润率就越低；反之则越高。在这里需要指出的是，平均利润率不是各部门利润率的简单的、绝对的平均，而是一种利润率平均化的总的发展趋势。

在利润率平均化的条件下，各部门的投资者就可以根据平均利润率获得与其投资量大小相适应的利润，即平均利润：

$$平均利润 = 平均利润率 \times 投入资本量$$

从表6-2可以看出，利润率的平均化过程，实际上是各生产部门的剩余价值重新分配的过程。平均利润率形成以后，各部门按照等量资本获得等量利润的原则分配剩余价值。有机构成高的部门的资本家所得的利润高于本部门工人所创造的剩余价值，有机构成低的部门的资本家所得的利润低于本部门工人所创造的剩余价值，而且有机构成高的部门的资本家多得到的利润与有机构成低的部门的资本家失去的剩余价值在量上刚好相等，只有有机构成等于社会平均有机构成的部门的所获利润才与本部门工人创造的剩余价值相等。

表6-2　利润率的平均化

生产部门	资本/万元	剩余价值（m）/万元	剩余价值率（m′）/%	平均利润率（$\overline{P'}$）/%	平均利润（$\overline{P}$）/万元	平均利润与剩余价值之差/万元
食品工业	100	30	100	20	20	-10
纺织工业	100	20	100	20	20	0
机械工业	100	10	100	20	20	+10
合计	300	60			60	

利润转化为平均利润以后，资本主义的剥削关系便进一步被掩盖起来了。前已述及，当剩余价值转化为利润时，已经掩盖了剩余价值的真正来源，但那时利润量和剩余价值量毕竟是相等的，还能看到利润和剩余价值之间的关系、利润和工人劳动之间的关系。在利润转化为平均利润以后，一些部门所得的利润量同本部门工人所创造的剩余价值量已不相等了，不同生产部门所得利润的多少完全取决于投入资本的多少。这就造成一个假象，好像利润的多少只与投入资本有关，同工人的劳动无关，利润的本质和来源也就完全被歪曲和掩盖起来了。

马克思的平均利润学说的重大意义就是揭示了平均利润的实质。一方面，它揭露了等量资本取得等量利润的实质是剩余价值在各部门的资本家之间被重新分配了，工人阶级不仅受本企业资本家剥削，而且受整个资本家阶级剥削；另一方面，也揭示了无产阶级要改变受剥削、受压迫的地位，要从资本主义制度下彻底解放出来，就不仅要同直接剥削他们的资本家进行斗争，而且要与整个资本家阶级进行斗争。

平均利润率的形成，利润转化为平均利润，是就一般趋势而言的。事实上，各部门内部的各个企业仍然存在着技术装备的差别，存在着追逐超额剩余价值的竞争，同时各个部门之间资本转移的竞争也会经常发生。因此，利润平均化的过程也不会停止。

三、价值转化为生产价格

利润转化为平均利润的过程，也就是价值转化为生产价格的过程。平均利润形成以后，商品就不再按照成本价格加利润出售，而是按成本价格加平均利润即生产价格出售。用公式表示：

$$生产价格 = K + \overline{P}$$

生产价格的形成过程如表 6-3 所示：

表 6-3　生产价格的形成过程

生产部门	资本有机构成 $(c:v)$	剩余价值 (m)	商品价值 $(c+v+m)$	平均利润率 $(\overline{P'})$	平均利润 $(\overline{P})$	生产价格 $(K+\overline{P})$	生产价格与价值之间的差额
食品工业	$70c+30v$	30	130	20%	20	120	-10
纺织工业	$80c+20v$	20	120	20%	20	120	0
机械工业	$90c+10v$	10	110	20%	20	120	+10
合计	$240c+60v$	60	360		60	360	0

从表 6-3 可以看出，生产价格形成后，资本有机构成高的部门，其商品的生产价格高于价值；资本有机构成低的部门，其商品的生产价格低于价值；只有有机构成等于社会平均有机构成的部门，其商品的生产价格与价值才大体一致。

上述发生的生产价格与价值背离的现象是不是对价值规律的否定呢？事实上，价值转化为生产价格以后只是改变了价值规律的作用形式，即商品的市场价格不再是围绕商品的价值上下波动，而是围绕生产价格上下波动，并没有否定价值规律。因为：①从个别部门来看，资本家获得的平均利润与本部门工人创造的剩余价值不一致，但从全社会来看，整个资本家阶级所获得的平均利润总额和整个工人阶级所创造的剩余价值总额还是相等的。②从个别部门来看，商品的生产价格同价值不一致，但从全社会来看，商品的生产价格总额也必然和价值总额相等。③生产价格随商品价值变动而变动。生产商品的社会必要劳动时间减少了，生产价格就会降低；反之，生产价格就会提高。

同商品价值有个别价值和社会价值的区别一样，商品的生产价格也有个别生产价格和社会生产价格的差别。社会生产价格是指部门内由社会平均生产条件所决定的生产价格，等于社会成本价格加平均利润。个别生产价格等于个别成本价格加平均利润。商品的市场价格不是取决于个别生产价格，而是取决于社会生产价格。所以个别生产价格低于社会生产价格的差额便形成超额利润。因此，平均利润形成以后，各部门中少数先进企业由于其个别生产价格低于社会生产价格，仍然可以得到超额利润。

生产价格理论不仅在逻辑上是对劳动价值论的发展，而且从历史的发展过程来看也是同商品经济的发展过程相一致的。历史上，人们在简单商品生产中相互交换自己的劳动产品，交换的唯一尺度是耗费在各种商品生产上的社会必要劳动时间。那时，商品交换大体上是按照价值进行的。随着简单商品经济向发达的商品经济转化，利润转化为平均利润，价值转化为生产价格，商品因此就按生产价格出售了。马克思的平均利润和生产价格理论解决了价值规律同等量资本获取等量利润在形式上的矛盾，解决了从价值、剩余价值这些本质范畴上升到更具体、更接近经济外部表现的范畴时所遇到的难题，使劳动价值论和剩余价值理论得到了更进一步的证明。

四、平均利润率趋向下降的规律

平均利润率的高低主要取决于剩余价值率和资本有机构成的高低。随着资本积累的增加和资本有机构成的提高，平均利润率有下降的趋势。

各商品生产者为了追求最大限度的剩余价值或利润，增强竞争力，就必须不断地改进技术、扩大生产规模、提高劳动生产率，从而引起各个企业的资本有机构成不断提高。资本有机构成的提高，一方面，使可变资本在总资本中所占比重相对减少，使同量资本需要的劳动力减少，剩余价值或利润量也随之减少；另一方面，使固定资本在总资本中所占的比重增大，使资本周转速度减慢，从而使平均利润率下降。

平均利润率下降，并不与资本家获得的利润总量的增加相矛盾。虽然资本有机构成提高，导致平均利润率下降，但由于投入资本总量增加，使总资本推动的劳动总量增加，剩余价值或利润也将增加。要保持利润总量的增加，就必须使总资本增加的速度快于平均利润率下降的速度。否则，利润总量也会下降。此外，平均利润率的下降规律，还表现在单位商品价格下降的同时，商品总价格中包含的利润量有可能相对增加。因为随着科技的进步，劳动生产率大大提高，单位劳动时间内生产产品的数量大大增加，因而每个产品消耗的活劳动减少，商品的价值和价格也就下降，但单个商品中所包含的利润量会由于剩余价值率提高的速度快于新价值下降的速度而增加。

平均利润率下降也不意味着剩余价值率的降低。因为剩余价值率仅仅是影响平均利润率的一个因素，但不是唯一的因素。资本有机构成高低和资本周转速度快慢都会对平均利润率产生影响，因此即使在剩余价值率不变，甚至提高时，资本有机构成提高和资本周转速度减慢也可导致平均利润率下降。

平均利润率并非直线下降，而是一种"趋向下降"。因为有许多因素在阻碍平均利润率的下降。一般而言，在资本主义经济中，有利于利润率提高的因素都可能成为阻碍平均利润率下降的因素。

第二节　商业资本与商业利润

前面的分析是以产业资本为典型进行的，工人所创造的剩余价值全部被产业资本家占有。实际上，在资本主义社会，除了产业资本家之外，还有商业资本家、借贷资本家、银行资本家、农业资本家和大土地所有者。工人所创造的剩余价值也不是全部被产业资本家占有，其他资本家也要参与剩余价值的瓜分，而商业资本家也是参与瓜分的一员。剩余价值会转化为如表6-4所示的不同的形式：

表 6-4　剩余价值的转化

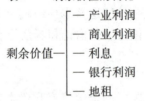

一、商业资本

商业资本又叫商人资本，是一种古老的资本形式，产生于奴隶社会初期，并在奴隶社会和封建社会中得到一定程度的发展。马克思指出："不仅商业，而且商业资本也比资本主义生产方式出现得早，实际上它是资本在历史上更为古老的自由的存在方式。"① 但它不同于资本主义的商业资本。资本主义的商业资本是从产业资本中分离出来独立发挥作用的商品资本，它同产业资本有着紧密的联系，为产业资本的流通服务。

产业资本运动要顺次通过三个阶段，采取三种形式，执行三种职能。在资本主义初期，生产规模很小，产业资本家身兼二任，既从事生产，又搞经营销售，产业资本循环的三个阶段都是由产业资本家自己完成的。随着商品生产的发展，流通区

① 马克思，恩格斯. 马克思恩格斯全集：第25卷 [M]. 北京：人民出版社，1974：363.

域扩大，一部分商品资本逐渐从产业资本中分离出来，成为独立的资本形式——商业资本。

由此可见，商业资本是资本主义发展到一定阶段的产物，是产业资本运动中的商品资本的独立化形式。

值得注意的是，在社会总产品中，总有一部分商品的买卖是在产业资本家之间或企业与消费者之间直接进行的，不需要商业资本的介入；所以商业资本不是全部，而只是一部分商品资本的转化形式。

商品资本要独立化为商业资本，必须具备一定的条件：①产业内部的分工演变为部门之间的分工，从而使商品的买卖活动不再作为产业资本家的附带业务，而成为一种流通当事人的专门职能。②独立化的流通当事人必须自己预付资本，成为独立的商品经营者。商业资本的运动形式是 $G—W—G'$，即商业资本家把一定货币额投入流通，购买商品，再把它卖出去，取回更多的货币。这样，对商品的最终实现起中介作用，就成了商人的专门业务。正是通过这种活动，商业资本家手中的货币转化为资本，发生增殖。

商业资本的独立化，大大地推动了资本主义的经济发展，缩短了资本流通时间，节约了流通资本，加速了资本周转。但商业资本发挥作用是有前提的，即商业资本的数量必须保持在社会再生产需要的范围内。如果商业资本数量和规模超过了社会生产所需要的比例和限度，就会造成流通环节过高，费用过大，投资浪费，那就不仅不能发挥促进作用，反而还会阻碍社会再生产的顺利进行。同时，也应该看到，由于一部分商品资本独立出来成为商业资本，专门从事商品的买卖，这就使得生产和消费脱节的现象更加严重，往往会造成市场虚假繁荣的景象，从而使资本主义再生产的矛盾进一步加剧。

二、商业利润

商业资本家帮助产业资本家推销商品，其目的是为了获得商业利润。但商业资本是流通领域的资本，它只是实现商品的价值和剩余价值，不创造价值和剩余价值。那么，商业利润从哪里来呢？

从表面看，商业利润好像是商业资本家购买和出卖商品之间的差额，是通过贱买贵卖获得的。但是，如果把包装、保管、运输等生产活动排除在外，单纯的商品买卖活动是不创造任何价值和剩余价值的。商业利润不在流通中产生，其真正来源同产业利润一样，只能是产业工人在生产中创造的剩余价值的一部分。

由于商业资本独立出来，分担了产业资本的一部分职能，产业资本家就不能独占全部剩余价值，而必须把剩余价值的一部分以商业利润的形式转让给商业资本家。这种让渡是通过商品购买价格和售卖价格的差额来实现的，即产业资本家按照低于生产价格的价格把商品卖给商业资本家，然后商业资本家再按照生产价格把商品卖给消费者。这种购买价格和售卖价格之间的差额就是产业资本家让渡给商业资本家的那部分剩余价值，也就是商业利润。

商业资本家获得的商业利润不能低于平均利润。如果商业利润低于平均利润，商业资本的利润率低于产业资本的利润率，那么商业资本家就会把商业资本转移到产业部门中去。同样，商业资本的利润率也不能高于产业资本的利润率，否则产业资本家的资本也会转移到商业部门。部门之间的竞争和资本的转移，使商业利润率和产业利润率趋于平均化，形成了整个社会资本统一的平均利润率。

假定一年内，整个社会垫支的产业资本为 720 亿元（c）+180 亿元（v）= 900 亿元，剩余价值率为 100%，不变资本的价值全部转移到新产品中去。这里，一年内生产出来的社会总产品价值或总生产价格为 720 亿元（c）+180 亿元（v）+180 亿元（m）= 1 080 亿元。剩余价值为 180 亿元，平均利润率是 $\frac{180}{900} \times 100\% = 20\%$。为了把 1 080 亿元的商品拿到市场上出卖，在流通领域中需要追加商业资本 100 亿元。这样，社会预付资本总额为 900 亿元+100 亿元 = 1 000 亿元。由于商业部门的纯粹买卖行为并不创造价值和剩余价值，剩余价值总额仍为 180 亿元。但是，现在商业资本参加进来分配剩余价值了，因此，平均利润率就应为 $\frac{180}{1\,000} \times 100\% = 18\%$。按照 18% 的平均利润率再进行分配，产业资本家获得的平均利润则为 900 亿元×18% = 162 亿元，而商业资本家获得的平均利润则为 100 亿元×18% = 18 亿元。这样，产业资本家便按照 720 亿元（c）+180 亿元（v）+162 亿元 = 1 062 亿元的出厂价格把商品卖给商业资本家，而商业资本家则按照 1 062 亿元+18 亿元 = 1 080 亿元的价格把商品卖给消费者。由此，商业资本家投资 100 亿元，就可以获得平均利润 18 亿元。商业资本参与剩余价值的分配后，平均利润率公式变为

$$平均利润率 = \frac{剩余价值总额}{产业资本总额+商业资本总额}$$

商业资本家参加了剩余价值的分配以后，生产价格的公式就应为成本价格（K）+产业利润（P）+商业利润（h）。表面上看起来商业资本家拿走一部分剩余价值使平均利润率降低了，似乎对产业资本家不利，其实不然：假设没有商业资本家参加，产业资本家完全自己经营商业，或许增加的流通资本比 100 亿元还更多，平均利润率的下降还会更厉害。

由此可见，商业利润是通过商品的购销差价来获得的。它不在流通中产生，而在流通中实现，它是产业工人创造的一部分剩余价值的转移，是商业资本参与利润平均化的结果。商业利润的整个实现过程并不违背价值规律。

三、商业流通费用及其补偿

商业资本家除了垫支一定数量的资本购买商品外，还要支付一定量的流通费用。所谓流通费用，就是商品流通过程中支出的各种费用。

流通费用分为两类：一类是由商品使用价值的运动引起的，是同生产过程在流通领域的继续有关的生产性流通费用，如运输费、保管费、包装费等。在运输、保管、包装等方面所耗费的劳动是生产性劳动，它不仅把生产资料的价值转移到商品中去，还要创造价值和剩余价值，使商品价值增大。这类流通费用可以从已经提高

了的商品价值中得到补偿，并从中获得平均利润。

另一类是由商品价值形态的变化所引起的费用。这是一种纯粹流通费用，如店员的工资、广告费、办公费、簿记费、商品信息费等。这类开支是非生产性的，耗费的劳动是非生产性劳动，不创造价值和剩余价值，也不是商品价值的构成部分，因而不能从售卖商品的实际价值中得到补偿。但商业资本家必须把这些费用作为商品的一种加价加到商品的售卖价格中去，从售卖价格中得到补偿。而且，对商业资本家来说，垫支的纯粹流通费用和生产性流通费用不仅是个补偿问题，它们都是预付资本，还必须参与利润的分配，取得相应的平均利润。因此，平均利润率还要下降。我们还是用前面的例子来说明这一问题。如果产业资本为 900 亿元，带来 180 亿元的利润，商业资本除原来 100 亿元外，还追加纯粹流通费用 50 亿元。这时，平均利润率就为：$\dfrac{180}{900+100+50} \times 100\% = 17.14\%$，其中产业资本家获得平均利润为 154.29（900×17.14%）亿元，商品的出厂价格为 1 054.29（900+154.29）亿元。产业资本家按此价格把商品出售给商业资本家，商业资本家再加上他应得的商业利润和支出的流通费用出卖给消费者。这样商业资本家从售卖商品的价格中，不仅收回了他预付的资本，而且取得了相应的平均利润，即按 1 130（1 054.29+150×17.14%+50）亿元的价格出卖给消费者。

由此可见，纯粹流通费用的补偿和获利都是对社会剩余价值的分配，都在商品价值内得到实现。从表面上看，流通费用的补偿似乎增加了社会负担，减少了产业资本的利润；但实际上，产业资本之所以愿意让渡这部分剩余价值，是因为只要纯粹流通费用在社会需要的范围内，商业资本经营商品就比产业资本分散经营流通业务更经济，可以大大减少流通中的资本，其节约的资本远远超过耗费的纯粹流通费用，有助于产业资本的节约和利润率的提高。

商业活动是由店员即商业工人来完成的。商业工人和产业工人一样，都是雇佣工人。但是，商业工人的劳动与产业工人的劳动有本质的不同：产业工人在生产过程中从事的劳动可以创造价值和剩余价值，是生产性劳动；而商业工人的劳动除了一部分是生产性劳动（如保管、包装、运输等）外，绝大部分是从事商品买卖活动的劳动，并不创造商品的价值和剩余价值。但商业劳动是实现商品的价值和剩余价值所需的劳动，是社会必需的劳动。商业工人的劳动也分有酬劳动和无酬劳动，商业工人从社会总剩余价值中分得的那部分剩余价值也分为商业工人的劳动力价值和商业利润。在有酬劳动时间，商业工人通过商业劳动实现劳动力的价值，用于补偿商业资本的可变部分；在无酬劳动时间，商业工人为商业资本家实现了产业资本让渡的商业利润。商业劳动与创造剩余价值的劳动一样，对商业资本来说，是商业利润的源泉。

四、商业资本的周转

（一）商业资本周转和社会再生产的关系

商品资本转化为商业资本后，其周转既受产业资本周转的影响，又形成独立于产业资本的特点。表面看来，商业资本的周转似乎是独立于产业资本周转之外的，只代表买卖行为的周期更新；而产业资本的周转则代表再生产行为的周期更新，对商业资本来说，这个周期更新只表现为外部条件。实则不然，商业资本的周转取决于再生产过程的周期更新。生产与流通的依存性，在这里只是改变了形式，但并未消失。商业资本的周转要受到两个限制：①产业资本生产和再生产过程越迅速，商业资本的周转越迅速，反之则越缓慢。②商业资本的周转还要受个人消费的规模和速度的限制。因此，它的周转一方面依存于生产，一方面依存于消费。生产与消费的更新是商业资本周转的两个界限。

同时，商业资本周转是有"外部的独立性"的。虽然社会再生产是商业资本周转的基础，但它对商业资本周转的制约是带有长期性、具有一定伸缩性的，这就是商业资本运动在一定限度内可以脱离这种制约而独立运动的原因。这主要表现为商业资本可以在一定时期和限度内不受消费的制约，连续向产业资本购买商品，合理囤积。而信用制度的发展，又使商业资本不受自有资本量的制约，可以支配社会总货币资本的很大部分，继续向产业资本购买商品，使商品超出合理囤积的范围。而持续的购买又会给产业资本一个"虚假的需求"信号，从而推动生产进一步扩大。从这一角度来讲，商业资本的周转可以不受生产过程的限制，又可以不受消费和资本量的制约。然而，这种独立性是有限的。当商业资本的运动超出了社会再生产的承受限度，它"内部的依赖性和外部的独立性"的矛盾尖锐化，"这时，内部联系要通过暴力即通过一次危机来恢复"①。

（二）商业资本周转的作用

商业资本的周转速度对平均利润率和商品销售价格都有重要影响。

1. 商业资本的周转速度对利润率的影响

商业资本对利润率的影响是不同于产业资本的。产业资本周转速度越快，年利润率越高。而商业资本不创造价值和剩余价值，其周转快慢并不直接影响利润率的高低，只是间接影响利润率。在利润率既定的条件下，商业资本获得利润的多少取决于商业资本在社会总资本中所占的比重。商业资本所占的比重大，利润就越高；反之，则越低。从这个意义上讲，商业资本参加了平均利润率的决定。因此商业资本周转速度会影响商业资本在社会总资本中的比重，进而影响平均利润率的高低。在社会总资本既定的条件下，商业资本周转越快，需要的商业资本的绝对量就越小，产业资本的绝对量就越大，生产的剩余价值就越多，利润率就越高；反之，利润率就越低。在产业资本和总剩余价值量既定的条件下，商业资本周转越快，需要的商业资本的绝对量就越小，社会总资本就越少，利润率也就越高；反之，则相反。

2. 商业资本周转对商品销售价格的影响

如果商业资本的相对量已定，则属于它的利润总量就已定，不同商业部门资本周转上的差别不会影响属于一定商业资本的利润总量，更不会影响一般利润率。不过，不同商业部门资本周转上的差别却会直接影响不同商业部门"商业加价"的大

———————
① 马克思，恩格斯. 马克思恩格斯全集：第 25 卷 [M]. 北京：人民出版社，1974：340.

小。如年平均利润率为 15%，预付商业资本为 100，商业利润就是 15。如果商业资本每年只周转一次，该商业部门就会按 115 的价格出售商品；当另一个部门其他情况相同时，其资本年周转 5 次，该部门就会按 103 的价格出售商品。前一部门加价为 15，后一部门加价为 3。所以，不同商业部门周转速度的不同，并不能给该部门的资本家带来不同的利润。如果不是这样，不同商业部门就会有不同的利润率，甚至商业资本会随着它周转次数的增加，赚取比产业资本更多的利润。而这是和一般利润率规律相矛盾的。

但从上面的分析也可以看出，商业资本周转速度的快慢，明显影响到商品上"商业加价"的大小。"因此，不同商业部门的商人资本的周转次数，会直接影响商品的商业价格。商业加价的多少，一定资本的商业利润中加到单个商品的生产价格上的部分的大小，和不同营业部门的商业资本的周转次数或周转速度成反比。"[①] 同一平均利润率，会根据这种商业资本周转的快慢，以不同方式分配在单位商品价格上。由此可见，商业资本只是根据它自身周转的快慢，把应得的商业利润率以不同的百分比加到它负责周转的商品上。所以，"一定量商品资本周转一次获得的利润，同实现这个商品资本的周转所需的货币资本的周转次数成反比。"[②] 利润小，周转快，是零售商业的一个原则。

应当指出，商业资本这一周转规律总是适用于该部门的平均周转的。如果单个商业资本的个别周转快于平均周转，他就可以获得商业上的超额利润。如果这种周转的加速是由于店铺地理位置的优越造成的，他就要为此支付额外的租金。

第三节　借贷资本、银行资本与虚拟资本

资本家除了使用自有的资本从事生产和经营外，还会通过借入或融通资本来扩大生产规模。这样，随着借贷关系和信用关系的发展，产生了借贷资本、银行资本以及一种特殊形式的资本——虚拟资本。

一、借贷资本与利息

在资本主义社会中，货币资本家构成了一个独特的资本家集团。他们既不像产业资本家那样经营商品的生产，也不像商业资本家那样经营商品的流通，而是凭借自己所掌握的货币资本从事贷放资本的活动，并据此同产业资本家和商业资本家一起分配劳动者创造的剩余价值。

（一）借贷资本及其产生

借贷资本是货币资本家为了取得利息而暂时贷给职能资本家使用的货币资本，是生息资本的一种形式。它是一种通过货币的借贷关系来参与剩余价值分配的资本形式。

---

① 马克思，恩格斯. 马克思恩格斯全集：第 25 卷 [M]. 北京：人民出版社，1974：348.
② 马克思，恩格斯. 马克思恩格斯全集：第 25 卷 [M]. 北京：人民出版社，1974：351.

借贷资本的形成与资本主义再生产过程有着密切的联系。在资本主义再生产过程中，一些资本家为了扩大生产和经营规模，需要使用大量资本。这些资本单靠自身积累是很难在短期内积聚起来的。而另一些资本家手中又出现了大量的暂时闲置的货币资本。这些闲置资本主要来源于三个方面：①固定资本折旧的价值。其价值尚未达到更新固定资本之前，这部分资本就会在货币形式上暂时闲置起来。②在资本周转的过程中，也会有一部分流动资本成为闲置资本。比如，当商品已销售出去，而原材料的购买还未到期时，就会有部分流动资本暂时闲置起来。③资本家预定用于积累部分的剩余价值，只有当它达到一定数量时，才能实际上变为追加资本，在它还不足以用于追加资本时，也会暂时闲置起来。然而，资本的本性是要带来剩余价值，而闲置的货币是不会增殖的。于是，持有闲置货币的资本家便将它们贷放给急需货币的资本家使用，从中获取利息。这样，闲置资本就转化为借贷资本。

借贷资本是一种作为财产的资本，只有当它转到职能资本家手里时，才能真正发挥资本的职能。因此在这里，同一个资本取得了双重的存在：对于借贷资本家来说，它是财产资本；对于职能资本家来说，它是职能资本。借贷资本在这里发生了所有权与使用权的分离。

（二）借贷利息和企业利润

借贷资本家把闲置的货币资本贷给职能资本家使用不是无代价的。职能资本家必须把他所获得的剩余价值的一部分分给借贷资本家，这样利息就产生了。利息是借贷资本家凭借货币资本的所有权从货币使用者（职能资本家）那里取得的剩余价值。在一般情况下，利息只能是平均利润的一部分，而不能是全部。

借贷资本的运动公式是：$G-G'$。$G' = G+\Delta G$，ΔG 表示利息。利息在形式上表现为资本所有权的产物，是资本带来的，但本质上讲仍然是剩余价值的转化形态。

由于借贷资本所有权与使用权的分离，借贷资本家是货币资本的所有者，他凭借所有权向职能资本家索取利息收入；而职能资本家（产业资本家和商业资本家）作为货币资本的使用者，必须获得支付利息后剩下的剩余价值。这样，平均利润就分割为两部分：一部分为利息，一部分为企业利润。马克思指出：利息和企业利润"二者不过是剩余价值的不同部分，并且它的分割丝毫不能改变剩余价值的性质、它的起源和它的存在条件。"[①]

利息量是根据利息率来计算的。利息率是一定时期内利息量与借贷资本量的比率，通常可分为按月计算的月息率和按年计算的年息率。利息率的计算公式为

$$利息率 = \frac{利息量}{借贷资本量} \times 100\%$$

比如，10 000 元借贷资本每年得到利息 500 元，那么资本的年利率就是 $\frac{500}{10\ 000} \times 100\% = 5\%$，按照习惯的说法，就是年利五厘。

利息是平均利润的一部分，所以平均利润率便构成了利息率的最高界限。利息

① 马克思，恩格斯. 马克思恩格斯全集：第 25 卷［M］. 北京：人民出版社，1974：427.

率不能高于平均利润率，也不能低于零，只能在平均利润率与零之间上下波动。利息率的变动一般取决于两个因素：一是平均利润率的水平。在其他条件不变时，平均利润率提高了，利息率就会相应提高；反之，平均利润率下降了，利息率就会相应降低。二是借贷资本的供求状况。借贷资本供不应求，利息率就提高；反之，借贷资本供过于求，利息率就降低。当借贷资本的供求基本平衡时，利息率就只能由社会的习惯和法律等因素决定。

二、信用制度、银行资本与银行利润

（一）信用制度与银行

信用实际上就是指一种以加值偿还为条件的借贷行为，一般分为商业信用和银行信用两种形式。

商业信用是指职能资本家之间用赊账的方式买卖商品时彼此提供的信用。作为资本主义信用制度基础的商业信用，其产生远比资本主义要早。在简单商品生产条件下，就已经出现了赊购赊销的现象。只是到了商品生产和商品流通很发达的资本主义社会，商业信用才得到广泛发展。商业信用的基本作用是通过在商品买卖双方之间建立一种规范的债权债务关系，突破商品流通在时间、空间以及支付决算上的局限，扩大商品流通范围，加速商业资本的周转。但是商业信用本身又有局限。首先，商业信用的规模要受各个职能资本家的资本数量的限制；其次，信用的规模还要受到各个职能资本家资本回流的数量、速度的限制；再次，商业信用还会受到不同行业、产业的不同商品流通的限制，例如不需要纺织品的机器生产者就不会向纺织品生产者赊购商品。这些局限使商业信用不能满足商品生产扩大的需要，于是在其基础之上产生了银行信用。

银行信用是银行或货币资本家以贷款方式向职能资本家提供的信用。银行通过借贷关系，将再生产过程中游离出来的闲置货币集中起来，再把它们贷给需要货币的企业和生产者。银行信用产生后，就形成了以银行信用为主要形式的社会信用体系，也即信用制度。银行信用的产生，突破了商业信用的局限性，扩大了信用规模和范围。它能够向任何货币的使用者提供更多的借贷资本，并允许更长期的借贷期限和更灵活的信用方式。在这种信用关系中，现代银行产生并发展起来。

银行是经营货币资本业务、充当货币资本借贷关系中介和货币支付中介的企业。充当债权人和债务人的中介，是银行最一般的职能——将闲置的货币集中起来，以贷款方式提供给需要货币的企业和生产者。随着市场经济的发展，银行在不断扩大自身经营规模的同时，也在不断扩大自己的经营范围和业务内容。除了传统的借贷中介和货币支付中介业务，银行还积极向证券、保险、信托等领域发展。如：购买工商企业的股票，开展证券经营业务；充当公司的财务顾问；拓展信托租赁业务；代理保险；提供国际贸易中的信用担保、信用证及其他单证服务；向客户提供各种咨询信息服务；等等。此外，还不断创造新的金融工具包括衍生金融工具，提供各种金融服务以满足金融市场的需求。银行的地位和作用随着银行的大型化和银行业务的扩大也有了很大变化。当资本集中形成了银行垄断组织后，银行就由过去的借贷中介人变成了万能的垄断者，传统银行的业务界限甚至行业界限就被打破了。不过，银行作为货币资本的经营者，充当借贷中介人的一般职能却始终如一。

（二）银行资本与银行利润

银行资本的来源包括两部分：一部分是银行资本家自己投入银行的自有资本，这只占银行资本的一小部分；另一部分是从外面吸收进来的存款，即借入资本，这部分在银行资本中所占的比重比前者要大得多。银行存款的来源主要有三个方面：首先，来自职能资本家暂时闲置的货币资本。其次，来自货币资本家或食利者阶层。最后，来自其他不同阶层的居民的储蓄存款。这些小额货币一经集中，就会形成巨额的借贷资本。

银行资本形成后，具有如下特点：①银行资本在形式上也有两个部分，一是现金，二是有价证券。这与借贷资本是真实的货币资本不同，在银行资本中以有价证券存在的资本可能是虚拟资本（关于虚拟资本我们稍后再作分析）。②银行资本的运动除了以银行信用的形式存在外，还会以买卖有价证券的形式存在。在有价证券的买卖中，因为股票等有价证券只付息而不还本，所以银行资本的运动形式不会都呈现为借和还两个阶段。③银行资本是一种部门资本，与产业资本、商业资本并存。作为部门资本，如果用于借贷就属于借贷资本，如果不用于借贷则不属于借贷资本。银行资本的相当一部分处于不流动状态，如存款准备金等。处于这种状态下的资本不进入市场，也不具有借贷资本的属性。

银行家经营银行业务，也和工商业资本家经营工商业一样，是为了获取利润。银行利润来自存款利息和贷款利息之间的差额。贷款利息比存款利息高，贷款利息减存款利息，再扣除银行的业务费用，其余额就是银行利润。利息既然是剩余价值的一部分，银行利润归根结底就是来自工人所创造的剩余价值。银行利润在量上也要求不能低于社会上的平均利润。因为在竞争的条件下，银行资本如得不到平均利润，银行家就会把资本转移到工商业等其他部门去；自发竞争的结果，必然是银行利润接近于产业利润和商业利润的水平。

银行利润是通过银行资本家经营银行业务来实现的。银行业务主要包括两个方面：一方面是负债业务，即吸收资金或吸收存款的业务；另一方面是资产业务，即投放或贷出资金的业务。

银行的资产业务是通过多种形式来进行的，主要的形式有票据贴现、抵押贷款和长期投资等。

票据贴现即票据持有者为了融通资金，将未到期的票据交给银行，兑取现金，这相当于银行用现款购进没有到期的票据（如期票）。由于银行只有在期票到期时才能持票向债务人兑取现款，期票贴现实际上就是银行发放的短期贷款，银行要按当时的贷款利率从期票价值中获取回扣，即贴现利息。这里的利率就是贴现率。

抵押贷款包括以商品、提货单、期票、有价证券和不动产等作抵押的各种活期的或定期的贷款。借款者到期如不能归还贷款，银行就有权处理抵押品。银行对于自己确信有偿还能力、有信用的借款人，也可以发放没有抵押品的贷款即信用贷款，不过利息较高。

长期投资是银行以购买股票的方式向各种企业进行的投资以及银行购买的政府公债和企业债券等。前者使银行成为企业的股东，后者则形成银行的一种长期贷款。

三、股份公司与股票

股份公司是由若干股东以入股方式筹集社会资本而形成的一种企业的资本或财产组织形式，是资本集中的重要手段。

市场竞争迫使每一个资本家都想要不断扩大他的资本，但资本的扩大仅依靠单个资本家自身的积聚是十分有限的，资本家必须在依赖信用制度的条件下实现资本集中，才可能迅速扩大资本。股份公司为资本集中提供了一个优于以前企业的企业组织形式，使分散的资本可以在有限债务责任的条件下集中为一个大资本。

股份公司的资本是通过发行股票集中起来的。持有股票的人是股份公司的股东、公司资产的所有者。股东享有作为公司所有者的种种权利，如参加股东大会、选举公司董事、参与公司决策等。但股东之间享有的权利的大小并不相同，因为股东大会的表决权不是以一人一票计算，而是按照一股一票计算。大股东只要掌握一定的股票控制额，就可以控制整个股份公司的活动。

股票是股份公司发给股东的借以证明其股份数额并取得股息的凭证。股票作为股份资本所有权的凭证及分配收益的权利证书，具有以下特点：①不可兑回性。股票被股东认购后，股东不能退股兑回本金。如果他不转让股票，他就只能靠逐年获得股息和红利慢慢地收回投入的资金。②风险性。股东购买股票，必须以出资额为限对公司承担债务责任。如果公司亏损或破产，股东就会承担相应的风险。同时，股票价格除了受公司本身经营状况的影响外，还要受到股票市场内外多种因素的影响，经常波动，因此，股东手里的股票的市值并不稳定，股东的风险是很大的。③流通性。股票是一种有价证券，它可以作为买卖对象被转让，也可作为抵押物。持股人通过转让股票，可以收回购买股票时投放出去的资金，而购买股票的人则获得与股票相应的分配股息和红利的权益以及其他权益。

股票持有者凭股票获得的收入，叫作股息。股息的分配以股东的股票面额为依据。由于股票分为普通股和优先股，凡优先股票都按固定的股息率计算，普通股则在支付优先股的股息之后，以企业经营状况确定的股息率从剩余的企业利润里分配。股息实质上是工人所创造的剩余价值的一部分。

股票是一种有价证券，本身并没有价值，但可以买卖，有价格。这是因为持有股票能够领取一定的股息收入。所以，股票价格不外是资本化的收入。股票价格形成的基本因素有两个：预期股息和银行利息率。股票价格与预期股息的大小成正比，而与银行利息率的高低成反比。用公式表示为

$$股票价格 = \frac{预期股息}{利息率} = \frac{股票面额 \times 预期股息率}{利息率}$$

例如，某公司的股票面额为 2 000 元，预期该公司股息为 5%，当年银行利息率为 4%，那么，股票价格 $= \frac{2\,000 \times 5\%}{4\%} = 2\,500$（元）。在股票持有人看来，在该公司

预期股息为 5% 时，一张 2 000 元的股票能带来 100 元的收入。这相当于在银行利息率为 4% 的情况下，把 2 500 元存入银行所得的收入。

股息和利息率是影响股票价格的基本因素。但在实际经济生活中，影响股票价格的具体因素很多。从企业内部看，公司经营状况及利润高低是直接影响股息的因素，因而也影响到股价的波动。从企业外部看，股票供求关系、经济周期、货币供应量、物价变动、政府政策甚至战争、重大政治事件等经济的、政治的因素都可能导致股价波动。股市投机者人为地操控股价、炒作股票以牟取暴利，也常是股价产生波动的原因。

四、虚拟资本

（一）虚拟资本及其与现实资本的关系

所谓虚拟资本，就是指能定期带来收入、以有价证券形式存在的资本。虚拟资本包括资本市场上的金融工具如股票、债券及其衍生品。而在货币市场上的信用工具如商业票据（期票和汇票）、银行承兑汇票、大额可转让存单等各种有价证券或债权债务凭证是不是虚拟资本，关键要看它们是否进行交易并给持有者带来资本化的收入。典型的虚拟资本形式是股票和债券。

有价证券之所以是虚拟资本，是因为有价证券本身并没有价值。它也不是价值符号，只是现实资本的所有权或债权证书。以股票为例，当人们用货币购买了股票以后，真正的资本就转移到公司方面去了，进入了企业的运行；而此时留在股票持有者手里的股票，不过是投入的现实资本的所有权证书或"现实资本的纸制复本"[①]，人们可以凭借它从公司领取一定的收入。但也正因为持有股票便能占有一部分剩余价值，因此，对它的所有者来说它就是资本，即使它并不是实际在再生产过程中运行的资本。

现实资本就是以实物或货币形式存在的、投入生产经营过程并能生产剩余价值的资本，也称为真实资本或实际资本。虚拟资本的产生和存在是以生息资本为基础的，它本身只是现实资本的"纸制复本"，不能发挥资本的职能作用，并不是真正意义上的资本。但虚拟资本的产生却使同一资本表现出了两个不同的运动，即作为虚拟资本基础的现实资本在现实的再生产过程中运动，以及作为现实资本"纸制复本"的虚拟资本在证券市场上运动。如有一笔资本，数额为 10 万元，被用于购买某个企业的股票。这进入该企业的 10 万元就是现实资本，它开始了职能资本的循环过程；而投资者手中持有的 10 万元股票进入股市运行，则成为虚拟资本，开始它独特的另一个运动过程。

虚拟资本与现实资本之间存在既统一又矛盾的关系。

从统一性来看，虚拟资本是现实资本的所有权证书，因此它的存在和运动也必然要以现实资本为基础。反过来，它对现实资本也会有重要的影响和作用。首先，现实资本对虚拟资本的基础作用是从长期的、根本的方面来说的。股票和债券的发

① 马克思，恩格斯. 马克思恩格斯全集：第 25 卷［M］. 北京：人民出版社，1974：540.

行取决于现实经济运行中企业对货币资本的需求，而证券发行者的生产经营状况又决定着证券投资者的收益；现实资本运用的规模决定了有价证券的发行规模，而社会再生产规模决定了证券投资规模；而且，现实资本的循环周期影响着虚拟资本的周期波动。其次，虚拟资本对现实资本的运动也有重要的作用。有价证券的发行就是货币资本集中的过程；作为现实资本循环运动的起点，虚拟资本能否按计划目标顺利发行，会影响现实资本运动的过程和规模；虚拟资本在市场上的流向会影响现实资本的分配比例和结构；由于虚拟资本的流通性很强，它也扩大了现实资本的活动范围。

从矛盾性来看，虚拟资本虽然代表着现实资本的价值，但其价格却不是由现实资本的价值决定的，而是由预期收入和平均利息率决定的。这样一来，虚拟资本的价格变动就会与现实资本的价值变动相背离，而呈现出相对独立的运动状态。正如马克思所说："作为纸制复本，这些证券只是幻想的，它们的价值额的涨落，和它们有权代表的现实资本的价值变动完全无关，尽管它们可以作为商品来买卖，因而可以作为资本价值来流通。它们的价值额，也就是，它们在证券交易所内的行情，利息率的下降与货币资本特有的运动无关，而单纯是利润率趋向下降的结果时，会随着利息率的下降而必然出现上涨的趋势"[1]。虚拟资本的价格与预期收益大小和预期收益的可靠程度成正比，与利息率成反比。而且其价格与资本市场上的货币供应量相关：当货币供应量不足时，价格会下跌；货币供应量增加，价格则上涨。

虚拟资本不仅在质上不同于现实资本，在量上也不同于现实资本。虚拟资本的数量等于各种有价证券的价格总额，虚拟资本数量的变化取决于各种有价证券的发行数量和它们的价格水平。

在有的情况下，虚拟资本数量的变化可以反映现实资本数量的变化。发行新的股票和债券会引起现实资本增加，或者企业停业或倒闭会引起股票价格下跌以致废弃就是例证。但在通常情况下，虚拟资本数量的变化并不反映现实资本数量的变化。仍以股票为例，假设商品价值不变，那么，不管股票行市怎样暴涨或暴跌，即不管虚拟资本的数量如何变动，在工商企业中发挥作用的现实资本数量是不会变的。

虚拟资本与现实资本这种数量上的差异，是由虚拟资本运动脱离了现实资本的运动而具有自身的独立性所引起的。也正由于虚拟资本运动的这种独立性，随着信用制度的发展和平均利息率的下降，虚拟资本的增长速度往往快于现实资本的增长速度。

（二）虚拟资本的作用

虚拟资本可以在市场上买卖，成为一种资本商品，有独立的价格（这种价格决定的方法与一般商品不同），也有独立的运动。从表象上看，虚拟资本对于投资人来说，与其他资本一样，是可以增殖、能够带来收入的资本。只有在遇到金融危机或信用紧缩导致证券及衍生证券价格大幅度下降、虚拟资本大幅度缩水时，人们才能明显感到它的虚拟性质。但是，虚拟资本不等于虚无资本。虚拟资本是市场经济

---

① 马克思，恩格斯. 马克思恩格斯全集：第 25 卷 ［M］. 北京：人民出版社，1974：540-541.

和信用制度的产物，它在市场经济的运行中也有着十分重要的作用。

1. 虚拟资本的存在和发展有利于货币资本的有效配置

有价证券通过资本市场（如证券交易所）进行交易。这种交易在社会经济中起着自发地分配货币资本的作用，货币所有者手里所掌握的货币资本通过购买有价证券而被分配到国民经济的各个部门。在这里，货币所有者找到了一条直接投资、直接分享投资收益的渠道，更主要的是可以通过证券交易使自己的货币增殖；而企业则找到了直接融资的途径，通过发行有价证券把证券持有者的货币资本转化为企业的法人财产而加以独立自主地运用。虚拟资本推动了股份制经济和证券市场的发展，而后者成了企业有效融资、扩大生产经营规模的有力工具。虚拟资本的交易使社会分散的闲置的货币可以最大限度地被集中起来加以利用，人们在以往社会里长期不能拥有的生产力今天在短时间里就可以成为现实。

2. 虚拟资本的运动有利于提高社会经济的运行效率

虚拟资本的价格变动自发地调节着货币资本在社会生产各部门中的流向和流量。在证券市场上，当某一个行业由于供求关系的变化出现产品滞销、开工不足，或是某一个企业由于经营不善出现亏损，这一行业或企业的股票价格会因人们预期收益的下降而下跌，人们会纷纷抛售这一行业或企业的股票。这导致货币资本向有市场前景和经营效益好的行业或企业流动，有利于整个社会经济效益的提高。此外，随着虚拟资本的发展，资本日益证券化，资本交易方式不断创新，新的金融衍生工具不断出现，不仅拓宽了企业的融资渠道，分散了企业经营风险，而且有利于企业充分利用资本市场实现资产重组，优化资源配置，在低成本的基础上实现规模扩张。

3. 虚拟资本加速了新的社会经济部门的形成和发展，但也导致财富虚拟化

随着有价证券及其他衍生证券交易规模的扩大，围绕着金融市场、资本市场、证券市场的各种服务部门和经营部门迅速发展起来，形成了新的产业。它们在创造社会 GDP（国内生产总值）的同时，也创造了更多的就业机会，加速了新经济的形成。社会的金融资产获得了惊人的发展，其增长的速度大大超过了社会总产品实际价值的增长速度。20 世纪 90 年代后期，全球上市公司的总市值已超过了全球每年生产的所有产品的总价值。而在 1989 年，全球股票的总市值还仅相当于全球年度总产值的 42%。虚拟资本的急剧膨胀，是由虚拟资本的独立运动引起的。这种现象被一些人称为"虚拟经济"。虚拟经济一方面加速了社会资本的配置和流通，促进了社会经济的发展；一方面又导致了财富的虚拟化，虚拟资本价值更加脱离现实资本的价值。

4. 虚拟资本的膨胀引发了"泡沫经济"等新经济问题

泡沫经济是指虚拟资本过度膨胀引起股票、债券以及房地产价格上涨而形成的经济虚假繁荣的现象。在虚拟资本交易规模膨胀的情况下，货币供应量被分割为两部分：一部分成为商品和劳务的交换媒介，一部分成为有价证券的交易媒介。在货币供应量不变的条件下，用于虚拟资本交易的货币量越多，用于现实经济的货币量就越少。现实经济中的货币量越少，购买实际商品和劳务的总需求就越少。总需求越少，商品和劳务的价格水平就越低。商品和劳务的价格水平越低，货币购买力就

越强。由于货币购买力是某种货币汇率的基础，所以长期来看，虚拟资本越是膨胀，其货币购买力越高，其汇率也就越是被高估。相反，如果虚拟资本大幅度减少，货币就会从虚拟资本交易中流出——不是流向国外，就是流向国内实现实经济领域，导致物价上涨、货币汇率贬值。此外，证券市场上存在的广泛的投机行为，也在不断地增加着虚拟资本的泡沫。当虚拟资本过度膨胀、价格上涨预期逆转，就会导致泡沫经济破灭，引发严重的信用危机，使金融领域坏账、呆账大幅度增加，信用紧缩，造成经济衰退。20 世纪 90 年代，在日本、墨西哥等拉美国家以及东南亚地区发生的金融危机和信用危机都说明，泡沫经济是虚拟资本、虚拟经济过度膨胀的直接结果，如果缺乏宏观调控，它就可能对经济运行产生灾难性的影响。2007 年发生在美国的次贷危机在 2008 年演变成世界性的金融危机，对全球经济的冲击一直影响到现在，更进一步说明了这一点。

[阅读专栏]

关于虚拟资本和虚拟经济

"虚拟资本"的概念是马克思最早提出来的。他在《资本论》第 3 卷第 25 章及以后几章中，对虚拟资本进行了详细的分析，其主要内容可归纳为两条：一是虚拟资本是在借贷资本和银行信用的基础上产生的，包括股票、债券、不动产抵押单等；二是虚拟资本本身没有价值，但可以通过循环运动产生利润，获取某种形式的剩余价值。尽管经过一百多年后，世界经济的发展出现了许多新事物（如期货、期权及各种衍生产品等）和新情况（例如货币脱离了金本位、经济全球化等），但马克思对虚拟资本的分析在当前关于虚拟经济的研究中仍然具有重要的指导意义。

对于虚拟经济，国际上没有一致的定义和系统的研究，而且由于翻译的缘故，混淆了三个不同概念，将以下三者均译为虚拟经济。一是与证券、期货、期权等虚拟资本的交易有关的经济活动（fictitious economy）；二是以信息技术为工具所进行的经济活动（virtual economy），也有人称之为数字经济或网络经济；三是用计算机模拟的可视化经济活动（visual economy）。成思危主张将 fictitious economy 译为"虚拟经济"，并认为网络经济是指经济的运行方式，虚拟经济是指经济活动的模式，必须将二者区分开来。

国内目前对虚拟经济有三种不同理解。第一种是经济学家的理解，认为虚拟经济是一个虚拟的价值系统，也就是从传统的理论经济学的角度来研究虚拟经济、财富和价值。第二种是金融学界对虚拟经济的理解，认为虚拟经济就是金融。第三种是系统科学家的理解，认为虚拟经济是与实体经济相对应而在经济系统中存在的经济活动模式（包括结构及其演化）。

（以上资料摘自：成思危. 虚拟经济理论与实践［M］. 天津：南开大学出版社，2003：4-6.）

147

第四节 资本主义地租

在资本主义农业中，大土地所有者拥有土地的所有权，农业资本家拥有土地的经营权，因此农业工人创造的剩余价值要在大土地所有者和农业资本家之间分配。地租是土地所有者凭借对土地的所有权获得的部分剩余价值。地租体现了农业雇佣工人、农业资本家和土地所有者之间的经济关系。

一、资本主义地租的本质

任何地租都是土地所有权在经济上的实现，资本主义地租也不例外。

资本主义土地所有制是从封建土地所有制和个体农民所有制演变而来的。从绝大多数资本主义国家土地所有制形成的历史来看，其发展道路可以归结为两类：①美国式道路。其特点是通过资产阶级革命摧毁封建地主经济，经过小农经济迅速分化，使资本主义大土地所有制逐渐替代农民的小土地所有制。于是，封建地主蜕变为资本主义土地所有者，小农沦为工农业中的雇佣劳动者，掌握土地经营权的农业资本家采取雇佣劳动方式经营资本主义农场。南北战争后的美国农业，便是走这条道路的典型。这条道路比较彻底地摆脱了封建关系的束缚，从而使资本主义经济能够迅速地发展。②普鲁士式道路。其特点是封建地主通过改革，在允许农奴向地主缴纳大量赎金的条件下，赎免封建农奴的义务，并把原来所使用的土地交给地主，从而使农奴转变为自由劳动者。而地主阶级则按照资本主义生产方式改造地主经济，组织资本主义农场，从事生产经营活动。普鲁士、意大利、日本等国家属于这一类。这条道路是在保留地主特权和保存封建农奴制残余的条件下，发展资本主义道路。

资本主义土地所有制虽然是从封建土地所有制和个体农民所有制演变而来的，但是，资本主义土地所有制和封建土地所有制又有明显区别：

（1）土地所有权与土地使用权完全分离。在资本主义社会，农业资本家从大土地所有者那里租来土地，雇佣农业工人耕种，从而使资本主义土地所有制存在着三个阶级，即大土地所有者、农业资本家和农业工人。

（2）土地所有权和人身依附的分离。在资本主义土地所有制条件下，无论是大土地所有者和农业资本家之间，还是农业资本家和农业工人之间，都摆脱了封建土地所有制下的人身依附关系，变成了纯粹的经济关系。

由此可见，在资本主义农业中，大土地所有者拥有土地，并将其租赁给农业资本家，农业资本家雇佣农业工人耕种土地，因此农业工人创造的剩余价值要在大土地所有者和农业资本家之间进行分配。而农业资本家将资本投到农业如同将资本投到工商部门一样，要求获得平均利润，否则他就宁可把资本转移到其他部门去。而大土地所有者所获得的地租就是超过平均利润以上的剩余价值部分。

由此还能看出资本主义地租和封建地租的区别：①封建地租体现着封建地主同农民之间的剥削与被剥削关系，而资本主义地租则体现了农业资本家和土地所有者共同剥削农业雇佣工人的经济关系。②封建地租无论是劳役地租、实物地租还是货币地租，在数量上一般包括农民的全部剩余劳动或剩余产品；而资本主义地租则是农业工人创造的超过平均利润的那部分剩余价值，即农业超额利润。

二、资本主义地租的形式

资本主义地租根据形成的原因和条件，可以分为级差地租和绝对地租两种基本形式。

（一）级差地租

土地是农业生产的基本生产资料，但这种生产资料不是等同和划一的，它有优等、中等、劣等之分。在其他条件相同的情况下，同样的资本投在优等地上会比投在中等地上得到更多的收益，投在中等地上又会比投在劣等地上得到更多的收益。租赁不同等级土地的农业资本家需缴纳的地租也就不尽相同。这种同土地等级差别相联系的地租，就是级差地租。

不过，土地等级差别只是产生级差地租的自然条件。那么，级差地租产生的原因是什么呢？

级差地租的产生是由于农业中存在着资本主义土地经营权的垄断，使农业中的超额利润固定化。首先，工业中的超额利润是通过个别企业采用先进技术，提高劳动生产率，使个别生产价格低于社会生产价格而得到的。但是，工业中的超额利润极不稳定，当其他企业也采用先进技术、提高劳动生产率时，这种超额利润就会随之消失。因此，工业中的超额利润只是一种暂时现象。农业中的超额利润则不同。农业中的超额利润是以土地肥沃程度的不同为基础的。因为土地面积是有限的，是不能随意增添的。好地更是有限，好地一旦被资本主义农场主租种，经营权就被垄断，从而阻碍了农业资本家之间的竞争，其他资本家便只能去种劣等地。这样，经营较好土地的资本家就能长期拥有较高的劳动生产率，他们农产品的个别生产价格就会低于社会生产价格，从而稳固地获得超额利润。其次，工业中的超额利润只有先进企业可以获得，因为工业品的社会生产价格是由中等生产条件决定的。而农产品的社会生产价格却不是由农业中平均的生产条件决定，它必须由劣等土地的生产条件决定。如果农产品和工业品一样，都由平均的中等生产条件决定社会生产价格，经营劣等地的资本家得不到平均利润，就没有资本家愿意经营劣等地了。这时，如果劣等地退出耕作，那就势必造成农产品的供不应求，价格上涨。农产品的价格要一直涨到经营劣等地的资本家也能获得平均利润时，才会有人愿意投资经营劣等地。所以，农产品的社会生产价格是由劣等地的生产条件决定的。由此可见，经营比劣等地较好的各级土地都能稳定地获得超额利润，并把它作为级差地租交给大土地所有者。

从上面的分析可以看出，级差地租产生的原因是农业中存在着对土地经营权的垄断，土地自然条件的差别只是产生级差地租的条件。

根据级差地租形成的条件不同，可以将其分为两种形态：级差地租Ⅰ和级差地租Ⅱ。

149

级差地租Ⅰ是土地肥沃程度不同或距离市场远近不同而产生的超额利润。下面以同量资本投资在等级不同的三种土地上的效果为例，列表说明，如表6-4所示（1百斤=50千克，下同）：

表6-4　级差地租Ⅰ的形成

土地等级	投入资本	平均利润	产量/百斤	个别生产价格		社会生产价格		级差地租Ⅰ
				全部产品	每百斤	每百斤	全部产品	
劣等地	100	20	4	120	30	30	120	0
中等地	100	20	5	120	24	30	150	30
优等地	100	20	6	120	20	30	180	60

从表6-4可见，三种土地面积相同，投入资本相同，平均利润相同，但土地肥沃程度不同，其产量就不一样。单位产品的个别生产价格分别为优等地20元，中等地24元，劣等地30元。农产品都按每百斤30元的社会生产价格出售。这样，除经营劣等地的资本家没有获得超额利润外，经营中等地和优等地的资本家除了获得平均利润外，还分别获得30元和60元超额利润。这些超额利润便转化为级差地租Ⅰ。

土地的位置差别，即距离市场远近的不同，也是形成级差地租Ⅰ的条件。因为土地距离市场远近不同会导致农产品运输费用的差异。经营位置距离市场近的土地，花费的运输费用就少，它的农产品个别生产价格就低；经营位置距离市场远的土地，花费的运费就多，它的农产品个别生产价格就高。农产品的社会生产价格是由距离市场较远的土地的个别生产价格决定的。这样，经营距离市场较近的土地的资本家，便可以获得超额利润。这部分超额利润形成了级差地租Ⅰ。

级差地租Ⅱ是在同一块土地上连续追加投资，从而形成较高的劳动生产率所获得的超额利润。随着资本主义的发展，可开垦的荒地越来越少，但农产品不能满足社会需要。这时，为了增加生产，资本家必须对土地采取集约化经营，如在同一块土地上追加投资、采用先进技术、改良品种、加强田间管理等，这种办法与投资在劣等土地上比较起来具有更高的劳动生产率。这样，在同一块土地上连续追加投资所获得的超额利润便形成级差地租Ⅱ，如表6-5所示：

表6-5　级差地租Ⅱ的形成

投资次数		投入资本	平均利润	产量/百斤	个别生产价格		社会生产价格		级差地租Ⅱ
					全部产品	每百斤	每百斤	全部产品	
优等地	初次投资	100	20	6	120	20	30	180	60
	追加投资	100	20	8	120	15	30	240	120
劣等地		100	20	4	120	30	30	120	0

原来投入优等地上的资本为100元，获得60元超额利润，形成级差地租Ⅰ。现在追加投资100元，由于劳动生产率提高，每百斤农产品个别生产价格降低为15

元，但仍以社会价格 30 元出售。这样，追加资本就能获得 120 元超额利润，形成级差地租 II。

连续在同一块土地上追加投资所产生的超额利润是否转化为级差地租还要取决于农业资本家和土地所有者之间的斗争。比如在租约有效期间，连续追加投资所获得的超额利润归农业资本家所有，因此当租约期满、需重新缔结租约时，土地所有者就会通过提高地租占有这部分超额利润。有鉴于此，农业资本家便力争签订长期租约，以便获得追加投资的利润，而土地所有者则力求签订短期租约，企图尽早把超额利润占为己有。可见，在资本主义制度下，大土地所有者不仅同工人阶级的利益对立，同资本家阶级的利益也是对立的，它的存在不利于土地的改良和合理利用，阻碍了资本主义农业的发展。

（二）绝对地租

农业资本家租种劣等地不向土地所有者缴纳级差地租，但并不是说不缴纳任何地租。实际上，在土地私有制条件下，不论租种哪一类土地，即使最劣等的土地，也必须缴纳地租，否则土地所有者宁肯让土地荒芜，也不会白白地让资本家使用。这种由土地私有权的垄断所获得的地租，称为绝对地租。

对于各种等级土地的租种，农业资本家都必须缴纳绝对地租，所以租种劣等地的资本家也得缴纳绝对地租。那么，绝对地租又从哪里来呢？绝对地租来自农产品价值超出农产品社会生产价格的差额。因为：①资本有机构成不同的生产部门，其商品的生产价格和商品价值是不一致的。具体来讲，资本有机构成低于平均有机构成的生产部门，生产价格低于价值；资本有机构成高于平均有机构成的生产部门，生产价格高于价值。而农业部门的资本有机构成低于工业部门的资本有机构成，故农产品的价值高于农产品的生产价格。②平均利润的形成是以资本和劳动力的自由转移为前提的，而农业中土地私有权的垄断阻碍了工业部门的资本向农业转移，农业便不参与平均利润的形成，农产品仍然按价值出售，其价值高于生产价格的部分，就形成绝对地租，由农业资本家交付给大土地所有者。现将绝对地租的形成列表，如表 6-6 所示：

表 6-6　绝对地租的形成

生产部门	资本有机构成	剩余价值	平均利润	产品价值	生产价格	绝对地租
工业	$80c:20v$	20	20	120	120	0
农业	$60c:40v$	40	20	140	120	20

从表 6-6 中可以看出，农业的资本有机构成较工业低，农业为 $60c:40v$，工业为 $80c:20v$；当剩余价值率为 100% 时，农产品的价值为 140 元，生产价格为 120 元。工业品的价值和生产价格都是 120 元。如果农产品按价值出售，其价值与生产价格之间的差额为 20 元，这 20 元便转化为绝对地租。

可见，绝对地租产生的原因是土地所有权的垄断，产生的条件是农业资本有机构成低于工业资本有机构成，农产品价值高于生产价格。但是，绝对地租的来源，仍然是农业工人创造的剩余价值。

（三）建筑地段地租和矿山地租

建筑地段地租是经营住宅业的房地产资本家或工商业资本家为建筑住宅、工厂、商店或其他建筑物而支付给土地所有者的地租。这种地租像农业中的级差地租那样，受着相同规律的支配，但它也有自己的特征：首先，位置对级差地租具有决定性的影响。凡是远离大城市的建筑物，地租同农业土地相差不大；愈是靠近城市特别是大城市繁华中心或码头车站附近，建筑地段地租就愈高。其次，土地所有者只会利用社会发展的进步去提高建筑地段地租，而对这些进步并无促进作用，不像产业资本家那样对社会的进步起一定的作用。最后，垄断地租对于建筑地来讲占显著优势。居民住房要用建筑地，而土地所有者要索取一定贡物，作为其他人使用土地的代价。随着人口的增加，人类对住宅的需要也将增大，必然会提高建筑地段的地租；而且如铁路、码头、仓库、厂房等扎根于土地上的固定资本的发展，也必然会提高建筑地段的地租。土地既可以用于生产或开采矿石，又是人类从事其他各种活动不可缺少的空间。"土地所有权都要求得到它的贡赋。对建筑地段的需求，会提高土地作为空间和地基的价值，而对土地的各种可用作建筑材料的要素的需求，同时也会因此增加。"[1]

关于矿山地租，马克思指出，"真正的矿山地租的决定方法，和农业地租是完全一样的。"[2] 首先，租地开采矿藏也要支付级差地租。矿山级差地租Ⅰ的数量取决于矿藏的种类、蕴藏丰度、开采的难易程度以及运输条件等，级差地租Ⅱ的数量取决于追加投资带来的超额利润的多少。但矿山地租和农业地租也有不同的内容：农业级差地租Ⅰ形成的条件是土壤肥力的高低，矿山级差地租Ⅰ形成的条件是矿藏的丰度。前者"只要处理得当，土地就会不断改良"[3]，即不会因耕用而衰竭；后者则会不可避免地因采掘而使矿藏日益减少。从二者的级差地租Ⅱ来讲，农地的追加投资能不断改良土地，矿山的追加投资则是加速蕴藏量的采掘。其次，同农业一样，采矿业也需要支付绝对地租。劣等矿山的绝对地租部分也是由矿产品的价值超过其一般生产价格的余额转化来的。即采矿业通常的资本有机构成低于工业的平均有机构成，而采矿业又不需要购买原料，因此矿产品的价值高于它的生产价格。如果矿产品按价值出售，经营矿山的资本家就能够向矿山所有者提供绝对地租。由于某些珍贵的矿产品可以按垄断价格出售，因而需要向矿山所有者支付垄断地租。

（四）垄断地租和垄断价格

因独占而形成的价格与一般生产价格或产品价值所决定的价格无关，是一种垄断价格。在农业中，凭借某种独特的自然条件生产出的某些独特的产品也会形成垄断价格，从而形成一种超额利润，并转归土地所有者占有，形成垄断地租。比如一个葡萄园所产的葡萄酒特别好时（这种葡萄酒一般来说只能进行比较小量的生产），就会形成一个垄断价格（它超过产品价值的余额，只决定于饮酒者的财富和嗜好）。葡萄种

① 马克思，恩格斯. 马克思恩格斯全集：第25卷 [M]. 北京：人民出版社，1974：872.
② 马克思，恩格斯. 马克思恩格斯全集：第25卷 [M]. 北京：人民出版社，1974：873.
③ 马克思，恩格斯. 马克思恩格斯全集：第25卷 [M]. 北京：人民出版社，1974：880.

植者由此将实现相当高的超额利润。这种超额利润由于土地所有者对这块具有独占性质的土地的所有权而转化为地租，并以这种形式落入土地所有者手中。在这里，垄断价格产生了垄断地租。

由此可见，垄断地租既不同于级差地租，也不同于绝对地租。级差地租和绝对地租是通常存在的两种地租形式，而垄断地租则是一种特殊的现象。

三、土地价格

大土地所有者不仅可以凭借土地所有权获取地租，而且还可以通过出卖土地取得货币收入。原始土地是天然存在的自然物，不是劳动产品，没有价值。土地成为买卖的对象，是因为凭借土地所有权可以获得地租收入。土地所有者出卖土地或出租土地，实际上是出卖或出租获取地租收入的权利。因此，土地价格不是其价值的货币表现，而是类似于股票价格。股票价格是资本化的股息，土地价格则是资本化的地租。也就是说，土地所有者把出卖土地所得到的货币收入存入银行所取得的利息，必须与他原来的地租相等，他才愿意出卖土地。因此，从理论上讲，土地价格的高低由地租和利息率两个因素来决定。用公式表示：

$$土地价格＝地租÷利息率$$

例如，土地所有者有一块土地，每年收地租 200 元。卖掉这块土地所得的货币如果存入银行，每年必须得到 200 元利息。假定利息率为 5%，这块土地的价格便是 4 000 元。可见，土地价格同地租成正比，同利息率成反比。

小　结

（1）当剩余价值被看作成本价格以上的增加量，作为全部预付资本的产物时，剩余价值转化为利润。生产者为追求超额利润而展开竞争。部门内的竞争不仅形成了同类产品的社会价值，还促使部门内利润率降低；由此而引发了以资本自由转移为特征的部门之间的竞争，竞争的结果是各部门利润率趋于平均化。各部门的资本家依据当时的平均利润率及其所投入的资本量获取平均利润。随着利润转化为平均利润，商品的价值也就转化为生产价格。生产价格的形成并不违背价值规律，只是价值规律发生作用的形式发生了变化。

（2）商业资本是从产业资本中分离出来，在流通领域独立发挥作用的资本。商业资本通过从事商品买卖活动获取商业利润。商业利润来源于产业工人创造的剩余价值，其形式表现为平均利润。加快商业资本周转，有利于降低商品价格和提高利润率。

（3）借贷资本是货币资本家为了获取利息而暂时贷放给职能资本家使用的货币资本。借贷利息来源于产业工人创造的剩余价值，是平均利润的一部分。

银行资本家通过经营银行获取银行利润。银行利润首先来源于贷款利息和存款利息之差，也来自承办各种中间业务的手续费。银行利润本质上仍然是剩余价值的转化形式。

股份公司是通过发行股票合资经营的企业。股票是投资入股并获取股息的凭证。股票可以转让并有价格，股票价格是股息收入的资本化。像股票这种以有价证券形式存在并能给它的持有人带来收入的凭证称为虚拟资本。虚拟资本是实际资本的"纸制复本"。

（4）资本主义地租是农业工人创造的超过平均利润的那部分剩余价值即农业超额利润。其基本形式有两种：级差地租和绝对地租。级差地租的产生是由于农业中存在对土地的经营垄断导致的超额利润固定化。绝对地租产生的原因是土地私有权的垄断。土地价格是地租收入的资本化。

复习思考题

1. 解释下列名词概念：

成本价格　　　　利润　　　　平均利润　　　　生产价格
利息　　　　　　股票　　　　虚拟资本　　　　地租

2. 试述平均利润的形成及马克思平均利润学说的意义。
3. 价值转化为生产价格后，价值规律的作用形式有何变化？
4. 商业利润的来源及其获得途径是什么？
5. 在存在借贷资本的情况下，怎样认识平均利润的分割？
6. 试述虚拟资本与实际资本的关系。
7. 地租的本质是什么？试述级差地租、绝对地租产生的条件及原因。

阅读书目

1. 马克思. 资本论：第 3 卷［M］. 北京：人民出版社，1975.
2. 本·法因. 重读《资本论》［M］. 魏埙，等译. 济南：山东人民出版社，1993.
3. 伊利·莫尔豪斯. 土地经济学原理［M］. 腾维藻，译. 北京：商务印书馆，1982.
4. 洪远朋.《资本论》难题探索［M］. 济南：山东人民出版社，1985.

154

政治经济学

参考文献

1. 马克思. 资本论：第 3 卷［M］//马克思，恩格斯. 马克思恩格斯全集：第 25 卷. 北京：人民出版社，1975.

2. 刘诗白. 马克思主义政治经济学原理［M］. 成都：西南财经大学出版社，2006.

3. 成思危. 虚拟经济理论与实践［M］. 天津：南开大学出版社，2003.

4. 逢锦聚，洪银兴，林岗，等. 政治经济学［M］. 北京：高等教育出版社，2002.

5. 程恩富. 现代政治经济学［M］. 上海：上海财经大学出版社，2000.

第七章
垄断资本主义的发展演变与经济全球化

　　学习目的与要求：通过本章的学习，在理解生产的集中和资本的社会化如何形成垄断，垄断的性质、特征及与竞争的关系的基础上，正确认识垄断资本主义的基本经济特征。进一步把握资本主义由一般私人垄断资本主义向国家垄断资本主义转化的必然性，以及这种转化所导致的当代资本主义经济运行的新特点。通过剖析经济全球化的发展及其社会经济影响，正确认识资本主义生产方式发展演变的规律以及经济全球化趋势下资本主义的历史地位。

第一节　资本的社会化与垄断资本主义的形成

　　19世纪末20世纪初，各主要资本主义国家先后从自由竞争的资本主义过渡到垄断资本主义即帝国主义阶段。垄断资本主义的形成，为经济的发展开拓了新的空间。第二次世界大战后，在发达资本主义国家中发生的新的科学技术革命推动了生产力的进一步发展，促使垄断资本主义逐渐转变为国家垄断资本主义，即现代垄断资本主义。资本主义生产力与生产关系在整个过程中发生了巨大变化。

一、生产和资本的集中与垄断的形成

（一）生产和资本的集中

　　资本主义生产是社会化的生产。伴随着资本主义生产的发展，生产社会化程度的不断提高，生产集中的趋势不断加强。生产集中是指生产资料、劳动力和商品的生产日益集中在少数大企业中，使生产规模扩大。生产集中是竞争的结果，又由于科技进步和信用制度的完善而不断得到强化。

　　首先，同一部门内不同企业的竞争会引起生产和资本集中。在价值规律的作用下，同一部门中的企业必然产生分化：那些技术先进、劳动者素质高、管理先进的企业自我积累、自我发展能力强，必然不断壮大生产经营规模、扩大市场份额；而那些生产条件和管理水平较差的企业则会缩小生产经营规模，停产甚至退出市场。其结果是在客观上造成了生产和资本向优势企业的集中。

　　其次，不同部门企业间的竞争也会引起和扩大生产和资本的集中。不同产业企

业间的竞争：一是争夺有利的投资领域，表现为企业在不同部门的进入和退出；二是企业生产经营多元化引起的产业融合及产品替代程度的提高。而这两种竞争通常是结合在一起的。由于现实中的进入和退出都是有障碍的，为了超越进入壁垒，弱化退出壁垒，减少沉没成本，不同部门企业争夺有利的投资领域的竞争越来越主要采取组建集团企业、实现跨行业多元化经营的方式来实现，从而导致规模巨大、经营多元化的巨型企业或企业集团的出现，直接推动了生产和资本的集中。

再次，竞争引起的资本集中具有越来越充分的技术基础。机器大工业体系确立后，劳动生产率飞速提高，社会分工越来越细，为生产、资本向技术先进企业的集中创造了基本条件。以电力的发明和应用为代表的第二次工业革命和第一次世界大战以后的科技革命，呼唤出一系列需要采取大规模生产方式的新型产业部门，如汽车、钢铁、电子、石化、宇航等。规模经济效应是这类产业的生命源泉。

最后，信用和股份公司是竞争引起的生产和资本集中得以加速的杠杆。如果说技术进步既为资本集中提供了必要条件，也提出了资本集中的客观要求的话，那么信用制度、股份公司则为生产与资本的集中提供了最有效的手段。随着信用制度的发展，股份公司制度逐渐成为现代企业的最重要的资本组织形式。在股份公司制度下，一方面，企业可以凭借社会信用体系，通过发行股票的办法，把中小资本和其他分散的资本集合起来，进行巨额投资活动，组建大型企业，直接加速资本集中；另一方面，股份公司制度也为大资本兼并中小资本及大资本与大资本、中小资本与中小资本之间的合并提供了最简便的形式，即通过参股、控股的办法实现不同企业之间的购并，形成更大的企业。

（二）生产和资本的集中导致垄断的形成

当生产和资本高度集中时，就必然会形成垄断。生产集中是垄断形成的物质基础。垄断就是独占，就是少数大企业或若干企业通过一定的形式联合起来独占生产和市场。生产和资本集中之所以会引起垄断，是因为把持了某个部门或几个部门的大部分生产和销售的少数垄断企业之间容易达成协议，对产量和价格进行控制，以获取高于自由竞争条件下平均利润水平的高额利润。同时，正是企业的规模巨大，限制了资本在部门间和部门内的自由转移，压制了竞争，从而导致了垄断趋势的产生。竞争引起的生产和资本集中为垄断的产生提供了可能性与必要性。

首先，生产和资本日益集中使垄断成为可能。列宁曾深刻地指出："生产集中发展到相当程度，可以说，就自然而然地直接走向垄断。"[①] 这是因为随着以股份公司为代表的企业组织创新以及生产和资本集中的发展，社会生产越来越集中于少数大企业，这使它们在生产和销售中占据绝对优势。这也使得少数大企业有可能超越单个企业组织，在一个产业部门或若干个相关产业部门之间进行更高层次的组织协调，如通过公开或非公开合约限制竞争，通过联合、互相参股组成企业集团等都变得更加容易。

其次，生产和资本集中也使垄断具有必要性和必然性。①生产集中使企业规模

---

① 列宁. 列宁全集：第22卷［M］. 北京：人民出版社，1958：189.

157

扩大,生产能力迅速膨胀。在一定时期的特定市场上,需求总是有限的;如果企业仍然遵循自由竞争的规律各自开足马力进行生产,势必导致生产过剩、利润减少,也会造成资源的损失与浪费。为了保持与扩大利润,大企业间有必要结成垄断组织,瓜分市场份额,以调节生产。②生产集中使大企业规模巨大、资本雄厚,其产品及企业形象在公众中拥有一定地位,这对中小企业进入大企业的生产经营领域构成较高的进入壁垒,使自由竞争受到限制,并逐步形成少数大企业寡头垄断的格局。③少数大企业之间势均力敌,为了避免过度竞争造成两败俱伤的灾难性后果,常常不得不做出某种妥协,以这种或那种形式联合起来结成垄断同盟,垄断或控制一个部门或几个部门的生产和市场,以保证大家都能获得高额利润。

(三) 垄断的实质

垄断是在自由竞争的基础上形成的,是和自由竞争对立的。垄断在生产领域表现为同类产品中,绝大部分的生产要素和产品被一个或几个生产者排他性地占有,在流通领域则表现为少数大企业在同类商品市场上通过控制供给量或需求量控制价格变动。垄断的实质就是垄断资本家对生产和市场进行操纵和控制,以保证获得大大高于一般平均利润的垄断高额利润。垄断在形成以后,就成为自由竞争阶段之后的资本主义最深厚的经济根源和社会基础。

生产和资本的集中是竞争的结果,生产和资本的集中又必然走向垄断,垄断形成后又会反过来进一步加快生产和资本的集中。但是,生产和资本的集中要受到生产力发展的限制,不能无限制地扩张,企业的规模也不是越大越好。在现代资本主义经济中,由于科学技术的发展变化十分迅速,中小企业往往能够根据各方面的信息迅速改革工艺、更新设备、制造新产品,应变能力较强。相反,有些大企业往往因惰性大、应变能力差,不能适应市场和科学技术上出现的新变化,不得不紧缩和分拆,有的甚至歇业倒闭,这也是现代资本主义经济发展中的一个重要的新现象。

二、垄断组织的形式及其发展

垄断组织是指少数大企业控制一个或几个部门的生产和市场,以保证获得高额垄断利润的联合组织形式。在经济发展过程中,由于生产社会化和生产集中的发展程度不同,以及大企业联系程度不同等因素的影响,在各个历史时期不同国家的垄断组织表现为不同的形式。

(一) 垄断组织的基本形式

垄断是通过各种组织形式来实现的。比较重要或常见的垄断组织形式有以下几种:

(1) 卡特尔 (cartel)。卡特尔是生产同类商品的大企业为划分销售市场而建立的垄断联盟。参加卡特尔的企业在生产、销售和法律上仍然是各自独立的,它们通过协议瓜分商品市场、规定商品产量,并规定商品的售价,等等。它最早在 1865 年出现于德国,并在德国广泛流行。正是这个原因,德国曾被称为卡特尔国家。

(2) 辛迪加 (syndicate)。辛迪加是生产同类商品的企业为统一销售商品和采购原料而建立的垄断联盟。参加辛迪加的企业在生产和法律上仍然是独立的,但在商业上丧失了独立性，其产品的销售和原料采购都由辛迪加建立的组织机构按协议份额来统一办理。辛迪加比卡特尔的联合程度更高，也更为稳定。这种组织形式最早出现的时间与卡特尔大致相同，19世纪末20世纪初在西欧特别是法国广为流行。

（3）托拉斯（trust）。托拉斯是由许多生产上有密切联系的企业合并组成的大型垄断企业。参加托拉斯的企业在生产和法律上都已丧失了原来的独立性，变成按股份获得股息和红利的股东。托拉斯由董事会委任的总经理统一经营管理生产、流通和财务等活动。它是一种稳定的垄断组织形式。1882年，托拉斯在美国出现并广泛流行；第一次世界大战以后，托拉斯也曾经在西欧各国得到广泛发展。

（4）康采恩（konzern）。康采恩是以实力最为雄厚的大企业为核心，把许多不同部门的企业联合起来而形成的企业集团。核心企业通过收买股票、人事参与和财务控制等办法，把其他企业置于自己的控制之下。康采恩的出现已经突破了生产部门的界限，垄断的广度和深度都进一步加强。康采恩于20世纪30年代首先在法国出现，以后又在德国、日本和欧洲其他国家中得到迅速发展。

总的来说，19世纪末20世纪初垄断组织的资本集中主要是采取"横向合并"，即同一部门内各企业合并的形式。到20世纪20年代，垄断组织的资本集中更多地采取"纵向合并"，即采取"纵向"托拉斯的形式，将不同部门在生产上相互联系、彼此供应原材料和半成品的企业加以合并；由此减少了生产周期各个阶段的环节和风险，加快了资本的周转，有益于经济效益的提高。

（二）垄断组织形式的新发展

第二次世界大战以后，以原子能和电子计算机等为主要标志的科学技术革命，推动了资本主义社会生产力的迅猛发展，并带来了垄断组织形式的新发展。

第一，跨行业、跨部门混合经营的大公司成为现代垄断组织的核心。第二次世界大战以后，伴随着产业结构的迅速转变，出现了投资和合并多样化、多部门化的新趋势，大公司日益向综合性、多样化经营的方向发展，出现了许多大型的"混合联合公司"。现在，美国、西欧和日本的很多大型垄断公司都是从事多样化经营的公司。混合联合企业已成为发达国家中普遍的占主导地位的垄断形式。据统计，1981年美国500家最大工业公司中，有412家是混合联合公司。到20世纪80年代后期，发达资本主义国家中的大垄断企业，绝大部分已经成为混合联合公司。在美国，500家最大的工业公司中只有6%仍然从事单一部门的经营；在日本，混合联合公司在制造业中也占到企业总数的75%。这些大公司一般都从事几十个部门和相关产品的生产经营。

第二，垄断企业规模急剧扩大，巨型垄断组织不断涌现。例如在美国，资产在10亿美元以上的大公司1964年只有43家，到1976年猛增到467家；资产超过100亿美元的巨型公司也由1960年的1家发展到2014年的258家。生产集中及大型垄断企业规模的急剧扩大，使大公司在社会生产的主要部门的垄断控制权进一步加强。1986年，美国各主要产业部门的前三大公司在本主营产业部门销售额的比重，计算机工业为85%，制铝工业为90%、炼钢工业为79%，美国通用、福特和克莱斯勒三大公司控制着美国汽车产量的90%，丰田、日产和本田控制着日本汽车产量的3/4，德国戴姆勒-奔驰、大众和阿佩尔公司控制着德国汽车产量的 3/4。

第三，跨国兼并成为垄断企业增强垄断实力的重要途径。20 世纪 90 年代以来，伴随着经济全球化和金融全球化进程的加快，垄断企业跨国兼并呈上升趋势。1993 年起，全球掀起了以美国为中心的企业跨国兼并活动高潮，全球兼并交易额逐年迅速扩大，由当年的 2 269 亿美元上升到 1997 年的 14 000 亿美元。到 21 世纪初，垄断企业跨国兼并浪潮已席卷欧亚和世界各地，欧美发达国家之间，以及欧美发达国家与发展中国家的兼并越来越多。跨国兼并的迅猛发展，进一步推动了垄断企业规模的急剧扩大。据联合国贸发会议《2001 年世界投资报告》的统计，世界最大的 100 家跨国公司交易额占全球国民生产总值（GNP）的比重已由 1990 年的 35% 上升到 2000 年的 43%。该组织公布的位居世界经济百强的国家和地区以及大经济体中，跨国垄断企业就占了 29 家。

第二次世界大战后垄断组织形式的变化，是一个适应生产集中和生产社会化要求、由低级向高级发展的过程。舍弃其资本主义垄断的社会属性，就这些组织形式本身来说，它们把握了具有生产力发展和科学管理的内涵，在一定程度上是适应现代社会化大生产的要求的。

三、垄断利润和垄断价格

垄断利润是垄断企业凭借对生产要素、技术专利等排他性的独占权和市场势力所获得的超过平均利润以上的超额利润。垄断高额利润一般包括平均利润和垄断利润。在个别垄断企业中还包括因采用新技术降低个别成本而比其他企业多得的超额利润。很显然，垄断利润只是垄断高额利润的一部分。

追逐垄断高额利润是垄断企业生产的唯一目的和动机。在自由竞争阶段，企业一般只能获得平均利润。虽然个别企业通过改进技术、提高劳动生产率可以获得超额利润，但这只是暂时的现象。一旦新技术被普遍采用，少数企业所获得的超额利润就会归于消失。而在垄断阶段，垄断资本却可以凭借其在生产和流通中的垄断地位，长期获得大量的垄断高额利润。因为在垄断条件下，资本等生产要素在不同产业部门之间的自由转移受到垄断造成的一系列"进入壁垒"与"退出壁垒"的限制，所以，在自由竞争阶段充分发挥作用的利润率平均化就难以发挥作用。一般说来，垄断高额利润具体表现为垄断组织所得的利润率经常高于一般企业所得的利润率。

垄断资本获取垄断利润的主要手段是规定垄断价格。垄断价格是指垄断组织凭借在经济上的垄断地位制定的能够带来垄断利润的价格。它包括垄断高价和垄断低价两种形式：前者是指垄断组织在商品销售时规定的超过商品价值和生产价格的垄断价格，后者是指垄断组织利用其垄断地位在购买和倾销商品时人为压低的价格。垄断低价包括两种情况：一是垄断组织在向非垄断企业、小生产者和其他国家购买商品时，凭借自己的垄断地位把价格压到商品价值或生产价格以下；二是垄断组织为了挤占竞争对手的市场份额和处理过剩、滞销商品，实行低价倾销政策。一旦上述目标实现，垄断组织会再从提高商品售价中挽回过去的损失。

在现代西方国家中，垄断组织在规定商品价格时，实际上遵循的是"价格领头制"的原则，即由该部门最大的垄断企业确定商品价格，其他企业跟随定价。最大垄断企业在定价时，先定出一个纳税后应达到的目标利润率，再根据这个利润率测算利润，把利润加在成本上面，由此形成超过商品生产价格、能保证高额利润的市场价格。

但是，垄断组织不能无限制地提高商品的售价，也不能任意压低商品的价格。因为垄断价格的制定要受到一系列因素的制约：一是要考虑商品的需求。如果商品价格定得太高，消费者会减少需求（在收入水平一定的情况下），或寻求低价的替代商品，从而迫使高价商品的价格下降。二是要考虑商品的供给。商品供给过多，超过需求，同样会引起商品价格下跌，这正是垄断企业在制定垄断高价时必须限制产量的原因。同时，为了不使高价成为诱导新资本进入该产业展开竞争的因素，垄断价格也要定在能够成功阻止其他资本进入的适当高度。这被称为"进入阻止价格"。由于垄断不能完全排除竞争，在同一部门中常常存在若干垄断组织，它们之间的竞争在一定程度上对垄断价格起着抑制作用。三是要考虑产品的成本。过高的价格必然会导致产品销售量与产量的相应减少，引起设备利用率下降和产品成本上升，最终使利润减少。垄断企业在制定垄断高价时必须在价格和产量之间进行权衡，使之符合长期利润最大化目标。任何企业都不能不考虑市场容量而任意提高垄断价格。

根据价值规律，虽然垄断高价和垄断低价都偏离价值，但垄断价格的形成并不违背价值规律。它只是进一步改变了价值规律作用的表现形式，使商品的市场价格比较长期地、稳定地背离生产价格和价值。从全社会来看，整个社会的商品价值仍然是由生产它们的社会必要劳动所决定。垄断价格既不能增加也不能减少整个社会生产的价值总量，而只是对商品价值和剩余价值做了有利于垄断资本的再分配。

四、垄断与竞争

垄断的出现意味着自由竞争时代的结束，资本主义进入了一个新的历史阶段。垄断是对自由竞争的否定，在没有约束的条件下，它总是会破坏自由竞争的市场规则，因此垄断在本质上是排斥竞争的。但垄断又不能消除竞争，而只能与竞争共存。对于垄断条件下的竞争，列宁做了精辟的论述："从自由竞争中生长起来的垄断并不消除自由竞争，而是凌驾于竞争之上，与之并存，因而产生许多特别尖锐特别激烈的矛盾、摩擦和冲突。"[1] 垄断之所以不能消除竞争，是因为：其一，竞争是商品经济的产物，垄断的出现并没有也不可能消灭商品经济，竞争规律必然存在并起作用。其二，任何垄断都无法达到"纯粹的垄断"的地步，垄断组织与非垄断组织并存、垄断企业与"局外企业"并存是垄断资本主义社会的一般现象。其三，各垄断企业、各部门的发展由于技术的和经济的原因总是不平衡的。因此，在大量中小企业竞争中成长起来的垄断，不可能消除竞争，而只能是垄断与竞争并存，并赋予竞

① 列宁. 列宁选集：第2卷 [M]. 2版. 北京：人民出版社，1972：807-808.

争新的特点。垄断条件下的竞争改变了竞争的具体目的、手段和后果,有其新的特点和形式。

(一) 垄断竞争的特殊性

第一,垄断企业竞争的目的是追求垄断高额利润等特殊利益,而不是一般的平均利润,甚至也不是一般的超额利润。第二,垄断竞争的手段和方法更加多样化。不仅有一般的价格竞争和传统的经济手段,如加强经营管理、改善服务质量和商品质量、提高生产技术水平等,还有包括促销竞争、质量和服务竞争等在内的多种非价格竞争。甚至还包括利用经济以外的手段,如采取收买、讹诈、玩弄金融上的计谋,通过控制和利用政府采取政治军事手段(包括公开使用暴力)等实现其特殊利益。第三,在竞争的主体上,分散的中小企业之间的自由竞争已经让位于垄断组织之间的竞争。第四,竞争范围不仅在国内进行,而且扩展到国外。第五,由于垄断组织力量强大,竞争的强度变得更大、更为激烈并具有更大的破坏性。总之,竞争产生垄断,而垄断又在相当程度上加剧了竞争。

(二) 垄断竞争的基本形式

垄断竞争的基本形式有两种:一是垄断资本与非垄断资本的竞争,二是垄断资本之间的竞争。所谓垄断资本与非垄断资本之间的竞争,是指垄断性企业与部门内部及外部非垄断的中小企业之间发生的竞争关系。它主要体现在:第一,垄断企业依靠各种进入壁垒排挤中小企业,使新进入或可能进入的企业因成本过高而无利可图,从而丧失竞争机会。第二,通过转包制度或订立购销合同等方式,垄断企业把一部分生产任务交给中小企业去做,从而把它们纳入自己的生产体系,达到控制的目的。第三,通过买方垄断掠夺中小企业。企业既是产品的卖者,又是原材料和其他投入品的买者。当一个市场上购买企业的集中达到较高程度,而它们面对的又是数量众多而分散的中小企业时,便会发生与卖方垄断相似的买方垄断,即几个占有较大市场购买份额的企业之间相互勾结,通过联合行动实施买方垄断,压低供应品的购买价格,牺牲卖者的利益来谋取买者的利益。

所谓垄断资本之间的竞争主要在同一部门内部的垄断企业之间或不同部门的垄断企业之间展开。同一部门内部垄断企业之间竞争的形式,首先表现在垄断企业在进行价格协调的同时,还可能继续进行公开的、隐蔽的价格竞争,如暗地里降低价格或增加产量,以扩大自身的销售份额,获得更多利润。其次表现在垄断企业还进行着广泛的非价格竞争和市场外竞争。前者的具体形式主要包括促销手段、产品质量、服务等竞争,后者主要指各垄断企业在争夺原料、技术专利、熟练工人、专业人员、运输条件和优惠信贷等方面的斗争。此外,通过改进生产技术和经营管理降低成本,也是垄断部门内大公司之间的一种竞争手段。不同部门之间垄断企业的竞争主要发生在两个方面:一方面是垄断企业在相关部门之间的竞争。当垄断部门具有某种纵向经济联系,如一个垄断部门为另一个垄断部门提供原材料或半成品时,它们之间便会形成双边垄断的竞争关系。在这种情况下,实际产品价格决定于两部门垄断企业实力的对比。另一方面,垄断企业在非垄断部门内的竞争。大垄断企业积累的高额利润需要在部门外寻求投资出路,一些非垄断部门便成为垄断企业竞相投资和扩大垄断势力的重要场所。研究结果表明，在垄断部门占统治地位的大公司往往在许多中小企业数量众多的竞争性部门中也占有重要地位。

（三）垄断条件下的中小企业及自由竞争

垄断没有消除竞争还表现在数量众多的中小企业的存在，这决定了垄断条件下竞争乃至自由竞争的客观存在。

在当代西方发达国家，尤其是在农业、建筑业、服务业和商业等部门中，非垄断的中小企业在数量上仍占绝对优势。甚至在寡头垄断相当普遍的美国制造业中，也还有相当数量的部门基本上还是小企业的天下。美国 1989 年共有非农业企业 2 010 万个，其中雇员超过 500 人的大企业不到 7 000 个，仅占全部企业数的 0.03%，中小企业则占 99.97%。

中小企业的广泛存在决定了它们之间的自由竞争是必然的。非垄断部门内部的中小企业会力图通过自由竞争取得较好的销售地位和较高的利润；非垄断部门之间的中小企业为了获得较高的利润率，也不断进行资本或资金的自由转移。在一定条件下，中小企业甚至可能向某些进入壁垒较低的垄断部门渗透，以分享垄断价格带来的利益。

尽管如此，垄断条件下中小企业之间的自由竞争已经与传统意义上的自由竞争不可同日而语。这是因为：从中小企业的经济地位来看，垄断条件下的自由竞争虽然在范围上仍十分广阔，但其重要性和影响已退居次要地位，垄断竞争则成为资本竞争的主要形式；从中小企业的利润水平来看，由于中小企业的一部分利润或收入已转移到垄断资本家手中，中小企业在自由竞争中所形成的一般利润率，必然低于没有垄断存在时应达到的水平；从中小企业的市场行为来看，它们在市场上的自由竞争也可能在不同程度上受到垄断大资本的直接制约。

综上所述，从形式上看，垄断时期的竞争，既存在垄断组织内部的竞争、各垄断资本集团之间的竞争，又存在垄断组织和非垄断的中小企业之间的竞争。从性质看，既有垄断竞争，又有非垄断的自由竞争。垄断竞争成为主要的竞争形式及其与自由竞争并存，反映了垄断条件下资本竞争关系的新特点。这一变化对资本主义经济的运行机制及其后果产生重大影响。从市场经济的观点看，垄断和垄断竞争会破坏公平竞争原则，使市场调节的作用部分地失灵，从而影响资源的最优配置，不利于工人、消费者和中小企业，造成社会资源的浪费和居民福利的损失。

五、垄断资本主义的基本经济特征

（一）私人垄断资本和垄断组织在社会经济生活中占据了支配地位

生产和资本集中高度发展，必然在主要产业部门乃至整个社会经济生活中形成居支配地位的垄断组织。私人垄断资本是垄断资本主义的主要经济基础。如本章前面所述，私人垄断资本及其组织在急速发展中已经成为这个历史阶段上资本主义经济最重要的经济现象，支配着社会再生产过程中几乎所有的重要环节。

（二）工业垄断资本与银行垄断资本日益紧密地融合为金融资本和金融寡头

在工业垄断形成的同时，银行资本的集中和银行垄断出现了，并使银行的作用发生了根本性变化。在自由竞争的资本主义时期，银行的主要作用是充当信贷和支付的中介，银行和工业企业的关系还纯粹是一种借贷关系。但当工业和银行资本高度集中以后，情形就大不相同了。一方面，由于工业生产集中，工业企业常常需要银行提供数量较大、期限较长的贷款，从而对银行形成了依赖。另一方面，银行业的集中，使得大银行有足够的资本为企业提供数量大、期限长的贷款。由于企业的很多金融活动都是通过银行进行的，银行不仅有充分的条件来确切地了解企业的业务情况，还可以通过各种信用手段来影响企业经营的规模和方向，甚至最终决定企业的命运，从而在生产和资本的集中过程中起重要的作用。这时，银行已经不再是简单的支付中介人，而成了万能的垄断者。"他们支配着所有资本家和小业主的几乎全部的货币资本，以及本国和许多国家的大部分生产资料和原料来源。"①这样，通过金融联系，银行垄断资本和工业垄断资本日益融合在一起形成一种新型资本，即金融资本；掌握这种庞大的金融资本的最大资本家或资本家集团（又称财团）就是金融寡头。金融资本和金融寡头的形成标志着资本主义已从自由竞争阶段过渡到垄断阶段。金融寡头凭借强大的经济实力，控制着国家的经济命脉，操纵着国家的政治，是国家的真正统治者。

金融寡头在经济领域的统治，主要是通过参与制来进行的。所谓"参与制"，就是垄断资本家通过掌握一定数额的股票对企业实行控制的一种制度。金融寡头以自己掌握的总公司作为"母公司"，收买其他公司一定数额的股票，使之成为自己控制的"子公司"；"子公司"又以同样的方法控制其他更多的公司，使之成为"孙公司"。如此逐级控制，在经济上就形成了金字塔式的控制体系，而站在塔顶上的极少数的金融寡头，就是利用这种层层"参与"的制度，控制和支配着比自己的资本大几倍、几十倍甚至上百倍的他人资本，大大加强了自己在经济上的统治地位。

除了参与制之外，金融资本还可以通过发行有价证券、创办新企业、改组中小企业、组织各种垄断组织等办法来获取高额利润，实现垄断统治。金融资本的基本形式是财团。财团是银行业、工业和其他部门垄断组织在参与制、个人联合、长期财务关系以及其他联系基础上实现的联合。

金融寡头不仅控制国家的经济，还操纵着国家的政治，将其势力渗透到上层建筑的各个领域。金融寡头主要通过"人事联合"对社会进行统治。人事联合有两种方式：一是通过赞助选举、提供政治捐款等，拉拢决策人和高级官员，并通过他们影响政府制定和执行有利于垄断资本的内外政策；二是派代理人或亲自出马参与竞选或出任政府要职，直接掌握国家机器，实现政治统治。西方国家政府的总统、总理、部长、大臣、议员等，往往就是大垄断组织的经理、董事等。正如列宁指出的，这些人"今天是部长，明天是银行家；今天是银行家，明天是部长"②。此外，金融寡头还凭借自己的经济力量建立许多企业、事业机构，掌握新闻出版、广播、电视等宣传工具，并插手文化、教育、科学、艺术、体育、卫生、慈善事业等，把其统

---

① 列宁. 列宁选集：第2卷［M］. 2版. 北京：人民出版社，1972：753.

② 列宁. 列宁全集：第24卷［M］. 北京：人民出版社，1957：97.

治和影响扩展到社会生活的一切方面。

（三）资本输出具有特殊的意义

资本输出是资本的所有者、经营者或其国家政府，基于一定经济利益或政治、军事目的的对外投资。资本输出按其形式可分为借贷资本输出和生产资本输出两种类型。前者又叫间接投资，主要指由政府、金融机构和企业对他国政府、企业和金融机构提供贷款或购买其发行的有价证券，以获取股息、利息或红利的行为。后者则是直接投资，指政府、企业和金融机构在其他国家投资开办公司、企业以从事经营并获取利润的活动。

列宁曾经指出："自由竞争占完全统治地位的旧资本主义的特征是商品输出。垄断占统治地位的资本主义的特征是资本输出。"①

垄断资本主义时期资本输出除了反映社会生产力高速发展、生产国际化的客观要求外，更是由经济发达资本主义国家的垄断统治所造成的。首先，过剩资本的出现是资本输出的物质基础或必要前提。由于资本积累一般规律的作用，在垄断条件下，发达资本主义国家国内市场相对狭小，资本过剩。在国内缺乏更为有利的投资场所的情况下，为了追逐高额垄断利润，这些"过剩"资本就必然要输往国外。其次，垄断竞争的激化是资本输出的重要推动力。垄断造成的大规模生产使商品销售和原材料来源的问题更加突出，为此而展开的国际竞争不断激化。资本输出一方面可以带动商品输出甚至可以越过对方国家的贸易壁垒，在国外就地生产、就地销售；另一方面在其他国家投资资源开发时，也可获取比较优势，保证稳定的相对廉价的劳动力或原材料的供应。最后，垄断资产阶级国家的积极参与为资本输出提供了可靠保障。

较有规模的资本输出始于 19 世纪下半期，但直至 19 世纪末，资本输出的增长仍十分缓慢。第二次世界大战以前的资本输出主要采取三种方式——国际信贷、国际债券交易和国际股票交易，主要通过这三个资本市场来进行，对外直接投资在这一时期较少。第二次世界大战后，随着生产力的飞速发展和国际经济联系的日趋加强，资本输出不仅得到了迅猛发展，采取的形式也发生了非常重要的变化。以跨国公司为代表的国际直接投资开始成为资本输出的重要形式，不仅以绿地投资和股权并购为特征的私人资本直接投资的规模急剧扩大，而且在发达国家之间、发达国家与发展中国家之间、发展中国家之间，资本输出的范围扩大了，相互渗透的程度也大大加强。

发达资本主义国家的资本输出，在本质上是垄断资本获取垄断高额利润、争夺世界经济霸权的重要手段。对东道国而言，外资的流入也带来了某些先进的生产技术和管理经验。资本输出到经济落后的国家，客观上加速了这些国家市场经济和商品货币关系的发展，还弥补或缓解该国经济发展的资金、外汇的不足，因而在一定程度上是有利于其经济发展的。

值得注意的是，随着经济的发展和对外开放的扩大，自 20 世纪 60 年代以来，

① 列宁. 列宁选集：第 2 卷［M］. 北京：人民出版社，1972：782.

一些发展中国家也开始对外投资。发展中国家进行对外投资是它们加强国际经济联系，充分利用国内、国际两个市场和两种资源，更有效地发展对外经济贸易，获取尽可能大的开放效应的有效途径。

（四）国际垄断同盟从经济上瓜分世界

伴随着资本主义由自由竞争走向垄断、商品输出和资本输出大量增长，资本主义国家垄断组织间对全球商品销售市场、有利投资场所和廉价原材料产地的争夺变得更加激烈。在激烈的国际竞争中，生产和资本在世界范围内集中加速。某些商品的生产和销售被经济发达国家的少数大垄断组织控制起来，这些组织彼此势均力敌。为了避免在激烈的竞争中两败俱伤，确保各自的利益，它们往往会在一定时期内相互妥协，暂时达成某种协议，结成国际垄断同盟。国际垄断同盟就是资本主义各国的大垄断组织根据协定成立的国际性的联盟。它通过瓜分世界市场、制订垄断价格、控制生产规模、垄断原材料来源、分割投资场所、组织联合生产等，从经济上分割世界。

国际垄断同盟的主要形式有卡特尔、辛迪加、托拉斯和康采恩。从 19 世纪末 20 世纪初垄断资本主义的统治地位确立起，直到 20 世纪 40 年代，国际卡特尔一直是经济发达国家垄断组织从经济上瓜分世界市场的最普遍形式。据不完全统计，在第一次世界大战前，缔结有正式协定的国际卡特尔已达 116 个，1939 年更达到 1 200 个。当时 40%以上的世界贸易由这些国际卡特尔或具有卡特尔职能的国际组织所控制。国际卡特尔在世界经济生活中的主导作用和在世界市场上的垄断地位是十分明显的。

第二次世界大战后，国际垄断同盟的形式发生了变化。首先，以跨国公司为主要代表的国际托拉斯和国际康采恩得到了极为迅速的发展，并逐步取代国际卡特尔而成为主要资本主义国家的垄断组织争夺销售市场、投资场所和原材料产地的重要工具。其次，资本主义国家政府亲自出面，组成国际垄断同盟。这种资产阶级国家对国际经济关系的直接调节，是第二次世界大战后国家垄断资本主义国际协调的基本形式。

（五）主要发达资本主义国家从经济和政治上控制世界

随着自由竞争资本主义向垄断过渡，主要发达资本主义国家都曾不同程度地卷入争夺殖民地、建立殖民体系的狂潮。1876—1914 年，帝国主义各列强共掠夺了近 2 500 万平方公里土地，占全球土地总面积 2/3 的部分沦为殖民地，占世界总人口 56%以上的人口被迫接受殖民统治。为了争夺殖民地和世界霸权，列强之间展开了激烈的斗争，并最终酿成两次世界大战。第二次世界大战结束之后，随着民族解放运动的兴起，旧的殖民体系瓦解了，但垄断资本主义强烈的扩张性并未消失。垄断资本主义发达国家仍通过各种途径，不仅以政治的和军事的手段，更以经济的手段，力图加紧或维持对经济落后的发展中国家的政治控制和经济掠夺，企图长久地控制世界市场。

由本节的分析不难看出，作为资本主义生产关系的部分质变，垄断资本主义的产生与发展在一定程度上适应了社会化大生产条件下的生产力发展，使得资本主义社会经济在一定时期保持了较快增长。但垄断没有也不可能改变资本主义经济制度的本质，因而不可能使资本主义的基本矛盾根本缓解。从主要资本主义国家不时出现的经济衰退，以及频繁爆发的金融危机和主权债务危机中，这些已充分地反映出来。

第二节　国家垄断资本主义及其对经济的干预和调节

一、国家垄断资本主义的产生及其原因

国家垄断资本主义是国家政权和垄断资本融合在一起的垄断资本主义。列宁最早提出国家垄断资本主义的概念。按照列宁的定义，国家垄断资本主义是指"国家同拥有莫大势力的资本家同盟日益密切地融合在一起"。

（一）国家垄断资本主义的产生和发展

由自由竞争发展为垄断，再由一般垄断发展为国家垄断，这是资本主义发展的一般规律。概括来讲，国家垄断资本主义的产生和发展大体经历了三个时期：

（1）19世纪70年代到第一次世界大战，是国家垄断资本主义的产生时期。这一时期，国家垄断资本主义主要表现为帝国主义国家为了战争的需要，通过直接投资和将私人企业国有化，建立了国有经济，并且对整个国民经济实行集中统制。战争爆发前后，各交战国为了动员全国的人力、物力和财力投入战争，普遍加强了国家对社会经济和人民生活的统治和管理，各主要资本主义国家都先后对生产、分配和消费等环节实行了监督、管制和调节，使全国的人力、物力和财力置于国家的控制之下，国家垄断资本主义获得了迅速的发展。但在战争结束后，与军事相关的战时措施随之取消，国家垄断资本主义也就削弱了。

（2）第一次世界大战结束到第二次世界大战，是国家垄断资本主义应对周期性经济大危机的实践与理论形成时期。这一时期，国家垄断资本主义主要表现为国家对整个国民经济进行干预和调节。1929—1933年的世界经济大危机造成的严峻形势打破了罩在"看不见的手"上的神秘光环，要求国家进一步加强对经济的干预。

1933年美国罗斯福总统实行"新政"，通过一系列国家对经济的干预措施治理经济衰退，刺激经济的恢复和发展，取得了显著成效。英国则提出"产业合理化"，以改进技术基础，用加强许多重点工业部门的垄断联合等方法来提高工业产品的竞争能力，并对伦敦的客运实行国有化，将邮政、电信也收归国家经营。而德国、意大利和日本等法西斯国家则通过扩军备战，以经济军事化方式干预和组织国民经济。这一时期推动国家垄断资本主义发展的一个重要因素是反危机。经济大危机过去后，国家对经济的干预再次收缩，而德、意、日等法西斯国家则加紧扩军备战，逐步走上了国民经济军事化的道路。第二次世界大战期间，各国相继建立起战时经济管理体制，国家对战时经济进行了全面的管理和调节。这一时期发展起来的国家垄断资本主义带有浓厚的应对经济危机或战争需要等特定条件的应急性和临时性色彩。

英国经济学家凯恩斯于1936年发表了《就业、利息和货币通论》，在书中将经

济危机的原因归结为"有效需求不足"，主张国家通过财政和货币政策创造需求，以实现总供给和总需求的平衡，保证整个宏观经济的稳定运行。该著作的发表标志着作为国家垄断资本主义理论基础的凯恩斯主义产生了。

（3）第二次世界大战后至今，是国家垄断资本主义全面渗入社会再生产的各个环节，并成为当代资本主义生产方式重要特征的新时期。第二次世界大战后，随着科技革命的迅速开展和生产社会化程度的提高，以及西方各国面临的国内外经济和政治斗争形势的变化，国家垄断资本主义以多种形式广泛而迅速地发展起来，达到了前所未有的规模。这时的国家垄断资本主义已经成为涉及各国的生产、流通、分配、消费各环节的生产关系体系，并成为社会再生产和经济运转的有机组成部分。这最突出地表现在主要资本主义国家财政支出的增长及其在国民生产总值中所占比重的增加上。如美国联邦政府的支出 1950 年为 426 亿美元，1977 年的支出比 1950 年增长 9.2 倍，为 4 028 亿美元。目前，主要资本主义国家预算支出占国民收入的比重为 1/4~2/5，这些开支的相当部分被投到社会资本再生产过程中，因而在一定程度上反映了各主要资本主义国家对经济的调节作用加强。与以往相比，该阶段国家与垄断资本的结合，具有了新的特点：其一，这种结合不再是仅着眼于暂时的利益和需要，而是形成了稳定的机制；其二，这种结合已经具备了生产高度社会化的客观基础；其三，这种结合不是某一个方面的结合，而是社会再生产和资本运动全过程的结合。

（二）国家垄断资本主义产生和发展的原因

国家垄断资本主义的形成和发展不是偶然的，它是科技进步和生产社会化程度进一步提高的产物，是资本主义基本矛盾进一步尖锐化的必然结果。具体来讲，国家垄断资本主义产生和发展的主要原因是：

（1）它是第二次世界大战以后经济恢复的需要。英、法、日、德等国家在第二次世界大战后都面临着恢复和发展经济的迫切、艰巨任务。而这仅靠私人垄断资本是无能为力的，必须借助国家的力量。西欧国家还以政府出面的形式，结成了经济共同体，借助一体化的力量来发展经济。这种区域性的国际垄断联盟标志着国家垄断资本主义发展到了一个更高水平。美国也亟须扩大社会总需求以适应由于科技和社会生产的发展而急剧膨胀起来的社会总供给；同时，其推行的单边主义全球战略，以及作为世界霸主而奉行的遏制其他国家力量的扩军备战的冷战思维政策，也都促使其加速了国家垄断资本主义的发展。

（2）社会生产力的发展和生产社会化程度的提高，要求生产资料占有形式发生变化，这是国家垄断资本主义产生的物质基础。垄断的形成使资本关系的社会化程度得以提高。但一般垄断资本主义生产关系，即个别的或集团的垄断资本，其生产资料仍然是少数人占有。随着科学技术的快速发展和社会分工的日益扩大，以及生产的高度社会化，资本关系与生产力之间的矛盾也日趋发展和尖锐：现代化的生产规模巨大，需要巨额资本；重大科技项目的研究和开发往往是耗资巨大的系统工程，需要许多专业科技人员和科研单位进行更大范围的协作；经济结构有待调整和演变；科技和教育事业要求得到大力发展；环境和生态平衡需要治理；社会分工的发展要求打破国界、协调各国之间的经济关系；等等。这些问题往往不是私人垄断资本能够和愿意解决的，这就不能不突破私人垄断资本的局限，由作为"总资本家"的国家直接出面加以解决。

（3）它是缓解社会基本矛盾，克服经济危机，实现经济稳定发展的需要。在资本主义社会，由资本主义经济矛盾所决定的生产的巨大膨胀和有支付能力的需求相对缩小之间的矛盾，使社会不断爆发周期性的经济危机。危机的发展和加深，要求借助国家的力量，借助政府的各种"反危机"措施，来消除危机所造成的影响。

（4）它是应对国际市场日趋激烈的竞争的需要。第二次世界大战前，发达资本主义国家在国际市场上的矛盾主要是通过各国之间争夺殖民地附属国的战争表现出来的，其中国家垄断资本主义的军事性质尤为突出。第二次世界大战后，随着旧殖民体系的瓦解，西方各国直接统治的地盘大大缩小，它们在争夺原料产地、投资场所和商品的销售市场等方面的竞争也更为激烈。各国垄断集团为在国际竞争中取得有利地位，必须依靠国家力量，发展国家垄断资本主义。

总之，在垄断统治下，随着现代科技的进步以及生产社会化的发展，资本主义生产关系同现代生产力的矛盾与冲突使得国家垄断资本主义的产生和迅速发展成为必然。"这是作为私人财产的资本在资本主义生产方式本身范围内的扬弃"[1]，是生产力水平和生产社会化高度发展条件下资本主义生产关系的局部调整或新的部分质变。而国家垄断资本主义的发展又将生产和资本的社会化推进到更高的程度。

二、国家垄断资本主义的表现形式

国家垄断资本主义的具体形式是多种多样的。但不论采取什么形式，其本质都是相同的，即都是国家政权与垄断资本的融合。这种融合包含几重含义：其一，国家直接占有垄断资本。国家是国有垄断资本的所有者，并以真正的总垄断资本家的身份参与社会再生产的全部过程。其二，国有垄断资本与私人垄断资本在社会再生产过程中结合运动。国有垄断资本一经形成，就成为社会总资本的一个有机组成部分，在社会总资本的再生产过程中与私人垄断资本紧密地结合在一起。其三，国家运用财政金融等经济杠杆和必要的行政手段对社会再生产进行干预和调节。

根据国家与垄断资本融合的不同方式以及国家参与社会再生产过程的不同情况，国家垄断资本主义主要通过以下几种具体形态表现出来：

（一）作为国家垄断资本主义典型形式的国家所有的垄断资本

作为生产资料资本家占有社会化的最高形式，主要以国有企业形式出现的国有垄断资本一般是通过两个途径建立起来的：一是国家财政拨款直接投资开办建立企业；二是通过"国有化"，即国家高价收购或以其他补偿损失的办法，把某些私人企业收归国有。国有垄断企业不仅包括国家直接经营的国有企业，也包括许多租让给私人垄断组织经营的国有企业。在国有企业里，国家是生产资料、垄断资本的直接所有者，企业的各种生产经营活动由国家调节，在社会资本再生产过程中，同私人垄断企业的各种经营活动相结合。

---

① 马克思，恩格斯. 马克思恩格斯全集：第25卷［M］. 北京：人民出版社，1974：493.

国有垄断资本在不同发达资本主义国家的发展是不平衡的。第二次世界大战以后，国有经济在西欧各国一度得到持续稳定的发展，在国民经济中占有相当大的比重，到20世纪70年代达到了高峰。在一些产业，特别是基础设施和原材料工业，如邮电、通信、传媒、煤炭、铁路运输、航空、电力、煤气等部门，半数乃至全部的企业由国家经营。在一些新兴工业和尖端技术工业，如电子工业、宇航工业、原子能工业等部门中，国有企业也占相当比重。许多国家的国有企业占全国企业资产、投资总额和就业工人总数的10%~30%。与此相对应的是，美国、日本、加拿大等国的国家所有制发展要缓慢许多。这些国家更偏重于采取经济计划化或政府的财政、货币、金融等政策工具对宏观经济进行调节。

20世纪80年代后，西欧主要国家兴起了一股国有企业私有化浪潮。有的国有企业将股份全部出卖给私人，成为私营企业；有的将一部分股份卖给私人，成为国私共有合营企业；有的以租赁或承包方式让给私人经营。但这种私有化浪潮并没有完全改变国有垄断资本在社会再生产过程中的重要地位。

（二）作为国家垄断资本主义基础的国家与私人共有的垄断资本

在这种形式下，国家以资本所有者的身份与同样作为资本所有者的私人垄断资本合资经营企业。其形成途径主要包括：国家购买私人垄断企业的部分股票，私人垄断组织购买国有企业的部分股票，国家和私人垄断企业共同出资建立新企业，国有企业和私人垄断企业合并，国有企业转由私人垄断租赁、承包经营。

国私共有垄断资本在形式上表现为股份公司，但它不同于单纯由私人垄断资本组成的股份公司。这种股份公司从所有权、经营管理权到利润分配等方面都体现了国家和私人垄断资本在企业内部的结合，国家可以直接干预私人资本的再生产过程。与私人垄断企业相比，国私共有垄断企业的性质有一些新的特点：其一，国私共有企业可以利用国有资本来加强自己的经济实力，这类企业可以更方便地从国家补贴、信贷、税收、订货等方面得到优惠。与此同时，它在资本运作上也将更多地受到国家的调节与控制。其二，国私共有企业的经营目标是企业利润的最大化，得不到适当的利润时，私人股份就会撤出。但国家的参股或控股，在一定程度上有助于企业在经营时考虑到国家的宏观社会经济目标。由于存在上述特点，国私共有企业总的说来呈发展的趋势。

（三）与国家有密切联系的私人垄断资本

这在外部形式上表现为私人垄断资本在经济运动过程中不能离开国家或国有垄断资本的支持。这些支持通常包括：国家通过各种形式的补贴，直接、间接地资助私人垄断企业；国家投入巨额资金，发展基础设施和基础产业，以及教育、劳动力训练和科研等，为私人资本的扩大再生产提供有保障的外部条件；国家以政府采购等方式，积极为私人垄断资本开辟国内外市场；国家通过社会福利开支，提高社会购买力，扩大消费需求，为私人垄断企业创造市场条件；国家通过国有垄断资本的输出、财政和信贷支持，积极为私人垄断资本开辟海外市场。在这种情况下的私人垄断资本，虽然仍旧保留着私人资本的性质，但已在再生产过程的各个环节中同国家内在地结合起来了。国家在更直接地服务于私人垄断资本的同时，对私人垄断资本的影响力也明显加大。私人垄断资本已成为国家垄断资本主义表现形式的一个重要方面，在现代垄断条件下它已不能离开国家的支持而独立实现再生产运动。

（四）国家运用多种手段对社会再生产过程进行干预和调节

1. 市场调节的局限及国家干预的目标

第二次世界大战以来，发达国家政府普遍实施和加强了对经济的干预和调节。这既是国家垄断资本主义的一种表现形式，又是现代资本主义市场经济的一个基本特征。国家之所以要对经济进行干预，是因为市场调节具有局限性。这主要表现在：市场调节难以解决经济活动中产生的外部性问题；市场调节具有自发性、盲目性和滞后性；市场调节难以解决"公平"问题，无法抑制微观经济主体拼命扩张，导致了垄断，导致市场经济秩序被破坏；市场调节也不能自动解决社会再生产中总供给和总需求、产业结构和经济协调发展等诸多矛盾。正是因为市场自发调节的上述局限，所以加强对经济的干预已成为国家垄断资本主义具有普遍性的重要形式。国家垄断资本主义对经济进行干预就是为了弥补市场的不足：在微观经济方面，通过国家的干预和管制，抑制垄断和恶性竞争，维持基本的市场秩序和起码的公平；在宏观经济方面，通过国家的宏观调控，谋求总供给与总需求的基本平衡，以增加就业，稳定物价，保持国际收支平衡，促进经济增长。从根本上说，国家垄断资本主义对经济的干预和调节无非是为了协调社会经济利益关系，缓和经济危机和由此引起的社会经济矛盾，维护资本主义制度和垄断资本的统治。但是，它不可能从根本上消除资本主义经济的基本矛盾。

2. 国家对经济的干预和调节

在微观经济方面，国家对经济的干预和调节主要是反对垄断，实现有效竞争。

过度竞争和垄断，都无法实现资源的优化配置。在实践中，既要使竞争机制正常而有效地发挥作用，又要防止垄断的弊害，关键是要实现有效竞争。所谓有效竞争，就是指既有利于维护竞争，又有利于发挥规模经济作用的竞争格局。发达国家实现有效竞争的做法主要包括两个方面：

一是直接管制政策。直接管制政策是指政府针对公共生产部门和某些具体产业部门实施的带有分类指导性质的具体规范与制约措施，主要通过政府机关借助于法律赋予的权限，通过许可或认可等手段来加以实施。其主要内容包括：设定进入条件，实施产量和价格限制，规范产品与服务质量，干预设备管理，等等。管制可能使政府管理经济职能过度膨胀，产生一系列负效应。所以，20世纪70年代以后，西方国家出现了所谓"管制放松"的浪潮。尽管如此，也不可能剔除所有管制，管制政策仍有存在的充分理由。

二是反垄断政策。反垄断政策通常是通过立法（反垄断法）对垄断行为进行规范与制约，具有较强的约束力。反垄断政策的具体内容有：①预防形成垄断性市场结构的政策，包括保护中小企业生存和发展的政策以及对企业合并的审查制度等；②对垄断性市场结构的事后调节政策，包括对垄断性企业实行肢解、分立的政策等；③禁止或限制企业间的共谋、卡特尔和不正当的价格歧视，对欺骗、行贿和压制竞争者的行为进行裁定等。

[阅读专栏]

微软垄断案大事回顾

从 20 世纪 90 年代开始，创立于 1975 年的微软在全球多个国家和地区不断遭到反垄断诉讼。

美国：1990 年，美国联邦贸易委员会就微软与 IBM 在个人电脑软件市场可能产生的冲突进行调查，后由美国司法部接管。

1997 年 10 月，美国司法部指控微软垄断操作系统，将浏览器软件与视窗操作系统软件非法捆绑销售。

1998 年 10 月，微软垄断案开始审理。

2000 年 6 月，美国地方法院做出对微软拆分的判决。

2001 年 6 月，微软躲过被拆分的命运，但其违反反垄断法的罪名成立。

2001 年 11 月，微软和美国司法部达成协议。

2002 年，美国联邦法院批准了和解协议，微软面对至少为期 5 年的惩罚性措施。

欧盟：1998 年 12 月，欧盟对微软公司的反垄断调查开始。

2004 年 3 月，欧盟委员会认定微软公司滥用了在个人电脑操作系统市场上的优势地位，要求其作相应改变，并开出 4.97 亿欧元的巨额罚单。

2006 年 7 月，欧盟委员会决定对微软公司再次处以总额 2.8 亿欧元的罚款。

2007 年 3 月，欧盟委员会威胁对微软公司再次处以每天 300 万欧元的罚款。

2007 年 10 月，微软答应履行处罚决定。

2008 年 2 月，欧盟又对微软开出高达 8.99 亿欧元的罚单。

韩国：2001 年 4 月，韩国 Daum 通信公司控告微软及其韩国子公司涉嫌在即时通信软件业务上有不公平的商业行为。

2004 年 11 月，微软被指控在其视窗操作系统中捆绑 MSN 即时通信软件的行为违反了公平竞争的原则。

2005 年，KFTC（韩国公平交易委员会）判定对微软处以 3 543 万美元的罚款，并令其在操作系统中取消对 MSN 即时通信软件的捆绑。

2005 年 11 月，微软为了平息反垄断起诉，向 Daum 支付 1 000 万美元现金。

2007 年 10 月，微软最终接受 3 543 万美元的巨额罚款，并在视窗系列操作系统中解除对 MSN 即时通信软件的捆绑。

日本：2004 年 7 月，微软受到日本公平贸易委员会指控，称微软与日本个人电脑销售商的部分许可协议违反了日本反垄断法，微软涉嫌迫使个人电脑销售商接受一些强制性条款，要求它们保证不将微软诉上法庭。

（以上资料来源于：李国训. 微软或成中国《反垄断法》"第一被告" [N]. 财经时报，2008-07-11.）

在宏观经济方面，国家主要是通过各种政策和手段进行调控，以达到一定的宏观目标。主要运用的政策有：

（1）通过实行"松""紧"不一的财政政策，对经济衰退和经济过热的现象进行调控。在经济衰退时，实行"松"的财政政策，减少税收，扩大政府投资，刺激总需求；在经济过热时，采取"紧"的财政政策，增加税收，削减政府支出，抑制总需求。财政调节的特点是政府可以根据经济周期的需要，适时调整经济政策，以直接影响消费需求和投资需求，使总需求与总供给达到平衡。

（2）通过制定金融政策、参与金融活动来影响社会再生产。国家通过建立以中央银行为中心的货币金融体系，主要运用三大货币政策工具（再贴现政策、存款准备金政策和公开市场业务政策）和其他货币政策工具，控制和调节货币供应量，从而影响利率水平，调节信用规模，间接影响投资，改变需求水平，对整个再生产过程发生影响。除了实行量的控制外，中央银行还使用直接信用控制、间接信用控制、消费者信用控制、证券信用控制和不动产信用控制等其他货币政策工具对经济进行控制。

（3）通过产业政策调节经济。产业政策是政府为资源优化配置、实现经济发展目标，以产业和企业为对象实施的以产业结构转换和生产集中为核心内容的一系列政策的总和。产业政策包括产业结构政策和产业组织政策。20世纪50年代以来，西方发达国家就开始运用产业政策指导产业结构调整和产业组织重组。以日本为例，第二次世界大战以后，为实现"经济复兴"和"自立"，日本制定并实施了以倾斜生产方式来扶植煤炭、电力、钢铁和造船等骨干产业为主要内容的产业政策；20世纪60年代，日本经济进入高速增长时期，日本产业政策的重点目标转向"重化工业"和"产业结构高级化"，钢铁、电力、海运、重型机器、机电和化学工业以及汽车、石油化工、合成橡胶成为政府重点扶助和发展的产业；20世纪七八十年代，重点产业进一步从基础产业、出口产业转移到高科技产业。日本政府长期重视并实施产业政策，有力地推动了日本产业结构的合理化和高级化，从而促进了日本经济的发展。

（4）运用收入政策调节。收入政策调节是指国家通过工资和税收政策，调节工资、利润和其他收入之间的比例关系，以控制通货膨胀，进而抑制失业上升和经济衰退。其主要形式有：①工资—物价"指导线"，即由政府根据长期劳动生产率增长趋势来确定工资和物价的增长标准，把工资—物价增长率限制在全社会劳动生产率平均增长幅度以内；②工资—物价管制，即由政府颁布法令对工资和物价实行管制，甚至暂时加以冻结，一般是在通货膨胀严重时采用；③收入指数化措施，即将名义收入与某种物价指数联系起来，名义收入随物价指数变动而变动，其作用在于避免或减轻物价上涨对实际工资的影响；④以税收作为惩罚或奖励手段来限制工资增长，如果工资增长保持在政府规定的界限以下，则以减少个人和公司所得税作为奖励，如果工资增长率超过政府所规定的界限，则以增加公司所得税作为惩罚。

（5）计划调节。计划调节是指国家通过编制并实施短期、中期和长期计划对整个国民经济进行综合调节。它是西方国家为了减少市场经济运行产生的自发性破坏作用，集中资金发展重点或关键部门、加强国民经济薄弱环节、改善部门和地区的结构、保证国民经济协调稳定发展普遍采用的一种干预和调节经济的方式。西方国家的经济计划主要有三个特点：一是预测性。经济计划一般包括中期和长期计划两种，每类计划都有一定的侧重点和相应的指标、措施。计划指标一般都是些宏观经济方面的预测性指标，如国内生产总值，物价总水平，工资收入，进出口、总消费、总投资的增长率等，旨在反映经济发展的方向和趋势。二是指导性。各项指标并不具强制性。政府为保证计划目标的实现，通常会通过财政、货币及产业政策和措施来调节企业的投资活动，使之符合政府计划的要求。三是协商性。西方国家制定经济计划的过程就是政府和企业密切磋商，企业为了自身利益与政府讨价还价，政府在企业中贯彻自己的干预和调节意图的过程。这使经济计划从一开始就成为协调国家与私人垄断资本的关系、实现经济长期稳定发展的工具。发达国家的经济计划的实施和推行，表明国家对经济的干预和调节已经从分散的、局部的领域发展到全面的、综合的领域。

国家垄断资本主义的不同形式，表现了资本主义生产关系在一定范围内的调整和改变，并成了当代资本主义经济基础的重要组成部分。当然，这种调整和改变并没有改变资本主义生产关系的实质。

三、国家垄断资本主义的实质及其作用

（一）国家垄断资本主义的实质

国家垄断资本主义尽管有着多种形式，并在第二次世界大战之后得到空前发展，但它并没有从根本上改变以资本主义私有制为基础的生产关系，其实质仍然是资本主义和垄断资本主义。它与以往资本主义相比，差别在于：在国家垄断资本主义历史阶段，垄断资产阶级通过控制国家机器，充分利用国家政权加强对国内外劳动人民的剥削，以获取稳定的高额垄断利润。作为一般私人垄断资本基础之上的、资本社会化的最高形式的国家，不仅具有传统的作为上层建筑性质的国家政权的功能，而且已经与垄断资本融为一体，以总资本家的身份直接参与社会再生产的总过程。但是，国家并不是单方面、无条件地服从某个或某些垄断组织。在为垄断资本服务的同时，它也要顾及非垄断资本的中小企业以及普通民众的利益，以此缓解社会基本矛盾，并保证垄断资产阶级的长远利益。

（二）国家垄断资本主义的作用和局限性

国家通过国有垄断资本与私人垄断资本结合，以宏观政策手段的直接和间接的经济调节参与社会再生产过程，改变了传统的自发市场调节的运行机制，在一定程度上适应了生产社会化的要求，因而在一定时期有利于经济的发展和某些社会矛盾的缓和。首先，国家对经济的调节和干预，通过国有垄断资本的活动和各项经济政策，特别是财政政策与货币政策的运用和经济计划的实施，能较大地影响经济周期的变化，减弱经济危机的程度和冲击。其次，市场调节和国家调节相结合，有利于科学技术进步、经济局部比例和宏观比例的协调、地区结构与产业结构的改善、生态环境恶化的缓解，有利于弥补单纯市场调节的某些弱点。最后，国家调节使垄断与非垄断经济成分的矛盾以及劳资矛盾得到一定的缓解，因而有利于经济和社会的稳定。

国家垄断资本主义的产生和发展，是资本主义生产方式范围内垄断资本主义生产关系的自我完善和局部调整，是垄断资本主义由一般私人垄断向国家垄断的部分质变。它在一定程度上适应了现代科技革命和生产高度社会化条件下社会生产力的发展。它又是垄断资产阶级利用国家机器干预社会经济生活、缓解社会基本矛盾并保证其获取垄断高额利润的新形式。然而，国家对社会经济活动的参与和调节是建立在私有制基础上的，要以政府的庞大支出为条件；国家参与再生产的规模越大，财政支出规模也越大。这或者会使税收加重、税率提高，从而挫伤私人垄断资本的投资积极性，也使劳动者有支付能力的购买力下降；如果政府发行国债、实行赤字财政，又会形成经常性的巨额财政赤字，引起通货膨胀，结果使购买力下降或引起物价与工资轮番上涨，从而加剧劳资矛盾，最终对经济发展和社会稳定造成不良影响。第二次世界大战后，发达国家的经济运行并未因为国家垄断资本主义的发展和国家的干预调节在根本上消除自发性以及由此带来的一系列经济问题。比如资本主义经济自 1974 年危机后曾经陷入了经济上的长期滞涨；日本经济在经历了第二次世界大战后较长时期的高速增长之后，自 20 世纪 90 年代开始陷入长达 10 余年的持续萧条，2007 年爆发的美国金融危机及其后欧美的主权债务危机，以及美国财政悬崖问题，这些都充分说明，国家垄断资本主义及其对宏观经济的干预虽然可以改变资本主义经济周期的表现形式，进而对社会经济的发展起到一定的积极作用，但无法从根本上消除资本主义的基本矛盾。

175

第三节　经济全球化与资本主义的历史地位

本节在阐明经济全球化的广泛发展及其原因、经济全球化的性质特点和社会经济后果的基础上，进一步就经济全球化趋势下资本主义的历史地位与发展前景做了必要的分析论证。

一、经济全球化的广泛发展及其社会经济影响

（一）经济全球化及其特点

1. 经济全球化的概念

对于经济全球化的概念，国际和国内经济学界有着不同的理解和多种表述。国际货币基金组织对经济全球化的定义是："全球化是指跨国商品与服务交易及国际资本流动规模和形式的增加，以及技术的广泛传播使世界各国经济的相互依赖性增强。"[①]

经济全球化反映的各国在经济上相互依存、相互影响又相互渗透的关系，是一个长期的、渐进的发展过程。早在一百多年前，马克思和恩格斯在《共产党宣言》中就已指出：随着世界市场的形成，生产和交换日益越出国界，"使一切国家的生

---

① 国际货币基金组织. 世界经济展望［M］. 北京：中国金融出版社，1997.

产和消费都成为世界性的了""过去那种地方的和民族的自给自足和闭关自守状态，被各民族的各方面的互相往来和各方面的互相依赖所代替了。"① 经济全球化是世界经济发展的产物，它以市场经济和经济的国际化为基础。如果从更深层次上理解经济全球化的概念，它描述的是一种全球范围的深刻变化。自从 1492 年哥伦布远航美洲使东西两半球相互联系起，经济全球化过程就已萌芽。在机器大工业出现及资本主义生产方式在欧美国家确立之后，伴随着资本主义国家在全球的扩张、国际分工与世界经济的形成，经济全球化事实上进入了它的起步阶段——经济国际化阶段。这一阶段是以商品资本的国际运动为特征的。以生产资本和金融资本的国际运动为主要特征的经济全球化在第二次世界大战结束后特别是 20 世纪 80 年代以来得到广泛而快速的发展。1989 年柏林墙的坍塌，1992 年苏联的解体，以及统一的欧洲大市场的建立，意味着统一的世界市场的形成和真正意义的经济全球化时代的到来。市场经济的全球化和信息传播的全球化，应该是经济全球化时代的最重要标志。只有在当代，这一过程才达到了一个质的转折点，经济全球化才成为一种现实的、影响广泛的现象和趋势。

综上所述，经济全球化可以概括为：生产要素的配置和经济活动的开展不仅跨越了国界，相对自由地以全球范围为空间运行，而且世界各国在生产、分配、交换和消费诸环节的相互联系和交织日趋紧密，向融入全球经济整体的方向发展。从本质上看，经济全球化就是指生产力和与之相关的生产的社会关系在时间与空间上的全球维度的扩展。它具有客观必然性。

2. 经济全球化的主要特点

经济全球化发展到现阶段，主要表现出以市场经济为基础、以生产力和新科技革命的迅猛发展为动力、以跨国公司为载体、以经济发达的资本主义国家为主导等若干特点。

经济全球化是以市场经济为基础的。经济全球化随着市场经济的产生、发展及其在世界范围的扩展而萌芽、发展。从 15 世纪地理大发现所引致的经济全球化的萌芽阶段，到机器大工业产生后的经济生活国际化，再到第二次世界大战后以资本的国际流动为主体的经济全球化，都是在市场经济的发展中出现的。20 世纪 80 年代以后，伴随着中国的改革开放以及苏联和东欧国家传统的中央集权计划经济模式的瓦解，市场经济作为世界上绝大多数国家经济发展模式的自主选择，其固有的运动规律和内在机制成为经济全球化的内在动因，在客观上也成为各国经济行为走向规范和趋同的共同基础。

然而，经济全球化产生和发展的根本动力还在于第二次世界大战后科学技术和生产力发展所导致的经济生活国际化。20 世纪 50 年代以来，以原子能、电子计算机及空间技术的应用为主要标志的第三次科技革命，以及 80 年代开始的、以在当今世界上蓬勃发展的以微电子信息技术、生物和海洋工程、新型材料应用等高科技为代表的新科技革命所带来的生产力的巨大飞跃，不仅使世界各国之间生产的国际分

① 马克思，恩格斯. 马克思恩格斯选集：第 1 卷 [M]. 北京：人民出版社，1972：254-255.

工和协作达到空前水平，还使得商品资本、生产资本、金融资本以及其他生产要素的国际流动大大加快，从而导致世界各国在社会再生产的各个环节的联系大为密切。这种建立在现代科技与生产力高速发展基础之上的经济生活的国际化，以及世界经济体系中的相互依赖，客观上要求打破传统的国家的界限，走向全球范围的经济协调与联合。

以跨国公司为主要载体，是当代经济全球化的又一特点。按联合国贸发会议《2001年世界投资报告》的统计，2000年全球国际直接投资增长速度高达18%，远远超过同年世界产量、资本形成和贸易等其他经济指标的增长。而这主要是由在国外拥有180多万个子公司的6万多家跨国公司驱动的。这些跨国公司控制了全球生产的1/3、全球贸易的2/3、国际直接投资以及技术专利转让的70%，形成了一个规模庞大的全球性生产和销售体系。尽管近年世界经济出现动荡，2011年全球外商直接投资（FDI）流量较2007年峰值降低约23%，但仍超过了金融危机前的平均值，达到1.5万亿美元。其中，流入发达国家的FDI增长了21%，达7 480亿美元；流入发展中国家的FDI增长了11%，达到创纪录的6 840亿美元；转型经济体上升了25%，达920亿美元。这当中，跨国公司（TNCs）的国际扩张起着主导作用。2011年TNCs的国外分支机构雇用职工约6 900万人，销售额达28万亿美元。其中以石油产品为经营主体的埃克森—美孚公司，以及通用、福特、戴姆勒—克莱斯勒和壳牌等跨国公司的实力甚至超过许多发展中国家，达到富可敌国的程度。在跨国公司的推动下，企业国际竞争和跨国兼并之风愈演愈烈。全球产业结构的调整不仅表现为资金、技术等生产要素在不同国家和不同产业之间转移，更表现为各国生产的国际分工和跨国合作日益密切。以跨国公司为主要代表的国际资本流动，成为当代经济全球化的主要载体。

当代经济全球化以发达国家为主导也是一个客观现实。既然经济全球化是社会生产力高度发达的产物，则对于生产力高度发达的西方发达国家来说，经济全球化最符合其生产要素在全球范围配置及自身利润最大化的需要。西方发达国家虽然仅有世界20%的人口，却占有世界80%左右的GDP；它们所拥有的数量众多、规模巨大的垄断企业和跨国公司，以其强大的国际竞争力和市场竞争经验，左右着全球的生产和市场销售，它们是当代各种国际经济组织的实际操纵者。经济全球化所带来的利益和损失的分配比例，对经济发展水平不同的国家而言，是全然不同的。作为经济全球化主导者和积极推行者的经济发达国家，显然是经济全球化带来的利益的主要获得者；而广大发展中国家受益有限，有些甚至根本就被排斥在经济全球化所带来的利益之外。

（二）经济全球化的性质和社会经济后果

1. 经济全球化的性质

经济全球化的基本要求，是使全球成为一个统一的无阻碍的自由市场，实行自由贸易和自由竞争，在全球范围内实现资源的合理、有效配置，生产、消费、金融及资本流动、竞争规则全球化。经济全球化从本质上考察，其性质具有二重性：一方面，它是生产社会化及经济国际化高度发展，在时间和空间上多维度拓展，因而它反映了科学技术进步和人类社会生产力发展的客观要求；另一方面，经济全球化又是在当代资本主义的主导下进行的，是由以美国为首的发达资本主义国家积极推动起来的。这些国家从自身的利益和社会价值观出发，利用受其控制的国际经济组织，制定并竭力推行资本主义的生产方式及市场经济模式。由此，在现在及今后相当长一个时期内，经济全球化必然带有资本主义生产关系全球性扩张的色彩。

2. 经济全球化的社会经济后果

经济全球化是把"双刃剑"，它对世界经济的影响有利也有弊。

经济全球化给世界经济发展带来的最大好处是实现了资源的优化配置。一国经济运行的效率无论有多高，总要受到本国资源和市场的限制。只有资源和市场实现了全球化配置，才能使一国经济在既定条件下最大限度地摆脱资源和市场的束缚。经济全球化作为当代世界经济发展的最根本的特征，表现在随着当代科技革命的不断深入，不同社会制度、不同发展水平的国家都被纳入全球经济体系之中。这种发展所带来的令人向往的结果是：生产效率提高，生产的商品更符合消费者的需要，人类社会生产活动的总体收益和社会福利得到明显提高。

经济全球化也为发展中国家实现经济发展和赶超发达国家提供了前所未有的大好机遇。经济全球化带来了国际分工的发展、产业的转移和资本及技术等生产要素的流动，这对发展中国家弥补资本、技术等生产要素缺口，利用后发优势迅速实现产业演进、技术进步、制度创新和经济发展都是非常有利的。经济全球化使新技术产生和应用的速度大大提高，发展中国家只有积极参与，才能充分享有经济全球化带来的好处，从而加快本国经济发展的进程；否则同先进国家的差距将被不断拉大。

与此相对应，经济全球化的发展也给世界经济带来了新挑战或消极影响。如前所述，这种挑战或消极影响首先表现在经济全球化所带来的收益在不同国家间的分配不平等。经济全球化涉及政治、经济以及社会发展的各个领域，而构成这种关系的基础——旧的国际经济关系就是不平等的，建立世界经济和国际贸易体系的方式是不平等的，贸易条件、金融、投资和技术转移是不平等的，经济全球化所带来的利益和损失的分配也是不平等的。在当代历史条件下，经济全球化是以增加发展中国家以各种方式向发达国家交纳的"贡赋"为条件的。

经济全球化的发展给世界经济带来的新的挑战或消极影响，还表现为在全球治理机构尚未形成、超国家主权的基础还不够牢固的情况下，经济全球化发展将引发世界性的、多方面的冲突和相当大的震荡。在当代世界经济格局中，发达国家占主导地位，世界市场基本上受它们支配，世界经济运行的一些惯例和准则主要也是由它们确立的。它们只考虑最大化自己的利益，很少考虑发展中国家的利益，或根本忽视甚至完全牺牲发展中国家的利益。一方面，它们大肆宣扬自由贸易，目的只是要他国特别是发展中国家向它们开放市场，而自己却大搞种种形式的贸易保护主义；另一方面，某些经济发达的西方国家还把发展中国家的迅速发展视为威胁，为它们搞贸易保护主义和对发展中国家实行其他种种限制制造借口。近些年来，有些发达国家把人权、民主等非经济问题与对外经济关系挂起钩来，并将环保、劳工等条款的单方面标准强加于人，动辄对发展中国家施加压力。在经济全球化进程中，不仅获得巨大利益的发达国家和未获甚至丧失巨大利益的发展中国家之间的对立将更加严重，少数跳跃式发展的新兴工业化国家与力图保持其原有市场份额的发达国家之间也将会产生持久的利益不一致和冲突，经济全球化引发的部分欠发达国家内部经济的衰退和失控也可能激化这些国家的内部矛盾而导致动乱和战争。

经济风险国际传导机制的强化，是经济全球化发展给世界经济带来消极影响的另一个突出方面。这一状况是经济全球化下国与国之间经济联系加强，以及贸易和投资自由化的伴生物。在经济全球化条件下，世界各国经济周期的相互影响或同步性进一步得到加强。西方主要发达国家和地区特别是美国、欧盟和日本中的任何一个国家和地区的经济动荡或衰退都将对整个世界经济产生冲击。在经济全球化趋势下，金融自由化和全球化的发展会使一些国家和地区的金融动荡和危机迅速向全球蔓延传播，进而引发并形成全球性金融危机。这在 1997 年的亚洲金融危机，以及 2008 年美国华尔街金融风暴和其后发生的欧债危机对世界其他国家产生的巨大冲击中，都得到了印证。

除此而外，经济全球化还使各国政府的宏观调控遇到新的困难。经济全球化和与之相应的国际经济一体化在增强了一系列国际经济组织以及超国家行为主体的经济和政治协调功能的同时，势必使传统意义上的国家主权削弱。以生产、交换、分配及消费的国际化为特征的世界经济全球化及区域经济一体化是以参与国的国家主权的一定让渡和转移为条件的。在特定的领域内，主权国家必须服从国际机构的领导或协调，这势必在某种程度上对传统的国家主权形成挑战，并使各国政府的宏观经济决策的独立性和国民经济宏观调控能力不同程度被削弱。在传统的国家主权向国际经济组织及超国家行为主体让渡的过程中，其进程及衔接不当都可能对国际经济的运作产生巨大的冲击。

由此可见，利用经济全球化提供的有利条件，积极促进经济全球化朝着有利于实现共同繁荣的方向发展，趋利避害，使各国特别是发展中国家都从中受益，是世界各国特别是发展中国家面临的一个重要课题。发展中国家除了要在国内采取正确的战略，实行一整套有效的政策措施外，还必须正确处理对外经济关系中的矛盾。一方面，要在平等互利原则的基础上加强对外经济合作，另一方面，要同那些有损本国核心利益、侵犯国家主权的无理要求和行径进行坚决斗争。

[阅读专栏]

亚洲金融危机的发展过程

1997 年 6 月，一场金融危机在亚洲爆发。这场金融风暴首先席卷泰国，泰铢贬值。不久，这场风暴扫过了马来西亚、新加坡、日本、韩国等地，亚洲经济飞速发展的局面被打破。这场危机的发展过程十分复杂。到 1998 年年底，这场危机大体上可以分为三个阶段：

第一阶段：1997 年 7 月 2 日，泰国宣布放弃固定汇率制，实行浮动汇率制，引发了一场遍及东南亚的金融风暴。当天，泰铢兑换美元的汇率下降17%，外汇及其他金融市场一片混乱。在泰铢波动的影响下，菲律宾比索、印度尼西亚盾、马来西亚林吉特相继成为国际炒家的攻击对象。8月，马来西亚放弃保卫林吉特的努力。一向坚挺的新加坡元也受到冲击。印度尼西亚虽是受"传染"最晚的国家，但受到的冲击最为严重。10月下旬，国际炒家移师国际金融中心香港，矛头直指香港联系汇率制。我国台湾当局突然弃守新台币汇率，使其一天贬值3.46%，加大了对港币和香港股市的压力。10月23日，香港恒生指数大跌1 211.47点；28日，下跌1 621.80点，跌破9 000点大关。接着，11月中旬，东亚的韩国也爆发金融风暴。17日，韩元对美元的汇率跌至创纪录的1 008∶1。21日，韩国政府不得不向国际货币基金组织求援，暂时控制了危机。但到了12月13日，韩元对美元的汇率又降至1 737.60∶1。韩元危机也冲击了在韩国有大量投资的日本金融业。1997年下半年，日本一系列银行和证券公司相继破产。至此，东南亚金融风暴演变为亚洲金融危机。

第二阶段：1998年2月11日，印度尼西亚政府宣布将实行印度尼西亚盾与美元保持固定汇率的联系汇率制，以稳定印度尼西亚盾。此举遭到国际货币基金组织及美国、西欧的一致反对。国际货币基金组织扬言将撤回对印度尼西亚的援助。印度尼西亚陷入政治经济大危机。2月16日，印度尼西亚盾同美元比价跌破10 000∶1。受其影响，东南亚汇市再起波澜，新元、马币、泰铢、菲律宾比索等纷纷下跌。直到4月8日，印度尼西亚同国际货币基金组织就一份新的经济改革方案达成协议，东南亚汇市才暂告平静。东南亚金融危机使得与之关系密切的日本经济陷入困境。日元对美元的汇率从1997年6月底的115日元兑1美元跌至1998年4月初的133日元兑1美元；五六月间，日元对美元的汇率一路下跌，一度接近150日元兑1美元的关口。随着日元的大幅贬值，国际金融形势更加不明朗，亚洲金融危机继续深化。

第三阶段：1998年8月初，趁美国股市动荡、日元对美元的汇率持续下跌之机，国际炒家对香港发动新一轮进攻。恒生指数一直跌至6 600多点。香港特区政府予以回击，金融管理局动用外汇基金进入股市和期货市场，吸纳国际炒家抛售的港币，将汇市稳定在7.75港元兑换1美元的水平上。经过近一个月的苦斗，国际炒家损失惨重，无法再次实现把香港变成"超级提款机"的企图。受亚洲金融危机影响，俄罗斯中央银行8月17日宣布年内将卢布兑换美元汇率的浮动幅度扩大到6.0~9.5∶1，并推迟偿还外债及暂停国债交易。9月2日，卢布贬值70%，俄罗斯股市、汇市急剧下跌，引发俄罗斯金融危机乃至经济、政治危机。俄罗斯政策的突变，使得在俄罗斯股市投下巨额资金的国际炒家大伤元气，并带动了美欧国家股市和汇市的全面剧烈波动。如果说在此之前亚洲金融危机还是区域性的，那么，俄罗斯金融危机的爆发，则说明亚洲金融危机已经超出了区域性范围，具有了全球性的意义。到1998年年底，俄罗斯经济仍没有摆脱困境。1999年，金融危机结束。

（以上资料来源于：http://wiki.mbalib.com，MBA智库百科，经整理所得。）

（三）反全球化运动的兴起及其影响

经济全球化迅猛发展的同时，反全球化浪潮在一些国家和地区也日益高涨。1999年11月底12月初发生在美国的"西雅图风暴"拉开了世界范围内的反全球化运动的序幕。尽管反全球化的手段和形式可谓五花八门，但总体而言，其基本形式不外乎以示威游行为表现形式的街头抗议浪潮，以及以反全球化为宗旨的世界社会论坛。反全球化运动是在经济全球化带来一系列负面影响的背景下兴起的，其发展十分迅速，涵盖领域广泛，参与者包括不同国家的不同阶层人士。

反全球化运动的参与者的出发点和动机是多样的。有的批判经济全球化伤害了民族主义和爱国主义感情，有的批判经济全球化在推动世界经济财富增长的同时又导致社会分配更加不公平，也有的批判经济全球化导致了宏观经济管理的混乱和失控，还有的批判资本主义制度、资本主义市场经济和新自由主义，等等。

从反全球化运动参与者的主张可以看出，反全球化运动是一种有广泛社会基础的特殊的国际运动。这个运动一开始就直接指向以美国为首主导全球化的七国集团，指向主要依照七国集团制定的规则推行全球化的国际组织——世界贸易组织、国际货币基金组织和世界银行。反全球化运动对全球化的质疑和批判主要集中在主导当前经济全球化的新自由主义，并剖析了这种全球化所带来的消极影响和危害性后果。一些发达资本主义国家的共产党人则把反全球化同他们反对资本主义制度、争取社会主义的斗争结合起来，把斗争的矛头直接指向世界资本主义制度及国际经济政治秩序。

总体而言，反全球化运动的兴起是对标榜公正与平等、繁荣与富足的全球化的一个极大讽刺，它成了全球化时代一个极不和谐的音符。反全球化已越来越成为一场世界性的运动，其本身也已全球化了。它的产生和发展在一定程度上有利于减少或纠正经济全球化带来的负面效应。

二、经济全球化趋势下资本主义的矛盾及历史地位

（一）经济全球化趋势下资本主义的矛盾

资本主义经济制度是一种以生产资料私有制为基础、以资本家无偿占有雇佣工人剩余劳动为特征的剥削制度。与资本主义之前的其他社会制度相比，这种剥削有着自己的特性：首先，它以商品生产与商品交换为起点，价值规律是其他各种经济规律得以展开和发生作用的基础，其中资本对剩余劳动的占有采取的是等价交换形式；其次，它以劳动力转化为商品为前提条件，以剩余价值的生产为直接目的和动机。

作为人类社会发展的一个历史阶段，相对以前的其他社会经济制度，资本主义制度有着历史性进步的一面。对此，马克思主义经典作家曾经给予高度评价：

其一，资本主义为商品经济的最广泛发展提供了条件。正如马克思、恩格斯指出的那样，"资产阶级在它已经取得了统治的地方把一切封建的、宗法的和田园诗

般的关系都破坏了。它无情地斩断了把人们束缚的封建羁绊"①，这种普遍的商品关系是对传统的自给自足的自然经济和封建等级制度对人类社会发展的严重束缚的否定，取而代之的是生产的社会化和社会分工的广泛发展，并日益突破国家的疆域和民族的界限。这些已经被经济全球化和国际经济一体化的现实所证实。

其二，商品经济固有的市场竞争和价值规律的内在要求，以及资本对剩余价值和超额利润的疯狂追逐，为科学技术的进步和社会生产力的迅猛发展提供了强劲的动力。正因为如此，才如马克思和恩格斯所说："资产阶级在它不到一百年的阶级统治中所创造的生产力，比过去一切世代创造的全部生产力还要多，还要大。"② 资本主义生产方式在创造和发展生产力方面所取得的成就，在马克思、恩格斯之后的一百多年来，继续得到了实践的验证。

其三，资本主义摆脱了奴隶社会和封建社会对劳动者的超经济强制，以及劳动者对统治阶级的人身依附，首次实现了人在法律上的平等和人身自由。这显然有利于劳动者生产积极性和创造性的发挥，为劳动者素质及劳动技能的提高和科技进步创造了必要的条件。

相对于人类社会的全面发展，资本主义制度又有着其消极落后的一面，这主要反映在资本主义生产方式固有的基本矛盾的存在及发展上。

生产力与生产关系的矛盾在资本主义生产方式中表现为生产的社会化与生产资料资本主义私人占有这一基本矛盾。对此恩格斯作了深刻和全面的说明。他认为，在资本主义制度下，生产资料成了社会真正的生产资料，但是这些社会化生产资料和产品已经不归那些真正作用于生产资料和真正生产这些产品的人所占有，而归资本家占有。"生产方式虽然已经消灭了这一占有形式的前提，但是它仍然服从于这一占有形式。这个使新的生产方式具有资本主义性质的矛盾，已经包含着现代的一切冲突的萌芽。"③

资本主义的基本矛盾是商品经济基本矛盾发展到一定阶段的必然产物。在商品经济社会中，一方面，生产者的劳动是为了满足社会的需要，这种劳动具有社会的性质；另一方面，生产资料的私有制又使得生产者独立进行生产决策，生产出的产品归生产者私人占有，生产者的劳动又具有私人劳动的性质。私人劳动与社会劳动之间的这种矛盾，只有通过市场交换的实现才能得以解决。随着简单商品经济发展到资本主义商品经济，商品经济的基本矛盾——私人劳动与社会劳动的矛盾，就进一步发展成为资本主义的基本矛盾。这一基本矛盾在自由竞争的资本主义时期，在资本积累的过程中，通过平均利润的下降、资本和人口的相对过剩以及生产过剩的经济危机表现出来。恩格斯在对资本主义基本矛盾的分析中也指出，只要资本主义还存在，就免不了危机的袭击，其中包括经济危机，也包括社会危机。在自由竞争的资本主义经济中，经济运行完全是靠市场机制来调节的。国家的作用仅限于维护法律和秩序，至多也只是承担某些公共工程和最基本的社会保障，而不是对经济运

---

① 马克思，恩格斯. 马克思恩格斯选集：第1卷［M］. 北京：人民出版社，1972：253.
② 马克思，恩格斯. 马克思恩格斯选集：第1卷［M］. 北京：人民出版社，1972：256.
③ 马克思，恩格斯. 马克思恩格斯选集：第3卷［M］. 北京：人民出版社，1972：428.

行过程进行干预,这对于打破封建制度的束缚、促进市场经济和生产力的发展起到了积极的推动作用。但是,随着机器大工业的产生和社会化大生产的发展,自由市场经济的问题就逐步暴露出来了。

19世纪70年代发生的以电力和化工为先导的工业革命,不仅引起了冶金业、机械制造业、交通运输业等传统工业部门的质的飞跃,而且推动了电力、电信、广播、日用电器、化工等一系列新兴工业部门的兴起,推动了生产规模的进一步扩大和生产社会化程度的进一步提高,为生产和资本的迅速集中奠定了物质技术基础。19世纪末20世纪初,垄断组织迅速发展,自由竞争的资本主义变成了垄断的资本主义。垄断是生产社会化的产物,它可以在更大程度上适应生产社会化的发展;但垄断的存在又造成了财富的过度集中,导致了金融寡头在经济和政治上的统治地位,阻碍了社会生产力的发展。垄断资本主义时期,生产和资本的国际化加强,资本主义大国对世界市场、投资场所和原料产地的争夺激化。为此,它们变本加厉地推行殖民主义,抢占和分割世界领土。所以,列宁在分析资本主义矛盾时,着重从世界范围内和从资本主义对外关系的角度,指出资本主义世界的矛盾包括资本主义国家之间的矛盾,资本主义国家与殖民地、半殖民地之间的矛盾,各大资本集团之间的矛盾。这些矛盾的激化导致了各种危机,特别是导致了世界大战。

1929—1933年发生的震撼世界的资本主义经济大危机迫使资本主义生产关系进行局部调整。第二次世界大战后,资本主义社会出现了一系列依靠私人垄断资本无法解决的问题,社会化生产的进一步发展迫使垄断资本主义国家持续、全面、稳定地介入资本主义经济生活,私人垄断资本主义被国家垄断资本主义所代替。国家垄断资本主义在某些方面突破了私人垄断资本的局限性,使得资本主义基本矛盾及其在各方面的表现比过去有所缓和:国家对经济进行宏观调控,使社会生产的计划性加强,资本主义经济比例失调和由此产生的危机有所缓和;国家之间的相互政策协调加强,对涉及国际经济关系中共同性问题经过协调,互相妥协,求得解决;在发达资本主义国家,由于社会生产的发展和工人阶级长期不懈的斗争,工人阶级的状况有了很大的改善,社会福利制度的广泛实行,也在一定程度上有助于社会矛盾的缓和。但另一方面,国家垄断资本主义并没有从根本上改变资本主义经济的性质,资本主义基本矛盾依然存在并支配着资本主义发展过程。在第二次世界大战结束后半个多世纪的时间内,在资本主义矛盾趋向缓和的情况下,不同国家、不同时期、不同领域的矛盾往往表现得十分尖锐,冲突和斗争仍十分激烈。

20世纪80年代以来特别是"冷战"结束后经济全球化的迅猛发展对当代资本主义制度产生了巨大影响。在发展高科技的有力推动下,向信息社会转变,是资本主义社会经济的一个阶段性变化。在发展高科技的有力推动下,资本主义经济又有了令人瞩目的新发展。但在资本主义经济规律如资本积累规律、价值规律、发展不平衡规律等仍在发挥作用的同时,资本主义的矛盾也有了新变化,产生了发达国家之间的矛盾、发达国家与发展中国家之间的矛盾、发展中国家之间的矛盾、国际区域组织内部的矛盾等。发达资本主义国家的经济矛盾,特别是由于高新技术发展和全球化趋势的加强所带来的新矛盾和危机,进一步表现为科学技术和生产力的迅猛

183

发展与经济体制的矛盾、生产发展与分配不公的矛盾、经济与社会发展不协调的矛盾、物质生产高水平与精神文化危机的矛盾。在经济全球化和国际经济一体化日趋发展、深化的今天，这些矛盾及其引发的社会各方面的失调和危机也日益突出，且正在向全球蔓延。

（二）经济全球化趋势下资本主义的历史趋势

1. 垄断资本主义的发展为社会主义最终取代资本主义奠定了物质基础

首先，垄断使资本主义生产走向全面社会化。垄断使各产业部门产生了规模巨大的企业，这些企业控制了其所在行业国内及国际市场产品生产、销售和科研的主要部分。在国家垄断资本主义阶段，国家政权同垄断组织的结合、经济力量和政治统治的结合、跨国公司和形形色色的国际垄断同盟的发展以及由国家政权出面的国际经济协调等，使生产社会化和国际化达到空前程度，这在客观上为向社会主义过渡创造了物质基础。

其次，垄断使生产管理社会化大大加强。伴随着垄断特别是国家垄断的发展，社会性组织管理机构不断发展和完善。在银行、交通、邮政通信等全国规模的组织管理机构广泛扩展的基础上，在国民经济各部门及社会再生产的各个环节中，各种现代社会管理机构和组织形式纷纷出现，这就为社会主义准备了社会性的组织管理机构。

最后，垄断使资本社会化程度进一步提高。作为资本家私人所拥有的资本，在股份制度和信用制度发展的条件下，其所有权和使用权的分离已成为一种普遍现象。尤其是国家垄断资本主义统治地位的确立使资本的使用不仅突破了资本家个人的私有范围，也突破了垄断组织的私有范围，它们联合起来为社会所使用，资本的社会化程度空前提高。显然，资本的社会化已经成为将其变为公共占有的过渡点。

2. 由垄断资本主义向社会主义的过渡是一个相当长的历史阶段

列宁在阐述帝国主义的垂死性或过渡性时指出："帝国主义是衰朽的但还没有完全衰朽的资本主义，是垂死的但还没有死亡的资本主义。"[1] 这个垂死到死亡的过程，从世界资本主义制度整体来讲，是一个很长的历史阶段，包括资本主义制度相对稳定甚至较快发展的一定时期在内。虽然在垄断资本主义条件下，现有的生产关系已越来越成为高度发展了的生产力前进的桎梏，但正如马克思所说的那样，"无论哪一个社会形态，在它们所能容纳的全部生产力发挥出来以前，是决不会灭亡的；而新的更高的生产关系，在它存在的物质条件在旧社会的胎胞里成熟以前，是决不会出现的。"[2] 生产关系作为人们之间的社会关系，有着自己产生和运动的规律，而推动这一过程的动因只能是社会的生产力。生产关系与生产力既相适应又相矛盾的结果，推动了人类社会的前进。当一定社会形态的生产关系最终形成之后，生产关系和生产力的矛盾必然会导致这一生产关系走向自己的反面，被一种新的更高级的生产关系所替代。但是，生产关系的这种变化并不能否认它本身经过局部调整，可在一定程度上缓和与生产力发展的矛盾。资本主义生产关系的发展变化也是如此。

---

① 列宁. 列宁全集：第24卷［M］. 北京：人民出版社，1957：431.

② 马克思，恩格斯. 马克思恩格斯选集：第2卷［M］. 北京：人民出版社，1972：83.

在以机器大工业为基础的社会化大生产形成而最终确立资本主义生产方式的统治以后，股份公司的出现、垄断的形成以及国家垄断资本主义的广泛发展正是资本主义私有制基础上生产关系的局部调整。离开了这种变化，就很难解释资本主义生产方式在形成后，为什么在一个较长时期内还具有生命力，生产力在一定阶段还有较快的发展。

此外，垄断资本主义向社会主义过渡的长期性，还体现在：

其一，垄断资本主义是一个庞大的世界体系。根据列宁的理论和社会主义革命的实践，社会主义革命只能在一国或少数国家首先取得胜利，而其余大多数国家将仍然处于资本主义体系内。由于种种原因，现在已经取得社会主义革命胜利的，都是资本主义未获得较充分发展的国家，因而还不足以给资本主义世界体系以致命打击。而众多经济发达的资本主义国家尽管已经具备了向社会主义社会转化的物质条件，但这一转化的实现离不开一定的国际、国内社会政治环境。即在这些国家，还未出现阶级矛盾的激化导致无产阶级和人民大众只有从推翻资产阶级的统治中才能找到自己的出路这样一种形势。从目前的情况看，当代资本主义适应其生产力发展的要求，适度调整了其生产关系，在理论和政策实践上推行诸如国民经济计划化、福利国家和全民资本主义等改良主义手法，其国内社会的阶级矛盾总体上得以暂时缓和，要经过相当长的一段时期，实现这种转化的社会政治条件才能成熟，因而社会主义在全世界范围内最终取代资本主义，还将有一个长期的过程。

其二，已经实现了社会主义革命、初步建立了社会主义制度的国家，集中精力抓好经济建设，创造出比资本主义更高的生产力，这不仅是解决社会主义社会主要矛盾的实际需要，也是体现社会主义制度优越性、进而从根本上战胜资本主义的物质保证。现有的社会主义国家，由于原有经济文化的落后，前资本主义的经济残余尚存和小生产自发势力强大等原因，在解放生产力和发展生产力方面显然面临着长期而艰巨的任务。

其三，社会主义革命和建设没有一个现成的统一模式，其经济制度和政治制度的巩固及完善有一个探索的渐进过程。垄断资本主义的对立物——国际社会主义的力量在自身的发展过程中遇到挫折或产生失误也是难免的。无产阶级及其先锋队如果不能从实际出发，创造性地把马克思主义的基本原理和本国的国情及实践相结合，就会在革命和经济建设的过程中犯这样或那样的错误，甚至出现一时的倒退——在国际共产主义运动的历史上，这种情况曾多次发生。这当然也会给垄断资本主义以更多的喘息机会。

尽管如此，从根本上看，人类历史上最后一种人剥削人的制度最终过渡到社会主义和共产主义，是历史前进的必然。

小　结

（1）竞争必然引起生产和资本的集中。当生产和资本的集中发展到一定阶段时，自然而然地会形成垄断。垄断就是独占，就是少数大企业或若干企业通过一定

185

的形式联合起来独占生产和市场。垄断的实质是垄断资本家通过对生产和市场的操纵和控制以获得垄断高额利润。垄断会排斥竞争，但不能消灭竞争。垄断竞争的基本形式是垄断资本与非垄断资本的竞争、垄断资本之间的竞争。

垄断是自由竞争资本主义之后的资本主义生产方式在新的历史阶段上的最本质的特征和最深厚的经济基础。

（2）国家垄断资本主义是国家政权和垄断资本融合在一起的垄断资本主义。这种融合的客观基础是社会生产力的发展、生产社会化程度的提高。在不同国家、不同历史阶段，国家垄断资本主义的具体形式是多种多样的，主要表现为国有垄断资本、国私共有垄断资本以及国家运用财政金融等经济杠杆对社会再生产进行干预和调节等基本形式。不论采取何种形式，其本质都是相同的，都是为垄断资产阶级利益服务的。

（3）经济全球化从本质上考察，具有二重性：一方面，它是生产社会化及经济国际化在时间和空间上的多维度拓展，反映了科学技术进步和人类社会生产力发展的客观要求；另一方面，经济全球化又是在当代资本主义的主导下进行的，在现代及今后相当一个时期内，必然带有资本主义生产关系全球性扩张的色彩。经济全球化是把"双刃剑"，它对世界经济的影响或带来的社会经济后果有利也有弊。

经济全球化趋势下当代国际经济关系的基础——国际垄断同盟的产生，是资本主义生产方式国际扩展的必然结果。国家垄断资本主义的国际经济协调成为第二次世界大战后国际垄断同盟发展及发达资本主义国家经济关系的一个突出特点。

（4）资本主义经济制度作为一种以生产资料私有制为基础、以资本家无偿占有雇佣工人剩余劳动为特征的剥削制度，相对于资本主义之前的其他社会经济制度，有着历史进步性的一面。然而，相对于人类社会的全面发展，资本主义制度又有着消极落后的一面，这主要反映在资本主义生产方式固有的基本矛盾——生产的社会化与生产资料私人占有这一矛盾的存在及发展上。尽管生产力与生产关系的矛盾运动以及资本主义生产关系的局部自我调整使得资本主义生产方式在一定时期内还能为社会生产力的发展提供空间，但资本主义基本矛盾决定了资本主义生产方式必然成为社会经济发展的桎梏，资本主义社会制度最终会被社会主义制度所取代，这是人类社会历史发展的必然归宿。

复习思考题

1. 解释下列名词概念：

垄断　　　　垄断利润　　　　金融寡头　　　　参与制　　　　资本输出
国际垄断同盟　　　　国家垄断资本主义　　　　经济全球化

2. 垄断是如何形成的？它具有哪些组织形式？

3. 什么是垄断利润和垄断价格？

4. 垄断与竞争的关系是什么？垄断竞争有何特殊性？

5. 由私人垄断资本主义发展到国家垄断资本主义的必然性是什么？

6. 国家垄断资本主义的表现形式有哪些？

7. 试述经济全球化发展的特点及其社会经济后果。

8. 如何正确理解资本主义历史地位的二重性？

阅读书目

1. 马克思. 资本论：第 3 卷［M］. 北京：人民出版社，1975：第 14 ~ 15 章.

2. 列宁. 帝国主义是资本主义的最高阶段［M］. 北京：人民出版社，1960：第 1 ~ 9 章.

3. 列宁. 大难临头，出路何在？［M］//列宁. 列宁选集：第 3 卷. 北京：人民出版社，1960.

4. 保罗·斯威齐. 资本主义发展论［M］. 陈观烈，秦亚男，译. 北京：商务印书馆，1997.

5. 逄锦聚，洪银兴，林岗，等. 政治经济学［M］. 北京：高等教育出版社，2002.

参考文献

1. 马克思. 资本论：第 1 卷［M］//马克思，恩格斯. 马克思恩格斯全集：第 23 卷，第 25 卷. 北京：人民出版社，1972.

2. 马克思. 资本论：第 3 卷［M］//马克思，恩格斯. 马克思恩格斯全集：第 25 卷. 北京：人民出版社，1974.

3. 马克思，恩格斯. 马克思恩格斯选集：第 1 卷［M］. 北京：人民出版社，1972.

4. 列宁. 帝国主义是资本主义的最高阶段［M］. 北京：人民出版社，1960.

5. 考茨基. 帝国主义［M］. 上海：上海三联书店，1964.

6. 吴大琨. 当代资本主义：结构、运行、特征［M］. 北京：中国人民大学出版社，1986.

7. 刘诗白. 马克思主义政治经济学原理［M］. 成都：西南财经大学出版社，2006.

8. 逄锦聚，洪银兴，林岗，等. 政治经济学［M］. 北京：高等教育出版社，2002.

9. 李琮. 当代资本主义的新发展［M］. 北京：经济科学出版社，1998.

10. 姜凌. 经济全球化趋势下南北经济关系［M］. 成都：四川人民出版社，1999.

11. 姜凌. 当代资本主义经济论［M］. 北京：人民出版社，2006.

第八章
社会主义经济制度的建立及初级阶段

学习目的与要求： 本章主要分析和概述社会主义经济制度的建立过程和基本特征、社会主义初级阶段理论的基本内涵。通过本章的学习，我们应能认识社会主义经济制度、经济体制、社会主义初级阶段等基本问题，了解为什么我国现在和将来较长一段时期处于社会主义初级阶段，社会主义初级阶段质的规定性及其依据，提出这一论断的理论和实践意义，我国在社会主义初级阶段的主要矛盾和根本任务，以及中国特色社会主义进入新时代和新发展阶段的时代依据内容。

第一节　社会主义经济制度的建立

一、科学社会主义理论的诞生

（一）社会主义理论：从空想到科学

社会主义革命和社会主义经济制度的建立是在马克思主义科学社会主义理论的指导下进行的。马克思主义认为，人类社会形态的更迭是一个不以人们的意志为转移的自然历史过程。社会主义代替资本主义这一历史发展的客观趋势，根源于资本主义生产方式的基本矛盾，是资本主义社会生产关系和生产力矛盾运动的必然结果。现存的社会主义制度是分别在第一次世界大战和第二次世界大战后的特殊环境中产生的。

科学社会主义理论是在科学地总结和揭示人类历史发展规律、批判地继承人类已有思想成果的基础上产生的。

"社会主义"是一个极有争议的概念，自从这个名词出现以来，许多彼此极不相同的社会思潮、政治流派、思想学说都使用过这个名词，以至我们很难界定一个各流派的社会主义者都接受的定义。

从历史上看，近代的社会主义是在对资本主义经济的抗议和反击中产生的。最初的空想社会主义者出现在资本原始积累时代，其代表人物托马斯·莫尔在 1516 年出版了《乌托邦》，控诉了"圈地运动"所造成的"羊吃人"现象。法国大革命为资本主义生产方式奠定了政治基础，随后批判当时社会现状的圣西门和傅立叶的空想社会主义学说就出现了。18 世纪英国的产业革命最终确立了资本主义生产方式，随后就出现了力图否定这种制度的欧文的空想社会主义实验。圣西门、傅立叶、欧文这三大空想社会主义者确定的关于社会主义的基本主张包括：谴责财富分配不均，反对私人财富的集中；社会生产组织是生产者的合作社；痛恨"资产阶级秩序"（商品经济），认为这种社会是建立在贪婪、利润和商人精神的基础上的；认为人类贫困的根本原因是自由竞争和市场的无政府状态；提倡人与人的和谐与合作、实行生产资料公有制、为所有人提供口粮，等等。

1848年马克思、恩格斯发表《共产党宣言》，标志着科学社会主义理论的诞生。马克思、恩格斯运用历史唯物主义和辩证唯物主义的哲学观对当时的资本主义社会进行了科学研究。马克思在其劳动价值论的基础上揭示了资本与劳动的关系，发现了资本主义社会特有的规律——剩余价值规律。正是唯物史观和剩余价值理论的确立，摒弃了空想社会主义关于未来社会的乌托邦幻想，使社会主义由空想变成了科学。马克思主义的唯物史观揭示了人类历史发展的客观规律，即生产关系一定要适应生产力的规律，指出"社会的物质生产力发展到一定阶段，便同它们一直在其中活动的现存生产关系或财产关系（这只是生产关系的法律用语）发生矛盾。于是这些关系便由生产力的发展形式变成生产力的桎梏。那时社会革命的时代就到来了。随着经济基础的变更，全部庞大的上层建筑也或慢或快地发生变革。"[1]

马克思运用唯物史观分析了资本主义经济的运动过程，揭示出资本主义的发展，尤其是产业革命所带来的机器大工业的产生和发展，创造了空前巨大的生产力，极大地提高了劳动生产率，迅速地推进了生产社会化的进程。日益社会化的生产力越来越迫切地要求体现其社会性质，但与此同时，生产资料却越来越集中在少数人手中，资本主义的基本矛盾——社会化生产力同资本主义私有制之间的矛盾进一步加剧。频繁出现的经济危机表明，以生产资料资本主义私有制为基础的资本主义生产关系已经很难容纳发展起来的社会化生产力。在社会化生产力的强制作用下，资产阶级不得不一再调整资本主义生产关系，在不触动资本主义私有制这一根基的条件下，资本越来越具有社会化的形式：由私有资本到股份资本，由私人垄断资本到国家垄断资本。资本主义生产关系的调整虽然起到了缓和矛盾的作用，但却不能从根本上解决资本主义的内在矛盾。现代生产力的社会性质，客观上要求废除生产资料私有制，建立与之相适应的生产资料公有制。资本主义在其发展过程中创造了社会化大生产和社会化管理机构，这就为社会主义准备了物质条件。资本的社会化形式也为"剥夺剥夺者"带来了便利。在资本主义不断为社会主义创造着客观物质条件的同时，资产阶级也为自己造就了掘墓人——无产阶级。无产阶级是埋葬资本主义制度和创建社会主义制度的主要力量。

（二）科学社会主义理论的内涵

马克思主义的科学社会主义理论包含着丰富的思想内涵。

第一，"科学社会主义"和"共产主义"是两个同义语，所表达的是同一种生产方式和社会形态。进一步讲，"社会主义"一开始并不是作为无产阶级利益要求

---

① 马克思，恩格斯. 马克思恩格斯选集：第2卷［M］. 北京：人民出版社，1972：82-83.

的理论表现被提出来的，它主要表达的是小资产阶级的要求，并为资产阶级所利用；而"共产主义"更符合这种生产方式和社会形态的本质。正是基于这一原因，马克思和恩格斯经常使用的是"共产主义"，而不是"社会主义"，他们只是为了同空想社会主义和形形色色的社会主义相区别，才把共产主义同时也称为科学社会主义。即使按照列宁的界定，社会主义和共产主义在生产方式上也并无质的区别，二者的差别主要是生产力的发展程度不同。这种差别体现在消费品的分配上，社会主义实行按劳分配，共产主义实行按需分配。

第二，共产主义只能在资本主义生产方式所创造的物质文明的基础上产生。在共产主义的生产方式和社会形态中，劳动者能够占有和支配整个社会的生产力，人们既摆脱了人的统治也摆脱了物的统治，人们所追求的是自由全面的发展和才能智慧的充分发挥。这样的生产方式和社会形态只有在生产力高度发达的基础上才能产生，而这种高度发达的生产力只有在资本主义生产方式下才能被创造出来。

第三，共产主义的实质是人的解放。共产主义生产方式的产生，主要是解决两个问题：一是解除人的依赖关系，即统治和服从的关系；二是解除物对人的支配关系。只有在解决了这两个问题之后，人们才既不依赖个别人，也不依赖物，才能支配全部社会生产力。

第四，共产主义既是对资本主义的继承和发展，又是它的直接对立物。在生产力方面，在人类的一切文明成果方面，共产主义都是对资本主义的继承和发展。但就制度特征来说，它们又是两个对立物。共产主义生产方式的基本特征主要有：①土地和由劳动创造的生产条件由社会成员共同占有，成为集体财产，劳动者之间在同生产条件的关系上是平等的；②采取联合劳动的形式，共同生产、民主管理、协同劳动；③整个社会生产由统一制订的社会计划来调节；④个人的劳动直接作为社会总劳动的构成部分而存在，产品不再表现为商品，劳动不再表现为价值；⑤生产的直接目的是满足社会成员的需要和个人自由全面的发展；⑥对社会共同产品实行统一分配，在共产主义的初级阶段（社会主义社会）按照个人的劳动量分配，在共产主义的高级阶段（共产主义社会）按照个人的实际需要分配。

第五，共产主义生产方式的形成需要具备很高的生产力条件和社会进步条件。共产主义生产方式形成的条件，也就是消灭阶级的条件、每个人都能自由全面发展的条件。

二、苏联社会主义经济制度的建立

（一）理论前提

马克思和恩格斯在 19 世纪 50 年代曾经设想，社会主义革命将首先在一些西方主要的资本主义国家同时取得胜利。他们认为这些资本主义国家经济比较发达，无产阶级和资产阶级矛盾比较尖锐，无产阶级的力量比较强大，所以多个资本主义国家同时爆发社会主义革命容易取得胜利。

19 世纪末 20 世纪初，世界经济政治形势发生了重大变化。一是 1900—1903 年间，世界经济危机爆发，各个资本主义国家都需要进行海外扩张，加紧掠夺殖民地，满足国内的需求，化解国内的危机。二是由于资本主义的不平衡发展，资本主义国家之间的力量对比发生变化，德、美等国跳跃式发展，迅速赶上并超过英、法等老牌资本主义国家。三是帝国主义重新瓜分世界的争斗，引发了第一次世界大战。

1916 年，列宁完成了《帝国主义是资本主义发展的最高阶段》一书。列宁认为，资本主义发展已进入了帝国主义阶段，这时资本主义发展不平衡的问题表现得十分突出。在一个国家内，企业与企业之间、部门与部门之间的发展有快有慢。在同一类国家如帝国主义国家之间，发展的速度也是有快有慢，这就是发展的不平衡。

由此，列宁提出了"一国胜利论"。列宁认为，资本主义发展的不平衡使得帝国主义战争不可避免，战争使帝国主义国家力量被严重削弱，在帝国主义的链条上出现了"薄弱环节"，这就使社会主义革命有可能由一个国家或几个国家取得胜利。同年列宁在《无产阶级革命的军事纲领》一文中进一步阐述了这一观点："资本主义的发展在各个国家是极不平衡的。而且在商品生产下也只能是这样。由此得出一个必然的结论：社会主义不能在所有国家内同时取得胜利。它将首先在一个或者几个国家内获得胜利，而其余的国家在一段时间内将仍然是资产阶级或资产阶级以前的国家"[①]。

（二）俄国十月革命的爆发与胜利

20 世纪初的沙皇俄国，是一个落后的封建军事帝国主义国家，生产力水平低下，资本主义的发展远远落后于美、德、英、法等资本主义国家。在对外政策上，沙皇俄国一直奉行侵略扩张政策，对周边国家大肆进行侵略战争，这不仅加剧了俄国与其他帝国主义国家的矛盾，也加剧了俄国与被侵略国家人民的矛盾。在对内政策上，沙皇俄国对国内少数民族实行压迫政策，对国内工人、农民也实行压迫政策。上述政治经济状况使俄国成为帝国主义各种矛盾最集中、最尖锐的国家。在国内，它存在着资产阶级与无产阶级的矛盾、沙皇专制制度与农奴制残余同人民群众的矛盾、大俄罗斯民族同少数民族的矛盾。在国外，它存在着俄国帝国主义同外国帝国主义国家的矛盾，以及它同殖民地国家的矛盾。正是由于社会矛盾的多种性和复杂性，沙俄成为帝国主义统治链条中的薄弱环节，这就决定了俄国发生革命的必然性。

1917 年年初，俄国工农群众的反战革命空前高涨，全国各地都爆发了罢工和游行。2 月，在反抗镇压的斗争中，这些罢工演变成武装起义，各地的武装起义成功后，纷纷建立了苏维埃政权。最终，统治俄国 304 年的罗曼诺夫王朝被推翻，二月革命取得胜利。

二月革命后，俄国出现了两个政权并存的局面。一边是各地由工人农民建立的苏维埃，它由布尔什维克党所领导；另一边是资产阶级临时政府，它由立宪民主党、十月党、孟什维克、社会革命党等政党所控制。资产阶级临时政府代表的是资产阶级的利益，他们根本不想改变沙皇政府的内外政策，目的是要巩固资产阶级统治、制止工农革命继续发展。在外部，临时政府继承沙皇政府参加世界大战的政策；在内部，临时政府反对把土地分给农民，反对增加工人工资，镇压工人游行示威活动。

---

① 中共中央马克思恩格斯列宁斯大林著作编译局. 列宁专题文集·论社会主义［M］. 北京：人民出版社，2009：8.

临时政府没有能够解决人民群众渴求发展生产、消除饥荒的愿望，反而导致经济衰败、社会混乱，激起了广大人民群众的强烈反对。1917年7月1日，临时政府在西南战线发动军事进攻，结果遭到惨败，俄国6万多士兵伤亡。前线失败的消息传回国内，全国各地不断爆发游行示威活动。而反动临时政府从前线调回军队镇压国内群众运动，这就是历史上的"七月事变"。这一事变改变了国内的现状和阶级力量的对比，孟什维克和社会党人成了反革命势力的帮凶，两个政权并存的局面结束了。

为迎接新的革命高潮的到来并做好准备工作，1917年8月8日—16日，布尔什维克党在彼得格勒秘密举行第六次全国代表大会，选举了以列宁为首的中央委员会，并作出了关于武装起义的决定。11月6日下午，武装起义开始并在彼得格勒爆发。起义者占领了彼得格勒的所有重要据点，晚上，起义者包围并占领了资产阶级临时政府的所在地冬宫，逮捕了最后一届临时政府的部长。11月7日（俄历10月25日）晚上，全俄苏维埃第二次代表大会召开，大会选举产生了由布尔什维克党为主的苏维埃中央执行委员会，并成立人民委员会作为管理国家的政府机关，列宁任人民委员会主席。世界上第一个社会主义国家诞生了。

十月革命具有伟大的历史意义。第一，建立了世界上第一个社会主义国家，创立了第一个由工人阶级领导的、人民当家作主的新政权，开辟了人类历史的新纪元。从此以后，社会主义作为一种崭新的制度出现在世界历史舞台上，引领着人类社会的发展方向。第二，把马克思主义关于无产阶级革命的理论变成了现实，开启了无产阶级革命的新时代。第三，沉重打击了帝国主义的统治，鼓舞了世界各国的革命运动。十月革命的胜利，在一个帝国主义大国里推翻了资产阶级的统治，这不仅是对俄国帝国主义统治者的沉重打击，也是对世界各国帝国主义统治者的沉重打击。在十月革命胜利的鼓舞和激励下，不仅各资本主义国家陆续爆发了革命运动；在许多殖民地、半殖民地国家也陆续爆发了争取民族解放的革命运动。

（三）苏联社会主义建设道路的初步实践

苏联十月革命胜利后，布尔什维克党就开始着手构建社会主义制度。

在政治方面。一是建立新型国家机构。1917年11月，全俄中央执行委员会和人民委员会颁布法令，废除了俄国旧有一切等级、身份、封号和官僚制度，宣布全体人民群众一律享有平等、自由和民主的权利。1918年1月28日和2月11日，先后颁布了建立红军和红海军的命令，开始建立工农红军。二是建立苏维埃国家政权。1918年7月，布尔什维克党解散了拒绝承认苏维埃政府的立宪会议，在全俄苏维埃第五次代表大会上通过了俄罗斯联邦社会主义共和国宪法，把十月革命的伟大成果用法律形式固定下来。

在经济方面。一是土地改革。在十月革命胜利后的第二天，全俄工农代表苏维埃第二次代表大会就通过了《土地法令》，宣布"立刻废除地主土地所有制"并把土地交给"耕种土地的劳动者使用"。在土地改革的基础上，还组建了一批国营农场和集体农场，这是社会主义性质的农业组织。二是对工业和商业初步实行了国有化措施。从1917年11月起，苏维埃政府先后颁布了关于银行、铁路、外贸、商船、大工业企业国有化的法令。到1918年5月底，大部分工业大企业和全部银行都实现了国有化，初步奠定了社会主义国营经济的基础。三是对私营企业实行工人监督制度。根据 1917 年 11 月苏维埃政府颁布的《工人监督条例》，凡是使用雇佣劳动的私营企业，工人应对其产品生产、买卖以及财务活动实行监督。工人通过自己选出的监督机构工厂委员会参加监督工作。

总体来看，在十月革命以后，列宁领导布尔什维克党和俄国人民建立了世界上第一个社会主义国家，并在政治、经济、军事等方面采取有力措施，对旧制度进行社会主义改造，初步奠定了社会主义建设的基础。

（四）苏联社会主义经济建设的艰难探索：从"战时共产主义"政策到新经济政策

十月革命胜利后，苏联正在进行社会主义改造和社会主义建设时，国内外形势发生了重大变化。一方面，国内白匪军叛乱，妄图推翻苏维埃政权；另一方面，十多个资本主义国家联合武装干涉苏联，想要把第一个社会主义国家扼杀在摇篮之中。所以，在 1918 年夏至 1920 年年底的严峻战争时期，为了击退国内外敌人的进攻，保卫社会主义制度，苏维埃政权被迫实行了一些非常的举措和政策。而由于这些政策具有按照战时共产主义原则来调节产品生产和分配的特点，因而被称为"战时共产主义"政策，其主要内容包括：①实行余粮收集制。由于粮食是保证战争胜利的最重要物质，国家对粮食供应实行全面垄断。国家规定农民除了留下口粮和种子以外，剩下的粮食要交给国家，国家按固定价格征购农民的全部余粮，同时禁止个人买卖粮食。最初的余粮收集制只限于粮食和饲料，后来又扩大到肉、油、奶以及棉、麻、毛、皮等农产品。②禁止集市贸易。随着国内战争迅速扩大，食品和日用品的供应日益紧张，政府开始对居民的食品供应进行集中控制分配，实行配给制。同时，政府把所有商业机构收归国有，关闭集市贸易和私人交易。③实行工业国有化。不仅对大工业企业实行国有化，对中小企业也实行国有化。为了理顺国有化管理体制，对工业企业实行高度集中的"总管理局制"，即按照行业部门的不同，在最高国民经济委员会下设若干总管理局，总管理局向下属企业下达指令性生产计划，统一供应企业所需的原料、燃料和设备，统一调拨和分配企业所生产的产品，统一拨付企业所需资金，而企业的所有收入上缴国家。④实行普遍义务劳动制。在当时极为艰难的条件，为了保证生产和建设的进行，政府规定所有居民都要参加周末义务劳动。

从历史来看，"战时共产主义政策"是在特殊时期采取的特殊政策。在苏维埃政权在建立初期，并且在面临国内外战争的情况下，其物资极度匮乏、经济严重萎缩、各种条件非常艰难。实行"战时共产主义政策"是一种非常之举和临时性政策，它使苏维埃政权能够集中全国有限的人力、物力和财力，用于捍卫和巩固新生政权的斗争，为保卫苏维埃国家提供了必要的物质条件。因此，在当时的战争环境和历史条件下，"战时共产主义政策"的举措是完全必要的。但是，这一政策毕竟是特殊时期的特殊政策，当国内战争结束、经济社会发展步入正常轨道后，这种临时性政策就应当随之调整。然而，由于缺少社会主义建设的经验，苏维埃政权在国内战争结束后，一度把"战时共产主义政策"由战时的临时性措施当作直接向共产主义过渡的正式措施。显然，这些做法违背了客观经济规律，损害了农民的经济利益。由于农民对余粮收集制产生了严重的不满，加之反动势力的利用与扇动，

1920—1921年苏联国内各地出现了农民的动乱，并演变成经济、社会危机。在这种情况下，布尔什维克党果断终止了"战时共产主义政策"的实行，及时纠正了错误，避免了更大危机的产生。

在废除"战时共产主义政策"之后，列宁领导布尔什维克党根据新时期社会主义建设的需要，立即调整政策，制定和实行了新经济政策，1921年3月举行了俄共（布）第十次代表大会，通过了一系列新经济政策。新经济政策的主要内容包括：①以粮食税代替余粮收集制。农民向国家交纳一定数量的粮食，减轻农民的赋税，农民在向国家纳税后的剩余粮食归农民所有与支配。②恢复集市贸易和发展商业。容许农民在集市上出售剩余的粮食，并交换所需商品。③支持私人小企业的发展。终止战争期间实行的工业企业普遍国有化的政策，允许私人企业发展。④实行租让制、租赁制、合作制、代购代销制等，实行国家资本主义。国家把当时难以开发、利用的矿山和企业，租让给外国资本家经营，充分利用外国资本家的资金与技术来发展社会主义经济。⑤对国营企业实行经济核算制、奖金制等，废除平均主义的实物供给制，扩大企业的经营自主权。

新经济政策实施一年后，取得了明显成效。用粮食税代替余粮收集制，不仅减轻了农民的负担，而且极大地提升了农民的生产积极性，促进了农业经济的发展。新经济政策开放集市贸易，允许私人交易，有效地促进了全国范围内的商品流通。新经济政策允许小业主、私营企业、外资企业的发展，促进了国民经济的恢复与繁荣。从"战时共产主义政策"到新经济政策的转变，是社会主义建设史上具有里程碑意义的重大事件。一方面，这一转变表明，在社会主义制度初步建立、无产阶级已掌握政权的条件下，政府可以通过商品、市场关系来迅速恢复经济发展、促进商品流通和市场贸易，利用国家资本主义来逐步过渡到社会主义。另一方面，这一转化又是把马克思主义与具体国情相结合、探索社会主义建设新路径的生动体现。众所周知，马克思和恩格斯原先设想，无产阶级革命首先在多个发达的资本主义国家同时取得胜利，在高度发达的生产力水平上建立社会主义制度包括公有制、按劳分配、计划经济，等等。然而十月革命表明，世界上第一个社会主义国家诞生在经济文化社会比较落后的俄国，因此坚持把马克思主义与本国实际相结合，在新的环境和条件下发展马克思主义，探索在经济落后国家建设社会主义的新道路，就成为马克思主义政党面临的新的世界课题。新经济政策的实施，就是布尔什维克党在一个小农经济占主体的国家中，为加快社会主义建设而作出的新探索，同时也为其他经济落后国家在无产阶级革命后改造旧的经济制度、顺利向社会主义过渡、加快发展社会主义经济，提供了新的启示和重要的经验。

在苏维埃政权基本得到巩固、社会主义制度基本建立之后，列宁领导布尔什维克党不断探索在俄国进行社会主义建设的道路，创造性地提出了一系列建设社会主义的新思想。例如，加快实现工业化和电气化，奠定社会主义雄厚的物质基础；充分利用货币关系和商品流通，来不断繁荣社会主义经济；通过合作制引导农民走社会主义道路；借鉴和吸收资本主义的文明成果和一切有益经验，来建设社会主义；加强苏维埃政权建设，健全苏维埃民主制度，反对官僚主义，等等。列宁和布尔什维克党提出这些社会主义建设的新思想和新理论，丰富和发展了马克思主义，对其他落后国家开展社会主义革命与建设有重要的借鉴和指导作用。

三、新中国社会主义经济制度的建立

马克思和恩格斯既是思想家，又是革命实践家，他们亲自参加并领导工人运动，为实现社会主义而斗争。但是，社会主义在他们生前仅仅是一种学说而不是一种现实的社会主义制度。伟大的马克思主义者列宁继承和发展了马克思主义，领导并取得了俄国"十月革命"的胜利，建立了世界上第一个实行社会主义制度的国家——苏联。按照马克思主义理论和社会主义运动的实践，建立社会主义制度的基本道路是：第一，无产阶级在其政党的领导下，通过暴力革命推翻资产阶级政权；第二，依靠无产阶级政权力量建立社会主义制度，其基础是通过政权力量变资本主义私有制、小私有制为社会主义公有制。

社会主义经济制度是以公有制为基础的新型经济制度。生产资料公有制是社会主义经济制度区别于资本主义经济制度的最本质的特征。社会主义经济制度取代资本主义经济制度是公有制取代私有制，不同于一种私有制度取代另一种私有制度。从历史上看，封建制度取代了奴隶制度，资本主义制度取代了封建制度。由于这些制度同属于私有制度，新兴的生产关系是在旧社会的"母体"中萌芽和生长起来的。例如，公元1世纪中叶，古罗马奴隶制已出现衰落的征兆，在奴隶制度衰落过程中逐渐产生了封建经济成分——隶农制。在我国春秋时期，由于铁制农具的使用和牛耕的推广，出现了"私田"。"初税亩"的实行确认了在奴隶制"母体"中产生的封建生产关系。在14~15世纪，地中海沿岸的威尼斯、热那亚、佛罗伦萨和米兰等城市已经稀疏地出现了资本主义生产关系的萌芽。在我国明代中期的江南丝织业中，已出现拥有三四十张织机的"大户"和受雇于大户的"机工"，并产生了包买商，这标志着我国封建社会内部资本主义生产关系的萌芽。而以公有制为基础的社会主义经济制度的建立，是以无产阶级上升为统治阶级为政治前提的。迄今为止，社会主义经济制度都是在无产阶级掌握国家政权后，利用国家政权的力量，通过改造私有制度而建立起来的。

（一）中国从新民主主义到社会主义的选择

建立社会主义经济制度是一项十分复杂而艰巨的任务，实现这一任务需要经历一个过渡时期。这个过渡时期是从资本主义向社会主义转变的历史时期。这一时期从无产阶级掌握国家政权起，直到生产资料私有制的社会主义改造基本完成止。由于取得无产阶级革命胜利的各国的社会历史条件不同，经济、政治和文化状况各异，因而各国的过渡时期有长有短，对私有制度的改造途径也各有特点，但各国过渡时期的主要矛盾、基本经济特征和主要任务是相同的。在过渡时期，社会的主要矛盾是工人阶级同资产阶级的矛盾、社会主义同资本主义的矛盾，社会的基本经济特征是多种经济成分并存。在多种经济成分中，既有旧社会遗留下来的资本主义经济和小私有经济，又有新成长起来的社会主义性质的经济。这一时期的主要任务是改造资本主义私有制和小私有制，建立以公有制为基础的社会主义经济制度。

在半殖民地半封建的旧中国，帝国主义和中华民族的矛盾、封建主义和人民大众的矛盾，成为近代中国社会的主要矛盾。封建主义、官僚资本主义和帝国主义形成压在中国人民头上的"三座大山"。历史证明，在当时的国际国内条件下，中国无法选择资本主义道路。这是因为：①中国不具备选择资本主义道路的国际条件。进入 20 世纪，世界资本主义已经发展成为帝国主义，而中国沦为半殖民地半封建社会，成为帝国主义世界体系的一个组成部分。帝国主义为了维护在华的政治控制和既得利益，绝不允许中国发展独立的、完整的工业体系，不允许中国走上独立发展的资本主义道路。②中国不具备发展资本主义的民众基础。在中国发展资本主义，不仅要经历比老牌资本主义国家曾经走过的更加血腥、更加残酷的道路，给广大人民群众带来无穷无尽的灾难，而且即使最终能够发展起来，也绝对不可能是跻身先进行列的现代化国家，而只能是西方列强的附庸。1840 年以来，帝国主义对中华民族的统治和压迫，给中国人民心中留下了深刻的创伤，选择这种受帝国主义控制的资本主义道路，不符合中国各族人民的利益。③近代中国没有能够领导人民群众走独立发展资本主义道路的社会力量。封建主义为了维持自身的统治和既得利益，必然极力阻碍西方资产阶级政治经济制度在中国的实施。代表中国民族资本主义的民族资产阶级，虽然在一定程度上反对帝国主义、封建主义和官僚资本主义，希望能够摆脱它们的压榨而获得独立的发展，但是，他们在政治上和经济上都比较软弱，具有很大的动摇性和妥协性，无力与之对抗。而中国的大资产阶级则是完全依附于外国帝国主义，并且和国内的封建主义相结合，形成官僚买办资本主义。它同封建主义、帝国主义一样是社会生产力发展的严重阻碍，不可能建立独立自主的资本主义制度。

正是在这样的历史条件下，中国共产党领导中国人民选择了经过新民主主义革命走上社会主义的道路。中国共产党把马克思列宁主义的普遍真理与中国革命的具体实践相结合，揭示了旧中国半殖民地半封建的社会性质，指出中国革命的过程必须分两步走：第一步，进行新民主主义革命，即无产阶级领导的人民大众反对帝国主义、封建主义和官僚资本主义的革命，这是社会主义革命的必要准备；第二步，进行社会主义革命，建立社会主义经济制度，这是新民主主义革命的必然趋势。1949 年中华人民共和国的成立，标志着新民主主义革命的胜利。从此，中国开始进行社会主义革命，着手建立社会主义经济制度。

由此可见，半殖民地半封建的旧中国选择社会主义道路是中国历史发展的必然，是广大人民根据历史必然性做出的正确选择。从 1840 年鸦片战争到新中国诞生的一百年来，人民不断进行革命斗争来选择中国的前途，一些仁人志士也曾为在中国建立资产阶级共和国而努力奋斗，甚至献出生命。但是，他们的这些努力和追求在帝国主义和国内封建主义的双重打击下都以失败告终。在中国共产党领导下，通过新民主主义走向社会主义，是中国人民经过一百多年斗争得出的合乎中国近代历史发展的必然结论。事实证明："只有社会主义才能救中国，只有社会主义才能发展中国。"① 这是中国近代历史发展的必然结论。

（二）中国社会主义经济制度的建立

无产阶级夺取政权后，我国就进入了从新民主主义社会到社会主义社会的过渡时期，即革命的转变时期。因为社会主义的生产关系不可能在资本主义社会内部自发地产生，无产阶级政权建立的开始时期，大量非社会主义经济，包括资本主义经济和其他私有经济依然继续存在。要把这些非社会主义经济改造为社会主义公有制经济，需要经历一个相当长的历史时期。我国的这个时期，从 1949 年 10 月中华人民共和国成立开始，到 1956 年"三大改造"基本完成结束。无产阶级在过渡时期的基本任务，就是把资本主义私有制和农业、手工业中的个体私有制转变为社会主义公有制，建立社会主义经济制度。

我国建立社会主义经济制度的基本途径是：

首先，没收官僚资本，建立社会主义全民所有制。在旧中国，资本主义私有制经济分为官僚资本和民族资本两个部分。其中，官僚资本依附于帝国主义，并和封建主义相勾结，垄断了旧中国的经济命脉。它是国民党反动统治的基础，代表着旧中国最反动、最落后的生产关系，严重阻碍了中国生产力的发展。所以，当我国新民主主义革命在全国胜利后，立即在全国范围内没收了官僚资本所控制的企业，为建立社会主义全民所有制经济，从而掌握国家的经济命脉，实现对我国生产资料私有制的社会主义改造和社会主义建设奠定了物质基础。

其次，和平赎买民族资本，壮大社会主义全民所有制。民族资本主义经济在民主革命时期和社会主义革命时期都具有两面性，既有积极作用的一面，又有消极作用的一面。与此相联系，民族资产阶级在对待无产阶级革命的政治态度上也具有两面性，既有希望发展资本主义的一面，又有拥护共同纲领、接受共产党和人民政府领导的一面。因此，我们有必要也有可能对民族资本实行"和平赎买"政策。

我国对民族资本的赎买，采取了利用、限制和改造的政策，即利用民族资本主义经济对国计民生有利的作用，限制其不利于国计民生的作用，并把民族资本主义经济改造成为社会主义全民所有制经济。

我国对民族资本主义工商业的社会主义改造是通过国家资本主义形式实现的。我国的国家资本主义经历了初级形式到高级形式两个阶段的发展过程。第一步是把资本主义工商业变成初级形式的国家资本主义，在工业中主要是搞委托加工、统购包销，在商业中主要是搞经销代销。国家从流通领域入手，通过控制原料、商品货源和市场，切断资本主义企业与自由市场的联系，削弱和限制它的投机性和盲目性，形成其依赖社会主义国有经济的条件，逐步将其生产和流通纳入国家计划的轨道。第二步再把初级形式的国家资本主义工商业变成高级形式的国家资本主义，也就是实行公私合营。这分为个别企业的公私合营和全行业的公私合营两个阶段。全行业公私合营的企业基本上是社会主义性质的企业。1956 年实行全行业公私合营后，国家对资本家实行定息制度，即资本家按私有股份额取得固定的股息，企业的生产资

---

① 邓小平. 第三代领导集体的当务之急［M］//邓小平文选：第 3 卷. 北京：人民出版社，1993：311.

料完全由国家支配。到 1966 年 9 月，国家原定的向资本家支付定息的年限已满，决定不再支付定息，公私合营的企业就变成了完全社会主义性质的全民所有制企业。

最后，改造个体私有制，建立社会主义劳动群众集体所有制。我国民主革命胜利后，在对资本主义私有制进行社会主义改造的同时，还要把广泛存在于农业和手工业中的个体私有制改变为社会主义公有制，引导个体农民和个体手工业者走上社会主义道路。

按照马克思主义的原则，不能剥夺个体劳动者的财产，只能在其自愿的基础上，通过典型示范、思想教育和国家帮助，引导个体劳动者走上合作化的道路，建立社会主义劳动群众集体所有制。我国对农民个体经济的改造，是通过采取带有社会主义萌芽性质的互助组、半社会主义性质的初级农业生产合作社、完全社会主义性质的高级农业生产合作社这样三个互相衔接、逐步前进的形式和步骤实现的。高级农业生产合作社的建立，标志着农业个体经济变成了社会主义劳动群众集体所有制经济。我国对个体手工业的改造，也是通过合作化的道路进行的。从流通领域入手，首先采取手工业供销小组、手工业供销合作社组织形式，然后进入生产领域的合作，建立生产合作社。到 1956 年年底，我国基本上完成了对农业和手工业的社会主义改造。

第二节　社会主义初级阶段及其规定性

一、社会主义初级阶段理论的确立和发展

社会主义发展要不要划分阶段，如何划分阶段，曾经历过相当长的探索过程。早在社会主义制度建立之前，马克思主义经典作家就作过预测，认为从资本主义灭亡到共产主义实现要经过三个历史阶段，即从资本主义向共产主义的过渡时期、共产主义的第一阶段和共产主义的高级阶段。共产主义的第一阶段即通常所说的社会主义社会。至于社会主义社会在其发展过程中还要经过哪些阶段，特别是经济文化落后的国家建设社会主义要经过哪些阶段，马克思没有也不可能做出具体的回答。列宁曾依据从资本主义向社会主义过渡时期的实践，指出在向共产主义前进的过程中会出现若干重要阶段，并提出了"初级形式的社会主义""发达的社会主义""完全的社会主义"等概念。但是，这仍然是一般的构想，当时还缺乏足够的实践经验来做出科学概括。列宁同时还认为，人类社会要经过哪些阶段到达共产主义，需要实践来回答。

经过多年对社会主义的艰苦探索，1981 年 6 月召开的党的十一届六中全会通过了《关于建国以来党的若干历史问题的决议》，首次提出了社会主义初级阶段的科学范畴，并做出了"中国仍处于社会主义初级阶段"的论断。这是依据我国的基本国情提出来的，是对马克思主义科学社会主义理论的丰富和发展。

新中国成立之初，在进行社会主义经济建设的同时，我国就对国情问题进行了初步的探讨。从 1949 年 10 月新中国成立到 1956 年，从当时的国情出发，我国有步

骤地实现了从新民主主义到社会主义的转变，迅速恢复了国民经济并开展了有计划的经济建设，在全国绝大部分地区基本上完成了对生产资料私有制的社会主义改造，包括过渡时期的总路线在内的一系列正确的指导方针和基本政策，保证了这一时期繁重的经济、社会任务的顺利完成，取得了辉煌的胜利。社会主义改造基本完成之后，我国开始转入全面的、大规模的社会主义经济建设。在这样的情况下，毛泽东指出，我国的社会主义制度还刚刚建立，还没有完全建成，还未完全巩固，还需要一个继续建立和巩固的过程。其后，从1957年起至"文化大革命"前夕这十年中，我国做了大量的工作，积极进行社会主义经济建设，取得了很大的成就：工业产品的产量实现了巨大增长，工业布局有了改善；农业基本建设和技术改造开始大规模展开并逐步收到成效；科技、教育事业也有了较大的发展。我国现在赖以进行现代化建设的物质技术基础，很大一部分是在这个时期建立起来的。但是，在这一期间，也发生了脱离国情、超越社会主义发展阶段、照搬"苏联模式"、实行中央高度集权的计划经济体制的一些严重错误，诸如：在经济建设中搞高指标和"大跃进"；在所有制形式上盲目求大、求公，将个体经济当作"资本主义尾巴"割掉等；在意识形态领域片面强调阶级斗争，严重干扰了经济建设，并导致了1966年5月至1976年10月灾难性的"文化大革命"。经济指导思想上的许多是非观念被混淆、颠倒，经济建设的正常秩序被严重破坏，国民经济运行陷入混乱状况，社会主义建设事业遭受了新中国成立以来最严重的挫折和损失。

中国共产党的十一届三中全会以后，在深刻总结历史经验教训的基础上，我国恢复了实事求是的思想路线，在社会主义建设实践中不断深化对国情的认识。邓小平提出，现在搞建设，要适合中国情况，走出一条中国式的现代化道路。在总结实践和理论发展的基础上，1981年6月党的十一届六中全会通过的《关于建国以来党的若干历史问题的决议》中第一次提出："我们的社会主义制度还处在初级阶段"，"我们的社会主义制度由比较不完善到比较完善，必然要经历一个长久的过程。"1982年9月，党的十二大肯定，"我国的社会主义社会现在还处在初级发展阶段"。1986年党的十二届六中全会通过的《关于社会主义精神文明建设指导方针的决议》中进一步指出："我国还处在社会主义初级阶段……在相当长历史时期内，还要在公有制为主体的前提下发展多种经济成分，在共同富裕的目标下鼓励一部分人先富起来。"党的十三大对社会主义初级阶段做了全面的论述，指出"正确认识我国社会现在所处的历史阶段，是建设中国特色社会主义的首要问题，是我们制定和执行正确的路线和政策的根本依据。对这个问题，我们党已经有了明确的回答：我国正处在社会主义的初级阶段。"党的十三大以后，我国根据改革开放和现代化建设的发展，不断深化对社会主义初级阶段问题的认识。1992年党的十四大把社会主义初级阶段理论作为邓小平理论的重要组成部分加以概括。党的十五大进一步阐述了社会主义初级阶段问题，指出中国现在处于并将长期处于社会主义初级阶段，并且具体阐述了我国社会主义初级阶段的基本纲领和要实现的目标。党的十六大强调指出，我国正处于并将长期处于社会主义初级阶段，现在达到的小康还是低水平的、不全面的、发展很不平衡的小康，人民日益增长的物质文化需要同落后的社会生产之间的矛盾仍然是我国社会的主要矛盾。党的十七大报告全面分析了当前我国发展的阶段性特征，同时强调，"经过新中国成立以来特别是改革开放以来的不懈努力，我国取得了举世瞩目的发展成就，从生产力到生产关系、从经济基础到上层建筑都发生了意义深远的重大变化，但我国仍处于并将长期处于社会主义初级阶段的基本国情没有变，人民日益增长的物质文化需要同落后的社会生产之间的矛盾这一社会主要矛盾没有变。当前我国发展的阶段性特征，是社会主义初级阶段基本国情在新世纪新阶段的具体表现。"至此，我国对基本国情和科学社会主义的阶段划分有了更加全面、客观的认识。

党的十八大报告，针对我国发展面临的突出矛盾，围绕人民最关心、最直接、最现实的利益问题，从战略全局上对我国的改革发展做出规划和部署，要求全党、全军、全国各族人民，要更加紧密地团结在党中央周围，坚定不移沿着中国特色社会主义道路前进，全面落实经济建设、政治建设、文化建设、社会建设、生态文明建设五位一体总布局，为实现全面建成小康社会的宏伟目标不懈奋斗。

党的十九大报告，明确新时代我国社会主要矛盾是人民日益增长的美好生活需要和不平衡不充分的发展之间的矛盾，必须坚持以人民为中心的发展思想，不断促进人的全面发展、实现全体人民共同富裕。党的十九大提出的对中国社会主义初级阶段主要矛盾的全新认识，是社会主义初级阶段理论的又一重大发展。在我国社会主要矛盾变化的同时，党的十九大也明确了，我国仍处于并将长期处于社会主义初级阶段的基本国情没有变。对我国社会主义所处历史阶段的判断，我国是世界最大的发展中国家的国际地位没有变。全党依然要牢牢把握社会主义初级阶段这个基本国情，牢牢立足社会主义初级阶段这个最大实际。明确对社会主义初级阶段的认识，是党和国家制定社会主义现代化建设的发展战略和各项方针政策的根本出发点①。

二、社会主义初级阶段的内涵及其依据

社会主义初级阶段理论，是中国特色社会主义理论体系重要组成部分，是中国实行改革开放的理论基石，是中国从20世纪50年代建立起社会主义基本制度到建成发达的社会主义现代化国家基本国情的科学概括。我国经过长期的社会实践和艰苦的理论探索得出的社会主义初级阶段理论，不是泛指任何国家进入社会主义社会都要经历的起始阶段，而是特指我们这样一个脱胎于半殖民地半封建社会的国家，在生产力落后、商品经济不发达条件下建设社会主义必然要经历的阶段。它有科学的规定性，即：

第一，从社会性质来说，我国已经进入社会主义社会，这是共产主义的初级阶段。我们必须坚持而不能离开社会主义，我们所进行的一切改革和建设事业都必须坚持社会主义的方向和道路，都要不断逼近而不是偏离共产主义的远大目标。

第二，从发展程度和发展水平来看，我国的社会主义制度还不完善，生产力与生产关系之间、经济基础与上层建筑之间还存在诸多不相适应的部分，社会主义社

① 张卓元. 社会主义初级阶段理论 [J]. 经济研究，2022，57 (1)：29-36.

会还处在不发达阶段。我们必须从这个实际出发进行改革开放和现代化建设，而不能超越这个阶段，采取不合实际的路线和政策。

确认我国处于社会主义初级阶段，有其客观的依据。

首先，这是由我国生产力发展状况决定的。在一个落后的半殖民地半封建国家，没有经过资本主义的充分发展而直接走上社会主义道路，这是马克思主义的基本原理同中国实际相结合而取得的重大历史性胜利。但由此产生的问题是，我国无可选择地接受了生产力水平低、社会化大生产不发达、商品经济落后等"历史遗产"。这一历史事实决定了我国在对生产资料私有制的社会主义改造基本完成以后的相当长的历史时期内，生产力的落后与生产关系之间的矛盾仍然是主要的矛盾。从1956年进入社会主义初级阶段以后，虽然经过几十年的发展，我国社会生产力、综合国力、人民生活水平都有了很大提高；但总的来说，我国人口多，底子薄，生产力的总体水平还不高，自主创新能力还不强，人均国民生产总值居于世界后列，同世界发达国家相比仍然处于比较落后的状况。我国的经济增长方式比较粗放，付出了过大的资源和环境代价，劳动生产率、经济效益、经营管理水平不高；生产社会化程度低，市场经济还不发达，自然经济、半自然经济还占相当大的比重；结构性矛盾依然突出，第三产业比重远低于发达国家，城乡结构、地区结构也不合理；一部分现代工业与大量落后的工业并存，手工劳动特别是农村中的手工生产仍占有很大比重；大部分人口从事农业生产，城市化程度不高；国民经济整体实力较差，国际竞争力不强；经济建设与人口增长、资源利用、环境保护之间还存在较大矛盾。由这些情况所决定，在相当长的时期内我国的社会主义只能是处于初级的、不发达的阶段。

其次，这是由我国的生产关系和上层建筑性质决定的。从生产关系来看，经过长时间的努力，作为社会主义基本特征的生产资料公有制和按劳分配的主休地位已经确立，这使我国实现共同富裕、避免两极分化的社会主义目标有了根本保证，并由此确立了我国经济的社会主义性质。但是，我国社会主义市场经济体制还不够完善，影响发展的体制机制障碍依然存在，改革攻坚面临深层次矛盾和问题。对于公有制的实现形式、公有制的生产资料与劳动者的结合方式、按劳分配的具体实现形式以及如何处理好效率与公平的关系等问题的认识还有待加深。由于生产力总体水平不够高及其多层次、不平衡发展，在相当长的历史时期，我们还必须允许和鼓励多种非公有制经济成分的发展，允许某些非劳动要素参与分配过程，从而不可避免地会存在某些分配不公、居民收入差距过大的问题，所有这些都还需要长期继续探索。从上层建筑来看，社会主义的上层建筑已经确立，社会主义基本政治制度已占社会统治地位，劳动人民成为国家主人，由此确立了我国社会的社会主义性质。但是，我们的政治体制还有待改革，民主和法制两个方面都还有待进一步完善。在具体的领导制度、组织形式和工作方式上，还存在一些缺陷，官僚主义、封建残余思想、腐败现象还时有发生，有时还相当严重。这些都说明，完善社会主义民主，健全社会主义法制，改革上层建筑中不适应经济基础的部分，任务还是长期和繁重的。

党的十九大以来，尽管我国社会主要矛盾变化，但判断初级阶段这一国情的依

201

据依然没有变化。新中国成立初期,我国半殖民地半封建社会遗留下来的极低的生产力水平无法满足人民的基本需要。新中国成立以来经过多代中国人的艰苦奋斗,社会生产力水平不断提高,逐步从量上满足了人民日益增长的物质文化需要,但是,人民多样化的、多层次的、不断变化的物质文化需要与社会生产力发展不均衡、不充分之间的矛盾依然突出,我国处于社会主义初级阶段的上述依据依然成立,坚持解放和发展社会生产力,坚持社会主义市场经济改革的总方向不能变化。

三、社会主义初级阶段的主要矛盾

在马克思主义中国化的探索中,矛盾论是帮助中国共产党认识和判断我国社会主要矛盾的有力工具,而对社会主要矛盾的清晰认识和正确判断是中国共产党领导中国革命、建设和改革的坚实保障[①]。任何社会都存在多种矛盾,其中有一种矛盾居于主要地位,决定并制约着其他矛盾的发展,这种矛盾称为主要矛盾。根据马克思社会矛盾的学说,任何社会的主要矛盾都产生于社会基本矛盾,主要矛盾是社会基本矛盾在不同历史发展阶段的集中表现。

建党以来百年的发展,我国社会主要矛盾主要经历了四个阶段,发生了三次重大的演变。首先,在社会主义制度建立之前的半殖民地半封建社会,社会的基本矛盾具有对抗性,表现为激烈的阶级斗争,因而阶级斗争始终是社会的主要矛盾。其次,党的八大后,我国制定了一系列政策,开始进行社会主义建设的探索,此时社会主要矛盾变为了人民对于建立先进的工业国的要求同落后的农业国的现实之间的矛盾。再次,1978 年,我国开始实施改革开放政策,中共十一届六中全会提出了我国社会主要矛盾变为了人民日益增长的物质文化需要同落后的社会生产之间的矛盾。最后,到 2017 年,我国国民经济发展水平已经得到了大幅提升,习近平总书记在党的十九大上提出,我国社会主要矛盾已经是人民日益增长的美好生活需要和不平衡不充分的发展之间的矛盾。

在我国,1956 年以后,随着生产资料的社会主义改造基本完成,剥削阶级作为一个完整的阶级已经退出了历史舞台。虽然生产力和生产关系、经济基础和上层建筑之间的矛盾仍然是社会基本矛盾,但其主流已不表现为阶级矛盾。由我国社会主义初级阶段的国情所决定,人民不断增长的物质文化需要同落后的社会生产之间的矛盾日益突出,贯穿于我国社会主义初级阶段的整个过程和社会生活的各个方面,成为社会主义初级阶段的主要矛盾。在这个主要矛盾中,矛盾的主要方面是落后的社会生产。所谓落后的社会生产,一是特指我国社会生产力还不是很发达,还没有实现现代化,社会主义的物质基础还没有充分建立起来,人民还没有完全摆脱贫穷的状况;二是相对于发达资本主义国家的生产力发展状况而言,我国目前的生产力水平还有相当大的差距。这就决定了我国必须把经济建设作为全党、全国工作的中心,各项工作都要服从和服务于这个中心。只有牢牢抓住这个矛盾和工作中心,才能清醒地观察和把握社会矛盾的全局,有效地促成各种社会矛盾的解决。

---

① 丁任重,张航. 社会主要矛盾 [J]. 经济研究,2022,57(2):10-18.

　　对于社会主义初级阶段主要矛盾的认识，我们经历了一个长期而曲折的过程。早在 1956 年党的第八次全国代表大会上，就形成了对我国社会主要矛盾的初步认识，大会的报告指出："国内的主要矛盾，已经是人民对于经济文化迅速发展的需要同当前经济文化发展不能满足人民需要的状况之间的矛盾。这一矛盾的实质，在我国社会主义制度已经建立的情况下，也就是先进的社会主义制度同落后的社会生产力之间的矛盾。"① 基于对社会主义主要矛盾的这种判断，党的八大及时提出转移工作重点，指出我国当前的主要任务就是要集中力量解决社会主义主要矛盾，把我国尽快从落后的农业国发展为先进的工业国。实践证明，当时关于我国社会主义社会基本矛盾的判断是正确的。遗憾的是，这种正确的认识未能得到实施。从 1957 年到 1978 年的二十多年里，阶级斗争仍然被作为主要矛盾，甚至在长时期内"以阶级斗争为纲"，结果导致了"文化大革命"的悲剧，生产力的发展遭到严重破坏，人民物质文化生活水平的提高受到极大阻碍。党的十一届三中全会以后，我国在对社会主义发展阶段问题进行认识的同时，也对社会主义社会的主要矛盾问题进行重新认识，在总结我国社会主义建设正反两方面经验的基础上，得出了科学、正确的结论。1981 年 6 月党的十一届六中全会通过的《关于建国以来党的若干历史问题的决议》，在重新肯定党的八大路线的基础上，对我国社会的主要矛盾做了新的概括，指出："在社会主义改造基本完成以后，我国所要解决的主要矛盾，是人民日益增长的物质文化需要同落后的生产之间的矛盾。"② 随着对社会主义社会主要矛盾正确认识的重新确立和工作中心转移到经济建设上来，我国的社会生产力迅速发展，综合国力不断增强，人民生活水平日益提高。2017 年，党的十九大报告将我国的社会基本矛盾界定为"人民日益增长的美好生活需要和不平衡不充分的发展之间的矛盾"，这一重大政治判断，是符合我国社会发展历史阶段客观实际的真理性认识，为制定党和国家大政方针、长远战略提供了重要依据。我们需要正确理解我国社会主要矛盾的"变"和"不变"——"变"指的是主要矛盾发生了变化；"不变"就是没有改变我们对我国社会主义所处历史阶段的判断，我国仍处于并将长期处于社会主义初级阶段的基本国情没有变，我国是世界最大发展中国家的国际地位没有变。

　　关于社会主要矛盾新论断的提出，既是对马克思主义矛盾理论的运用，也是中国社会实践的真实反映，是我们党在中国特色社会主义进入新时代以后，客观分析了我国社会主义现代化建设的形势和任务，对我国目前社会主要矛盾作出的新判断。原来关于"人民日益增长的物质文化生活需要同落后的社会生产之间的矛盾"的表述，已经不能准确反映已经变化了的客观实际。在社会生产方面，经过改革开放 40 多年快速发展，我国社会生产力水平总体上显著提高，社会生产能力在很多方面进入世界前列，我国长期存在的短缺经济和供给不足状况已经发生根本性变化，再讲"落后的生产"已经不符合实际。在需求方面，随着生活水平显著提高，人们对更好生活的向往更加强烈。人民群众的需要呈现多样化、多层次、多方面的特点，在

---

　　① 中国共产党第八次全国代表大会关于政治报告的决议［R］. 北京：民族出版社，1956.
　　② 中国共产党第八次全国代表大会关于政治报告的决议［EB/OL］.（2008-06-04）［2022-06-30］. http://www.people.com.cn/GB/shizheng/252/5098/5103/5208/20010428/454965.html.

需要的领域和重心上已经超出原先物质文化的层次和范畴，只讲"日益增长的物质文化需要"已经不能真实反映人民群众变化了的需求。人民群众对美好生活的向往或需求日益多样化，变得更为丰富和广泛，人民不仅对物质文化生活提出了更高要求，而且在民主、法治、公平、正义、安全、环境等方面的要求日益增长，这些需求仅用"物质文化需要"难以概括。制约日益增长的人民对美好生活的需要的关键因素，不再是单纯的"社会生产"因素，而是扩展到包括生产发展因素在内的整体社会发展的不平衡和不充分。

四、社会主义初级阶段的根本任务

社会主义初级阶段的主要矛盾决定了社会主义初级阶段的根本任务。我国社会主义初级阶段的主要矛盾贯穿社会生活的各个方面，决定了在整个社会主义初级阶段，解放和发展生产力是中国特色社会主义的根本任务。

新中国成立 70 多年来，我国稳定解决了十几亿人的温饱问题，总体上实现小康，不久将全面建成小康社会，人民美好生活需要日益广泛，不仅对物质文化生活提出了更高要求，而且在民主、法治、公平、正义、安全、环境等方面的要求日益增长。紧扣我国社会主要矛盾变化，以解放和发展生产力为基础，统筹推进经济、政治、文化、社会、生态文明"五位一体"、建设社会主义现代化强国。

生产力的发展是人类社会发展的最终决定力量。人类社会的发展，就是先进生产力不断取代落后生产力的历史进程。任何一种社会形态的产生和更替，生产力是最根本的因素。社会主义是一种比过去任何社会形态都更高级的社会形态，应该有更高的生产力发展水平作为它的物质基础。不发展生产力就建设不成真正的社会主义，贫穷落后不是社会主义，社会主义现代化必须建立在发达的生产力的基础上。

处于社会主义初级阶段的当代中国，集中精力发展生产力具有特殊的重要性和迫切性，必须把发展生产力摆在首要地位。这是因为：

第一，只有大力发展生产力，才能不断巩固和完善社会主义制度，最终建立共产主义制度。新中国成立 70 多年以来，我国经济体量已经位居世界第二，社会生产已经彻底摆脱了贫穷落后的局面，甚至在一些技术领域已经达到世界领先。但是，在新一轮科技与产业革命背景下，我们还需要实现关键技术的自主和突破创新，进一步建立社会主义的雄厚物质技术基础，巩固和发展社会主义经济制度。邓小平提出："社会主义的任务很多，但根本一条就是发展生产力，在发展生产力的基础上体现出优于资本主义，为实现共产主义创造物质基础。"[1] 社会主义初级阶段，要解决不平衡不充分发展问题，必须大力发展生产力。将来进入社会主义的高级阶段，也必须大力发展生产力。

第二，只有大力发展生产力，才能满足人民群众不断丰富的美好生活需要，实现社会主义生产的根本目的，这也是由社会主义的本质所决定的。进一步发展先进生产力，才能向社会提供质量提升的物质文化产品，才能为共同富裕目标的稳步推

---

① 中央财经领导小组办公室. 邓小平经济理论学习纲要［M］. 北京：人民出版社，1997：29.

进奠定物质基础。

第三，只有大力发展生产力，才能建设高度的社会主义精神文明。社会主义不仅要建设高度的物质文明，而且要建设高度的精神文明，这是我国社会主义现代化建设的一个根本方针。一定的精神文明是以一定的物质文明为基础的，高度的精神文明只能建立在高度的物质文明基础之上。在现阶段，我国教育科学文化事业的发展水平还不高，这在一定程度上制约着精神文明的建设。为此，必须大力发展生产力，才能更好地为精神文明建设提供必要的物质基础，最终建立起与社会主义要求相适应的高度的精神文明。

第四，只有大力发展生产力，才能维护国家主权和独立。世界格局向多极化发展的趋势不可阻挡，和平与发展仍是当今世界两大主题。科技革命和经济全球化的发展，使经济日益成为当今国际关系中的决定性因素。世界各国特别是大国都着眼于提高以经济和技术水平为标志的综合国力。为维护国家主权和独立，实现和平统一祖国的大业，我们需要有强大的国力。而强大的国力首先需要有强大的经济实力和先进的科学技术来支撑。所以，只有大力发展生产力，建立雄厚的物质技术基础，才能增强国家的经济实力，增强综合国力，从而为维护国家主权和独立、建立强大的国防奠定可靠的坚实基础。

总之，是否有利于发展社会主义社会的生产力，是否有利于增强社会主义国家的综合国力，是否有利于提高人民生活水平，是我国在社会主义初级阶段全面推进现代化建设考虑一切问题的出发点和落脚点。

第三节　新时代中国特色社会主义经济建设

一、中国特色社会主义进入新时代与新发展阶段

党的十八大以来，以习近平同志为核心的党中央科学研判和深刻把握国际国内发展大势，顺应世界发展潮流和人民意愿，创造性地提出一系列新理念新思想新战略，取得了改革开放和社会主义现代化建设的历史性成就，近代以来久经磨难的中华民族迎来了从站起来、富起来到强起来的伟大飞跃，中国特色社会主义进入新的历史阶段。党的十九大报告指出，"经过长期努力，中国特色社会主义进入了新时代"[①]，并全面、系统地概括了新时代的内涵："这个新时代，是承前启后、继往开来、在新的历史条件下继续夺取中国特色社会主义伟大胜利的时代，是决胜全面建成小康社会、进而全面建设社会主义现代化强国的时代，是全国各族人民团结奋斗、不断创造美好生活、逐步实现全体人民共同富裕的时代，是全体中华儿女勠力同心、奋力实现中华民族伟大复兴中国梦的时代，是我国日益走近世界舞台中央、不断为

---

① 习近平. 决胜全面建成小康社会 夺取新时代中国特色社会主义伟大胜利：在中国共产党第十九次全国代表大会上的报告［M］. 北京：人民出版社，2017：10.

人类作出更大贡献的时代。"[1]

中国特色社会主义进入新时代，我国社会主要矛盾发生了深刻变化。习近平总书记在党的十九大报告中明确指出："我国社会主要矛盾转化为人民日益增长的美好生活需要和不平衡不充分的发展之间的矛盾。"[2] 当前，我国社会生产力和人民的需要都发生了历史性变化。从人民的需要来看，过去的极端贫困状况已得到根本改变，物质需求已不再是人们最强烈的、压倒一切的要求，人们对物质文化的需要从数量转向更高质量、更高层次，在物质文化需求之外，良好的民主政治权益、完善的安全保障和优美的自然生态环境在人民需要中的权重得到显著提升，对人民的获得感、幸福感产生越来越重要的影响。从社会生产力的角度来看，经过改革开放以来的快速发展，我国已成长为世界第二大经济体，突出的问题不再是单纯的数量问题，而是质量问题，是长期粗放式发展导致的发展不平衡不充分问题，如城乡和区域发展不平衡、自主创新能力不足、产业结构不合理、投资消费比例不协调、有效供给能力不足、资源要素生产率不高、收入差距扩大、环境污染等。这种增长方式的代价是高昂的，也是不可持续的，与当前人民日益增长的美好生活需要不相适应，必须贯彻新发展理念，推动我国经济由高速增长转向高质量发展，建设现代化经济体系，促进共享发展与共同富裕。

中国特色社会主义进入新时代，意味着中国进入了一个新发展阶段。从理论依据来看，马克思主义认为，事物是过程的集合，发展过程是有阶段的。党的十九届五中全会提出，全面建成小康社会、实现第一个百年奋斗目标之后，我们要乘势而上开启全面建设社会主义现代化国家新征程、向第二个百年奋斗目标进军，这标志着我国进入了一个新发展阶段。党的十一届三中全会后，我们党立足我国国情，做出了中国处于并将长期处于社会主义初级阶段的科学论断。要强调的是，社会主义初级阶段不是一成不变的静态阶段，而是一个不断发展进步的动态过程。从历史依据来看，新发展阶段，是我国社会主义初级阶段中的一个重要阶段，是我们党带领人民迎来从站起来、富起来到强起来历史性跨越的新阶段，是贯彻新发展理念、构建新发展格局、推动高质量发展的阶段。再从现实依据来看，经过新中国成立70多年特别是改革开放40多年来的不懈奋斗，我们已经拥有开启新征程、实现新的更高目标的雄厚物质基础。在此基础上全面建设社会主义现代化国家，既是社会主义初级阶段我国经济社会发展的要求，也是我国社会主义从初级阶段向更高阶段迈进的要求。进入新发展阶段，国内外环境的深刻变化既带来一系列新机遇，也带来一系列新挑战，是危与机并存、危中有机、危可转机。我们要辩证认识和把握国内外大势，紧盯解决突出问题，提高改革和发展的战略性、前瞻性、针对性，统筹中华民族伟大复兴战略全局和世界百年未有之大变局，努力实现更高质量、更有效率、更加公平、更可持续、更为安全的发展。

中国特色社会主义新时代和新发展阶段的提出，明确了我国社会发展新的历史

① 习近平. 决胜全面建成小康社会 夺取新时代中国特色社会主义伟大胜利：在中国共产党第十九次全国代表大会上的报告 [M]. 北京：人民出版社，2017：10-11.

② 同①：11.

方位，具有重大而深远的意义。从中国自身来看，这一重大判断符合我国经济社会发展阶段的客观实际，为党和国家制定大政方针、长远战略提供了科学依据。从世界来看，中国特色社会主义进入新时代、中国进入新发展阶段，意味着中国特色社会主义道路、理论、制度、文化不断发展，拓展了发展中国家走向现代化的途径，给世界上那些既希望加快发展又希望保持自身独立性的国家和民族提供了全新选择，为解决发展问题贡献了中国智慧和中国方案。

二、坚持以人民为中心的发展原则

马克思很早就从唯物史观的角度揭示了社会进步的本质，认为衡量社会进步的尺度主要是生产力水平和人的解放程度，人本身的发展是目的与手段的统一。这也就是说，发展应当遵循以人民为中心的原则，只有倡导一种旨在促进"全社会每个人的全面发展"的经济社会发展战略，经济增长和物质财富的丰裕才具有真正的社会价值。习近平总书记指出，"坚持以人民为中心的发展思想。发展为了人民，这是马克思主义政治经济学的根本立场……把增进人民福祉、促进人的全面发展、朝着共同富裕方向稳步前进作为经济发展的出发点和落脚点"[1]。坚持以人民为中心的发展思想，是新时代社会主义经济发展的根本指针，体现了社会主义基本经济规律的要求。坚持以人民为中心的发展的内涵和要求是：

第一，发展为了人民。资本主义经济发展服从资本增殖的需要，为的是少数资产者的利益。坚持以人民为中心，一切为了人民，是马克思主义的根本立场。我们党领导人民革命、建设、改革和发展，从根本上说都是为人民谋利益，"人民对美好生活的向往，就是我们的奋斗目标。"[2] 中国坚持走社会主义现代化道路，发展的目的不是少数人的利益，而是全体人民的利益，是为了满足人民的需要、促进人的全面发展。中国特色社会主义进入新时代，"发展为了人民"就是要顺应人民对美好生活的新期盼、新要求，着力解决发展不平衡不充分问题，更好推动人的全面发展，实现共享发展与共同富裕。

第二，发展依靠人民。马克思主义政治经济学认为，一切财富都是劳动人民创造的，发展必须紧紧依靠人民。进一步地，发展依靠人民，就是要尊重人民在经济社会发展中的主体地位，充分发挥人民群众的首创精神，鼓励"大众创业，万众创新"，最大限度地发挥劳动人民的聪明智慧，让一切创造财富的源泉充分涌流。激发广大人民的积极性、创造性，紧紧依靠人民实现发展，必须提供有效的激励。社会主义制度从根本上保障了劳动人民是社会的主人，对于保障人民的利益、激发劳动者的潜能提供了根本的制度保障。做到"发展依靠人民"，必须坚持公有制和按劳分配的主体地位，发挥社会主义制度在保障社会公平正义和人民利益上的制度优越性。在坚持社会主义基本制度的同时，还要不断完善体制机制，尊重劳动人民的个人利益，充分发挥物质利益的激励作用。

---

① 中共中央党史和文献研究院. 十八大以来重要文献选编：下 [M]. 北京：中央文献出版社，2018：4.
② 习近平. 习近平谈治国理政：第一卷 [M]. 北京：外文出版社，2018：4.

第三，发展成果由人民共享。坚持以人民为中心的发展最终体现在发展成果惠及全体人民上。习近平总书记指出，"共享理念实质就是坚持以人民为中心的发展思想，体现的是逐步实现共同富裕的要求"①。中国式现代化是社会主义现代化，是广大人民普遍受惠、而不仅仅是少数人受惠、甚至少数人剥夺多数人的过程。实现发展成果由人民共享，既是社会主义制度的本质要求和体现，也是可持续发展的要求。从经济运行层面看，共享发展、共同富裕是提振内需、增强消费对经济增长拉动力的要求。从更深层次看，让广大人民共享发展成果，增强人民的获得感、幸福感，是为改革和发展凝聚共识、持续深化改革和推动发展的必要条件和强大动力。实现发展结果由人民共享，固然需要通过再分配、第三次分配调节收入分配结果，缩小收入分配差距，但从马克思主义政治经济学的角度看，更基础的环节是创造包容性、普惠性的经济机会，"给更多人创造致富机会，形成人人参与的发展环境"②，实现发展过程的共享，因为发展过程的共享有利于促进人的全面发展，这是更高层次的共享，也是发展结果共享的基础。

坚持以人民为中心的发展，是贯穿中国特色社会主义经济发展全部过程和一切环节的逻辑主线，只有牢牢把握这条主线，才能保证我国经济发展始终沿着正确的道路前进。

三、社会主义生产目的

社会生产目的是指社会为什么生产和为谁生产，是反映社会生产本质的经济范畴，支配着社会经济的运行和发展。社会生产目的主要由生产资料所有制决定。在资本主义制度下，追逐剩余价值决定了资本主义生产、流通、分配和消费的一切主要方面和主要过程，人本身被降到工具的地位，"生产表现为人的目的，而财富则表现为生产的目的"③。马克思对资本主义生产"见物不见人"、颠倒目的和手段的问题进行了深刻批判，提出"如果抛掉狭隘的资产阶级形式，……财富不就是人的创造天赋的绝对发挥吗？"④恩格斯指出，未来社会主义社会，"不仅可能保证一切社会成员有富足的和一天比一天充裕的物质生活，而且还可能保证他们的体力和智力获得充分的自由的发展和运用"⑤。列宁指出，社会主义生产是要"保证社会全体成员的充分福利和自由的全面发展"⑥，"只有社会主义才可能广泛推行和真正支配根据科学原则进行的产品的社会生产和分配，以便使所有劳动者过最美好的、最幸福的生活"⑦。毛泽东强调"社会主义经济是为人民服务的经济"⑧。邓小平指出：

① 习近平. 习近平谈治国理政：第二卷 [M]. 北京：外文出版社，2017：214.
② 习近平. 扎实推动共同富裕 [J]. 求是，2021（20）：4-8.
③ 马克思恩格斯选集：第2卷 [M]. 北京：人民出版社，2012：739.
④ 同③.
⑤ 马克思恩格斯文集：第3卷 [M]. 北京：人民出版社，2009：563-564.
⑥ 列宁全集：第6卷 [M]. 北京：人民出版社，2013：413.
⑦ 列宁选集：第3卷 [M]. 北京：人民出版社，2012：546.
⑧ 毛泽东年谱（一九四九——一九七六）：第四卷 [M]. 北京：中央文献出版社，2013：323.

"社会主义的目的就是要全国人民共同富裕，不是两极分化。"① 这些论述从不同方面阐明了社会主义生产目的，即为全体社会成员提供富足的物质生活，促进人的全面发展。社会主义生产目的体现了社会主义生产的本质，是社会主义经济区别于资本主义经济的重要标志。

在社会主义实践中，我国不断探索社会主义生产目的的具体实现方式。按照科学社会主义的基本原理，社会主义要建立在高度发达的社会生产力基础上，实现社会主义生产目的同样离不开社会生产力的发展。这意味着，社会主义生产目的的具体实现方式必须适应当时当地社会生产力的发展要求，具有历史的、特殊的形式。马克思、恩格斯曾经设想，在未来的社会主义社会，通过生产资料社会占有、计划生产、直接的按劳分配实现社会主义生产目的。党的十一届三中全会后，我们党认识到，在我国当前所处的社会主义初级阶段，这一实现方式与我国社会生产力的发展要求不相适应，必须找到实现社会主义生产目的的中国道路、中国方案。经过长期的理论和实践探索，不断深化改革，我国逐渐建立社会主义市场经济体制，完成了这一重要的马克思主义基本原理的中国化、时代化，对社会主义生产目的理论和实现方式做出了重大突破与开创性贡献。

党的十八大后，我们党提出了"以人民为中心"的发展思想，通过全面深化改革，进一步完善了市场经济条件下社会主义生产目的的实现形式。社会主义市场经济有市场经济的一般性，如社会财富也体现为商品和货币财富，商品生产的目的也是获取价值，而不是直接获取使用价值；在社会主义市场经济中仍然存在资本范畴，资本同样有增殖的一般性。但是，社会主义市场经济与资本主义市场经济存在本质的区别："资本是资产阶级社会的支配一切的经济权力"②，而在社会主义市场经济中，资本的增殖性必须服从和服务于社会和人民的需要，而不是相反。因此，社会主义市场经济必须"为资本设置红绿灯"，不能让资本逻辑支配社会。实现这一目标，从经济基础层面看，根本上是要坚持公有制的主体地位；从上层建筑层面看，根本上是要坚持党对经济工作的集中统一领导。如马克思所说的"掩盖了其他一切色彩，改变着它们的特点"的"普照之光"③，在社会主义制度和党的领导下，资本及其增殖性也能服务于社会和人民的需要。在坚持社会主义基本制度的基础上，要不断深化体制机制改革，探索市场经济条件下公有制的实现形式，把市场经济的长处和社会主义制度的优势都发挥出来。

209

---

① 邓小平文选：第三卷［M］. 北京：人民出版社，1993：110-111.
② 马克思恩格斯选集：第2卷［M］. 北京：人民出版社，2012：707.
③ 同②.

第四节 坚持和完善社会主义基本经济制度

一、社会主义基本经济制度的发展

基本经济制度反映一个社会生产关系的基本特征，是经济制度体系中具有长期性和稳定性的部分，处于基础性、决定性地位。按照历史唯物主义，生产力决定生产关系，生产关系要适应生产力的发展要求。马克思、恩格斯基于历史唯物主义基本方法，科学地揭示了资本主义生产方式的内在矛盾及其演变规律，在此基础上阐明了未来社会主义社会的基本经济制度和基本特征，包括生产资料社会占有、有计划调节社会生产、按劳分配和按需分配、个人自由而全面发展等。由于社会生产力的发展是历史的，与生产力相适应的生产关系也应当是历史的。正如恩格斯所强调的，"所谓'社会主义社会'不是一种一成不变的东西，而应当和任何其他社会制度一样，把它看成是经常变化和改革的社会"①。

中国的社会主义制度是在落后的社会生产力基础上建立起来的，尚不具备社会主义的物质基础——社会化大生产和发达的社会生产力，这就决定了我们不能完全按照马克思、恩格斯当年设想的未来社会主义社会的制度，而必须从中国的实际情况出发，探索适合中国国情的社会主义道路。自新中国成立以来，这一探索就开始了。通过社会主义改造，我国建立起了以公有制和按劳分配为主体的社会主义基本经济制度。在初期，我们借鉴了苏联的做法，建立起"一大二公"的计划经济体制，实践证明，这套体制并不适合中国国情，不适应中国生产力的发展要求。改革开放后，我们党明确了社会主义初级阶段这一基本国情，创造性地开辟了全新的中国特色社会主义道路。在所有制方面，我们在坚持公有制主体地位的同时，鼓励个体经济、私营经济、外资经济等非公有制经济的健康发展，有力地激发了各类经济主体的活力和创造力；在分配制度方面，尊重各类经济主体的物质利益，在坚持按劳分配为主体的同时，鼓励资本、技术、土地、知识、管理等其他生产要素参与分配；在经济体制方面，探索社会主义与市场经济的结合、政府与市场的结合，推动传统计划经济体制向社会主义市场经济体制转变。

随着中国特色社会主义事业的不断发展和中国特色社会主义制度的不断完善，我们党对社会主义基本经济制度的认识也在不断深化、丰富和发展。过去，我们对社会基本经济制度的认识，主要是与所有制连在一起的，即1997年党的十五大第一次明确提出社会主义初级阶段基本经济制度时的界定。但是，由于改革和发展实践的局限性，仅把基本经济制度界定为所有制及其经济形式，使得实践中所有制的单线突进改革也在一定程度上受到分配和体制机制改革不同步的制约。2012年党的十八大以来，伴随着中国特色社会主义基本经济制度的形成、发展、到逐渐完善、成熟并走向定型，实践的探索和创新赋予了社会主义基本经济制度新的更加丰富的内

---

① 马克思恩格斯文集：第10卷［M］. 北京：人民出版社，2009：588.

涵。2019 年党的十九届四中全会适时做出最新概括，将过去"所有制意义"的基本经济制度拓展为公有制为主体、多种所有制经济共同发展，按劳分配为主体、多种分配方式并存，社会主义市场经济体制等社会主义基本经济制度构成的系统。这一将所有制、分配结构、经济运行机制有机统一的基本经济制度，是中国特色社会主义市场经济体制成长成熟定型的客观需要和必然产物，体现了实践创新、制度创新和理论创新的统一。

二、社会主义基本经济制度的内涵

社会主义初级阶段的基本经济制度包括以下三项制度：公有制为主体、多种所有制经济共同发展的所有制；按劳分配为主体、多种分配方式并存的分配制度；社会主义市场经济体制。这三个部分有着不可分割的内在关联，共同组成一个有机统一的制度体系。公有制为主体、多种所有制共同发展的所有制在基本经济制度中起着决定性的作用。在马克思的研究中，"特别强调所有制问题，把它作为运动的基本问题"[1]，强调所有制是决定一个社会其他制度的基础。生产决定分配，"分配关系只不过是从另一个角度来看的生产关系"[2]。在《政治经济学批判导言》中，马克思指出，"一定的生产决定一定的消费、分配、交换和这些不同要受相互间的一定关系"[3]。因此，在社会主义基本经济制度的三个部分中，公有制为主体、多种所有制经济共同发展的所有制结构处于核心地位，按劳分配为主体、多种分配方式并存的分配制度和社会主义市场经济体制是建立在这一所有制的基础之上的，社会主义市场经济是所有制和分配制度的实现形式。

211

社会主义基本经济制度既体现了社会主义制度优越性，又同我国社会主义初级阶段的生产力发展水平相适应，为生产力持续发展和社会全面进步开辟了前所未有的广阔道路，具有巨大的制度优势，主要体现在以下几个方面。第一，兼顾整体利益与个体利益。既能充分发挥公有制在保障国家和人民的共同利益，如国家安全、社会公平、民生福祉等，又能充分尊重个体利益，发挥物质利益的激励作用，让一切创造社会财富的源泉充分涌流。第二，兼顾效率与公平。公有制为主体为保证社会公平、让全体人民共享发展成果、实现共同富裕提供了制度基础，同时又能发挥非公有制经济和市场机制在增加就业、促进创新、配置资源方面的积极作用；按劳分配本身是效率和公平的统一，按要素分配能提高资源配置效率，让一切劳动、知识、技术、管理和资本的活力竞相迸发。第三，集中力量办大事。习近平强调："我们最大的优势是我国社会主义制度能够集中力量办大事。这是我们成就事业的重要法宝。"公有制为主体与党的集中统一领导使得党和国家具有极强的资源动员能力，能够集中力量办大事，如运用新型举国体制进行核心技术攻关；克服重大风险挑战，统筹发展与安全；调节国民经济结构，实现城乡、区域、行业的协调均衡发展等。社会主义基本经济制度的巨大优越性，通过新中国成立 70 多年、改革开放

[1]　马克思恩格斯选集：第 1 卷［M］. 北京：人民出版社，1972：285.
[2]　马克思恩格斯全集：第 26 卷［M］. 北京：人民出版社，2014：55.
[3]　马克思恩格斯选集：第 2 卷［M］. 北京：人民出版社，1975：102.

40多年的发展奇迹得到了充分证明和生动展现，极大增强了中国人民对中国特色社会主义的制度自信。

党的领导与社会主义基本经济制度是内在统一的。按照历史唯物主义的基本原理，经济基础与上层建筑是有机统一的整体，坚持党对经济工作的集中统一领导是坚持和完善基本经济制度、充分发挥社会主义制度优势的根本保障。党的领导保证中国的现代化始终沿着社会主义方向前进，始终坚持"以人民为中心"的发展道路；党的集中统一领导使中国经济建设具有强大的规划、统筹和组织能力，能够充分发挥社会主义集中力量办大事的制度优势。正如党的十九大提出的，"中国特色社会主义最本质的特征是中国共产党领导，中国特色社会主义制度的最大优势是中国共产党领导"。坚持社会主义基本经济制度，必须坚持党对经济工作的集中统一领导，同时不断完善党领导经济工作的体制机制与方式。

三、社会主义基本经济制度的完善

社会主义基本经济制度具有高度的稳定性，但其实现形式有着更大的灵活性，需要适应具体的情况进行适应性调整。只有找到适应生产力发展要求的社会主义基本经济制度的实现形式，并随着发展阶段的变化不断完善，社会主义基本经济制度的优越性才能充分体现出来。新中国成立以来，特别是改革开放以来，我们一直在矢志探索适合中国国情的社会主义基本经济制度及其实现形式。

社会主义改造完成后，我国建立起了社会主义公有制，包括国家所有制和集体所有制。我们曾按照马恩关于未来社会主义的设想、借鉴苏联的经验，采取了计划经济作为公有制的实现形式，消灭私营经济，追求所有制上的"一大二公"。实践证明，这套体制并不适合我国国情，极大地抑制了社会主义公有制制度优势的发挥。改革开放以后，我们党开始探索市场经济条件下公有制的实现形式，努力将公有制与市场经济结合起来。在农村集体所有制上，通过家庭联产承包责任制实现土地所有权和承包权的"两权分离"，并在此基础上继续深化农村集体产权改革，从"两权分离"逐渐转变为所有权、承包权、经营权"三权分置"，推进农村集体资产股权量化改革，发展股份合作制的新型农村集体经济；对于国家所有制，改革开放以来，我国曾先后尝试通过利改税、承包制方式改革国有企业，以提高国企的微观效率，经过长期实践探索，我们确立了混合所有制的改革方向，有效地激发了国有企业活力，有效地实现了国有企业与市场经济的融合。近年来，我们在前期国企改革成就的基础上，开始新一轮国企改革，特别是创新国有资本管理体制，朝着从"管企业"到"管资本"的方向转变。对于非公有制经济，改革开放以来我们经历了从无到有、从小到大的奇迹般地发展，包括个体经济、私营经济、外资经济在内的非公经济已经成为我国国民经济中的重要组成部分，对我国经济快速增长、创造就业、提升创新能力、激发经济活力，做出了极为重要的贡献。当前，我们正通过全面深化改革，不断优化营商环境，构建"亲""清"新型政商关系，支持、鼓励、引导非公有制经济健康成长。

在社会主义改造完成后，我国曾根据科学社会主义理论，正确地肯定了社会主义制度下实行按劳分配的必要性和合理性，但在之后收入分配中的平均主义盛行，按劳分配原则被否定，实际上背离了社会主义按劳分配的原则。改革开放后，我国重新确立了社会主义按劳分配原则，并突破了直接的实物形式的按劳分配，创造性地探索了市场经济条件下按劳分配的实现形式。在重新确定社会主义按劳分配原则并探索其新的实现形式的同时，随着非公有制经济和市场经济的发展，按要素分配也逐渐发展起来，并在制度上逐渐得到了确认与肯定。当前，我国继续深化收入分配制度改革，按照兼顾效率与公平的原则，不断增强再分配和第三次分配对收入分配结构的调节功能，努力实现"两个同步"（居民收入增长和经济发展同步、劳动报酬增长和劳动生产率提高同步）、提高"两个比重"（居民收入在国民收入分配中的比重、劳动报酬在初次分配中的比重），推动形成橄榄型收入分配结构，致力于在高质量发展中实现共同富裕。

在计划经济时期，我们曾将计划和市场看作社会主义与资本主义的根本区别，否定市场在社会主义初级阶段仍然有必要性与合理性。改革开放后，我们解放思想，实事求是，突破了这一传统观点，明确了计划和市场都是经济手段。在改革开放的历史进程中，我们对计划与市场、政府与市场的关系定位经历了漫长、曲折的演变过程，从开始的计划与市场的"主辅论"、到"有调节的商品经济"，再到确立"社会主义市场经济"的改革方向，市场在资源配置中的作用也从"基础性作用"到现在的"决定性作用"，同时强调更好地发挥政府作用。直到今天，以处理好政府与市场关系为主线的经济体制改革仍在进行时，我们仍然要持续推动体制机制创新与完善，实现有效市场与有为政府的更好结合。

历史的车轮滚滚向前，要始终保持我国经济社会发展活力、挺立在时代潮头，不断展现社会主义制度的优越性，必须始终保持自我革新的能力。当前，中国特色社会主义进入新时代，面对"百年未有之大变局"，我们既要坚持社会主义基本经济制度和党的领导不动摇，又要适应内外部环境的改变，不断完善社会主义基本经济制度的实现形式，掌握好"变"与"不变"的辩证法。

小　结

（1）社会主义革命和社会主义经济制度的建立是在马克思主义科学社会主义理论的指导下进行的。社会主义代替资本主义这一历史发展的客观趋势，根源于资本主义生产方式的基本矛盾，是资本主义社会生产关系和生产力矛盾运动的必然结果。

（2）社会主义初级阶段理论，是中国特色社会主义理论体系重要组成部分，是中国实行改革开放的理论基石，是中国从20世纪50年代建立起社会主义基本制度到建成发达的社会主义现代化国家基本国情的科学概括。党的十九大提出的对中国社会主义初级阶段主要矛盾的全新认识，是社会主义初级阶段理论的又一重大发展。

（3）中国特色社会主义进入新时代，意味着中国进入了一个新发展阶段。从理论依据来看，马克思主义认为，事物是过程的集合，发展过程是有阶段的。党的十九届五中全会提出，全面建成小康社会、实现第一个百年奋斗目标之后，我们要乘势而上开启全面建设社会主义现代化国家新征程、向第二个百年奋斗目标进军，这标志着我国进入了一个新发展阶段。

复习思考题

1. 解释下列名词概念：

科学社会主义　　　　社会主义经济制度　　　　社会主义初级阶段

社会主义初级阶段基本经济制度

2. 按照马克思、恩格斯的科学社会主义理论，社会主义经济制度的建立需要哪些基本条件？

3. 我国在建设社会主义的实践中是如何逐步认识社会主义基本经济制度的？

4. 为什么说我国处于社会主义初级阶段？认识这一问题的理论意义和实践意义是什么？

5. 社会主义初级阶段的主要矛盾和根本任务是什么？为什么？

6. 确定我国社会主义初级阶段基本经济制度的根据是什么？

7. 如何理解我国进入新时代中国特色社会主义？

8. 社会主义基本经济制度的内涵和完善路径是什么？

阅读书目

1. 中国共产党第十八届三中全会：中共中央关于全面深化改革若干重大问题的决定.

2. 中国共产党第十八次全国代表大会报告：坚定不移沿着中国特色社会主义道路奋进　为全面建成小康社会而奋斗.

3. 中国共产党第十七次全国代表大会报告：高举中国特色社会主义伟大旗帜　为夺取全面建设小康社会新胜利而奋斗.

4. 中国共产党第十六次全国代表大会报告：全面建设小康社会，开创中国特色社会主义事业新局面.

5. 中国共产党第十六届三中全会：中共中央关于完善社会主义市场经济体制若干问题的决定.

6. 邓小平. 邓小平文选：第3卷［M］. 北京：人民出版社，1993.

7. 马克思. 哥达纲领批判［M］//马克思，恩格斯. 马克思恩格斯选集：第3卷. 北京：人民出版社，1972.

8. 中共中央宣传部理论局. 建设有中国特色社会主义若干理论问题学习纲要［M］. 北京：学习出版社，1998.

参考文献

1. 马克思. 资本论：第 1 卷 ［M］. 北京：人民出版社，1975.

2. 马克思，恩格斯. 共产党宣言 ［M］. 北京：人民出版社，1975.

3. 马克思. 哥达纲领批判 ［M］//马克思，恩格斯. 马克思恩格斯选集：第 3 卷. 北京：人民出版社，1972.

4. 邓小平. 邓小平文选：第 3 卷 ［M］. 北京：人民出版社，1993.

5. 江泽民. 在庆祝中国共产党成立八十周年大会上的讲话 ［J］. 求是，2001 （13）：3-17.

6. 马洪. 建立社会主义市场经济新体制 ［M］. 郑州：河南人民出版社，1992.

7. 刘诗白. 构建面向 21 世纪的中国经济学 ［M］. 成都：西南财经大学出版社，2001.

8. 中共中央宣传部理论局. 建设有中国特色社会主义若干理论问题学习纲要 ［M］. 北京：学习出版社，1998.

9. 逢锦聚，洪银兴，林岗，等. 政治经济学 ［M］. 北京：高等教育出版社，2002.

10. 谷书堂. 社会主义经济学通论 ［M］. 北京：高等教育出版社，2000.

11. 新华社. 习近平：决胜全面建成小康社会 夺取新时代中国特色社会主义伟大胜利：在中国共产党第十九次全国代表大会上的报告 ［R/OL］. （2017-10-18）［2022-06-30］. http://www.gov.cn/zhuanti/2017-10/27/content_5234876.htm.

第九章
中国特色社会主义所有制

学习目标与要求： 本章主要分析和概述中国特色社会主义所有制的基本内涵和发展方向。通过本章的学习，我们应在了解生产资料所有制结构与特征的基础上，认识中国特色社会主义所有制的生成逻辑，提炼中国特色社会主义所有制的结构特征，厘清公有制经济和非公有制经济在社会主义现代化建设中的地位和作用，掌握毫不动摇巩固和发展公有制经济、毫不动摇鼓励支持引导非公有制经济发展的基本内容，明确大力促进混合所有制经济发展的内在要求和基本方向。

第一节 中国特色社会主义所有制的基本内涵

一、生产资料所有制的特征、核心地位与多种所有制并存

生产资料所有制是马克思主义理论的内核，是指在一定社会中各种不同的生产资料所有制形式所处的地位、作用及其相互关系。生产资料所有制结构决定了生产资料的所有权、使用权和支配权，从而构成了社会经济制度的基础，决定着社会基本性质和生产力的发展方向。"不论生产的社会的形式如何，劳动者和生产资料始终是生产的因素。但是，二者在彼此分离的情况下只在可能性上是生产因素。凡要进行生产，它们就必须结合起来。实行这种结合的特殊方式和方法，使社会结构区分为各个不同的经济时期。"① 生产资料所有制是划分不同社会经济形态的根本标志。

生产资料所有制主要包括私有制和公有制两种。马克思在《资本论》中讲道："私有制作为社会的、集体的所有制的对立物，只是在劳动资料和劳动的外部条件属于私人的地方才存在。但是私有制的性质，却依这些私人是劳动者还是非劳动者而有所不同。"② 从而表明，私有制又分为劳动者自己占有、支配生产资料的私有制与"资本主义私有制"两种形式，二者尽管在不同历史阶段展现了一定的合理性，但同时也暴露了局限性。前者排斥协作、分工与社会调节，后者存在剥削，不利于

----

① 马克思，恩格斯. 马克思恩格斯文集：第6卷 [M]. 北京：人民出版社，2009：44.
② 马克思，恩格斯. 马克思恩格斯文集：第5卷 [M]. 北京：人民出版社，2009：872.

人的自由全面发展。正因如此，恩格斯指出："社会主义的任务，不如说仅仅在于把生产资料转交给生产者公共占有。"①

所谓公有制，是指一个社会群体（一个社会的全体成员或部分成员）共同占有生产资料的所有制形式。其本质是生产资料的所有者可以自己或委托他人在全社会或社会的部分范围内运用生产资料进行生产，并凭借其对生产资料的所有权获得经济利益。公有制经济主要包括国有经济和集体经济。国有经济与集体经济的区别主要是生产资料公有的范围。在农业中，集体所有制经济占绝对优势，承担加强国民经济基础的重大任务；在城镇，集体所有制经济也占重要地位，在增加生产、繁荣市场、扩大就业、满足人民需要和扩大出口方面，都发挥着重要作用。

社会主义公有制是生产资料归社会主义国家的劳动者共同占有和支配的一种新型的所有制，在社会主义经济中处于核心地位。实行社会主义公有制，有利于社会化大生产的进行，有利于保证劳动者在生产资料的占有上拥有平等的地位，有利于劳动者之间在社会生产和生活中建立新型的互助合作关系，有利于保证社会生产目的和劳动成果分配的社会主义性质。社会主义公有制是社会主义生产发展的基础和最根本的特征，是全体劳动人民物质文化生活水平不断提高的基本条件。

党的十八大以来，我国所有制结构不断深入调整，通过积极发展混合所有制经济，不断推动产权改革，推动国有企业、私营企业建立中国特色现代企业制度，逐步实现了社会主义与公有制的深度结合。

第一，混合所有制改革深入推进。党的十八届三中全会提出，国有资本、集体资本、非公有资本等交叉持股、相互融合的混合所有制经济，是基本经济制度的重要实现形式，要允许更多国有经济和其他所有制经济发展成为混合所有制经济。党的十九大报告进一步指出要深化国有企业改革，发展混合所有制经济，培育具有全球竞争力的世界一流企业。党的十九届四中全会提出要探索公有制多种实现形式，推进国有经济布局优化和结构调整，发展混合所有制经济，增强国有经济竞争力、创新力、控制力、影响力、抗风险能力，做强做优做大国有资本。2020年通过的《中共中央国务院关于新时代加快完善社会主义市场经济体制的意见》明确提出要积极稳妥推进国有企业混合所有制改革，在深入开展重点领域混合所有制改革试点基础上，按照完善治理、强化激励、突出主业、提高效率要求，推进混合所有制改革，规范有序发展混合所有制经济。

第二，产权改革。党的十八届三中全会提出要完善产权保护制度，赋予农民更多财产权利，健全自然资源资产产权制度和用途管制制度；党的十八届四中全会提出要健全以公平为核心原则的产权保护制度，加强对各种所有制经济组织和自然人财产权的保护，清理有违公平的法律法规条款。创新适应公有制多种实现形式的产权保护制度，加强对国有、集体资产所有权、经营权和各类企业法人财产权的保护。党的十八届五中全会提出要深化知识产权领域改革，加强知识产权保护。党的十九大报告提出经济体制改革必须以完善产权制度和要素市场化配置为重点，实现产权

---

① 马克思，恩格斯. 马克思恩格斯文集：第4卷［M］. 北京：人民出版社，2009：517.

有效激励、要素自由流动、价格反应灵活、竞争公平有序、企业优胜劣汰。党的十九届五中全会提出"十四五"时期要推动产权制度改革和要素市场化配置改革取得重大进展的目标。

第三，加快推动国有企业改革。国有企业是推进国家现代化、保障人民共同利益的重要力量。习近平总书记指出："要坚持有利于国有资产保值增值、有利于提高国有经济竞争力、有利于放大国有资本功能的方针，推动国有企业深化改革、提高经营管理水平，加强国有资产监管，坚定不移把国有企业做强做优做大。"[1] 党的十八届五中全会提出要分类推进国有企业改革，完善现代企业制度。完善各类国有资产管理体制，健全国有资本合理流动机制，推进国有资本布局战略性调整，引导国有资本更多投向关系国家安全、国民经济命脉的重要行业和关键领域。党的十九届四中全会进一步明确要形成以管资本为主的国有资产监管体制，有效发挥国有资本投资、运营公司功能作用。《中共中央国务院关于新时代加快完善社会主义市场经济体制的意见》指出要推进国有经济布局优化和结构调整，积极稳妥推进国有企业混合所有制改革，完善中国特色现代企业制度，稳步推进自然垄断行业改革。

第四，进一步鼓励、支持、引导非公有制经济发展。党的十八届三中全会以来推出了一系列扩大非公有制企业市场准入、平等发展的改革举措。主要包括：鼓励非公有制企业参与国有企业改革，鼓励发展非公有资本控股的混合所有制企业，各类市场主体可依法平等进入负面清单之外领域，允许更多国有经济和其他所有制经济发展成为混合所有制经济，国有资本投资项目允许非国有资本参股，允许具备条件的民间资本依法发起设立中小型银行等金融机构，允许社会资本通过特许经营等方式参与城市基础设施投资和运营，鼓励社会资本投向农村建设，允许企业和社会组织在农村兴办各类事业，完善构建亲清政商关系的政策体系，健全中小企业发展制度，深化农村集体产权制度改革，鼓励民营企业参与实施重大国家战略等。

二、中国特色社会主义所有制结构

生产资料所有制关系是社会经济制度的基础，是区别不同经济制度的重要标志。经过反复的探索，我们确认公有制为主体、多种所有制经济共同发展是我国社会主义初级阶段的所有制结构。无论是在理论上还是在实践中，这都是一个重大的突破。

社会主义究竟实行什么样的所有制关系呢？在过去很长一段时间内，由于认识上的偏差，我们在实践中曾脱离我国生产力的发展状况，急于建立单一的公有制经济，急于扩大全民所有制经济的比重。其间虽然我们也做过一些调整，但由于实践和认识上的局限性，没有从根本上解决生产关系适应生产力发展的问题。党的十一届三中全会以来，我们从社会主义初级阶段的实际出发，确定了以公有制为主体、多种所有制经济共同发展的方针，逐步消除了所有制结构不合理对生产力的羁绊，促成了多种经济成分共同发展的局面，走出了一条正确的路子。党的十八届三中全会指出，必须毫不动摇巩固和发展公有制经济，坚持公有制主体地位，发挥国有经

① 习近平. 习近平谈治国理政：第二卷 [M]. 北京：外文出版社，2017：175.

济主导作用，不断增强国有经济活力、控制力、影响力；必须毫不动摇鼓励、支持、引导非公有制经济发展，激发非公有制经济活力和创造力，反映了我国对社会主义建设和发展规律认识的深化。这对于完善社会主义的生产关系，进一步解放和发展生产力，具有重要意义。

把公有制为主体、多种所有制经济共同发展作为社会主义初级阶段的所有制结构，是由我国社会主义初级阶段的基本国情决定的。

第一，我国是社会主义国家，必须坚持将公有制作为社会主义经济制度的基础。马克思主义政治经济学认为，生产资料所有制结构是社会经济制度的基础，是决定社会基本性质和发展方向的根本因素。习近平总书记指出："我国是中国共产党领导的社会主义国家，公有制经济是长期以来在国家发展历程中形成的，为国家建设、国防安全、人民生活改善作出了突出贡献，是全体人民的宝贵财富，当然要让它发展好，继续为改革开放和现代化建设作出贡献。"[①] 可见，生产资料公有制是社会主义的本质特征，是坚持社会主义方向的基础。放弃公有制经济主体地位，就意味着偏离了中国特色社会主义正确方向。因此，鉴于社会主义的本质要求，为了逐步实现全体人民共同富裕的目标，必须坚持公有制的主体地位。

第二，我国处于社会主义初级阶段，必须坚持发展多种所有制经济。习近平总书记指出："民营经济是社会主义市场经济发展的重要成果，是推动社会主义市场经济发展的重要力量，是推进供给侧结构性改革、推动高质量发展、建设现代化经济体系的重要主体，也是我们党长期执政、团结带领全国人民实现'两个一百年'奋斗目标和中华民族伟大复兴中国梦的重要力量。"[②] 社会主义初级阶段的典型特征就是生产力发展不平衡，在以公有制为主体的条件下发展多种所有制经济这一阶段的内在要求。生产资料所有制形式一定要与生产力发展水平相适应，才能促进生产力的迅速发展；反之，就会对生产力的发展起阻碍作用。与生产力发展状况相适应，我国公有制经济只能在经济中占据主体地位，不能成为社会经济的唯一形式，这就需要多种所有制经济共同发展，即在公有制经济发展的同时，积极发展混合所有制经济，鼓励非公有制经济共同发展。

第三，以公有制为主体，多种所有制经济共同发展已成为我国现实经济中客观存在的事实。我国社会主义初级阶段落后的生产力发展水平客观上要求多种所有制形式共同发展。党的十八届三中全会提出，公有制经济和非公有制经济都是社会主义市场经济的重要组成部分，都是我国经济社会发展的重要基础。公有制经济财产权不可侵犯，非公有制经济财产权同样不可侵犯。必须毫不动摇巩固和发展公有制经济，坚持公有制主体地位，发挥国有经济主导作用，不断增强国有经济活力、控制力、影响力。必须毫不动摇鼓励、支持、引导非公有制经济发展，激发非公有制经济活力和创造力。2020 年年底，我国内资企业资产总计 1 055 072.4 亿元，利润总额达 50 297.6 亿元。其中，国有、集体、私营工业企业总资产分别为 43 423.6 亿

① 习近平. 习近平谈治国理政：第二卷［M］. 北京：外文出版社，2017：259.
② 习近平. 在民营企业座谈会上的讲话［N］. 人民日报，2018-11-02（1）.

元、1 726.9 亿元、345 022.8 亿元，分别占内资工业企业总资产的 4.1%、0.2%、32.7%，总利润分别为 639.1 亿元、67.7 亿元、23 800.5 亿元，分别占内资工业企业总利润的 1.3%、0.1%、47.3%①。实践证明，以公有制为主体，多种所有制经济共同发展的所有制结构的变化有利于社会生产力的发展，有利于增强综合国力，有利于提高人民的生活水平。

完善产权保护制度是坚持和完善基本经济制度、完善社会主义市场经济体制的迫切需要。随着改革的深化和多种所有制经济的发展，国有资本、集体资本不断壮大，个体、私营、外资等非公有资本和城乡居民私有财产迅速增加，各种资本流动、重组、融合日益频繁，投资主体多元化、各种所有制经济交叉持股的混合所有制经济已成为发展的必然趋势，各类财产权都要求有完善的产权保护制度作为保障。完善产权保护制度，将有利于维护公有财产权，巩固公有制经济的主体地位；有利于保护私有财产权，促进非公有制经济发展；有利于各类资本的流动和重组，推动混合所有制经济发展；有利于增强企业和公众创业创新的动力，形成良好的信用基础和市场秩序，是一项坚持和完善基本经济制度、完善社会主义市场经济体制的基础性制度建设。

新时代，以习近平同志为核心的党中央进一步完善了社会主义公有制理论、所有制结构理论、所有制与产权理论、混合所有制理论、中国特色现代企业制度理论等。在功能定位上，明确公有制经济和非公有制经济都是社会主义市场经济的重要组成部分，都是我国经济社会发展的重要基础；在产权保护上，明确提出公有制经济财产权不可侵犯，非公有制经济财产权同样不可侵犯；在政策待遇上，强调坚持权利平等、机会平等、规则平等，实行统一的市场准入制度；鼓励国有企业完善中国特色现代企业制度，鼓励非公有制企业参与国有企业改革，鼓励发展非公有资本控股的混合所有制企业，鼓励有条件的私营企业建立现代企业制度。中国特色现代企业制度理论是在国有企业改革实践的基础上形成和发展起来的，这一理论不仅引进和吸收了现代西方经济学企业理论中的有益部分，同时包含着对我国国有企业改革、现代企业制度实践及经验积累的理论概括。

第二节　毫不动摇巩固和发展公有制经济

一、公有制经济的实现形式和主体地位

社会主义公有制的本质是由劳动者在全社会或社会的部分范围内运用生产资料进行生产，并凭借其对生产资料的所有权获得经济利益。至于如何运用生产资料进行生产，则是公有制的实现形式。社会主义公有制有多种实现形式，不仅包括全民所有制经济和集体所有制经济，还包括混合所有制经济中的国有经济成分和集体经

---

① 以上数据来源于：中华人民共和国国家统计局. 中国统计年鉴（2021）[M]. 北京：中国统计出版社，2021.

济成分。

社会主义全民所有制是生产资料归全体劳动人民共同占有的一种公有制形式。由于我国的全民所有制经济主要是在新中国建立过程中，通过没收帝国主义、封建主义和官僚资本主义的资本而形成的，所以我国全民所有制采取国家所有制形式。国家作为人民的代表，行使对生产资料的所有权。但是，这并不意味着生产资料在归国家所有的同时，也必须由国家直接占有、支配和使用，也不意味着必须由国家在全社会范围内直接组织具体的生产经营活动。无论是从理论上来说还是从实际中来看，全民所有制经济的所有权和经营权可以而且应当分离，即必须把全民所有制生产资料的占有权、使用权和具体经营权交给企业，形成法人财产权利，并保证企业行使这些权利，得到必要的经济利益。在过去一段时期内，我们对这个问题的理解不完全准确，比较流行的看法是把国家所有与国家经营直接等同。实践证明，这种认识和做法是不合乎生产力发展要求的，所以从 1978 年开始，我国对国有企业进行了改革，对国有经济的布局进行了调整。这种改革和调整今后还要继续深化下去。

社会主义集体所有制是部分劳动群众共同占有生产资料的一种公有制形式。它和全民所有制形式一样，都是劳动者共同占有生产资料的所有制形式，都排除了依靠生产资料所有权而无偿地占有他人劳动成果的剥削关系。这是集体所有制与全民所有制具有共性的一面，但同时两者又有明显的区别，表现在：与全民所有制下的生产资料为全社会劳动者占有相比，集体所有制下的生产资料只为集体范围内的劳动者共有。在一个集体经济内部，人们在生产资料占有关系上是平等的，但在不同的集体单位之间则是不平等的。每一个集体单位作为生产资料的所有者，具有独立的经济利益，是自主经营、自负盈亏的社会主义商品生产者和经营者。不同集体单位耗费等量的劳动，却获得不同数量和质量的产品，即表现为劳动收入和报酬上的差别。

随着社会主义基本经济制度的不断完善，我国的公有制形式出现了许多新的变化，一些新的公有制形式出现了。其中比较多的是在我国农村和城镇大量出现的、由劳动者自愿联合起来共同进行经营的多种多样的合作经济组织，这当中又有很大一部分属于以劳动者的劳动联合和劳动者的资本联合为主的股份合作经济，它兼有股份制与合作制的经济特征。在国有企业改革中，不少企业以建立现代企业制度为目标，以资本为纽带，实行了国有企业之间、国有企业与其他所有制企业之间的改组、改造、联合和兼并，形成了多种所有制共存，你中有我、我中有你的混合所有制形式。这种混合所有制的组织形式就是股份制。

股份制是一种现代企业的资本组织形式，它适应现代市场经济和社会化大生产发展的要求，有利于所有权和经营权的分离，有利于提高企业和资本的运作效率，有利于把分散的资本集中起来，迅速扩大企业的生产经营规模。股份制企业的治理结构比较合理，既有利于保证经营者有充分的经营权和决策权，又有利于保证所有者对经营者的有效监督，保证所有者的利益不受侵害，而且它在不同的社会经济制度下都可以实行，应该大力发展。多种多样的股份合作经济，是群众在实践中进行的企业制度创新，对于搞活中小型国有企业有比较明显的作用，应该给予肯定和支持。对以劳动者的劳动联合和资本联合为主的集体经济，尤其要给予提倡和鼓励。

公有制实现形式可以而且应当多样化。一切反映社会化生产规律的经营方式和组织形式都可以利用。实践表明，改革开放以来，我们一直在努力寻找和探索公有制和基本经济制度有效的实现形式。混合所有制经济就是社会主义基本经济制度的重要实现形式。我们通常所讲的混合所有制经济，是国有资本、集体资本、非公有资本等交叉持股、相互融合的一种组织形式。发展混合所有制经济，一方面，有利于国有资本放大功能，保值增值，提高竞争力。国有资本对自己应承担的公共建设项目，积极引进社会资本一同建设，可以直接放大国有资本功能，还可由于投资主体多元化而改善公司治理，提高效率和竞争力。另一方面，有利于各种所有制资本取长补短、相互促进、共同发展。混合所有制经济有利于国有资本和其他民间资本在企业（公司）内部实现同等使用生产要素和公平受益，所以对民间资本也是有利的。

关于公有制的主体地位，我们也经历了一个由不明确到比较明确的认识过程。在过去一段时间内，讲以公有制为主体，我们往往只强调公有制在数量上占优势而忽视了公有制资产质量的提高，而且往往认为公有制在整个国民经济中的比重只能增加而不能减少。实际上，这样的认识不符合社会主义发展的要求。改革开放以来，随着社会主义市场经济体制的不断完善，公有制也呈现出产权形式多元化和多层次性，产权主体逐渐明晰化，公有产权可交易性、交易中的平等性的特征，公有制的存在和变化同样受市场经济规律的制约。

实践证明，坚持以公有制经济为主体并不意味着以国有经济为主体，也不意味着公有制经济在整个经济中的比重越大越好。公有制的主体地位，主要体现在两个方面：一是公有资产在社会总资产中占优势；二是国有经济控制国民经济的命脉，对经济发展起主导作用。而国有经济的主导作用主要体现在控制力上。所以，坚持以公有制为主体，关键是要提高公有制经济的整体质量，提高公有经济的控制力和竞争力，这样才能够真正发挥公有制经济的优越性。按照这样的认识，除了继续深化国有经济内部的改革外，还要从战略上调整国民经济的布局。对关系国民经济命脉的行业和关键领域，国有经济必须占支配地位。在其他领域，可以通过资产重组和结构调整，加强重点，提高国有资产的整体质量。在坚持公有制为主体，国家掌握国民经济的命脉，国有经济的控制力和竞争力得到加强的前提下，国有经济比重适当减少一些，不会影响我国的社会主义性质。

二、做强做优做大国有经济

国有经济，即社会主义全民所有制经济，是国民经济中的主导力量，也是社会主义公有制经济的重要组成部分。国有企业作为社会主义公有制的实现形式，是社会主义基本经济制度的核心保护层，在坚持"两个毫不动摇"中国有经济和国有企业发挥着重要作用，习近平总书记强调："国有企业是中国特色社会主义的重要物质基础和政治基础，是我们党执政兴国的重要支柱和依靠力量。"① 改革开放以来，我国国有经济发展取得了重大成就，国有经济实力和影响力显著增强、国有经济布局和结构不断优化、经营机制和监管体系不断完善。与此同时，我国国有经济仍然存在一些矛盾和问题。例如，企业市场主体地位尚未真正确立、现代企业制度还不健全、国有资产监管体制有待完善、国有资本运行效率需进一步提高、部分企业管理混乱、国有资产流失问题突出等。对此，习近平总书记强调："要坚持有利于国有资产保值增值、有利于提高国有经济竞争力、有利于放大国有资本功能的方针，推动国有企业深化改革、提高经营管理水平，加强国有资产监管，坚定不移把国有企业做强做优做大。"②

第一，分类推进国有企业改革。一是划分国有企业不同类别。根据国有资本的战略定位和发展目标，结合不同国有企业在经济社会发展中的作用、现状和发展需要，将国有企业分为商业类和公益类；二是推进商业类国有企业改革。商业类国有企业按照市场化要求实行商业化运作，以增强国有经济活力、放大国有资本功能、实现国有资产保值增值为主要目标，依法独立自主开展生产经营活动，实现优胜劣汰、有序进退；三是推进公益类国有企业改革。公益类国有企业以保障民生、服务社会、提供公共产品和服务为主要目标，引入市场机制，提高公共服务效率和能力。

第二，完善现代企业制度。一是推进公司制股份制改革。加大集团层面公司制改革力度，积极引入各类投资者实现股权多元化，大力推动国有企业改制上市，创造条件实现集团公司整体上市；二是健全公司法人治理结构。重点是推进董事会建设，建立健全权责对等、运转协调、有效制衡的决策执行监督机制，规范董事长、总经理行权行为，充分发挥董事会的决策作用、监事会的监督作用、经理层的经营管理作用、党组织的政治核心作用，切实解决一些企业董事会形同虚设、"一把手"说了算的问题，实现规范的公司治理；三是建立国有企业领导人员分类分层管理制度。坚持党管干部原则与董事会依法产生、董事会依法选择经营管理者、经营管理者依法行使用人权相结合，不断创新有效实现形式；四是实行与社会主义市场经济相适应的企业薪酬分配制度。企业内部的薪酬分配权是企业的法定权利，由企业依法依规自主决定，完善既有激励又有约束、既讲效率又讲公平、既符合企业一般规律又体现国有企业特点的分配机制；五是深化企业内部用人制度改革。建立健全企业各类管理人员公开招聘、竞争上岗等制度，对特殊管理人员可以通过委托人才中介机构推荐等方式，拓宽选人用人视野和渠道。

第三，强化监督防止国有资产流失。一是强化企业内部监督。完善企业内部监督体系，明确监事会、审计、纪检监察、巡视以及法律、财务等部门的监督职责，完善监督制度，增强制度执行力；二是建立健全高效协同的外部监督机制。强化出资人监督，加快国有企业行为规范法律法规制度建设，加强对企业关键业务、改革重点领域、国有资本运营重要环节以及境外国有资产的监督，规范操作流程，强化

① 习近平. 习近平谈治国理政：第二卷［M］. 北京：外文出版社，2017：175.
② 习近平. 习近平谈治国理政：第二卷［M］. 北京：外文出版社，2017：175.

专业检查，开展总会计师由履行出资人职责机构委派的试点；三是实施信息公开加强社会监督。完善国有资产和国有企业信息公开制度，设立统一的信息公开网络平台，依法依规、及时准确披露国有资本整体运营和监管、国有企业公司治理以及管理架构、经营情况、财务状况、关联交易、企业负责人薪酬等信息，建设阳光国企；四是严格责任追究。建立健全国有企业重大决策失误和失职、渎职责任追究倒查机制，建立和完善重大决策评估、决策事项履职记录、决策过错认定标准等配套制度，严厉查处侵吞、贪污、输送、挥霍国有资产和逃废金融债务的行为。

第四，加强和改进党对国有企业的领导。一是充分发挥国有企业党组织政治核心作用。把加强党的领导和完善公司治理统一起来，将党建工作总体要求纳入国有企业章程，明确国有企业党组织在公司法人治理结构中的法定地位，创新国有企业党组织发挥政治核心作用的途径和方式；二是进一步加强国有企业领导班子建设和人才队伍建设。根据企业改革发展需要，明确选人用人标准和程序，创新选人用人方式。三是切实落实国有企业反腐倡廉"两个责任"。国有企业党组织要切实履行好主体责任，纪检机构要履行好监督责任。

第五，为国有企业改革创造良好环境条件。一是完善相关法律法规和配套政策。加强国有企业相关法律法规"立改废释"工作，确保重大改革于法有据。切实转变政府职能，减少审批、优化制度、简化手续、提高效率；二是加快剥离企业办社会职能和解决历史遗留问题。完善相关政策，建立政府和国有企业合理分担成本的机制，多渠道筹措资金，对国有企业退休人员实施社会化管理，妥善解决国有企业历史遗留问题，为国有企业公平参与市场竞争创造条件；三是形成鼓励改革创新的氛围。全面准确评价国有企业，大力宣传中央关于全面深化国有企业改革的方针政策，宣传改革的典型案例和经验，营造有利于国有企业改革的良好舆论环境；四是加强对国有企业改革的组织领导。各级党委和政府要统一思想，以高度的政治责任感和历史使命感，切实履行对深化国有企业改革的领导责任。

三、发展壮大集体所有制经济

集体所有制是"社会主义劳动群众集体所有制"的简称，是社会主义社会中生产资料和劳动成果归部分劳动群众集体共同占有的一种公有制形式。我国的集体所有制包括农村集体所有制和城镇集体所有制。农村集体所有制经济是我国农业中的主要经济形式。城镇集体所有制经济广泛存在于城镇的手工业、工业、建筑业、运输业、商业和服务业等许多行业。其中的一部分是在 20 世纪 50 年代对个体手工业、个体商贩进行社会主义改造时建立起来的；一部分是由劳动群众集资，组织街道闲散劳动力兴办起来的。

集体所有制经济是社会主义公有制经济的一个重要组成部分。它是同我国现阶段生产力发展水平和生产社会化程度相适应的一种公有制形式，具有很大的灵活性，能够容纳不同发展水平的生产力和不同的生产社会化程度。集体所有制经济在促进三次产业的发展、扩大商品流通、活跃城乡市场、发展对外贸易、满足人民生活需要、扩大劳动就业以及为社会主义现代化建设积累资金等方面起着重要作用。

农村集体经济是集体成员利用集体所有的资源要素，通过合作与联合实现共同发展的一种经济形态，是社会主义公有制经济的重要形式。改革开放以来，农村实行以家庭承包经营为基础、统分结合的双层经营体制，极大解放和发展了农村社会生产力。农村集体资产包括农民集体所有的土地、森林、山岭、草原、荒地、滩涂等资源性资产，用于经营的房屋、建筑物、机器设备、工具器具、农业基础设施、集体投资兴办的企业及其所持有的其他经济组织的资产份额、无形资产等经营性资产，用于公共服务的教育、科技、文化、卫生、体育等方面的非经营性资产。这三类资产是农村集体经济组织成员的主要财产，是农业农村发展的重要物质基础。

农村集体产权制度改革是巩固社会主义公有制、完善农村基本经营制度的必然要求，是维护农民合法权益、增加农民财产性收入的重大举措。首先，全面加强农村集体资产管理。开展集体资产清产核资，明确集体资产所有权，在清产核资基础上，把农村集体资产的所有权确权到不同层级的农村集体经济组织成员集体，强化农村集体资产财务管理，加强农村集体资金资产资源监督管理，加强乡镇农村经营管理体系建设。其次，由点及面开展集体经营性资产产权制度改革，有序推进经营性资产股份合作制改革，确认农村集体经济组织成员身份，保障农民集体资产股份权利，组织实施好赋予农民对集体资产股份占有、收益、有偿退出及抵押、担保、继承权改革试点。再次，因地制宜探索农村集体经济有效实现形式，发挥农村集体经济组织功能作用，维护农村集体经济组织合法权利，多种形式发展集体经济，引导农村产权规范流转和交易。

城镇集体所有制经济是社会主义公有制经济的一个重要组成部分，是我国基本的经济形式之一。它适合我国生产力发展的水平，有旺盛的生命力。发展城镇集体所有制经济，是党和国家的一项长期的、重要的政策，不是权宜之计。发挥集体所有制经济点多面广、经营灵活、方便群众、投资少、见效快、容纳劳动力较多等优点，对于发展生产、扩大就业、广开门路、搞活经济、满足需要、增加出口、积累资金，都有重大作用。国家保护城镇集体所有制经济组织合法的权利和利益，并根据政策、计划进行统筹安排，积极鼓励、扶持、帮助其发展。城镇集体所有制企业的生产、经营活动，必须坚持社会主义方向，接受国家计划的指导，因地制宜地积极经营符合社会需要，有利于发展生产、活跃经济、方便生活的行业、品种、服务项目。

第三节 毫不动摇鼓励支持引导非公有制经济发展

一、非公有制经济是社会主义市场经济的重要组成部分

毫不动摇鼓励、支持和引导非公有制经济发展是我国社会主义基本经济制度的重要内容，是我们党长期坚持的方针政策。毫不动摇鼓励、支持和引导非公有制经济发展是社会主义初级阶段生产力发展的客观需要，是满足人民日益增长的美好生活需要的必然要求，是充分发挥中国特色社会主义经济制度优势的需要。

225

（一）非公有制经济及其表现形式

我国社会主义初级阶段的非公有制形式主要有个体经济、私营经济、外资经济等。

个体经济（个体所有制）是指生产资料归劳动者个人所有，并由劳动者个人及其家庭成员直接支配和使用的一种私有制形式。在我国，现阶段个体所有制经济（以下简称个体经济）主要存在于城乡的工业、农业、商业、交通运输业和服务行业。个体所有制是同我国现阶段生产力水平比较低、使用手工工具进行手工操作和分散经营相适应的一种所有制形式。我国现阶段存在的个体经济主要是改革开放以后发展起来的。改革开放之前，我国对个体经济实际上采取了逐步消灭的政策。改革开放之后，国家调整了对个体经济的政策，允许其存在和发展，从而使个体经济迅速恢复和发展起来，安置了大量城镇人员、农村剩余劳动力和其他闲散人员，个体经济已成为我国社会主义公有制经济的重要补充。

个体经济具有规模小、分散经营、工具简单、主要依靠手工劳动等特点。在我国当前的生产力状况下，个体经济的生产经营活动能更好地节约劳动力，方便群众的生活，从多方面满足群众的需要，而且还可以增加国家财政收入，积累资金和安排就业。可见，个体经济所起的作用，在一定时期之内，是社会主义公有制经济所不能取代的。个体经济在许多社会形态中都存在，它是一种依附于一定社会中占主导地位的经济形式的补充经济形式，可以为不同的社会经济发展服务。在社会主义公有制占主体地位的社会主义制度下，个体经济可以为社会主义经济的发展服务。因此，国家应鼓励个体经济在政策允许的范围内进一步发展。

私营经济是指企业资产属于私人所有，存在雇佣劳动关系的私有制经济，从本质上讲，它是资本主义性质的经济。在社会主义初级阶段，在发展市场经济的过程中，私营经济的存在和适当发展是必要的。它有利于促进生产的发展，活跃市场，扩大就业，更好地满足劳动者的物质文化需要。国家应保护它的合法权益，鼓励它在国家政策允许的范围内有一定的发展。我国现阶段的私营经济主要是在改革开放以后迅猛发展起来的。据统计，2020年年底，我国私营企业约有2 284万户，私营经济和个体就业人数约45 038万人[①]。我国私营经济成长的途径主要有两条：一是在个体经济发展的基础上形成的；一是由那些不适宜继续实行公有制的企业转化而来的，如有些中、小型公有企业被拍卖而转化为私营企业等。与个体经济相比，私营经济的生产经营规模、技术层次以及社会化程度都要高出很多。私营经济的存在同样是由我国的生产力状况决定的。总的来看，私营经济的存在和发展对我国国民经济的发展有积极的促进作用，尤其是竞争可激发公有制经济的活力。但是，也不可忽视私营经济的发展所带来的一些消极影响。因此，国家对私营经济应本着兴利除弊的原则，有效地发挥它的积极作用，同时要加强对私营企业生产经营活动的指导、监督和管理，通过经济立法和加强管理给予必要的调节，限制其不利于社会主义经济发展的消极方面，引导其健康发展。

---

① 中华人民共和国国家统计局. 中国统计年鉴（2013）[M]. 北京：中国统计出版社，2013.

社会主义制度下的外资经济，是指社会主义国家"能够加以限制、能够规定其范围的资本主义"。我国现阶段的外资经济主要有三种形式：①中外合资经营企业。这类企业是由中外双方投资主体共同投资建立起来的，根据双方出资比例确定双方的权益和责任，利润分享、风险共担。②中外合作经营企业。采用这种形式，合营双方都要提供一定的投入要素，按照双方都能接受的条件达成协议，兴办企业，合作经营，并根据协议确定双方的投入、权责和收益分配比例。③外商独资企业。这类企业是由外国和我国港、澳、台地区的商户或个人单独投资、独立经营、自负盈亏的企业。上述三种外资经济形式，在我国又被简称为"三资"企业。"三资"企业都是受我国政府监督和管理，在社会主义公有制经济的影响和制约下进行经营的，因而它们在本质上都属于社会主义制度下的外资经济。

现阶段，我国外资经济的存在和发展，不仅有利于利用外资，缓解国内建设资金不足的矛盾，而且有利于创造更多的就业机会，促进我国劳动力资源的有效利用；不仅有利于引进先进设备、先进技术和先进的管理方法，而且有利于促进我国技术水平和管理水平的提高；不仅有利于发展外向型经济，拓展国际市场，而且有利于提高我国资源开发和利用的能力。由此可见，这种经济的存在和适当发展，对于发展我国的社会主义经济有重要的作用。但是，外资经济的发展，也会带来一些消极影响，对此我们应有充分的认识，并采取措施尽可能地限制或减少其消极影响。

（二）对非公有制经济的探索和认识过程

新中国成立以后，由于在如何建设社会主义问题上没有任何其他的经验可以借鉴，因此中国共产党当时基本上全盘照搬了斯大林的所有制结构和计划经济体制的模式。随着社会主义建设的不断推进，中国共产党在实践中察觉到这种模式与中国的现实生产力状况以及实际经济情况不相符合，因而一直以来都没有放弃探寻一种更能适应我国生产力状况的社会主义经济制度和体制。其中，关于非公有制经济的认识也是一个长期过程，由于没有先例可循，这一探索过程十分艰难和曲折。概括起来，对非公有制经济的探索过程大致可以分为党的十一届三中全会前后的两个阶段，以及党的十八大以后的第三个阶段。

1. 1978年12月以前曲折的探索过程

中国共产党在1956年完成生产资料的社会主义改造之后，便开始了大规模的社会主义经济建设活动。在社会主义经济建设的实践中出现的许多问题促使中国共产党的一些领导人开始对"斯大林模式"及社会主义经济的一些基本问题进行反思和探索，其中最有决定意义的是关于社会主义所有制结构和商品货币关系以及高度集中的计划经济体制的反思和探索。当时中国共产党的领导者们虽然在基本思想上继承了自马克思、恩格斯、列宁和斯大林以来关于社会主义单纯的两种公有制经济思想，但在实践中也认识到，为加强社会主义经济建设，应该允许并且完全可以在公有制之外存在一种对社会主义经济建设有利的非公有制经济。这是中国共产党在实践中探索社会主义道路所得到的十分有益的经验。只是由于这些思想在全党没有形成共识，也就没有形成一个完整的理论体系。

故而，对于非公有制经济，虽然当时认为它在中国有存在的必要性，但在基本性质上总是把它当作社会主义的"异己物"，在实践中一直把它作为"资本主义尾巴"，作为需要限制和取消的对象。当时中国共产党在社会主义所有制问题上一直追求的是"一大二公"。

2. 1978 年 12 月以后的探索和认识过程

十一届三中全会以后，中国共产党恢复了马克思主义实事求是的思想路线，打破了"左"倾思想的禁锢，在改革的实践中开始了对传统的单一公有制模式及其体制认识上的思想突破，对非公有制经济的认识也得到了不断的发展。这一认识的发展如同我国的经济改革一样，也经历了一个渐进式的认识过程。

由于我国生产力发展水平总的来说还比较低，地区差异比较大，又很不平衡，在很长时间内需要多种经济形式同时并存。国有经济和集体经济是我国基本的经济形式，一定范围的劳动者个体经济、私营经济、外资经济是公有制的必要补充。劳动者个体经济、私营经济一定程度的发展，有利于促进生产、活跃市场、扩大就业，更好地满足人民多方面的需求，是公有制经济必要的和有益的补充。随着对外开放政策的确立、实施，经济特区的设立和大规模建设，部分沿海城市的开放，利用外资、吸引外商来我国举办合资经营企业、合作经营企业和独资企业，成为我国社会主义经济必要的、有益的补充，同时有利于我国加快技术进步和提高产品出口创汇能力，提升我国在国际经济竞争中的整体实力。这一时期，党的重要会议和文件明确了作为非公有制的个体私营经济、外资经济在社会主义经济中的合法地位，承认它们是社会主义经济的补充形式，充分肯定了它们在社会主义经济建设中的作用和存在的价值。

由此可见，在这一段时间，中国共产党和理论界在构成社会主义经济基础的所有制问题上，不再固守传统的单一公有制模式思想，对实践中存在的有生命力的非公有制经济做出了客观、科学的评价，承认了它们在社会主义经济中应有的地位。理论认识的深化和创新主要围绕着非公有制经济的地位展开。最初仅仅把非公有制经济看作公有制的"补充"，随着改革开放的不断推进，个体、私营经济等非公有制经济已经是我国社会主义市场经济的有机组成部分，是我国经济社会发展的重要基础。具体来看：

党的十二大提出："在农村和城市，都要鼓励劳动者个体经济在国家规定的范围内和工商行政管理下适当发展，作为公有制经济的必要的、有益的补充。"[1] 党的十三大提出，"对于城乡合作经济、个体经济和私营经济，都要继续鼓励它们发展"[2]，"在不同的经济领域，不同的地区，各种所有制经济所占的比重应当允许有所不同"[3]。党的十四大报告明确指出："在所有制结构上，以公有制经济为主体，个体经济、私营经济、外资经济为补充，多种经济成分长期共同发展，不同经济成分可以自愿实行多种形式的联合经营。国有企业、集体企业和其他企业都进入市场，

① 中共中央文献研究室. 改革开放三十年重要文献选编：上 [M]. 北京：中央文献出版社，2008：270.
② 中共中央文献研究室. 改革开放三十年重要文献选编：上 [M]. 北京：中央文献出版社，2008：487.
③ 中共中央文献研究室. 改革开放三十年重要文献选编：上 [M]. 北京：中央文献出版社，2008：487.

通过平等竞争，发挥国有企业的主导作用。"① 从这段话可以看出，党的十四大报告虽然指出了以公有制为主体的多种不同经济成分共同发展与公平竞争的方针，但并没有明确把它确定为社会主义的基本经济制度，仍然把非公有制经济看作公有制的"补充"。

20 世纪 90 年代后期，在总结了我国改革开放近二十年，特别是社会主义市场经济体制建设近五年的新鲜经验的基础上，在社会主义基本经济制度问题上，中国共产党第十五次全国代表大会明确提出："公有制为主体、多种所有制经济共同发展，是我国社会主义初级阶段的一项基本经济制度。"② 这不仅在我党历史上，而且在马克思主义思想史中，都是第一次把非公有制经济与公有制经济"一视同仁"地纳入社会主义基本经济制度的框架内。

2003 年党的十六届三中全会通过的《关于完善社会主义市场经济体制若干问题的决定》中，对公有制和非公有制之间的关系方面有了更全面、更深刻的认识，第一次提出"使股份制成为公有制的主要实现形式"。第一次提出"放宽市场准入，允许非公有资本进入法律法规未禁入的基础设施、公用事业及其他行业和领域。非公有制企业在投融资、税收、土地使用和对外贸易等方面，与其他企业享受同等待遇"。第一次提出"建立健全现代产权制度。产权是所有制的核心和主要内容。建立归属清晰、权责明确、保护严格、流转顺畅的现代产权制度，有利于维护公有财产权，巩固公有制经济的主体地位；有利于保护私有财产权，促进非公有制经济发展；有利于各类资本的流动和重组，推动混合所有制经济发展；有利于增强企业和公众创业创新的动力，形成良好的信用基础和市场秩序"。党的十六届三中全会在社会主义所有制理论上实现了根本性突破，跳出了理论上的一些误区，从而为社会主义市场经济奠定了坚实的体制基础，对中国的经济体制改革产生了极大的推动作用。

2004 年 3 月 14 日，第十届全国人大二次会议通过宪法修正案，"公民的合法的私有财产不受侵犯"被写入宪法。未来我国将毫不动摇地巩固和发展公有制经济，毫不动摇地鼓励、支持、引导非公有制经济发展，坚持平等保护物权，形成各种所有制经济平等竞争、相互促进的新格局。

2007 年，党的十七大再次重申："坚持和完善公有制为主体、多种所有制经济共同发展的基本经济制度，毫不动摇地巩固和发展公有制经济，毫不动摇地鼓励、支持、引导非公有制经济发展，坚持平等保护物权，形成各种所有制经济平等竞争、相互促进新格局。"③

3. 党的十八大后的认识深化和理论创新过程

非公有制经济对我国国民经济建设和提高人民生活水平的促进作用已经不可替代，非公有制经济也不再是公有制经济的"补充"，它与公有制经济都是社会主义

① 中国共产党第十四次全国代表大会文件汇编 [G]. 北京：人民出版社，1992：22-23.
② 中国共产党第十五次全国代表大会文件汇编 [G]. 北京：人民出版社，1997：21.
③ 胡锦涛. 高举中国特色社会主义伟大旗帜为夺取全面建设小康社会新胜利而奋斗：在中国共产党第十七次全国代表大会上的报告 [R]. 北京：人民出版社，2007：25

市场经济的重要组成部分，都是我国经济社会发展的重要基础。这是由我国所处的发展阶段和基本国情决定的。我国仍然处于而且将长期处于社会主义初级阶段，在建设中国特色社会主义过程中，发展非公有制经济，对于促进经济增长、推动技术创新、提供就业岗位、增加居民收入、增加国家税收、满足人民群众日益增长的多方面的物质和文化需要等，都具有重要的和不可替代的作用。新的工业革命和技术革命昭示我们，未来许多产品将向个性化、差异化发展，生产社会化、规模化不断发展并不是普遍适用的铁的规律。因此，我们要坚持非公有制经济同公有制经济一样，都是我国经济社会发展的重要基础这一认识，在制定各项方针政策和实际工作中消除所有制歧视，包括消除各种隐性壁垒，继续支持非公有制经济健康发展，激发非公有制经济的活力和创造力。同时，积极发展混合所有制经济，促进公有制实现形式的多样化。国有资本、集体资本、非公有资本等交叉持股、相互融合的混合所有制经济，是基本经济制度的重要实现形式，有利于国有资本放大功能、保值增殖、提高竞争力，有利于各种所有制资本取长补短、相互促进、共同发展。允许更多国有经济和其他所有制经济发展成为混合所有制经济。国有资本投资项目允许非国有资本参股。允许混合所有制经济实行企业员工持股，形成资本所有者和劳动者利益共同体。

2013 年 11 月，党的十八届三中全会通过的《中共中央关于全面深化改革若干重大问题的决定》提出，"公有制与非公有制是社会主义市场经济重要组成部分"，都是我国经济社会发展的重要基础；公有制经济财产权不可侵犯，非公有制经济财产权同样不可侵犯；国家保护各种所有制经济产权和合法利益，坚持权利平等、机会平等、规则平等，废除对非公有制经济各种形式的不合理规定，消除各种隐性壁垒，激发非公有制经济活力和创造力。这是党的文件第一次将公有制经济与非公有制经济这样并列提出，是我们党对中国特色道路、社会主义规律认识不断深化的结果。

2017 年，党的十九大报告进一步坚定"毫不动摇巩固和发展公有制经济，毫不动摇鼓励、支持、引导非公有制经济发展"[1] 的发展战略。习近平总书记也多次指出，非公有制经济"已经成为推动我国发展不可或缺的力量，成为创业就业的主要领域、技术创新的重要主体、国家税收的重要来源，为我国社会主义市场经济发展、政府职能转变、农村富余劳动力转移、国际市场开拓等发挥了重要作用"[2]。由此可见，我国非公有制经济从小到大、由弱变强，是在我们党和国家方针政策指引下实现的，适应了我国社会主义初级阶段生产力的发展和市场经济发展的要求，在支撑增长、促进创新、扩大就业、增加税收等方面具有重要作用。我国现阶段的非公有制经济，不同于资本主义国家的私有制经济，它是社会主义基本经济制度的重要组成部分，是在社会主义制度下产生发展起来的，是中国特色社会主义事业的建设力量。

① 中共中央文献研究室. 改革开放三十年重要文献选编：下 [M]. 北京：中央文献出版社，2008：901.
② 习近平. 在民营企业座谈会上的讲话 [M]. 北京：人民出版社，2018：5.

2019 年，党的十九届四中全会提出，"公有制为主体、多种所有制经济共同发展，按劳分配为主体、多种分配方式并存，社会主义市场经济体制等社会主义基本经济制度，既体现了社会主义制度优越性，又同我国社会主义初级阶段社会生产力发展水平相适应，是党和人民的伟大创造。"这一新的概括，标志着我国社会主义基本经济制度更加成熟、更加定型。

2021 年，党的十九届六中全会通过的《中共中央关于党的百年奋斗重大成就和历史经验的决议》指出，"党毫不动摇巩固和发展公有制经济，毫不动摇鼓励、支持、引导非公有制经济发展，……；构建亲清政商关系，促进非公有制经济健康发展和非公有制经济人士健康成长。"就是着眼于为非公有制经济健康发展和非公有制经济人士健康成长创造一个更好的环境，为发展社会主义市场经济创造一个更好的环境。

二、支持非公有制经济特别是民营经济健康发展

近些年，我国非公有制经济迅猛发展的事实证明，非公有制经济在支撑增长、促进创新、扩大就业、增加税收等方面的作用不可替代。要大力发展和积极引导非公有制经济，坚持权利平等、机会平等、规则平等，废除对非公有制经济各种形式的不合理规定，消除各种隐性壁垒，制定非公有制企业进入特许经营领域的具体办法。允许非公有资本进入法律法规未禁入的基础设施、公用事业及行业和领域。非公有制企业在投融资、税收、土地使用和对外贸易等方面，与其他企业享受同等待遇。要改进对非公有制企业的服务和监管，扫清非公有制经济发展的制度性障碍。同时，鼓励非公有制企业参与国有企业改革，鼓励发展非公有资本控股的混合所有制企业，鼓励有条件的私营企业建立现代企业制度。此外，要大力促进广大非公有制经济人士健康成长，引导非公有制经济人士准确把握我国经济发展趋势，提升自身素质，激发企业家精神，为非公有制经济的健康发展提供充足的智力支持。

进一步看，促进非公有制经济健康发展，必须支持民营经济发展壮大。民营经济是社会主义市场经济发展的重要成果，是推动社会主义市场经济发展的重要力量。党的十八届五中全会强调要"鼓励民营企业进入更多领域，引入非国有资本参与国有企业改革"，党的十九大支出，"要支持民营企业发展，激发各类市场主体活力，要努力实现更高质量、更有效率、更加公平、更可持续的发展"。上述认识的深化表明我们党对民营企业为改革开放和经济社会建设作出贡献给予的肯定。故而，我们要不断为民营经济营造更好的发展环境，制定各类政策来支持民营经济健康发展。

一方面，必须构建一个利于民营经济发展的新型政商关系。2016 年 3 月 4 日，习近平总书记在参加全国政协十二届四次会议联组讨论时，就构建新型政商关系作了阐述。新型政商关系，概括起来说就是"亲""清"两个字。所谓"亲"，对领导干部而言，就是要坦荡真诚地同民营企业接触交往，特别是在民营企业遇到困难和问题情况下更要积极作为、靠前服务，对非公有制经济人士多关注、多谈心、多引导，帮助解决实际困难，营造公平竞争环境，真心实意支持民营经济发展；对民营企业家而言，所谓"亲"，就是积极主动同各级党委和政府及部门多沟通多交流，

讲真话、说实情、建诤言，满腔热情支持地方发展。所谓"清"，对领导干部而言，就是同民营企业家的关系要清白、纯洁，不能有贪心私心，不能以权谋私，不能搞权钱交易，构建良好的政治生态，营造更好的营商环境；对民营企业家而言，就是要洁身自好、走正道，做到遵纪守法办企业、光明正大搞经营，同时在生活中要和普通群众有更多的共同语言、更多的联系和接触，践行社会主义核心价值观。

另一方面，必须为民营经济发展提供必要而充分的政策支持。第一，减轻企业税费负担。推进供给侧结构性改革，加大减税力度，增强企业获得感。要进一步清理、精简涉及民间投资管理的行政审批事项和涉企收费，规范中间环节、中介组织行为，减轻企业负担，降低企业成本。第二，解决民营企业融资难、融资贵的问题。优先解决民营企业特别是中小企业融资难甚至融不到资的问题，同时逐步降低融资成本。扩大金融市场准入，拓宽民营企业融资途径。推动银行业绩考核同支持民营经济发展挂钩，组织开展银企对接活动，推动民营企业应收账款融资和扩大直接融资规模，大力引导民营企业建立现代企业制度。第三，完善政策执行方式，在推进政策落实上增加力度。要切实解决好政策落实的"最后一公里"问题，建立推动政策落实的有效机制。各地区、各部门要从实际出发，提高工作水平，加强政策协调性，推动各项政策落地、落细、落实，让民营企业从政策中增强获得感。提高政府部门履职水平，按照国家宏观调控方向，坚持实事求是，一切从实际出发，执行政策时注意因地制宜。

第四节　大力促进混合所有制经济发展

一、混合所有制是基本经济制度的重要实现形式

国有资本、集体资本、非公有资本等交叉持股、相互融合的混合所有制经济，是基本经济制度的重要实现形式，有利于国有资本放大功能、保值增殖、提高竞争力，有利于各种所有制资本取长补短、相互促进、共同发展。

（一）混合所有制及其表现形式

混合所有制企业所构成的经济就是混合所有制经济，是混合所有制企业的加总，是指财产权分属于不同性质所有者的经济形式。从宏观层面来讲，混合所有制经济是指一个国家或地区所有制结构的非单一性，不仅国有、集体等公有制经济，也包括个体、私营、外资等非公有制经济，还包括拥有国有和集体成分的合资、合作经济；从微观层面来讲，混合所有制经济是指多元化产权主体共存的个体企业组织，不仅包括不同所有制经济联合的企业组织，还包括同一经济性质的不同主体联合的企业组织。我国的混合所有制经济不是一般意义上的混合所有制经济，而是以公有制为主体的混合所有制经济。

我国存在的混合所有制主要有三大类型：

第一类，公有制和私有制联合组成的混合所有制企业。可以进一步细分为两种形式，一是国有经济或集体经济与外资联合而成的企业，如中外合作经营、合资经

营等；二是国有经济或集体经济同国内私营经济联合组成的企业。

第二类，公有制与个人所有制联合组成的混合所有制企业。这包括国有企业股份制改造中吸收本企业职工持有部分股权的企业、集体经济实行股份合作制的企业中集体所有与个人所有相结合的混合所有制企业，以及允许混合所有制经济实行企业员工持股，形成资本所有者和劳动者利益共同体。

第三类，公有制内部国有企业与集体企业联合组成的混合所有制企业，如城市国有企业与农村乡镇企业或城市集体企业组成的联合体。这是公有制企业之间的联合。混合所有制经济的形式随着经济的发展会进一步呈现多样化的趋势。

[阅读专栏]

股份有限公司和股份合作制企业

股份有限公司又称股份公司，它是把确定的资本划分为若干股份，由一定人数的有限责任股东组成的公司。它的主要特征是：①股东对公司只负有限责任，即以投入的股金为限对公司的债务负责。公司的全部资本划分为若干等额的股份，以股票的形式在社会上公开发行出售。②它是典型的财产或资本的组合公司，股东只有在持有股票时才是公司财产的所有者之一。③股票可以在市场上随意转让、买卖，公司对此不加以限制，股票的价格随行就市。④股东有法定最低人数的限制。⑤公司财务必须公开。⑥多数股份公司的股东不直接参与公司的经营管理，公司的所有者与经营者通常是分开的。⑦股份公司的股东人数众多，资本筹集较容易，竞争能力较强。

股份合作制企业是两个或两个以上的个人或组织，以各自的资金、实物、技术等生产要素为股份，自愿组织起来从事生产经营活动的企业组织形式。股份合作制企业遵循自愿互利、民主管理、风险共担、利益共享的原则建立，即：入股财产仍归入股者所有，新增资产归入股各方共有；经营所得利润可以按劳分配，也可以按股分配；经营风险由入股者共同承担。这是一种由劳动者的劳动联合和资本联合形成的具有中国特色的企业财产组织形式。它既具有股份制的某些特点，又具有合作制的某些特点。它避免了在合作中容易产生的合并财产和平调劳动力的弊病，同时把分散的生产资料集中起来，较快地形成新的生产经营规模。由于其组织形式与产权结构适应中国当前的生产力发展水平，因而为发展初期的乡镇企业以及后来的一些国有中小企业所借鉴，表现出相当的发展活力。

（二）对混合所有制经济的认识过程

混合所有制是中国特色社会主义所有制的重要组成部分，是社会主义条件下实现公有制与市场经济的有机结合、不断完善社会主义所有制的必然产物。

20世纪90年代我国提出混合所有制经济改革方案，目的是引入民间资本促进生产力发展。1992年10月召开的党的十四大，首次明确提出市场经济体制改革的目标是建立社会主义市场经济体制，认为转换国有企业经营机制是改革的中心环节。1993年召开的党的十四届三中全会通过的《中共中央关于建立社会主义市场经济体

233

制若干问题的决定》，明确了建立现代企业制度的目标和步骤，首次提出了"财产混合所有的新的财产所有制结构"。1997 年，党的十五大报告明确指出，股份制是公有制的主要实现形式，这里的公有制经济不仅包括国有经济和集体经济，还包括混合所有制经济中的国有成分和集体成分。2002 年，党的十六大报告提出，除极少数必须由国家独资经营的企业外，积极推行股份制，发展混合所有制经济。2007 年，党的十七大报告进一步指出，以现代产权制度为基础，发展混合所有制经济。在此基础上，2013 年，党的十八届三中全会通过的《中共中央关于全面深化改革若干重大问题的决定》明确提出，国有资本、集体资本、非公有资本等交叉持股、相互融合的混合所有制经济，是基本经济制度的重要实现形式，有利于国有资本放大功能、保值增值、提高竞争力，有利于各种所有制资本取长补短、相互促进、共同发展。2017 年，党的十九大报告指出，深化国有企业改革，发展混合所有制经济，培育具有全球竞争力的世界一流企业。2020 年，《中共中央 国务院关于新时代加快完善社会主义市场经济体制的意见》再次强调要规范有序发展混合所有制经济，完善中国特色现代企业制度。

同时，中国共产党纠正了对公有制仅仅局限于国有和集体两种经济形式的认识，创造性地提出："公有制经济不仅包括国有经济和集体经济，还包括混合所有制经济中的国有成分和集体成分。"并且认为，"公有制实现形式可以而且应当多样化。一切反映社会化生产规律的经营方式和组织形式都可以大胆利用。"①

经过多年的深入改革，我国多数国有企业已经通过股份制改造实现了股权多元化，建立了现代企业制度，具有了混合所有制的性质。也有不少非公有制企业通过吸收公有资本发展成为混合所有制经济。混合所有制经济的发展，有力地推动了国有经济管理体制和治理结构的创新，增强了国有经济的活力，同时促进了非公有制经济健康发展。尽管在混合所有制经济中各种所有制成分在功能上具有互补性，但是，由于它们各自都有所有制性质上的不同归属，所以相互之间无法完全替代。世界各国都有混合所有制经济，但我国的混合所有制经济不是一般意义上的混合所有制经济，而是以公有制为主体的混合所有制经济。这是我国混合所有制经济与资本主义国家混合所有制经济的本质区别。

二、推动混合所有制经济健康发展

（一）混合所有制经济与做优做强做大国有企业

作为基本经济制度的重要实现形式，混合所有制经济的发展，要把"两个毫不动摇"统一于中国社会主义现代化建设过程中。发展混合所有制经济，就是要强调公有经济、非公有经济"两条腿"走路，才能行稳至远。必须坚持以社会主义公有制为基础、公有制为主体。国有企业改革始终是我国经济体制改革的关键环节。国有企业改革经历了放权让利、承包制租赁制、股份制改造、现代企业制度试点等改革阶段后，逐渐回归到分类改革的思路。2015 年 8 月颁布的《中共中央 国务院关

① 中国共产党第十五次全国代表大会文件汇编［M］. 北京：人民出版社，1997：21-22.

于深化国有企业改革的指导意见》，把国有企业明确划分为商业类和公益类，并确定了不同的改革模式，其中，商业类国有企业实行公司制股份制改革，国有资本可以绝对控股、相对控股，也可以参股，具体根据企业在国民经济中的作用、地位来确定；而公益类国有企业则一般采取国有独资形式，但在有些领域也允许非国有企业参与。国有企业分类改革必须通过混合所有制的推进来实现。2020年5月颁布的《中共中央 国务院关于新时代加快完善社会主义市场经济体制的意见》指出，在深入开展重点领域混合所有制改革试点基础上，按照完善治理、强化激励、突出主业、提高效率要求，推进混合所有制改革，规范有序发展混合所有制经济；对充分竞争领域的国家出资企业和国有资本运营公司出资企业，探索将部分国有股权转化为优先股，强化国有资本收益功能；支持符合条件的混合所有制企业建立骨干员工持股、上市公司股权激励、科技型企业股权和分红激励等中长期激励机制。习近平总书记2015年7月中旬在吉林省考察调研期间对国企改革进行深刻论述，提出"三个有利于"标准，即推进国有企业改革，要有利于国有资本保值增值，有利于提高国有经济竞争力，有利于放大国有资本功能。这就为国有企业的混合所有制改革指明了方向、确定了标准。总体来看，应该促进公有制经济和非公有制经济在更大范围、更广领域内实现"你中有我、我中有你"的新发展局面，在二者的相互融合中实现优势互补、相互促进、共同发展，进而充分发挥基本经济制度的优势。

发展混合所有制经济做强做优做大国有企业和国有资本。在中国共产党领导和我国社会主义制度下，国有企业和国有经济必须不断发展壮大，这个问题应该是毋庸置疑的。国有企业是我国经济社会发展的主要力量和重要支柱，在我国经济新旧动能转换过程中起着举足轻重的作用，带头进行新旧动能转换，既是国有企业义不容辞的重大政治责任，也是做强做优做大的发展机遇。在提出做强做优做大国有企业的基础上，党的十九大报告提出，要完善各类国有资产管理体制，改革国有资本授权经营体制，加快国有经济布局优化、结构调整、战略性重组，促进国有资产保值增值，推动国有资本做强做优做大。2020年5月颁布的《中共中央、国务院关于新时代加快完善社会主义市场经济体制的意见》指出，深化国有企业改革，加快完善国有企业法人治理结构和市场化经营机制，健全经理层任期制和契约化管理，完善中国特色现代企业制度。党的十八大以来，国有资本授权经营体制转为以"管资本为主"，"管资本"是指国家所有权机构直接监管的对象由"企业"转变为"资本"。国有资本作为股东，通过公司治理的途径，使国有资本增值。在新时代，我国国有企业改革重点是加快国有经济布局优化、结构调整、战略性重组，促进国有资产保值增值，推动国有资本做强做优做大。

(二) 新发展阶段发展混合所有制经济的主要路径

积极发展混合所有制经济主要有三个途径：第一，立足于国有企业，吸引民营资本、外资与国有资本融合。通过鼓励非国有资本以收购股权、认购债权、股权置换等形式参与国有企业改革。第二，立足于民营企业和外资企业等非国有企业，让国有资本、外资与民营资本融合。鼓励国有企业通过投资入股、联合投资、重组等多种方式，与非国有企业进行股权融合、战略合作、资源融合，以发挥国有企业平台作用。第三，立足于企业员工，实行员工持股，支持符合条件的混合所有制企业建立骨干员工持股制度。在这三个路径中，前两个路径是重点：一个是瞄准国有企业的"国企改革式"，一个是立足于民营企业的"民企发展式"，二者并不是互相排斥的，而是平等竞争、共同发展的，其中第一个路径是混合所有制改革的重中之重；第三个路径是对做优做强做大国有企业、创新公有制经济实现方式、实现共同富裕的一种新探索。

发展混合所有制经济的重点是推进垄断行业改革。在国有企业分类改革的基础上，让民营资本逐步进入部分竞争性垄断性行业。但需明确涉及国家安全的产业、自然垄断性产业、公共产品行业、承担政府特殊任务的企业等行业国有资本必须要起到控制作用。此外，为了防止借发展混合所有制侵吞国资或民资等现象的发生，我们要严格做好资产评估、价格确定、交易透明、资金到位等混合所有制改革相关工作，做到规范运作、一视同仁。

小　结

（1）以习近平同志为核心的党中央进一步完善了社会主义公有制理论、所有制结构理论、所有制与产权理论、混合所有制理论、中国特色现代企业制度理论等。在功能定位上，明确公有制经济和非公有制经济都是社会主义市场经济的重要组成部分，都是我国经济社会发展的重要基础；在产权保护上，明确提出公有制经济财产权不可侵犯，非公有制经济财产权同样不可侵犯；在政策待遇上，强调坚持权利平等、机会平等、规则平等，实行统一的市场准入制度；鼓励国有企业完善中国特色现代企业制度，鼓励非公有制企业参与国有企业改革，鼓励发展非公有资本控股的混合所有制企业，鼓励有条件的私营企业建立现代企业制度。

（2）坚持以公有制为主体，关键是要提高公有制经济的整体质量，提高公有经济的控制力和竞争力，这样才能够真正发挥公有制经济的优越性。按照这样的认识，除了继续深化国有经济内部的改革外，还要从战略上调整国民经济的布局。对关系国民经济命脉的行业和关键领域，国有经济必须占支配地位。在其他领域，可以通过资产重组和结构调整，加强重点，提高国有资产的整体质量。

（3）毫不动摇鼓励、支持和引导非公有制经济发展是我国社会主义基本经济制度的重要内容，是我们党长期坚持的方针政策。毫不动摇鼓励、支持和引导非公有制经济发展是社会主义初级阶段生产力发展的客观需要，是满足人民日益增长的美好生活需要的必然要求，是充分发挥中国特色社会主义经济制度优势的需要。

复习思考题

1. 解释下列名词概念：

生产资料所有制　　　　国有经济　　　　集体所有制经济　　　　混合所有制
社会主义初级阶段基本经济制度

2. 按照马克思、恩格斯的科学社会主义理论，社会主义经济制度的建立需要哪些基本条件？

3. 我国在建设社会主义的实践中是如何逐步认识社会主义基本经济制度的？

4. 党的十八大以来，我国所有制结构做了哪些深度调整？

5. 公有制经济的实现形式有哪些？公有制经济的主体地位如何体现？

6. 如何推动混合所有制经济健康发展？

阅读书目

1. 中国共产党第十九次全国代表大会报告：决胜全面建成小康社会 夺取新时代中国特色社会主义伟大胜利.

2. 中国共产党第十九届中央委员会第四次全体会议公报.

3. 中国共产党第十九届中央委员会第五次全体会议公报.

4. 中国共产党第十八届三中全会：中共中央关于全面深化改革若干重大问题的决定.

5. 中国共产党第十八次全国代表大会报告：坚定不移沿着中国特色社会主义道路奋进 为全面建成小康社会而奋斗.

6. 中国共产党第十七次全国代表大会报告：高举中国特色社会主义伟大旗帜 为夺取全面建设小康社会新胜利而奋斗.

7. 中国共产党第十六次全国代表大会报告：全面建设小康社会 开创中国特色社会主义事业新局面.

8. 中国共产党第十六届三中全会：中共中央关于完善社会主义市场经济体制若干问题的决定.

9. 邓小平. 邓小平文选：第 3 卷 [M]. 北京：人民出版社，1993.

10. 马克思，恩格斯. 马克思恩格斯选集：第 3 卷 [M]. 北京：人民出版社，1972.

11. 中共中央宣传部理论局. 建设有中国特色社会主义若干理论问题学习纲要 [M]. 北京：学习出版社，1998.

12. 习近平. 习近平谈治国理政：第一卷 [M]. 北京：外文出版社，2018.

13. 习近平. 习近平谈治国理政：第二卷 [M]. 北京：外文出版社，2017.

14. 习近平. 习近平谈治国理政：第三卷 [M]. 北京：外文出版社，2020.

参考文献

1. 马克思. 资本论：第 1 卷 [M]. 北京：人民出版社，1975.

2. 马克思，恩格斯. 共产党宣言 [M]. 北京：人民出版社，1975.

3. 马克思，恩格斯. 马克思恩格斯选集：第 3 卷 [M]. 北京：人民出版社，1972.

4. 马克思，恩格斯. 马克思恩格斯文集：第 6 卷. 北京：人民出版社，2009.

5. 马克思，恩格斯. 马克思恩格斯文集：第 5 卷. 北京：人民出版社，2009.

6. 马克思，恩格斯. 马克思恩格斯文集：第 4 卷. 北京：人民出版社，2009.

7. 邓小平. 邓小平文选：第 3 卷. 北京：人民出版社，1993.

8. 江泽民. 在庆祝中国共产党成立八十周年大会上的讲话 [J]. 求是，2001（13）：3-17.

9. 习近平. 习近平谈治国理政：第一卷 [M]. 北京：外文出版社，2018.

10. 习近平. 习近平谈治国理政：第二卷 [M]. 北京：外文出版社，2017.

11. 习近平. 习近平谈治国理政：第三卷 [M]. 北京：外文出版社，2020.

12. 习近平. 在民营企业座谈会上的讲话 [N]. 人民日报，2018-11-02（2）.

13. 马洪. 建立社会主义市场经济新体制 [M]. 郑州：河南人民出版社，1992.

14. 刘诗白. 构建面向 21 世纪的中国经济学 [M]. 成都：西南财经大学出版社，2001.

15. 中共中央宣传部理论局. 建设有中国特色社会主义若干理论问题学习纲要 [M]. 北京：学习出版社，1998.

16. 逄锦聚，洪银兴，林岗等. 政治经济学 [M]. 北京：高等教育出版社，2002.

17. 谷书堂. 社会主义经济学通论 [M]. 北京：高等教育出版社，2000.

18. 中共中央文献研究室. 改革开放三十年重要文献选编：上 [M]. 北京：中央文献出版社，2008.

19. 中共中央文献研究室. 改革开放三十年重要文献选编：下 [M]. 北京：中央文献出版社，2008.

20. 中国共产党第十四次全国代表大会文件汇编 [G]. 北京：人民出版社，1992.

21. 中国共产党第十五次全国代表大会文件汇编 [G]. 北京：人民出版社，1997.

第十章
中国特色社会主义分配制度

学习目的与要求： 通过本章的学习，要求了解和掌握国民收入及其相关概念、初次分配、再分配与三次分配、收入差距的度量、中国特色社会主义分配制度的演进、按劳分配与多种分配方式并存、收入分配中的效率与公平、我国分配制度改革等，理解并掌握如何实现效率和公平的统一、缩小收入差距，最终实现共同富裕是分配制度的目的和宗旨。

党的十八大以来，以习近平同志为核心的党中央把改善民生、让人民有更多获得感摆在极其重要的位置。中央全面深化改革领导小组多次开会研究深化收入分配改革问题，制定出台了一系列政策文件。习近平总书记多次强调：必须完善收入分配制度，坚持按劳分配为主体、多种分配方式并存的制度，把按劳分配和按生产要素分配结合起来，处理好政府、企业、居民三者分配关系。另外，还需在发展中不断扩大中等收入群体，必须坚持有质量有效益的发展，保持宏观经济稳定，为人民群众生活改善打下更为雄厚的基础，特别是"把逐步实现全体人民共同富裕摆在更加重要的位置上"①。

239

第一节　社会主义分配与分配制度

一、收入分配

按照马克思主义经济学和传统社会主义国家国民经济核算体系（物质产品平衡体系，简称"MPS体系"）的理解，国民收入是指物质生产部门的劳动者在一定时期（通常为一年）内所生产的净产品的价值，它是社会总产品价值的一部分。所谓社会总产品，是指社会各个物质生产部门的劳动者在一定时期内所生产的全部物质资料的总和。在实物形态上，社会总产品是当年生产的生产资料和消费资料的总和；在价值形态上，社会总产品表现为社会总产值，包括三个部分：①生产过程中被消耗掉并已经转移到新产品中去的生产资料价值（c）；②劳动者为自己劳动所创造的价值（v）；③劳动者为社会劳动所创造的价值（m）。

---

① 习近平. 扎实推动共同富裕［J］. 求是，2021（20）：4-8.

国民收入，从实物形态上看，是社会总产品中扣除已经消耗掉的生产资料之后的那部分社会总产品；从价值形态上看，国民收入是在社会总产值中扣除消耗掉的生产资料价值之后剩下来的那部分价值，即劳动者当年活劳动所创造的新价值。与社会总产值相对应，国民收入也称社会净产值。而个人收入分配是指社会成员参与国民收入分配的经济活动。个人收入分配直接影响就业、投资、消费、储蓄、物价等方面的问题。个人收入水平的高低和结构变化，对劳动者积极性的提高、经济的增长以及社会全面进步都有重大影响。一般而言，国民收入分配与个人收入分配的关系是总体与局部的关系，二者互相联系、互相制约、互相影响。国民收入分配决定个人收入分配，个人收入分配对国民收入分配产生积极或消极影响。

关于国民收入分配或个人收入分配，从古典经济学家那里开始，就有了相关的思想和阐述。例如，斯密在《国富论》中指出三种价值理论为国民收入分配找到了客观依据：第一种，生产中耗费的劳动决定价值；第二种，交换中购买的劳动（为社会所承认的劳动）决定价值；第三种，工资、利润、地租决定价值[1]。李嘉图则把国民收入分配理论置于其理论中的重要地位，他在《政治经济学及赋税原理》一书指出："土地产品——即将劳动、机器和资本联合运用在地面上所取得的一切产品，在土地所有者、耕种所需的资本的所有者，以及进行耕种工作的劳动者这三个社会阶级之间进行分配。……确立这种分配的法则乃是政治经济学的核心问题。"[2]当然，这类分配思想还是基于要素回报的视角，离国家收入分配还有距离。而古典经济学之后的近现代西方经济学思想，基本延续要素分配论的思想来建构其国民收入分配理论，其庸俗性在于抹杀了劳动者在社会财富创造中的重要作用，并强调资本主义秩序的永恒性，然而这不仅是错误的，而且稍有常识的人就会发现其意图掩盖资本主义收入分配具有对劳动者剥削特点的事实，这类西方经济学倡导的分配理论不仅庸俗而且尤其容易误导社会主义国家的收入分配改革。

而马克思则不同，他在科学的劳动价值论的基础上提出了按劳分配的理论。马克思认为未来社会个人消费品的分配方式应当是"等量劳动领取等量产品"，后来列宁将这种分配方式直截了当地称为按劳分配。马克思指出，"每一个生产者，在作了各项扣除之后，从社会方面正好领回他所给予社会的一切。他所给予社会的，就是他个人的劳动量。……他以一种形式给予社会的劳动量，又以另一种形式全部领回来。"[3]马克思为未来社会设计了一种理想的分配模式：除劳动力以外，所有的其他生产要素为整个社会所占有，"个人的劳动不再经过迂回曲折的道路，而是直接地作为总劳动的组成部分存在着"[4]显然，由于马克思的收入分配理论建立在科学的劳动价值论的基础上，其最大的优越性就是明显地突出了劳动的作用，它继承和发展了斯密、李嘉图等人承认人类财富主要来源于劳动的理论，既表明了劳动与物的共性，又表明了劳动与物的区别，为我们结合现代实际建立适合我国生产力发

① 亚当·斯密. 国民财富的性质和原因的研究（上）[M]. 北京：商务印书馆，1983：47.
② 大卫·李嘉图. 政治经济学及赋税原理 [M]. 北京：商务印书馆，2013：2.
③ 马克思恩格斯选集：第3卷 [M]. 北京：人民出版社，1972：11.
④ 马克思恩格斯选集：第3卷 [M]. 北京：人民出版社，1972：10.

展要求和最广大劳动人民根本利益的收入分配理论，奠定了最重要的理论基础。

按照马克思物质产品核算体系（System of Material Product Balames，MPS）理解，国民收入的初次分配是指在直接创造价值的物质生产部门内部所进行的分配，而国民收入再分配则是指非物质生产部门获得收入的过程以及政府对初次分配结果进行调节的活动。按照这一理解，服务业（如商业、金融业、旅游业等）获得的收入属于再分配范畴。通过市场机制进行的初次收入分配，形成社会各个要素所有者的要素收入。经过初次分配，国民收入大致被分割为如下几个部分：

第一，劳动收入。这是指劳动者通过付出劳动而获得的各种工资、奖金、津贴等收入。在市场经济国家，劳动收入通常占整个国民收入的70%左右。

第二，资本收入。这是指资本所有者通过借出资本而获得的利息，以及作为投资者获得的股息、红利、企业利润等。

第三，土地等自然资源的租金收入。这是指土地等自然资源的产权主体通过出租土地等而获得的各种租金收入。

第四，技术、专利以及其他知识产权收入。这是指有关产权主体出让技术、专利和其他知识产权的所有权或使用权获得的收益。

第五，管理者报酬。这主要是指企业管理者付出的一种独特要素——经营管理才能而获得的相应收入。

国民收入经过市场机制的初次分配，被分割成各类要素所有者的收入。依据各类要素所有者获得收入的来源和形式的不同，我们可以把社会居民划分为不同的阶层和社会集团，如工薪阶层、技术阶层、管理者阶层等。

市场机制所形成的初次分配结果，不一定能完全符合国家、社会的普遍利益和意愿，因此，在现代市场经济国家，出于各种考虑，政府通常会采取多种手段对初次分配结果进行调节，也就是进行收入再分配。关于收入再分配的理由，主要有以下几个方面：

（1）控制收入差距、促进社会公平的需要。市场机制进行的初次分配，通常会出现较大的收入差距，有的时候会出现严重的贫富分化。太大的收入差距和贫富分化通常被认为不利于社会的普遍利益（比如，不利于社会稳定，容易引发不同阶层和集团之间的剧烈冲突等），不符合社会的公平原则。因此，为了控制收入差距，缓解贫富分化，促进社会公平，政府应当出面进行收入再分配。

（2）政府行使社会管理者职能的需要。政府作为社会管理者，需要保卫国家，维护社会秩序，支持教育、文化、卫生和社会公益事业，提供各种公共产品等，这些活动需要通过收入再分配（如征税）来获得所需要的资金。

（3）政府进行宏观经济调控的需要。现代政府的一项重要职能是进行宏观经济调控，而收入再分配（如征税、转移支付等）为政府进行宏观调控提供了途径和资金。

（4）政府协调地区发展、支持战略性行业发展的需要。在地区发展不平衡的国家，出于协调地区发展的需要，政府会进行收入再分配（如地区之间的财政转移支付）。为了支持某些战略性行业（如某些高科技产业、先导产业等）的发展，政府需要通过收入再分配来筹集资金。

（5）建立社会保障制度和社会后备基金的需要。这需要收入再分配来筹集资金。

在现代市场经济国家，政府进行收入再分配的手段主要有：①税收，如征收个人所得税、财产税等；②财政转移支付，如对低收入居民的财政补贴等；③社会保障，如通过社会保险（包括养老保险、失业保险、医疗保险等）、社会救助、社会福利等社会保障机制，保障人民生活，调节社会分配，缩小居民之间的收入差距。

经过初次分配和再分配，国民收入最终被分割为国家（政府）、企业和个人分别占有的三个部分。分析这三个部分的比例及其变化，我们可以大致了解一个国家的国民收入分配格局及其变化。

二、社会主义收入分配

党的十九届六中全会指出，初次分配对于最终分配格局的形成具有基础性作用。要坚持按劳分配为主体、多种分配方式并存，激励引导社会成员通过诚实劳动和创新创业富裕起来。初次分配既要讲效率，又要讲公平，要规范分配秩序、合理控制初始分配差距。再分配要增强对分配差距的调节功能，通过完善税收制度、提高直接税比重、加强税收征管，更好发挥收入调节功能。

中国特色社会主义进入了新时代，社会主要矛盾发生了变化，以习近平同志为核心的党中央，坚持"以人民为中心的发展思想"这个新时代收入分配改革的主基调，从提高劳动者收入水平、共享发展成果、保障和改善民生、基本公共服务均等、缩小收入分配差距、促进社会公平正义等视角，为收入分配改革赋予了新的时代内涵，提出了新的目标要求。

新时代收入分配改革须坚持效率与公平辩证统一。从学理逻辑和政策实践看，社会主义收入分配改革的核心始终是效率和公平的关系问题。自党的十一届三中全会以来，按照"初次分配强调效率，再分配强调公平"的主导原则，我国逐步建立起以按劳分配为主体、多种分配方式并存的中国特色社会主义收入分配制度。在中国特色社会主义市场经济体制建设过程中，这一制度设计极大地激发了广大劳动者和生产要素所有者的积极性，推动了中国经济高速增长，改善了社会民生和公共服务。与此同时，随着我国经济飞速发展，收入分配矛盾逐渐凸显。宏观层面，主要表现为劳动者报酬、社会保障、民生和公共服务水平、公平正义的社会环境在整体上与经济和社会财富增长不相匹配。中观和微观层面，城乡之间、区域之间、行业部门之间以及居民个体之间的收入差距较为明显。自党的十八大报告提出"初次分配和再分配都要兼顾效率和公平，再分配更加注重公平"的改革思路，到党的十九大报告再次明确"坚持在经济增长的同时实现居民收入同步增长、在劳动生产率提高的同时实现劳动报酬同步提高"，其核心内涵，就是在深入贯彻以人民为中心的发展思想下，将效率和公平原则贯穿收入分配各环节，实现初次分配效率原则的公平性与再分配公平原则的效率性辩证统一。

所谓初次分配效率原则的公平性，就是要在初次分配强调效率原则的同时，更加注重市场竞争的机会公平与过程公平，从而提升分配的整体效率。中国特色社会主义市场经济，更应该凸显制度的优越性，使劳动者和要素所有者在初次分配领域获得公平的竞争机会与公平的竞争环境。改革的着力点即在于建立健全激励约束机制，增强市场竞争的公平性，主要包括：以法治化营商环境建设为抓手，建立健全中国特色社会主义市场经济的法治基础；以供给侧结构性改革为契机，着力打破市场竞争面临的行政性垄断壁垒；以统一开放的市场体系建设为抓手，破解要素流动和资源配置瓶颈；将负面清单与正向激励相结合，惩治违法所得，保护合法所得。所谓再分配公平原则的效率性，就是要在再分配强调公平原则的同时，更加注重政府调节的科学性和有效性，从而提升分配的整体公平。再分配领域的政府调节，无外乎收和支两种机制、两条渠道。目前来看，政府收支调节的科学性、有效性还有较大的提升空间。其着力点主要在于：以税负公平为基点，通过税制改革，更科学地设置税种、税率，当务之急是个人所得税和企业增值税改革有实质性推进；以政府职能改革为切入点，取消不合理的行政事业收费，提高非税收入透明度；以民生、社会保障、基本公共服务为重点，优化政府支出结构和规模。

社会成员之间的收入分配存在一定差距在现阶段虽然不可避免，但这种差距不能过大，否则就会加深人民内部矛盾，影响社会和谐稳定，也不符合社会主义的公平正义原则。当前城乡之间、区域之间、行业之间、不同人群之间收入分配的差距，并没有因为经济发展而有所缩小，反而趋于扩大，这种情况必须引起我们的高度注意。

三、中国社会主义分配制度的演进

改革开放以来，为了配合社会主义市场经济建设的进度，我国对国民收入分配制度和个人收入分配制度进行了全方位改革，从计划分配体制全面转向初次分配以市场为基础，按劳分配为主体、多种分配方式并存的分配制度，同时，也基本形成了以税收、社会保障、转移支付等为主要手段的再分配调节机制。中国社会主义分配制度的演进分为以下几个阶段。

第一阶段：1978—1992年。这一阶段的国民收入分配制度和个人收入分配制度是从农村改改开始的。在农村，开始推行家庭联产承包责任制，农民第一次获得了经济"剩余索取权"。它明确划分了国家、集体和个人的责、权、利关系，有效地将农民的收入同他们的劳动成果挂钩，使农村收入分配不再以生产队为基础，而是以农户为分配主体，农民所得收入直接取决于其生产成果的多少，"交足国家的、留够集体的、剩下的全是自己的"，是人们对家庭联产承包责任制下个人收入分配方式的通俗概括。这种分配方式极大地调动了农民的生产积极性和创造性，农业劳动生产率有了大幅度提高，农民收入水平、消费水平、生活水平也因此得到了一定程度的提高。

在城市，积极借鉴农村实行承包制的基本经验，为了提升城市企业的活力，提高广大职工的责任心和充分发挥他们的积极性、主动性、创造性，要求在企业内部明确对每个岗位、每个职工的工作要求，建立以承包为主的多种形式的经济责任制。

其基本原则是：责、权、利相结合；国家、集体、个人利益相统一；职工劳动所得同劳动成果相联系。此后，随着经济体制改革的不断推进，公有制以外的其他经济成分开始逐步发展起来，出现了个体经济、私营经济、股份制等所有制的形式和成分。收入分配制度也相应地发生了重大变化，主要是以打破平均主义为突破口，推进落实按劳分配，逐步确立以按劳分配为主体、其他分配形式为补充的分配制度。同时，在推进分配制度改革的过程中，中国政府也高度重视公平的问题，明确要求"我们的分配政策，既要有利于善于经营的企业和诚实劳动的个人先富起来，合理拉开收入差距，又要防止贫富悬殊，坚持共同富裕的方向，在促进效率的前提下体现公平"。这是效率优先、兼顾公平的雏形，是收入分配理论的巨大进步。

综合来看，这一阶段处于经济体制转型阶段，纯靠政府指令性计划调节的手段逐步得以改变，市场机制被更大范围地引入。相应地，在收入分配制度方面，以打破平均主义为突破口，重新确立了按劳分配原则，否定了收入分配体制的高度集中和平均主义的分配方式。同时，肯定了其他分配方式的合法存在，但是这一时期的其他分配方式只是处于补充地位。另外，此时的再分配调节机制也开始逐步建立。一方面，调节个人收入的税收制度陆续设立；另一方面，开始试点探索社会保障制度的改革，传统以就业单位为依托的保障制度逐步改变，失业保险制度逐步建立，开始推进企业职工养老保险制度改革。

第二阶段：1992—2002 年。这一阶段的收入分配制度是围绕着中国特色社会主义市场经济制度的建立而展开的。党的十四大明确提出，"我国经济体制改革的目标是建立社会主义市场经济体制"，标志着中国社会主义现代化建设和经济体制改革进入了一个新的阶段。相应地，收入分配制度改革也进入了一个新的时期，即建立同社会主义市场经济体制相适应的分配制度。在坚持公有制为主体、多种所有制经济共同发展的基本经济制度的前提下，为了适应其他经济成分快速发展的现状，收入分配方面主要实行的是坚持按劳分配为主体、多种分配方式并存的分配制度，同时提出了"把按劳分配和按生产要素分配结合起来"的分配政策，为生产要素在社会主义市场经济条件下参与收入分配提供了政策支持。另外，在公平和效率的选择上，党的十四届三中全会首次提出了效率优先、兼顾公平的原则。

再分配调节机制方面，一是不断完善税收调节制度。随着 1994 年分税制改革的推行，个人所得税、消费税、财产税等一些税种得以不断完善，调节作用也开始显现。二是全面推进社会保障制度改革。随着建立社会主义市场经济体制要求的落实，社会保障制度改革全面展开，政府颁布了《国务院关于深化企业职工养老保险制度改革的通知》《国务院关于建立统一的企业职工基本养老保险制度的决定》《国务院关于建立城镇职工基本医疗保险制度的决定》《社会保险征缴暂行条例》《失业保险条例》和《城镇居民最低生活保障条例》等一系列政策文件，养老和医疗保险的制度模式得以明确，同时，国务院组建成立了劳动和社会保障部，原来较为分散的社会保障行政管理体制得以改善。

第三阶段：2002—2012 年。这一阶段的收入分配制度是围绕着中国特色社会主义市场经济制度的逐步完善而调整的。随着社会主义市场经济体制的日趋完善，按劳分配与按生产要素分配相结合的分配政策也逐步完善，我国明确了生产要素参与分配的原则，更加重视收入分配差距问题，逐步强调公平问题。

综合来看，这一阶段的收入分配制度，首先明确了生产要素按贡献参与分配的问题，强化非劳动生产要素参与分配的合法性。党的十六大明确提出"确立劳动、资本、技术和管理等生产要素按贡献参与分配的原则，完善按劳分配、多种分配方式并存的分配制度"，既肯定了劳动在财富创造过程中所发挥的决定性作用，又肯定了非劳动生产要素在财富生产中的重要作用，解决了劳动和非劳动生产要素怎样参与收入分配问题，即按贡献大小参与收入的分配。二是随着收入分配差距的逐步扩大，开始逐步强调分配公平的问题。党的十六届五中全会要求注重社会公平，特别要关注就业机会和分配过程的公平，并且党的十七大首次提出了在初次分配过程中，也要处理好效率和公平的关系。三是政府也重视再分配机制的不断完善，采取了很多缩小收入分配差距的政策，如为缓解城乡差距，政府制定实施了彻底取消农业税、大幅增加涉农补贴、建立农村新型合作医疗制度和最低生活保障制度等多项支农惠农政策；为缓解不同群体间的收入差距，政府颁布了最低工资标准、出台了《中华人民共和国劳动合同法》和《中华人民共和国就业促进法》，通过法律手段来保障劳动者权益，增加劳动者收入。

第四阶段：2012年至今。把注重公平和共同富裕提到了收入分配的重要位置。注重在提高居民收入的同时，将重视公平放在更加突出的位置，着力让人民共享发展成果，特别强调共同富裕。党的十八大指出"实现发展成果由人民共享，必须深化收入分配制度改革"，提出了"两个同步""两个提高"的目标："努力实现居民收入增长和经济发展同步、劳动报酬增长和劳动生产率提高同步，提高居民收入在国民收入分配中的比重，提高劳动报酬在初次分配中的比重。"在效率与公平的关系方面，较之以前又将公平放在了更加重要的位置，要求"初次分配和再分配都要兼顾效率和公平，再分配更加注重公平"，并且进一步提出"完善劳动、资本、技术、管理等要素按贡献参与分配的初次分配机制，加快健全以税收、社会保障、转移支付为主要手段的再分配调节机制"。党的十八届三中全会明确提出"健全资本、知识、技术、管理等由要素市场决定的报酬机制"，并进一步要求"清理规范隐性收入，取缔非法收入，增加低收入者收入，扩大中等收入者比重，努力缩小城乡、区域、行业收入分配差距，逐步形成橄榄型分配格局"。党的十八届五中全会通过的《中共中央关于制定国民经济和社会发展第十三个五年规划的建议》提出了共享发展的理念，并要求"坚持共享发展，着力增进人民福祉"，专门就"缩小收入差距"做出了战略部署。

党的十八大以来，党和政府从分配制度建设、就业、社会保障制度、打击非法收入等影响收入的多个方面入手，积极实行一系列增加收入以及缩小收入差距的政策举措。一是加强收入分配相关制度建设。2013年2月，国务院批转了国家发展改革委、财政部、人力资源社会保障部制定的《关于深化收入分配制度改革的若干意见》，对今后收入分配改革的总体目标、路径和政策举措等做出了要求与部署。同时，为了促进居民收入的增加，国务院制定了《国务院关于激发重点群体活力带动

245

城乡居民增收的实施意见》。二是坚持就业优先战略，强化劳动者权益保护，保障劳有所得。三是完善生产要素按贡献分配机制，加强市场秩序规范，促进公平竞争。四是不断改革完善税收、社会保障等再分配调节机制建设。五是动员全党全国全社会力量，全力推进扶贫攻坚。六是加大对腐败和非法收入打击力度，同时强化了对居民收入和财产的监管。党的十九大又明确提出坚持按劳分配原则，完善按要素分配的体制机制，促进收入分配更合理、更有序，并要求履行好政府再分配调节职能，加快推进基本公共服务均等化，缩小收入分配差距。这些都为未来收入分配领域的改革指明了方向。党的十九届六中全会指出，要立足新发展阶段、贯彻新发展理念、构建新发展格局、推动高质量发展，全面深化改革开放，促进共同富裕。

从国民收入分配和个人收入分配角度看，共同富裕是"全民富裕"，不是一部分人、一部分地区的富裕。必须坚持共享发展理念，解决好地区差距、城乡差距、收入分配差距，防止两极分化，共同富裕路上一个也不能掉队。共同富裕是"全面富裕"，不是单一的物质富裕。在富裕的内涵及其发展中，特别要促进人民精神生活共同富裕，强化社会主义核心价值观引领，不断满足人民群众多样化、多层次、多方面的精神文化需求。恩格斯曾谈到，"人人也都将同等地、愈益丰富地得到生活资料、享受资料、发展和表现一切体力和智力所需的资料"，在总体上呈现了"美好生活"的全面性。物质文明和精神文明协调发展既是中国式现代化的重要内容，也是共同富裕的题中应有之义。共同富裕是"共建共富"，要靠共同奋斗。"幸福生活都是奋斗出来的，共同富裕要靠勤劳智慧来创造。"共同富裕没有捷径，要坚持共建共享，形成人人参与、人人享有的发展环境，激励引导人民群众通过诚实劳动和创新创业富裕起来。共同富裕是"逐步富裕"，是循序渐进的过程。共同富裕既不是整齐划一的平均主义，也不可能一蹴而就，需要经历若干阶段性过程。促进共同富裕是一个长远的奋斗目标，对其长期性、艰巨性、复杂性要有充分认识，因此，中国的国民收入分配和个人收入分配的制度完善也是一个长期过程。

第二节　中国特色社会主义分配制度

一、按劳分配为主体、多种分配方式并存的中国特色社会主义分配制度

改革开放以来，随着经济体制的改革和经济社会的发展，我国探索和建立了按劳分配为主体、多种分配方式并存的中国特色社会主义分配制度，将按劳分配与按生产要素分配有机结合。党的十九届四中全会在总结我国分配制度改革的实践经验基础上，明确把"按劳分配为主体、多种分配方式并存"作为我国的一项基本经济制度。按劳分配为主体、多种分配方式并存的分配制度，既体现了社会主义制度优越性，又同我国社会主义初级阶段社会生产力发展水平相适应，是党和人民的伟大创造。

在社会主义初级阶段，必须坚持按劳分配为主体、多种分配方式的分配制度，将按劳分配与按生产要素分配有机结合，其主要原因是：

第一，公有制为主体、多种所有制经济共同发展的所有制结构决定了我国必须

实行按劳分配为主体、多种分配方式并存的分配制度。在生产关系中，生产资料所有制形式是生产关系的基础，它决定了生产关系的其他方面。生产资料的所有制形式决定了分配关系，分配形式和分配制度要与特定阶段的所有制结构相适应。公有制为主体的所有制结构要求实行按劳分配为主体的分配形式，多种所有制经济共同发展的所有制结构要求多种分配方式并存。

第二，社会主义市场经济体制要求实行按劳分配为主体、多种分配方式并存的分配制度。改革开放以来，我国探索和建立了社会主义市场经济体制，需要发展劳动、资本、土地、知识、技术、管理、数据等要素市场，发挥市场对资源配置的决定性作用，以提高资源配置效率。同时，由于劳动、资本、土地、知识、技术、管理、数据等要素是商品生产不可缺少的重要条件，这些要素在生产中也做出了贡献，这就需要各种要素按贡献参与收入分配，获取相应的要素报酬，以调动要素所有者的积极性，优化要素配置。总之，实行按劳分配为主体、多种分配方式并存的分配制度，把按劳分配与生产要素按贡献参与分配相结合，是社会主义市场经济体制的必然要求。

第三，按劳分配为主体、多种分配方式并存的分配制度，归根到底是由生产力的发展状况决定的。生产力决定生产关系，分配关系是生产关系的一部分；因此，生产力发展水平决定了相应的分配关系和分配制度。当前，我国社会主义初级阶段的生产力发展具有不平衡、多层次的特征，这是我国当前分配方式呈现多样化的最深层次原因。

实行按劳分配为主体、多种分配方式并存的分配制度，把按劳分配与生产要素按贡献参与分配相结合，既有利于调动广大劳动者的积极性和创造性，提高劳动生产率，又有利于调动各种要素所有者的积极性，促进生产要素的优化配置，提高全社会的资源配置效率，让一切创造社会财富的源泉充分涌流。

二、以按劳分配为主体

（一）按劳分配的主要内容和基本要求

马克思在《哥达纲领批判》中提出了在社会主义社会实行按劳分配的制度。按劳分配的主要内容和基本要求是：

①在全社会范围内，社会在对社会总产品作了各项必要的扣除之后，以劳动者提供的劳动（包括劳动数量和质量）为唯一的尺度分配个人消费品，实行按等量劳动领取等量报酬和多劳多得、少劳少得、不劳动者不得食的原则。

②按劳分配所依据的劳动排除任何客观因素，如土地、机器等生产资料的影响，只包括劳动者自身脑力与体力的支出。

③作为分配尺度的劳动，不是劳动者实际付出的个别劳动，而是劳动者在平均熟练程度和平均劳动强度下生产单位使用价值所耗费的社会平均活劳动①。

---

① 马克思. 哥达纲领批判［M］//马克思，恩格斯. 马克思恩格斯选集：第 3 卷. 北京：人民出版社，1972：5-15.

④随着劳动生产率的提高和生产的发展，劳动者能够分配到的消费品将逐步增加。

（二）社会主义社会实行按劳分配的前提条件

马克思指出，社会主义社会实行按劳分配制度需要具备一些前提条件，包括：

①在全社会范围内实现生产资料公有制。消费资料的分配是生产条件本身分配的结果，只有实行全社会范围的生产资料公有制，才可能使全体劳动者平等地占有和使用生产资料，才能消除由于生产条件占有的不同造成的劳动者在分配上的差别，使劳动成为决定消费品分配的唯一因素。

②经济、社会条件能够保证劳动者各尽所能。这些条件包括：要有足够的生产资料可供投入生产，要有足够的就业机会并且劳动者有充分选择职业的自由。只有这样，才能实现按劳分配所要达到的目标。

③商品经济已经消亡。在没有商品货币关系的条件下，每个人的劳动，无论其特殊用途是如何的不同，从一开始就成为直接的社会劳动，而不需要著名的"价值"插手其间。这样，劳动者付出的劳动可以简单地用时间来衡量，一般都可以得到社会的承认。

④社会可以统一对社会总产品作各项扣除。劳动者除了可供个人消费的消费资料之外，没有任何东西可以成为个人的财产①。

（三）社会主义初级阶段按劳分配的特点

在社会主义初级阶段，按劳分配的实现过程和实现形式与马克思的设想存在很大差别，具体表现为以下特点：

①通过市场机制实现。在社会主义市场经济条件下，个别劳动不能直接转化为社会劳动，按劳分配不能通过社会直接计算劳动者的劳动时间来分配个人消费品，而是通过市场机制和价值形式以迂回曲折的方式间接地加以完成。由于存在市场机制的调节作用，个人消费品的按劳分配要通过三个阶段实现。第一阶段，企业通过市场销售产品或提供服务来取得收入。第二阶段，企业按照劳动者的劳动贡献分配经营收入中的个人收入部分。第三阶段，劳动者取得劳动报酬后，根据个人收入水平、家庭负担、消费意愿等多方面的因素，选择消费和储蓄。

②按劳分配的"劳"是在市场实现了的劳动。在市场经济条件下，劳动者提供的劳动不是直接的社会劳动，而是个别劳动。只有企业劳动者生产的商品在市场上卖掉，取得收入，其劳动才得到社会承认，个别劳动才能转化为社会劳动，实现其价值，也才可能进行按劳分配。

③按劳分配主要采取货币工资形式来实现。在社会主义市场经济条件下，按劳分配还不能通过"劳动券"直接进行实物分配，必须通过商品货币关系来实现，在市场经济中，按劳分配的实现形式一般由工资、奖金、津贴等构成。工资是按劳分配实现的主要形式。奖金是实现按劳分配的一种劳动报酬的辅助形式，它是对劳动

① 马克思. 哥达纲领批判［M］//马克思，恩格斯. 马克思恩格斯选集：第3卷. 北京：人民出版社，1972：8-13.

者提供的超额劳动的报酬。津贴是对劳动者在特殊条件下的额外劳动消耗或额外费用支出给予补偿的一种工资形式，也是劳动报酬的一种辅助形式。

④劳动者的收入与企业的经营状况相关联。在社会主义市场经济条件下，企业是独立自主的生产者和经营者，不同企业拥有的生产要素不同，各个企业经营状况不同，不同企业的盈亏状况也会不同。因此，劳动者的收入不仅取决于个人的劳动贡献，还取决于企业的生产经营状况，不同企业劳动者的劳动收入水平存在一定的差距。

（四）按劳分配的重大意义

按劳分配是人类历史上分配制度的一场深刻革命。实行按劳分配，可以排除凭借对生产资料的占有而占有他人劳动成果的可能，从而对消灭剥削具有重要意义；实行按劳分配，能够把每个劳动者的劳动和报酬直接联系起来，从而使每个劳动者从物质利益上关心自己的劳动成果，有利于调动劳动者的积极性，促进社会生产力的发展；实行按劳动分配，实现了劳动平等和报酬平等，有利于实现社会分配的公平与公正，有利于促进共同富裕，实现社会的和谐与稳定。

三、多种分配方式并存

在社会主义市场经济中，除了生产资料公有制范围内的按劳分配方式以外，还存在按生产要素分配的多种分配方式。生产要素按贡献参与分配是市场经济中的基本分配规则。生产要素主要包括劳动、资本、土地、知识、技术、管理、数据等。所谓按生产要素分配，是指生产要素所有者凭借其要素所有权按照生产要素在生产中的贡献参与收入分配的方式。

249

（一）按生产要素分配的基本要求

按生产要素分配的基本要求是：

①参与分配的主体是要素所有者，依据是要素所有权。在社会主义市场经济中，劳动、资本、土地、知识、技术、管理、数据等数据的所有者，将要素投入生产经营活动，依据要素所有权参与生产经营活动成果的分配。

②分配的客体是各种生产要素共同作用创造出来的财富。按照马克思主义的劳动价值论，劳动是商品价值的唯一源泉。劳动以外的其他生产要素不创造价值，但却创造财富，并参与财富的分配。学术界对按生产要素分配的客体存在着较大的分歧，有人认为分配的客体是各种生产要素共同创造的价值，也有人认为非劳动要素不创造价值，因而分配的客体是各种生产要素共同创造的财富①。

③分配的标准是生产要素在生产中的贡献。在市场经济中，生产要素按贡献参与分配意味着劳动获得工资，资本获得利息，土地获得地租，知识、技术、管理、数据等也获得相应的要素报酬。

④实现机制是生产要素由市场评价贡献、按贡献决定报酬。在市场经济中，按生产要素分配是通过市场机制来实现的。生产要素的供给和需求相互作用，决定了

①　相关讨论可参见：谷书堂. 社会主义经济学通论［M］. 北京：高等教育出版社，2000；刘诗白. 现代财富论［M］. 北京：生活·读书·新知三联书店，2005.

生产要素的市场均衡价格，从而决定了生产要素的报酬水平。

（二）按生产要素分配的主要方式

生产要素的多样性决定了按要素分配方式的多样性。在社会主义市场经济中，按生产要素分配的主要方式有：

（1）按劳动力价值分配。按劳动力价值分配主要存在于私营企业和外资企业，并与劳动力市场相联系。在私营企业和外资企业的劳动者，他们将自己劳动力的支配使用权在一定时期内转让给企业，所得的工资实质上是劳动力的价值或价格。

（2）按资分配。按资本要素分配是指资本所有者凭借其投入的资本获取利润的分配方式。在我国的私营企业、股份制企业和外商投资企业，存在凭资本获取利润的分配关系。这种收入称为经营性资本收入，具体形式表现为利润、利息、股息、分红等。

（3）按知识、技术、信息、数据要素分配。知识和技术对生产经营活动具有重要的影响，这些要素所有者理应从生产经营活动中取得报酬。掌握信息和数据对于生产经营活动具有重要意义，信息和数据的提供者也会参与经营收入的分配。

（4）按管理要素分配。管理是指企业的管理者通过实施计划、组织、领导、协调、控制等职能来协调企业活动，实现企业目标的活动过程。管理活动对企业经营绩效具有重要影响，也应参与企业经营收入的分配。

（5）按土地和其他自然资源分配。土地和其他自然资源是生产活动不可缺少的因素，其资源的所有者凭借其所有权要求索取一定的回报。由于这些资源供给量的有限性，其价格会随着需求的增加而持续上升。土地的收益表现为地租，其形式有级差地租和绝对地租。

（6）个体劳动者的劳动收入。在个体经济中，劳动者既是生产资料的所有者，又是直接的生产者。个体经济中的生产以劳动者自己的劳动为基础，生产经营收入是自己创造的，因而是劳动收入。但由于影响个体劳动者收入的因素既有其直接生产劳动状况，又有生产资料的占有情况，因此个体经济中的劳动者收入既是一种劳动收入，又是一种资产收入，具有二重性。

（三）按生产要素分配的意义

生产要素按贡献参与分配是市场经济的通行法则，即平等交易、市场定价、按贡献分配。生产要素由市场评价贡献、按贡献决定报酬，这种分配制度有利于调动各种要素所有者参与生产的积极性，有利于生产要素的优化配置，有利于社会生产力的发展。

四、三次分配与政府调控

（一）三次分配

在中国特色社会主义分配制度中，除了初次分配和再分配，还有三次分配。三次分配是企业、社会组织、家庭和个人等社会主体基于自愿原则和道德准则，以捐赠、资助、慈善事业、义工、志愿行动等方式济困扶弱的行为。

初次分配主要通过市场机制来实现，通常遵循等价交换、价值对等原则。再分配主要通过政府的行政机制来实现。三次分配则是通过社会主体（企业、社会组织、个人等）来实现，依靠精神力量，遵循道德原则和自愿原则，受道德、文化、习惯等因素的影响。相对于市场根据要素贡献进行初次分配和政府体现国家意志进行再分配，第三次分配是社会主体自主自愿参与的财富流动。较之于初次分配更关注效率、再分配以强制性来促进整体公平正义，第三次分配体现社会成员的更高精神追求。

党的十九届四中全会指出，要重视发挥第三次分配作用，发展慈善等社会公益事业。党的十九届五中全会强调，要发挥第三次分配作用，发展慈善事业，改善收入和财富分配格局。三次分配促进了社会资源、国民收入、社会财富的转移和重新分配，是初次分配和再分配的有益补充。三次分配有助于扶危济困，促进社会公益，有助于缩小社会收入差距，改善收入和财富的分配格局。

[阅读专栏]

我国三次分配的发展现状

公益慈善是三次分配的重要组成部分。近年来在中央和地方各个层面，公益慈善的体制改革与法制建设正在积极探索和推进中。在中央层面，党的十八大明确提出"支持发展慈善事业"，从体制和政策上大力推进公益慈善发展。酝酿多年的慈善事业法《中华人民共和国慈善法》自2016年9月1日起施行。地方也陆续出台了促进公益慈善发展的地方性法规。

根据《2020年民政事业发展统计公报》，截至2020年年底，全国共有经常性社会捐赠工作站、点和慈善超市1.5万个（其中慈善超市4 655个）。全年共有2 401.4万人次在民政领域提供了5741.1万小时志愿服务。全国志愿服务信息系统中汇集的注册志愿者1.9亿人。全国社会组织捐赠收入1 059.1亿元，比上年增长21.3%。全国备案慈善信托482单，慈善信托合同规模24.7亿元。全国共有社会组织89.4万个，比上年增长3.2%；吸纳社会各类人员就业1 061.9万人，比上年增长5.2%。社会组织具体分为社会团体、基金会和民办非企业单位三类，分别拥有374 771个、8 432个和510 959个。从2016年到2020年，基金会年增长率分别为16.2%、13.5%、11.5%、7.8%和11.2%。

参见：李慧青. 正确认识中国特色社会主义制度下的三次分配［EB/OL］.（2021-10-14）［2022-05-20］. https://baijiahao.baidu.com/s？id=1713579261993891007&wfr=spider&for=pc.

（二）加强政府调控，完善三次分配的法律和政策体系

第一，完善法律法规，促进公益慈善事业的发展。

自2016年《中华人民共和国慈善法》实施以来，民政部及相关部委共出台了21项公益慈善领域的政策文件促进公益慈善事业的规范化和可持续发展。在完善国家层面立法的同时，各地还需要为这些鼓励促进慈善的法律落地作出更为细致的制度性安排，从而真正把法律规定转变为推动慈善事业发展的动力。

第二，完善政策体系，加强对公益慈善事业的政策支持。

健全捐赠制度，完善政策体系，完善捐赠税收减免政策，充分发挥税收对社会

251

捐赠的激励作用，激发企业、社会组织和个人的慈善捐赠热情。

第三，明确政府在第三次分配中的定位和作用，建立适合中国国情的慈善事业发展模式。

慈善事业发展通常有三大模式：一是政府主导，慈善组织由政府直接进行管理运营，通过财政部门支持以及动员社会成员等方式来筹集资金；二是社会主导，慈善组织完全由民间私营部门运营，依靠平等竞争机制，通过减税和免税等方式获得政府资助；三是政府社会相结合，政府主要承担行业监管责任，并适当运用财政杠杆撬动全社会慈善捐赠。建立适合中国国情的慈善事业发展模式，必须坚持党对慈善事业发展的全面领导，完善政府对慈善事业的监管，提高社会公益慈善事业的效率。

第三节　中国特色社会主义分配原则

一、效率与公平相统一

效率与公平是相辅相成、相互统一的。经济效率的高低直接影响可供分配的财富的多寡，是优化收入分配、增进公平正义的重要基础；分配公平与否，直接影响经济主体的积极性和经济效率的高低，是能否实现共同富裕的前提和条件。因此，只有合理解决收入分配中的效率和公平问题，才能为最终实现共同富裕打下坚实基础。

（一）效率

在经济学中，效率是指社会利用现有资源进行生产所提供的效用满足程度，它不是生产多少产品的简单的物量概念，而是一个社会效用或社会福利概念。如果利用现有资源进行生产所提供的效用满足程度越高，效率也就越高。

效率通常包含以下三层含义：

（1）技术效率，又称为生产效率，它是指生产活动中根据各种资源的物质技术联系，建立起符合生产条件性质的经济关系，合理地组织各种生产活动，充分有效地利用资源，提供尽可能多的产出。技术效率用来表明企业有效率地配置资源以及选择具有技术效率的生产计划的能力，它要求企业生产满足要素投入的最小化。

（2）资源配置效率，这是经济学上用得更为普遍的含义，它不仅包括企业内部的资源配置效率，而且包括整个社会要素和产品的有效配置是否实现最优。这一效率概念的具体标准就是帕累托效率原则。19世纪末，意大利经济学家帕累托将最有效率的状态描述为：如果资源在某种配置下不可能由重新组合生产和分配来使一个人或多个人的福利增加，而不使其他人的福利减少，那么这种配置就是最有效率状态。我们把这种状态称为帕累托最优状态。具体来说，帕累托最优状态满足三个条件：①消费者之间的商品分配达到帕累托最优，即此时不能通过改变商品的分配使一部分人的福利增加，同时不使其他人的福利减少；②生产要素在生产者之间的分配达到帕累托最优，即此时不可能通过生产要素的重新分配使某些生产者的产量提高，同时又不使其他生产者的产量减少；③消费与生产的帕累托全面最优，表现为生产者与消费者对任意两种商品的评价是相同的，从而此时不可能通过改变生产要素投入和产品的分配使一部分人的福利增加，而同时又不使其他人的福利减少。

（3）制度效率，是指某种制度安排能够在成本最小化的状态下运行。新制度经济学关注制度运行的效率，它说明了任何一种制度运行都是有成本的，对于完成同样的交易，或者说资源流动和配置，人们总是寻找运行成本最低的制度。制度运行的成本又被称为交易成本，交易成本的高低是衡量效率的重要标准。

（二）公平

公平是一个复杂、多维而又充满分歧的概念，伦理学、经济学、政治学、法学、社会学等多个学科都对公平展开了广泛而深入的研究，产生了复杂、多维的公平理论。在经济学中，人们通常从两个角度来理解公平，即机会公平和结果公平。

（1）机会公平，是指人们有平等的权利和机会来从事经济活动，在经济活动中有平等的机会来按其贡献获得相应的报酬，有平等的机会消费社会产品、积累私人财富和取得经济成就。也就是说，社会提供公平的"游戏规则"，对所有人一视同仁，提供相同的权利和机会。机会公平通常被理解为规则公平、权利公平。

（2）结果公平，是指人们获得的实际收入和拥有的财富均等。从绝对意义讲，结果公平可以理解为人们之间的收入分配结果完全相同，不存在收入差距。如果放宽对结果公平的理解，收入分配的结果比较均等（而不是绝对均等）也可以看作宽泛意义的结果公平。

机会公平和结果公平通常是不一致的，有了机会公平并不必然出现结果公平。在经济活动中，由于每个人的努力程度、才能甚至运气等不同，即使社会实现了机会均等，也会出现收入和财富的较大差异，这符合市场经济的规律。不过，经济生活中出现结果的普遍不平等，除了每个人的努力程度、才能、运气等原因外，在一定程度上也是由于机会不公平而带来的，如市场机制不完善，存在垄断、特权等。因此，经济学家们普遍认为，社会应当努力消除机会的不公平，而容忍一定程度上的结果不公平。

[阅读专栏]

复杂的公平观——一个关于分蛋糕的思想实验

兄弟二人分配由他们共同"生产"的一个蛋糕，他们为选择"公平"的分配规则而感到苦恼，因为他们面临10种以上的分配规则，而每一种选择似乎都有道理：

（1）二人均分——从人头的标准上看是公平的；

（2）谁劳动得多谁多分——从贡献的标准看是公平的；

（3）哥哥多分，弟弟少分——从年长的标准看是公平的；

（4）弟弟多分，哥哥少分——从年幼的标准看是公平的；

（5）谁多出钱谁多分——从购买力的标准看是公平的；

（6）用抽签办法决定分配份额——从机会的标准看是公平的；

（7）谁是家长谁多分——从地位或职务的标准看是公平的；

（8）谁爱吃蛋糕谁多分——从偏好强弱的标准看是公平的；

（9）谁的工龄长谁多分——从过去的贡献看是公平的；

（10）谁的学历（或学位）高谁多分——从掌握的知识标准看是公平的；

（11）谁的职称高谁多分——从能力的标准看是公平的；

……

这份关于分配规则的"菜单"还可以开列下去，而每一种分配规则似乎都是公平的。这个思想实验说明，所谓的"公平的分配"是一个复杂而充满争议的话题，公平或平等是一个相对的概念，绝对公平的、让所有人都满意的分配规则是难以找到的。

（三）收入分配中的效率与公平

分配制度对经济效率和社会公平会产生较大的影响。分配制度通过影响经济活动当事人的切身利益而影响他们的经济行为，从而影响经济活动的效率。如果分配制度会对经济活动当事人产生正面的激励作用，将有助于增进经济效率；如果分配制度对经济活动当事人产生负面的激励作用，将会降低经济效率。

分配制度对社会公平也会产生显著的影响。如果分配制度为当事人提供了公正的程序和平等的机会，将有助于增进平等；如果分配制度带有歧视、不公正的程序和"游戏规则"，不能为当事人提供平等的机会，必将有损于社会公平。

有没有一种"合理"的分配制度，既能增进效率，又能增进公平？很多经济学家认为，收入分配中的效率和公平存在着明显的交替性，即追求效率往往以某种程度的公平损失为代价，而追求公平则要以一定的效率损失为代价。在现代市场经济的实践中，要追求效率，就必须给生产要素所有者以相应的报酬。由于人们占有要素的状况存在很大差异，按照市场经济通行的要素贡献原则分配收入，人们的收入和财富必然出现较大的差别和不平等。如果取消或缩小这种差别以实现收入均等化，则必然损害经济活动当事人的积极性，从而降低经济效率。比如，如果在工资收入分配上搞平均主义，就会伤害人们工作的积极性，降低工作效率。如果税收政策中个人所得税率过高，虽有助于缩小贫富差别，但也会妨碍人们工作、储蓄和投资的积极性，从而降低经济效率。

现代经济社会面临这样的两难选择：是以效率为主要目标，还是以公平为主要目标，抑或两者并重？当效率和公平发生矛盾的时候，是以效率优先，还是以公平优先？是牺牲公平换取效率，还是牺牲效率换取公平？是把蛋糕尽可能做得大一些，还是把蛋糕分割得平等些？

面对这样的两难选择，经济学家们的观点大致可以归纳为三种：

1. 效率优先

这种观点主张以效率优先，反对把收入分配平等作为社会福利最大化的一个必要条件。他们认为，效率是与自由不可分割的（这里的自由指自由经营、自由竞争和要素的自由转移），而这种自由是市场机制正常运行从而实现资源配置效率的前提条件。如果追求公平牺牲了自由，必将破坏市场机制的正常运行，由此损害效率，那么这种平等就是不可取的。同时他们认为，如果通过立法和行政手段，把一部分人的收入转移给另一部分人，实际上是把一部分人的努力移作另一部分人所得，把一部分人的偏好强加给另一部分人，这种做法本身就不公平。如果人们的所得是靠"公平"而不是靠努力来决定，社会将缺乏激励人们努力工作、增加产出的机制，社会将面临巨大的效率损失。

2. 公平优先

另一些经济学家则认为，公平应当放在优先地位。他们认为，公平本来是人们的天赋权利，竞争引起的收入差别是对这种权利的侵犯。不仅如此，人们在市场上本来就没有在同一条起跑线上开展竞争，各人拥有的资源不同，受教育的机会也不均等，竞争引起的收入差别不全是由勤奋和懒惰造成的，因而是不公平的。再说，市场本身并不公平，一些经济因素如市场中的垄断和非经济因素如对性别、种族、年龄、宗教信仰等的不同态度也影响着人们的收入，而由此产生的贫富差别便更大了。主张公平优先的经济学家中还有人认为，不平等的收入有可能导致权利和机会的不平等（因为市场经济中金钱可以和权力相交换，权力又可以成为收入和财富的源泉），这一阶段的不公平将会带来下一阶段更大的不公平，社会应努力消除不公平，以便为人们带来公平的权利和机会。

3. 效率与公平相统一

这是一种折中的观点，既不赞成效率优先，也不赞成公平优先，而是主张二者兼顾。他们认为收入过度不公平不是一件好事情，而收入完全公平也不是一件好事情。市场自发形成的收入分配有可能过度不公平而令人难以接受，但市场机制又有利于促进经济效率，因而兼顾效率与公平的途径是通过政府适度干预来弥补市场缺陷，改善收入分配的公平状况。

这一折中的思想即效率和公平相统一思想，也就是新时代中国特色社会主义分配原则的中心思想。即社会主义所要求的公平，不是那种普遍贫穷的、绝对平均主义的"公平"，而是走向共同富裕的"公平"，这就要求大力发展生产力、提高生产效率，创造更多社会财富，为公平分配打下坚实基础。反过来，通过公平分配，让绝大多数人共享经济发展成果，充分调动人们的积极性、创造性，又起到促进生产力发展和效率提高的效果。形象地说，既要把"蛋糕"做大，又要把"蛋糕"分好；而分好"蛋糕"，又有利于下一步做大"蛋糕"。因此，新时代收入分配改革必须坚持效率与公平辩证统一。党的十八大报告就提出："初次分配和再分配都要兼顾效率和公平，再分配更加注重公平"的改革思路；到党的十九大报告再次明确了"坚持在经济增长的同时实现居民收入同步增长、在劳动生产率提高的同时实现劳动报酬同步提高"的思想，其核心内涵，就是在深入贯彻以人民为中心的发展思想下，将效率和公平原则贯穿收入分配各环节，实现初次分配效率原则的公平性与再分配公平原则的效率性辩证统一。

二、不断缩小收入差距

改革开放以来，在经济体制和经济发展双重转型的背景下，我国收入分配制度经历了广泛而深刻的历史变迁，逐渐从传统计划化的、单一的按劳分配制度演变为按劳分配为主体、多种分配方式并存的分配制度。但，分配制度的改革对经济效率和公平产生的影响具有两面性，具体表现为两个方面：

一方面，同转型前的传统分配制度相比，中国分配制度的变革有效地提高了参与分配的当事人从事生产性努力的积极性，改善了各类生产要素的配置效率，促进了社会的经济发展。

另一方面，收入分配的公平和效率问题并没有得到根本性的解决，以至于我国居民收入差距迅速扩大，社会公平问题日益突出。习近平总书记指出："我国经济发展的'蛋糕'不断做大，但分配不公问题比较突出，收入差距、城乡区域公共服务水平差距较大。在共享改革发展成果上，无论是实际情况还是制度设计，都还有不完善的地方。"[1] 从基尼系数来看，中国的基尼系数从 20 世纪 80 年代初的 0.3 左右，迅速上升到 20 世纪 90 年代后期的 0.4 以上，成为同期全球收入差距增幅最大的国家之一[2]。按照国家统计局公布的数据，2008 年中国居民收入基尼系数为 0.491，2012 年为 0.474[3]。中国从一个收入差距相对较小的国家，迅速变成一个收入差距较大的国家。近年来，中国的基尼系数总体上呈下降趋势，2012 年到 2015 年，中国居民收入的为基尼系数 0.474、0.473、0.469、0.462。2016 年是 0.465，虽然比 2015 年提高了 0.003，但是，中国的基尼系数依然处于高位。

[阅读专栏]

改革开放以来中国居民收入差距的变迁

笔者收集和整理了相关资料和文献，对改革开放以来中国居民收入差距的变迁进行了初步的考察，得出如下结论：

（1）改革开放以来，中国总体居民收入差距迅速上升，中国从一个收入差距相对较小的国家，变成一个收入差距较大的国家，是同期全球收入差距增幅最大的国家之一。

改革开放以来，中国是全球收入差距扩大幅度最大的国家之一。20 世纪 80 年代初，中国属于世界上收入差距较小的国家，基尼系数为 0.3 左右，和欧洲的荷兰、芬兰、波兰、罗马尼亚等国的基尼系数相当，但到 20 世纪 90 年代中期，中国的基尼系数达到 0.388，和美国的基尼系数相近，超过了大多数转轨国家（这些转轨国家也经历了收入差距急剧扩大的过程）和西欧许多高收入国家，在有数据可比的所有国家中，中国基尼系数的增幅是迄今为止最大的。

1998 年中国的基尼系数上升至 0.403，2001 年则达到了 0.447（超过了美国的基尼系数），比 1978 年的 0.317 上升了 43.2%。到 2001 年，在世界银行考察的 120 个国家和地区的基尼系数中，按照由低到高的顺序排列，中国居于第

① 习近平. 习近平谈治国理政：第二卷 [M]. 北京：外文出版社，2017：200.

② 参见：世界银行. 共享增长的收入：中国收入分配问题研究 [M]. 北京：中国财政经济出版社，1998.

③ 参见人民网：《国家统计局首次公布 2003 至 2012 年中国基尼系数》日。

85 位，按照百分比排位，中国排在 70.8% 的位置，只有 35 个国家和地区的基尼系数高于中国①。如果将收入差距状况简单地划分为高、中、低三种类型的话，中国已经属于全世界收入差距大的类型。按照国家统计局公布的数据，全国居民收入基尼系数 2003 年是 0.479，2005 年为 0.485，2008 年为 0.491，2010 年为 0.481，2012 年为 0.474，2013 年为 0.473。基尼系数在 2008 年达到高峰，接着逐年回落。

（2）在总体收入差距的构成中，中国的城乡居民收入差距特别突出，城乡差距居于世界前列。

1978 年，中国城乡居民人均收入比率为 2.57 倍，2009 年扩大到 3.33 倍。2013 年城镇居民人均可支配收入 26 955 元，农村居民人均纯收入 8 896 元，城乡居民人均收入比率为 3.03。如果再考虑城市居民的各种福利性补贴，城乡居民实际收入差距将可能达到 5~6 倍，中国是世界上城乡收入差距最大的国家之一。

总体上看，城乡居民收入差距在 20 世纪 80 年代初经历了一个短暂的缩小期，在 80 年代中期以后持续上升，在 20 世纪 90 年代中期又经历了一个短暂的缩小期，20 世纪 90 年代后期又持续上升。进入 21 世纪，城乡收入差距继续扩大，并不断创出历史新高，近年来出现了小幅下降。

（3）改革开放以来，农村内部和城镇内部的收入差距急剧扩大，增幅惊人。

从基尼系数角度衡量，1978 年农村内部的基尼系数为 0.21，到 2010 年迅速扩大到 0.378，比 1978 年大幅上升了 80%。

1978 年城镇内部的基尼系数为 0.16，到 2010 年迅速扩大到 0.33，比 1978 年大幅上升了 108.75%，可谓增幅惊人。

总体上，在改革开放以来的 30 多年中，农村内部的基尼系数一直高于城镇内部的基尼系数。

（4）党的十八大以来，我国经济实力持续跃升，人民生活水平全面提高，城乡、地区和不同群体居民收入差距总体上趋于缩小，居民收入分配格局逐步改善。

一是城乡之间居民收入差距持续缩小。随着国家脱贫攻坚和农业农村改革发展的深入推进，农村居民收入增速明显快于城镇居民，城乡居民相对收入差距持续缩小。从收入增长上看，2011—2020 年，农村居民人均可支配收入年均名义增长 10.6%，年均增速快于城镇居民 1.8 个百分点。从城乡居民收入比看，城乡居民人均可支配收入比逐年下降，从 2010 的 2.99 下降到 2020 年的 2.56，累计下降 0.43。2020 年，城乡居民人均可支配收入比与 2019 年相比下降 0.08，是党的十八大以来下降最快的一年。

---

① 参见：WORLD BANK. World development report 2005：A better investment climate for everyone［M］. New York：World Bank and Oxford University Press，2004.

二是地区之间居民收入差距逐年下降。在区域协调发展战略和区域重大战略实施作用下，地区收入差距随地区发展差距缩小而缩小。2011—2020 年，收入最高省份与最低省份间居民人均可支配收入相对差距逐年下降，收入比由2011 年的 4.62（上海与西藏居民收入之比）降低到 2020 年的 3.55（上海与甘肃居民收入之比），是进入 21 世纪以来的最低水平。2020 年，东部与西部、中部与西部、东北与西部地区的收入之比分别为 1.62、1.07、1.11，分别比 2013年下降 0.08、0.03 和 0.18。

三是不同群体之间居民收入差距总体缩小。基尼系数是衡量居民收入差距的常用指标。基尼系数通常用居民收入来计算，也用消费支出来计算，世界银行对这两种指标都进行了计算。按居民收入计算，近十几年我国基尼系数总体呈波动下降态势。全国居民人均可支配收入基尼系数在 2008 年达到最高点0.491 后，2009 年至今呈现波动下降态势，2020 年降至 0.468，累计下降0.023。同时居民收入分配调节在加大。"十三五"时期，全国居民人均转移净收入年均增长 10.1%，快于居民总体收入的增长。还要看到，在世界银行数据库中，2016 年中国消费基尼系数为 0.385，比当年收入基尼系数 0.465 低0.080，而消费的数据更直接地反映了居民实际生活水平[①]。

三、实现共同富裕

当前，在中国特色社会主义进入了新时代、经济体制改革和经济发展进入新阶段的背景下，我们需要进一步深化收入分配制度改革，理顺分配关系，兼顾效率与公平，逐步实现共同富裕。

（一）在初次分配领域，要健全和完善相关的制度、机制，着重保护劳动所得，在增进效率的同时也增进公平

初次分配是通过市场机制在生产环节对各类要素所有者进行的分配，其基本的分配规则是按照各种生产要素在生产中的贡献进行收入分配。通过市场机制按要素贡献进行初次分配，有利于调动各种要素所有者参与生产的积极性，有利于提高生产要素的配置效率。基于此，部分学者认为初次分配应注重效率，坚持效率优先，注重公平不是初次分配的任务，而是再分配的任务。其实，初次分配同样存在公平问题，有时甚至是严重的公平问题。在初次分配中，如果存在着一些体制和制度的缺陷，收入分配就容易出现规则不公平、机会不均等的现象，从而导致效率和公平的双重损失。只有消除这些体制和制度的障碍，才能实现初次分配的程序公平和机会均等，增进效率与公平。

具体而言，我国当前初次分配领域存在的不公平主要表现在：由城乡分割体制导致的城乡劳动力就业的规则不公平和机会不均等；由传统体制形成的行政性行业垄断而导致的企业之间的不公平竞争；由"条块分割"体制限制生产要素自由流动

---

① 以上数据参考了国家统计局、世界银行、中国社会科学院收入分配课题组的相关数据以及《中国居民收入分配年度报告》（2011）等相关资料。

而导致的不公平竞争；由企业对公共资源（土地、自然资源、国有资产等）占有的巨大差异而导致的不公平竞争；由贿赂和权钱交易而导致的不公平竞争等。

针对这些初次分配领域的分配规则公平和机会不均等，我们需要通过深化体制改革和制度创新，完善劳动、资本、技术、管理等要素按贡献参与分配的初次分配机制，逐渐消除各种相关的体制和机制的障碍，消除不公平的"游戏规则"，以促进权利公平、机会公平和规则公平。具体可以从以下几个方面着手：

（1）加大对城乡分割体制的改革力度，深化户籍制度改革，逐步消除城乡劳动力市场的体制性分割状态，铲除劳动力转移的制度性障碍，为城乡劳动力创造一个公平的竞争环境和"游戏规则"；

（2）通过推进垄断行业改革，改革行业垄断体制，引入多元竞争主体，促进企业之间的公平竞争；

（3）继续深化行政体制改革，打破行政体制的"条块分割"，逐步消除部门和地方对要素流动的各种限制，促进各种生产要素的自由流动，促进要素市场的竞争，为各个部门、各个地区的企业创造平等获得生产要素的机会；

（4）通过体制改革和制度创新，逐步消除不同部门、不同企业对公共资源（土地、自然资源、国有资产等）占有的不公平状态，缓解由此带来不公平竞争；

（5）继续加大反腐败的工作力度，坚决打击腐败、贿赂和各种权钱交易，为各类市场主体创造公平的竞争条件和竞争机会。

另外，要健全初次分配制度，着重保护劳动所得，努力实现劳动报酬增长和劳动生产率提高同步，提高劳动报酬在初次分配中的比重。要完善资本、技术、管理等要素按贡献参与初次分配的分配机制。实施就业优先战略和更加积极的就业政策，提升劳动者获取收入的能力。要深化工资制度改革，完善企业、机关、事业单位工资决定机制和增长机制。

（二）完善再分配调节机制，履行好再分配调节职能

由市场机制所形成的初次分配结果通常会出现较大的收入差距，甚至会出现令人难以接受的两极分化，这种结果往往并不符合社会基本的公平价值观，甚至会有损国家、社会的普遍利益（如影响社会稳定与社会和谐等）。因此，在现代市场经济国家，出于各种考虑，政府通常会采取多种手段对初次分配结果进行调节，也就是进行收入再分配。

当前，我国居民收入差距不断扩大的问题已经引起了社会各方面的广泛关注。我国总体的收入差距状况，已经处于世界较高的水平，有些领域的收入差距已经引起人们的普遍不满。当前收入分配存在明显的城乡分化、地区分化、行业分化等特征，其中最突出的是城乡差距和区域差距。可以说，收入差距问题已经在一定程度上影响到我国的社会稳定与社会和谐。当前，我们要按照再分配更加注重公平的原则，完善以税收、社会保障、转移支付为主要手段的再分配调节机制，政府加大税收调节力度，履行好再分配调节职能，加快推进基本公共服务均等化，缩小收入分配差距。通过"提低"（提高低收入者收入水平）、"扩中"（扩大中等收入者比重）、"调高"（调节过高收入）的思路，居民之间收入差距较大的问题得到有效缓

解，中等收入群体持续扩大，逐步形成"橄榄型"分配格局。

规范收入分配秩序，完善收入分配调控体制机制和政策体系，推动形成公开透明、公正合理的收入分配秩序。建立个人收入和财产信息系统，保护合法收入，调节过高收入，清理、规范隐性收入，取缔非法收入。进一步完善个人所得税制度，加强征管，打击偷逃个人所得税的行为，完善高收入者个人所得税的征收、管理和处罚措施，依法做到应收尽收。改革完善财产税，完善房产保有、交易等环节税收制度，逐步扩大个人住房房产税改革试点范围，研究在适当时期开征遗产税的问题。推进结构性减税，减轻中低收入者和小型微型企业税费负担。另外，建立稳定的、有效率的财政转移支付制度，通过加大财政转移支付力度，对社会低收入阶层、贫困阶层和贫困地区予以有效援助。完善慈善捐助减免税制度，支持慈善事业发挥扶贫济困积极作用。

（三）发挥好第三次分配的调节作用

第三次分配是促进全体人民共同富裕的重要手段。随着经济发展和社会文明程度提高，全社会公益慈善意识日渐增强，发展慈善事业、个人捐助和志愿者服务，有助于贯彻共享发展理念，促进共同富裕。因此，应积极发挥第三次分配作用，发展慈善事业，改善收入和财富分配格局，建立健全鼓励和引导社会捐赠的相关制度和政策，吸纳社会资金帮助困难群体，形成对第一次、第二次分配的补充。

（四）坚持共同富裕的根本原则，实现发展成果由人民共享，千方百计增加居民收入

共同富裕是中国特色社会主义的根本原则，坚持共同富裕是我们处理效率与公平关系的一个基本支点。今天，在我国改革开放和现代化建设取得巨大成就的时候，我们应当努力创造条件，让全体国民共同分享经济发展和社会进步的果实。要调整国民收入分配格局，加大再分配调节力度，着力解决收入分配差距较大问题，使发展成果更多、更公平地惠及全体人民，朝共同富裕方向稳步前进。实现发展成果由人民共享，必须深化收入分配制度改革，坚持在经济增长的同时实现居民收入同步增长、在劳动生产率提高的同时实现劳动报酬同步提高，着力提高居民收入在国民收入分配中的比重，提高劳动报酬在初次分配中的比重。

我们要建立的是惠及全体中国人的全面小康，而绝不是少数人富裕的小康。现在我们达到的小康还是不全面的、发展不平衡的小康，城乡二元经济结构还没有改变，地区差距问题比较突出，贫困人口还为数不少。正如习近平总书记指出的那样："为此，我们必须坚持发展为了人民、发展依靠人民、发展成果由人民共享，作出更有效的制度安排，使全体人民朝着共同富裕方向稳步前进，绝不能出现'富者累巨万，而贫者食糟糠'的现象。"[1] 因此，我们要坚持共同富裕的根本原则，兼顾效率与公平，按照统筹城乡发展、统筹区域发展的要求，逐步缩小城乡差距、地区差距。要千方百计增加居民收入，拓宽居民劳动收入和财产性收入渠道，在国内生产总值增长的同时实现城乡居民人均收入的持续增长。要着力提高低收入者收入，逐

---

[1] 习近平. 习近平谈治国理政：第二卷［M］. 北京：外文出版社，2017：200.

步提高扶贫标准和最低工资标准，力争使中低收入者收入增长更快一些。要建立企业职工工资正常增长机制和支付保障机制，创造条件，多渠道增加居民财产性收入。要逐步缩小全国居民收入差距，让全体国民更多、更公平地分享经济发展的成果。

小　结

（1）马克思的按劳分配的理论既表明了劳动与物的共性，又表明了劳动与物的区别，为我们结合现代实际建立适合我国生产力发展要求和最广大劳动人民根本利益的收入分配理论，奠定了最重要的理论基础。

（2）改革开放以来，我国逐渐探索和建立了按劳分配为主体、多种分配方式并存的分配制度，按劳分配和生产要素按贡献参与分配有机结合，坚持效率与公平辩证统一。从学理逻辑和政策实践看，社会主义收入分配改革的核心始终是效率和公平的关系问题。

复习思考题

1. 解释下列名词概念：

国民收入　　国内生产总值　　按劳分配　　生产要素　　按贡献分配

效率　　公平　　消费心理　　消费环境

2. 为什么要进行国民收入再分配？

3. 如何深化分配制度改革、兼顾效率与公平？

4. 社会保障制度的功能是什么？

5. 马克思如何分析生产与消费的辩证关系？

6. 如何认识消费对经济增长的基础性作用？

7. 构建节约资源、保护环境的消费方式的重要意义是什么？

阅读书目

1. 陈宗胜. 经济发展中的收入分配［M］. 北京：生活·读书·新知三联书店，1991.

2. 赵人伟，李实，卡尔·李思勤. 中国居民收入分配再研究［M］. 北京：中国财政经济出版社，1999.

3. 李实. 中国个人收入分配研究回顾与展望［J］. 经济学，2003，2（2）：379-404.

4. 阿瑟·奥肯. 平等与效率［M］. 王忠民，等译. 成都：四川人民出版社，1988.

261

5. 马克思，恩格斯. 马克思恩格斯全集：第 46 卷 I［M］. 北京：人民出版社，1979.

6. 尹世杰. 消费经济学［M］. 2 版. 北京：高等教育出版社，2007.

参考文献

1. 马克思. 哥达纲领批判［M］//马克思，恩格斯. 马克思恩格斯选集：第 3 卷. 人民出版社，1972.

2. 习近平. 决胜全面建成小康社会 夺取新时代中国特色社会主义伟大胜利：在中国共产党第十九次全国代表大会上的报告［M］. 北京：人民出版社，2017.

3. 克拉克. 财富的分配［M］. 陈富生，陈振骅，译. 北京：商务印书馆，1997

4. 赵人伟，李实，卡尔·李思勤. 中国居民收入分配再研究［M］. 北京：中国财政经济出版社，1999.

5. 阿瑟·奥肯. 平等与效率［M］. 王忠民，等译. 成都：四川人民出版社，1988.

6. 逢锦聚，洪银兴，林岗，等. 政治经济学［M］. 北京：高等教育出版社，2007.

7. 伊志宏. 消费经济学［M］. 北京：中国人民大学出版社，2004.

8. 本书编写组. 十八大报告辅导读本［M］. 北京：人民出版社，2012.

9. 本书编写组. 党的十八届三中全会《决定》辅导读本［M］. 北京：人民出版社，2013.

10. 尹蔚民. 建立更加公平可持续的社会保障制度［N］. 人民日报，2013−12−20（7）.

11. 本书编写组. 十九大报告辅导读本［M］. 北京：人民出版社，2017.

第十一章
中国社会主义市场经济体制

学习目的与要求： 通过本章的学习，我们需要理解社会主义市场经济体制的建设及其完善是一个不断深化改革的过程，经济体制改革必须以完善产权制度和要素市场化配置为重点，实现产权有效激励、要素自由流动、价格反应灵活、竞争公平有序、企业优胜劣汰。全面实施市场准入负面清单制度，清理废除妨碍统一市场和公平竞争的各种规定和做法，支持民营企业发展，激发各类市场主体活力。深化商事制度改革，打破行政性垄断，防止市场垄断，加快要素价格市场化改革，放宽服务业准入限制，完善市场监管体制。理解社会主义市场经济体制基本框架内容及其重要特征，理解政府在市场化配置改革过程中及其在引领宏观经济高质量发展过程中的重要作用。掌握我国宏观经济调控的目的、手段极其政策工具的重要作用。

社会主义市场经济体制是中国特色社会主义基本经济制度的一项重要内容。一定社会经济制度都是按一定的资源配置方式所决定的经济体制实现经济运行和发展的，为此，本章转向社会主义市场经济体制的研究。按照生产关系一定要适应生产力性质这一客观规律的要求，我国在中国共产党的领导下历经从计划经济到商品经济再到市场经济的探索，从无到有构建了中国的社会主义市场经济体系并不断进行完善，由此不断提高国家治理水平。

第一节　中国社会主义经济体制的建立与改革

一般来说，随着社会经济的不断发展，经济制度也会随着新的经济现象不断发展和完善。为了适应经济制度的新变化，必须深化经济体制改革，否则经济体制运行效率就会降低。反过来，经济体制的改革也要求经济制度不断完善，以使二者相互适应，而不合理的经济体制则有碍于经济制度的完善与发展。所以，一定的经济制度建立后，经济体制的选择和改革是至关重要的。

一、中国社会主义经济体制的建立

所谓经济体制，是指在一定的基本经济制度基础上进行资源配置的具体方式和规则。资源配置方式表明了通过什么途径和手段实现社会资源的合理、优化配置。

一个社会如何解决"生产由谁决定""生产什么""如何生产"以及"为谁生产"的问题，是传统的区别不同资源配置方式的重要标准：按照供求、价格和竞争、风险机制来配置资源，协调经济各部分关系的是市场经济；依靠行政指令、计划的分解、调拨，由政府直接调节经济各部分关系并进行资源配置的是计划经济。因此，市场经济以及计划经济反映的是经济运行中两种不同的资源配置方式。

我国社会主义制度建立以后，面临着的首要重大理论和实践问题，就是选择一个什么样的经济体制，只有建立起一个符合社会主义制度要求、适应生产力发展状况的适合的经济体制，才能最有效地配置和利用有限资源，促进生产力的发展，充分发挥社会主义制度的优越性。

（一）我国社会主义计划经济体制的初步建立

中国共产党在取得革命胜利，并经过短暂时期的经济恢复后，于1953年提出了"过渡时期总路线"，结果仅仅用了不到3年的时间便在全国全面建立了原计划用15年甚至更长时间完成的"以国有和集体所有两种公有制为唯一经济基础的集权的社会主义计划经济体制"，并在随后的实践中不断进行改革与探索。新中国之所以能够在成立后短短3年内顺利建立社会主义计划经济体制，主要原因如下：

（1）从理论上讲，新中国成立初期，由于缺乏经验，中国与其他社会主义国家一样，也以"苏联模式"为蓝本建立了社会主义计划经济体制。"苏联模式"的计划经济的特点是：国家动用指令性计划，直接掌握与控制人力、财力、物力资源；权力主要集中在中央，所有的经济活动都在计划规定的范围内进行。它一方面反映了马克思主义经典作家关于社会主义社会不存在商品货币的计划经济思想，另一方面也反映了社会主义原始积累阶段大规模工业化的迫切要求。

（2）从政治背景来看，新中国成立之初，为了对抗西方资本主义国家的封锁和可能进行的干预和侵略，加强国防力量被提到了议事日程的首位。为此，中国领导人选择了集中动员和配置资源的制度安排，以便把有限的资源运用到以军事工业为核心的重工业中去。而集权型的计划经济体制正好能适应这种需要。

（3）承受过一百多年殖民地、半殖民地屈辱的中国人，从领导人到普通群众，普遍怀有赶超西方发达国家的强烈愿望，从当时的知识水平与发展阶段来看，迅速地引进在西方社会已经发展成熟并为苏联学习到的现代社会分工体系以及部分管理制度，依靠已经取得的国家权力，充分动员和集中使用人力、物力、财力，能够在较短的时间内快速实现社会主义原始积累和中国的现代化。

（4）任何制度变迁都存在一个"路径依赖"[①]。中国在很长时期内是一个小农经济的国家，"行政权力支配社会"形成了牢固的历史传统，这可以说是建立集权体制的文化基础。综上所述，这种集中计划经济体制在国民经济发展水平比较低、经济结构较为简单的情况下，对原始积累起到了积极的作用。这主要表现在：通过

---

① 路径依赖本来是在研究非线性系统时发现的系统演化的一种特性，诺斯（Douglass C. North）把这一理论推广到制度变迁方面，指出"人们过去作出的选择决定了他们现在可能作出的选择的范围"，制度变迁一旦走上了某一路径，它的既定方向就会在往后的发展中得到自我增强。因此，经济制度可能沿着适合的路径逐渐优化；反之，也可能会被锁定在某种无效率的状态之下。

集中人力、财力和物力，保证了国家重点建设，实现了国民经济的较快发展并增加了财政收入，抑制了恶性通货膨胀，稳定了物价，实现了较为公平的分配，使广大劳动者迅速摆脱了贫困状况。有资料表明，即使在国际环境有利于资本主义大国的条件下，中国以一个小小的工业生产基地为发端（当时中国工业的人均产量甚至不及比利时工业人均产量的 1/15），在物质资源最贫乏的基础上、在复杂的国际环境中和极少外援的情况下，在 1/4 世纪的时间里把自己变成了一个主要的工业大国。在此期间，中国工业产值占国民生产总值的比重，到 1975 年时，已从 1952 年的30%上升到了 72%；而农业产值从 1952 年占国民生产总值 64%降至 28%[①]。

（二）社会主义经济体制改革的必要性

由于理想的计划经济运行要求国家计划机关必须及时、全面、准确地掌握所有的经济信息，这样才能制订出正确的计划；全体社会成员的经济利益完全一体化，这样国家计划机关配置资源的行政指令才能畅通无阻。但是，上述条件在现实经济中不容易完全具备。随着社会主义建设的全面展开，其弊病亦逐步暴露出来。1956年 4 月在研究社会主义社会中的十大关系问题时，毛泽东首次提出了要改革社会主义经济体制的问题。毛泽东认为，传统体制的弊病在于"权力过分集中于中央"，管得过多，统得过死[②]。因此，改革现有体制的根本在于向下级政府和企业下放权力，在此后到 1976 年，国家又进行了几次权力下放和回收的改革尝试。并在党的十一届三中全会之后，开启了从计划经济到商品经济再到市场经济的探索。

1. 高度集中计划经济体制的内在矛盾，是我国社会主义经济体制改革的深层次原因

随着社会主义初期任务的完成，经济规模不断扩大，经济联系日益复杂，这种经济体制在实践中的矛盾伴随着高速工业化的负面效应逐渐凸显了出来。这种体制与实践的矛盾主要表现在：

（1）组织结构上的条块分割与社会化大生产的矛盾。随着公有制和工业化的日益发展，社会化的大生产程度越来越高，分工越细，联系越紧密。各个企业、各个部门、各个地区之间存在着千丝万缕、错综复杂的分工协作关系，需要有机联系和协调起来。但是，原有的计划经济体制一般是按照行政体系来组织管理经济的。这些行政管理机构按照行业和产品的特征而细分，各管一摊，人为地阻隔了国民经济的内在分工协作关系，阻碍了社会化大生产的发展。它造成了政企不分，条块分割。这种条块分割的局面进而促使各地区、各部门采取地方保护主义和部门保护主义政策，企业之间、部门之间、地区之间的经济联系被割断，低水平的重复建设泛滥，在一定程度上形成互相封闭的所谓的"诸侯经济"，使个量资源难以通过横向流动实现优化组合，同时也造成了社会资源的巨大浪费和交易成本的增加。

（2）政府权力的过分集中与政企关系危机。传统计划经济体制是建立在政府高度集权的基础上的，经济运行和发展表现为完全的"政府过程"。国家在授予企业

265

---

① 莫里斯·迈斯纳. 马克思主义、毛泽东主义与乌托邦主义［M］. 北京：中国人民大学出版社，2006.
② 毛泽东. 论十大关系［M］//毛泽东选集：第 5 卷. 北京：人民出版社，1977：272-276.

组织一定的社会资源支配权利的同时，还把国家的意志与一些社会性职能相应地单位化，形成"企业办社会"的政企职责不分的现象，束缚了企业手脚，扭曲了企业行为。企业成了行政机构的附属物，无权根据市场需要和自身的生产条件、经济利益决定产品生产、产品销售、产品价格。久而久之，企业普遍产生了与资源配置要求相悖的两种行为：一是企业只关心完成计划指标而不关心满足市场需要；二是企业普遍从事计划体制下的投机行为，如多要资金和物资、拉关系、走"后门"、争取"宽松"的计划等。企业行为的扭曲，必然阻碍经济发展。

（3）平均主义的分配倾向与劳动效率损失。原有计划经济体制在动力机制上忽视企业和职工有独立的经济利益的事实，平均主义盛行。经济主体没有独立的经济利益，难以产生持久的创新热情和效率，靠行政动员和精神激励调动起来的积极性既不具有普遍性，也无法长期维持。有资料表明，1952—1978年，全民所有制工业企业的全员劳动生产率年均增长3.8%，全民所有制工业企业职工的实际工资平均每年仅增长0.6%。与此同时，国家在财政上实行统收统支、大包大揽，造成职工吃企业的大锅饭，企业吃国家的大锅饭，再加上铁饭碗的劳动制度，劳动者在通过自身的勤奋努力提高生产技术和劳动效率，为企业和国家创造更多利益时，自身的收入与"不干者""少干者"毫无区别，挫伤了工人的生产积极性。这也是在计划经济国家，劳动者经常加班加点，但劳动绩效却大大低于市场经济发达国家的原因。

（4）社会资源的行政化配置与经济失衡。原有计划经济体制以计划为配置资源的基本方式，并且基本上忽略了价值规律和市场的调节作用。这种排斥市场、取代市场的经济资源行政化宏观配置方式，导致了宏观经济失衡。其一，在调节机制上，只靠行政手段，造成官僚主义盛行，宏观经济失控。政府集财产所有者、经济调节者、社会管理者的职能于一身，就好像在运动场上，政府既是运动员，又是裁判员，还是裁判规则的制定者。职能混乱、责任不明，必然导致经济秩序的混乱。其二，在信息机制上，具有无法克服的缺陷，不能适应复杂多变的企业劳动生产率和供求关系的变化。生产社会化的发展使经济规模越来越大，企业分工越来越细，科学技术日新月异，产品品种和规格不计其数，从而使企业劳动生产量和供求关系越来越复杂多变。所有这些千变万化的信息，只靠一个中心难以做到了如指掌，更难以在计划上进行及时反映和调整。这就使得计划总是落后于已经变化了的实际，从而导致产销脱节、供需脱节。

（5）"一大二公"的所有制结构与生产力状况之间的矛盾。生产资料所有制作为生产关系的基础和重要内容，是由生产力水平决定的，必须反映生产力状况，适应生产力发展和变化的要求。实行传统计划体制的国家都是在生产力相对落后、小农经济占很大比重的基础上走上社会主义道路的，并且经济发展水平越低，生产社会化层次就越多。我国更是脱胎于生产力水平极为低下、自然经济占相当大比重的半殖民地半封建社会，所以生产力水平发展更为复杂多变。在特定历史条件下建立起来的计划经济体制以及作为其主要内容的"一大二公"的所有制结构，虽然使生产力水平比过去有了很大的提高，但总体来说，经济不发达的局面还远远没有改变，也越来越不适应生产力跨越式发展的要求。

2. 我国依然存在着商品经济赖以存在的条件，是我国社会主义经济体制改革的间接原因和社会主义经济发展的内在要求

即便是在我国社会主义建设初期，国有经济内部各企业之间在经济利益和经营活动上又具有独立性，整个社会的产品交换必然要求采用商品交换的形式，社会主义经济必然是商品经济。社会主义的这种商品经济与前资本主义社会存在的小商品经济不同，它不是以个体劳动为基础、作为自然经济形态的补充的经济形式，而是以社会化大生产为基础的发达的商品经济。尤其是随着社会主义公有制改革的深入，社会化大生产使社会分工得到广泛深入的发展，使国有经济、集体经济、个体经济、私营经济及外资经济等多种所有制经济形式的各部门、各企业之间的相互交换更加频繁，相互依赖关系更加密切，自给自足的狭隘封闭的生产方式被彻底摒弃，整个社会的经济活动和资源配置都建立在商品货币关系的基础上，价值规律支配下的市场机制必然成为资源配置的基本方式。

由此可见，社会主义初级阶段的经济体制是以商品经济为基础，是高度发达的社会化的商品经济，即市场经济。从社会资源配置过程来看，在资源稀缺和利益多元化的条件下，有效配置资源必然要求资源的有偿使用，要求资源能够按照供求关系和稀缺程度来加以分配和调节，要求资源配置的市场化。这是现阶段社会主义经济运行的必然选择，是社会主义市场经济理论确立的根本原因.

3. 进一步促进和发展社会生产力，是我国社会主义经济体制改革的直接原因

社会主义初级阶段的首要任务是发展生产力，建立强大的社会主义物质文明。我们应当在这一根本原则下来思考问题、处理问题。根据这一原则，"社会主义和市场经济之间不存在根本矛盾。问题是用什么方法才能更有力地发展社会生产力。"[①] 现代经济运行的实践反复证明，有国家宏观治理的、市场对资源配置起决定性作用的现代市场经济体制，比起单一的计划经济或市场经济体制，资源配置的效率更高。所以邓小平反复强调，我们搞的经济体制，用的是计划和市场相结合的体制，不是过去只搞计划体制，也不是计划经济为主的体制。习近平总书记则进一步强调，之所以说是社会主义市场经济，就是要坚持我们的制度优越性，有效防范资本主义市场经济的弊端。我们要坚持辩证法、两点论，继续在社会主义基本制度与市场经济的结合上下功夫。为此，我们在坚持社会主义基本制度的前提下，尝试将市场和计划两大经济手段结合起来，自觉调整生产关系不适应生产力发展的各个方面和环节，以发展生产力。这是一种体制上的改革和制度上的创新，同时也是社会主义制度的自我完善和发展。在此意义上，改革也是解放生产力[②]。

二、我国社会主义经济体制改革的历程

改革开放以来我国的经济体制改革，不是对原有集中计划经济体制的局部修补

267

---

① 邓小平. 邓小平文选：第 3 卷 [M]. 北京：人民出版社，1993：148.
② 邓小平. 邓小平文选：第 3 卷 [M]. 北京：人民出版社，1993：370.

和改良，而是从根本上改变经济体制，建立更加充满生机与活力的社会主义市场经济体制。我国社会主义市场经济体制的确立，从根本上说，是社会主义经济发展的内在要求，但是也经过了一个逐步探索和渐进改革的过程，大致可以划分为"目标探索""框架构建""初步完善"和"加快完善"四个阶段。

（一）社会主义经济体制改革目标探索阶段（自 1978 年党的十一届三中全会到 1992 年党的十四大确立我国实行社会主义市场经济体制）

新中国成立以后到 1978 年年底党的十一届三中全会以前的 30 年间，由于我们没有认识到社会主义经济仍然是商品经济，虽然有众多争议，但基本上是否定价值规律和市场机制对社会主义经济运行的调节作用的。集权计划经济体制的弊端，其实并不在于用国家计划部署和指导国民经济的宏观运行，而在于在微观经济领域完全排斥了市场的作用，把本来应该由市场发挥作用的部分代之以强制性的指令性计划形式的直接管理，抑制了基层企业的主动性和积极性。针对这一弊端，改革的方向是探索一种能"大的方面管住管好，小的方面放开放活"的经济体制，即一种计划和市场相结合，能同时发挥计划和市场两种资源配置方式之长的经济体制。党的十一届三中全会以来我国的经济体制改革正是循着这样的方向前进的。

1. 计划经济体制内部引入市场机制改革（1978—1984 年）

1979 年，我国提出了"计划调节和市场调节相结合，以计划调节为主"的方针，第一次使市场调节在经济体制中取得了一席之地。1982 年党的十二大提出了"计划经济为主、市场调节为辅"的原则，不仅肯定了市场调节作为计划调节的补充是必需的和有益的，而且把计划调节区分为指令性计划和指导性计划，指出对许多产品和企业适宜实行指导性计划，这个提法突破了完全排斥市场调节的计划经济传统观念。

这一时期的改革主要是在计划经济体制内部引入市场机制，以求引入市场机制完善计划经济体制。在实践方面，这一时期主要是在农村推行以联产承包责任制为主的改革以及对部分工业企业实行扩大自主权的改革。

2. 发展有计划商品经济阶段（1984—1992 年）

1984 年党的十二届三中全会通过的《中共中央关于经济体制改革的决定》中指出，改革是为了建立充满生机的社会主义经济体制，增强企业活力是经济体制改革的中心环节。改革现行的计划体制，要有步骤地适当缩小指令性计划的范围，适当扩大指导性计划的范围，并且第一次提出"社会主义是公有制基础上的有计划的商品经济"，突破了把计划经济与商品经济对立起来的传统观念。在此基础上，1987 年党的十三大又进一步提出"社会主义有计划的商品经济体制，应该是计划与市场内在统一的体制"，指出以指令性计划为主的直接管理方式不能适应社会主义商品经济发展的要求，国家对企业的管理应逐步转向以间接管理为主；计划和市场的作用范围都是覆盖全社会的；新的经济运行体制，总体上来说应当是"国家调节市场，市场引导企业"的机制。这样，计划与市场的关系，就从党的十二大时以计划经济为主、市场调节为辅，到党的十三大转为计划与市场平起平坐，并且逐渐把重点向商品经济的方面倾斜。但是这阶段把市场仅仅理解为发展商品经济，对于市场机制的理解还比较简单。

作为对应的实践产物，在自 1979 年以来至此的这段时期中①，形成了一种特殊的生产资料流通和定价的"双轨制"，即在物资的计划调拨和行政定价的"计划轨"之外开辟出物资买卖和协商定价的"市场轨"②。它由两个部分组成：其一，作为计划经济基础的国有经济（存量部分）仍然按照指令经济的逻辑运转；其二，新成长起来的民营经济成分虽然仍然在不同程度上依附或隶属于基层政府，但其供产销则大体上是由市场导向的。这种"双轨制"的制度环境所造成的经济和社会后果也是双重的：一方面，它给民间创业活动一定的空间，使各种类型的民营企业迅速成长起来。1981 年，中国民营企业的数量仅仅为 183 万户，到 1985 年已经增长到 1 171 万户，年均增长速度超过 159%。同时，在对外开放政策的推动下，中国的对外贸易总额和外国直接投资快速增长。另一方面，它造成了广泛的寻租环境，埋下了腐败蔓延的祸根。到 20 世纪 80 年代末，我国的经济体制改革一度出现了短时期的停止与徘徊，计划与市场关系的提法调回到"还是计划经济与市场调节相结合"。邓小平 1992 年年初的"南方谈话"③使全党重新统一了认识。随后，党的十四大正式明确提出中国社会主义初级阶段的经济是社会主义市场经济，提出要把建立社会主义市场经济体制作为我国经济体制改革的目标。

从以上简略的回顾中可以看出，我国在市场经济体制形成过程中，围绕着计划与市场的关系，有着清晰的观念更新轨迹：

第一，对资源配置的认识。过去人们人为地将计划和市场"提升"到基本经济制度层次范畴，并将二者加以对立，所以造成了许多理论上的纷争。事实上，资本主义在搞市场经济的同时也有计划，社会主义在搞计划的同时也在改革中引入了市场。两者都是资源配置的调节手段，能够而且必须相互结合，都可以为社会主义服务。

第二，对计划配置的认识。社会主义经济从一开始就是有计划的，而且原来大多倾向于认为社会主义经济只有指令性计划一种形式，后来国家对指导性计划这种计划配置方式有了更深刻的认识。与这种认识上的转变相一致，国家对国有企业逐步放权让利，企业逐步获得了自主经营的权利和自我发展的动力。同时，社会主义经济在宏观领域并不排斥计划的调节作用，"国家计划是宏观调控的重要手段之一"④。

---

① 1979 年，国务院转发的《关于扩大国营工业企业经营管理自主权的若干规定》开始允许企业按照"议价"自销超计划产品。于是，物资流通和产品定价的"第二轨道"就完全合法化了。

② 1985 年 1 月《国家物价局、国家物资局关于放开工业生产资料超产自销产品价格的通知》，允许企业按市场价出售和购买"计划外"的产品，从此开始正式实行生产资料供应和定价的"双轨制"。它的具体的办法是，对那些在 1983 年以前有权取得计划内调拨物资的国有企业，仍然根据 1983 年调拨数（"83 年基数"），按照调拨价供应所需生产资料；超过"83 年基数"的部分，则按照市场价格从市场购买。

③ 1992 年年初，邓小平视察南方时提出"计划多一点还是市场多一点，不是社会主义与资本主义的本质区别"，同时指出，计划与市场不是划分社会制度的标志，而是社会主义和资本主义都可以利用的配置资源的手段。

④ 江泽民. 加快改革开放和现代化建设步伐，夺取有中国特色社会主义事业的更大胜利：在中国共产党第十四次全国代表大会上的报告 [R] //江泽民. 江泽民文选：第 1 卷. 北京：人民出版社，2006.

269

第三，对市场配置资源的认识。原来只看到市场配置的消极作用，后来逐步认识到它积极的一面；原来只提"市场调节"，只承认它是计划经济的一种辅助手段，后来提"市场经济"，认识到它在社会主义条件下也可以成为经济运行体制。同这种观念上的转变相一致，在实践中，我国逐步缩小甚至取消指令性计划的作用范围，逐步扩大指导性计划和市场调节的作用范围①。国家进一步对企业放权，并提出国有企业要转变经营机制，成为依法自主经营、自负盈亏、自我发展、自我约束的商品生产和经营单位。

第四，对计划与市场相结合的总体认识。自从在理论认识上把计划和市场视作"经济手段"，将之从基本制度层次范畴降位到经济运行层次范畴后，社会主义在资源配置层次上成功地解决了计划和市场的关系问题和结合点问题。进一步地，从原来突出计划经济转变到突出市场经济，把市场经济作为经济运行体制的基础。党的十四届三中全会提出要"建立社会主义市场经济体制"，指出"社会主义市场经济体制，就是要使市场在社会主义国家宏观调控下对资源配置起基础性作用"。

我国在计划与市场问题上进行观念更新的上述过程，是在从党的十一届三中全会到十四大14年的时间内逐步实现的。这一观念更新的过程表明，把建立社会主义市场经济体制作为我国经济体制改革的目标，是在不断总结实践经验的基础上提出来的，是生产力和社会主义商品经济发展的客观要求。

（二）社会主义市场经济体制框架构建阶段（1993年党的十四届三中全会到2002年党的十六大宣告我国"社会主义市场经济体制初步建立"）

以党的十四届三中全会通过《关于建立社会主义市场经济体制若干问题的决定》为标志，我国正式确立社会主义市场经济的改革方向和基本内容。由此到2002年，是社会主义市场经济体制的基本框架初步建立阶段。

党的十四大报告明确提出，我国经济体制改革的目标是建立社会主义市场经济体制。至此，人们对社会主义的认识就从传统的计划经济思想中彻底摆脱出来，市场经济开始与社会主义基本制度相结合，成为中国经济改革的基本目标。1993年党的十四届三中全会通过的《中共中央关于建立社会主义市场经济体制若干问题的决议》，进一步提出了中国社会主义市场经济体制的基本框架。

市场经济作为资源配置方式和经济体制，是存在于不同社会制度形态的共同现象，从这个意义上说，它本身没有"姓社"或"姓资"的区别。但是，完全脱离具体条件而独立存在的一般市场经济只是一种理论抽象，现实中的市场经济总是同一定的社会制度相结合的。从历史上看，市场经济与私有制相伴而生，现在西方国家的市场经济仍然是同资本主义私有制相伴而发展的，因而过去人们一提起市场经济就难免将其与资本主义制度联系在一起，而计划经济是社会主义公有制下长期奉行

---

① 除垄断性行业和少数重要领域外，市场机制在经济运行中基本取得主导地位，无论是国民经济的总体市场化程度，还是产品的市场化程度以及部分要素的市场化程度，都有了相当程度的提高。

的资源配置方式，于是就产生了怎样正确理解"社会主义市场经济"的问题①。

我们党在社会主义市场经济理论的探索过程中，通过"剥离下来"的方法②，从资本主义经济制度中抽象、"剥离"出市场经济这个一般范畴，进而与中国社会主义基本经济制度发展相结合，从而实现了兼容市场经济长处和社会主义制度优越性的社会主义市场经济具体化过程，既体现出中国特色社会主义政治经济学的方法论要义，又使全社会充满了改革发展的创造活力。

随着市场经济被作为一般范畴抽象、剥离出来，它就成了一种资源配置方式或者国民经济组织管理方式，本身不具有制度属性，可以和不同的社会制度结合，同时也必然受到该社会制度的制约和影响，因此表现出不同的性质、范围和特征。作为建立在社会主义经济制度条件下的市场经济，社会主义市场经济呈现出以下独特的基本特征：

第一，社会主义与市场经济的结合问题首先是社会主义公有制与市场经济结合的问题。我国社会主义初级阶段的所有制结构是，以公有制为主体，多种所有制经济共同发展，不同所有制经济的企业还可以自愿从事多种形式的混合所有制经营。社会主义市场经济以公有制为基础，这是它区别于资本主义市场经济的根本点，它决定着社会主义市场经济的性质和发展方向。同时，坚持公有制为主体，能防止财富占有中的私人垄断，从根本上保障分配公正；公有制经济具有启动快速和对国民经济实施强拉动的功能，特别是公有金融体系本身具有宏观调控手段的性质，而一个保有恰当的公有制的经济结构，则能成为强化宏观调控能力的体制保证。

第二，是市场经济与社会主义分配制度的结合问题。达到全体人民的共同富裕，是社会主义的本质所在和最基本的追求，也是社会主义市场经济体制区别于资本主义市场经济体制的一个重要特征。这样的分配原则和经济目标：首先，按照公有制经济占主体地位的要求，因此按劳分配在收入分配中占主体地位；其次，要使市场对资源配置起决定作用，就必须相应地发展资本市场、劳动力市场、土地市场、技术市场等生产要素市场，这样就必然要承认按生产要素的贡献分配收入。再次，在社会主义市场经济条件下，初次分配和再分配都要兼顾效率和公平，再分配更加注重公平，国家通过各种调节机制和社会政策防止在大力发展市场经济的同时收入差距过分扩大，最终实现共同富裕的目标。

第三，是市场调节手段与社会主义国家宏观调控结合的问题。在中国共产党领导下的社会主义国家将通过科学的宏观调控、有效的政府治理，使社会主义市场经

---

①　对于市场经济是否属于社会制度范畴，西方学者也有两种不同的观点。一种观点认为，市场经济属于社会制度范畴，是资本主义的制度规定，如野尻武敏、百百合等在其所著的《经济政策学》中将市场经济的体制要素归纳为：保证经济主体活动自由的生产资料私有制；分权式经济决策；通过市场机制自动调节生产过程。另一种观点认为，市场经济属于资源配置组织范畴，可以与不同社会制度相结合。《麦克米兰现代经济学辞典》对市场经济的解释是："市场经济是一种以价格为基础来作出关于资源配置和生产决策的经济体制，而价格是在生产者、消费者和生产要素的所有者之间自愿形成的。市场经济可以发生于私有制的资本主义经济，也可以在某种程度上作用于社会主义公有制经济。"

②　马克思认为，在经济思想史上，经济范畴的形成大多经历了"极其艰难地把各种形式从材料上剥离下来并竭力把它们作为特有的考察对象固定下来"的过程。

济的发展服从社会主义发展的大目标，为提高人民生活水平、改善民生服务，为社会主义制度的巩固和发展服务。社会主义市场经济具有现代市场经济的一般特征，必须发挥市场经济的长处，使"看不见的手"对资源配置起决定性作用；同时，国家的宏观调控和计划指导是社会主义市场经济的内在要求，也是其健康发展的必要条件。同时，社会主义国家代表全体人民的利益，政府在人民的授权和监督下行使宏观调控的职能，有利于从全体人民的长远利益和整体利益出发，完善宏观调控体系，更加灵活有效有度地进行宏观调控，实现经济平稳、协调、可持续发展。

（三）社会主义市场经济体制的初步完善阶段（2003 年党的十六届三中全会对建设完善的社会主义市场经济体制做出全面部署到 2012 年党的十八届三中全会）

到 21 世纪初，我国已经初步建立起社会主义市场经济体制，市场机制在资源配置中日益明显地发挥基础性的作用，以公有制为主体、多种所有制经济共同发展的基本经济制度已经确立，全方位、宽领域、多层次的对外开放格局基本形成。但是，我国经济发展也面临着经济结构不合理、分配关系尚未理顺、农民收入增长缓慢、就业矛盾突出、资源环境压力加大、经济整体竞争力不强等问题，生产力发展仍然面临诸多体制性障碍[1]。从本质上看，我国经济中存在的问题，正是全面改革尚未到位造成的体制、机制缺损，促使许多矛盾凸现和发展的结果。改革过程中出现的矛盾，也只有通过推进改革、完善体制来解决。

党的十六大把"完善社会主义市场经济体制"确立为"21 世纪头二十年经济建设和改革的主要任务"[2] 之一，并提出到 2020 年建成完善的社会主义市场经济体制的改革目标。2003 年党的十六届三中全会进一步对建设完善的社会主义市场经济体制做出全面部署。针对经济体制尚不完善，主要在完善公有制为主体、多种所有制经济共同发展的基本经济制度，建立有利于逐步改变城乡二元经济结构的体制，形成促进区域经济协调发展的机制，建设统一开放竞争有序的现代市场体系，完善宏观调控体系、行政管理体制和经济法律制度，健全就业、收入分配和社会保障制度，建立促进经济社会可持续发展的机制，更大程度地发挥市场在资源配置中的基础性作用，为全面建设小康社会提供强有力的体制保障。

党的十七大突出强调了"从制度上更好发挥市场在资源配置中的基础作用"[3]，这也就意味着要将那些经过实践检验、行之有效的建立社会主义市场经济体制的经验上升到制度这个层面。

党的十八大提出了到 2020 年要建成比较完善的社会主义市场经济体制，我们的制度要更加的成熟、更加的定型，明确了今后中国发展的根本动力仍然还是改革；所以，"要全面深化经济体制改革。深化改革是加快转变经济发展方式的关键。经济体制改革的核心问题是处理好政府和市场的关系，必须更加尊重市场规律，更好

① 中共中央关于完善社会主义市场经济体制若干问题的决定［M］. 北京：人民出版社，2003：12.

② 江泽民. 全面建设小康社会，开创中国特色社会主义事业新局面：在中国共产党第十六次全国代表大会上的报告［M］. 北京：人民出版社，2002.

③ 胡锦涛. 高举中国特色社会主义伟大旗帜 为夺取全面建设小康社会新胜利而奋斗：在中国共产党第十七次全国代表大会上的报告［M］. 北京：人民出版社，2007.

发挥政府作用。""更大程度更广范围发挥市场在资源配置中的基础性作用"①。这一论断反映了社会主义市场经济的本质要求，也具有很强的现实针对性。为此，提出了在加快政府职能转变、继续完善基本经济制度、加强和改善宏观调控、加快改革财税体制、深化金融体制改革等重点领域和关键环节深化经济体制改革。

（四）社会主义市场经济体制加快完善阶段（2013年中共十八届三中全会作出《中共中央关于全面深化改革若干重大问题的决定》至今）

2013年党的十八届三中全会所作出《中共中央关于全面深化改革若干重大问题的决定》，明确经济体制改革是全面深化改革的重点，其核心问题是处理好政府和市场的关系，使市场在资源配置中起决定性作用和更好发挥政府作用。紧紧围绕使市场在资源配置中起决定性作用深化经济体制改革，坚持和完善基本经济制度，加快完善现代市场体系、宏观调控体系、开放型经济体系，加快转变经济发展方式，加快建设创新型国家，推动经济更有效率、更加公平、更可持续发展。《中共中央关于完善社会主义市场经济体制若干问题的决定》对更好发挥政府作用提出了明确要求，强调科学的宏观调控、有效的政府治理是发挥社会主义市场经济体制优势的内在要求，强调政府的职责和作用主要是保持宏观经济稳定，加强和优化公共服务，保障公平竞争，加强市场监管，维护市场秩序，推动可持续发展，促进共同富裕，弥补市场失灵。

2017年党的十九大提出加快完善社会主义市场经济体制、推进国家治理体系和治理能力现代化，开始加强对经济体制改革的顶层设计，这是建设现代化经济体系的制度保障。必须着力构建市场机制有效、微观主体有活力、宏观调控有度的经济体制。必须以完善产权制度和要素市场化配置为重点深化经济体制改革，坚决破除制约发展活力和动力的体制机制障碍。一是坚持和完善我国社会主义基本经济制度和分配制度，毫不动摇巩固和发展公有制经济，毫不动摇鼓励支持引导非公有制经济发展，完善国有资产管理体制，深化国有企业改革，支持民营企业发展。二是深化商事制度改革，全面实施市场准入负面清单制度，加快要素价格市场化改革，完善市场监管体制。三是创新和完善宏观调控，发挥国家发展规划战略性导向作用，健全财政、货币、产业、区域、消费、投资等经济政策协调机制，加快建立现代财政制度，深化金融体制改革。到2020年，在重要领域和关键环节改革上取得决定性成果，形成系统完备、科学规范、运行有效的制度体系，使各方面制度更加成熟更加定型。

在党的十九届四中全会上，社会主义市场经济体制与社会主义初级阶段的所有制结构、个人收入分配制度并列为基本制度。为贯彻党的十九大和十九届四中全会关于坚持和完善社会主义基本经济制度的战略部署，2020年5月，《中共中央 国务院关于新时代加快完善社会主义市场经济体制的意见》提出，要在更高起点、更高层次、更高目标上推进经济体制改革及其他各方面体制改革，构建更加系统完备、更加成熟定型的高水平社会主义市场经济体制，与中国特色社会主义进入新时代，

---

① 胡锦涛. 坚定不移沿着中国特色社会主义道路奋进 为全面建成小康社会而奋斗：在中国共产党第十八次全国代表大会上的报告［M］. 北京：人民出版社，2012.

社会主要矛盾发生变化，经济已由高速增长阶段转向高质量发展阶段这些新形势、新要求相适应。坚持和加强党的全面领导，坚持和完善社会主义基本经济制度，以完善产权制度和要素市场化配置为重点，全面深化经济体制改革，加快完善社会主义市场经济体制，建设高标准市场体系，实现产权有效激励、要素自由流动、价格反应灵活、竞争公平有序、企业优胜劣汰，加强和改善制度供给，推进国家治理体系和治理能力现代化，推动生产关系同生产力、上层建筑同经济基础相适应，促进更高质量、更有效率、更加公平、更可持续的发展，使中国特色社会主义制度更加巩固、优越性充分体现。

三、中国社会主义经济体制改革的成就

习近平总书记指出，改革开放是当代中国发展进步的活力之源，是党和人民事业大踏步赶上时代的重要法宝。40多年的经济体制改革所取得的重大成就，主要体现在它推动我国实现或正在实现的五个方面的重大转变。

一是推动中国从社会主义计划经济向社会主义市场经济的转变。从计划经济到社会主义市场经济的转变是改革开放曾经走过的最艰难的历程，也是到目前为止改革开放所取得的最重要的成果。我们已经彻底告别了由国家计划统配社会资源的时代，在社会主义制度的基础上，通过"有效市场"和"有为政府"结合，遵循价值规律、由市场在资源配置中起决定作用和更好发挥政府作用，提高政府对资本的驾驭能力，既发挥了市场经济的长处，又发挥了社会主义制度的优势。为其他发展中国家提供了可供借鉴的现代化新道路。

二是推动中国从封闭半封闭到全方位开放的转变。从1992年确立社会主义市场经济体制的改革目标之后，我国对外开放步伐也随之进一步扩大，这一阶段的对外开放，引进了大量国外资金、技术和先进管理经验，使国内商品市场丰富和繁荣起来，使市场因素在整个经济中的比重大幅上升，有力冲击了计划经济的樊篱，为社会主义市场经济体制的确立作出了重大贡献。此后，我国的开放型经济由沿海地区迅速向内陆腹地拓展，从建立经济特区到开放沿海、沿江、延边、内陆地区，再到加入世界贸易组织，实施共建"一带一路"倡议、发起创办亚投行，倡导推动人类命运共同体；从大规模"引进来"到高水平"走出去"，我国互惠共赢、利用国际国内两个市场、两种资源的水平显著提高，国际竞争力不断增强。在全球经济衰退，各国贸易保护主义抬头的情况下，中国已经逐渐成为全球化的领军者、推动者。

三是推动我国人民生活从贫穷落后转向小康。改革开放以来，党和政府始终坚持把增进民生福祉作为一切工作的出发点和落脚点，在发展中保障和改善民生，在经济增长的同时实现居民收入同步增长。我国经济持续快速增长使人民生活水平显著提升，人民群众切实享受到了改革发展的成果，人民生活从温饱不足发展到总体小康、即将实现全面小康，从1978年到2020年，全国居民人均可支配收入由171元增加到32 189元。2020年在现行标准下9 899万农村贫困人口全部脱贫，832个贫困县全部摘帽，12.8万个贫困村全部出列，区域性整体贫困得到解决，完成了消

除绝对贫困的艰巨任务①，对世界减贫贡献率超过 70%。

四是推动了从以经济体制改革为主到全面深化改革的转变。在经济建设取得举世瞩目成就的同时，政治建设、文化建设、社会建设、生态文明建设和党的建设制度也都有了重要进展，人民当家作主的权利得到更好保障，人民日益增长的美好生活需要得到更好满足，依法治国成为党领导人民治理国家的基本方略，法治在国家治理和社会管理中的作用不断加强。

五是在我国经济快速发展的同时保持了社会经济的稳定。经济体制改革和对外开放改变了我国生产关系和生产力不相适应的部分，社会生产力得到极大解放，社会财富迅速增长。改革开放 40 多年来，中国国内生产总值以年均接近两位数的速度增长，先后于 1999 年和 2010 年跨入中等偏下收入国家和中等偏上收入国家行列。2009 年，中国国内生产总值超过日本，成为世界第二大经济体。2010 年，中国出口超过德国，成为世界第一大出口国，97% 的出口产品是制造业产品，成为 18 世纪工业革命以来继英国、美国、日本、德国之后的世界工厂。2013 年，中国进出口的贸易总量超过美国，成为世界第一大货物贸易国。从 1978 年到 2020 年，中国国内生产总值由 3679 亿元增长到 101.6 万亿元，占世界生产总值的比重从 1.8% 上升到 17% 以上，多年来对世界经济增长贡献率超过 30%。在经济超高速增长的同时，我国是迄今唯一没有发生系统性金融经济危机的新兴市场国家，甚至在 20 世纪末亚洲金融危机和 2008 年国际金融危机爆发后，为世界经济复苏作出了重大贡献。

上述我国经济体制改革成就的取得，得益于我国在改革开放过程中始终坚持了社会主义的改革方向、坚持加强党的领导和尊重人民首创精神的结合、坚持摸着石头过河和加强顶层设计相结合、坚持问题导向和目标导向相结合、坚持试点先行和全面协同推进相促进、坚持改革决策和立法决策相统一、坚持把改革发展和稳定相统一的重要实践经验。

第二节 中国社会主义市场经济中的政府与市场关系

一、正确认识政府与市场关系

（一）正确认识政府作用

在市场经济的运行中，政府通过各种手段履行法律所赋予的职能，对经济加以干预和影响，以达到一定的预期目标。在经济学中，曾经有一种观点认为政府与市场之间存在着替代性，就是说，在市场机制发挥作用的地方是排斥政府干预的，而在政府干预的地方是排斥市场机制作用的。政府究竟该不该介入市场呢？尽管经济学家在这一问题上争论很多，但大多数经济学家认为政府与市场的作用是可以互补的，政府积极有效地介入市场，可以起到市场机制不能起到的作用，这对于一国经济的发展和社会的进步有着重要意义。

① 摘自 2021 年 2 月 25 日习近平"全国脱贫攻坚总结表彰大会"上的讲话。

政府介入市场的主要原因是市场存在着明显的缺陷，会出现市场失灵的现象。我们知道，市场是资源配置的基础，市场机制的作用可以优化资源配置，并且市场机制有其自身运动的规律，它并不以政府的作用为转移。但是，市场机制的自发作用并不能保证在任何时候、任何条件下都可以使资源配置实现最优，经济运行最有效率，并且最合乎社会的公共目标。市场在有些领域中的作用是很有限的，譬如在经济出现负外部性、垄断生产和经营、公共产品供给不足以及社会分配不均的情况下，市场自身的调节常常不能取得理想的效果。由于市场机制作用的盲目性，还可能导致宏观经济供求关系的失衡，引发一系列经济问题，导致资源浪费、效率丧失、经济秩序混乱。在这些市场失灵的情况下，只有依靠政府的作用来调节和引导经济运行的方向，才可能避免出现大的经济危机。

政府在市场经济中的基本作用就是弥补市场缺陷和矫正市场失灵，以保证社会福利的最大化和公共目标的实现。政府的作用根据其目标和范围可分为宏观领域和微观领域。简要地说，政府在宏观领域的作用主要是对经济总量进行调节，促进总供求的市场均衡，在宏观上保证市场经济运行拥有良好的法制、文化环境以及生态、结构环境，以引导经济增长和经济发展；政府在微观领域的作用主要是维护市场机制的正常有序运行，监督市场主体的市场行为，实施必要的管制以调节市场自身不能调节好的市场主体之间的相互关系，保护公平竞争和公众利益。一般把政府在宏观领域发挥作用概括为宏观调控，而把政府在微观领域发挥作用概括为微观管制。

(二) 正确认识市场作用

市场是资源配置的一种重要方式。所谓资源配置，是指社会如何采用一定的调节机制，在不同使用者和不同用途之间分配各种有限资源，使这些资源能以最小的投入获得最大效益①。

这里所说的资源概念是非常广泛的，它包括自然资源（天然存在的一切可以为人们所利用的土地、矿藏、水、生物、海洋、气候、环境等资源）和社会资源（主要是指劳动力、资本、科学技术、管理、制度、信息等资源）。在经济学中往往把最基本的资源表述为劳动、资本、土地、企业家才能等经济资源或生产要素。

资源配置作为经济学的一个重要概念，是基于这样一种前提，即在一定的时间和一定的科学技术条件下，社会所拥有的可以实际利用的资源总是有限的（资源的稀缺性）。因此，使用者（企业和个人）必须针对各种资源的自然特性，对资源在各自可能的生产用途之间进行比较，然后做出选择，以使这些资源能以最小的投入获得最大的效益。如果我们将这种企业内部的资源配置称之为微观层次的资源配置的话，那么，在现代化大生产条件下，由于社会分工的存在，社会经济领域被分成

① 马克思将经济资源归结为社会劳动时间，资源配置即社会总劳动时间的配置。马克思说："社会必须合理地分配自己的时间，才能实现符合社会全部需要的生产。因此，时间的节约以及劳动时间在不同的生产部门之间有计划地分配，在共同生产的基础上仍然是首要的经济规律。这甚至在更加高得多的程度上成为规律。"（马克思，恩格斯. 马克思恩格斯全集：第46卷Ⅰ [M]. 北京：人民出版社，1979：120.）社会劳动按比例分配是一个客观规律，不管是自发地由市场调节来实现社会劳动按比例分配，还是自觉地通过计划调节来实现社会劳动按比例分配，不过是这一客观规律借以实现的不同形式。

许多部门，这些部门之间存在着一定的客观比例关系，各种经济资源必须按照这种比例关系的要求分配到各部门、各地区，社会生产才能正常进行、协调发展、增进效益，即所谓的宏观层次的资源配置。总之，资源配置的核心内容是如何按不同比例和不同结合形式合理地分配和有效地利用有限的资源，最大限度地实现生产目的，这是每个经济社会都存在并且必须解决的基本问题[①]。

在商品经济条件下，生产产品的目的是交换，生产者拥有的资源是按照他人的需要来配置的。商品通过交换才能实现其社会属性。这时，市场不仅是商品交换的场所，还具备了配置资源的功能。市场配置方式就是通过市场机制（供求、价格和竞争等经济机制）发挥作用，使社会资源以最小投入获得最大效益的资源配置方式。市场机制的相关内容将在第三节中详细介绍。

进行市场配置资源的经济体，其基本的资源占有关系特征是：资源基本归具有明晰产权的自然人或自然人组成的法人所有；各经济主体都是独立、平等的，也是受法律保护的，可以在自身利益的驱动下，自由进出市场，自由地开展竞争与合作，同时承担各自相应的权利和义务。

在市场这种资源配置方式中，生产什么、生产多少、如何生产和为谁生产完全由经济主体独立决策，决策权高度分散。企业和消费者作为市场的主体，作为理性经济人[②]，在进行独立决策时，企业以利润最大化为目标，消费者以效用最大化为原则。自主决策能力充分发挥决策的主动性；分散决策快速及时，有利于抓住机会，充分利用资源。这种资源配置又叫"看不见的手"。

市场配置方式中的信息机制是相对价格。价格由供给者和需求者双方通过竞争来决定。价格提供的信息量是巨大而充分的，可以从中了解市场上各种商品供给的数量、需求的多少、成本的高低、收益的大小。价格提供的信号简单、明了、透明度大、公开性强；市场价格信号可以横向和无限地传递，收集、整理快速，可以节省成本。

这种资源配置方式中的激励约束效应是强大的。与计划经济条件下以实物和使用价值为经济追求的目标不同，市场经济下经济追求的目标是货币和价值。由于货币在量上是无限的，追求货币的欲望永远不会被完全满足，因而它能提供强大的动力机制。同时，竞争作为一种外部压力，是一种最好的激励约束机制。竞争是一个优胜劣汰、择优选择的过程，在竞争的压力下，人们力求获得别人也在追求的东西。因此，竞争是创造效率的行为、创新的激励，为了应对竞争，人们必须以最好、最

① 帕累托和巴罗尼证明了：建立在国有制基础上的集中计划经济条件下的资源配置及竞争与市场制度条件下的资源配置的本质相同，都不过是求解一组资源配置的联立方程式（熊彼特. 资本主义、社会主义和民主主义［M］. 顾准，译. 北京：商务印书馆，1979：214-233. ）。换言之，如果该比例是通过成千上亿次的市场交易所确定的，那就是资源的市场配置；如果是通过某一"生产部"即计划机关直接计算出来的话，就是资源的计划配置。

② 经济人是自由经济主义理论最基本的假定，今天的自由经济主义学者所津津乐道的仍然是古典自由主义的经济人的自利和利他，即个人（其实首先是资产阶级个人）在追求个人私利的同时也造福于他人，推动社会的发展。它以人的无限度的物质需求为人的本性的基础，认为人不过是一个追求无限度的物质需要的动物而已。

277

便宜、最符合需求的产品供应市场。

从理论上说，产权清晰、经济人假设、信息完全和完全竞争四个条件是发挥市场机制优越性、实现市场有效配置的必备条件。但是在现实生活中，这些条件均难以得到完全保证，又由于市场机制特有的自发性、盲目性、事后性和时滞性特点，结果容易导致市场失灵。

278

（三）正确处理好政府和市场关系

处理好政府和市场关系，实际上就是要处理好在资源配置中是市场起决定性作用还是政府起决定性作用这个问题。经济发展就是要提高资源尤其是稀缺资源的配置效率，以尽可能少的资源投入生产尽可能多的产品，获得尽可能高的效益。理论和实践都证明，市场配置资源是最有效率的形式。市场决定资源配置是市场经济的一般规律，市场经济本质上就是市场决定资源配置的经济。健全社会主义市场经济体制必须遵循这条规律，着力解决市场体系不完善、政府干预过多和监管不到位问题。党的十八届三中全会做出了"使市场在资源配置中起决定性作用"的定位，有利于树立关于政府和市场关系的正确观念，有利于转变经济发展方式，有利于转变政府职能。当然，我国实行的是社会主义市场经济体制，我们仍然要坚持发挥我国社会主义制度的优越性，发挥政府的积极作用。市场在资源配置中起决定性作用，并不是起全部作用，但市场作用和政府作用的职能是不同的。党的十八届三中全会全会决定对更好发挥政府作用提出了明确要求，强调科学的宏观调控、有效的政府治理是发挥社会主义市场经济体制优势的内在要求，强调政府的职责和作用主要是保持宏观经济稳定，加强和优化公共服务，保障公平竞争，加强市场监管，维护市场秩序，推动可持续发展，促进共同富裕，弥补市场失灵。党的十九大报告的多个部分强调了构建政府与市场的双重关系。首先，政府要守护市场。"守护"的具体含义包括规则制定与有效监管。在规则制定上，政府不代替市场机制配置资源——这是构建政府与市场关系的基础保障，报告强调要继续发挥市场在资源配置中的决定性作用，推进简政放权，深化商事制度改革，打破行政性垄断，防止市场垄断，加快要素价格市场化改革；在监管上，构建新时期的政府与市场关系要求政府利用有限行政资源强化监管效果、创新监管方式，增强政府公信力和执行力。其次，政府要激活市场。"激活"的要义为出台引导性政策。党的十九大报告强调"着力构建市场机制有效、微观主体有活力、宏观调控有度的经济体制，不断增强我国经济创新力和竞争力"，由此可见，"科技创新"是新时期构建政府与市场关系的关键词。此外，在政府与人民的关系上，党的十九大报告明确提出新时期将建设让人民满意的服务型政府，保证全体人民在共建共享发展中有更多获得感。

二、有效市场与有为政府相结合

（一）有效市场

1. 有效市场的核心是价格机制

价格机制是指在竞争过程中与供求相互联系、相互制约的市场价格的形成和运行的机理和功能，是从价格变动角度描述市场机制。价格机制是市场机制的核心，是价值规律的直接作用形式。

在市场配置资源过程中，价格最主要的功能是信号诱导功能和利益调节功能，它通过市场价格变动—生产规模变动—市场供求变动—价格变动这样一种循环往复的运动方式，调节生产者与消费者的关系，实现价值规律的作用。价格机制的具体内容包括价格体系和价格形成机制。

所谓价格体系，就是各种商品和要素价格在市场上形成的一个相互联系、相互制衡的有机整体。它可以从比价体系和差价体系两个角度来考察。比价是指在同一时间同一市场上不同商品和要素价格之间客观存在着的比例关系；差价是指同种商品和要素的价格因质量、花色、式样不同，或因生产所处的阶段、地区、季节不同而形成的比例关系。

比价本身又是一个复杂的体系。它可以指市场体系中各个子市场中的价格关系，如生产资料、劳动力、资本等生产要素之间的价格比例，又可以指各个市场中各类商品或要素之间的价格比例。这些价格比例关系还存在子系统、孙系统。以商品市场为例，人们首先可以考察工业品与农产品之间的比价，又可以进一步考察各种农产品之间的比价，如农林牧副渔业产品之间的比价。其中，农业（种植业）中又有粮食作物、经济作物的比价之分，在粮食作物中还有各种粮食的比价关系。

价格形成机制也称价格形成方式。我国价格形成的基本方式有三种：

（1）市场价格，或称为自由价格。它通过市场竞争和供求关系形成。随着我国社会主义市场经济体制框架的基本形成，市场价格已经成为最基本的价格形成。

（2）国家指导价格，它是国家为达到特定的经济社会目标，通过政府物价管理部门对市场价格进行一定程度干预而形成的价格。它又可以分为三种具体形式：一是以保护消费者利益为目的的最高限价；二是以保护生产者利益为目的的最低限价；三是由政府价格管理部门制定的中准价和浮动范围的浮动价格。

（3）政府定价，也称政府统一价格。它是各级政府价格管理部门按照价格管理权限制定的价格。在计划经济体制下，政府定价是价格形成的主要方式。随着市场经济体制的发展，这种价格形成的范围和数量已大大缩减，并将进一步减小，但不可能取消。在市场经济中，这种价格形成主要适用于少数战略性物资、部门公益事业收费、垄断性行业，另外也适用于在非常时期的价格管制，如经济大幅度波动时期或战争时期。需要指出的是，采取这种价格形式不等于说政府可以随意定价，这种价格也应尽可能反映其成本和市场供求状况，也不意味着价格可以长期固定不变，而应该随着市场供求关系和成本变化经常调整。

2. 有效市场发挥作用的具体形式

（1）供求机制。供求机制是指在竞争过程中供求决定价格，价格有调节和平衡供求的内在联系和自行调节的机理。它是供求规律在市场运行中发挥作用的具体形式，包括供求决定价格机制和价格调节供求机制。为此，价格机制与供求机制实际上是同一市场机制的两个侧面。

（2）竞争机制。竞争机制是指市场主体之间的竞争同供求关系、价格变动之间联系和作用的机理和功能，是众多市场活动参与者为追求自身利益最大化和占据有利市场地位而共同行动所形成的一种经济机制。

竞争的类型多种多样，依据不同标准，可以分为以下几种类型：从竞争主体构成看，包括供给者之间的竞争、需求者之间的竞争以及供给者与消费者之间的竞争；从竞争范围看，有生产同种商品的企业在部门内部展开的竞争、生产不同商品的企业在部门间的竞争、国内市场竞争和国际市场竞争；从竞争的内容看，有商品（包括质量、价格、花色品种等方面）竞争、广告竞争、技术竞争、信息竞争、人才竞争等。无论哪一种竞争，其本质都是一种利益的竞争，是竞争规律在市场运行中发挥作用的具体形式。

物质或经济利益是市场主体展开竞争的内在动力，而竞争的开展又从外部给市场主体以压力，使市场主体的利益得以强化。为此，竞争机制正是通过影响商品生产者的切身利益，来促进商品经济的有效运行，从而使竞争机制对市场经济发挥了如下功能：第一，竞争机制使优势厂商获取较多利益，激励市场主体改善经营，提高资源配置效率；第二，维护市场主体的权益，实现市场公平；第三，促进市场经济优胜劣汰机制的形成，提高市场主体乃至整个国民经济的素质。

（3）风险机制。风险是指市场中存在的不确定性因素，它的存在使市场主体在从事市场牟利性活动时面临受损的可能。风险主要来源于未来事物的不确定和市场竞争。风险机制是指在竞争中经济行为可能产生的成功或失败的不确定性对市场主体决策产生影响和发生作用的机理和功能。它强化了市场机制运行的压力机制和约束功能，是保证市场正常运行的一个基本要素。

追求自身利益最大化是市场经济主体的内在动力，趋利避害也是理性市场主体的一种本能。市场经济之所以不容易成为谋求私利的市场主体的逐利场，能形成正常的市场运行秩序，在很大程度上是因为存在风险及其机制。这是因为在正常情况下，获利大小与风险大小成正比关系，追求更大利益就必须承担更大的风险。所以市场风险及其机制的作用对追逐私利的市场主体形成强大的外在制衡，并强化市场主体的自律意识，迫使他们审慎地衡量风险成本，进行风险选择，谨慎行事，减少决策的盲目性，促进资源的合理利用和经济行为合理化。

3. 有效市场的一般作用及其局限性

（1）有效市场的一般作用。

由市场调节经济或配置资源，对任何性质的商品经济都有积极作用。它的最大优势表现为自利性的市场主体按照市场信号，通过周密计算后进行分散决策来追求自身利益最大化，并通过全体市场主体的类似行为和市场的自行调节引致社会财富的增长和实现资源的有效配置。

这种优势可以具体表述为：第一，市场机制通过价格、税率和利率等经济参数诱导市场主体按照市场供需关系灵活地优化生产要素组合，从而调节经济资源在社会各部门、各地区和各企业间的分配。第二，市场的竞争和优胜劣汰机制一方面可以激发企业和劳动者的生产积极性，使经济具有生机和活力；另一方面也可以把个体的逐利动机和行为转变为一种社会压力，迫使其节约资源，通过科学技术创新和经营管理创新来提高劳动生产率，从而实现自身利益最大化。

（2）有效市场的局限性。

市场机制配置资源或者说调节经济不是万能的，也存在自身不能克服的缺陷和局限性。市场的这种局限性又称为"市场失灵"或"市场失败"。

第一，市场调节存在自发性、盲目性、事后性和时滞性。市场调节以价格为基本信号，但价格的变动，只有在供求出现矛盾时才会发生，往往容易造成盲目投资和扩大生产，这就必然造成资源的浪费和破坏。同时，由于从价格形成、信号反馈到生产有一定的时间差，企业和个人掌握的经济信息不足，加之社会生产活动具有一定的惯性，从而在供求已经平衡甚至供给已经过剩时，生产仍有进一步增长的可能，而在供求平衡甚至供给已经短缺时，生产却会继续收缩。这些都将导致社会劳动的浪费。

第二，市场配置资源过程中的优胜劣汰竞争法则，容易导致严重的收入不均和两极分化现象。严格说来，从经济人的角度看，每一个市场活动的参与者所关心的都是个人利益最大化。但是，由于个人之间在体格、天分、知识、技能、环境以及其他条件上存在着客观差别，市场的自发分配势必造成个人与个人之间得到的经济和社会成果有差别。在一定意义上，市场经济就是靠这种差别及其示范效应来刺激人们不断参与竞争、追求财富，并由此带来效率的。但这样往往同时也会加剧社会矛盾和冲突，影响社会公平和安定。可见，市场本身虽然可以比较好地解决人们行为的效率问题，但是不能解决社会财富分配不平等问题。

第三，市场调节难以解决经济活动中产生的外部性问题。这里所讲的外部性问题包括外部经济和外部不经济两个方面。所谓外部经济，是指有些经济主体不付任何代价便可得到来自外部的经济好处，如兴建道路可以带来附近地价上涨，出现所谓"搭便车"现象。公共产品一般都具有这种特征。所谓外部不经济，是指经济主体在追求自身利益的过程中，对其他经济主体的利益构成损害。例如，有些经济主体的活动会造成外部主体遭受经济损失而得不到补偿，如工厂排放污染物使附近居民受损害。此外，有些产品产生的个体效益与社会效益相互冲突，如毒品、武器、黄色书刊等，经营者可以大获其利，但公民健康、社会治安和社会风尚则会受到损害。这些都是市场机制的自发作用难以解决的，所以自发的市场调节不利于社会公益事业的发展，并会破坏资源环境。

第四，市场调节的微观性决定了它难以实现和解决国民经济的总量平衡和长期问题。市场调节对经济主体的自利性激励机制，使其在单个商品的供求平衡方面具有灵活、便利的特点，但可能会引发个别利益和社会利益、短期利益与长远利益的冲突。从短期来看，仅依靠市场调节难以保证宏观经济总量的持续平衡，周期性的经济危机不可避免；从长期来看，它在社会重大经济结构调整和在实现国民经济长远目标上容易出现失灵。

第五，自发的市场调节会导致垄断的产生。一旦垄断形成，就会使竞争走向反面，竞争者将不再依靠竞争优势获利，而是凭借地区垄断、行业和部门垄断等垄断形式，影响公平竞争的展开和价格信号的真实性。

由于市场经济中一些不利局面需要政府来控制，所以当今世界几乎没有哪个国家完全依赖市场经济体制。

在传统的计划经济体制下，政府扮演着家长的角色，大至家庭的生存发展，小至柴米油盐都由政府说了算。因此，政府的经济职能是包揽一切的，所有经济活动都由政府来计划、组织、实施和管理。政府既是资源的所有者又是资源的经营者，既是运动员又当裁判员，扮演着经济的统治者、决策者的角色。在我国的经济实践中，这种体制由于违背了市场经济的规律，具有很大的弊病，阻滞了经济的发展。改革开放以来，随着市场经济体制的建立和逐步完善，政府在经济中的角色和职能都发生了重大的转变。政府更多地充当着代表公众利益和公共目标的公益人、公共资源和公共产品的管理人、制定市场规则和维护市场秩序的管制人、宏观经济活动的调节人的角色，发挥着更多的公共服务的职能。

国家对国民经济的宏观调控体系，是社会主义市场经济体制的有机组成部分。在我国进入经济发展新时代的背景下，在市场经济体制下，政府不直接干预企业的生产经营活动，但政府必须运用经济手段、法律手段和必要的行政手段管理经济，以弥补市场调节的不足。为此，应当积极转变政府经济管理的职能，创新和完善以间接手段为主的、有度的宏观调控体系，健全财税、货币、产业、区域和外汇等经济政策协调机制，保证国民经济的持续、快速、健康发展。

具体来说，在市场经济中，有为政府应该发挥以下职能：

1. 制定与实施经济社会发展战略，实行宏观调控

政府制定一定时期国民经济和社会发展的战略规划，确定全局性的国民经济和社会发展的重要指标；制定和执行宏观调控政策，对宏观经济变量进行调控；决定其他必须由政府统一决策的重大事项，如对城市建设进行整体规划、保护土地资源、为保护资源而控制某种资源消费方式、控制人口增长等。

2. 维护公平竞争的市场秩序

政府在法律授权范围内，通过颁布法规、制度，实行微观管制，以规范和监督各类经济主体的行为，限制各种不正当竞争行为，创造公开、公平、公正的竞争环境，维护正常的市场秩序。

3. 管理国有资产

政府作为国有资产所有者的代表，行使国有资产的管理职能。但这种管理不是由政府直接去经营，而是由国家授权的专门机构和部门行使管理权能，在建立现代企业制度、所有权与经营权分离的基础上由企业自主经营，政府机构不干预企业的生产经营活动，而是实行宏观管理和调节。

4. 调节收入分配

政府通过制定和实行一定的政策，采取各种调节手段，参与国民收入的再分配，以调节和控制收入分配中不合理的因素，缩小贫富差距，避免两极分化。例如，通过税收和转移支付来调节收入，扶持弱势阶层，贯彻兼顾效率与公平的原则。

5. 提供公共产品和公共服务

政府通过国家预算，以财政投资的方式进行基础设施、公用事业、科研开发、

教育、卫生、国防的建设；通过建立和健全完善的法治体系和制度体系，界定和保护各类经济主体的产权，提供市场经济顺利运转的环境条件；维护国家主权独立与领土完整，维持一个有利于国民经济发展的和平稳定环境。

（三）推动有效市场和有为政府更好结合

党的十九届五中全会审议通过的《中共中央关于制定国民经济和社会发展第十四个五年规划和二〇三五年远景目标的建议》提出"坚持和完善社会主义基本经济制度，充分发挥市场在资源配置中的决定性作用，更好发挥政府作用，推动有效市场和有为政府更好结合"。"推动有效市场和有为政府更好结合"关键是要充分发挥市场在资源配置中的决定性作用，必须加快建设高标准市场体系，激发各类市场主体活力和内生动力；更好发挥政府作用，需要不断完善宏观经济治理，克服和弥补市场的不足和缺陷，同时进一步转变政府职能，深入推进"放管服"改革①。

加快建设高标准市场体系。建设高标准市场体系，需要健全市场体系基础制度，坚持平等准入、公正监管、开放有序、诚信守法，形成高效规范、公平竞争的国内统一市场。全面完善产权保护制度，加大产权保护力度。全面实施市场准入负面清单制度，开展放宽市场准入试点。全面完善公平竞争制度，完善竞争政策框架，健全市场竞争状况评估制度，弘扬公平竞争文化，坚决维护公平竞争市场环境。加快要素市场化配置改革，推进资源要素高效配置，健全土地、劳动力、资本、技术、数据等要素市场体系，形成统一开放的要素市场。加快完善现代化市场监管机制，创新监管方式，加强重点领域监管，加强事中事后监管，维护市场安全和稳定。

激发市场主体活力和内生动力。各类市场主体都是国家现代化的建设者，要一视同仁、平等对待。深入实施国有企业改革三年行动方案，深化国有企业混合所有制改革，激发国有企业活力。优化民营经济发展环境，毫不动摇鼓励、支持、引导非公有制经济发展，优化民营经济发展环境，促进中小微企业和个体工商户发展。构建亲清政商关系，建立透明的政企沟通渠道，破除制约民营企业发展的各种壁垒。弘扬企业家精神，引导企业家增强爱国情怀，勇于创新，诚信守法，承担社会责任；拓展国际视野，带动企业在更高水平的对外开放中实现更好发展。

完善宏观经济治理机制。财政政策和货币政策是加强宏观经济治理的主要手段，同时需要就业、产业、投资、消费、环保、区域等方面政策紧密配合、协同发力，实现最佳政策效果。不断优化各项政策手段组合，根据各自目标合理分工，共同服务于宏观调控大局。完善宏观经济政策制定和执行机制，加强中央和地方、政府和市场主体之间的协调。重视和完善预期管理，主动引导和稳定市场预期。积极主动参与国际宏观经济政策协调，增强国际竞争力。加强宏观经济治理数据库等建设，提高宏观经济监测预警能力，全面提升宏观经济治理能力。

持续推进"放管服"改革。完善国家行政体制，优化政府职责体系，厘清政府和市场、政府和社会关系，充分利用互联网、大数据、人工智能等技术手段提升行政管理水平。实施涉企经营许可事项清单管理，加强事中事后监管，对新产业新业

---

① 陈乐一. 推动有效市场和有为政府更好结合［N］. 人民日报，2021-08-04（9）.

态实行包容审慎监管。加强重大决策的调查研究、科学论证、风险评估，健全重大政策事前评估和事后评价制度。大力推行"互联网+监管"，完善有效监管、公正监管，为简政放权提供保障。

三、不断完善社会主义市场经济体制

（一）不断完善社会主义市场经济体制的重要性

到 21 世纪初，我国已经初步建立起社会主义市场经济体制，市场机制在资源配置中日益明显地发挥基础性的作用，以公有制为主体、多种所有制经济共同发展的基本经济制度已经确立，全方位、宽领域、多层次的对外开放格局基本形成。

但是，我国经济发展也面临着经济结构不合理、分配关系尚未理顺、农民收入增长缓慢、就业矛盾突出、资源环境压力加大、经济整体竞争力不强等问题，生产力发展仍面临诸多体制性障碍①。从本质上看，我国经济中存在的问题，正是全面改革尚未到位造成的体制、机制缺损，促使许多矛盾凸现和发展的结果。改革过程中出现的矛盾，也只有通过推进改革、完善体制来解决。

党的十六大把"完善社会主义市场经济体制"确立为"21 世纪头二十年经济建设和改革的主要任务"② 之一。党的十七大突出强调了"从制度上更好发挥市场在资源配置中的基础作用"③，这也就意味着要将那些经过实践检验、行之有效的建立社会主义市场经济体制的经验上升到制度这个层面。党的十八大提出了到 2020 年要建成比较完善的社会主义市场经济体制，我们的制度要更加的成熟、更加的定型，明确了今后中国发展的根本动力仍然还是改革，所以，"要全面深化经济体制改革。深化改革是加快转变经济发展方式的关键。经济体制改革的核心问题是处理好政府和市场的关系，必须更加尊重市场规律，更好发挥政府作用。""更大程度更广范围发挥市场在资源配置中的基础性作用"④。这一论断反映了社会主义市场经济的本质要求，也具有很强的现实针对性。

尽管多年来一直在强调市场对资源配置的基础性作用，但资源要素价格至今尚未由市场决定，资源行政配置的特点仍然突出。党的十八届三中全会提出，"经济体制改革是全面深化改革的重点，核心问题是处理好政府和市场的关系，使市场在资源配置中起决定性作用和更好发挥政府作用。"⑤ 这一新提法是一个重大的突破，体现的是政府对自身定位和目标的清晰界定，以及党和政府对全局性战略发展目标的进取心，要求在厘清了政府与市场、与社会之间的关系后，政府的"手"在资源

---

① 中共中央关于完善社会主义市场经济体制若干问题的决定. 北京：人民出版社，2003：12.

② 江泽民. 全面建设小康社会，开创中国特色社会主义事业新局面：在中国共产党第十六次全国代表大会上的报告［M］. 北京：人民出版社，2002.

③ 胡锦涛. 高举中国特色社会主义伟大旗帜 为夺取全面建设小康社会新胜利而奋斗：在中国共产党第十七次全国代表大会上的报告［M］. 北京：人民出版社，2007.

④ 胡锦涛. 坚定不移沿着中国特色社会主义道路奋进 为全面建成小康社会而奋斗：在中国共产党第十八次全国代表大会上的报告［M］. 北京：人民出版社，2012.

⑤ 中共中央关于全面深化改革若干重大问题的决定（2013 年 11 月 12 日中国共产党第十八届中央委员会第三次全体会议通过）［N］. 人民日报，2013-11-16（3）.

配置中转变为支持和辅助作用。这一新提法使得我国的社会主义市场经济发展又往前走了扎实的一步，推进了市场化改革，这对增强市场活力、经济活力具有决定性的影响。党的十九大进一步具体要求"经济体制改革必须以完善产权制度和要素市场化配置为重点，实现产权有效激励、要素自由流动、价格反应灵活、竞争公平有序、企业优胜劣汰"。

（二）社会主义市场经济体制的主要特征

市场经济作为资源配置方式和经济体制，是存在于不同社会制度形态的共同现象，从这个意义上说，它本身没有"姓社"或"姓资"的区别。但是，完全脱离具体条件而独立存在的一般市场经济只是一种理论抽象，现实中的市场经济总是同一定的社会制度相结合的。从历史上看，市场经济与私有制相伴而生，现在西方国家的市场经济仍然是同资本主义私有制相伴而发展的，因而过去人们一提起市场经济就难免将其与资本主义制度联系在一起，而计划经济是社会主义公有制下长期奉行的资源配置方式，于是就产生了怎样正确理解"社会主义市场经济"的问题①。

由于市场经济与不同的社会制度相结合，形成了不同的市场经济类型。构建社会主义市场经济，就是为了有效利用市场作用来发展社会主义，一方面要发挥市场机制在资源配置中的决定作用，另一方面应坚持完善社会主义基本经济制度和分配制度，实现共同富裕和保障公平正义。这两个方面有机结合，才能完整、准确地体现社会主义市场经济的本质和社会主义市场经济改革方向的要求。

因此，社会主义市场经济体制，就是在社会主义公有制基础上，使市场在社会主义国家宏观调控下对资源配置起决定作用的经济体制。由于它是同社会主义基本制度结合在一起的，因此，除了具有市场经济的一般特征外，与资本主义市场经济相比，它还具有反映社会主义基本制度的鲜明特征。

第一，在所有制结构上，以公有制为主体，多种所有制经济共同发展，不同所有制经济的企业还可以自愿从事多种形式的混合所有制经营。社会主义市场经济以公有制为基础，这是它区别于资本主义市场经济的根本点，它决定着社会主义市场经济的性质和发展方向。同时，坚持公有制为主体，能防止财富占有中的私人垄断，从根本上保障分配公正；能有效利用公共资源，加快基础产业、基础设施和公共事业的发展；富有竞争力的国有制大型企业是实现科技进步的带动力量；公有制经济具有启动快速和对国民经济实施强拉动的功能，特别是公有金融体系本身具有宏观调控手段的性质，而一个保有恰当的公有制的经济结构，则能成为强化宏观调控能力的体制保证②。针对市场机制与传统公有制模式的不兼容性，要花大力气、深入

285

---

① 对于市场经济是否属于社会制度范畴，西方学者也有两种不同的观点。一种观点认为，市场经济属于社会制度范畴，是资本主义的制度规定，如野尻武敏、百百合等在其所著的《经济政策学》中将市场经济的体制要素归纳为：保证经济主体活动自由的生产资料私有制；分权式经济决策；通过市场机制自动调节生产过程。另一种观点认为，市场经济属于资源配置组织范畴，可以与不同社会制度相结合。《麦克米兰现代经济学辞典》对市场经济的解释是："市场经济是一种以价格为基础来作出关于资源配置和生产决策的经济体制，而价格是在生产者、消费者和生产要素的所有者之间自愿形成的。市场经济可以发生于私有制的资本主义经济，也可以在某种程度上作用于社会主义公有制经济。"

② 刘诗白. 发展社会主义市场经济体制需要不断的理论探索 [J]. 经济学家，2009（10）：5-9.

进行和搞好公有制具体形式的创新，增强公有制经济内生发展能力，使市场体制下经济发展与公有制经济壮大和控制力、影响力增强相并进①。

第二，在分配制度上，以按劳分配为主体，多种分配方式并存，兼顾效率与公平，逐步实现共同富裕。在社会主义市场经济体制下，由于公有制经济占主体地位，因此按劳分配在收入分配中占主体地位；要使市场对资源配置起决定作用，就必须相应地发展资本市场、劳动力市场、土地市场、技术市场等生产要素市场，这样就必然要承认按生产要素的贡献分配收入。在社会主义市场经济条件下，初次分配和再分配都要兼顾效率和公平，再分配更加注重公平，国家通过各种调节机制和社会政策防止在大力发展市场经济的同时收入差距过分扩大，最终实现共同富裕的目标。这样的分配原则和经济目标，也是社会主义市场经济体制区别于资本主义市场经济体制的一个重要特征。

第三，在宏观调控上，社会主义国家将通过科学的宏观调控、有效的政府治理，使社会主义市场经济的发展服从社会主义发展的大目标，为提高人民生活水平、改善民生服务，为社会主义制度的巩固和发展服务。社会主义市场经济具有现代市场经济的一般特征，国家的宏观调控和计划指导是社会主义市场经济的内在要求，也是其健康发展的必要条件。同时，社会主义国家代表全体人民的利益，政府在人民的授权和监督下行使宏观调控的职能，有利于在科学发展观的指导下，从全体人民的长远利益和整体利益出发，完善宏观调控体系，更加灵活有效有度地进行宏观调控，实现经济平稳、协调、可持续发展。

（三）不断完善社会主义市场经济体制的重点任务

正如社会主义市场经济体制是同社会主义基本制度结合在一起的，它与资本主义市场经济既有共同点，又有所区别。其共同点是由市场经济决定的，区别则是由社会制度决定的。因此，社会主义市场经济体制的基本框架既要反映社会主义经济制度的本质，又要反映现代市场经济体制的共同特征。我国社会主义市场经济体制的基本框架正是依据现代市场经济运行的一般要求提出来的，完全符合现代市场经济运行的一般规律。按照现代市场经济体制的一般要求，完善我国社会主义市场经济体制需要重点把握以下五个方面：

第一，建立和完善现代企业制度，使企业切实成为市场主体。

市场经济是通过市场机制引导企业去合理配置资源的经济。企业是市场活动的主体，是市场经济运行的微观基础，也是经济体制转型的关键环节。因此，社会主义市场经济体制中的所有企业，都应当具有明晰的产权关系，成为自主经营、自负盈亏、自我发展、自我约束的经济行为主体和法人实体，适应市场调节的要求，同时平等地参与市场竞争，在市场竞争中求得生存和发展。目前，要继续积极推进现代企业制度建设，转换国有企业特别是大中型企业的经营机制，塑造充满活力的微观经济主体。

---

① 刘诗白. 改变中国命运的伟大战略决策（下）：论中国构建社会主义市场经济的改革 [J]. 经济学家，2008（5）：5-11.

第二，建立统一开放、竞争有序的高标准市场体系。

没有统一、开放、完善的市场体系，是不可能实现社会资源的优化配置的。社会主义市场经济体制下的市场体系，应当是包括商品市场以及劳动力市场、金融市场、房地产市场、技术市场、信息市场等要素市场和各类产权市场在内的完整的市场体系。要打破旧体制下条块分割局面，形成城乡市场紧密结合、国内市场和国际市场相互衔接的全国统一的大流通、大市场格局，在此基础上逐步形成社会化的市场体系、市场服务体系和市场调节体系，促进社会资源的优化配置。

第三，健全中国特色宏观经济治理体系。

国家对国民经济的宏观调控体系，是社会主义市场经济体制的有机组成部分。在市场经济体制下，政府不直接干预企业的生产经营活动，但政府必须运用经济手段、法律手段和必要的行政手段管理经济，以弥补市场调节的不足。为此，应当转变政府管理经济的职能，创新和完善以间接手段为主的有度的宏观调控体系，健全财税、货币、产业、区域、和外汇经济政策协调机制，保证国民经济的持续、快速、健康发展。

第四，坚持和完善按劳分配为主体，多种分配方式并存的收入分配制度。

社会主义市场经济体制应避免资本主义市场经济体制下的那种两极分化现象。因此，个人收入分配要坚持按劳分配为主体、多种分配方式并存的制度，坚持按劳分配原则、按生产要素贡献分配的体制机制，兼顾效率与公平。在一部分地区、一部分人先富起来的同时，通过鼓励勤劳守法致富，扩大中等收入群体，增加低收入者收入，调节过高收入，取缔非法收入，促进收入分配更合理、更有序。

第五，建立健全可持续的多层次的社会保障制度。

社会保障制度是社会化大生产的产物，是经济发展和社会进步的重要标志，也是市场经济健康运行和社会安定的重要保证。在劳动者就业实现自由流动，充满着竞争和经营风险的市场经济中，企业的破产和职工的暂时失业都是不可避免的。通过建立包括社会保险、社会救济、社会福利、优抚安置和社会互助、个人储蓄积累保障等在内的，覆盖全民、城乡统筹、权责清晰、保障适度、可持续的多层次的社会保障制度，解决职工养老、医疗、失业救济等方面的困难，为城乡居民提供同我国国情相适应的社会保障，改善民生、增进社会福利，促进经济发展和社会稳定，是社会主义市场经济体制的重要内容。

第三节　中国社会主义市场经济中的宏观经济治理

一、市场供求关系与经济波动

市场经济的主要机制是供求机制，它的主要功能是反映供求与价格的联系和供求之间通过价格实现自我平衡。

供给是指某种商品或要素的卖者、生产者、供应者的总和。它强调的是这些市场主体在某一时刻在各种可能的价格水平上，愿意并且能够向市场提供的商品和要素量，即供给量。一般说来，商品的价格和其供给量是同方向变化的。商品的价格越高，表示在成本既定的情况下，生产者的利润越大，因此，生产者的生产积极性越高，生产领域的生产者越多，这种商品的供给量也就越多；反之亦如此。这种在其他条件不变的情况下，商品供给量和其价格同方向变化的规律被称为供给规律。

需求是指某种商品或要素的买者、消费者、需求者的总和。它强调的是这些市场主体在某一时间、某一市场、某一价格水平上受购买力限制的对商品和要素的需要量，即有购买能力的需要量。一般说来，商品的需求量和价格变动的方向是相反的：一种商品的价格越高，消费者愿意购买的数量就越少；价格越低，消费者愿意购买的数量就越多。这种在其他条件不变的情况下，商品价格变动引起需求量反方向变动的规律被称作需求定律。

需求和供给二者共同决定价格。当某一商品价格上涨时，需求量减少，供给量增加，供给量超过需求量，结果是供过于求导致价格下降，趋于平衡；相反，当某一商品价格下跌时，需求量增加，供给量减少，需求量大于供给量，结果是供不应求导致价格上涨，趋于平衡。需求和供给二者相互作用，最后会使这一商品的需求量和供给量大致相等，这时既没有过剩，也没有短缺。需求量与供给量相等时的商品数量就是均衡数量，而需求量和供给量相等时的价格就是均衡价格。这里描述的只是价格变动引起供求变化的机理和趋势，而没有涉及价格变动与供求变动之间的具体数量关系。这种关系可以用供求弹性及弹性系数来表示。

二、宏观调控与宏观经济治理

1. 宏观调控的目标和作用

宏观调控的目的是保持经济快速、健康发展，推动经济和社会全面进步，社会主义市场经济必须有健全的宏观调控体系，以保障国民经济健康运行。市场机制负面效应需要加强宏观调控，这是因为市场机制调控经济存在缺陷：首先，市场调节是一种事后调节，它是在供求关系已经发生变化以后才来进行的调节，此时经济失衡已经给社会造成了巨大的损失；其次，这种调节带有盲目性，市场机制调节供求关系主要依据市场的价格信号，生产者依据价格信号决定自己的生产行为，不可避免地带有盲目性；再次，这种调节适应短期性调节，市场机制只有在生产适应需求变化的时间比较短的条件下才能发挥好的作用，从长期看，生产与需求不均衡是常态，在此条件下市场机制很难发挥作用；最后，市场机制在某些领域"失效"，无法起到调控作用，如公共基础设施建设中，基础设施具有准公共性和自然垄断性，市场机制不能解决资源的合理配置问题，需要政府来干预。

现代市场经济中政府对总体经济运行的调节，是在市场机制作用的基础上进行的。政府对经济宏观调节的目标是实现充分就业、价格稳定、经济持续增长和国际收支平衡。

2. 从宏观调控到宏观经济治理

自2012年开始，我国经济发展进入了新常态。宏观经济运行中的经济增长和经济波动态势出现了显著变化，这要求宏观调控模式发生与之适宜的改变。在此历史背景下，我国开始重视推进宏观经济治理方式的变革，积极谋划从"宏观经济调控"到"宏观经济治理"的转换。

党的十九大将供给侧结构性改革确定为我国现代化经济体系建设的主线加以推进。进入发展新阶段后，发展方式粗放、产业结构失衡、城乡及区域间发展不平衡、居民收入分配差距拉大、生态环境治理效能低下等我国经济发展长期积累的深层次矛盾日益突出，供给侧结构性改革的目标就是力求达到一种协调均衡的市场状态。供给侧结构性改革通过"三去一降一补"的具体方式，优化产业结构、培育发展新动能、提高全要素生产率、降低系统性风险并保持供需平衡，从而促进更多高质量的供给，增强供给体系对需求体系变化的适应力和适配性。

党的十九大作出了我国经济已转入高质量发展阶段的重大历史性判断，为我国宏观经济治理目标取向的调整指明了方向，即宏观经济治理要以提高发展的质量和效益为出发点和落脚点。我国发展过程中不平衡不充分的问题日渐凸显，为优化经济结构、满足人民美好生活需要和增进社会福祉带来障碍，因此必须坚持质量第一、效益优先。在新发展阶段背景下，宏观经济治理致力于提高发展的质量和效益，以建设现代化经济体系为目标。

党的十九届四中全会对健全宏观调控制度体系提出了战略部署："健全以国家发展规划为战略导向，以财政政策和货币政策为主要手段，就业、产业、投资、消费、区域等政策协同发力的宏观调控制度体系。"在党的十九届五中全会中，党中央再次明确提出了："健全以国家发展规划为战略导向，以财政政策和货币政策为主要手段，就业、产业、投资、消费、环保、区域等政策紧密配合，目标优化、分工合理、高效协同的宏观经济治理体系。"经济调控向宏观经济治理的战略转换，将原有的经济管理范畴拓展到制度体系层面，大大拓宽了宏观经济调控制度体系的范畴和边界，实现了宏观经济管理能力的全面提升。

党的十九届五中全会提出构建以国内大循环为主体、国内国际双循环相互促进的新发展格局，成为今后很长一个时期我国宏观经济治理的实践指南。"中华人民共和国国民经济和社会发展第十四个五年规划和2035年远景目标纲要"进一步提出要"完善宏观调控政策体系，搞好跨周期政策设计，提高逆周期调节能力，促进经济总量平衡、结构优化、内外均衡"。在战略定位层面升级传统逆周期调节政策框架，要求宏观调控在关注短期经济波动性问题的同时，同样也要关注长期经济增长的趋势性变化，避免不合意的短期逆周期调节引发中长期问题，这将是完善宏观经济治理体系的关键一步。

3. 宏观经济治理体系的政策工具

中国特色社会主义新时代宏观调控应围绕高质量发展建立起宏观经济治理体系。相对于传统的宏观调控，宏观经济治理体系的政策目标需要与新时代中国宏观经济运行的特征和规律相协调，进行相应的优化。

第一，宏观经济治理体系的政策强调向"质量目标"的转移。经济高质量发展不同于以往粗放型经济发展模式，更侧重于人力资本、信息技术等新型资源的配置。目前我国经济主要矛盾已经从总量层面转变到结构层面。有鉴于此，为了进一步推

289

动高质量发展，需要促进供给侧结构性改革与高质量增长相匹配，并依靠消费、投资等方面的结构性改革以实现经济结构升级。

第二，由单目标向多目标转换。高质量发展是对经济收益、经济效率与环境外部性等方面的综合考量，表现出人、社会与自然之间的和谐发展。其中，经济收益是指在高质量发展模式中，仍要关注名义经济增长与潜在经济增长之间的匹配关系；经济效率是指社会福利、居民教育、基础设施等因素，主要是保持社会的长治久安；环境外部性是指经济发展过程中必然会出现的资源配置与环境保护因素。

第三，由点目标向区间目标转换。经济发展进入新常态以来，宏观调控不再盯住经济增长的特定目标值，而是将增长目标锁定为一个合理区间。区间的上限为"防通胀"，下限为"稳增长"，在下限之外还将"保民生"和"防风险"作为底线。当经济运行接近区间下限时，宏观调控的主要着力点是稳增长。当经济运行接近区间上限时，宏观调控的主要着力点是防通胀。当经济运行处于中间状态时，就会加大市场化改革与经济结构调整的力度。

第四，由总量调控向结构调控转化，以往宏观调控的目标是经济总量与增长率，随着我国经济中主要矛盾由总量矛盾向长期结构性矛盾转化后，调控目标也随之转变。新时期宏观经济治理体系的关注点应集中在结构性调控。

第五，向定向精准调控转变。自经济发展进入新常态以来，央行将调控目标由对经济增长与通货膨胀的区间管理模式，逐步转变为定向调控。从财政政策层面来看，财政部数次通过定向减税扩大中小企业税收优惠，也可以通过定向方式加大对"三农"等领域的资金支持。定向调控的核心目的是解决经济运行中的中长期结构性问题。

三、宏观经济治理的目标与手段（供给侧、需求侧）

（一）政府调节经济的主要手段

现代市场经济中政府对总体经济运行的调节，是在市场机制作用的基础上进行的，是一种间接调控方式，即政府综合运用多种手段调节市场，通过市场影响和引导微观经济行为，达到某种宏观调控目标。间接调控方式与直接调控方式有实质的区别。在间接调控方式下，政府与企业之间的关系是由市场来连接的，政府的宏观调控也是通过市场来实现的，间接调控的直接对象是市场而不是企业，这种调控以总量调控为主，调控范围广泛、灵活。政府调节经济的主要手段是经济手段、计划手段、法律手段，同时结合运用行政手段。

第一，经济手段。在政府调节经济运行的经济手段中最主要的是财政政策、货币政策、产业政策和收入分配政策等。财政政策，即政府为影响宏观总量均衡关系对财政和财政支出水平所做的决策，即对相应的财政支出、税收和国债规模所进行的选择。货币政策，是政府通过中央银行调整利率和货币供给量，进而影响经济发展和宏观总量的决策。产业政策，是一种调节供给的政策。收入政策，是政府为了控制总需求，调节经济运行，对个人收入的总量和结构进行调节的政策。社会保险政策是国家和政府制定的旨在保障劳动者因年老、疾病、伤残、死亡、失业等风险事故或永久失去劳动能力，从而在收入发生中断、减少甚至丧失的情况下，仍能享有基本生活权利的社会保障政策，社会保险政策是社会保障政策体系的支柱与核心。

第二，计划手段。计划手段指政府通过制订经济发展战略和长期、中期以及短期经济计划，引导国民经济按照合理的宏观经济目标发展。市场化的计划手段的主要特征是：计划的基础是市场经济发展的趋势或规律，计划的出发点和目的都是按照市场经济的要求实现宏观经济总量的平衡，以保证经济持续稳定的发展；计划的实施是利用市场机制的作用，不破坏市场经济运行的基本规则；计划表现为从上到下的指导性和引导性，而不是强制性和指令性。

第三，法律手段。法律手段指政府依靠法制力量，通过经济立法和司法，运用经济法规来调节经济关系和经济活动，以达到宏观调控目标。法律对经济主体具有普遍的约束力，并且具有强制性、稳定性、明确性的特点。法律手段主要运用于界定和保护产权，规范各经济主体的行为，规范市场运作的程序和市场秩序，明确政府的职能和权限以及规范政府行为，维护公共利益和国家利益等。

第四，行政手段。行政手段指政府凭借政权的力量，通过颁布行政法规、制度等形式，按行政区域、行政系统、行政层级来管理国民经济活动的手段。从宏观经济的调控来说，行政手段是一种补充性的手段，它必须在法律授权范围的基础上由政府按照必要的法定程序来运用。行政手段主要运用于政府对微观经济活动的管制、市场管理、公共产品和公用事业的提供、灾害等公共安全突发事件的处置等方面。

（二）宏观调控政策及其运用

1. 财政政策

财政政策即政府为影响宏观总量均衡关系对财政和财政支出水平所做的决策即相应的财政支出、税收和国债规模所进行的选择，包括扩张性财政政策和紧缩性财政政策。财政政策当局根据一定时期政治、经济、社会发展的任务而制定财政政策目标，通过财政支出与税收的变动来影响和调节总需求，进而影响就业和国民收入。财政政策工具包括政府购买和政府收入。政府购买可以分为政府购买和政府转移支付。政府收入中最主要的部分是税收，当政府税收不足以弥补政府购买时会发行公债（包括中央政府的债务和地方政府的债务），因此公债也是政府财政收入的又一组成部分。

2. 货币政策

货币政策即政府通过中央银行调整利率和货币供给量，进而影响经济发展和宏观总量的决策，包括扩张性货币政策和紧缩性货币政策。货币政策当局即中央银行为实现既定的目标，运用政策工具调节货币供应量以调节市场利率，通过利率的变化来影响私人部门的投资和消费支出，进而影响总需求来影响宏观经济运行的各种政策措施。

3. 产业政策

产业政策指一国为实现经济和社会发展目标，扶植和培育国内相关产业所制定的相关政策，其具体政策工具包括补贴、信贷优惠、金融和财政政策、中小企业扶持政策、鼓励研发政策等。产业政策是政府为实现促进产业发展与经济增长的目标，制定的调控经济发展或某个行业的生产、经营与交易活动，以及直接或间接干预商品、金融、服务等一系列政策的总称，具体手段包括财政、税收、土地、金融、进出口、政府采购、知识产权保护及相应的行政措施等。产业政策的实施，主要是通过制定中长期发展规划，同时制定投资目录与补助、税收减免、财政补贴、贷款贴息、关税保护与核准等措施，确保产业政策目标的实现。总体来看，产业政策的最终目的，是通过推动产业升级、优化产业结构等，实现经济增长。从本质上来讲，产业政策是通过发挥政府作用，弥补市场失灵、纠正市场扭曲、促进资源优化配置、加快产业发展，快速实现赶超或稳定增长。一般来说，一定时期内的产业政策，主要应通过培育良好的市场环境，提升人力资源素质水平、提高科技创新能力等，进而在中长期促进产业持续健康发展。政府通常将产业政策、财政政策与货币政策同时搭配使用，进而干预产业和经济运行，促进经济实现跨越式增长或稳定增长。

从我国产业政策实施历程来看，我国产业政策总体上属于选择性产业政策，即政府对特定产业进行保护与扶持，通过加快这些选择出来的产业的发展，以达到经济赶超的目标。政策的实施不仅表现在对特定产业和企业的选择性扶持，还表现为对产业内特定技术产品与工艺等的选择。从政策工具来看，一些行政手段的运用得到了强化，比如目录指导、市场准入、项目审批及强制清理等。随着经济发展阶段变化，初期能够加快经济增长和产业结构调整的选择性产业政策，其弊端开始显现。一是选择性产业政策不能提供足够的激励，二是选择性产业政策无法真正促进创新，三是选择性产业政策的挑选行为，是维系而不是打破行政垄断、不利于市场公平竞争。选择性产业政策固有的种种缺陷，必将成为经济长期增长与技术进步的最大障碍。产业政策从传统的选择性向新时期的功能性转变，合理界定产业政策作用范围与实施工具手段，是未来产业政策的重点方向。

在经济发展进入新常态的时期，我国面临的竞争环境有了新变化。一方面，要与发达政府抢占新一轮经济发展制高点；另一方面，要与发展中政府在新兴市场展开竞争，产业发展亟须寻找新的增长点。对于新常态下我国产业升级来说，创新驱动将成为产业政策的核心目标。其着力点应主要放在：综合运用各种政策工具，通过增强产业创新动力、提升产业创新能力及推进产业化等，加大产业共性基础技术研究力度。同时，完善科技中介组织，促进中小型科技企业与生产性服务业发展，这也是未来我国实施创新驱动型产业政策的方向。

4. 收入政策

政府为了控制总需求，调节经济运行，对个人收入的总量和结构进行调节。收入政策是政府指导收入总量及收入结构变动方面的依据，通过规范人们的分配行为来实现既定目标。收入政策目标选择可分为收入总量政策目标选择和收入结构政策目标选择。两种政策目标的选择都必须从宏观调控的目标和国民收入现状两个方面出发，针对现实问题，通过政策的实施，实现宏观调控目标。

（1）收入总量政策目标。

收入总量政策目标的选择，主要着眼于短期；收入总量政策目标的选择，主要着眼于近期。从政府近期宏观调控的目标来看，是总量平衡的状态，但实际的经济运行过程却经常是非均衡状态。这就要求政府制定相应的收入政策来校正离开均衡目标的偏差。经济失衡有两种表现形式：总需求严重超过总供给和总需求相对于总供给严重不足。针对这两种失衡，收入政策目标有两种选择：紧分配政策和超分配政策。在总需求严重超过总供给的情况下，选择紧分配政策，可以压缩投资规模紧缩银行信贷，减少消费开支，削减行政经费，抑制总需求的扩张，使总需求与总供给趋于平衡；在经济运行出现疲软和总需求不足时，通过超分配政策，扩大投资规模和贷款规模，增加消费开支，总需求得以扩张，拉动需求向供求平衡方向运动，以刺激经济增长。

（2）收入结构政策目标。

收入结构政策目标的选择主要着眼于中长期。从中长期看，宏观调控目标要求实现产业结构优化，经济和社会协调发展；但是现实经济运行中，往往存在国民收入分配的各种比例关系不协调；不同社会成员之间的收入差距不合理的状况，妨碍宏观调控目标的实现。收入结构政策目标的选择就要从现实出发，选择有利于促进宏观调控目标实现的政策。收入分配结构主要是指积累与消费、公共消费与个人消费、各种收入的比例、个人收入的差距等。对于这些结构性问题，我们要根据不同的情况选择不同的政策目标。

（3）个人收入的调节。

对个人收入的调节，按调控程序可以分为三级：前期调控、中期调控和后期调控。

前期调控是指个人收入形成之前，通过制定各种行政和法律规范、分配程序、分配制度对分配行为事先加以约束。这种约束非常重要，把不规范的分配行为在行为发生之前制止。

中期调控主要发生在个人收入形成之后，个人可支配收入形成之前，主要对已经形成的个人收入进行调节。调节方式基本有两种：一是从个人那里取走一部分收入，主要表现为政府的征税、个人的缴纳；二是给予个人一定补助性收入，主要表现为对个人发放的福利性收入，增加转移支付和其他多种福利措施，也包括免税和退税。

后期调控发生在个人收入已经变为个人可支配收入之后，主要是通过对居民消费和储蓄的引导进行再调节。例如，对于消费，可以通过商品价格补贴使居民在购买消费品时提高实际收入水平，也可以通过增加特别消费税等收回部分个人可支配收入。对于储蓄，可以通过利率的调节改变个人收入支出的结构，还可以通过利息进行再分配。

5. 社会保障政策

社会保障政策，是政府为保障人们的基本生活需要而制定的原则和方针。社会保障政策不仅和经济发展目标相关，而且更受社会发展目标的制约。社会保障政策的目标是保证公民在个人谋生能力中断或丧失时，能够获得一定的经济来源，使其基本生活得以保障。个人在现代经济生活中不可避免地会遇到影响自己基本生存权利的困难和问题，如病老伤残、失业等，特别是在市场经济条件下，个人所面临的各种风险更多、更大，且个人遇险时无法利用市场来避险。社会保障政策是任何一个政府发展现代市场经济不可分割的组成部分，它既是保障参与市场竞争的公民基本生活需要的"安全网"、维护社会安定的"减震器"，也是政府保证市场经济正常运作的"调节器"。

社会保障政策通过收入再分配机制，可以有效地缓解矛盾，促进社会的稳定与发展。社会保障政策主要通过社会保险、社会救济、社会福利、优抚安置和社会互助、个人储蓄积累保障来贯彻和实现，其中社会保险是贯彻社会保障政策的主导方式。社会保障政策的运用还要按照社会保障的不同类型确定其资金来源和保障方式；并建立起统一的社会保障管理机构，提高社会保障事业的管理水平。

6. 宏观调控工具的创新

我国经济发展进入新时代，基本特征就是经济已由高速增长阶段转向高质量发展阶段。推动高质量发展，是保持经济持续健康发展的必然要求，是适应我国社会主要矛盾变化、全面建设社会主义现代化国家的必然要求，是遵循经济规律发展的必然要求。推动高质量发展，需要创新和完善宏观调控，建立与高质量发展要求相适应的宏观调控体系，创新宏观调控方式。传统的短期逆周期总量调控方式很难适应对慢变量进行调节的要求，应围绕破解深层次结构性矛盾，更多运用改革创新的办法，在总量调控基础上实施微调控、预调控和区间调控。

（1）微调控。

宏观经济调控的大转向需要慎重。政策要有连续性，不要偏离市场主体的正常预期，以免经济中出现大的波动。一般说来，宏观经济调控不宜大升大降，大紧大松，大起大落。否则，要么会使经济中出现众多泡沫，要么经济中的泡沫会突然破裂，对经济运行十分不利。对宏观决策部门来说，如果发现经济运行中出现了运行不正常的预兆，应当及时采用微调措施。采用微调的前提是：有关部门应当有预见性，并建立预警机制，以便防患于未然。

微调措施包括了结构性的调整和细节性的调整。也就是说，为了不至于在宏观经济调控过程中出现过松过紧现象，结构性的调整和细节性的调整有助于避免出现较大的偏差，也有助于防止出现较大的后遗症。在这方面，我们不应当急于求成。要让经济恢复正常，仍以微调为上。稳中求进要比急于求成好得多。宏观经济调控重在微调，正是为了实现稳中求进和结构调整相结合的方针。主要经验在于：如果采取大松大紧、大起大落的做法，只可能使得经济摆脱不了时而扩张过度、时而紧缩的不良循环老路，即导致宏观决策部门时时刻刻处于紧张状态，忙于处理应急事件，顾不上考虑如何实现战略性任务。这样，又会导致国民经济因大松大紧、大起大落而发生剧烈动荡，或引发较严重的通货膨胀，或造成较高的失业率，居民收入难以提高。

政府也不是万能的，宏观经济调控在任何情况下都带有局限性。一是政府总是在不完全信息的条件下作出决策的。二是政府只有一个，而生产者、投资者、消费者却有千千万万，他们每个人都是根据自己的预期来选择对策，从而部分抵消了政府政策的效果。三是在具体实施中宏观调控措施往往容易力度过大、矫枉过正，从而造成"一管就死，一放就乱"的局面。宏观调控应重在微调，尽可能少采取总量调控措施，而要以结构性调控措施为主，因为与总量调控措施相比，结构性调控措施所引起的震荡较小，效果会更显著。微调控不仅能有效应对经济下行压力，还能为未来宏观政策预留空间，增强政策的可持续性。强刺激虽然效果显著，但也会使政策空间迅速收窄，导致政策可持续性大大减弱。

（2）预调控。

宏观经济调控除了重在微调外，还应当采取预调措施。因为宏观调控起始时机的选择十分重要。过去，宏观调控起始时机往往滞后，宏观调控结束时机更可能滞后。这两种滞后都会给国民经济造成损失，也会给后续一段时间的经济运行增加困难。所以在今后的宏观调控中，政府应尽可能掌握经济中的真实情况，做到预调和微调并重。

提高调控政策的前瞻性，加大对经济的"预调控"。经济运行是动态的，作为平抑经济波动的宏观经济政策也应该是动态的。因此经济政策的制定和执行不仅要看经济运行的过去轨迹，更要着眼于未来，着眼于经济发展的趋势。只有这样，政策实施才可能达到"削峰平谷"，熨平经济波动的目的，否则，政策实施就可能不是熨平而是加剧了经济波动，产生政策失灵，造成更大的损失。

预期引导是指政府相关部门通过信息沟通改变市场进行预期时所依据的信息，从而影响市场预期，以更好地实现宏观调控目标。党的十八大以来，我国对预期引导更加重视。"十三五"规划纲要明确提出，"改善与市场的沟通，增强可预期性和透明度"。2014年、2015年、2016年的中央经济工作会议都强调要更加注重引导社会预期。2016年，我国对部分热点城市房价泡沫风险的预期引导就是一个典型案例。2016年7月和10月的中央政治局会议都明确提出要"抑制资产泡沫"，银监会等相关部门随即采取了加强宏观审慎管理等有针对性的措施。目前，针对房价的预期引导已初见成效，较好地抑制了房价上涨预期。

我国央行的货币政策预期引导尚处于起步阶段，应尽快解决几个问题：其一，拓宽央行与市场沟通的途径，丰富沟通的内容，从而提高货币政策的透明度。其二，适当加快货币政策由数量型调控向价格型调控转变的步伐，充分发挥利率对预期的引导作用。其三，提高研究和预见能力。央行只有比市场掌握更多的经济运行信息、对未来经济走势有更强的判断力，才能更有效地与市场沟通，进而提高预期引导的效率。

（3）区间调控。

党的十八大以来，我国不再偏重于保某一特定目标值，而是提出要对经济增长进行区间调控。所谓区间调控，即在合理的区间内实现增长、物价、就业、收入、环保多重目标的协调发展，明确经济增长合理区间的上下限，有效缓解经济下行压力，从而给了市场主体明确的预期区间，有利于稳定市场信心。区间调控要求坚持底线思维，把稳中求进作为宏观调控的总基调。区间调控的新思路告别了简单设置绝对数的做法，可以给市场和社会更稳定的预期，也使得稳增长更有弹性，有利于经济结构的平稳调整。区间调控不是简单地确定一个绝对数，而是确定一个范围，即在一定的区间之内可以适当调整，它有底线，也有上限，既要考虑上限又要考虑下限，在上下之间进行定向调控。

区间调控将宏观调控的目标界定为一个合理区间：当经济运行接近区间下限时，调控的主要着力点是稳增长；当经济运行接近区间上限时，调控的主要着力点是防通胀；当经济运行处于中间状态时，则专注于深化改革和调整经济结构。区间调控意味着，只要经济运行处于合理区间，宏观调控政策就不需要有大动作。只有当经济偏离合理区间时，才需要实施刺激或紧缩政策。按照区间调控的思路来调控经济，就能够在保持经济平稳增长的同时，有效推进制度创新和结构调整。

宏观经济运行的合理区间是指，根据宏观经济运行相关影响因素的综合判断，确定宏观经济的主要指标处在一个合理的区间内，并将其作为政府进行科学宏观调控的目标取向和宏观调控政策运用的主要依据与要求。宏观经济运行的合理区间包括三方面的内涵：一是宏观经济主要指标处于上限和下限之间所形成的一个区间；二是对宏观经济主要指标确定一个上限指标，形成一个向下变动的区间；三是对宏观经济主要指标确定一个下限指标，形成一个向上变动的区间。确定宏观经济的合理区间，是我国经济发展进入新常态的一个重要标志，也是宏观调控方式适应新常态、引领新常态的创新和提升。

宏观经济的区间调控理念，为我国进行科学的宏观调控提供了基础和条件。首先，为市场对资源配置起决定性作用提供了体制保证，只要主要宏观经济指标在合理区间内就不需要政府时时调控市场，从而给市场合理有效配置资源留出更多的作用空间。其次，为政府干预经济设置了"识别区"，只有当宏观经济运行超出宏观经济的合理区间，政府才可以实施紧缩或刺激的宏观调控政策；而在宏观经济的合理区间内，政府不再随意随时出手，如果确有需要也只是采取定向的微刺激。最后，由于为政府干预经济划出了边界，就有助于各级政府简政放权、转变职能，实现政府治理现代化。

小　结

（1）按比例配置社会资源是一切社会化生产的共同规律，这一客观规律在当代的具体实现形式主要有市场和计划两种类型。计划和市场作为资源配置的经济手段，不具有独立的社会或制度属性，可以在任何所有制社会里相互结合、混合使用，形成混合经济体制。但是，当它作为反映经济运行规律及其特点的经济体制时，却与社会经济制度有着紧密的联系。

（2）我国之所以选择市场经济体制，是基于中国计划经济体制的内在矛盾、社会主义商品经济存在的客观必然性，以及我国社会主义初级阶段促进生产力和世界经济全球化发展的要求。我国的社会主义市场经济体制是同我国的社会主义基本制度结合在一起的市场经济体制，具有不同于资本主义市场经济体制的特征。

（3）借鉴现代市场经济体制的一般框架，中国构建了社会主义市场经济的基本框架，其内容可以归纳为三个"制度"和两大"体系"，即既与社会主义基本经济制度相适应，又符合市场经济要求的现代企业制度；按劳分配为主体、兼顾效率公平的收入分配制度；多层次的社会保障制度；统一开放的市场体系和以间接手段为主的宏观调控体系。

（4）市场运行机制的构成要素为价格机制、供求机制、竞争机制和风险机制。价格机制包括价格体系和价格形成机制，是市场机制的核心，而供求机制、竞争机制和风险机制是市场机制发挥作用的具体形式。市场机制的运行既有优点也有局限性。

（5）市场体系是由诸多不同类型的市场构成的有机统一体。社会主义必须健全统一、开放、竞争、有序的现代市场体系。为加快现代市场体系的建立健全，要发展各类生产要素市场，完善反映市场供求关系、资源稀缺程度、环境损害成本的生产要素和资源价格形成机制，规范发展行业协会和市场中介组织，健全社会信用体系。

（6）市场规则是国家为了保证市场有序运行而依据市场运行规律所制定的规范市场主体活动的各种规章制度，包括法律、法规、契约和公约等。它可以分为市场进出规则、市场竞争规则、市场交易规则和市场仲裁规则。

（7）在宏观经济变量中，总产出是最重要的变量，因为它描述了总体经济活动的规模随时间的高低起伏。总产出由产品与服务市场（简称产品市场）中的供给与需求共同决定，这两者分别称为总供给和总需求。除产品市场外，劳动力市场是人们在考察宏观经济运行时所关注的另一大市场。

（8）宏观调控的目的是保持经济快速、健康发展，推动经济和社会全面进步，社会主义市场经济必须有健全的宏观调控体系，以保障国民经济健康运行。市场机制负面效应需要加强宏观调控，这是因为市场机制调控经济存在缺陷。现代市场经济中政府对总体经济运行的调节，是在市场机制作用的基础上进行的。政府对经济宏观调节的目标是实现充分就业、价格稳定、经济持续增长和国际收支平衡。政府调节经济的主要手段是经济手段、法律手段，同时结合运用行政手段以及实行经济指导计划。

（9）中国经济发展进入新常态以后，宏观经济运行中的经济增长和经济波动态势出现了显著变化，这要求宏观调控模式发生与之适宜的改变。在此历史背景下，我国开始重视推进宏观经济治理方式的变革，积极谋划"宏观经济调控"到"宏观经济治理"的转换。中国特色社会主义新时代宏观调控应围绕高质量发展建立起宏观经济治理体系。相对于传统的宏观调控，宏观经济治理体系的政策目标需要与新时代中国宏观经济运行的特征和规律相协调，进行相应的优化。

复习思考题

1. 解释下列名词概念：

计划经济　　市场经济　　经济体制　　经济制度　　社会主义市场经济体制
价格机制　　供求机制　　竞争机制　　风险机制　　市场体系　　经济波动
总供给与总需求　　宏观经济治理

2. 试比较分析市场经济和计划经济的不同。

3. 试述中国经济体制改革目标为什么选择建立社会主义市场经济体制。

4. 试述市场运行中的市场机制的构成及其特征。

5. 试述中国社会主义市场经济体制基本框架的内容。

6. 试论当前加快形成统一开放、竞争有序的现代市场体系的重点有哪些。

7. 试论当前我国宏观经济调控的目的和手段有哪些。

8. 试论当前我国宏观经济治理体系的政策工具及其作用有哪些。

9. 试论当前我国宏观调控工具的创新有哪些。

阅读书目

1. 马洪. 什么是社会主义市场经济［M］. 北京：中国发展出版社，1993.

2. 吴敬琏. 当代中国经济改革［M］. 上海：上海远东出版社，2003.

3. 约瑟夫·E. 斯蒂格利茨. 社会主义向何处去：经济体制转型的理论与证据［M］. 周立群，等译. 长春：吉林人民出版社，1998.

4. 刘诗白. 刘诗白文集：第7卷［M］. 成都：西南财经大学出版社，1999.

5. 林毅夫，蔡昉，李周. 中国的奇迹：发展战略与经济改革［M］. 上海：格致出版社，1999.

6. 钱颖一，许成钢. 中国经济改革为什么与众不同：M型的层级制和非国有部门的进入与扩张［M］//钱颖一. 现代经济学与中国经济改革. 北京：中国人民大学出版社，2003.

7. 中国共产党第十四次、十六次、十七次、十八次、十九次全国代表大会上的报告

8. 习近平. 习近平谈治国治理（第3卷）［M］，北京：外文出版社，2020.

参考文献

1. 刘诗白. 刘诗白文集：第 7 卷［M］. 成都：西南财经大学出版社，1999.

2. 刘诗白. 改变中国命运的伟大战略决策（下）：论中国构建社会主义市场经济的改革［J］. 经济学家，2008（4）：5-11.

3. 吴敬琏. 当代中国经济改革［M］. 上海：上海远东出版社，2003

4. 吴敬琏. 中国经济改革三十年历程的制度思考［N］. 21 世纪经济报道，2008-09-23（2）.

5. 刘诗白. 社会主义市场经济理论［M］. 成都：西南财经大学出版社，2005.

6. 埃冈·纽伯格，威廉·达菲. 比较经济体制：从决策角度进行的比较［M］. 荣敬本，吴敬琏，陈国雄，等译. 北京：商务印书馆，1984.

7. 约翰·麦克米兰：重新发现市场：一部市场的自然史［M］. 余江，译. 北京：中信出版社，2014.

8. 中共中央关于全面深化改革若干重大问题的决定（2013 年 11 月 12 日中国共产党第十八届中央委员会第三次全体会议通过）［N］. 人民日报，2013-11-16（3）.

9. 习近平. 关于《中共中央关于全面深化改革若干重大问题的决定》的说明［N］. 人民日报，2013-11-16（1）.

10. 沈越. 现代社会主义经济理论［M］. 北京：经济科学出版社，2005.

11. 习近平. 习近平谈治国治理（第 3 卷）［M］，北京：外文出版社，2020.

12. 张宇，谢地，任保平，等. 中国特色社会主义政治经济学［M］. 北京：高等教育出版社，2021.

第十二章
中国特色社会主义经济发展

　　学习目的与要求：通过本章的学习，深入把握马克思主义经济发展理论的内容，理解生产力要素、科技创新推动、人与自然的关系以及人的自由全面发展；了解中国社会主义经济发展道路的演进历程，掌握中国式现代化建设、转变经济发展方式、高质量发展以及现代化经济体系的科学内容；掌握新发展理念的本质内涵，理解新发展理念的内在关系，了解新发展理念的重要价值。

第一节　马克思主义经济发展理论

　　尽管马克思、恩格斯并没有直接提及经济发展，但从其《资本论》等经典著作对生产力、财富创造、社会再生产等论述中可以寻找到马克思主义经济发展理论的渊源。马克思主义经济发展理论的主要涉及了生产力要素、科技创新推动、人与自然的关系。

一、生产力要素

　　国家或地区经济发展的重要内容是经济增长，即货币化的使用价值或国民财富持续增进。在马克思看来，既定的经济制度条件下劳动生产力对经济发展有重要影响。劳动者生产力是劳动的生产能力，是人们利用自然与改造自然、开展物质资料生产的能力。马克思认为："劳动生产力是由多种情况决定的，其中包括：工人的平均熟练程度，科学的发展水平和它在工艺上应用的程度，生产过程的社会结合，生产资料的规模和效能，以及自然条件。"[1] 一般来说，劳动生产力越高，经济发展越快、越好；反之，则相反。依循马克思对生产力及其影响因素的科学界说，现代经济发展进程中的生产力要素主要三类：基础制度性要素、直接投入性要素、间接渗透性要素。基础制度性要素在本章节主要指经济制度，直接投入性要素包括劳动力、资本和自然资源，间接渗透性要素主要包括技术、管理、信息数据。

----

　　[1]　中共中央马克思恩格斯列宁斯大林著作编译局. 资本论：第 1 卷［M］. 北京：人民出版社，2004：53.

（一）基础制度性要素

立足马克思主义政治经济学视角，经济制度是在经济发展过程中起着基础保障作用的内生变量，决定着生产方式、经济运行机制等因素，从而影响着生产力发展。经济制度是人类社会发展到一定阶段，占主要地位的生产关系的总和。一定社会的经济制度构成了整个社会的经济基础，并决定着这一社会的政治制度、法律制度以及人们的社会意识等上层建筑。同时，经济制度也包含了经济运行机制的范畴，且二者存在辩证统一的关系。一方面，一定社会经济制度都是按一定的资源配置方式所决定的经济体制实现经济运行和发展的，一定社会经济制度决定着其经济体制的根本性质和主要特点，规定着经济体制的发展方向和活动范围，影响经济体制运行效率高低。另一方面，经济体制较经济制度具有相对独立性和易变性，而经济制度则是深层次的生产关系，体现社会生产关系的根本性质，具有相对稳定性。

在生产要素投入等其他条件不变的情况下，经济发展主要表现为经济制度创新与变迁的结果。马克思在《〈政治经济学批判〉序言》中明确指出："社会的物质生产力发展到一定阶段，便同它们一直在其中运动的现存生产关系或财产关系（这只是生产关系的法律用语）发生矛盾。于是这些关系便由生产力的发展形式变成生产力的桎梏……，随着经济基础的变更，全部庞大的上层建筑也或慢或快地发生变革。"[1]可以说，在一切社会的发展过程中，必须不断变革经济制度设计以更好地适应生产力发展需要。一个顺应经济时代发展要求的经济制度创新取代落后的制度安排的过程，对经济实现健康平稳持续发展、走向高质量发展的现代化道路具有决定性意义。

（二）直接投入性要素

在马克思关于生产力的分析中，劳动力、生产资料、自然条件（土地及其蕴藏的资源）是物质财富创造及其增进赖以依存的基本投入性要素。历史地看，这三个基本投入要素具有一般性，在不同社会下均存在，只是重要性有所不同。例如，在封建社会的生产中，劳动力与自然条件更加重要，而资本主义社会的生产则更多地依赖机器设备等生产资料。

1. 劳动力

劳动力是最为基本的生产要素，也是马克思劳动价值论中最为关键的生产投入要素之一。在马克思那里，劳动是价值的唯一源泉，并与其他非劳动要素共同成为财富创造或使用价值生产的源泉。具体来说，劳动者的抽象劳动创造了价值，而具体劳动（这个过程需要非劳动要素的辅助）生产的则是使用价值，无形的价值内嵌于使用价值中。

由于生产过程中劳动要素存在受教育水平、技能水平等实际差异，马克思进一步将劳动划分为复杂劳动和简单劳动，不考虑其他因素的影响，相同的劳动时间范围内，复杂劳动创造的价值量要远多于简单劳动。马克思虽然区分了复杂劳动与简单劳动，但是为了便于价值量在劳动与资本之间分配行为的分析，更多的时候马克

---

① 马克思恩格斯选集：第2卷［M］. 北京：人民出版社，2012：2-3.

思将劳动者的"异质性"进行了抽象舍弃,在分析劳动生产率对财富创造与使用价值生产、价值实现以及相对剩余价值生产等影响时,却也或直接,或潜在地运用了这一思想。

马克思提出复杂劳动的"复杂"直接来源于接受教育、技能培训、医疗卫生保健等诸多环节的投入,他尤其突出了教育和技能培训的作用。现代经济学常常述及的"人力资本"实际上与马克思的复杂劳动思想不谋而合,他是劳动者知识技能、文化水平、技术水平与健康状况等素质的综合代表。虽然人力资本已被视为现代经济发展的关键变量,但人力资本的内涵没有对复杂劳动形成实质超越,而且其更多的是将人力资本运用于解决财富创造的问题与分析相对剩余价值生产,并没有真正深入经济制度领域,也没有真正上升到价值分配层面,更没有深入分析人力资本可能带来的生产关系变化及其更广泛地社会制度影响。

2. 资本

在现代市场经济中,(物质)资本是生产力发展不可或缺地重要因素,其他条件不变情况下资本与财富创造正相关。改革开放以来,我国经济发展的实践充分说明,物质资本在促进经济高速增长中的作用,尤其是"黄金增长十年"阶段,物质资本的投入长期占据主导优势,成为这一时期的主要增长动力源。

不论是从马克思主义政治经济学视角出发,还是从新古典经济学视角出发,资本的外在形式具有一致性,均表现为可触摸的物质形态,由此我们也称之为物质资本。一般而言,物质资本被界定为长期存在的生产物质形式,也即原材料、燃料动力资料、机器、工具设备、厂房、建筑物、交通运输设施等一切以非劳动形式存在的辅助商品或服务生产的物质资料。马克思基于是否创造价值的标准,将资本命名为不变资本,而在新古典经济学中则被称之为固定资产或物质资本。

虽然马克思的劳动价值论、新古典经济增长理论均认可资本对经济增长的重要作用,但是二者之间有着本质区别。马克思认为,劳动创造价值、资本不创造价值、只是辅助价值创造,经济体价值量的高低取决于劳动投入量,尤其是复杂劳动投入量,但是劳动从属于资本,对价值分配没有决定权。相对地,新古典生产函数关注的问题是货币化的使用价值或者财富的增长,而非价值量及其实现;表面上劳动与资本在财富生产过程中的地位一致,在剔除人口因素或劳动因素之后(一般而言,相较于资本,一定时期内人口或者劳动力供给不会出现太大波动),财富的增加则完全取决于物质资本积累。

3. 自然资源

在马克思看来,生产力反映了人与自然的关系,自然资源为社会生产提供了最基本的原材料以及燃料动力来源,其品质高低与开采难易程度决定着生产力发展质效,其地理分布影响着生产力布局与发展。

自然资源,一般指人类能够从自然界直接获取、并运用于生产和生活的物质,主要包括矿产资源、土地资源、水资源、光能资源、生态资源、生物资源和森林资源等。我们依据再生能力标准,又将自然资源分为三类:一是以金属和非金属矿藏、煤炭与石油等化石燃料等为代表的不可再生资源;二是以水能、风能、太阳能等为代表的可再生资源；三是以土地、生物等为代表的可更新资源。

在其他条件不变的情况下，自然资源的投入量增加，会引起社会总产量和总收益的增加，从而促进生产力发展。当然，自然资源的供给量从长期来看并非固定不变，自然资源的投入量也不可能无限制地增加，对自然资源尤其是不可再生资源一定要保护、要节约使用，不可"竭泽而渔"，否则将会受到大自然的惩罚，进而抑制生产力发展。

（三）间接渗透性要素

间接渗透性要素并不直接参与生产，而是通过与基本投入要素相结合，融入生产过程，起着促进生产方式变革、生产效率改善的作用，从而推动生产力的发展。从现代经济发展的实际过程看，对提高生产力有显著作用的渗透性要素主要有技术、管理、信息数据。

技术要素是生产过程中运用的经验、技能、机器、工具设备、知识等因素，是科学知识应用的生产表现。依据不同形态划分，技术要素可分为三类：经验形态的技术要素（如经验、技能）、物质形态的技术要素（如机器、工具设备）、知识形态的技术要素（如经验知识、理论知识）。现代经济发展过程中，技术要素最初只是潜在的生产力，但其与劳动者、劳动资料、劳动对象有机融合之后，便形成技术力，成为推动生产力发展的重要力量。马克思曾明确指出："生产力中也包括科学。"[1]

管理要素也被称为企业家才能，主要表现为企业家组织协调、监督、统筹安排生产经营活动的能力。在马克思那里，管理之于生产的作用较为重要。马克思说："一切规模较大的直接社会劳动或共同劳动，都或多或少地需要指挥，以协调个人的活动，并执行生产总体的运动——不同于这一总体的独立器官的运动——所产生的各种一般职能……这种管理、监督和调节的职能就成为资本的职能。"管理活动并不直接从事生产劳动，但管理要素灵活运用于生产经营过程中能够改善资源配置效率与使用效率、提高不同生产环节的协作效率、提高劳动生产率，形成管理力，从而推动生产力发展[2]。

信息数据要素是信息要素与数据要素的综合，是数字经济时代下生产力要素的重要构成。数据要素是对人们生产生活等经济社会活动轨迹的记录，包括图片、数字、字符编码、文字与符号等有形或无形的资源。信息是附着在数据要素之上，经过加工处理后形成的、对经济社会发展有重要影响的数据。严格来说，信息是无形资源，需要依赖物质载体显示。随着大数据、区块链、互联网、物联网以及人工智能（AI）等新技术在生产生活领域的运用，信息数据要素已渗透融入社会再生产的各个环节，深度优化其他生产要素效能，形成了显著的信息力、数据力，促进生产力飞跃发展。

① 马克思，恩格斯. 马克思恩格斯全集：第46卷（下）［M］. 北京：人民出版社，1980：211.
② 中共中央马克思恩格斯列宁斯大林著作编译局. 资本论：第1卷［M］. 北京：人民出版社，2004：384.

二、科技创新推动

马克思主义经济发展理论认为，科学技术创新是经济发展的核心动力源。在马克思那里，科学发展水平及其应用程度是重要的生产力要素。在当代，科学技术迅猛发展，对生产力发展的巨大作用在各个方面都更加凸显，日益成为推动生产力发展的最重要力量。资本主义生产方式广泛普及以来的经济发展实践表明，"大工业生产方式下的主要生产力要素——劳动力、工具力、管理力形成和提升以及生产方法的完善，均体现了科学的作用。20世纪末以来出现的高科技经济中，科学的向外渗透，在生产要素和生产过程中的体现更是加强，现代生产力结构中的机器（设备）力、对象力、劳动力、生产方法力中，鲜明体现了科学力。"①美国经济学家约瑟夫·熊彼特也指出："长达半世纪左右的长波周期，是由那些影响深远、实现时间长的创新活动所引起的。确切地说，这种创新活动是指以产业革命为代表的技术创新活动。"② 可以说，大工业巨大的生产方式离不开科学技术及其创新的支撑。尽管科学技术促进生产力发展需要借助其他生产要素，但这也恰好说明了科技创新推动经济发展作用的不可替代。

按照马克思关于生产力要素的论述分析，基于对技术革命趋势的科学把握，邓小平同志进一步明确指出："科学技术是以第一生产力"③。2012年，中国特色社会主义进入新时代。以习近平同志为核心的党中央领导集体提出了创新发展战略，明确了科学技术创新的重要战略地位。创新是一个庞大的系统体系，包括理论创新、制度创新、科技创新、文化创新等，已成为推动现代经济持续发展的根本动力。世界经济发展实践表明，在创新体系中科技创新处于核心地位，美国、英国、日本等主要发达国家均在成功抢占科技创新战略高地之后，实现了经济发展的实质飞跃。党的十九大报告中指出："创新是引领发展的第一动力，是建设现代化经济体系的战略支撑。"④党的十九届五中全会强调要坚持创新驱动发展，全面塑造发展新优势。总的来说，坚持抓住科技创新的"牛鼻子"，全面推动创新能够为我国加速现代化建设、实现经济发展稳定地提质扩容，提供坚实基础。

科学技术创新的直接结果是科技进步，进而在经济层面上借助全要素生产率改善机制的传导促进经济发展质量提升。在现代经济发展中，作为渗透性要素的科学技术促进生产力发展的作用越来越显著，对经济发展的贡献率越来越大。科学技术由潜在生产力向现实生产力的转化主要源于科学技术与生产过程的有机融合。科技创新成果市场化、产业化程度越高，科技进步的发展效应便越显著。科学技术在经济发展中的作用主要表现在以下三个方面：

一是科学技术创新可以推动更多的生产要素。科学技术创新可以提高劳动者的

① 刘诗白. 论科学力 [J]. 经济学家, 2002 (3): 4-10.
② 约瑟夫·熊彼特. 经济发展理论 [M]. 北京: 商务印书馆, 2017: 86.
③ 邓小平. 邓小平文选: 第3卷 [M]. 北京: 人民出版社, 1993: 274.
④ 习近平. 决胜全面建成小康社会 夺取新时代中国特色社会主义伟大胜利 [N]. 人民日报, 2017-10-28 (1).

素质，使得每个劳动者可以推动更多的生产资料；科技进步可以提高劳动资料的性能，使其推动更多的劳动对象。其结果会导致产品数量增加，为经济增长奠定基础。

二是科学技术创新可以引进新的生产方法，生产新产品，开辟新市场和新销路。新的生产方法的引进，可以提高劳动生产率，即在要素投入不变（或成本不变）的情况下提高产量，或者在产量不变的情况下降低成本。新的生产方法的引进，还可以生产出新产品，从而开辟出新市场和新销路。这既可以吸引更多的消费者，提高企业的市场占有率，从而提高企业的经济效益，又可以分散风险，从而降低企业的成本。

三是科学技术创新可以开辟新的原料来源、形成新的生产组织。科学技术创新可以开辟新的原料来源，如合成化学不仅可以将无机物转化为有机物，而且还可以把原料转变为更适合工业利用的形式。越来越多新原料的出现，不仅可以使原有企业生产出越来越丰富的新产品，而且还可以产生新的生产组织，扩大整个社会的生产规模，推动整个社会的经济增长。

三、人与自然的关系

马克思主义经济发展理论认为，人与自然的关系是人类生存和发展的基本关系，人与自然相辅相成。在马克思和恩格斯等经典作家的研究中，人与自然关系占据着重要地位，他们将其放在人类经济社会发展的总体框架下进行了详细论述。马克思主义视域下人与自然关系的核心内容有如以下四个方面：

一是人产生于自然，生长于自然。人是自然长期发展的产物，没有自然就没有人本身。"从最初的动物中，主要由于进一步的分化而发展出无数的纲、目、科、属、种的动物，最后发展出神经系统获得最充分发展的那种形态，即脊椎动物的形态，而最后在这些脊椎动物中，又发展出这样一种脊椎动物，在它身上自然界达到了自我意识，这就是人。"[1]所以"人本身是自然界的产物，是在自己所处的环境中并且和这个环境一起发展起来的"[2]。马克思指出："整个所谓世界历史不外是人通过人的劳动而诞生的过程，是自然界对人来说的生成过程，所以关于他通过自身而诞生、关于他的形成过程，他有直观的、无可辩驳的证明。"[3]

二是人依赖于自然，存活于自然。在马克思和恩格斯看来，人不仅产生于自然，而且离不开自然独立存活。自然界是人类生存发展的外部环境，"是人为了不致死亡而必须与之处于持续不断的交互作用过程的、人的身体。"[4] 自然界不仅为人类提供生产资料，而且为人类提供生活资料；既是人类物质生活的基础，又是人类精神生活的基础。自然界的空气、光、水以及其他生物是人类生存、生活、生产的基础，为人类通过劳动创造出不同表现形式的物质产品、形成物质财富提供了最初的材料。此外，自然界作为外部感性世界，形成了自然科学的对象与艺术对象，是人的意识

① 马克思，恩格斯. 马克思恩格斯全集：第 20 卷［M］. 北京：人民出版社，1971：373.
② 马克思，恩格斯. 马克思恩格斯选集：第 3 卷［M］. 北京：人民出版社，2012：410.
③ 马克思，恩格斯. 马克思恩格斯文集：第 1 卷［M］. 北京：人民出版社，2009：196.
④ 同③：161.

界与精神界的一部分。

三是人之于自然具备主观能动性。尽管人类因自然发展而形成，生存于自然，但这并不意味着人始终被自然制约、被自然限制。因为人是有自我意识、主观能动性的自然存在物，由此人具有自然力、生命力，从而具备了主动认识自然、把握自然、改造自然的能力，借助劳动使自然更好地为人的自由全面发展服务。列宁如是说："当我们不知道自然规律的时候，自然规律是在我们的认识之外独立地存在着并起着作用，使我们成为'盲目的必然性的奴隶'，一经我们认识了这种不依赖于我们的意志和我们的意识而起作用的（如马克思千百次反复说过的那样）规律，我们就成为自然界的主人。"①

四是人的活动应始终顺应自然规律。人从自然中产生以后，便发挥着能动性不断改造着自在的自然，人化的自然范围愈来愈广泛，使用价值类别越来越丰富、规模越来越大。但是，人们改造自然的活动不能凌驾于自然之上，应充分尊重自然，理解把握自然规律，科学运用自然规律，否则将遭受自然的报复。恩格斯曾经告诫我们："我们不要过分陶醉于我们人类对自然界的胜利。对于每一次这样的胜利，自然界都对我们进行报复。每一次胜利，起初确实取得了我们预期的结果，但是往后和再往后却发生完全不同的、出乎预料的影响，常常把最初的结果又消除了……因此我们每走一步都要记住：我们决不像征服者统治异族人那样支配自然界，决不是像站在自然界之外的人似的——相反，我们连同我们的肉、血和头脑都是属于自然界和存在于自然界之中的；我们对自然界的整个支配作用，就在于我们比其他一切生物强，能够认识和正确运用自然规律。"②

随着生产工具的改进，人开发自然、改造自然的能力不断提高，尤其是工业革命使得人类大规模改造自然的能力大幅提升。人们从自然界获取大量资源、发展生产力的同时，也导致了诸如环境污染、土壤退化、能源危机严重的生态环境问题，生态承载力不断下滑，资源环境约束日益趋紧。因而，中国社会主义经济发展需要科学把握人与自然的关系。在经济高质量发展过程中，应正确对待人与自然的关系，树立人与自然是生命共同体的理念，坚持"两山论"的指导，促进人与自然和谐，加强生态文明建设，增强可持续发展的生态本底。

第二节　中国社会主义经济发展道路演进

一、新中国建立与中国社会主义经济建设的启动

自 1949 年新中国成立以后，由于在如何建设社会主义问题上没有任何其他的经验可以借鉴，因此中国共产党当时基本上全盘照搬了斯大林的所有制结构和计划经济体制的模式。随着社会主义建设的不断推进，中国共产党在实践中察觉到这种模

①　列宁. 列宁选集：第 2 卷［M］. 北京：人民出版社，2012：152-153.
②　马克思，恩格斯. 马克思恩格斯选集：第 3 卷［M］. 北京：人民出版社，2012：998.

式与中国的现实生产力状况以及实际经济情况不相符合，因而一直以来都没有放弃探寻一种更能适应我国生产力状况的社会主义经济制度和体制。由于没有先例可循，这一探索过程十分艰难和曲折。概括起来，这一探索过程大致可以分为中国共产党十一届三中全会前后的两个阶段，以及邓小平"南方谈话"以后的第三个阶段。

（一）1978 年 12 月以前曲折的探索过程

中国共产党在 1956 年完成生产资料的社会主义改造之后，便开始了大规模的社会主义经济建设活动。在社会主义经济建设的实践中出现的许多问题促使中国共产党的一些领导人开始对"斯大林模式"及社会主义经济的一些基本问题进行反思和探索，其中最有决定意义的是关于社会主义所有制结构和商品货币关系以及高度集中的计划经济体制的反思和探索。当时中国共产党的领导者们虽然在基本思想上继承了自马克思、恩格斯、列宁和斯大林以来关于社会主义单纯的两种公有制经济思想，但在实践中也认识到，为加强社会主义经济建设，应该允许并且完全可以在公有制之外存在一种对社会主义经济建设有利的非公有制经济。这是中国共产党在实践中探索社会主义道路所得到的十分有益的经验。只是由于这些思想在全党没有形成共识，也就没有形成一个完整的理论体系。

对于非公有制经济，虽然当时认为它在中国有存在的必要性，但在基本性质上总是把它当作社会主义的"异己物"，在实践中一直把它作为"资本主义尾巴"，作为需要限制和取消的对象。当时中国共产党在社会主义所有制问题上一直追求的是"一大二公"。

（二）1978 年 12 月以后的探索和认识过程

党的十一届三中全会以后，以邓小平同志为主要代表的中国共产党人，团结带领全党全国各族人民，深刻总结新中国成立以来正反两方面经验，围绕什么是社会主义、怎样建设社会主义这一根本问题，借鉴世界社会主义历史经验，创立了邓小平理论，解放思想，实事求是，做出把党和国家工作中心转移到经济建设上来、实行改革开放的历史性决策，深刻揭示社会主义本质，确立社会主义初级阶段基本路线，明确提出走自己的路、建设中国特色社会主义，科学回答了建设中国特色社会主义的一系列基本问题，制定了到 21 世纪中叶分三步走、基本实现社会主义现代化的发展战略，成功开创了中国特色社会主义，中国共产党恢复了马克思主义实事求是的思想路线，打破了"左"倾思想的禁锢，在改革的实践中开始了对传统的单一公有制模式及其体制认识上的思想突破。这一突破如同我国的经济改革一样，也经历了一个渐进式的认识过程。

由于我国生产力发展水平总的来说还比较低，地区差异比较大，又很不平衡，在很长时间内需要多种经济形式同时并存。国有经济和集体经济是我国基本的经济形式，一定范围的劳动者个体经济、私营经济、外资经济是公有制的必要补充。劳动者个体经济、私营经济一定程度的发展，有利于促进生产，活跃市场，扩大就业，更好地满足人民多方面的需求，是公有制经济必要的和有益的补充。随着对外开放政策的确立、实施，经济特区的设立和大规模建设，部分沿海城市的开放，利用外资、吸引外商来我国举办合资经营企业、合作经营企业和独资企业，成为我国社会主义经济必要的、有益的补充，同时有利于我国加快技术进步和提高产品出口创汇能力，提升我国在国际经济竞争中的整体实力。这一时期，党的重要会议和文件明确了作为非公有制的个体私营经济、外资经济在社会主义经济中的合法地位，承认它们是社会主义经济的补充形式，充分肯定了它们在社会主义经济建设中的作用和存在的价值。

由此可见，在这一段时间，中国共产党和理论界在构成社会主义经济基础的所有制问题上，不再固守传统的单一公有制模式思想，对实践中存在的有生命力的非公有制经济做出了客观、科学的评价，承认了它们在社会主义经济中应有的地位。

关于社会主义经济中计划与市场的关系，我们已经充分认识到社会主义计划经济也要利用市场的作用，并先后提出社会主义经济要实行计划调节与市场调节相结合，以计划经济为主，市场调节为辅。但是对社会主义经济在本质上是计划经济还是市场经济，还没有形成一个统一的认识。1984 年，党的十二届三中全会第一次明确提出了社会主义经济必须自觉依据和利用价值规律，社会主义经济是公有制基础上有计划的商品经济。"有计划的商品经济"的提出在理论上是一个重大突破，但它还不是根本性的突破；它的本义在于强调国家自觉利用价值规律，有计划地发展商品经济。这样一来，商品货币关系及市场经济仍然被看作资本主义无政府状态下的自发力量。所以，合乎逻辑的推论就是：只有把商品经济纳入国家的计划之中，才能摆脱资本主义自发力量的阴影。这种认识在理论上就为计划经济和市场经济"姓社""姓资"的争论提供了条件。

(三) 1992 年 2 月后的认识深化和理论创新过程

1992 年 1 月至 2 月，邓小平在"南方谈话"中指出："计划多一点还是市场多一点，不是社会主义与资本主义的本质区别。计划经济不等于社会主义，资本主义也有计划；市场经济不等于资本主义，社会主义也有市场。"邓小平关于社会主义可以实行市场经济的思想，为我国在 20 世纪 90 年代明确提出以公有制为主体的多种所有制经济共同发展的基本经济制度，以及确立社会主义市场经济体制的改革目标奠定了基础。

理论认识的深化和创新主要围绕着非公有制经济的地位展开。最初我们仅仅把非公有制经济看作公有制的"补充"，随着改革开放的不断推进，个体、私营经济等非公有制经济已经是我国社会主义市场经济的有机组成部分，是我国经济社会发展的重要基础。

在社会主义市场经济体制确立初期，还没有彻底摆脱传统教条的束缚。1992 年中国共产党的十四大报告明确指出："在所有制结构上，以公有制经济为主体，个体经济、私营经济、外资经济为补充，多种经济成分长期共同发展，不同经济成分可以自愿实行多种形式的联合经营。国有企业、集体企业和其他企业都进入市场，通过平等竞争，发挥国有企业的主导作用。"从这段话可以看出，党的十四大报告虽然指出了以公有制为主体的多种不同经济成分共同发展与公平竞争的方针，但并没有明确把它确定为社会主义的基本经济制度，仍然把非公有制经济看作公有制的"补充"。

　　20 世纪 90 年代后期，在总结了我国改革开放近二十年，特别是社会主义市场经济体制建设近五年的新鲜经验的基础上，在社会主义基本经济制度问题上，中国共产党第十五次全国代表大会明确提出："公有制为主体、多种所有制经济共同发展，是我国社会主义初级阶段的一项基本经济制度。"这不仅在我党历史上，而且在马克思主义思想史中，都是第一次把非公有制经济与公有制经济"一视同仁"地纳入社会主义基本经济制度的框架内。同时，中国共产党纠正了对公有制仅仅局限于国有和集体两种经济形式的认识，创造性地提出："公有制经济不仅包括国有经济和集体经济，还包括混合所有制经济中的国有成分和集体成分。"并且认为，"公有制实现形式可以而且应当多样化。一切反映社会化生产规律的经营方式和组织形式都可以大胆利用。"在关于公有制主体地位的认识上，我们以前一直把公有制的数量优势作为衡量公有制在社会主义经济中主体地位的唯一标准，党的十五大报告则认为："公有制的主体地位主要体现在：公有资产在社会总资产中占优势；国有经济控制国民经济命脉，对经济发展起主导作用主要体现在控制力上。"国有经济在整个社会经济中需要控制的四大行业和领域，就是涉及国家安全的行业、自然垄断行业、提供重要公共产品和服务的行业以及支柱产业和高新技术产业中的重要骨干企业。国有经济控制力的内涵体现在三个方面：一是国有经济的控制力既可以通过国有独资企业来实现，又可以大力发展股份制，通过国有控股和参股企业的形式来实现；二是国有经济要在关系国民经济命脉的重要行业和关键领域占支配地位，以引导和带动整个社会经济的发展；三是国有经济控制力不是通过数量而是应该通过其分布的优化和质的提高来实现。基于改革实践的需要而得出的关于社会主义基本经济制度的新的认识和理论，为解决社会主义公有制与市场经济的结合提供了思想基础和制度基础。

　　2003 年中国共产党在十六届三中全会通过的《中共中央关于完善社会主义市场经济体制若干问题的决定》中，对公有制和非公有制之间的关系方面有了更全面、更深刻的认识，第一次提出"使股份制成为公有制的主要实现形式"。第一次提出"放宽市场准入，允许非公有资本进入法律法规未禁入的基础设施、公用事业及其他行业和领域。非公有制企业在投融资、税收、土地使用和对外贸易等方面，与其他企业享受同等待遇"。第一次提出"建立健全现代产权制度。产权是所有制的核心和主要内容。建立归属清晰、权责明确、保护严格、流转顺畅的现代产权制度，有利于维护公有财产权，巩固公有制经济的主体地位；有利于保护私有财产权，促进非公有制经济发展；有利于各类资本的流动和重组，推动混合所有制经济发展；有利于增强企业和公众创业创新的动力，形成良好的信用基础和市场秩序"。党的十六届三中全会在社会主义所有制理论上实现了根本性突破，跳出了理论上的一些误区，从而为社会主义市场经济奠定了坚实的体制基础，对中国的经济体制改革产生了极大的推动作用。

　　2013 年 11 月中国共产党十八届三中全会通过的《中共中央关于全面深化改革若干重大问题的决定》提出，"公有制与非公有制是社会主义市场经济重要组成部分"，这是党的文件第一次将公有制经济与非公有制经济这样并列提出，是我们党对中国特色道路、社会主义规律认识不断深化的结果。这也是对社会主义市场经济发展实践的新概括，是对经济制度内涵的丰富和发展，反映了社会主义市场经济发展的客观要求，是新形势下更好体现和坚持公有制主体地位，进一步增强国有经济活力、控制力、影响力的一个有效途径和必然选择。

党的十九届六中全会提出在经济建设上，我国经济发展平衡性、协调性、可持续性明显增强，国家经济实力、科技实力、综合国力跃上新台阶，我国经济迈上更高质量、更有效率、更加公平、更可持续、更为安全的发展之路。

[阅读专栏]

从经济特区看中国改革开放的主要成就

1979 年 7 月 15 日，中共中央、国务院批转广东省委、福建省委关于对外经济活动实行特殊政策和灵活措施的报告，决定在深圳、珠海、汕头和厦门试办特区。8 月 13 日，国务院颁发《关于大力发展对外贸易增加外汇收入若干问题的规定》，主要内容是扩大地方和企业的外贸权限，鼓励增加出口，办好出口特区。1980 年 5 月 16 日，中共中央、国务院批转《广东、福建两省会议纪要》，正式将"特区"定名为"经济特区"。改革开放之初，在缺少对外经济交往经验、国内法律体系不健全的形势下，设立经济特区为国内的进一步改革和开放、扩大对外经济交流起到了极为重要的作用。

社会主义市场经济体制的建立与完善，极大地解放和发展了生产力，经济特区主要经济指标实现数十倍甚至百倍增长。以广东为例，广东经济特区经济建设取得巨大成就，对全省经济的影响逐渐扩大。1980 年，广东经济特区地区生产总值 16.10 亿元，占全省的比重仅为 6.4%，到 2019 年，地区生产总值达 33 057.06 亿元，占全省比重提高到 30.7%；1981—2019 年年均增长 17.3%，高于全省平均水平 5.0 个百分点。1980 年，经济特区人均地区生产总值 443 元，低于全省平均水平，2019 年达 15.86 万元，是全省平均水平的 1.7 倍，年均增长 12.2%，高于同期全省平均水平 2.2 个百分点。地方一般预算收入由 1980 年的 1.83 亿元增长到 2019 年的 4 256.12 亿元，占全省比重由 4.8% 增加到 33.6%，年均增长 22.0%，高于全省平均水平 5.9 个百分点。另外，广东经济特区的产业结构处于快速优化之中，第一产业占比迅速下降，第二、三产业占比稳步提高。

广东经济特区成立 40 年所取得的辉煌成就，证明了坚定走中国特色社会主义道路是完全正确的，只有坚持不断改革开放，坚持不断为人民谋福祉，社会主义事业就会不断从一个胜利走向另一个胜利，创造让世界刮目相看的新的更大奇迹。

二、改革开放与中国式现代化建设

现代化是一个"欠发达社会"获得"较发达社会"共有特征的社会变革，传统社会和现代社会是具有相互排斥特征的社会，由传统向现代演进的过程就是现代化。

现代化作为一种世界性的历史进程，以工业化为推动力，并导致传统的农业社会向现代工业社会出现全球性大转变，它使工业主义渗透到经济、政治、文化、思想多个领域，引起深刻变化。新中国刚成立时，由于"文化大革命"的爆发，我国的现代化建设进程受到阻碍。粉碎"四人帮"后，广大干部群众强烈要求纠正"文化大革命"错误理论和实践，中国社会主义建设事业重新奋起。为了成功地推进中国现代化事业，中国共产党人进行了艰辛的探索，逐步提出了工业化、"四个现代化"、"社会主义现代化"战略目标，使中国特色的社会主义现代化理论日臻完善和丰富，探索自己独特的现代化道路。中国式现代化，形成于中国共产党人持续探索过程中。改革开放后，中国共产党带领中国人民持续探索中国式现代化道路，取得了举世瞩目的伟大成就，创造了经济快速发展奇迹和社会长期稳定奇迹，并拓展了发展中国家走向现代化的途径。

（一）中国式现代化的提出

中国共产党的十一届三中全会以后，在深刻总结历史经验教训的基础上，我国恢复了实事求是的思想路线，开启了改革开放和社会主义现代化建设新时期。在改革开放和社会主义现代化建设新时期，经历之前的艰难探索，党和国家面临何去何从的困境，党的领导人更加认识到，中国要推进现代化道路必须深刻总结和吸取过去正反两方面的经验，必须结合中国实际，走自己的路，建设中国特色社会主义。怎样建设和推进中国特色社会主义现代化道路、实现社会主义现代化成为该时期的主要问题。

"科学技术是生产力，这是马克思主义历来的观点"。这一时期，中国共产党从中国实际出发，将科学技术作为现代化的生产力，首次提出"中国式的现代化"的全新命题。1964 年 12 月，周恩来在第三届全国人民代表大会一次会议作政府工作报告，提出建设"具有现代农业、现代工业、现代国防和现代科学技术的社会主义强国"，这是四个现代化战略目标在完全意义上的首次正式出场。1978 年 3 月，邓小平在全国科技大会上指出"四个现代化，关键是科学技术的现代化"，动员全党全国重视科学技术。12 月，党的十一届三中全会确立了以经济建设为中心推进社会主义现代化的工作基调；次年 3 月，邓小平在党的理论工作务虚会上进一步提出"走出一条中国式的现代化道路"，"中国式的现代化，必须从中国的特点出发"，进一步表明中国式现代化道路就是要以中国的方式、结合中国的实际来实现现代化；同年 12 月，邓小平与日本首相大平正芳会谈，创造性地将四个现代化战略目标具象化为"小康"，首次提出"小康之家"的新概念，初步提出 20 世纪末我国达到小康状态的战略构想，确立了人民在现代化道路中的主体地位。

（二）中国式现代化的探索

在新的历史时期，我们党领导推进改革开放，目的是解放和发展生产力，建设中国特色社会主义。在中国式现代化概念提出后，到底怎么搞需要实践来回答。把实现"四个现代化"作为我国社会主义建设的战略目标是以毛泽东为代表的中国共产党人对中国社会主义现代化的目标进行不懈探索的结晶。然而，由于历史条件的限制和主观认识的制约，这一目标设计还带有一定的局限性。其内容主要集中于经

311

济、科技方面，显然还没有超越传统现代化的概念。这种片面的现代化目标和战略的实施结果直接导致了除经济以外社会其他方面没有得到相应的发展，从而引发出种种社会问题，严重影响了我国的政治稳定和现代化的进程。有鉴于此，以党的十一届三中全会提出"社会主义现代化"新概念为标志，中国现代化的范畴由农业、工业、科学技术和国防四个方面向中国社会整体的现代化演进。

党的十一届三中全会后，党在把经济建设作为首要任务提出来的同时，开始关注社会的全面发展。1979年9月，叶剑英在庆祝中华人民共和国成立三十周年的大会上，代表党中央对现代化的内容作了进一步的解释，并首次使用了社会主义精神文明的概念，并把建设社会主义精神文明作为社会主义现代化的一个重要目标。1982年9月召开的党的十二大，提出新时期的总任务：团结全国各族人民，自力更生，艰苦奋斗，逐步实现工业、农业、国防和科学技术现代化，把我国建设成为高度文明、高度民主的社会主义国家。这就进一步丰富和发展了现代化的内涵，把"四个现代化"扩展为全面现代化。

党的十二大以后，各领域改革全面展开，对外开放进一步扩大，推动社会主义现代化建设和中国特色社会主义事业发展出现前所未有的活跃局面。1987年10月党的第十三次全国代表大会以社会主义初级阶段为立论，提出了"把我国建设成为富强、民主、文明的社会主义现代化国家"的三位一体的发展目标，确立了我国社会主义现代化建设分"三步走"的战略，并认为到第三步基本实现的时候，就基本实现了社会主义现代化。党的"十三大"以后，"四个现代化"一语就很少提及而代之以"社会主义现代化"了。社会主义现代化建设是一个综合的系统工程，它涉及政治、经济、文化等社会生活的各个领域，是全面的、发展中的概念。

新的历史时期，以江泽民同志为核心的党的第三代中央领导集体沿着邓小平设立的目标继续探索，摒弃了传统的社会主义现代化目标模式，结合新的实践提出了"社会全面进步"的现代化战略目标，进一步深化了党对社会主义现代化目标的认识。在党的十五大上，江泽民同志代表中共中央围绕建设富强、民主、文明的社会主义现代化国家的奋斗目标，郑重地提出了建设中国特色的经济、政治、文化三大基本纲领。这"三大纲领"和社会主义现代化国家所应满足的富强、民主和文明的"三大指标"的确立，涉及了人类社会文明的三大基本形态，即物质文明、制度文明和精神文明，使制度文明建设从精神文明建设中凸现出来，反映了我们在认识上的一种重大变化。党的十六大根据中国实际，提出全面建设小康社会的奋斗目标，将经济的发展、民主的健全、科教的进步、文化的繁荣、社会的和谐发展、人民生活水平的提高作为实现现代化建设第三步战略目标的必经阶段。在党的十七大的报告中，胡锦涛同志将"建设中国特色社会主义"表述为"发展中国特色社会主义"。在这一新的理念下，把中国特色社会主义事业总体布局由经济建设、政治建设、文化建设"三位一体"拓展为包括社会建设在内的"四位一体"，相应地，"建设富强民主文明的社会主义现代化国家"的奋斗目标，拓展为"建设富强民主文明和谐的社会主义现代化国家"。和谐社会新战略目标的提出充分体现了新时期中国共产党对现代化问题的认识深入到了更深刻层次，表明我们党对中国特色社会主义事业总体布局更加明确。

新中国现代化核心理念的第四次变迁，发生在进入 21 世纪以来，特别是 2002 年党的十六大提出"全面建设小康社会"、2007 年党的十七大提出"深入贯彻落实科学发展观"以后。主要表现是：从强调"发展是硬道理"到大力提倡"科学发展"，学界称之为从"黑色发展"或"黑色现代化"到"绿色发展"或"绿色现代化"，同时由提出"建设小康社会"（达到小康水平或总体小康）到提倡"全面建设小康社会"。对"科学发展"的基本认识也更加清晰：第一要义是发展，核心是以人为本，基本要求是全面协调可持续，根本方法是统筹兼顾，核心是转变经济发展方式、完善社会主义市场经济体制。对"全面建设小康社会"的基本认识，继承了邓小平关于分阶段实现现代化的战略构想，具有中国特色，易于为广大人民理解，符合中国国情与现代化建设实际，同实现社会全面发展与共同富裕的目标吻合。

（三）中国式现代化新道路的创造

党的十八大以来，中国特色社会主义进入新时代。以习近平总书记为主要代表的中国共产党人统揽伟大斗争、伟大工程、伟大事业、伟大梦想，坚持和加强党的全面领导，统筹推进"五位一体"总体布局、协调推进"四个全面"战略布局，坚持和完善中国特色社会主义制度、推进国家治理体系和治理能力现代化，为实现社会主义现代化和中华民族伟大复兴提供了更为完善的制度保证、更为坚实的物质基础、更为主动的精神力量。党的十九大报告对建设现代化经济体系进行了全面部署。习近平总书记在中央政治局第三次集体学习时对建设现代化经济体系进一步做了重要论述，为今后一个时期我国现代化经济体系建设指明了方向。在庆祝中国共产党成立 100 周年大会上的讲话中，习近平总书记明确指出："我们坚持和发展中国特色社会主义，推动物质文明、政治文明、精神文明、社会文明、生态文明协调发展，创造了中国式现代化新道路，创造了人类文明新形态。"我们认为，"中国式现代化新道路"是中国共产党和中国人民在坚持马克思主义科学理论体系前提下，在推进社会主义现代化和中华民族伟大复兴的历史伟业过程中，中国经济、政治、文化、社会、生态、人等各个领域不断取得"现代性"因素所形成的具有中国民族特色和世界普遍价值的系统性、科学性、开放性的现代化理论体系与实践模式。在中国共产党第二十次全国代表大会上，习近平总书记进一步指出"从现在起，中国共产党的中心任务就是团结带领全国各族人民全面建成社会主义现代化强国、实现第二个百年奋斗目标，以中国式现代化全面推进中华民族伟大复兴"。

在新中国成立特别是改革开放以来长期探索和实践基础上，经过十八大以来在理论和实践上的创新突破，我们党成功推进和拓展了中国式现代化。中国要实现的现代化，是人口规模巨大的现代化，是全体人民共同富裕的现代化，是物质文明和精神文明相协调的现代化，是人与自然和谐共生的现代化，是走和平发展道路的现代化。第一，中国式现代化致力于实现人的全面发展、社会全面进步。新中国成立之初，全国 80% 的人口是文盲，人均预期寿命仅有 35 岁，社会保障几乎为空白。中国不断推进现代化的过程，也是人口素质显著提升、民生福祉不断增进的过程。当前，中国高等教育毛入学率达到 54.4%，人均预期寿命达到 77.3 岁，建成了世界上规模最大的社会保障体系。第二，富裕是各国现代化追求的目标，但中国式现代化追求的是共同富裕。理论和实践均已证明，我们追求的富裕是全体人民共同富裕，绝不能出现"富者累巨万，而贫者食糟糠"的现象。全体人民共同富裕，凸显了中国式现代化的社会主义性质，丰富了人类现代化的内涵，为解决人类问题贡献了中国智慧和中国方案。第三，中国式现代化强调"没有社会主义文化繁荣发展，就没有社会主义现代化"，克服了资本主义现代化的先天性弊病。中国式现代化，不仅要求物质生活水平提高，而且要求精神文化生活丰富、人人知礼节明荣辱，是物质文明和精神文明相协调的现代化。第四，西方传统工业化在创造巨大物质财富的同时，也加速了对自然资源的攫取，打破了地球生态系统原有的循环和平衡。一些西方国家曾发生多起环境公害事件，损失巨大，震惊世界，引发人们对资本主义发展模式的深刻反思。中国式现代化坚决抛弃轻视自然、支配自然、破坏自然的现代化模式，绝不走西方现代化的老路，而是坚定不移走生态优先、绿色发展之路，建设人与自然和谐共生的现代化。第五，当今世界正经历百年未有之大变局，中国积极倡导构建人类命运共同体，坚持相互尊重、平等协商，坚持走对话而不对抗、结伴而不结盟的新路，走出了一条通过合作共赢实现共同发展、和平发展的现代化道路，打破了"国强必霸"的大国崛起传统模式，提供了通向现代化的新选择。

总结来看，中国式现代化，是中国共产党领导的社会主义现代化，既有各国现代化的共同特征，更有基于自己国情的中国特色。第一，中国作为一个经济落后的不发达国家，内部启动现代化的动力不足，作为半殖民地半封建国家，不断地为外界因素所刺激，所以中国的现代化开始是被动的。第二，中国的现代化是在一个极度不发达的起点上进行的，整个现代化必然是一个长期的历史过程，需要分阶段进行。第三，以经济现代化作为先导，然后渐次拓展。第四，现代化在工农之间、城乡之间、区域之间有先有后，现代化水平有高有低，但最终目标是追求共同富裕、全面进步。第五，中国的现代化是开放的，是世界现代化的重要组成部分。中国的现代化是具有中国特色的现代化，但它不是封闭的，是一个开放的系统。

概言之，中国式现代化道路是一条既不同于西方以资本逻辑为核心的现代化道路，也不同于传统社会主义国家的现代化道路，而是一条在深刻根植于本国实际、充分吸收他国现代化经验与教训基础上走出的新型现代化道路。这条道路既坚守了人类现代化发展的一般趋势与普遍规律，同时也深刻彰显了"走自己的路"的内在特殊性要求，从根本上实现了关于现代化探索的共性与个性之间的辩证统一。中国式现代化道路既为世界现代化发展特别是后发民族国家走向现代化提供了全新方案，更通过对西方经典现代化理论的突破性发展，集中展现了人类文明发展的多样性。但如果要顺利实现中国式现代化的伟大壮举，其本质要求则是：坚持中国共产党领导，坚持中国特色社会主义，实现高质量发展，发展全过程人民民主，丰富人民精神世界，实现全体人民共同富裕，促进人与自然和谐共生，推动构建人类命运共同体，创造人类文明新形态。

三、转变经济发展方式

经济发展方式是指实现经济发展的方法、手段和模式，其中不仅包含经济增长方式，还包括结构优化、环境改善、技术不断创新、人民生活水平提高、资源配置趋于合理等方面的内容。进一步地看，经济发展方式的转变，则主要包括粗放型增长方式向集约型增长方式转变，资源消耗型发展向资源节约型、环境友好型发展转变，技术引进型发展向技术创新型发展转变，外需拉动型发展向内需主导型发展转变，投资拉动型增长向居民消费拉动型增长转变，非均衡、不协调发展战略向均衡型、协调发展战略转变，效率优先的分配模式向共享发展理念下侧重公平的分配模式转变。

党的十九大强调，坚持新发展理念推动我国经济由高速增长转向高质量发展，反映了党中央对"转变经济发展方式"的高度重视，也是我们党对新时代中国特色社会主义经济发展战略问题思考的进一步深化。改变传统的经济增长方式，强调转变经济发展方式，本质上就是要走全面协调可持续发展的道路，统筹兼顾"创新、协调、绿色、开放、共享"五大方面，加快经济结构战略性调整，积极建设资源节约型、环境友好型社会，在合理充分利用自然资源、保护生态环境的基础上，促进经济持续健康发展，以破解人民日益增长的美好生活需要与不平衡不充分发展之间的矛盾。要实现经济发展方式的根本转变，我们必须实现如下"三个转变"。

（一）促进经济增长由主要依靠投资、出口拉动向依靠消费驱动转变

我国经济增长是依靠投资、出口和消费"三驾马车"拉动的。从表14-1可以得知，在"三驾马车"中，投资对经济增长的拉动作用一直很大，2008年之前出口的拉动作用还比较强，但受金融危机导致的世界经济萎靡的影响，2008年之后出口对我国经济增长的拉动作用明显减弱。而消费的拉动作用则表现出波动上升的趋势，至2015年最终消费支出的贡献率已达到69%，但与发达经济体80%以上的贡献率仍有差距。由于新冠肺炎疫情对消费市场的冲击，2019年消费支出贡献率开始呈下降趋势，到2020年降至−22%。

表14-1　中国消费、投资、净出口对经济增长的影响　　　　　单位:%

年份	最终消费支出贡献率	资本形成总额贡献率	货物和服务净出口贡献率
2010	47.4	63.4	−10.8
2011	65.7	41.1	−6.8
2012	55.4	42.1	2.5
2013	50.2	53.1	−3.3
2014	56.3	45.0	−1.3
2015	69.0	22.6	8.4
2016	66.0	45.7	−11.7
2017	55.9	39.5	4.7
2018	64.0	43.2	−7.2
2019	58.6	28.9	12.6
2020	−22.0	94.1	28.0

资料来源：国家统计局2021年《中国统计年鉴》。

消费不充分的原因也是多方面的。我国居民总体消费水平之所以偏低，主要原因之一是在城乡二元经济结构下，农业发展缓慢，占人口大多数的农民收入低，消费力和购买力严重不足。同时，城市居民收入预期不确定和支出预期不确定（社会保障等不健全），也影响了居民的消费倾向。因此，要增强消费对经济增长的拉动作用，必须坚持以人民为中心，贯彻落实新发展理念，在发展生产的基础上扩大内需，积极提高消费率。增强消费对经济增长的拉动作用，要完善收入分配政策，持续增加城乡居民收入。要更加重视解决"三农"问题，要统筹城乡发展，多渠道增加农民收入，大力开拓农村市场特别是农村消费市场。这就要求我们坚持和完善按劳分配为主体、多种分配方式并存的分配制度，逐步提高居民收入在国民收入分配中的比重，提高劳动报酬在初次分配中的比重，着力提高低收入者的收入，扩大中等收入者的比重。要调整和健全消费政策，通过加快社会保障体系建设，稳定居民消费预期；通过改善消费环境，增强居民消费信心，促进居民扩大即期消费。要拓宽服务性消费领域，不断开拓城乡消费市场，继续拓展住房、汽车、通信、旅游、文化和健身等热点消费。同时，要适度控制投资规模，优化投资结构，提高投资效益，合理降低投资率。要转变外贸增长方式，调整进出口结构，发展更高层次的开放型经济，使消费、投资、出口"三驾马车"协调发挥拉动增长的作用。

（二）促进经济增长由主要依靠第二产业带动向依靠第一、第二、第三产业协同带动转变

近年来，第一产业和第三产业都有了显著的变化。第一产业所占的比重从 2005 年的 11.6% 下降到 2020 年的 7.7%，下降了 3.9 个百分点；第二产业所占比重由 47.0% 下降为 37.8%，下降了 9.2 个百分点；第三产业所占比重由 41.3% 上升为 54.5%，上升了 13.2 个百分点。虽然我国第三产业所占比重有所上升，但在国民经济中的地位明显偏低。一些低收入的发展中国家，如印度，其服务业早已超过了 50%，发达国家的服务业更超过了 75%。我国服务业发展滞后，经济增长长期主要依靠第二产业推动。因此，推进产业结构优化升级，坚持走中国特色新型工业化道路，促进信息化与工业化融合，巩固第一产业，做大第三产业，提升第二产业，发展现代产业体系，转变经济发展方式，是发展我国经济的迫切需要。

作为第二产业的工业，之所以受到资源约束和环境压力，就是因为内部结构不合理和技术落后。所以，必须大力推进工业结构调整和优化升级。推进工业结构调整和优化升级的方向是：按照走新型工业化道路的要求，坚持以市场为导向、公有企业为主体，把增强自主创新能力作为中心环节，继续发挥劳动密集型产业的竞争优势，调整优化产品结构、企业组织结构和产业布局，提升整体技术水平和综合竞争力，形成以高技术产业为主导、基础产业和制造业为支撑的工业产业格局，促进工业由大变强。经过工业结构调整和优化升级，特别是加快发展服务业，会逐渐实现经济增长由主要依靠工业带动和数量扩张带动向三次产业协调带动转变。解决了上述约束性因素，第二产业就可以进一步与第一、第三产业协同推动经济社会发展。

（三）促进经济增长由主要依靠增加物质资源消耗向主要依靠科技进步、劳动者素质提高、管理创新转变

加快转变经济发展方式，关键是全面提高自主创新能力，促进科技成果向现实

生产力转化。经过多年努力，我国科技创新取得明显成效，但从总体上看，自主创新不足，转化水平不高，劳动生产率和经济效益与国际先进水平相比还有较大差距。不论是从国际科技竞争加剧的趋势看，还是从国内低成本竞争优势减弱的现实看，都到了必须更多地依靠科技进步、劳动者素质提高和管理创新带动经济发展的历史阶段。

影响我国科技创新的负面因素较多，但最主要的是科技与经济结合不够紧密。要解决这个问题，必须采取综合性措施。要按照建设创新型国家的要求，认真落实国家中长期科学和技术发展规划纲要，加大对自主创新的资金投入和政策支持，抓紧组织实施重大科技专项，着力突破制约经济社会发展的关键技术。要推动国家创新体系建设，支持基础研究、前沿技术研究和社会公益性技术研究。要加快建立以企业为主体、市场为导向、产学研相结合的技术创新体系，使企业真正成为研发投入和自主创新的主体。要继续实施全民科学素质行动计划，大力提高劳动者科技文化素质，充分发挥我国人力资源优势在经济发展中的作用。

四、新时代中国社会主义经济高质量发展

经济发展进入新常态，表现为速度变化、结构优化、动力转换三大特点，增长速度要从高速转向中高速，发展方式要从规模速度型转向质量效率型，经济结构调整要从增量扩能为主转向调整存量、做优增量并举，发展动力要从主要依靠资源和低成本劳动力等要素投入转向创新驱动。这些变化不以人的意志为转移，是我国经济发展阶段性变化的必然要求。经济发展的新常态，从本质上看，就是指我国经济向形态更高级、分工更优化、结构更合理的阶段演化，也就是向高质量发展阶段演进。

党的十九大报告明确提出，我国经济已由高速增长阶段转向高质量发展阶段，正处在转变发展方式、优化经济结构、转换增长动力的攻关期。中国特色社会主义进入新时代，经济发展基本特征就是由高速增长阶段转向高质量发展阶段。在党的十九届五中全会上，习近平总书记进一步强调，"十四五"时期经济社会发展要以推动高质量发展为主题，这是根据我国发展阶段、发展环境、发展条件变化作出的科学判断。

（一）高质量发展的内涵和要求

高质量发展，是反映新时代中国特色社会主义经济发展的阶段性特征的一个范畴，有其特定的时代和制度内涵。高质量发展就是能够很好满足人民日益增长的美好生活需要的发展，是体现新发展理念的发展，是创新成为第一动力、协调成为内生特点、绿色成为普遍形态、开放成为必由之路、共享成为根本目的的发展。更明确地说，高质量发展就是从"有没有"转向"好不好"的发展。

高质量发展在不同的环节和领域有不同的表现。从供给和需求的关系看，经济的高质量发展表现为供求在更高水平上的平衡。在供给方面，高质量发展应该实现产业体系比较完整，生产组织方式网络化智能化，创新力、需求捕捉力、品牌影响力、核心竞争力强，产品和服务量高。在需求方面，高质量发展应该不断满足人民群众个性化、多样化不断升级的需求，这种需求又引领供给体系和结构的变化，供给变革又不断催生新的需求。

从社会再生产过程看，经济的高质量发展表现为社会再生产各环节之间的顺畅贯通。从投入产出看，高质量发展应该不断提高劳动生产率、资本效率、土地效率、资源效率、环境效率，不断提升科技进步贡献率，不断提高全要素生产率。从分配看，高质量发展应该实现投资有回报、企业有利润、员工有收入、政府有税收，并且充分反映各自按市场评价的贡献。从宏观经济循环看，高质量发展应该实现生产、流通、分配、消费循环通畅，国民经济重大比例关系和空间布局比较合理，经济发展比较平稳，不出现大的起落。

推动经济的高质量发展，不仅要推动社会生产力的跨越式发展，也要推动社会主义生产关系的不断完善。就生产力而言，中国是一个大国，人口众多、幅员辽阔、资源种类丰富、区域梯度发展优势明显，不仅经济总量稳居世界第二位，而且是全世界唯一拥有联合国产业分类中全部工业门类的国家，是当之无愧的第一制造大国和第一货物贸易大国，同时还具备超大规模市场优势，拥有规模庞大、供求多元、创新活跃、拉动力强劲的超大内需市场。只要我们紧扣新一轮科技革命和产业变革的脉搏，以创新驱动发展带动经济结构的优化升级，就一定能够推动社会生产力实现跨越式发展，提高发展的质量和效益。就生产关系而言，中国具备推动高质量发展的独特制度优势。我们始终坚持党对经济工作的集中统一领导，坚持以人民为中心的发展思想和新发展理念，坚持和完善社会主义基本经济制度，既适应中国国情和生产力发展水平，又能发挥社会主义优越性，充分调动各方积极性、主动性和创造性。这不仅为生产力的跨越式发展提供了可靠的制度保障，而且保证了生产力发展的成果最终服务于人民日益增长的美好生活需要，推动供给和需求不断从低水平平衡向高水平平衡发展。

推动经济高质量发展是中国当前和今后一个时期确定发展思路、制定经济政策、实施宏观调控的根本要求。必须牢牢把握高质量发展的要求，坚持质量第一、效益优先；牢牢把握工作主线，坚定推进供给侧结构性改革；牢牢把握基本路径，推动质量变革、效率变革、动力变革；牢牢把握着力点，加快建设实体经济、科技创新、现代金融、人力资源协同发展的产业体系；牢牢把握制度保障，构建市场机制有效、微观主体有活力、宏观调控有度的经济体制，加快形成推动高质量发展的指标体系、政策体系、标准体系、统计体系以及绩效评价和政绩考核体系，创建和完善制度环境。

（二）着力建设现代化经济体系，推动经济发展质量变革、效率变革、动力变革

现代化过程就是在科技进步的推动下，建设现代化经济体系，促进经济发展方式转变的过程。现代化经济体系建设以提高国民经济供给体系质量为抓手，最终表现为实体经济的"高质量、优结构、强动力"。因此，质量变革、效率变革、动力变革的"三大变革"，成为建设现代化经济体系的三大重要内容。

1. 建设现代化经济体系，质量变革是关键

现代化的经济体系意味着更加科学高质的发展方式。针对多年来我国经济发展中存在的结构性矛盾，主要表现在实体经济内部供给与需求的失衡、金融与实体经济的失衡和房地产与实体经济的失衡，而失衡与发展质量不高密切相关。因此新时代的中国特色社会主义经济发展，必须是依靠质量变革，提高经济发展质量的可持

续经济发展方式。当前，坚持质量第一、效益优先，必须把发展经济的着力点放在实体经济上，深化供给侧结构性改革，加快发展互联网、大数据、人工智能和实体经济深度融合的先进制造业，坚持"三去一降一补"，着力降低全社会土地、能源、通信、物流、融资等制度性交易成本，发展战略性新兴产业和现代服务业，增加公共产品和服务供给，从过去供给数量的增加和规模的扩大转向能够供给更能适应需求结构的变化、提高供给体系质量、实现供需匹配，显著增强我国经济质量和效益优势。

2. 建设现代化经济体系，效率变革是支撑

现代化的经济体系意味着更加科学高效的发展方式。长期以来，我国经济增长主要依靠具有比较优势的资源和资本、劳动等生产要素大规模投入的支撑，这种基于资源稀缺性选择利用的效率提高是很难持续的。因此，新时代的中国特色社会主义经济发展，必须是依靠效率变革，提高全要素生产率的可持续经济发展方式。效率变革要从基于资源稀缺性选择利用的效率思维转向基于配置效率提高的发展共赢共享共富思维。通过市场创新性竞争，促使资源流向和重新配置的生产率提高而实现发展。饼做大了多出的这一部分，应适时用于深化改革社会成本的必要补偿、确保部分因改革利益受损的人得到合理补偿以及用于增进人民福祉，以扩大社会不断深化改革的空间和获得人们对深化改革与发展的支持。这种"发展中解决问题"、发展的出发点和落脚点在人的效率变革，为"以人民为中心"的发展提供了共赢共享共富的解，从而也为可持续发展提供了可靠的支撑。

3. 建设现代化经济体系，动力变革是基础

现代化的经济体系意味着更加科学的发展方式。改革开放以来，我们主要依靠增加初级要素资源消耗实现粗放型高速增长的旧的经济体系功能明显减退。因此，新时代的中国特色社会主义经济发展，必须是依靠动力变革，增强创新发展动力的可持续经济发展方式。当前，向创新驱动的集约型发展方式转变，应依靠人才、技术、知识、信息、管理等高级要素资源的有效聚合，力争在一些战略性产业领域中重大关键技术、前沿技术和共性技术上有新的重大突破，实现发展新旧动力的转换，以服务贸易为重点发展更高层次的开放型经济，增强我国经济发展的国际竞争力。我们四川作为今年年初新获批的建设创新型省份，有责任承担起为创新型国家建设探路的任务，推进技术强省建设，以创新的自信深化科技体制创新充分激发和释放科技人员创新创业的动力与活力、实现在某些领域由"跟跑者"向"并跑者"乃至"领跑者"转变。

建设现代化经济体系是一个宏大而艰巨的系统工程，需要通过深化一系列配套协同的改革形成市场机制有效、微观主体有活力、宏观调控有度的体制机制来推进，其中，质量变革、效率变革、动力变革是一场深刻变革，"三大变革"间相互衔接、相互贯通，共同构成建设实体经济、科技创新、现代金融、人力资源"四位协同"的产业体系及现代化经济体系的统一整体，从而，更好地适应社会主要矛盾转化新的阶段性特征、新的发展目标、新的发展规律及新的发展要求，实现更高质量、更有效率、更加公平、更可持续的发展。

第三节 新发展理念

中国特色社会主义进入新时代，面临新的发展问题、新的发展要求、新的发展目标，需要新的发展理念引导行动。以创新发展、协调发展、绿色发展、开放发展和共享发展为内核的新发展理念符合我国社会主义初级阶段的基本国情，响应了新时代的发展要求，是我们党认识把握经济社会发展规律新高度的集中体现。新发展理念是马克思主义经济社会发展理论的新突破、新实践，对推动中国特色社会主义发展经济学、中国特色社会主义政治经济学的建立与完善，对解决发展难题、培育发展动能与厚植发展优势有着重要的指导价值。

总的来说，新发展理念是一种遵循经济规律、自然规律和社会规律的全新发展观，是我国经济发展理论与经济发展实践领域的一场深刻变革。新发展理念是一个系统的理论体系，回答了关于发展的目的、动力、方式、路径等一系列理论和实践问题，阐明了我们党关于发展的政治立场、价值导向、发展模式、发展道路等重大政治问题，集中体现了我们党对新发展阶段基本特征的深刻洞察和科学把握，标志着我们党对经济社会发展规律的认识达到了新的高度。毋庸置疑，新发展理念将引导我国未来较长一段时期经济社会的发展思路、发展方向与发展重点。准确认识、深入理解、科学把握新发展理念的科学内涵既是中国特色社会主义经济发展理论所需，也是中国特色社会主义经济发展实践的必然要求。

一、新发展理念的基本内容

中国经济发展进入新常态后，我国经济增长速度持续下滑的现实显示，过去依靠生产要素投入的规模性扩张而驱动增长的模式难以为继，这要求我们变革传统的发展模式。党的十八届五中全会通过的《中共中央关于制定国民经济和社会发展第十三个五年规划的建议》明确指出："破解发展难题，厚植发展优势，必须牢固树立创新、协调、绿色、开放、共享的发展理念。"这五个方面是新时代中国特色社会主义新发展理念的基本构成。

（一）创新发展

循着历史唯物主义的分析进路可以发现，创新始终是一个国家、一个民族不断向前发展的动力源泉。创新是微观经济个体基于过去的实践与发现，运用脑力劳动形成新思想、新理论、新技术、新工艺、新模式、新制度、新文化等新智慧成果的行为，包括理论创新、制度创新、科技创新和文化创新等。习近平总书记指出："抓住了创新，就抓住了牵动经济社会发展的'牛鼻子'。"创新发展是将创新视为驱动经济社会向前发展的第一要素，把理论、制度、科技与文化等领域的创新成果充分运用于经济活动，重新配置组合既有生产要素，逐步提升劳动生产率，改善发展质量与效益的新发展模式。

在创新系统的诸多因子中，科技创新是决定创新发展的核心要素。马克思和恩格斯特别强调了智力因素特别是自然科学的发展推动生产力的作用。习近平总书记强调："谁能在创新上下先手棋，谁就能掌握主动。我国经济发展要突破瓶颈、解决深层次矛盾和问题，根本出路在于创新，关键要靠科技力量。"当前阶段，全球正处于新一轮技术革命与产业革命的关键窗口期，新技术与新产业不断迅速涌现。然而，我国面临着关键核心技术受制于人，创造新产业、引领未来发展的科学技术基础还相对薄弱，全球价值链中低端产业的比重依然较大等突出的现实问题。因而，有必要加快建立以科技创新为核心的全面创新体系，加快塑造新时代中国经济发展的新动力，加速形成创新驱动发展的新模式、新格局。

（二）协调发展

协调发展是遵循经济由均衡到非均衡再到均衡的"否定之否定"的辩证发展规律，通过发挥市场机制调节与宏观调控引导的作用，优化要素资源配置，促进国民经济在不同部门、不同产业、不同区域、不同领域等内部各构成单元比例得当、结构合理的新发展模式。协调发展的根本目标在于着眼新时代中国特色社会主义经济社会发展的全局，提升国家经济发展的整体实力。对于协调发展，需要从多个方面、多个角度加以把握。

首先，协调发展既是发展导向、也是发展目标，还是发展水平的重要参考。其次，协调发展内蕴了两点论与重点论的思想精髓，内在规定了破解难题、补齐短板与厚植优势、挖掘潜力要统一于新常态的经济社会发展实践中。再次，协调发展不是简单地依靠行政力量强行推动的，而是主张发挥市场机制配置资源的决定性作用，同时辅以适度的宏观经济政策共同合力推进。最后，协调发展的内涵丰富，外延较为广泛，如既要求两大部类之间与三次产业之间的发展协调，也强调新兴高端产业与传统产业之间的发展协调，也注重城市与乡村之间、不同大区之间、不同增长极之间的区域发展协调，还要求经济领域与其他非经济领域之间的发展协调。

（三）绿色发展

绿色发展是顺应工业文明转向生态文明的历史趋势，以人与自然和谐共生为导向，通过加强环境污染治理与生态环境保护，集约使用资源，减少污染物排放，推行绿色低碳循环的生产生活方式，不断创造、积聚生态财富，筑牢生态本底的新发展模式。

在《资本论》中，马克思明确了自然条件是生产力发展的重要影响因素，并引用威廉·配第的"劳动是财富之父，土地是财富之母"论点，进一步说明了自然条件是社会财富的主要来源之一。习近平总书记明确指出，"绿水青山就是金山银山""保护生态环境就是保护生产力、改善生态环境就是发展生产力。"由此可见，绿色发展的基本目标是保护和发展生产力，提高新时代中国特色社会主义经济发展的潜力与可持续能力。从财富创造角度看，绿色发展丰富了马克思主义的财富观，将生态环境与物质产品共同视为社会财富。树立新发展理念要求节约资源与保护环境并重，坚持资源节约型和环境友好型的建设方向，走生产发展、生活富裕、生态良好的文明发展道路，加快形成人与自然和谐发展的新格局。绿色发展既要着眼当前的环境污染及其治理问题，也要及时弥补过去粗放发展遗留的"生态欠账"；既要集约利用自然资源，也要加强污染防控与环境保护；不仅注重生产生活水平的不断提升，还要求这一改善过程、方式以及结果要绿色化；不仅要筑牢生态本底，还要科学挖掘、科学利用生态财富，生产满足人民群众美好生活需要的高质量生态产品。

（四）开放发展

开放发展是充分利用国内与国外生产要素，统筹国内与国外两个市场，加速高质量财富创造与实现的新发展模式。立足于四十余年的改革开放基础，新时代发展阶段下的开放发展试图实现更高层次、更高质量、更广领域、更大范围上的开放型经济。相较于前期的对外开放，我国目前面临的国际国内形势已出现明显改变，有利因素与风险挑战同时出现，这要求我们深入把握理解开放发展的内涵。

首先，新时代的开放发展站位更高，力图在构建人类命运共同体的高度上推进互惠互利、合作共赢的更高层次的开放型经济。其次，与过去侧重外需、侧重出口与侧重引资不同，新时代的开放发展更加注重平衡导向，强调形成"内需与外需协调、进口与出口平衡、引进来与走出去并重、引资与引技引智并举"的更高质量的开放型经济。再次，新时代的开放发展更加主动拓宽开放领域，在过去以工业领域开放为主的基础之上，除却关系国家安全与国计民生的领域，各产业、各行业已几乎全面向外资开放，推进更广领域的开放型经济发展。最后，与过去依托沿海的经济特区推进的对外开放有所不同，新时代支撑开放发展的空间范围更大，通过发起"一带一路"倡议、在全国范围内设立多个自由贸易区等方式，推动了东向西向南向联动开放，形成了内陆沿海沿边深度开放格局，促进了经贸往来对象多元化，贸易国涵盖了众多发达国家与发展中国家。

（五）共享发展

共享发展是在充分调动微观主体的积极性、主动性、创造性做大经济总量的基础上，以科学的分配制度与分配机制为保障，公平合理地分配发展成果，不断提升经济社会发展参与者的实际获得感，逐步实现共同富裕的新发展模式。可从四个方面理解共享发展。

第一，价值导向方面，共享发展以全民共享为根本目标。共享发展坚持"发展为了人民、发展依靠人民、发展成果由人民共享"的总体思路，主张发展成果"人人享有、各得其所，不是少数人共享、一部分人共享"，要惠及各地区、各民族与各阶层的人民，充分体现了社会主义本质要求。第二，共享对象方面，共享发展以全面共享为基本内容。我国的发展是经济、政治、文化、社会与生态"五位一体"的全面发展，新时期老百姓的需要也由经济领域向非经济领域拓展，非经济领域的需要迅速增长，共享发展便是要全面保障人民在各方面的合法权益，充分满足人民日益增长的多层次、多元化需要。第三，共享基础方面，共享发展以共建共享为基本条件。共享发展是与我国特色社会主义分配制度相匹配的发展模式，这内在隐含着全民共享以人人参与、共同建设为前置条件。共建发挥了每一个体的作用，为个体参与共享提供了基础，"只有共建才能共享"；同时，共建使得个体才能彼此共享，融合于财富的创造，"共建的过程也是共享的过程"。第四，共享方式方面，共享发展以渐进共享为主要实现方式。习近平总书记指出："共享发展必将有一个从低级到高级、从不均衡到均衡的过程，即使达到很高的水平也会有差别。"全民共享、全面共享、共建共享在实践上的确很难一蹴而就，有着明显的阶段性。这要求经济发展要抓住不同时期的主要矛盾和矛盾的主要方面，清晰把握发展的重点与难点，主动避免一步到位的简单平均主义，稳步有序地推进经济社会发展及相应成果的共享。

二、新发展理念的内在关系

新发展理念遵循了生产力决定生产关系、生产关系反作用于生产力和经济基础决定上层建筑、上层建筑反作用于经济基础的基本经济规律。创新、协调、绿色、开放和共享五个子系统在新发展理念整体系统中并不是彼此独立、简单并列的关系。虽然创新发展侧重引领导向、协调发展侧重平稳导向、绿色发展侧重永续导向、开放发展侧重联动导向、共享发展侧重公平导向，但这五大方面也相互联系、相互作用，有着严谨的逻辑联系。

（一）创新发展突出引领导向

创新发展是引领发展的第一动力，注重解决发展动力问题。综观世界经济发展史可知，某一国家或地区的飞跃均离不开创新的推动。对于我国这样一个由高速增长转向高质量发展的发展中大国来说，创新驱动发展模式的塑造至关重要。在新发展理念的五大部分构成中，创新处于首要位置，具有显著的带动引领作用。通过创新来提升全要素生产率、培育新动能、形成新动力的同时，新发展阶段下推动的创新以缩小不同地区、不同产业、不同领域发展差距为导向，助力不平衡不充分问题的解决，促进协调发展；创新以提高永续性为导向，创新成果要能增进发展的"绿色含金量"，支撑绿色发展加速推进；创新以全球视野为导向，充分利用全球的资源服务于国内创新，引进来与自主研发并重，提升外贸的技术含量，支撑更高层次的开放发展；创新始终坚持发展为了人民的价值取向，创新是依靠微观个体智慧推动的，要能确保创新行为能促进发展机会公平，确保创新成果能惠及全体人民且分配公平，促进共享发展水平提高。

（二）协调发展突出平稳导向

协调发展是持续健康发展的内在要求，注重解决发展不平衡问题。理论上，一个国家或地区保持经济发展长期向好的趋势需要坚持遵循"螺旋上升"的发展规律，及时解决内部不同方面、不同层次发展差距较大的矛盾是持续稳定向前发展的内在规定与重要前提。根据新中国成立以来的经济发展实践分析，透过这一演进历程能够清晰地挖掘与捕捉到"均衡→非均衡→相对均衡→……"的内在发展演进规律。新发展理念中的协调离不开创新，要以创新为基础，通过创新形成坚实的物质与技术条件，促进形成更高层面以及更高技术水平上的协调发展。新发展理念中的协调以生态环境为约束，是能够实现人与自然以及物质文明、精神文明与生态文明和谐统一的绿色化的协调。新发展理念中的协调要求能够充分利用国内外的要素资源，统筹国内与国外两个市场，在不断促进各方面发展协调的同时，形成有利于全面对外开放的支撑条件。新发展理念中的协调也蕴涵了共享的含义与要求，城乡区

323

域发展和不同群体收入水平之间的差距缩小是重要内容，从而协调发展应有利于加速共享、优化共享。

（三）绿色发展突出永续导向

绿色发展是永续发展的必要条件，注重解决人与自然和谐共生问题。世界经济发展表明，经济社会发展与自然环境状况有显著关联，资源浪费与环境恶化通常会压缩发展空间，节约资源、加大污染治理与环境保护力度以及加快生态文明建设往往能够提升国家或地区经济社会发展的可持续能力。绿色发展的实现需要依靠各种创新形成绿色的技术体系、绿色的产品供给体系、绿色的流通体系以及绿色的生活模式，不能片面强调生态环境保护而抑制创新。推进绿色发展应把协调作为重要的参考标准，不能为了环境质量达标而停止发展，而应在发展的过程中增进生态本底，特别需要注重统筹处理不同地区、不同行业绿色发展的冲突关系，促进协调发展。由于生态环境是全球性的问题，绿色发展还应立足全球视角进行考虑，加强环境保护与污染治理领域的国际合作，为全球的生态文明建设做出贡献、提供经验与方案，推动开放发展水平提升。绿色发展的推动有利于生态环境的优化与生态型产品的供给，进一步满足人们对生态文明的需要，促进共享发展；绿色发展既关注当前的资源环境承载，更强调子孙后代的生态发展空间，兼顾发展机会、发展成果以及发展能力的代际公平。

（四）开放发展突出联动导向

开放发展是国家繁荣发展的必由之路，注重解决发展内外联动问题。当今的世界是"你中有我、我中有你"的世界，封闭发展与脱钩发展既不可能，也不现实。历史地看，一个国家要发展壮大，必须主动顺应经济全球化潮流，坚持对外开放。以开放加速促进国家繁荣发展已为实践所证实。新发展理念中的开放是技术水平基础与要求更高的开放，是在充分利用人类社会创造的先进科学技术成果和有益管理经验基础上，能够有利于加快推动自主创新的开放。新发展理念中的开放是协调特色突出的开放，是合作共赢、内需与外需相对均衡、引进来与走出去并重、自主创新研发与引资引技引智同步、内陆与沿海协同布局的开放，是有利于我国经济社会发展协调水平提升的开放。新发展理念中的开放是绿色导向的开放，要求引进的国外技术是能够有效提高资源利用率与投入产出率的技术，引进的国外产业是"三低一高（低能耗、低污染、低排放、高附加值）"的产业，同时我国出口给国外的也应是绿色化的技术、产业与商品，从而新时代开放发展应有助于绿色发展。新发展理念中的开放是共享取向的开放，中国既从全球化大潮中寻求发展机遇，也向世界输送高质量的产品与服务，与他国主动分享中国的系列发展成果、治理经验以及道路模式。

（五）共享发展突出公平导向

共享发展是中国特色社会主义的本质要求，注重解决社会公平正义问题。发展是一个多维的命题，既有丰富的内容，也有明确的价值取向，仅片面坚持经济中心主义的发展不可取、难以为继。在新发展理念的五个方面中，共享发展规定着发展的内容与发展的终极目的，对其他方面有着约束作用和导向功能。新时期推进的共享不是简单的平均主义运用，而是有利于激发微观主体创新积极性的共享，是依靠各种创新实现的创新成果惠及全体人民的共享。新时期推进的共享为解决不协调不充分发展问题提供了动力与目的，是在推进不同区域之间、城乡之间、不同群体之间、不同领域之间发展差距缩小过程中渐进实现的共享，不能为了共享，而忽视合理差距内生的积极性，片面主观地拉平差距。新时代的共享不仅包括经济、政治、社会发展成果的共享，还包括生态文明的共享，这需要通过绿色发展满足当代人与子孙后代对美好生态环境的需要，不能为了短期的经济利益而造成更多的资源浪费与更大的环境损害。新时代的共享是基于更宽领域的对外开放在更广阔空间上实现的共享，既有充分利用国内外要素创造财富促进国内民众迈向共同富裕之意，也内含了其他国家分享我国开放发展成果的要义，从而推动我国更高水平的开放型经济与人类命运共同体建设。

总之，新发展理念的提出遵循了生产力决定生产关系、生产关系反作用于生产力与经济基础决定上层建筑、上层建筑反作用于经济基础的马克思主义政治经济学的基本经济规律，紧密结合了当前世界经济形势和新时代我国经济发展的主要特点、主要矛盾和实践中的突出问题。新发展理念是由创新、协调、绿色、开放、共享五个部分构成的有机系统，具有突出的唯物辩证性、系统整体性、全面综合性和指向明确性的特征。中国特色社会主义建设发展的新时期，首先，我们必须清晰地认识到新发展理念是一个全新的、与时俱进的、遵循经济社会发展规律的发展观，不能简单地、形而上地认为它只是"旧鞋新穿""换汤不换药"的提法，而应及时革新思维，深入理解认识新发展理念；其次，不能割裂孤立地对待创新、协调、绿色、开放、共享五个子系统，应使用历史唯物主义与辩证唯物主义的分析方法，充分把握创新、协调、绿色、开放、共享彼此之间的逻辑关系，要能从理论层面阐述清楚这五大维度之间复杂关联的各个方面的内容；最后，新发展理念全面坚持了以人民为中心的发展思想，是关系我国社会主义事业发展全局的深刻变革，应将新发展理念全面融入为新时代我国各领域、各方面的发展进程中。

三、新发展理念的重要价值

新发展理念是习近平新时代中国特色社会主义经济思想的重要理论内容，是新时代中国特色社会主义经济发展的科学指引纲领。新发展理念不仅是构建与完善中国特色社会主义发展经济学、中国特色社会主义政治经济学的理论依循，也是新时代中国深入推进供给侧结构性改革、实现高质量发展、建立现代化经济体系、打造全面开放新格局的行动指南。

（一）新发展理念的理论价值

新发展理念是在全面把握世界经济发展总体形势，深入总结我国社会主义探索实践经验基础上，遵循经济社会发展的基本规律提出的，是与新时代中国特色社会主义要求相契合的马克思主义发展观。用发展的眼光考察，新发展理念有着显著的理论贡献。

新发展理念是马克思主义经济社会发展理论的深化与创新。历史地看，发展始终是不同时期的理论焦点议题。马克思和恩格斯使用历史唯物主义与唯物辩证主义的科学分析方法，挖掘了人类社会演进的基本规律，也即生产力与生产关系的对立统一关系。新中国成立后，我们党在毛泽东思想的指引下开启了社会主义建设的探索之路，形成了许多关于经济社会发展的理念，总结了社会主义建设要根据国情走适合自己道路的规律；改革开放后，中国进入"富起来"的快车道。邓小平同志立足发展实际，实事求是地给出"社会主义的本质是解放生产力、发展生产力，消灭剥削，消除两极分化，最终达到共同富裕"的科学论断；江泽民同志指出，在推进社会主义现代化建设过程中必须处理好 12 个全局性的重大关系；胡锦涛同志提出了坚持以人为本，全面、协调、可持续的科学发展。2012 年，中国特色社会主义进入新时代。以习近平同志为核心的党中央领导人坚持马克思主义的方法论，运用唯物主义辩证法分析新时期的新问题新情况，在深刻总结我国发展实践经验基础上，针对新时代的中国特色社会主义事业建设提出了"五位一体"的总体布局、"四个全面"战略布局、新发展理念等战略思想，最终形成了习近平新时代中国特色社会主义思想。其中，新发展理念是习近平新时代中国特色社会主义思想的重要构成内容。

新发展理念是构建中国特色社会主义发展经济学的催化器。顺应历史时代需要而形成的新发展理念，为解决我国发展的重大理论问题，突破发展障碍提供了实践指导，更是为构建适合中国国情的新时代中国特色社会主义发展经济学提供了催化剂与现实动力。就发展因素而言，既有的发展经济学是嫁接在西方经济学理论基础上形成的，我们在研究不发达国家发展问题时未能有效考虑国家的特殊性与异质性，尤其是忽略了中国特有的制度对经济社会发展的推动作用。就发展阶段而言，当前阶段，我国也面临着许多矛盾，已有的发展经济学理论难以提供有效的破解办法，以习近平同志为核心的党中央集体给出了以新发展理念为抓手的理论指导，国内的理论工作者需要以此为契机推动中国特色社会主义发展经济学的构建。就发展道路而言，传统工业文明时代的发展道路难以适应工业经济、信息经济、技术经济以及知识经济交叉重叠环境，有必要重构发展经济学理论体系。就发展问题而言，传统发展经济学研究的不发达国家的问题对我国的发展有一定的借鉴意义，但我们并不能直接照搬套用。因此，有必要建立以新发展理念为主线的体现中国有效破解发展问题方案的发展经济学。

新发展理念是创新中国特色社会主义政治经济学的推动器。马克思、恩格斯根据辩证唯物主义和历史唯物主义的世界观和方法论，批判继承历史上经济学特别是英国古典政治经济学的思想成果，通过对人类经济活动的深入研究，创立了马克思主义政治经济学，无产阶级政党的全部理论来自对政治经济学的研究。马克思和恩格斯在揭示人类社会特别是资本主义社会经济运动规律的基础上，对社会主义和共产主义社会的发展给出了纲领性的描绘。新中国成立以来，我们党将马克思主义政治经济学的基本原理运用于社会主义事业的建设探索，为政治经济学的发展提供了鲜活的土壤。新发展理念的提出与实践为中国特色社会主义政治经济学研究提供了丰富的现实素材，突出了中国特色社会主义政治经济学研究对象内容的问题导向性，也规定了中国特色社会主义政治经济学研究的理论导向性与制度导向性。新发展理念不仅开辟了中国共产党发展理论的新境界，而且实现了中国特色社会主义发展理论的新飞跃，更书写了中国特色社会主义政治经济学研究的新篇章①。

（二）新发展理念的实践价值

新发展理念是新时代中国特色社会主义经济社会发展的先导，它明确了经济社会发展的总体思路、前进方向、突破口与着力点，系统性、全局性、长远性特征显著，对实现经济社会的提质扩容与持续高质量发展有着重要的指导意义。整体上，落实新发展理念有利于深入推进供给侧结构性改革，有利于加速实现高质量发展，有利于现代化经济体系的成功构建，有利于加速推动全面开放新格局的顺利打造。

贯彻新发展理念有利于深化供给侧结构性改革。新发展理念的全面落实是深化供给侧结构性改革的有力抓手，从五个角度推动着供给侧结构性改革。创新发展的推进加速了新技术的研发应用，有利于改造升级供给能力，向市场供应质量更高的产品与服务；同时以科技创新为核心撬动各领域、各环节的全面创新，能够有效提升全要素生产率，形成经济发展的新动能，扭转潜在经济增速持续下滑的趋势。协调发展的推进有利于消除不同区域的发展差距，促进区域发展收敛，提高整体发展潜力；有利于消除传统行业萎缩与新兴行业跟进不足的矛盾，释放调整红利；有利于促进实体经济与虚拟经济协同，推动金融更好地服务经济社会发展。绿色发展的推进变革了微观主体狭隘的财富观，深度拓宽了生产力的提升空间，有利于经济社会发展适应绿色消费、绿色需求能力的改善。开放发展的推进进一步统筹了国内与国外的生产要素与产品市场，在提高自身创造高质量财富能力的同时，丰富了要素、产品与服务供给的内容，有利于促进有效需求与有效供给相互适应。共享发展的推进明确了发展的对象性与目的性，以合理、公平的分配制度等激发微观主体开展生产的创造性与积极性，为经济社会发展提供原动力。

贯彻新发展理念有利于加速实现高质量发展。中国特色社会主义进入新时代，我国的经济社会发展也进入新时代。在新时代的阶段北京下，我国经济社会发展的总体特征是由高速增长阶段转向高质量发展阶段。高质量发展，就是能够很好满足人民日益增长的美好生活需要的发展，是体现新发展理念的发展，是创新成为第一动力、协调成为内生特点、绿色成为普遍形态、开放成为必由之路、共享成为根本目的的发展。新发展理念与高质量发展具有理论与实践层面的内在统一性。某种程度上可以认为，高质量发展是新时代中国特色社会主义经济社会发展的整体目标，而新发展理念则是实践导向。因而，新发展理念是高质量发展的重要指引与具体方式，全面推进新发展理念有利于高质量发展的加速实现②。

贯彻新发展理念有利于构建现代化经济体系。建设现代化经济体系是适应新时代我国社会主要矛盾新变化，促进发展质量提升，跨越发展方式转变、经济结构优化、增长动力转变与治理能力提升关口，实现社会主义现代化强国目标的迫切要求。现代化经济体系，是由社会经济活动各个环节、各个层面、各个领域的相互关系和内在联系构成的一个有机整体。现代化经济体系的构建是一项系统性工程，从发展

---

① 习近平. 不断开拓当代中国马克思主义政治经济学新境界［J］. 求是，2020（16）：4-9.

② 习近平. 习近平谈治国理政：第三卷［M］. 北京：外文出版社，2020：240.

的角度看需要通过推进新发展理念予以实现。建设现代化经济体系要形成统一开放、竞争有序的市场体系和充分发挥市场作用、更好发挥政府作用的经济体制。这要求我们在切实落实新发展理念时要将改革思维贯穿始终，着力打造规则型、制度型的市场体系，形成竞争有序、统一高效的商品和要素市场，完善社会主义市场经济体制机制改革，促进市场调节与宏观调控良性互动，形成支撑现代化经济体系建设的制度创新保障体系①。

贯彻新发展理念有利于打造全面开放新格局。过去多年的实践经验表明，中国经济增长"奇迹"与开放因素紧密相关，新时代阶段下由高速增长向高质量发展的成功转型更需要在更高层次的开放格局下进行。立足发展的视角，全面开放新格局的形成需要深入贯彻新发展理念。打造全面开放新格局是中国经济发展迈向更高质量台阶的主要抓手之一，是新时代中国特色社会主义经济发展理论的重要组成部分。开放发展是新发展理念中的一个子系统，与创新、协调、绿色和共享有着紧密的逻辑联系，五者协同促进对外开放水平持续提升。全面贯彻落实新发展理念能够有效推动全面开放新格局的成功塑造。

小　结

马克思主义经济发展理论是中国社会主义经济发展的理论基础。马克思主义经济发展理论的主要内容包括生产力要素、科技创新推动和人与自然的关系。生产力要素的内涵丰富，主要有基础制度性要素、直接投入性要素、间接渗透性要素。科技创新推动强调了科学技术不仅是生产力，而且是第一生产力，科技创新已成为新时代经济发展提质扩容的核心动力。人与自然的关系主张建立和谐共生的人与自然命运共同体，加强生态文明建设，筑牢经济高质量发展的生态本底。

中国式现代化生成于新中国成立以来的社会主义经济发展实践探索。中国式现代化是不同于西方以资本逻辑为核心的现代化，也不同于传统社会主义国家的现代化，有着鲜明的中国特色。一是中国开启现代化建设受外部因素推动特征突出，是被动的；二是中国现代化的发展起点较低，历时较长，阶段特色突出；三是中国的现代化以经济维度的现代化为核心，不断拓向其他维度；四是中国式现代化以消除"三大差距"为桥梁，最终迈向共同富裕；五是中国式现代化的开放色彩浓厚，为全世界的现代化贡献了重要方案。在推进中国式现代化的道路上，应加快经济发展转变，建立现代化经济体系，努力实现高质量发展。

新发展理念是一个有机体，包括创新、协调、绿色、开放和共享发展五大方面的内容。这五个子系统虽然各有侧重，但也相互联系、相互作用。新发展理念是习近平新时代中国特色社会主义经济思想的重要理论内容，是新时代中国特色社会主义经济发展的科学指引纲领。新发展理念不仅是构建与完善中国特色社会主义发展经济

① 习近平. 习近平谈治国理政：第三卷［M］. 北京：外文出版社，2020：238.

学、中国特色社会主义政治经济学的理论依循，也是新时代中国深入推进供给侧结构性改革、实现高质量发展、建立现代化经济体系、打造全面开放新格局的行动指南。

复习思考题

1. 解释下列名词概念：

中国式现代化　　　经济发展方式　　　现代化经济体系　　　高质量发展

创新发展　　协调发展　　绿色发展　　开放发展　　共享发展

2. 简述生产力要素的内涵。

3. 论述科技创新在中国式现代化中的重要作用。

4. 论述如何实现经济发展方式转变。

5. 论述构建现代化经济体系的路径。

6. 论述如何又好又快地实现高质量发展。

7. 论述新发展理念内在的辩证关系。

8. 论述贯彻落实新发展理念的重要意义。

阅读书目

1. 马克思. 资本论：第 1 卷 [M]. 北京：人民出版社，2004.

2. 习近平. 习近平谈治国理政：第一卷 [M]. 北京：外文出版社，2014.

3. 习近平. 习近平谈治国理政：第二卷 [M]. 北京：外文出版社，2017.

4. 习近平. 习近平谈治国理政：第三卷 [M]. 北京：外文出版社，2020.

参考文献

1. 洪银兴，任保平. 新时代发展经济学 [M]. 北京：高等教育出版社，2019.

2. 黄群慧. 新发展格局的理论逻辑、战略内涵与政策体系：基于经济现代化的视角 [J]. 经济研究，2021，56（4）：4-23.

3. 刘诗白. 论科学力 [J]. 经济学家，2002（3）：4-10.

4. 辛向阳. 中国式现代化新道路的性质与特征 [J]. 马克思主义理论教学与研究，2022，2（1）：14-16.

5. 邱海平. 新发展理念的重大理论和实践价值：习近平新时代中国特色社会主义经济思想研究 [J]. 政治经济学评论，2019，10（6）：42-55.

第十三章
中国特色社会主义对外开放

学习目的与要求：本章主要分析和概述中国特色社会主义对外开放的具体政策，介绍经济全球化、对外开放与构建新发展格局的辩证关系，讲述中国对外经济关系与国家经济安全等。通过本章的学习，我们应能认识我国对外开放的必要性、对外开放的历程、对外开放的形式等基本问题，了解经济全球化的内涵与进程，经济全球化面临的新形势，新时代对外开放的新特点，建设更高水平开放型经济新体制和构建新发展格局的具体内涵，以及国际经济关系与国际经济新秩序，经济全球化与中国对外经济关系的发展，经济全球化与国家经济安全等的辩证关系。

对外开放是我国的基本国策。过去四十多年中国经济发展的伟大成就是在对外开放条件下取得的。我国经济进入新发展阶段，习近平总书记强调要主动参与和推动经济全球化进程，发展更高层次的开放型经济，推动形成全面开放的新格局。重塑对外开放新优势，建设更高水平开放型经济新体制是构建新发展格局的时代要求。

第一节　中国对外开放政策

随着经济全球化的迅速发展，各国的经济联系日益密切，社会主义国家的经济也必然要融入国际经济体系。融入国际经济体系后，社会主义国家市场经济的运行也会更为复杂。

一、对外开放的必要性

人类社会发展的历史进程表明，一个国家在经济上应以国际市场为纽带，与其他国家既联系又竞争。这是经济发展的客观要求，社会主义国家也不例外。

首先，生产社会化和市场经济发展客观要求社会主义国家对外开放。一方面，社会主义制度是建立在生产社会化基础上的。生产力的发展和生产社会化程度的不断提高不仅使国民经济各部门、各地区之间建立起日益紧密的联系，而且必然使国内经济同国外经济发生广泛、密切的联系。社会化大生产在国际范围内的发展要求全球范围内的国际分工和协作。这种分工和协作关系随着科学技术和经济全球化的发展越来越紧密。另一方面，市场经济从本质上说就是开放的经济。社会主义市场经济日益发展，生产力水平日益提高，要求打破社会经济制度和国家的界限，把世界市场变成一个统一的大市场，通过商品交换和资本的流动，促进各国共同发展。

其次，社会主义建设的实践有力地说明社会主义国家必须对外开放。从 1949 年新中国成立到 1978 年，我国在对外开放方面取得了一定的成就，但也经历了曲折的过程。从总体上说，对外经济联系不够广泛，对外开放的程度不够深。究其原因，一是历史条件的制约。由于当时以美国为首的西方国家对我国实行禁运封锁政策，长期的冷战思维限制了我国同世界各国的联系。二是认识上的局限。在过去的一段时间内，我们曾片面地强调自力更生，盲目排外，尤其是"十年动乱"时期的自我封闭使我国对外经济关系不能正常开展。三是理论上的误区，如坚持"国家垄断对外贸易论"，抑制了企业生产经营的活力；强调资本主义和社会主义"两个市场平行论"，否认了统一的国际市场和广泛的国际分工的存在；片面理解"外围-中心论"，认为"外围"的发展中国家深受"中心"的发达国家剥削等。由于这些原因，我国的经济运行长期处于自我封闭状态。1979 年，我国按人均计算的出口额仅为 14 美元，居世界第 110 位以后。党的十一届三中全会以来，我们正确认识了国际经济和政治形势，吸取历史教训，抓住机遇，加快对外开放步伐。对外开放 40 多年来的成就表明，对外开放是强国之路，是我国社会主义建设的重要战略。

再次，对外开放对促进社会主义国家的经济发展具有重要作用。第一，有利于社会主义国家充分利用国际和国内两个市场、两种资源，优化资源配置。由于受自然资源、技术水平和生产能力的限制，任何一个国家都不可能拥有发展经济必需的一切资源和技术。因此，国家之间互通有无、调剂余缺，任何时候都是有益的和必要的。第二，有利于社会主义国家参与国际竞争与合作，发挥比较优势，通过国际市场的竞争和检验，促进国内生产更新技术，改善经营管理，降低成本，提高劳动生产率和产品国际化水平，使我国尽快跻身世界先进行列。第三，有利于社会主义国家吸收西方发达国家在经济、科技、教育、文化和社会管理、法制建设上所积累的文明成果。第四，有利于社会主义国家加快发展和加快现代化进程，提升国家经济实力和综合国力，提高人民生活水平。

最后，对外开放是社会主义国家适应国际形势的变化和当代世界经济、科技发展趋势的需要。面对第二次世界大战后世界科技、经济快速增长，国际的交流空前加快，全球经济一体化，国际经济合作与竞争日益广泛的新格局，社会主义国家必须要以更加积极的姿态，抓住机遇，趋利避害，努力在发展对外经济关系、利用国内外两种资源、两个市场方面有新的突破；坚持"引进来"和"走出去"的战略并重，进一步推动全方位、多层次、宽领域的对外开放，提升国家综合实力，促进世界共同繁荣发展。

二、对外开放的历程

在旧中国，西方列强操纵了国家的政治和经济命脉，控制了一切主要通商口岸和对外贸易。从 19 世纪 70 年代起，旧中国连续七十多年出现外贸入超，洋货充斥市场，民族工商业备受摧残，宝贵资源被掠夺，工业落后，经济畸形。

新中国成立以来，中国共产党带领中国人民实现了从封闭半封闭到全面对外开放的历史性转变。我国对外开放的历程分为五个阶段：

第一阶段（1949—1977年）。这一时期是对外开放的曲折发展阶段。新中国成立后，为了打破西方资本主义国家对我国的封锁禁运，争取恢复和发展国民经济，我国在特殊的历史背景下制定了"一边倒"的对外开放政策，与苏联开展多方面合作，并积极探索与东欧及周边国家的交流合作，为新中国工业发展提供了重要的资金和技术支持。20世纪50年代后期，中苏关系恶化，科学技术交流停滞，工业化进程受阻。为了在美苏两个超级大国的夹缝中生存，我国一方面积极开展与亚非拉发展中国家的开放合作，另一方面积极寻求从日本、西欧国家等引进技术。1971年，中国恢复了在联合国的合法席位，随着中美、中日关系缓和，许多国家陆续与我国签订了经济贸易协定，我国对外开放实现新突破。

第二阶段（1978—1991年）。这一阶段是对外开放的初步探索阶段。1978年，党的十一届三中全会作出改革开放的战略决策。1979年，在广东省的深圳、珠海、汕头三市和福建省厦门市试办出口特区，1980年改称经济特区。1984年开放14个沿海港口城市，1985年将长三角、珠三角和闽三角划为沿海经济开放区。1988年，进一步把辽东半岛、山东半岛和环渤海地区的一些市县列入沿海经济开放区范围，设立海南经济特区。发展特区经济和招商引资成为这一阶段对外开放的重点。

第三阶段（1992—2001年）。这一阶段是对外开放的高速发展阶段。1992年邓小平发表南方谈话后，我国对外开放出现崭新的局面。第一，以上海浦东开发开放为龙头，我国建立起一批对外开放的口岸城市，逐步形成从沿江到沿海、从沿边到内陆的多层次、全方位开放格局。第二，放宽外资准入领域，调整外资企业税收减免政策，中外合资企业、中外合作企业和外商独资企业（以下简称"三资"企业）高速发展。第三，在引进外资的同时，积极扩大我国企业的对外投资和跨国经营，从过去侧重"引进来"发展到"引进来"和"走出去"相结合。第四，2001年11月，我国正式加入世界贸易组织（WTO），对外开放进入新阶段。

第四阶段（2002—2011年）。这一阶段对外开放向"开放型经济体系"转型。我国加入WTO后，全面实行WTO规则，履行入世承诺，建立起符合要求的对外贸易体制。我国对外开放取得显著成效：第一，对外贸易高速发展，2009年出口总额跃居世界第一位，进口总额上升至世界第二位。第二，抓住国际产业转移机遇，进一步放宽外商投资限制，合理引导外资区域布局，外商直接投资上升到世界前列。第三，"走出去"战略实现跨越式发展，对外投资和经济合作规模扩大，合作形式多样化，对外投资主体从国有企业转向民营企业。

第五阶段（2012年至今）。这一阶段是推动形成全面对外开放新格局的阶段。在对外开放战略上，党的十八届三中全会明确提出构建开放型经济新体制，党的十八届五中全会将"开放"列为五大发展理念之一，党的十九大强调推动形成全面开放新格局。在实践上，一是以"一带一路"建设为重点，形成陆海内外联动、东西双向互济的开放格局；二是建立和发展自由贸易试验区，探索对外开放新途径，2013年国务院批准设立上海自由贸易试验区，2018年设立海南自由贸易港；三是积极参与全球经济治理，主导亚投行的创设和实践，发挥负责任大国的作用，不断贡献中国智慧和力量。在思想上，习近平提出的"人类命运共同体"理念，是对人类社会发展进步大潮流的前瞻性思考，不仅为解决当今世界面临的重大挑战提出了中国方案，也为人类社会走向和平繁荣指明了正确方向。

三、对外开放的形式

(一) 对外贸易

对外贸易指一个国家或地区同其他国家或地区进行的货物和服务交换活动。从一个国家的角度看，这种交换活动称为对外贸易；从国际的范围来看，这种交换活动称为国际贸易或世界贸易。海岛国家如英国、日本，也常用"海外贸易"来表示对外贸易。对外贸易又称进出口贸易，包括进口（输入）和出口（输出）两个部分。对外贸易通常是以年度结算的。出口总额与进口总额相等，称为外贸平衡；出口总额大于进口总额，称为外贸顺差；出口总额小于进口总额，称为外贸逆差。

社会分工的发展超出国家界限而形成的国际分工是国际贸易产生的前提条件。对外贸易是国与国之间进行经济联系的一般形式。早在资本主义经济制度建立以前，国际贸易就已经萌芽，但只有在商品经济发达的资本主义阶段，国际贸易才在世界范围内充分发展起来，成为在经济活动中起重要作用的因素。我国的对外贸易已有上千年历史。在近代国际经济关系中，我国在国际贸易中曾经受到极不平等的待遇。我国经济真正融入世界经济，是在改革开放以后。

对外贸易是国民经济中不可缺少的环节，是国内外经济交往的桥梁和纽带。随着我国对外开放不断扩大、国际经济联系进一步加强，对外贸易在我国国民经济发展中的地位和作用日益突出。在平等互利的基础上同世界各国发展贸易，对经济的发展不仅是有利的，而且是非常必要的，主要表现在：第一，可以弥补国内某些资源的短缺，优化资源的配置，促进经济增长；第二，可以利用国际分工，节约社会劳动，提高经济效益；第三，可以增加外汇收入，扩大国内就业机会；第四，有利于提高技术水平和管理水平，增强国家经济实力；第五，通过对外贸易，进口国内市场需要的物资，调整国内市场，繁荣国内商业，可以更好地满足人们多方面的需要。

(二) 对外资本交流

资本在国家间的流动，是适应经济全球化的需要而产生和扩大的。对外资本交流包括利用外资和对外投资。利用外资加速本国经济和技术发展，是世界经济中的普遍现象。例如，美国和日本在其发展过程中曾经大量利用外资；20 世纪 30 年代，苏联利用西方发生经济大危机的有利时机，接受外国贷款，引进技术和设备，聘请外国专家，建成许多大型企业。各国利用外资的渠道较多，形式灵活多样。我国利用外资的形式主要有两种：一是外国贷款，包括外国政府、国际金融机构、外国商业银行、出口信贷、民间商业贷款和发行国际债券等。外国贷款构成我国的对外债务，要用外汇或出口产品来偿还本金和利息。在 1991 年以前，外国贷款是我国利用外资的主要形式。二是外商直接投资，包括中外合资经营企业、中外合作经营企业、

333

中外合作开发资源企业、外商独资企业等，我方对这些外来投资一般不承担偿还义务，而是由参加合营的双方共负盈亏，共担风险。这种外资不构成对外债务。1992年以后，我国外商直接投资超过对外借款，外商直接投资成为我国利用外资的主要形式。2020年，我国实际利用外资金额达到1 444亿美元。

对外投资是20世纪末党中央根据经济全球化发展趋势与我国经济发展的内在需求提出的重大战略。从国内层面看，对外投资是提升国家综合实力、提高企业国际竞争力、参与全球治理的必然要求；从国际层面看，对外投资是构建人类命运共同体、促进贸易和投资自由化便利化、促进全球经济可持续发展的重要方式。作为最大的发展中国家，我国对外投资依靠的是包括政治优势、地缘优势、经济优势等在内的综合优势。首先，我国在与俄罗斯、东欧、巴基斯坦等的合作中，将政治优势转化为合作优势，在经贸、能源、技术、人文、国际事务等领域的合作取得了丰硕的成果。其次，我国对外投资存量的绝大部分分布在亚洲，周边国家和地区对我国有极为重要的战略意义。再次，我国企业对外投资主要利用我国制造业大国的产业优势、资金优势、技术优势、国内市场优势、产能优势、快速发展优势等，与其他国家形成优势互补，开展国家经济合作。2020年，我国对外直接投资流量达到1 537亿美元，对外直接投资存量为2.6万亿美元，其中对亚洲的直接投资存量为1.6万亿美元，占比超过60%。

党的十八大以来，随着我国经济实力增强，利用外资和对外投资趋于平衡，在重点打造"一带一路"建设的基础上，加强区域和跨区域国际合作，积极发展与美国、日本、俄罗斯等大国的经济合作。在未来发展中，应兼顾国内和国际两个大局，统筹发展与安全，处理好竞争与合作的关系，创造公平竞争的市场环境，实现对外开放高质量发展。

（三）国际技术交流

国际技术交流主要包括技术引进和技术出口。改革开放以来，我国鼓励引进先进技术，积极融入全球产业链和创新链。技术引进对我国的现代化建设有着积极的意义：第一，引进国外先进技术可以避免漫长的摸索过程，为缩小我国与发达国家在生产技术上的差距、赶超世界先进水平赢得时间；第二，引进先进技术成果可以节省大量科研和开发试验费用，弥补我国科研力量不足；第三，引进先进技术的过程，就是学习外国先进科学技术和现代管理方法的过程，可以促进科学技术研究和管理水平的提高。我国引进技术的主要形式有三种：第一，引进"硬件"，即进口各种设备。在工业基础薄弱、技术比较落后的情况下，引进一定数量的设备是必要的。第二，引进"软件"，即通过技术转让、生产合作、科技合作、技术咨询和技术服务等方式引进技术，如购买专利、技术资料等。第三，引进智力，包括聘请外国专家来我国企业担任顾问或领导，组织外国专家来我国讲学，交流技术，选择技术人员、学者到国外学习和考察等。

当前我国已经从技术引进大国成为重要的技术出口国。近年来，我国技术输出增长强劲，出口形式以技术咨询和技术服务为主；出口主体以外资企业为主，但内资企业占比不断上升；技术出口的主要目的地包括美国、阿联酋、日本、新加坡等国家以及中国香港地区，"一带一路"沿线逐步成为我国技术出口的重要市场；出口领域主要涉及通信设备、计算机、医药、化学原料及化学制品、专用设备和交通运输设备等领域。

我国在国际技术交流中仍存在以下问题：第一，当前我国核心技术仍然高度依赖发达国家，以美国为代表的发达国家不断以知识产权保护、维护国家安全等理由对我国进行技术封锁，增加了我国引进高新技术的困难和成本。第二，发明专利中外围专利多，核心专利少，知识产权进口规模大，出口规模小，仍需要对外支付高额的知识产权使用费。第三，内资企业在技术引进和技术出口中所占比重小，技术贸易仍以外资企业为主。在新一轮科技革命中，我国应继续创造支持技术贸易发展的政策环境，提高企业自主创新能力，突破核心关键技术瓶颈，实现技术贸易高质量发展。

（四）对外承包工程和劳务合作

国际劳务合作的产生和发展主要受以下几个因素的影响：第一，各国劳动力分布不平衡，一些发达国家存在人口老龄化和劳动力短缺问题，而大多数发展中国家资金不足，技术落后，承受着日益严重的人口压力和就业压力，劳务合作成为必然趋势。第二，国际分工的深化加强了各国之间的劳务合作。例如，美国是资本和技术密集型产业发达的国家，但农业机械化的高度发展并不能完全代替手工劳动，农忙季节仍需大批外籍劳工。日本、德国的高新技术产业十分发达，但钢铁、建筑、汽车制造等传统工业仍不可缺少，随着这些国家劳务向高新技术产业的转移，必须输入大批外国劳务来补充传统工业的"空位"。第三，在对一些发展中国家的援助建设中，由于这些国家缺乏相关技术设备和技术人才，无力自行施工和经营，需要其他国家技术人员的劳务输出。

我国对外劳务合作的领域十分广泛，主要是根据外方所需专业和工种的要求，提供工程技术人员、熟练技术工人或一般技术工人，具体形式有：第一，对外承建或承包建筑工程所带动的劳务输出；第二，对外投资兴办独资、合资企业所派出的管理人员、技术人员和其他劳务人员；第三，与外国签订的劳务合作合同所派出的劳务人员（包括厨师、演员、教练、医生、专家等工作者）等。

（五）发展国际旅游业

旅游业是第三产业中最具发展潜力的新兴行业，具有投资少、见效快、利润高的特点。发展国际旅游业也是对外开放的一种重要形式。国际旅游业是各国对国外旅游者的旅游活动提供服务设施和系列服务的行业，主要涉及旅游业、饮食业、交通运输业、商业、娱乐业等。第二次世界大战后，随着世界经济的发展和各国经济交往的扩大，被称为"无烟工业"的国际旅游业迅速发展，成为许多国家对外经济关系中的重要行业。发展国际旅游业能够增加外汇收入，促进相关行业发展，带动商品出口，增加就业，扩大国际影响力，推动文化交流。

我国是四大文明古国之一，具有五千年的辉煌历史，历史古迹遍布全国，景色秀丽的风景区比比皆是，饮食文化、民俗风情令人向往，无论是自然资源还是人文资源都具有独特的优势，旅游资源十分丰富，具有开发国际旅游业的条件。我们应

335

该充分利用这一优势，大力加强旅游基础设施建设，不断提高旅游服务质量，发展中国特色的国际旅游业。改革开放以来，旅游业在我国已经成为继能源、原料、钢铁、纺织之后的又一个主要创汇行业，成为国民经济的重要组成部分。

[阅读专栏]

世界贸易组织及其基本原则

世界贸易组织简称世贸组织（WTO）。它是根据乌拉圭回合多边贸易谈判达成的《建立世界贸易组织协定》于1995年1月1日建立的，取代了1947年建立的关税与贸易总协定。世界贸易组织是多边贸易体系的法律基础和组织基础。它规定了成员方的协定义务，以确定各成员方政府如何制定和执行国内贸易法律制度和规章。同时，它还是各成员方进行贸易谈判和解决贸易争端、发展其贸易关系的场所。世界贸易组织是在关贸总协定的基础上建立的，并形成了一套较为完备的国际法律规则。它与关贸总协定相比，主要有以下特点：组织机构的正式性；世界贸易组织协定的法律权威性；管辖内容的广泛性；权利与义务的统一性；争端解决机制的有效性；与有关的国际经济组织的一致性。

世界贸易组织奉行以下基本原则：第一，非歧视原则。根据这条原则，世界贸易组织成员不对另一成员采取对其他成员不适用的优惠性或限制性措施。第二，透明度原则。世界贸易组织成员方正式实施的有关进出口贸易的政策、法规、法令、条例以及签订的有关贸易方面的条约等必须正式公布；非经正式公布，不得实施。第三，可预测性和扩大市场准入原则，即商品和服务贸易的可预测性和不断扩大的市场准入。第四，公平贸易原则。各世贸组织成员被要求在进行国际贸易交往中，应进行公平的贸易竞争，不得采取不公平的贸易手段进行国际贸易竞争或扭曲国际贸易竞争。第五，关税约束和关税递减原则。所谓约束性关税是法定承诺不提升已有水平的关税，把关税约束在实际适用关税以上的水平视为合法的让步。第六，禁止数量限制原则。原则上取消进出口数量限制。第七，例外和实施保障措施原则。保障措施是一种在紧急情况下可以采取的进口限制措施，即当一个成员方某个产业部门因进口骤增导致严重损害或有严重损害的威胁时就可以实施进口限制。这种限制以提高关税为主，数量上的限制只能在某些特定的情况下运用。

[阅读专栏]

外汇与汇率

外汇是以外币表示的用于国际结算的支付凭证。国际货币基金组织对外汇的解释为：外汇是货币行政当局（中央银行、货币机构、外汇平准基金和财政部）以银行存款、财政部库券、长短期政府证券等形式所保有的在国际收支逆差时可以使用的债权，包括外国货币、外币存款、外币有价证券（政府公债、国库券、公司债券、股票等）、外币支付凭证（票据、银行存款凭证、邮政储蓄凭证等）。

货币外汇汇率（Foreign Exchange Rate）是一个国家的货币折算成另一个国家货币的比率、比价或价格，也可以说是以本国货币表示的外国货币的"价格"。外汇买卖一般均集中在商业银行等金融机构。它们买卖外汇的目的是追求利润，方法是贱买贵卖，赚取买卖差价，其买进外汇时所依据的汇率为买入汇率，也称买入价；卖出外汇时所依据的汇率叫卖出汇率，也称卖出价。

第二节 经济全球化、对外开放与构建新发展格局

习近平总书记说，"一个国家、一个民族要振兴，就必须在历史前进的逻辑中前进、在时代发展的潮流中发展。"经济全球化是世界发展的大势，开放是当代中国的鲜明标识。中国通过扩大高水平对外开放，一方面反对单边主义、保护主义，另一方面支持世界各国扩大开放，同世界分享发展机遇，推动经济全球化朝着更加开放、包容、普惠、平衡、共赢方向发展。

一、经济全球化的内涵与进程

经济全球化是人才、资本、技术以及金融等资源要素在国际自由流动、规则和标准全球统一化演进的现象趋势。本质上看，经济全球化是市场机制通过自由贸易不断扩大其作用范围，实现生产、分配、流通和消费等社会再生产过程的国际循环，从而在全球范围配置资源、提高国际分工水平、获得报酬递增效应的过程。经济全球化作为资本主义生产方式发展的必然趋势，受资本积累规律支配，由国际垄断资本主导。因此，经济全球化一方面代表科学技术进步和人类社会生产力发展的客观要求，另一方面构成资本主义生产关系的全球扩张。

迄今为止，经济全球化大致经历了三个阶段。第一阶段是殖民扩张和世界市场形成阶段。19世纪，以英国为首的西方市场经济国家，发动了第一次经济全球化浪潮。西方国家靠巧取豪夺、强权占领、殖民扩张，到第一次世界大战前基本完成了对世界的瓜分，世界各地区各民族都被卷入资本主义世界体系之中。第二阶段是两个平行世界市场阶段。20世纪中叶，美国成为经济全球化的领头羊，推动了第二次经济全球化浪潮。第二次世界大战结束后，一批社会主义国家诞生，殖民地半殖民地国家纷纷独立，世界形成社会主义和资本主义两大阵营。第三阶段是经济全球化阶段。冷战结束之后，社会主义和资本主义两大阵营的对立逐渐减弱，世界各国在比较优势原则下参与国际竞争与合作，形成了统一的世界市场，经济全球化快速发展演化。

中国同世界市场的关系也相应地经历了三个阶段。第一阶段从闭关锁国到半殖民地半封建阶段。鸦片战争之前，中国维持自给自足的封建经济，与世界市场和现代工业化发展进程相隔绝。帝国主义列强利用包括鸦片战争在内的一系列侵略战争强行打开了中国的大门，使中国沦为积贫积弱的半殖民地半封建国家。第二阶段是"一边倒"和封闭半封闭阶段。新中国成立后，中国遭受美国等西方资本主义国家的经济封锁，在相对封闭的国际环境下，为了探索社会主义建设之路而向苏联争取

337

援助与合作，后来在"文革"中基本同世界隔绝。第三阶段是全方位对外开放阶段。改革开放以来，我国抓住了新一轮全球化带来的机遇，利用人口、土地等成本优势积极融入全球化，并随着国内市场经济体制的完善，不断扩大对外开放，实现了我国同世界关系的历史性变革。

二、经济全球化面临的新形势

新一轮全球化经过了 50 年左右的发展，经济全球化大趋势仍未改变，但是，全球化进程中的矛盾积累使逆全球化的因素增多。

（一）全球发展失衡，不利于世界人民生活水平提高

从 20 世纪 70 年代开始的新一轮全球化，由国际垄断资本主导，在资本主义金融化制度安排下演进。世界分工的深化不断提高生产效率，参与国家抓住机遇获得了发展。但是，在国际垄断资本积累规律作用之下，经济全球化难以避免发展的失衡，主要体现在国际范围的收入分配不平衡以及发展空间的不平衡上。目前，全世界最富有的 1% 人口拥有的财富量超过其余 99% 人口财富的总和，有 7 亿多人口生活在极端贫困之中。能源危机、粮食危机以及包括新冠肺炎等疫情，对经济欠发达国家和地区造成更大冲击，使经济条件脆弱人群的生活陷入困境，发展失衡构成当今世界社会动荡的重要原因。

（二）全球增长乏力，阻碍世界经济持续稳定增长

2008 年经济危机并没有缓解全球的积累矛盾，近年来世界经济增速和全球贸易增速徘徊在低水平，传统产能过剩问题突出，短期需求刺激难以发挥有效的经济提振作用。世界经济正处于动能转换的换挡期，第三次工业革命成果所代表的传统增长引擎对经济的拉动作用已经减弱，以信息技术为代表的新技术革命方兴未艾，世界处在第四次工业革命前夜，新一轮科技革命和产业变革正处在实现重大突破的历史关口，我们迫切需要进行深度结构性改革，培育新的经济增长点，才能开辟新的全球经济增长之路。

（三）全球经济治理滞后，难以适应世界经济格局变化

新一轮全球化进程中国际经济力量对比发生深刻演变，新兴市场经济国家快速崛起，发展中国家对全球经济增长的贡献率已经达到 80%。相对于已经成型的世界经济新格局，发达资本主义国家主导的全球治理体系的代表性和包容性已经落后于新格局的治理要求。随着全球分工的深化，全球产业布局发生深刻调整，世界各国都内嵌于全球产业链系统之中，产业链、价值链和供应链等构成全球经济联系的不同维度。但是，贸易和投资规则并未能跟上全球生产组织结构变化的要求，机制封闭化、规则碎片化矛盾突出。同时，面对世界金融市场风险加剧的趋势，急需改革全球金融治理机制，以有效化解国际金融市场频繁动荡、资产泡沫集聚等问题。

上述当今世界经济增长、治理、发展模式中突出存在的问题，构成近年来单边主义、保护主义抬头，经济全球化遭遇逆流的主要原因，对经济全球化进程带来消极影响。

三、新时代对外开放的新特点

习近平总书记用"世界百年未有之大变局与中华民族伟大复兴的历史交汇点"来描述现阶段的国际、国内矛盾运动及其相互关系，国内外环境的变化决定了新时代我国对外开放的新特点。

从国际条件看，我国外向型发展的国际条件发生重大变化。其一，以数字技术为代表的新一轮技术革命即将引发生产力的大变革，第四次工业革命蓄势待发，技术创新为全球经济发展带来了新机遇。其二，世界经济格局发生了深度调整，新兴市场和发展中国家群体性崛起。发达资本主义经济体为了维持其支配地位，试图构筑高标准自由贸易区网络，以抢占竞争制高点。其三，资本主义世界体系积累失衡矛盾激化，加剧了国际竞争和对抗。以美国为首的发达资本主义国家祭出"再平衡"战略，使承接全球制造业的中国首当其冲。总之，受资本积累规律支配，经济全球化依然是世界发展的大趋势，但是，全球化进程遇到了挑战和困难。

从国内条件看，随着经济发展水平的提高，一方面，中国人均国民收入超过一万美元，迈入中等收入行列，基本形成了超大规模市场优势。中国在一些先进科技领域改变了落后地位，甚至具备"并跑""领跑"能力。中国作为世界制造业中心，在全球产业链体系中占据重要地位；另一方面，国内劳动力、土地等成本上升，集中于全球产业链中、低端的中国制造业，在世界市场上的比较优势逐渐下降。国内、国际因素相互作用，使国内发展不平衡不充分矛盾显现，人口、资源和环境对经济发展的约束日益趋紧。我国将长期面临发达资本主义国家的贸易、技术及金融遏制。上述情况对中国经济可持续发展造成越来越明显的阻碍。

面临"实现第一个百年奋斗目标，开启实现第二个百年奋斗目标新征程，朝着实现中华民族伟大复兴的宏伟目标继续前进"的任务，新时代的对外开放，必须适应新形势，围绕着构建以国内大循环为主的新发展格局的战略决策，推动实施供给侧结构性改革及创新驱动的经济高质量发展战略，促进国内和国际平衡发展，构建全面开放新格局。

我们应该谋求包容互惠的发展前景，共同维护以联合国宪章宗旨和原则为基础的国际秩序，坚持多边贸易体制的核心价值和基本原则，促进贸易和投资自由化便利化，推动经济全球化朝着更加开放、包容、普惠、平衡、共赢的方向发展。我们应该落实联合国 2030 年可持续发展议程，加大对最不发达国家的支持力度，让发展成果惠及更多国家和民众。

四、建设更高水平开放型经济新体制

党的十八大以来，党中央总揽全局，为了实现高质量发展，提出扩大高水平对外开放，着手形成全面开放新格局，倡导发展开放型世界经济，推动国内平衡与国际平衡良性互动。党的十八大提出"必须实行更加积极主动的开放战略，完善互利共赢、多元平衡、安全高效的开放型经济体系"

（一）推进对外开放的"多元平衡战略"

第一，推动商品、服务贸易平衡发展。党的十八大提出"坚持出口与进口并

重，强化贸易政策和产业政策协调，形成以技术、品牌、质量、服务为核心的出口竞争新优势，促进加工贸易转型升级，发展服务贸易"。党的十九大提出加快推进我国从"贸易大国"向"贸易强国"转换，通过探索建设自由贸易港进一步"放宽市场准入"和"扩大服务业开放"，加快推进内外贸一体化进程。第二，推动要素平衡流动。党的十八届三中全会指出"必须推动对内对外开放相互促进、引进来和走出去更好结合，促进国际国内要素有序自由流动、资源高效配置、市场深度融合"。党的十九大提出"创新对外投资方式，促进国际产能合作，形成面向全球的贸易、投融资、生产、服务网络"。通过改善外商投资环境、创新对外投资方式，推动对外投资嵌入世界全产业链，提高对外投资的经济效益，从而"加快培育国际经济合作和竞争新优势"。第三，推动金融市场双向开放。2013年，中国在建立RQFⅡ和RQDⅡ制度基础上，先后推出"沪港通""深港通"等跨境证券投资机制，不断扩大金融市场双向开放。第四，推动形成路海内外联动、东西双向互济的全面开放格局。通过中欧班列、"一带一路"倡议等项目将广阔的中国西部内陆腹地纳入开放纵深，不仅改变我国对外开放东快西慢、沿海强内陆弱的情况，而且逐步形成沿海内陆沿边分工协作、互动发展的新格局。第五，推进商品、要素开放向制度型开放转变，建立开放型世界经济。通过协调、制定世界贸易领域的规则、规制、管理、标准等，积极参与国际经济治理。"不管全球治理体系如何变革，我们都要积极参与，发挥建设性作用，推动国际秩序朝着更加公正合理的方向发展，为世界和平稳定提供制度保障。"

（二）发起共建"一带一路"倡议，提出开放合作的"共商共建共享"原则

2013年习近平总书记提出"一带一路"倡议，"旨在同沿线和世界各国分享中国发展机遇，欢迎各方搭乘中国发展的'快车''便车'，不仅造福中国人民，更造福世界各国人民。""一带一路"建设既是我国扩大对外开放的重大举措，也是我党构建人类命运共同体的重要平台。

（三）"以对外开放的主动赢得经济发展的主动、赢得国际竞争的主动"

当前我国面临国内结构不平衡和国际经济失衡对可持续性发展的挑战，党不仅通过"推动二十国集团加强合作、推进'一带一路'建设、筹建亚投行、加快实施自由贸易区战略、加快构建开放型经济新体制等，积极参与全球治理，推动构建公正、合理、透明的国际经贸投资规则体系等"实施积极主动的开放政策。习近平总书记结合中国经济深度融入全球化的客观现实，高瞻远瞩地将国内、国际经济运行统筹起来研究国民经济发展战略，提出"加快构建以国内循环为主体、国内国际双循环相互促进的新发展格局"，强调新发展格局不是学发达国家搞逆全球化、抵制世界市场的"内循环"，也不是搞"无差异"的"双循环"，更不是搞"弱肉强食、以邻为壑"的掠夺，而是通过发挥内需潜力带动国内大循环，进一步吸引全球资源，更加有效的联通国内市场和国际市场，更好的争取开放发展的战略主动。相互促进的国内国际双循环意味着通过创新驱动发展战略的实施，我国将从依靠比较优势转向凭借竞争优势参与世界市场，从而将反依附与实现国内大循环的主体地位有机统一起来，是摆脱"中等收入陷阱"必由之路。

五、构建新发展格局

2020 年 10 月，党的十九届五中全会通过的《中共中央关于制定国民经济和社会发展第十四个五年规划和二〇三五年远景目标的建议》（以下简称《建议》）提出，要加快构建以国内大循环为主体、国内国际双循环相互促进的新发展格局。这标志着我国经济发展路径和目标的重大调整和完善，是习近平新时代中国特色社会主义经济思想的又一重大理论成果，具有重大现实意义和深远历史意义。

(一) 以马克思主义政治经济学原理来把握新发展格局的核心命题

从内涵来看，国内经济大循环，是以满足国内需求为出发点和落脚点，以国内分工体系和市场体系为载体，以国际分工和国际市场为补充和支持，以国民经济循环顺畅、国内分工不断深化、总体技术水平不断提升为内生动力的资源配置体系。国际经济大循环则是以国际分工和国际市场为基础，以国际产业链和价值链为依托，以国际贸易、国际投资和国际金融为表现形式，基于比较优势的各经济体相互竞争、相互依存的经济循环体系。国内经济大循环需要在开放中利用国内国际两个市场、两种资源，与国际经济大循环形成对接；而且，是在全面联通的基础上，形成以国内大循环为主体、国内国际双循环相互促进的新发展格局，所以，双循环体系本质上是一个开放的体系，但是在开放的方式、路径、落脚点、目标以及内外之间的关系上都与传统的"两头在外"的外向型发展战略不同。

从外延来看，构建新发展格局，关键在于贯通生产、分配、流通、消费，畅通国民经济循环，其根本要求是提升供给体系的创新力和关联性，着力打通社会再生产过程中的难点和堵点。具体要把握好以下几个重大关系：一是供给和需求的关系。今后很长一段时间，我国经济运行中的主要矛盾在供给侧。供给结构不能适应需求结构变化，难以满足多样化并不断升级的市场需求。因此，要坚持深化供给侧结构性改革这条主线，以创新驱动、高质量供给引领和创造新需求。同时，要高度重视需求侧管理，坚持扩大内需这个战略基点，始终把实施扩大内需战略同深化供给侧结构性改革有机结合起来。二是国内大循环与国内国际双循环的关系。国内大循环为国内国际双循环提供坚实基础，依托国内大循环吸引全球商品和资源要素，打造我国国际合作和竞争的新优势。必须坚持实施更大范围、更宽领域、更深层次对外开放推动双循环，因此国内大循环不是自我封闭，不参与世界分工。三是深化改革和推动发展的关系。构建新发展格局本质上是改革问题，因为必须要通过全面深化改革扫除阻碍国内大循环和国内国际双循环畅通的制度、观念和利益羁绊，破除妨碍生产要素市场化配置和商品服务流通的体制机制障碍，形成高效规范、公平竞争、充分开放的国内统一大市场，形成高标准的市场化、法治化、国际化营商环境，降低全社会交易成本，构建高水平社会主义市场经济体制，实现社会生产力大发展。

(二) 构建新发展格局提出的历史背景

习近平总书记指出，"新发展格局是根据我国发展阶段、环境、条件变化提出来的，是重塑我国国际合作和竞争新优势的战略抉择"。因此，这一战略抉择本质上是一个适应百年未有之大变局加速调整、国内高质量发展步入新阶段、国内发展

341

主要矛盾出现新现象和新规律的必然战略调整和战略再定位，是新阶段中国发展内外部因素综合作用的内生产物。在理论和实践中，我们必须把它放在社会主义现代化建设的长时段战略框架中进行把握。

一是适应我国经济发展阶段变化的主动选择。经济发展是螺旋式上升的过程，不同阶段面临的矛盾要求我国的经济发展方式做出与时俱进的调整。改革开放以后相当时间内，我国抓住经济全球化的重要机遇，利用比较优势参与国际分工，凭借低成本的劳动力、土地等要素的价格竞争力融入国际经济大循环，形成市场和资源"两头在外"的发展模式，由此推动经济高速增长。经过四十多年的艰苦奋斗，我国国民收入水平位居世界第二，人均国内生产总值超过1万美元，达到世界中等收入水平，人民生活不仅满足了温饱，而且实现了全面小康。这同时意味着，国内生产函数和需求结构发生重大变化，一方面，随着我国工业化和城镇化水平的提高，要素成本逐渐上升，技术进步难以满足提高生产效率的要求，"卡脖子"问题突出；另一方面，生产结构越来越无法满足居民消费升级的需要，产能过剩和供求脱节现象显现。解决这一矛盾，要求转向依靠创新驱动发展，提升供给质量和水平。

二是应对错综复杂的国际环境变化的战略举措。21世纪以来，新一轮科技革命加速扩散，第四次工业革命方兴未艾，全球贸易和产业格局发生显著调整；2008年国际金融危机后，世界经济并未真正摆脱衰退趋势，世界市场陷入低迷，国际经济大循环动能弱化。近年来，西方发达资本主义经济体积累失衡矛盾凸显，贸易保护主义抬头，经济全球化遭遇逆流。美国借口"贸易逆差"利用关税等手段加大对中国的贸易制裁，并对中国高科技企业实施打压，全方位遏制中国发展；2020年年初爆发的新冠疫情激化了全球失衡矛盾，全球产业链、供应链遭受严重冲击，很多国家开始考虑经济安全问题，着手布局收缩产业链和供应链，对深度融入全球分工体系的中国产业发展产生压力。上述外部环境的变化必然对我国经济发展带来新的挑战，因此，我国必须顺应变局调整经济发展路径，一方面要努力打通国际循环，另一方面要畅通国内大循环，提升经济发展的自主性、可持续性，增强韧性，保持我国经济平稳健康发展。

三是发挥超大规模经济体优势的内在要求。在经济结构深刻调整的背景下，实现经济可持续增长，必须要挖掘自身潜力。大国经济发展根本上要依靠内部循环，并创造巨大的供给能力和国内市场，进一步支撑并带动外部循环。首先，我国具备国内大循环基础：改革开放以来，我国经济快速成长，一方面形成了拥有14亿人口、4亿多中等收入群体的超大规模市场，另一方面我国拥有全世界最完善、规模最大的工业体系及完善的工业生产配套能力；其次，我国具备实现内部大循环、促进国内国际双循环的条件。从需求潜力看，随着我国经济平稳发展，收入水平不断提升，国内市场呈现持续扩张趋势。从供给能力看，我国拥有1.3亿户市场主体和1.7亿多受过高等教育或拥有各种专业技能的人才，研发能力不断积累和提升。因此，必须利用国内经济纵深广阔的优势，通过发挥规模经济和集聚经济效应释放巨大而持久的动能，推动全球经济稳步复苏和增长。

（三）构建新发展格局的政策措施

构建新发展格局需要各部门各地区结合自身情况，制定具体的规划、政策和措施，提高贯彻新发展理念、构建新发展格局的能力。

第一，发挥科技创新在畅通循环中的关键作用。加快科技自立自强是畅通国内大循环、塑造我国在国际大循环中主动地位的关键。基础研究上，强化国家战略科技力量，推动原始创新。应用研究上，强化企业创新主体地位，坚持问题导向，集中力量打好关键核心技术攻坚战，补齐产业链供应链短板。技术上，发挥我国市场优势，发展先进适用技术，促进新技术产业化规模化应用。人才教育上，充分激发人才创新活力，全方位培养、引进、用好人才，建设高质量教育体系，加大教育投入，加强基础研究、创新型、应用型、技能型等各类人才的培养，并加强国际科技交流与合作，在开放条件下促进科技能力的提升。

第二，推动实现供给创造需求、需求引领供给的良性互动。优化供给结构，改善供给质量是畅通国民经济循环的着力点。首先，以数字技术等先进技术改造传统产业，发展战略性新兴产业，加快发展现代服务业。其次，通过提供产权保护等创造良好环境，保持微观市场主体的创新活力，提升企业核心竞争力。再次，加快培育完整内需体系，完善扩大内需的政策支撑体系。增强消费对经济发展的基础性作用，提升传统消费，培育新型消费，发展服务消费。最后，发挥投资优化供给结构的关键作用，拓展投资空间，优化投资结构。推动企业设备更新和技术改造，推进强基础、增功能、利长远的重大项目建设。

第三，健全现代流通体系，推动金融更好地服务于实体经济。流通是畅通经济循环的重要基础。一方面，构建现代物流体系，完善综合运输大通道、综合交通枢纽和物流网络。另一方面，实施高标准市场体系建设行动，健全要素市场运行机制，加强社会信用体系和结算体系建设，降低制度性交易成本。金融是实体经济的血脉。对金融体系进行结构性调整以适应实体经济发展需要。因此要大力提高直接融资比重，发挥资本市场对于推动科技、资本和实体经济高水平循环的枢纽作用，提升金融科技水平。

第四，推动区域和城乡协调发展。首先，我国处于城镇化快速发展时期，推动新型城镇化，既能创造巨大需求，又能提升有效供给。具体而言，要发挥中心城市和城市群带动作用，实施区域重大战略，建设现代化都市圈，形成一批新增长极。其次，健全区域战略统筹、市场一体化发展等机制，改善区域分工合作关系，促进发达地区和欠发达地区、东中西部和东北地区共同发展。最后，城乡经济循环是国内大循环的重要方面。推动农业供给侧结构性改革，托住国民经济发展的底盘。全面实施乡村振兴战略，强化以工补农、以城带乡，释放农村农民的需求。推动城乡要素平等交换、双向流动，增强农业农村发展活力。推动城市化地区、农产品主产区、生态功能区三大空间格局发挥各自比较优势，提供优势产品。

第五，扩大就业提高居民收入水平。收入提高是扩大国内市场并拉动结构升级的基础，而就业是实现收入的前提。首先，坚持经济发展的就业导向，促进就业的

343

容量和质量。其次，坚持共同富裕方向，构建初次分配、再分配、三次分配协调配套的基础性制度安排，改善收入分配格局，扩大中等收入群体。初次分配主要体现效率优先原则，即以生产中要素的效率功能来进行分配。再分配主要通过社会保障、公共服务及一些补贴体系等实现收入分配的相互协调。三次分配，主要由高收入人群在自愿基础上，以募集、捐赠和资助等慈善公益方式对社会资源和社会财富进行分配，是对初次分配和再分配的有益补充，有利于缩小社会差距，实现更合理的收入分配。

第六，推动更高水平的对外开放，更深度融入全球经济。在更高水平上引进外资。进一步扩大市场准入，创造更加公平的市场环境。促进经常项目和国际收支平衡。加快推进贸易创新发展，提升出口质量，扩大进口。推进共建"一带一路"高质量发展。通过顺畅联通的国内国际循环，推动建设开放型世界经济，推动构建人类命运共同体，形成更加紧密稳定的全球经济循环体系，促进各国共享全球化深入发展机遇和成果。

第三节　中国对外经济关系与国家经济安全

在当今的国际交往活动中，经济关系作为关键一环，其重要性正日益凸显，呈现出压舱石的作用。新中国成立以来，中国对外经济关系在地位上发生了天翻地覆的变化，由过去的被殖民被压迫被奴役脱胎换骨为完全独立自主。改革开放以来，党和国家沿着不断深化改革、不断深化对外开放的道路继续前进，对外经济关系突飞猛进，既适应了经济全球化的历史发展趋势，又有力助推了经济全球化进程。经济全球化迅速发展，既为各国经济发展创造了机遇，有力促进了全球经济发展，也为各相关国家带来了挑战，甚至造成了部分国家和地区的经济动荡，在一定程度上威胁着国家经济安全。党的十八大以来，在习近平总书记的带领下，中国对外经济关系不断迈上新台阶、取得新成就，有效确保了国家经济安全。

一、国际经济关系与国际经济新秩序

进入 21 世纪以来，当代国际经济关系无论在形式上还是内容上，无论在地域范围还是在性质和影响方面都发生了巨大的变化。一方面，国际经济关系的发展对全球经济政治具有越来越重要的作用，各国经济社会乃至世界经济的发展从来没有像今天这样和国际经济关系的发展息息相关；另一方面，国际经济关系的发展在给世界各国带来经济社会的繁荣和发展的同时，也带来了诸多问题和挑战，重构了国际经济新秩序。

（一）国际经济关系

所谓国际经济关系是指，作为行为主体的世界各国，通过人、财、物、供、产、销等方式形成的相互联系、相互依赖、互相合作、融为一体的错综复杂的全球性国际经济网络，是世界范围内超越国界的各个领域、各种形式、各个层次的经济联系的总和，是国家之间、国际经济组织之间、国家与国际经济组织之间、不同国家的市场主体之间，在国际贸易、国际金融、国际资本和资金流动、劳动力的国际移动、世界市场、国际经济组织、国际经济联合等领域里的经济联系和交往。国际经济关系虽然早已有之，但在第二次世界大战后，由于国际分工和生产国际化的高度发展，世界范围内各国之间经济交往和联系变得非常频繁和复杂。特别是 20 世纪 90 年代以来，经济全球化进程加快，国际资本流动日益迅速、对外贸易日益发展、技术交流日益多样、人员流动日益频繁，促使世界经济联系得更加紧密。随着科学技术、国际政治、国际经济特别是经济全球化的发展，国际经济关系的表现形态也不断多样化。

在人类历史长河中，伴随着社会生产力的发展，社会生产关系的发展经历了从无到有、从简单到复杂、从低级到高级的演进过程，国际经济关系也不例外。当前国际经济关系呈现出新的发展特点。

第一，和平与发展是时代主题，是当代国际经济关系的主旋律。在战后半个多世纪的发展历程中，和平潮流集中表现为世界各国人民和政府争取独立和平等、反对霸权、维护世界和平、反对世界战争的趋势上。

第二，竞争与合作是时代潮流，是当代国际经济关系发展的双重驱动力。当代世界经济竞争本质上是科学技术的竞争。世界各国在经济上的相互依赖性日趋增强。世界各国在竞争中求发展，在竞争中求合作。

第三，相互依存是时代趋势，是当代国际经济关系的根本属性。在竞争日益激烈的影响下，各个国家在加强双边经济关系的基础上，将会更加重视区域经济合作，各种类型的区域以及跨区域性的经济合作会继续加强。

第四，不平衡性是时代之殇，是当代国际经济关系的基本特性。各经济行为主体之间的发展不平衡，是世界经济和国际经济关系中普遍存在的现象。

第五，政治关系经济化、经济关系政治化是时代特征，是当代国际经济关系的外在表现形式。国际政治关系经济化是指国际政治不断受到国际经济的影响，从而具有浓厚的经济色彩的倾向。各国在用经济手段影响政治的同时，为实现本国综合利益的最大化，经济上积极干预国际政治活动和国际政治关系。

国际经济关系呈现的新变化。中国作为新兴市场经济国家的典型代表，是新型国际经济关系的积极探索者。新型国际经济关系的核心是合作共赢，其中合作是路径，共赢是目的。新型国际经济关系的核心要义在于通过合作实现共赢，打造"人类命运共同体"，进而使得世界走向一个更加广阔而美好的未来。新型国际经济关系所遵循的基础原则应是平等，平等是合作共赢的基础，是规范各国经济关系的首要原则。新型国际经济关系的最终目标是"构建人类命运共同体"，建设更加公平美好的世界。新型国际经济关系的目的是实现共赢，共赢的主要表现就是实现公共利益的最大化。人类命运共同体的思想在经济层面深刻揭示了在国际经济交往中的利益交互性、价值共通性和命运依存性，这些恰恰也是以合作共赢为核心的新型国际经济关系的内在准则和必然结果。

（二）国际经济新秩序

国际经济关系的不断发展，助推了国际经济新秩序的建立。长期以来，西方发达国家凭借其雄厚的经济实力，强势主导着国际经济关系的运行，构筑了对其有利的国际经济秩序，而广大发展中国家在发展本国经济和构筑国际经济秩序中则处于被动和无权地位。改革开放之初，尽管中国在形式上表现为主动对外开放，但作为现行国际经济秩序的接受者和遵守者，中国以"被融入"的角色参与国际经济。

第二次世界大战以后，虽然发展中国家在国际舞台上成为一支举足轻重的力量，但在生产领域、贸易领域和国际金融领域仍然受到不平等的待遇，在国际经济事务中仍然没有发言权和决策权，这种状况阻碍了发展中国家经济的发展。因此在战后强烈要求改革旧的国际经济秩序，为建立新的国际经济秩序而积极斗争。20世纪90年代世界政治格局的巨大变化和世界经济在动荡中的持续发展，为发展中国家建立国际经济新秩序提供了新的历史条件。进入21世纪以来，国际经济关系呈现出新变化，金融危机使得很多国家深陷困境，单边主义、保护主义横行，亟待构建国际经济新秩序。

国际经济新秩序的基本原则，是在主权平等、和平共处的基础上建立互相合作、平等互利的国际经济关系。发展中国家所推动的建立国际经济新秩序的运动，涉及国际经济的各个领域，其内容主要包括：维护对资源的主权与争取海运权；改善国际贸易与技术转让条件；国际货币金融领域的改革；改革世界经济结构。它主要是发展中国家的奋斗目标，发展中国家要求在主权平等、和平共处的基础上建立互相合作、平等互利的国际经济关系。国际经济新秩序的建立将是一个漫长的斗争过程，其发展前景直接关系着世界经济的和谐发展与和谐社会的构建。

二、经济全球化与中国对外经济关系的发展

在党的十一届三中全会以后，党和国家充分认识到国际分工是社会生产力进一步发展的必然要求，开始实行对外开放并积极参与国际分工。中国的工业化发展开始契合要素配置全球化的趋势，商品和资本流动自由化程度提高，劳动力价格成本优势在开放条件下得到了充分体现。通过参与国际分工和贸易，中国获得了越来越多的收益，在国际分工体系中的地位也不断提升。

（一）经济全球化助推中国融入全球经济

事实上，人类社会在进入20世纪后就已经逐步进入了这样一个历史阶段：建立在社会分工协作基础上的社会化生产的发展，必然地推动了生产、流通、投资和市场的不断扩大，其发展趋势也必然地突破了各国的国界，从而形成了日益统一的不可分割的世界市场，使各个国家的生产和消费都越来越成为全球性生产和消费密不可分的组成部分；进而形成了分布广泛的遍布全球多国的产业链、供应链、服务链、价值链；许多重要产品都是由不同国家的原料和生产部件组装而成；成千上万的公司都是跨国公司或为其服务的上下游企业；绝大多数基础原料产品和大宗商品的价格，都是由世界范围内的供求情况决定；各国之间的货物贸易和服务贸易在世界贸易总额中所占比重越来越大；金融和保险也是通过全球市场来运作，等等。总之，这意味着人类社会主要的生产活动、贸易活动、投资活动、服务活动、金融活动等，都早已突破了各个国家的国界，在全球范围内广泛深入、不休不止地进行着。

　　中国参与经济全球化的表现形式主要体现在以下四个方面：

　　第一，贸易全球化。贸易全球化主要是指商品和劳务在全球范围内自由流动。在全球贸易快速增长的同时，贸易结构也在经历重大变化，服务贸易、技术贸易、产业内贸易和跨国公司内部贸易在全球贸易中的比重不断上升。贸易自由化的深度和广度在不断拓展，贸易全球化已成为当今经济全球化的重要表现。中国对外贸易总量长期位居世界第一，从对外贸易总额占比来看，中国更是从 2001 年的 4.1% 提升到了 2021 年的 13.3%。和无数国家都有着贸易往来，在诸多领域里面的贸易额更是常年高居首位。

　　第二，金融全球化。金融全球化是指全球金融市场日趋开放、金融体系日趋融合、金融交易更加自由的过程。在中国具体表现为，金融市场的全球化、金融资产的全球化、金融机构的全球化、金融监管的全球化等。

　　第三，生产国际化。生产国际化最直接的体现就是跨国公司的国际化生产向纵深推进，跨国公司的分支机构在数量和地域覆盖上极大地扩展，在组织安排和管理体制上已无国界规划。中国是当之无愧的世界工厂，为全球贡献着廉价商品，同时也是体系最完善，最强大的世界工厂。全世界工业门类 190 多个大类，500 多个小类，中国全覆盖，世所仅有。

　　第四，国际分工进一步深化。20 世纪 90 年代以来，随着现代科技的迅速发展和跨国公司的全球产供销网络的形成，国际分工进一步深化，其形式和格局都发生着深刻的变化，其中最突出的就是产品内分工的出现，越来越多的产品生产过程所包含的不同工序和区段，被拆散分布到不同国家和地区进行。这种全球范围的国际分工体系使各国家和地区的生产成为全球生产体系的一部分，国际分工进一步深化已成为经济全球化的重要表现之一。

　　进入 21 世纪以来，越来越多的发展中国家逐渐消除了外国资本会侵占和损害它们本国利益的担心，积极加入全球产业链、供应链、服务链和价值链中，全球化为这些国家带来了大量的投资、就业、技术进步、进出口贸易增长、基础设施扩大、经济繁荣和人民生活水平提高。

（二）中国助推经济全球化进一步发展

　　在逆全球化趋势增强，国际规则竞争加剧的背景下，中国坚定不移地建设开放型经济，加强中国经济与世界经济的融合，驱除贸易保护主义阴云的同时主动参与公平、开放、包容的多边经贸规则建设，提出了一系列新思想与新方案。

　　首先，中国领导人坚定不移呼吁维护多边机制。中国领导人在国际场合向多方呼吁维护多边机制，积极探索经贸规则调整。近些年，中国国家领导人在国际场合不断重申要坚决反对单边主义、保护主义，坚持建设开放型世界经济，维护多边贸易体制，促进贸易投资自由化便利化。在全球经贸复苏乏力，国际经贸规则调整面临不确定性的当下，中国对欧洲、东亚等仍坚持多边主义，呼吁维护多边体制的权威性，回击当前的"逆全球化"论调，也为新一轮的国际经贸合作注入信心。加入世界贸易组织之后，中国对外开放的经济政策使中国与世界经济的联系更加紧密。在对外经贸合作成果不断增加的同时，中国在统筹国内国际两个大局上更加成熟，

347

不仅更积极地参与国际竞争，也在国际经贸规则制定中探索塑造自身话语权。

其次，中国探索全球经济治理新方案。近些年，中国在完善高水平、全方位开放政策的同时逐渐探索全球经济治理方案，参与新时期经贸规则的制定。中国坚持"共商、共建、共享"的基本原则和"和平合作、开放包容、互学互鉴、互利共赢"的丝路精神，与"一带一路"建设相关国家和地区不断拓宽经贸领域合作，以"一带一路"建设为平台探索更新多边经济治理体系。不仅如此，中国自贸区网络加快建设也是我国对外制度型开放体制不断建设和完善的重要体现。

最后，全力确保全球供应链稳定。与历史上其他周期性危机冲击不同，新冠肺炎疫情和俄乌冲突对国际贸易的影响不仅是数量上的，还是结构上的。中国的对外贸易更因为美国对华断供政策而出现重大变局，结构性调整将是必然选择。中国的优势在于经济规模大，且已经基本上形成了全产业链结构，全力确保全球供应链稳定，从而能够进一步推动经济全球化的发展。

三、经济全球化与国家经济安全

国家经济安全是国家安全体系的重要组成部分，是国家安全的基础，是政治安全和军事安全的依托，是一国保持其经济存在和发展所需资源有效供给、经济体系独立稳定运行、整体经济福利不受恶意侵害和不可抗力损害的状态和能力。维护国家经济安全是一项长期的、复杂的、紧迫的、艰巨的工作，也是一个国家维护政权、主权、人民福祉等的重要基础。一个国家在不同时期、环境及发展阶段形成不同的国家经济安全战略。借助于经济全球化，中国与世界经济形成了前所未有的深度融合，奠定了坚实的经济基础。但风险与机遇并存，经济全球化既为中国经济带来了千载难逢的机遇，又为中国经济安全带来了挑战，如何应对经济全球化和逆全球化的冲击，是切实维护国家经济安全的重要战略抓手。

（一）经济全球化对国家经济安全的冲击

当今世界正在经历百年未有之大变局，对中国经济安全带来了巨大挑战。从 20 世纪 80 年代开始，经济全球化迅速发展，加速了要素、人员、组织，甚至制度在全球范围内的迅速流动，促进了各国文化、社会和政治的进一步交融。伴随着全球经济相互依存度的不断提高，国家经济安全的战略地位显得愈发突出，既是制定对外政策的重要依据，又是制定国家战略的重要目标。

随着中国经济全球化程度不断加深，中国的国家经济安全面临着越来越复杂的国际环境。中国选择的富有中国特色的经济全球化道路，具有开放性、自主性和人民性，虽然基本保障了国民经济发展处于不受国际资本和市场根本威胁的可持续发展状态，但也面临着大量的不可测、不确定、不稳定因素的冲击。随着经济全球化以及越来越多的全球性灾难与危机的出现，国家间彼此依存度越来越高，国家经济安全涉及领域越来越广泛，涵盖了粮食、资源、信息、产业、金融等系统，金融安全是核心，经济信息安全是基础，产业安全是内容，粮食安全是根本。虽然中国只用了短短数十年时间，就基本走完西方国家花二三百年才走完的工业化道路，但与此同时，各类经济安全隐患在不断积累，随着中国经济改革进入深水区，原来积累的各类经济安全风险也相继进入全方位释放期。

（二）逆全球化对国家经济安全的冲击

2008年全球金融危机以来，逆全球化思潮呈抬头之势，引发广泛关注。逆全球化是与全球化进程背道而驰的过程，是重新赋权给地方和国家层面采取封闭和保守的行为，是不同程度和形式的市场再分割现象。逆全球化的根本表现是，一国政策对多边开放立场的反转或对区域一体化的逆转，已经对世界经济造成了实质影响。中国经济已经深度融入全球价值链分工体系，逆全球化所造成的冲击不能忽视。

西方发达国家在面临国内经济结构失调时，采取"反倾销"和"加关税"等手段，通过国际贸易渠道向他国输出逆全球化。而中国又是以制造业为主体的外向型经济，外部逆全球化冲击通过国际贸易渠道影响了中国出口企业的经营现金流，对其投资产生负面影响，这一影响又经产业链向其他企业传导，引起企业投资水平进一步下降，对中国宏观经济运行和经济增长以及创新造成负面影响。

美国实行一系列"逆全球化"措施，表面上是要维护美国的正当利益，实则是要保证美国的绝对霸权主义，重构美国绝对领导下的全球化，并不是彻底摒弃全球化。但中国依旧承诺进一步扩大对外开放。改革开放四十多年的实践表明，中国是全球化的受益者和践行者，承诺进一步开放展现了大国担当。中国在推动和引领全球化做出自身贡献的同时，面对多种形式的外部冲击，需要未雨绸缪，备足政策工具箱。

（三）切实维护好国家经济安全

作为有担当的经济大国，中国既要全面提高对外开放水平，建设更高水平开放型经济新体制，也应积极参与世界范围内的国家经济安全体系建设。

首先，对风险来源的辨识和判定是切实维护国家经济安全的重要前提。中国已经意识到，当前与今后一个时期是"各类矛盾和风险易发期，各种可以预见和难以预见的风险因素明显增多"。现阶段，中国最需要防范的外部经济风险依其性质大致可以分为两类：一是国际经济体系的稳定性和有序性在民族主义、民粹主义等力量冲击下遭到削弱和动摇；二是全球经济事务的某些关键领域出现"去中国化"的倾向，如在国际经济规则的磋商与制定、全球价值链高端环节的进入、新技术标准的形成等方面。为此，我们需要积极构建国内国际双循环的新发展格局。当前，面对霸权国家单方提出的经济脱钩、科技脱钩等，面对国内外环境的深刻变化，适应我国经济发展阶段新需求，党中央提出"加快构建以国内大循环为主体、国内国际双循环相互促进的新发展格局"，这是构建经济安全体系的重要战略举措。最大的经济安全是和平，最大的国家安全是发展，走和平发展、开放发展、合作发展、共同发展之路。只要我们经济建设获得保障，能够满足人民对美好生活的需求，我们的社会主义制度就能稳固发展。针对现有的出口限制、贸易保护等问题进行磋商，通过扩大经贸合作领域和建立更为广泛的经贸关系，为维护国家经济安全提供良好的外部经济环境。

其次，针对经济安全做好风险应对。随着逆全球化趋势增强、新冠肺炎疫情影响和俄乌冲突的加剧，世界经济表现出生产体系的不安全性、不稳定性和脆弱性增

349

强，霸权国家的经济制裁和金融工具的滥用将会加剧。因此，我国在《中华人民共和国国家安全法》《国家安全战略纲要》等基础上，进一步建立可预警的经济安全制度保障体系，做好防范美国制裁升级的方案，针对金融制裁、金融勒索、海外资产被扣押或贬值等可能的风险做好制度应对。相较于其他国家，中国拥有更为坚实、牢靠的国内立足点，这是应该经济安全风险的坚实基础，进一步构建系统性、持续性、协同性的抗风险网络。讲大局、担使命，坚持底线思维、居安思危、未雨绸缪，坚持国家利益至上，以人民安全为宗旨，以政治安全为根本，切实维护国家经济安全。

最后，不断完善国家经济安全战略。从经济战略体系稳定和长期战略的角度出发，以传统经济安全为基础，以经济相互依存、政治和军事安全机制共同作为支撑来维护国家经济安全。2008 年国际金融危机以后，全球经济增长速度放缓，进入调整期，越来越多的发展中国家加入推动贸易自由化与便利化进程，反对霸权主义、单边主义和贸易保护主义。中国通过统筹和把握国内国际两个大局，在国际经济安全战略层面坚持并发展多边合作，使之和国内经济发展诉求相适应，并致力于在和世界其他经济体的贸易中获得更多主动权与规则制定权。伴随着经济的不平衡和不平等发展，国家经济安全风险与挑战加剧，从相对简单的竞争到异常复杂的对抗，从双边乃至多边协调合作的宽泛存在到竞争摩擦全面展开，突破了以往把经济实力作为国家经济安全的唯一构成要素的局限性，与其他国家寻求和扩大共同利益，从经济战略力量间共识和国家经济安全制度化建构出发，制定新的国家经济安全战略。

小　结

（1）对外开放是社会主义经济发展的客观要求。新中国成立以来，对外开放经历了曲折发展、初步探索、高速发展、构建开放型经济体系、推动形成全面对外开放新格局五个阶段。

（2）对外开放的形式主要包括对外贸易、对外资本交流、国际技术交流、对外承包工程和劳务合作、发展国际旅游业等。

（3）经济全球化是资本主义生产方式发展的必然趋势，受资本积累规律支配。迄今为止经济全球化发展经过了三个阶段，我国与世界市场的关系也相应地经历了三个阶段。

（4）当今世界经济增长、治理、发展模式中突出存在的问题，构成近年来单边主义、保护主义抬头，经济全球化遭遇逆流的主要原因，对经济全球化进程带来消极影响。

（5）国际、国内形势的重大变化是提出构建新发展格局战略决策的依据。要以高水平对外开放促进构建国内国际相互促进的双循环体系。

（6）国际经济关系的发展在给世界各国带来经济社会的繁荣和发展的同时，也带来了诸多问题和挑战，重构了国际经济新秩序。

（7）经济全球化与中国对外经济关系的发展相辅相成，相互促进。

（8）经济全球化既为中国经济带来了千载难逢的机遇，又为中国经济安全带来了挑战，如何应对经济全球化和逆全球化的冲击，是切实维护国家经济安全的重要战略抓手。

复习思考题

1. 解释下列名词：

经济全球化　　　新发展格局国际经济关系　　国际经济新秩序　　经济全球化
国家经济安全

2. 简述我国对外开放的历程。

3. 我国对外开放的基本形式包括哪些？

4. 怎样认识经济全球化面临的机遇和挑战？

5. 新时代的对外开放有哪些特点？

6. 如何建设更高水平对外开放型经济新体制？

7. 阐述我国构建新发展格局提出的背景和意义。

8. 怎样认识国际经济关系的特点？

9. 怎样认识经济全球化与中国对外经济关系？

10. 如何建设国际经济新秩序？

11. 如何维护国家经济安全？

阅读书目

1. 刘国光，汝信. 有中国特色的社会主义经济、政治、文化［M］. 北京：中国社会科学出版社，1993.

2. 桑百川. 中国利用外资三十年：历程、特点与前景［J］. 特区经济，2008（7）：13-17.

3. 赵瑾. 习近平关于中国对外投资的重要论述研究：兼论"十四五"我国"走出去"的政策着力点［J］. 经济学家，2021（11）：5-13.

4. 中共中央宣传部. 习近平新时代中国特色社会主义思想学习问答［M］. 北京：学习出版社，2021.

5. 中共中央宣传部. 习近平新时代中国特色社会主义思想三十讲［M］. 北京：学习出版社，2018.

6. 中共中央宣传部. 习近平总书记系列重要讲话读本［M］. 北京：学习出版社，人民出版社，2016.

7. 洪银兴. 新编社会主义政治经济学教程［M］. 北京：人民出版社，2018.

8. 中共中央文献研究室. 习近平关于总体国家安全观论述摘编［M］. 北京：中央文献出版社，2018.

9. 慎海雄，等. 习近平改革开放思想研究［M］. 北京：人民出版社，2018.

参考文献

1. 习近平. 在省部级主要领导干部学习贯彻党的十八届五中全会精神专题研讨班上的讲话［N］. 人民日报，2016-05-10（2）.

2. 习近平. 共担时代责任共促全球发展：在世界经济论坛 2017 年年会开幕式上的主旨演讲［N］. 人民日报海外版，2017-01-18（2）.

3. 中国共产党第十九届中央委员会第六次全体会议公报［J］. 中国纪检监察，2021（22）：4-7.

4. 中共中央关于党的百年奋斗重大成就和历史经验的决议［N］. 人民日报，2021-11-17（1）.

5. 中共中央文献研究室：十八大以来重要文献选编（上）［M］. 北京：中央文献出版社，2014.

6. 裴长洪. 中国开放型经济学的马克思主义政治经济学逻辑［J］. 北京：经济研究，2022（1）：37-55.

7. 刘鹤. 加快构建以国内大循环为主体、国内国际双循环相互促进的新发展格局［N］. 人民日报，2020-11-25（6）.

8. 刘元春. 深入理解新发展格局的丰富内涵［N］. 光明日报，2020-09-08（11）.

9. 裴长洪. 中国开放型经济建设 40 年（上，下）［M］. 北京：中国社会科学出版社，2018.

10. 陈斌，程永林. 中国国家经济安全研究的现状与展望［J］. 中国人民大学学报，2020（1）：50-59.

11. 石建勋，李海英. 国际经济关系与经济组织［M］. 北京：北京交通大学出版社，2009.

12. 杨云霞，齐昌聪. 国家经济安全观的国际对照与借鉴［J］. 河南社会科学，2020，28（6）：55-62.

13. 杨云霞. 当代霸权国家经济安全泛化及中国的应对［J］. 马克思主义研究，2021（3）：138-147.

14. 庄宗明. 现代经济学大典：世界经济与国际经济学分册［M］. 北京：中国财经出版传媒集团、经济科学出版社，2016.

15. 张鑫，吴奇志，聂文星. 国际经济关系学［M］. 北京：清华大学出版社，2015.

第十四章
共建"一带一路"与推动共建人类命运共同体

学习目的与要求：通过本章的学习，我们应明确当前我国要以"一带一路"建设为重点，坚持引进来和走出去并重，遵循共商共建共享原则，加强创新能力开放合作，形成陆海内外联动、东西双向互济的开放格局。拓展对外贸易，培育贸易新业态新模式，推进贸易强国建设。理解共建"一带一路"的重要意义、内容、成效及前景。理解"人类命运共同体"这一时代倡议，是习近平总书记着眼人类发展和世界前途提出的中国理念、中国方案，成为中国引领时代潮流和人类文明进步方向的鲜明旗帜。掌握"人类命运共同体"的科学内涵、"人类命运共同体"理念下的全球经济治理的特点等。

第一节　共建"一带一路"

人类命运共同体思想已经成为实践中行之有效的治理方针，具有很强的政策生命力和实践可行性。其中，"一带一路"倡议的提出，就是这一表征的重要体现。作为全球经济发展的新模式，无论是目标还是实践，"一带一路"倡议与人类命运共同体要求的多边合作是一致的，是一个更加开放的、包容的区域经济合作机制，是完善全球发展模式和全球治理、推进经济全球化健康发展的重要途径。

一、共建"一带一路"的时代背景与重要意义

（一）"一带一路"倡议提出的时代背景

"一带一路"是"丝绸之路经济带"和"21世纪海上丝绸之路"的简称。丝绸之路经济带从中国一路向西，途径亚洲各国及俄罗斯等国，到达欧洲；21世纪海上丝绸之路则从中国沿海港口出发，跨越南海抵达印度洋及南太平洋，最终与丝绸之路经济带汇合，形成一个完整的闭环。亦是说，"一带一路"倡议借助的是中国与沿线国家现有的双多边机制，利用现存且有效的区域合作平台，借用历史上中国同欧洲各国交流的古代丝绸之路的符号，将沿线各国再次联系在一起，积极寻求利益交汇点，发展经济合作伙伴关系。

当今世界正发生复杂深刻的变化，国际金融危机深层次影响继续显现，世界经

济缓慢复苏、发展分化，国际投资贸易格局和多边投资贸易规则酝酿深刻调整，各国面临的发展问题依然严峻。共建"一带一路"顺应世界多极化、经济全球化、文化多样化、社会信息化的潮流，秉持开放的区域合作精神，致力于维护全球自由贸易体系和开放型世界经济。共建"一带一路"旨在促进经济要素有序自由流动、资源高效配置和市场深度融合，推动沿线各国实现经济政策协调，开展更大范围、更高水平、更深层次的区域合作，共同打造开放、包容、均衡、普惠的区域经济合作架构。共建"一带一路"符合国际社会的根本利益，彰显人类社会共同理想和美好追求，是国际合作以及全球治理新模式的积极探索，将为世界和平发展增添新的正能量。共建"一带一路"，致力于亚欧非大陆及附近海洋的互联互通，建立和加强沿线各国互联互通伙伴关系，构建全方位、多层次、复合型的互联互通网络，实现沿线各国多元、自主、平衡、可持续的发展。"一带一路"的互联互通项目将推动沿线各国发展战略的对接与耦合，发掘区域内市场的潜力，促进投资和消费，创造需求和就业，增进沿线各国人民的人文交流与文明互鉴，让各国人民相逢相知、互信互敬，共享和谐、安宁、富裕的生活。

当前，中国经济和世界经济高度关联。中国将一以贯之地坚持对外开放的基本国策，构建全方位开放新格局，深度融入世界经济体系。推进"一带一路"建设既是中国扩大和深化对外开放的需要，也是加强和亚欧非及世界各国互利合作的需要，中国愿意在力所能及的范围内承担更多责任义务，为人类和平发展作出更大的贡献①。

（二）共建"一带一路"的重要意义

1. 共建"一带一路"的经济影响

"一带一路"建设不仅是中国经济长期保持快速增长的客观反映，也是当下世界经济发展所需要的。一方面，"一带一路"为沿线各国经济提供新的发展路径，促进国际经济均衡发展。"一带一路"沿线国家中大部分为发展中国家——作为新兴经济体过于注重工业化尤其是重工业化和城市化的发展，产业结构不合理，基础设施不够完善，经济发展水平不够高，但具有很大的发展空间。相比之下，发达经济体工业增长速度减慢，部分产业出现空心化现象。面对这一世界经济发展的不均衡，"一带一路"倡议的作用就在于，将经济活动频繁地区国家与经济发展不发达地区国家联系在一起，充分发挥自身优势，积极开展合作，增加国际贸易往来。而且，随着交通建设的不断完善，沿途城镇将会迅速发展，深藏在大陆腹地的丰富资源能够得到全面的开发，经济依赖沿海地区的局面也将产生巨大改变。另一方面，"一带一路"倡议创造了全新的区域经济发展模式。21世纪，经济全球化以及区域经济一体化成为大势所趋，以美国为例，美国相继推出跨太平洋伙伴关系协定（TPP）和跨大西洋贸易与投资伙伴协议（TTIP）谈判，旨在掌控下一轮国际贸易规则的制定权和主导权中抢占先机，这也就意味着 TPP 和 TTIP 谈判具有很强的排

---

① 摘自：2015 年 3 月 28 日，国家发展改革委、外交部、商务部联合发布的《推动共建丝绸之路经济带和 21 世纪海上丝绸之路的愿景与行动》。

他性，尤其对新兴经济体的排斥。与之不同的是，从理念上来看，"一带一路"倡议，坚持平等互利原则，尊重相关各国的自主权，不带有任何的条件和限制，接受所有愿意参加的国家和经济体，倡导不同发展水平的国家之间相互合作与交流，形成包容、开放的国际合作模式。也就是说，"一带一路"为中国以及沿线国家提供了公平、包容的平台①。从性质上看，"一带一路"并非一体化合作组织，而是在现有的区域经济框架下发展起来的经济合作关系，不会形成具有排他性的关税同盟，同时，"一带一路"倡议通过和沿线国家进行战略对接，保证了合作能够自主平等的进行下去。

也就是说，"一带一路"倡议不仅能够帮助建设沿线国家的基础设施，合理配置生产要素，推动区域经济的发展，也能加快各个国家之间的文化交流和贸易互通，在推动沿线国家发展的同时，加快全球发展的脚步②。

2. 共建"一带一路"的政治影响

"一带一路"秉持"和平交流、理解包容"的原则，坚持维护世界和平与发展，尊重主权和领土完整，通过合作投资的方式推动沿线国家的经济发展和文化交流，从而加强各国政治交流，减少矛盾和摩擦。第一，"一带一路"强调沿线国家和地区之间的互联互通，而且不仅仅局限于亚洲，而是将亚洲、欧洲、非洲以及南太平洋等区域联系起来，在原有的区域合作机制基础之上，加快各个国家之间经济要素的流动和资源的高效配置，推动沿线各国经济政策的协调发展、交流与合作，组建更为合理的国际秩序。第二，"一带一路"是对国家关系发展的一种创新——坚持构建均衡自由的发展模式，实现沿线各个国家共同进步、共同发展的新型国际关系。第三，"一带一路"提倡尊重各个国家的意愿，在相互平等、互不干涉的前提下，采取政治沟通等方式，促使各个国家之间发展战略以及规划的相互联系和沟通，将彼此资源进行整合，取长补短、互惠互利。

"一带一路"倡议在"共商、共建、共享、共赢"原则的基础上，沿线国家互惠互利、共谋发展③。虽然"一带一路"是习近平主席出访东盟国家时提出的"中国倡议"，但是"一带一路"的目标不是一味地只追求自身发展，而是希望在自身发展的同时，实现同沿线国家以及国际社会的共同发展。这是中国对本国发展模式的提升，同时也为国际发展提供了一种全新的模式。总而言之，"一带一路"倡议提出用政治沟通解决矛盾，坚持"求同存异"的思想，根据各个国家自身情况进行对话，相互借鉴、共同发展；"一带一路"提倡创造公平良好的合作环境，鼓励周边国家和地区彼此开放、相互学习、共同进步；"一带一路"的目标是建立政治、经济、文化等方面都相互信任、相互包容的利益、责任以及命运共同体，强调相互尊重、和平发展、共同繁荣，反对"冷战思维和零和博弈"。

---

① 金玲."一带一路"：中国的马歇尔计划？[J]. 国际问题研究，2015（1）：88-99.

② 闫丹. 我国"一带一路"倡议及对中欧关系的新影响 [D]. 秦皇岛：燕山大学，2016.

③ 新华社. 中国共产党第十九次全国代表大会关于十八届中央委员会报告的决议 [R/OL]. (2017-10-24) [2022-10-22]. http://www.gov.cn/zhuanti/2017-10/24/content_5234139.htm.

3. 共建"一带一路"与世界格局

当下的世界需要中国方案、中国创造、中国态度。实践证明，西方国家掌控一切的时代一去不复返——现在的"七国财长会议"（G7会议）和"金砖五国会议"（BRICS）才是发达国家和发展中国家对话、交流以及谈判的平台，这也就要求现在的国际秩序必须做出改变，建立一个更为公平、公正、科学、有效的国际秩序。基于此，"一带一路"应运而生，"一带一路"倡议不是要挑战现有的国际经济秩序，重建新的秩序，而是在原有区域合作框架基础上，不附加任何的政治条件，不缔结"集团"或"结盟"，对国际经济秩序的改进、优化和升级。"一带一路"倡议对所有愿意参与的国家开放，为沿线各国提供平等包容的发展平台，各国齐心协力发展，互帮互助、互惠互利。习近平主席曾在2015年博鳌亚洲论坛上表示："'一带一路'建设不是中国一家的独奏，而是沿线国家的合唱。'一带一路'建设不是要替代现有地区合作机制和倡议，而是要在已有基础上，推动沿线国家实现发展战略相互对接、优势互补。"①

"一带一路"倡议是中国参与国际事务、同世界分享中国智慧的一种方式，也展示了中国为全球经济发展与治理承担责任的一种态度②。"一带一路"为破解经济复苏缓慢等全球难题提供了具有价值的解决方案，改变了发达国家主导全球治理的格局，通过"合作共赢"精神为全球治理、区域经济发展及全球经济复苏提供新思路。

二、共建"一带一路"的内容与成效

（一）共建"一带一路"的内容

2015年3月，《推动共建丝绸之路经济带和21世纪海上丝绸之路的愿景与行动》（以下简称《愿景》）颁布。《愿景》提出了"一带一路"国家合作的主要内容，包括政策沟通、设施联通、贸易畅通、资金融通、民心相通在内的"五通"，它将成为未来沿线国家间合作的重点领域。其中，加强政策沟通是"一带一路"建设的重要保障；基础设施互联互通是"一带一路"建设的优先领域；投资贸易合作是"一带一路"建设的重点内容；资金融通是"一带一路"建设的重要支撑；民心相通是"一带一路"建设的社会根基。

1. 加强各国间政策沟通

加强政策沟通是"一带一路"建设的重要保障。加强政府间合作，积极构建多层次政府间宏观政策沟通交流机制，深化利益融合，促进政治互信，达成合作新共识。沿线各国可以就经济发展战略和对策进行充分交流对接，共同制定推进区域合作的规划和措施，协商解决合作中的问题，共同为务实合作及大型项目实施提供政策支持。

"一带一路"倡议将加强各国间政策沟通作为主要内容之一，就是要为改善略

---

① 习近平.《博鳌亚洲论坛2015年年会主旨演讲》，新浪网，2015年3月29日。

② 王晓易.《"一带一路"承载中国智慧与大国责任》，新华网，2017年5月12日。

显疲态的国际政策沟通机制做出贡献和示范。在政治互信的基础上，我们要针对宏观政策、发展战略和区域规划三方面，形成更务实合作、协调有效的政策支持机制。

2. 实现国家间设施联通

基础设施互联互通是"一带一路"建设的优先领域。在尊重相关国家主权和安全关切的基础上，沿线国家宜加强基础设施建设规划、技术标准体系的对接，共同推进国际骨干通道建设，逐步形成连接亚洲各次区域以及亚欧非之间的基础设施网络。强化基础设施绿色低碳化建设和运营管理，在建设中充分考虑气候变化影响。

第一，抓住交通基础设施的关键通道、关键节点和重点工程，优先打通缺失路段，畅通瓶颈路段，配套完善道路安全防护设施和交通管理设施设备，提升道路通达水平。推进建立统一的全程运输协调机制，促进国际通关、换装、多式联运有机衔接，逐步形成兼容规范的运输规则，实现国际运输便利化。推动口岸基础设施建设，畅通陆水联运通道，推进港口合作建设，增加海上航线和班次，加强海上物流信息化合作。拓展建立民航全面合作的平台和机制，加快提升航空基础设施水平。

第二，加强能源基础设施互联互通合作，共同维护输油、输气管道等运输通道安全，推进跨境电力与输电通道建设，积极开展区域电网升级改造合作。

第三，共同推进跨境光缆等通信干线网络建设，提高国际通信互联互通水平，畅通信息丝绸之路。加快推进双边跨境光缆等建设，规划建设洲际海底光缆项目，完善空中（卫星）信息通道，扩大信息交流与合作。

3. 实现各国间贸易畅通

投资贸易合作是"一带一路"建设的重点内容。宜着力研究解决投资贸易便利化问题，消除投资和贸易壁垒，构建区域内和各国良好的营商环境，积极同沿线国家和地区共同商建自由贸易区，激发释放合作潜力，做大做好合作"蛋糕"。

第一，努力促成沿线国家宜加强信息互换、监管互认、执法互助的海关合作，以及检验检疫、认证认可、标准计量、统计信息等方面的双多边合作，推动世界贸易组织《贸易便利化协定》生效和实施。改善边境口岸通关设施条件，加快边境口岸"单一窗口"建设，降低通关成本，提升通关能力。加强供应链安全与便利化合作，推进跨境监管程序协调，推动检验检疫证书国际互联网核查，开展"经认证的经营者"（AEO）互认。降低非关税壁垒，共同提高技术性贸易措施透明度，提高贸易自由化便利化水平。

第二，拓宽贸易领域，优化贸易结构，发展跨境电子商务等新的商业业态。建立健全服务贸易促进体系，巩固和扩大传统贸易，大力发展现代服务贸易。把投资和贸易有机结合起来，以投资带动贸易发展。

第三，加快投资便利化进程，消除投资壁垒。加强双边投资保护协定、避免双重征税协定磋商，保护投资者的合法权益。

第四，拓展相互投资领域，开展农林牧渔业、农机及农产品生产加工等领域深度合作，积极推进海水养殖、海洋工程技术、环保产业和海上旅游等领域合作。加大煤炭、油气、金属矿产等传统能源资源勘探开发合作，积极推动水电、核电、风电、太阳能等清洁、可再生能源合作，推进能源资源就地、就近加工转化合作，形成能源资源合作上下游一体化产业链。加强能源资源深加工技术、装备与工程服务合作。

第五，推动新兴产业合作，按照优势互补、互利共赢的原则，促进沿线国家加强在新一代信息技术、生物、新能源、新材料等新兴产业领域的合作，推动建立创业投资合作机制。

第六，优化产业链分工布局，推动上下游产业链和关联产业协同发展，鼓励建立研发、生产和营销体系，提升区域产业配套能力和综合竞争力。扩大服务业相互开放，推动区域服务业加快发展。

4. 积极探索资金融通

资金融通是"一带一路"建设的重要支撑。深化金融合作，推进亚洲货币稳定体系、投融资体系和信用体系建设。扩大沿线国家双边本币互换、结算的范围和规模。推动亚洲债券市场的开放和发展。共同推进亚洲基础设施投资银行、金砖国家开发银行筹建，有关各方就建立上海合作组织融资机构开展磋商。加快丝路基金组建运营。深化中国-东盟银行联合体、上合组织银行联合体务实合作，以银团贷款、银行授信等方式开展多边金融合作。支持沿线国家政府和信用等级较高的企业以及金融机构在中国境内发行人民币债券。符合条件的中国境内金融机构和企业可以在境外发行人民币债券和外币债券，鼓励在沿线国家使用所筹资金。

同时，各国间加强金融监管合作，推动签署双边监管合作谅解备忘录，逐步在区域内建立高效监管协调机制。完善风险应对和危机处置制度安排，构建区域性金融风险预警系统，形成应对跨境风险和危机处置的交流合作机制。加强征信管理部门、征信机构和评级机构之间的跨境交流与合作。充分发挥丝路基金以及各国主权基金作用，引导商业性股权投资基金和社会资金共同参与"一带一路"重点项目建设。

5. 促进各国间民心相通

民心相通是"一带一路"建设的社会根基。传承和弘扬丝绸之路友好合作精神，广泛开展文化交流、学术往来、人才交流合作、媒体合作、青年和妇女交往、志愿者服务等，为深化双多边合作奠定坚实的民意基础。

第一，扩大相互间留学生规模，开展合作办学。中国每年向沿线国家提供1万个政府奖学金名额。沿线国家间互办文化年、艺术节、电影节、电视周和图书展等活动，合作开展广播影视剧精品创作及翻译，联合申请世界文化遗产，共同开展世界遗产的联合保护工作。深化沿线国家间人才交流合作。

第二，加强旅游合作，扩大旅游规模，互办旅游推广周、宣传月等活动，联合打造具有丝绸之路特色的国际精品旅游线路和旅游产品，提高沿线各国游客签证便利化水平。推动21世纪海上丝绸之路邮轮旅游合作。积极开展体育交流活动，支持沿线国家申办重大国际体育赛事。

第三，强化与周边国家在传染病疫情信息沟通、防治技术交流、专业人才培养等方面的合作，提高合作处理突发公共卫生事件的能力。加强科技合作，共建联合实验室（研究中心）、国际技术转移中心、海上合作中心，促进科技人员交流，合作开展重大科技攻关，共同提升科技创新能力。

第四，充分发挥政党、议会交往的桥梁作用，加强沿线国家之间立法机构、主要党派和政治组织的友好往来。加强沿线国家民间组织的交流合作，重点面向基层民众，广泛开展教育医疗、减贫开发、生物多样性和生态环保等各类公益慈善活动，促进沿线贫困地区生产生活条件改善。加强文化传媒的国际交流合作，积极利用网络平台，运用新媒体工具，创建和谐友好的文化生态和舆论环境。

（二）共建"一带一路"的成效

实施十年来，"一带一路"倡议取得了一系列丰硕成果，已成为当今国际合作和分享治理经验的重要平台，是促进沿线国家尤其是发展中国家经济繁荣、社会开放的有效机制。其中，基础设施建设合作、金融合作和科技合作是"一带一路"合作成果中最突出的领域。然而，一带一路建设并非没有挑战——政治风险、意识形态风险和金融风险将是影响"一带一路"发展的主要因素。

"一带一路"成果丰硕。2020年，全国两会上，时任外交部部长王毅指出，"一带一路"倡议提出7年来，中国已同138个国家签订了"一带一路"合作文件，合作项目超过2 000个，中国与沿线国家贸易累计总额超过了7.8万亿美元，对沿线国家直接投资超过了1 100亿美元。早在2017年3月17日，联合国安理会通过决议，支持中国的"一带一路"的内容，肯定"一带一路"建设对加强区域经济合作、维护地区稳定发展的作用，这是联合国首次以决议的形式明确支持中国提出的"一带一路"[1]。"一带一路"倡议取得的成果具体表现在以下几个方面：

1. "一带一路"基础设施建设成果丰硕

首先，交通运输建设是"一带一路"建设中成就最显著的领域。在"六廊六路多国多港"的框架下，一批标志性的交通建设项目取得了实质性的进展。其中包括中巴经济走廊、中老、中泰、匈塞铁路、亚湾高铁部分路段、蒙内铁路、内马铁路一期、亚吉铁路、马尔代夫中马友谊大桥、阿布扎比码头、泛亚铁路东线、巴基斯坦一号铁路干线升级改造、中吉乌铁路、中塔乌铁路等，都极大地改善了当地基础设施条件，赢得了当地民众好评。此次疫情期间，连接欧洲14个国家和42个城市的中欧班列也在抗击疫情中发挥了稳定国际供应链的重要作用。

其次，在电力工程建设方面，一些"一带一路"沿线国家电力缺口较大，可再生能源占比低，电力设备普遍严重老化，每年都有大量基础设备需要更新、改造。因此，利用当地的发电基础资源，改善沿线国的电力供应状况、造福民生是中国在"一带一路"基建中达成的重大成就。截至目前，中国已成功投资和运营巴西、葡萄牙、意大利、希腊等国骨干能源网，在老挝、巴基斯坦、印尼、阿联酋、土耳其等多个国家参与电力工程建设项目。例如，中国南方电网公司承建的230千伏老挝北部电网工程帮助老挝形成了全国统一高电压等级骨干电网；中国帮助厄瓜多尔建设的辛克雷水电站使该国从电力进口国转为电力出口国；中国承建的巴基斯坦恰希

---

① 赵可金. 打造"一带一路"升级版从顶层设计到国际共识［R/OL］.（2017-05-12）［2022-10-31］.
http://www.people.com.cn/n1/2017/0512/c32306-29272057.html.

玛核电站三号机组及其他光伏、风电项目并网发电使该国城乡日均用电状况大大改善；国家能源集团南苏发电项目几乎全部雇佣印尼籍员工，几度在印尼获得"最佳创新电力企业"称号。

2. "一带一路"金融合作渐成体系

中国与"一带一路"沿线国家和机构开展了多种形式的金融合作。在实施"一带一路"的十年中，中方金融机构与国际性商业机构、国际金融中心、多边开发机构等各方合作，本着"惠民生"的基本原则，拓宽低收入国家融资渠道，向最需要融资支持的国家提供了资金，为其经济建设做出了卓越贡献。

首先，金融合作方面，跨境金融合作发展势头良好，沿线金融资源整合度提高。这主要表现为：资金支持体系不断健全，融资日益市场化、多元化，金融机构和金融服务网络化布局成效显著，中外银行合作增多，为企业开展产能合作提供了有力支撑。同时，倡导金融"走出去"和"引进来"，截至 2019 年年末，共有 11 家中资银行在 29 个"一带一路"沿线国家设立分支机构，有来自 23 个"一带一路"国家的 48 家银行在华设立了机构①。未来，"一带一路"也将进一步推动贸易金融、供应链金融、银团贷款等多种跨境金融业务合作。

其次，"一带一路"建设中，融资机制的拓展和创新是一个亮点，它为企业的产能合作提供了更为多样化的选择。随着金融合作的不断推进，"一带一路"专项债券、产能合作基金等新型金融平台与金融产品纷纷涌现，提高了融资效率和透明度。开放性、政策性金融机构和丝路基金等双多边合作基金的融资功能为"一带一路"建设提供了有力保障，企业在融资方面有多种选择。投融资模式的多样化使沿线投融资机构更积极地参与到项目建设中来，中哈产能合作基金、中英"绿色金融"合作、"中国-阿拉伯国家银行联合体"构想、中拉产能合作基金等都是实例典范。2019 年，在第二届"一带一路"国际合作高峰论坛上，中国与柬埔寨、白俄罗斯、斯里兰卡等国签署了融资类项目合作协议；与哈萨克斯坦等国签署了 17 项投资合作框架协议与项目清单；同年，亚洲金融合作协会"一带一路"金融合作委员会也正式成立，金融合作有望再上新台阶，助力实体经济发展。

3. "一带一路"科技合作水平达到新高度

"一带一路"实施的十年中，中国与沿线国家的科技合作与交流在两方面体现得尤为突出。一是在联合研发方面，主要以加强科技人文交流、共建科研平台和科技园区为抓手。在人才交流方面，中国与沿线国家科技人才的交流沟通大大增加，2019 年的"一带一路"科技人文交流青年论坛以及由科技部发起的"发展中国家杰出青年科学家来华工作计划"等活动得到各国科技工作者的一致好评；在科研平台与科技园区建设方面，联合研究中心的分布日益朝密集化和网络化方向发展，科技合作的形式日益多样化，参与主体日益多元化。目前，中国已建成国家国际科技合作基地 700 多家，实现了创新资源的高水平交流和技术的有效对接。二是在技术转

① 中国金融新闻网. 截至 2019 年末，共有 11 家中资银行在 29 个"一带一路"沿线国家设立分支机构[EB/OL]. (2020-05-23) [2022-10-23]. https://www.financialnews.com.cn/jg/dt/202005/t20200523_191572.html.

移方面。自"一带一路"倡议提出以来，中国与东盟国家、南亚国家、中亚国家、中东欧等国，构建的 5 个区域性技术转移平台，促进了双向技术转移转化，帮助沿线国家解决了实际问题，也带动了中国企业技术和标准"走出去"，进一步推动了国际产能合作。比如，中方工程师还帮助马尔代夫政府解决了多年淡水紧缺的难题，建成当地最大并且唯一的水电联产基地，惠及马尔代夫三分之二的人口；再比如，中国金融科技更有效地推动以互联网、手机银行等为载体的金融服务，蚂蚁金服等创新型支付机构成功向泰国等"一带一路"沿线国家和地区输出包括技术、标准和经验在内的"中国方案"，除此之外，微信支付已覆盖泰国全境，带动当地普惠金融发展和数字经济转型。

三、共建"一带一路"的前景

共建"一带一路"是中国的倡议，也是中国与沿线国家的共同愿望。站在新的起点上，中国愿与沿线国家一道，以共建"一带一路"为契机，平等协商，兼顾各方利益，反映各方诉求，携手推动更大范围、更高水平、更深层次的大开放、大交流、大融合。"一带一路"建设是开放的、包容的，欢迎世界各国和国际、地区组织积极参与。

共建"一带一路"的途径是以目标协调、政策沟通为主，不刻意追求一致性，可高度灵活，富有弹性，是多元开放的合作进程。中国愿与沿线国家一道，不断充实完善"一带一路"的合作内容和方式，共同制定时间表、路线图，积极对接沿线国家发展和区域合作规划。

共建"一带一路"遵循共商共建共享原则，其中共商，就是有事大家商量着办，不搞一言堂。习近平主席在不同场合多次强调这一原则。在 2017 年 9 月召开的金砖国家领导人厦门会晤大范围会议上，习近平主席指出，金砖国家不搞一言堂，凡事大家商量着来。2018 年 7 月，习近平主席在中阿合作论坛第八届部长级会议开幕式上发表讲话时强调，我们要坚持对话协商。中东很多事情盘根错节，大家要商量着办，不能一家说了算，一家说了也不可能算。"一带一路"建设同样如此。共建，就是大家一起建设。2015 年 3 月 28 日，习近平主席在出席博鳌亚洲论坛开幕式并发表主旨演讲时强调："'一带一路'建设不是中国一家的独奏，而是沿线国家的合唱"。2018 年 7 月 25 日，习近平主席应邀出席在南非约翰内斯堡举行的金砖国家工商论坛并发表讲话时指出，我们真诚希望金砖国家、非洲国家、广大新兴市场国家和发展中国家加入共建"一带一路"伙伴网络，让共建"一带一路"成果惠及更多国家和人民。"一带一路"建设是开放包容的平台，欢迎各方共同参与。共享，就是发展成果由各方共享。习近平主席多次表示，共建"一带一路"倡议源于中国，但机会和成果属于世界。2016 年 8 月，在推进"一带一路"建设工作座谈会上，习近平总书记强调，要抓住发展这个最大公约数，不仅造福中国人民，更造福沿线各国人民。

在未来的发展中，共建"一带一路"势必会成为全球化发展的关键。不仅仅是因为"一带一路"代表的和平、稳定、共赢的理念正是国际贸易和国际经济发展所

361

需要的，还因为"一带一路"为参与国家所带来的贸易经济及设施方面的发展，也会吸引越来越多的国家和国际组织参与其中。当然，共建"一带一路"的过程绝非一帆风顺的。一方面，"一带一路"沿线国家体制差异较大、政局动荡，文化、宗教冲突不断；另一方面，还面临西方发达国家的歧视和偏见；加之，2020年新冠疫情发生以来，疫情进一步加剧了政治和经济局势动荡，加剧了"逆全球化"趋势，加速了全球价值链的重构，也使得"一带一路"的后续发展面临新的挑战。但可以预见的是，"一带一路"是一条互尊互信之路，一条合作共赢之路，一条文明互鉴之路。只要沿线各国和衷共济、相向而行，就一定能够谱写建设丝绸之路经济带和21世纪海上丝绸之路的新篇章，让沿线各国人民共享"一带一路"共建成果。

第二节 推动共建人类命运共同体

一、共建人类命运共同体的时代背景与重大意义

（一）共建人类命运共同体的时代背景

当今世界已经进入到马克思称之为"世界历史"的一个全新发展阶段，互联网的普及、物联网的兴起，以及人工智能、大数据的突飞猛进，使得人类社会无论在生产层面还是在信息交流层面都明显不同于第三次工业革命之后的世界，伴随着第四次工业革命的方兴未艾，"世界历史"日渐进入了一个新阶段，"这个时代经济全球化、社会信息化、文化多样化，这些潮流已经滚滚向前，全人类已经形成共识，在追求合作、和平、发展、共赢。"① 而"世界历史"每推进到一个新的阶段，都需要新的思想和新的认识来指导人类的实践，如果说国与国之间的现实主义选择是二战之后国际秩序的一个典型特征，那么人类命运共同体的形成则是当下新型国际关系中的一个重要方面，因此，与之相应的"人类命运共同体"思想也随之而生。

"人类命运共同体"思想是以习近平同志为核心的党中央在新的世界形势下、对解决新时期国际关系问题和人类历史发展方向等问题所做的深入系统的思考，也是对马克思主义经济全球化理论的重大创新。2015年9月习近平主席出席纪念联合国成立70周年大会，并发表题为《携手构建合作共赢新伙伴 同心打造人类命运共同体》的讲话，首次在重大国际组织中提出人类命运共同体的概念并详细阐释核心思想。习近平主席说："当今世界，各国相互依存、休戚与共。我们要继承和弘扬联合国宪章的宗旨和原则，构建以合作共赢为核心的新型国际关系，打造人类命运共同体。"② 2017年1月，习近平主席在联合国日内瓦总部发表题为《共同构建人类命运共同体》的重要讲话，从理论到政策建议全方位地阐述了为何要构建人类命运共同体，以及如何构建人类命运共同体。在这一讲话中，习近平主席提出要从坚持协商对话、坚持共建共享、坚持合作共赢、坚持交流互鉴、坚持绿色低碳五个方面

① 逄锦聚. 为构建人类命运共同体作出更大贡献 [N]. 解放日报，2017-10-13（11）.
② 习近平. 携手构建合作共赢新伙伴 同心打造人类命运共同体 [N]. 人民日报，2015-09-29（2）.

共同构建人类命运共同体①。

"人类命运共同体"这一思想体现了中国人对当今世界的深刻理解，包含着丰富的中国智慧，这一思想最初由中国人创造，并最终在 2017 年 2 月的联合国决议中写入了联合国文件，这既说明"中国智慧"可以为改善全球治理提供公共思想产品，也说明这一思想已成为世界各国的普遍共识。

(二)"人类命运共同体"的科学内涵

最早提出"共同体"概念的是让-雅克·卢梭。他明确"共同体"是指社会中存在的、基于主观上或客观上的共同特征（如种族、地位等）而组成的各种层次的团体、组织。共同体既包括小规模的社区自发组织，也可指更高层次上的政治组织，如民族与国家②。后来，随着经济的发展和人类认知的不断提高，我们对共同体也有了新的理解。比如，习近平总书记明确指出："人类命运共同体，顾名思义，就是每个民族、每个国家的前途命运都紧紧联系在一起，应该风雨同舟、荣辱与共，努力把我们生于斯、长于斯的这个星球建成一个和睦的大家庭。"③ 但是，不管从最早的柏拉图、亚里士多德所构建的"城邦"共同体，到中世纪的"教会共同体"，再到近代以来对国家"共同体"的构建，以及现当代社会学对"共同体"（社区、社群）的研究，"共同体"都存在共同的安全观、共同的生态观、共同的利益观等丰富科学内涵。

其一，共同的安全观。当今世界，虽然和平与发展是时代的主题，但威胁世界安全的问题仍然此起彼伏。这其中，既包含敏感问题（恐怖主义、跨国犯罪等），也包含生态问题（能源危机、环境危机、重大自然灾害等），而且这些问题越来越表现为全球性的、关乎全人类安全的问题。言外之意，面对这些问题，没有哪一个国家能够独善其身——完全脱离世界安全的自身安全，也没有建立在其他国家不安全基础上的安全。这也反映出，世界性的安全不应是单方面的、不对等的，而应该是"普遍的、平等的、包容的"，任何一方都享有安全的权利，同时也有维护安全的责任。2015 年，在博鳌亚洲论坛上，习近平主席就指出了当今世界安全问题的时空广阔性及错综复杂性；同时，习近平主席还强调：当今安全问题会渗透到其他领域，越来越成为全球性安全问题，而且新的、未知的安全问题在全球化、信息化过程中不断滋生，对人类生存发展构成挑战。因此，在安全问题上，各国应该以包容的心态尊重差异，在不侵犯别国根本利益的基础上加强合作，共同维护世界安全与和平。

其二，共同的生态观。当今世界，生态问题日益凸显，并成为人类生存发展的又一挑战。一方面，因为生态环境没有国界、没有阶级，也就是说，任何一个国家都是整个生态系统的一部分，任何一个国家都不能独善其身，更不能转嫁危机，抱以"占便宜，少责任"的心态；另一方面，生态环境是一个循环的系统，具有整体性，作为生态系统的一部分，任何国家乃至个人破坏了生态系统，就是在损害自身

---

① 习近平. 共同构建人类命运共同体 ［N］. 人民日报，2017-01-20 (2).

② 卢梭. 社会契约论 ［M］. 北京：商务印书馆，1980：23.

③ 习近平. 携手建设更加美好的世界 ［N］. 人民日报，2017-12-02 (2).

利益。因此，首先，人类必须树立正确的生态观，正确处理好生产生活中人与自然的关系，坚持生态优先的原则，正如习近平总书记所说的那样："我们既要绿水青山，也要金山银山。宁要绿水青山，不要金山银山，而且绿水青山就是金山银山"；其次，全人类必须携起手来，达成科学合理的生态保护协议和生态治理方案，遵守生态环境的客观规律，共同应对生态危机，构建生态共同体。

其三，共同利益观。利益是人类交往的前提和动力，是一切社会关系的基础。从国际关系角度看，利益是国与国之间关系的核心要素——传统狭隘的国家利益观是以"排他利己"的原则，片面追求自身利益，试图从掠夺、征服他国来发展自己的。然而两次世界大战的惨痛教训告诉我们："零和博弈""你输我赢"的思维并不是推动全人类社会发展的最佳或次优选择，相反，只会带来世界经济的倒退。因此，人类在争取自身利益的同时，必须兼顾他方利益。恰恰，"人类命运共同体"思想倡导世界各国在全球性问题上，要多从国际社会的整体利益出发，构建利益共同体，正如 2013 年习近平主席在二十国集团领导人峰会上所说："各国要树立命运共同体意识，真正认清'一荣俱荣、一损俱损'的连带效应，在竞争中合作，在合作中共赢"，要共同搭台子，而不是相互拆台，限制他国发展。因此，"人类命运共同体"要求国际社会积极寻找人类共同利益的交汇点，实现合作共赢。

（三）共建人类命运共同体的重大意义

"人类命运共同体"的思想，要求世界各国应当摒弃狭隘的短视行为，视全人类为一个统一的利益共同体。一国一地的行为会在全球范围内形成"蝴蝶效应"，影响其他国家和地区的人民，在这个意义上，任何局部问题其实都成了世界问题，任何国家内部的问题都应该放置到世界范围内来考量，而世界问题的解决当然就需要世界的智慧，一意孤行地以本国利益为至上的单边主义行为，最终损害的不仅是他国的利益，本国利益也必将受到影响。事实上，人类命运共同体的形成，使得本国的发展已经离不开世界，只有世界发展好了，本国才能发展得更好，所以，帮助他国其实就是帮助自己。反之，如果不顾世界现实，抵制或者试图抛弃他国搞孤立主义，那么最终也将会被世界所抛弃。因此，习近平主席在 2018 年中非合作论坛北京峰会中提出："中国主张多予少取、先予后取、只予不取，张开怀抱欢迎非洲搭乘中国发展快车。"① 这样一种眼光和做法，既在短期内带动了世界的进步，也在长期内促进了中国本国的发展，这是一种全球化的双赢选择，也是在当代各国联系密不可分的现实下最智慧的选择。

"人类命运共同体"的思想，核心特征体现出一个"共"字。整体主义的思维方式是中国传统思想的一个重要特点，这种思维方式衍生出了"天下主义"的世界观——天下是天下人的天下，天下应该由天下人共治，也衍生出了相互融合、相互依存的"共生"思想——任何一方离开另一方都无法单独存在，只有在互相联系互相依赖的过程中双方才可以共同发展，世界不再是由"你"和"我"拼接成的一个互相排斥的平面，而是由"我们"共同构建的一个具有包容性的空间，正是由于

---

① 习近平. 携手共命运 同心促发展［N］. 人民日报，2018-09-04（2）.

"我们"的存在，世界才变得立体和丰富起来。可以说，这一思想是对未来构建新型经济全球化有着积极的指导作用。

"人类命运共同体"思想的提出，立足现实，展望未来，是新一代中国领导人对经典马克思主义经济全球化理论的发展，也是对解决当前逆经济全球化现象提供的"中国智慧"。从某种程度而言，新自由主义主导的资本主义经济全球化其实是为"资本的全球化"提供了便利，最终建构起来的也只是"资本命运共同体"，在"资本"面前，具体的个人消失了，一切行为都围绕着资本增殖的目的展开，因此才带来了诸如国与国之间和一国内部的贫富差距加剧、落后国家经济增长乏力等难题。"人类命运共同体"的思想则明确地提出经济全球化的方向和目的是构建全世界范围内的人类命运休戚与共的整体，而且也只有在这一基础上，人类才能最为普遍地联系起来，这对传统的"国家共同体""民族共同体""意识形态共同体"等诸多的局部共同体都是一个根本性的超越，也对进一步推进经济全球化和塑造新型国际关系提供了有力的思想指导。

二、共建人类命运共同体的中国方案

构建人类命运共同体是习近平新时代中国特色社会主义思想中的一项具有战略高度和现实紧迫感的伟大构想，充分彰显了当代中国共产党人的理想追求和智识精神。构建人类命运共同体作为破解全球性治理难题的中国智慧和中国方案，是对21世纪历史唯物主义理论发展的原创新贡献。人类命运共同体思想涵盖内容广泛、涉及维度多元，需要从多个层面系统而全面地理解和把握，将"建设持久和平、普遍安全、共同繁荣、开放包容、清洁美丽的世界"作为有机的整体，统一于人类命运共同体"五位一体"的架构之中。具体来说，经济是构建人类命运共同体的现实基础，政治是构建人类命运共同体的重要保证，文化是构建人类命运共同体的关键纽带，安全是构建人类命运共同体的底线要求，生态是构建人类命运共同体的具体方向。

（一）经济是构建人类命运共同体的现实基础

正如唯物史观所揭示的，人类普遍的交往形式的发展，是基于物质资料生产这一基本事实。人类命运共同体形成的基础，在于经济全球化的深入发展和全面展开，以人工智能、5G、大数据、云计算等为代表的新技术的变革，以互联网、物联网为依托的数字经济的繁荣，使传统的贸易全球化、生产全球化和金融全球化都提升到新的历史高度，形塑了日益复杂和深度融合的全球供应链、产业链和价值链，将国与国之间、地区与地区之间的经济联系通过复杂多样的网络结构紧密连接在一起，使人类命运共同体在经济层面成为一个不可逆转的事实。面对全球经济增长放缓、国际垄断资本剥削加深、国际分工格局日渐固化的困境，在经济层面倡导人类命运共同体意识意义深远。

在经济层面倡导人类命运共同体意识，有利于解放和发展生产力，促进世界发展繁荣，符合社会大生产的趋势和要求。20世纪80年代以来，新自由主义主导的经济全球化为世界带来了全球发展严重失衡、国际垄断资本剥削加深与世界经济增长乏力的灾难。冷战结束以后，新自由主义全球化导致资本主义经济殖民形态的不断强化、资本主义国际分工格局的日渐固化与国际垄断资本统治秩序的逐渐深化。当前新自由主义所主导的全球生产关系已经严重阻碍全球生产力的发展，突出表现为全区域生产社会化与生产资料为国际垄断资本集团所垄断的矛盾；国际垄断资本所主导的全球社会上层建筑也严重阻碍全球生产关系的调整变革，西方发达国家集团继续维持主导不公正、不合理的国际政治经济秩序。新自由主义全球化正在缓缓落幕，人类命运共同体应运而生。人类命运共同体是资本主义全球化终结之下经济全球化的新开端与再出发。习近平总书记指出：发展是解决一切问题的总钥匙。人类命运共同体也是全球生产力发展的社会化大生产趋势，主动变革滞后失灵的全球治理体系，积极构建更加公正合理的世界政治经济秩序，以共商共建共享的治理新理念、开放包容发展的市场新理念和世界和平发展、和谐发展的竞争新理念积极构建新型全球生产关系，必将促进全球生产力更快更高地提升发展以及世界的持久和平与发展繁荣。

由此可见，只有在经济层面筑牢人类命运共同体的基石，推进开放、包容、普惠、平衡、共赢的经济全球化，创造全人类共同发展的良好条件，才能推动经济全球化朝着更加开放、包容、普惠、平衡、共赢的方向发展。正如习近平总书记指出的："各国相互联系、相互依存的程度空前加深……，越来越成为你中有我、我中有你的命运共同体。"这样一种认识是基于唯物史观的科学判断，同时也是对马克思世界历史理论的继承和发展。

（二）政治是构建人类命运共同体的重要保证

经济全球化的发展并没有削弱主权国家在国际事务中的地位和影响力，国家力量作为一种基础性因素仍然对世界经济政治有着举足轻重的影响。人类命运共同体是世界各国和平共处最有力的政治方案，它从中国的政治哲学出发，打破了西方以个体国家为出发点的"丛林法则""零和博弈"等强者游戏，以"和而不同"的统一逻辑打破西方"以一奴万"的同一逻辑，是世界各国合作最大化和冲突最小化的最有效的政治方案。习近平总书记指出："这个世界，和平、发展、合作、共赢成为时代潮流，旧的殖民体系土崩瓦解，冷战时期的集团对抗不复存在，任何国家或国家团体都再也无法单独主宰世界事务。"

就当下的国际政治而言，构建人类命运共同体，就是要世界各国建立平等相待、互商互谅的伙伴关系。世界各国无论实力强弱，都应摒弃本国至上、以邻为壑的思维，尤其要摒弃霸权主义和强权政治，倡导国际关系民主化，大国要平等对待小国，发达国家要尊重后发国家正当的发展权利，遇到矛盾分歧要在以联合国为核心的国际体系下通过平等协商的方式处理，坚持对话而不对抗，避免在政治问题上陷入两败俱伤的囚徒困境。正如习近平总书记指出的："国家不分大小、强弱、贫富都是国际社会的平等成员，一国的事情由本国人民做主，国际上的事情由各国商量着办。"

具体来说，首先，要以双赢、多赢、共赢的新理念取代我赢你输、赢者通吃的旧思维，建立平等相待、互商互谅的伙伴关系，走出一条"对话而不对抗，结伴而不结盟"的国与国交往新路。各国要相互尊重主权和彼此核心利益，摒弃意识形态偏见，培育和增强相互信任，通过对话弥合分歧，通过协商解决问题。其次，要营造公道正义、共建共享的安全格局,以共同、综合、合作、可持续的新安全观破除冷战思维,维护世界和平与安全。要从根本上改变国际关系中传统的通过结盟或建立军事集团等方式维护国家安全的思路和行为,摒弃霸权主义和强权政治,反对搞"小圈子"、挑起"新冷战"。最后,要谋求开放创新、包容互惠的发展前景,秉持开放精神推进互帮互助、互惠互利,实现大家一起发展的"真发展"和可持续发展的"好发展"。各国应遵循互利共赢的原则,在公平公正的基础上开展良性竞争,拒绝以邻为壑、自私自利的狭隘政策和保护主义行为,保障各国享有平等发展权利,促进国际社会共同发展繁荣。

(三) 文化是构建人类命运共同体的关键纽带

2014 年 3 月,习近平主席在巴黎联合国教科文组织总部的演讲时说,文明因交流而多彩,文明因互鉴而丰富。文明交流互鉴,是推动人类文明进步和世界和平发展的重要动力。从文明的角度推动构建人类命运共同体,就要促进和而不同、兼收并蓄的文明交流,以多彩、平等、包容的新型文明观取代"文明冲突论"和"文明优越论",促进不同文明互学互鉴、和谐共存。任何一种文明在创造世界历史的过程中都是主体性存在,都对人类社会发展作出过独特贡献。任何一种文明也不可能完全排斥其他文明而独立存在,各种文明处于一种相互构成性的关系当中。正是由于文明多样性的存在,才推动了人类社会的进步与繁荣。国与国之间在文化上应相互包容,不能将自身文明或文化视为"高人一等",也不能把自身政治制度和政治文明视为"普世价值"。

首先,构建人类命运共同体,是一个世界各种文明相互取长补短、交流互鉴的社会历史进程,除了需要各个国家政治上的保证之外,还需要以文化为纽带加强世界各国人民之间的交流和互动。人类文明总是在融合和互补中向前发展,没有哪一家能排斥所有、独领风骚。每一种文明都扎根于自己的生存土壤,凝聚着一个国家、一个民族的非凡智慧和精神追求,都有自己存在的价值。文化交流促进了世界各国人民对彼此更深入的了解,也让人与人之间能够有更多的理解和包容,"国之交在于民相亲,民相亲在于心相通。"民心相通,有利于建立和而不同、平等包容的国际交往关系,有利于促进不同文化之间的交流互鉴。

其次,中华文明"和而不同""美美与共"的文化思想与构建人类命运共同体相一致。"和而不同"是一个反映事物和社会发展规律的重要而基本的哲学思想。中国传统文化强调和合理念,推崇不同国家、不同文化"美美与共、天下大同",蕴含着丰厚的人类命运共同体基因。各种不同的人、家庭、社群、民族、国家之间都应相互尊重、相互包容、平等相待,如果遇到分歧、争论和斗争,都应相互协调、妥善处置。

最后,构建人类文明共同体是在推进共同利益的基础上建设全人类的共同价值。在全球化时代,世界范围内的各种冲突与较量、人类所面临的诸多生存危机,固然根源于利益冲突,但也与更为合理的全球价值理念的缺失有关。构建人类文明共同体,必须努力把握"和平、发展、公平、正义、民主、自由"这些全人类共同价值的基本点,在国与国关系中找到最大公约数,携手努力,不断创造出跨越时空、富有永恒魅力的文明成果，从而确立"共生"与"共在"的伦理信念，构建出鲜活的、深入人心的共同价值理念，进而促进人类命运共同体的建设。

（四）安全是构建人类命运共同体的底线要求

如果说和平与发展是时代的主题，那么安全则成为时代主题的新内容，是和平这个时代主题在全球不确定性时代的具象化。和平表明的是国与国之间的安全共存状态，安全则是以人为主体的和平状态。

追求普遍安全、共同安全，需要统筹好传统安全与非传统安全。传统安全和非传统安全是一对具有矛盾关系的概念，一般意义上讲，传统安全是指与战争、军事、强力政治密切相关的安全领域；非传统安全指冷战后期，特别是冷战结束后出现的新型安全领域。统筹传统安全与非传统安全，首先要深化关于传统安全与非传统安全的认识，深刻体察当今时代传统安全要素与非传统安全要素相互交织、相互融合、相互依赖、相互影响的客观现实。

追求普遍安全、共同安全，需要统筹好国内安全与国际安全。安全是生存发展的基石和前提，这一理念不仅适用于民族和国家治理内部，同样也适应于世界发展和全球治理层面。从"总体国家安全观"到"普遍安全"的全球安全观，中国走出一条独特的"新安全观"路子，并越来越为国际社会所认同。普遍安全的核心是人的安全，因此普遍安全不是某个国家，或者某个联盟提供担保的安全，而是各主体共建共享的安全。

总之，在经济全球化时代，各个国家的安全联系越来越紧密，安全问题呈现出国际化特征。人类命运共同体思想明确主张要构建一个普遍安全的世界，这便意味着安全必须是普遍性的，而并非个别国家或部分国家的安全，只有以此作为底线，人类命运共同体才能得到稳定持续的建立。环顾当今世界，安全的威胁既来自某些霸权国家恃强凌弱的穷兵黩武，也来自一些国际恐怖主义的日益猖獗，同时，传统安全威胁和非传统安全威胁互相交织，为世界的和平发展注入了许多不稳定因素。没有安全的底线保证就谈不上人类命运共同体的构建，习近平总书记指出，各国要"摒弃一切形式的冷战思维，树立共同、综合、合作、可持续安全的新观念。"这样一种可持续安全观具有崭新的全球意义，在内容上既涉及国内安全与国际安全两个大局，又涉及传统安全与非传统安全两大领域，是维护国际安全的重要指南。

建设普遍安全的世界，要坚持以对话解决争端、以协商化解分歧，统筹应对传统和非传统安全威胁，反对一切形式的恐怖主义。安全问题是双向的、联动的，各国应该树立共同、综合、合作、可持续的全球安全观，树立合作应对安全挑战的意识，以合作谋安全、谋稳定，以安全促和平、促发展。各国应该坚定奉行双赢、多赢、共赢理念，在谋求自身安全时兼顾他国安全，努力走出一条互利共赢的安全之路。

（五）生态是构建人类命运共同体的具体方向

近年来，随着全球气候问题不断严峻、环境问题愈发激烈，全球性生态危机迫在眉睫，同心合力应对气候变化和环境恶化等生态问题成为各个国家和社会组织的共同愿景。面对世界复杂形势和全球性问题，必须坚持推动构建人类命运共同体，构筑尊崇自然、绿色发展的生态体系，生态则顺理成章地成为构建人类命运共同体的具体方向。

在马克思看来，人类对自然界是一种依赖性的存在，没有自然界就没有人类生存和发展的条件，因此，人类的生产生活本身就应该将自然界考虑在内，而不应该将自然界仅仅作为可利用的手段或可索取的对象，习近平总书记的生态文明思想继承了马克思关于"主体是人、客体是自然"的论断，并将人放在人与自然的现实关系，即人与自然是休戚与共的生命共同体中看待。"绿水青山就是金山银山"这一论断深刻地说明了良好的生态对人类而言本身就是不可估量的财富。因此，构建人类命运共同体，就是要践行生态文明理念，构筑绿色发展的全球生态体系。

加强全球生态治理是构建全球生态文明的必然选择。从形式上讲，生态文明是以人与自然、人与人、人与社会和谐共生、良性循环、全面发展、持续繁荣为基本宗旨的社会形态，即工业文明之后的文明形态；从本质上讲，生态文明是人类遵循人、自然、社会和谐发展这一客观规律而取得的物质与精神成果的总和。因此，践行一条什么样的发展道路一直是各个国家都在不断探索的重大议题。党的十八大以来，以习近平同志为核心的党中央把生态文明建设提到了前所未有的历史高度，人类命运共同体思想提出要"建设一个清洁美丽的世界"，即要实践一条尊崇自然、保护生态的绿色发展之路，这样一种发展思路也为人类命运共同体的构建指明了具体方向。

构筑尊崇自然、绿色发展的生态文明体系，各国应共同努力、各尽其责，走出一条绿色、低碳、循环、可持续的发展新路。人类生活在同一个星球上，保护好全人类共同的地球家园是各国政府和人民的共同责任，也是实现全人类共同福祉的客观要求。为此，发达国家应自觉遵守各类多边环保公约与协定，为发展中国家转变经济增长方式、减少经济发展对环境的影响和破坏提供必要支持与帮助，在全球环境治理中承担更多责任、作出更大贡献。发展中国家应在共同但有区别的责任原则基础上承担相应责任，而不能以牺牲环境为代价追求短期经济收益。各国都应积极落实应对气候变化的《巴黎协定》和联合国 2030 年可持续发展议程，既要共同促进绿色发展，也应确保各国特别是广大发展中国家能够公平分享发展成果。

三、"人类命运共同体"理念下的全球经济治理

当前世界经济中出现的这样那样的一些保护主义和极端主义思潮，以及资本主义的深层危机，迫切要求世界经济治理体系适应经济发展新挑战、体现经济力量新变化和凸显各方利益新诉求，迫切需要一个替代方案来解决这些问题。此时，作为崛起的、负责任的大国，中国提出的构建人类命运共同体倡议是完善全球经济质量的新方案。

全球经济治理需要共同的价值理念。奥兰·扬认为：治理不仅限于建立和运行制度，还包括共同的价值体系、社会规范以及社会观念等，即通常所说的共同体观念①。恰恰"人类命运共同体"本身就是共同价值理念的表达，具体表现为：

---

① 奥兰·扬. 世界事务中的治理［M］. 陈玉刚，薄燕，译. 上海：上海世纪出版集团，2007.

第一，在理念上，"人类命运共同体"从人类整体出发，基于全球市场，以"共商、共建、共享"为原则，优化全人类生存和发展状况；在世界经济平衡发展问题上，更侧重发展中国家的利益诉求，形成全球经济的均衡发展以及良性互动；同时，在互利共赢的背景下寻找合作契机，深化利益的结合点，实现共同发展。可见，人类命运共同体观下的全球经济治理立足于全球多边主义基本立场，体现了公平正义、协调可持续、合作共赢等共同的价值理念。

第二，遵守义利分配原则，以正确的利益观推动全球经济治理改革。全球经济治理应该是也必须兼顾效率与公平，相比现状，全球经济发展极度不平衡和不公，而且不平衡与不公还互相推动，形成恶性循环，进一步加剧了这一极化趋势。因此，要解决不同国家发展不平衡等问题，就必须要构建"人类命运共同体"，要"各国在努力追求本国利益的同时要兼顾到他国的合理关切，在寻求本国发展的同时促进世界各国的发展"①，必须"坚持正确义利观，做到义利兼顾，要讲信义、重情义、扬正义、树道义"②，"摒弃过时的零和思维，不能只追求你少我多、损人利己，更不能搞你输我赢、一家通吃。"③让做大的"蛋糕"更合理地分配，而不是片面追求自身利益的最大化。显然，人类命运共同体理念下的全球经济治理能平衡义与利之间的关系，寻找彼此利益交汇点，扩大全球经济合作的基础，共享经济全球化红利，促成共同体的身份认同，实现全球层面的共同治理。

第三，在治理主体上，国家仍是构建人类命运共同体的重要主体。国家的治理范围是全方位的，能力是综合性的。这也就要求国家必须通过国际合作承担全球经济治理的主要责任，发挥经济治理的优势，在国际制度规范下，解决好不同国家利益冲突与矛盾，协调好不同国家利益与人类共同利益之间关系。但，在发挥国家的治理优势和能力的同时，我们也要充分发挥除国家之外的行为主体的作用，协同各类国际经济组织、国际论坛、跨国公司以及行业协会等多元行为体，发挥各自独特的功能和作用。总而言之，这种多元共治理念与各种行为体能力相符、义利明辨、权责匹配的治理，同时也是具有更大的利益包容性、更广泛的参与度以及更好的国家间治理的协调性。

第四，在治理机制上，人类命运共同体关照下的全球经济治理，要求各国不能走单边主义，而应该"坚持多边主义，谋求共商共建共享，建立紧密伙伴关系，构建人类命运共同体"④。"尽管单边主义贸易保护主义，逆全球化思潮不断有新的表现，但地球村的世界决定了各国日益利益交融，命运共合作共赢，是大势所趋。"⑤也就是说，多边主义制度符合人类文明发展趋势，也是人类命运共同体观下的全球

① 习近平. 携手构建合作共赢新伙伴 同心打造人类命运共同体：在第七十届联合国大会一般性辩论时的讲话 [N]. 人民日报，2015-09-28（2）.
② 中央外事工作会议在京举行 [N]. 人民日报，2014-11-30（1）.
③ 习近平. 共创中韩合作未来 同襄亚洲振兴繁荣 [N]. 人民日报，2014-07-25.
④ 习近平. 抓住世界经济转型机遇 谋求亚太更大发展：在亚太经合组织工商领导人峰会上的主旨演讲 [N]. 人民日报海外版，2017-11-11（3）.
⑤ 习近平. 弘扬"上海精神"，构建命运共同体：在上海合作组织成员国元首理事会第十八次会议上的讲话 [N]. 人民日报，2018-06-11（3）.

经济治理的必然要求。吉尔平就强调，自由国际经济的确立、维持和成功运行需要一个政治领导，而在霸权之后，世界经济秩序则需要多边领导和政策协调①，尤其是在大国贸易摩擦、服务贸易、数字经济等新的变化因素冲击下，为保证全球经济平稳发展，人类命运共同体观下的多边治理机制应该在联合国框架内，继续建立完善政策协调机制，聚焦全球经济治理的长效机制建设，保证机制的开放性和包容性。

第五，在导向上强调共同发展、合作发展、联动发展。发展是社会稳定有序的基础，推动经济全球化发展及其治理是构建人类命运共同体的基本方式；其中，以"一带一路"建设为代表的全球化是践行共同发展的国际合作倡议，是以发展为导向的新型经济全球化，也是人类命运共同体理念支配下的全球经济治理重要实践，为构建人类命运共同体注入强劲动力。

综上所述，人类命运共同体是以全人类作为整体的共同体，在其之外不存在更大外延，具有普遍性和终极性的特点。在经济全球化进程中，"人类命运共同体"提供了一种人类整体主义的方法论，给当前经济全球化过程中全球经济问题的解决提供了新的思路。但是，虽然通过长期艰苦的努力，我国经济和社会发展已经取得重大进展，但与发达国家相比，我国的人均可支配收入、产业结构、综合国力等各方面都还存在明显的差距和不足，总体上仍处于发展中国家的行列，而且，在对外关系和国际交往中的国际话语权还不够强，所受的限制和制约仍较多；除此之外，人类命运共同体的身份和价值共识仍是脆弱的，还没有一个政治过程和机制保障这一理念的实践。因此，要进一步推动构建人类命运共同体，就要求我们必须推动自身改革、促进经济发展，不断增强综合国力。

全球经济治理要义在于倡导多元主体共同治理，建立公平、效率、协调的多边机制，规避全球化风险和化解全球问题，谋求公共福利最大化。然而，在实践中，这些主张和愿景并没有得到很好的响应和实施。以美国为主导的全球经济治理机制在利益包容性、价值公平性和机制民主性上的缺陷，在国际政治经济权力结构变迁过程中日趋暴露，全球经济治理面临制度失灵、失效和改革动力不足的困境。实践结果也表明：美国采取单边主义、保护主义的逆全球化政策，甚至发起全球性的贸易摩擦，是非理性的，更有悖于基于规则的全球经济治理，加剧了国家间的摩擦与冲突。可以说，全球经济治理实践与理念的偏离，在于日益增强的人类命运共同体的现实和个体（国家）与相对获益以及对权力地位追求的固有观念之间的矛盾，这一矛盾集中表现为全球经济治理制度僵化而无法适应权力变迁，这也意味着全球经济治理理念在很长时期都将无法跳出既有理论和实践的框架，全球经济治理机制改革仍然任重道远。

"人类命运共同体"观照下的全球经济治理是正确认识和应对这些问题和挑战的重要途径和必然选择，这一理念从人类整体合作的高度，强化了国家主体间日趋复杂的相互依赖，以整体主义的视角去理解世界经济的发展。同时，"人类命运共

---

① 罗伯特·吉尔平. 国际关系政治经济学 [M]. 杨宇光, 等译. 上海：上海人民出版社, 2011：336-337.

同体"观照下的全球经济治理，倡导公平、包容、普惠的经济全球化，主张改革和完善现有的治理机制，维护多边制度秩序，体现了全球经济治理的应有之义，践行了"共商、共建、共享"的原则，弘扬了正确的义利观。作为推动人类命运共同体构建的重要抓手，"一带一路"建设进入深耕细作的新阶段。这就要求中国及沿线国家：要深化贸易投资合作，推动双向开放；继续把互联互通作为重点，打破沿线和有关国家发展瓶颈；加强创新能力开放合作，促进沿线和有关国家创新能力的共同提升；加强全球经济治理合作，参与国际经贸规则制定，争取全球经济治理制度性权力；要求中国与共建"一带一路"的合作伙伴共同努力，共克时艰，以实现高标准、惠民生、可持续的目标，推动"一带一路"国际合作不断取得新成果，打造构建全球经济治理的新样板、新模式。

小　结

（1）"一带一路"倡议借助的是中国与沿线国家现有的双多边机制，利用现存且有效的区域合作平台，借用历史上中国同欧洲各国交流的古代丝绸之路的符号，将沿线各国再次联系在一起，积极寻求利益交汇点，发展经济合作伙伴关系。共建"一带一路"不仅是中国经济长期保持快速增长的客观反映，也是当下世界经济发展所需要的。共建"一带一路"秉持"和平交流、理解包容"的原则，坚持维护世界和平与发展，尊重主权和领土完整，通过合作投资的方式推动沿线国家的经济发展和文化交流，从而加强各国政治交流，减少矛盾和摩擦。共建"一带一路"倡议不是要挑战现有的国际经济秩序，重建新的秩序，而是在原有区域合作框架基础上，不附加任何的政治条件，不缔结"集团"或"结盟"，对国际经济秩序的改进、优化和升级。共建"一带一路"的内容包括政策沟通、设施联通、贸易畅通、资金融通、民心相通在内的"五通"。其中，加强政策沟通是"一带一路"建设的重要保障；基础设施互联互通是"一带一路"建设的优先领域；投资贸易合作是"一带一路"建设的重点内容；资金融通是"一带一路"建设的重要支撑；民心相通是"一带一路"建设的社会根基。

（2）人类命运共同体这一时代倡议，是习近平总书记着眼人类发展和世界前途提出的中国理念、中国方案，成为中国引领时代潮流和人类文明进步方向的鲜明旗帜。人类命运共同体思想涵盖内容广泛、涉及维度多元，需要将"建设持久和平、普遍安全、共同繁荣、开放包容、清洁美丽的世界"作为有机的整体，统一于人类命运共同体"五位一体"的架构之中。其中，经济是构建人类命运共同体的现实基础，政治是构建人类命运共同体的重要保证，文化是构建人类命运共同体的关键纽带，安全是构建人类命运共同体的底线要求，生态是构建人类命运共同体的具体方向。"人类命运共同体"理念下的全球经济治理倡导公平、包容、普惠的经济全球化，主张改革和完善现有的治理机制，维护多边制度秩序，体现了全球经济治理的应有之义，践行了"共商、共建、共享"的原则，弘扬了正确的义利观。

复习思考题

1. 解释下列名词概念：
"丝绸之路经济带" "一带一路"倡议 人类命运共同体 全球经济治理
2. 简述共建"一带一路"的重要意义。
3. 试论述共建"一带一路"的内容与成效。
4. 试论述共建"一带一路"的前景。
5. "人类命运共同体"思想形成的时代背景是什么？
6. 简述"人类命运共同体"的科学内涵。
7. 试论述"人类命运共同体"理念下的全球经济治理的特点。

阅读书目

1. 习近平：论坚持推动构建人类命运共同体［M］. 北京：中央文献出版社，2018.
2. 王义桅."一带一路"：机遇与挑战［M］. 北京：人民出版社，2015.
3. 王帆，凌胜利. 人类命运共同体：全球治理的中国方案［M］. 长沙：湖南人民出版社，2017.

参考文献

1. 习近平. 携手推进"一带一路"建设［N］. 人民日报，2017-05-15（3）.
2. 习近平. 携手构建合作共赢新伙伴 同心打造人类命运共同体［N］. 人民日报，2015-09-29（2）.
3. 习近平. 共同构建人类命运共同体［N］. 人民日报，2017-01-20（2）.
4. 习近平. 携手推进"一带一路"建设：在"一带一路"国际合作高峰论坛开幕式上的演讲［J］. 中国经济周刊，2017，670，671（Z2）：54-57.
5. 逄锦聚. 为构建人类命运共同体作出更大贡献［N］. 解放日报，2017-10-13（11）.
6. 郝立新，周康林. 构建人类命运共同体：全球治理的中国方案［J］. 马克思主义与现实. 2017，（：6）：1-7.
7. 金玲."一带一路"：中国的马歇尔计划？［J］. 国际问题研究，2015（1）：88-99.